Edition Springer Pflege

Ziel der „**Edition Springer Pflege**" ist es, Trends und Herausforderungen in der Pflege- und Gesundheitsbranche zu beleuchten und Lösungen anzubieten. Die Fachautoren stellen einen hohen Praxisbezug für den Alltag im Pflegemanagement sicher. Diese Buchreihe richtet sich an professionell Pflegende in Management- und Leitungsfunktionen sowie an Pflegewissenschaftler und Pflegepädagogen.

Weitere Bände in der Reihe http://www.springer.com/series/15967

Thomas Weiß · Thomas Meißner
Stephanie Kempa

Pflegeberufereformgesetz (PflBRefG)

Praxiskommentar

stützung und ein hilfreiches Nachschlagewerk. Den zukünftigen Ergänzungen, zum Beispiel den weiterführenden Veröffentlichungen zum Thema „Ausbildungs- und Prüfungsordnung", sehe ich mit Freude entgegen.

Carsten Drude M.A.
Vorsitzender BLGS e.V.

Inhaltsverzeichnis

Abkürzungsverzeichnis

aaO.	am angegebenen Ort
ABl	Amtsblatt
ADS	Arbeitsgemeinschaft Christlicher Schwesternverbände und Pflegeorganisationen in Deutschland e. V.
AltPflG	Altenpflegegesetz
AZAV	Akkreditierungs- und Zulassungsverordnung Arbeitsförderung
ASMK	Arbeits- und Sozialministerkonferenz
B.A.	Bachelor of Arts
B.Sc.	Bachelor of Science
BA	Bundesagentur für Arbeit
BAföG	Bundesausbildungsförderungsgesetz
BAG	Bundesarbeitsgericht
BAnz	Bundesanzeiger
BAT	Bundesangestelltentarifvertrag
BÄO	Bundesärzteordnung
BBiG	Berufsbildungsgesetz
BEEG	Bundeselterngeld- und Elternzeitgesetz
BetrVG	Betriebsverfassungsgesetz
BGBl	Bundesgesetzblatt
BGH	Bundesgerichtshof
bpa	Bundesverband privater Anbieter sozialer Dienste e.V.
BPersVG	Bundespersonalvertretungsgesetz
BPflV	Bundespflegesatzverordnung
BQFG	Berufsqualifikationsfeststellungsgesetz
BVerfG	Bundesverfassungsgericht
BVerfGE	Entscheidungen des Bundesverfassungsgericht
BVerwG	Bundesverwaltungsgericht
BVFG	Bundesvertriebenengesetz
BZRG	Bundeszentralregistergesetz
DBfk	Deutscher Berufsverband für Pflegeberufe
DKG	Deutsche Krankenhausgesellschaft
DPR	Deutscher Pflegerat
DQR	Deutscher Qualifikationsrahmen
ebd.	ebenda
EG	Europäische Gemeinschaft
EU	Europäische Union
EuGH	Europäischer Gerichtshof

f.	folgende
ff.	fortfolgende
G-BA	Gemeinsamer Bundesausschuss
GewArch	Gewerbearchiv
GG	Grundgesetz
ggf.	gegebenenfalls
GKV	Gesetzliche Krankenversicherung
GMK	Gesellschaft für Medienpädagogik und Kommunikationskultur in der Bundesrepublik Deutschland e.V.
i.d.F.	in der Fassung
i. d. R.	in der Regel
IMI	Binnenmarkt-Informationssystem
JArbSchG	Jugendarbeitsschutzgesetz
KHBV	Krankenhaus-Buchführungsverordnung
KHEntgG	Krankenhausentgeltgesetz
KHG	Krankenhausfinanzierungsgesetz
KrPflAPrV	Ausbildungs- und Prüfungsverordnung für die Berufe in der Krankenpflege
KrPflG	Krankenpflegegesetz
KSchG	Kündigungsschutzgesetz
LAG	Landesarbeitsgericht
MFA	Medizinische Fachangestellte
Mio.	Millionen
Mrd.	Milliarden
MuSchG	Mutterschutzgesetz
MVG-EKD	Mitarbeitervertretungsgesetz der Evangelischen Kirche in Deutschland
NBQFG	Niedersächsisches Berufsqualifikationsfeststellungsgesetz
NKR	Nationaler Normenkontrollrat
OVG	Oberverwaltungsgericht
PflBG	Pflegeberufegesetz
PflBRefG	Pflegeberufereformgesetz
PflR	Pflegerecht
RL	Richtlinie
Rn.	Randnummer

S.	Seite
SGB	Sozialgesetzbuch
sog.	sogenannte
SPV	Soziale Pflegeversicherung
StGB	Strafgesetzbuch
TVAöD-Pflege	Tarifvertrag für Auszubildende des öffentlichen Dienstes
u. a.	unter anderem
VGH	Verwaltungsgerichtshof
vgl.	vergleiche
VwVfG	Verwaltungsverfahrensgesetz
WIAD/Prognos	die Prognos AG erstellte zusammen mit dem Wissenschaftlichen Institut der Ärzte Deutschlands (WIAD) ein Forschungsgutachten zur Finanzierung der Pflegeausbildung
z. B.	zum Beispiel

Teil A – Das Gesetz

Gesetzestext im Wortlaut

Gesetz zur Reform der Pflegeberufe
(Pflegeberufereformgesetz - PflBRefG)

Inhaltsübersicht

Dieses Gesetz dient der Umsetzung der Richtlinie 2005/36/EG des Europäischen Parlaments und des Rates vom 7. September 2005 über die Anerkennung von Berufsqualifikationen (ABl. L 255 vom 30.9.2005, S. 22, L 271 vom 16.10.2007, S. 18), die zuletzt durch die Richtlinie 2013/55/EU des Europäischen Parlaments und des Rates vom 20. November 2013 (ABl. L 354 vom 28.12.2013, S. 132) geändert worden ist.

© Springer Fachmedien Wiesbaden GmbH, ein Teil von Springer Nature 2018
T. Weiß et al., *Pflegeberufereformgesetz (PflBRefG)*, Edition
Springer Pflege, https://doi.org/10.1007/978-3-658-20945-2_1

Artikel 1
Gesetz über die Pflegeberufe (Pflegeberufegesetz - PflBG)

Inhaltsübersicht

Teil 1
Allgemeiner Teil

Abschnitt 1
Erlaubnis zum Führen der Berufsbezeichnung

Abschnitt 2
Vorbehaltene Tätigkeiten

Teil 2
Berufliche Ausbildung in der Pflege

Abschnitt 1
Ausbildung

Abschnitt 2
Ausbildungsverhältnis

Abschnitt 3
Finanzierung der beruflichen Ausbildung in der Pflege

Teil 3
Hochschulische Pflegeausbildung

Teil 4
Anerkennung ausländischer Berufsabschlüsse; Zuständigkeiten; Fachkommission; Statistik und Verordnungsermächtigungen; Bußgeldvorschriften

Abschnitt 1
Außerhalb des Geltungsbereichs des Gesetzes erworbene Berufsabschlüsse

Teil 1
Allgemeiner Teil

Abschnitt 1
Erlaubnis zum Führen der Berufsbezeichnung

§ 1
Führen der Berufsbezeichnung

(1) Wer die Berufsbezeichnung „Pflegefachfrau" oder „Pflegefachmann" führen will, bedarf der Erlaubnis. Personen mit einer Ausbildung nach Teil 3 führen die Berufsbezeichnung „Pflegefachfrau" oder „Pflegefachmann" mit dem akademischen Grad.

(2) Die Urkunde für die Erlaubnis nach Abs. 1 enthält neben der Berufsbezeichnung nach Abs. 1 einen Hinweis auf den nach § 7 Abs. 4 Satz 1 durchgeführten Vertiefungseinsatz.

§ 2
Voraussetzungen für die Erteilung der Erlaubnis

Die Erlaubnis zum Führen der Berufsbezeichnung ist auf Antrag zu erteilen, wenn die antragstellende Person

1. die durch dieses Gesetz vorgeschriebene berufliche oder hochschulische Ausbildung absolviert und die staatliche Abschlussprüfung bestanden hat,

2. sich nicht eines Verhaltens schuldig gemacht hat, aus dem sich die Unzuverlässigkeit zur Ausübung des Berufs ergibt,

3. nicht in gesundheitlicher Hinsicht zur Ausübung des Berufs ungeeignet ist und

4. über die für die Ausübung des Berufs erforderlichen Kenntnisse der deutschen Sprache verfügt.

§ 3
Rücknahme, Widerruf und Ruhen der Erlaubnis

(1) Die Erlaubnis ist zurückzunehmen, wenn bei Erteilung der Erlaubnis entweder die Voraussetzung nach § 2 Nummer 1 oder die Voraussetzung nach § 2 Nummer 2 nicht Vorgelegen hat oder die Ausbildung nach den §§40 bis 42 nicht abgeschlossen war. Die Erlaubnis kann zurückgenommen werden, wenn bei Erteilung der Erlaubnis entweder die Voraussetzung nach § 2 Nummer 3 oder die Voraussetzung nach § 2 Nummer 4 nicht Vorgelegen hat.

(2) Die Erlaubnis ist zu widerrufen, wenn nachträglich bekannt wird, dass die Voraussetzung nach § 2 Nummer 2 nicht erfüllt ist. Die Erlaubnis kann widerrufen werden, wenn nachträglich die Voraussetzung nach § 2 Nummer 3 weggefallen ist.

(3) Das Ruhen der Erlaubnis kann angeordnet werden, wenn gegen die betreffende Person wegen des Verdachts einer Straftat, aus der sich die Unzuverlässigkeit zur Ausübung des Pflegeberufs ergeben würde, ein Strafverfahren eingeleitet wurde. Die Anordnung ist aufzuheben, wenn ihre Voraussetzungen nicht mehr vorliegen.

Abschnitt 2
Vorbehaltene Tätigkeiten

§ 4
Vorbehaltene Tätigkeiten

(1) Pflegerische Aufgaben nach Abs. 2 dürfen beruflich nur von Personen mit einer Erlaubnis nach § 1 Abs. 1 durchgeführt werden. Ruht die Erlaubnis nach § 3 Abs. 3 Satz 1, dürfen pflegerische Aufgaben nach Abs. 2 nicht durchgeführt werden.

(2) Die pflegerischen Aufgaben im Sinne des Absatzes 1 umfassen

1. die Erhebung und Feststellung des individuellen Pflegebedarfs nach § 5 Abs. 3 Nummer 1 Buchstabe a,

2. die Organisation, Gestaltung und Steuerung des Pflegeprozesses nach § 5 Abs. 3 Nummer 1 Buchstabe b sowie

3. die Analyse, Evaluation, Sicherung und Entwicklung der Qualität der Pflege nach § 5 Abs. 3 Nummer 1 Buchstabe d.

(3) Wer als Arbeitgeber Personen ohne eine Erlaubnis nach § 1 Abs. 1 oder Personen, deren Erlaubnis nach § 3 Abs. 3 Satz 1 ruht, in der Pflege beschäftigt, darf diesen Personen Aufgaben nach Abs. 2 weder übertragen noch die Durchführung von Aufgaben nach Abs. 2 durch diese Personen dulden.

Teil 2
Berufliche Ausbildung in der Pflege

Abschnitt 1
Ausbildung

§ 5
Ausbildungsziel

(1) Die Ausbildung zur Pflegefachfrau oder zum Pflegefachmann vermittelt die für die selbstständige, umfassende und prozessorientierte Pflege von Menschen aller Altersstufen in akut und dauerhaft stationären sowie ambulanten Pflegesituationen erforderlichen fachlichen und personalen Kompetenzen einschließlich der zugrunde liegenden methodischen, sozialen, interkulturellen und kommunikativen Kompetenzen und der zugrunde liegenden Lemkompetenzen sowie der Fähigkeit zum Wissenstransfer und zur Selbstreflexion. Lebenslanges Lernen wird dabei als ein Prozess der eigenen beruflichen Biographie verstanden und die fortlaufende persönliche und fachliche Weiterentwicklung als notwendig anerkannt.

(2) Pflege im Sinne des Absatzes 1 umfasst präventive, kurative, rehabilitative, palliative und sozialpflegerische Maßnahmen zur Erhaltung, Förderung, Wiedererlangung oder Verbesserung der physischen und psychischen Situation der zu pflegenden Menschen, ihre Beratung sowie ihre Begleitung in allen Lebensphasen und die Begleitung Sterbender. Sie erfolgt entsprechend dem allgemein anerkannten Stand pflegewissenschaftlicher, medizinischer und weiterer bezugswissenschaftlicher Erkenntnisse auf Grundlage einer professionellen Ethik. Sie berücksichtigt die konkrete Lebenssituation, den sozialen, kulturellen und religiösen Hintergrund, die sexuelle Orientierung sowie die Lebensphase der zu pflegenden Menschen. Sie unterstützt die Selbstständigkeit der zu pflegenden Menschen und achtet deren Recht auf Selbstbestimmung.

(3) Die Ausbildung soll insbesondere dazu befähigen

    1.   die folgenden Aufgaben selbstständig auszuführen:

        a)   Erhebung und Feststellung des individuellen Pflegebedarfs und Planung der Pflege,

        b)   Organisation, Gestaltung und Steuerung des Pflegeprozesses,

        c)   Durchführung der Pflege und Dokumentation der angewendeten Maßnahmen,

        d)   Analyse, Evaluation, Sicherung und Entwicklung der Qualität der Pflege,

        e)   Bedarfserhebung und Durchführung präventiver und gesundheitsfördernder Maßnahmen,

f) Beratung, Anleitung und Unterstützung von zu pflegenden Menschen bei der individuellen Auseinandersetzung mit Gesundheit und Krankheit sowie bei der Erhaltung und Stärkung der eigenständigen Lebensführung und Alltagskompetenz unter Einbeziehung ihrer sozialen Bezugspersonen,

g) Erhaltung, Wiederherstellung, Förderung, Aktivierung und Stabilisierung individueller Fähigkeiten der zu pflegenden Menschen insbesondere im Rahmen von Rehabilitationskonzepten sowie die Pflege und Betreuung bei Einschränkungen der kognitiven Fähigkeiten,

h) Einleitung lebenserhaltender Sofortmaßnahmen bis zum Eintreffen der Ärztin oder des Arztes und Durchführung von Maßnahmen in Krisen- und Katastrophensituationen,

i) Anleitung, Beratung und Unterstützung von anderen Berufsgruppen und Ehrenamtlichen in den jeweiligen Pflegekontexten sowie Mitwirkung an der praktischen Ausbildung von Angehörigen von Gesundheitsberufen,

2. ärztlich angeordnete Maßnahmen eigenständig durchzuführen, insbesondere Maßnahmen der medizinischen Diagnostik, Therapie oder Rehabilitation,

3. interdisziplinär mit anderen Berufsgruppen fachlich zu kommunizieren und effektiv zusammenzuarbeiten und dabei individuelle, multidisziplinäre und berufsübergreifende Lösungen bei Krankheitsbefunden und Pflegebedürftigkeit zu entwickeln sowie teamorientiert umzusetzen.

(4) Während der Ausbildung zur Pflegefachfrau oder zum Pflegefachmann werden ein professionelles, ethisch fundiertes Pflegeverständnis und ein berufliches Selbstverständnis entwickelt und gestärkt.

§ 6
Dauer und Struktur der Ausbildung

(1) Die Ausbildung zur Pflegefachfrau oder zum Pflegefachmann dauert unabhängig vom Zeitpunkt der staatlichen Abschlussprüfung in Vollzeitform drei Jahre, in Teilzeitform höchstens fünf Jahre. Sie besteht aus theoretischem und praktischem Unterricht und einer praktischen Ausbildung; der Anteil der praktischen Ausbildung überwiegt.

(2) Der theoretische und praktische Unterricht wird an staatlichen, staatlich genehmigten oder staatlich anerkannten Pflegeschulen nach § 9 auf der Grundlage eines von der Pflegeschule zu erstellenden schulinternen Curriculums erteilt. Das schulinterne Curriculum wird auf der Grundlage der Empfehlungen des Rahmenlehrplans nach § 53 Abs. 1 und 2 und der Vorgaben der Ausbildungs- und Prüfungsverordnung nach § 56 Abs. 1 und 2 erstellt. Die Länder können unter Beachtung der Vorgaben der Ausbildungs- und Prüfungsverordnung einen verbindlichen Lehrplan als Grundlage für die Erstellung der schulinternen Curricula der Pflegeschulen erlassen.

(3) Die praktische Ausbildung wird in den Einrichtungen nach § 7 auf der Grundlage eines vom Träger der praktischen Ausbildung zu erstellenden Ausbildungsplans

durchgeführt. Sie gliedert sich in Pflichteinsätze, einen Vertiefungseinsatz sowie weitere Einsätze. Wesentlicher Bestandteil der praktischen Ausbildung ist die von den Einrichtungen zu gewährleistende Praxisanleitung im Umfang von mindestens 10 Prozent der während eines Einsatzes zu leistenden praktischen Ausbildungszeit. Die Pflegeschule unterstützt die praktische Ausbildung durch die von ihr in angemessenem Umfang zu gewährleistende Praxisbegleitung.

(4) Die Pflegeschule, der Träger der praktischen Ausbildung und die weiteren an der praktischen Ausbildung beteiligten Einrichtungen wirken bei der Ausbildung auf der Grundlage entsprechender Kooperationsverträge zusammen.

(5) Zum Ende des zweiten Ausbildungsdrittels findet eine Zwischenprüfung statt.

§ 7
Durchführung der praktischen Ausbildung

(1) Die Pflichteinsätze in der allgemeinen Akutpflege in stationären Einrichtungen, der allgemeinen Langzeitpflege in stationären Einrichtungen und der allgemeinen ambulanten Akut- und Langzeitpflege werden in folgenden Einrichtungen durchgeführt:

1. zur Versorgung nach § 108 des Fünften Buches Sozialgesetzbuch zugelassenen Krankenhäusern,

2. zur Versorgung nach § 71 Abs. 2 und § 72 Abs. 1 des Elften Buches Sozialgesetzbuch zugelassenen stationären Pflegeeinrichtungen,

3. zur Versorgung nach § 71 Abs. 1 und § 72 Abs. 1 des Elften Buches Sozialgesetzbuch und nach § 37 des Fünften Buches Sozialgesetzbuch zugelassenen ambulanten Pflegeeinrichtungen.

(2) Die Pflichteinsätze in den speziellen Bereichen der pädiatrischen Versorgung und der allgemein-, geronto-, kinder- oder jugendpsychiatrischen Versorgung sowie weitere Einsätze können auch in anderen, zur Vermittlung der Ausbildungsinhalte geeigneten Einrichtungen durchgeführt werden.

(3) Die Pflichteinsätze nach Abs. 1 sowie der Pflichteinsatz in der pädiatrischen Versorgung nach Abs. 2 sollen vor der Zwischenprüfung nach § 6 Abs. 5 durchgeführt werden.

(4) Der Vertiefungseinsatz soll beim Träger der praktischen Ausbildung in einem der Bereiche, in denen bereits ein Pflichteinsatz stattgefunden hat, durchgeführt werden. Der Vertiefungseinsatz im Bereich des Pflichteinsatzes nach Abs. 1 Nummer 3 kann auf den Bereich der ambulanten Langzeitpflege ausgerichtet werden. Insgesamt soll der überwiegende Teil der praktischen Ausbildung beim Träger der praktischen Ausbildung stattfinden. Das Nähere regelt die Ausbildungs- und Prüfungsverordnung nach § 56 Abs. 1.

(5) Die Geeignetheit von Einrichtungen nach den Absätzen 1 und 2 zur Durchführung von Teilen der praktischen Ausbildung bestimmt sich nach den jeweiligen landesrechtlichen Regelungen, wobei ein angemessenes Verhältnis von Auszubildenden zu Pflegefachkräften gewährleistet sein muss. Die zuständige Landesbehörde kann im Falle von Rechtsverstößen einer Einrichtung die Durchführung der Ausbildung untersagen.

(6) Die Länder können durch Landesrecht bestimmen, dass eine Ombudsstelle zur Beilegung von Streitigkeiten zwischen der oder dem Auszubildenden und dem Träger der praktischen Ausbildung bei der zuständigen Stelle nach § 26 Abs. 4 eingerichtet wird.

§ 8
Träger der praktischen Ausbildung

(1) Der Träger der praktischen Ausbildung trägt die Verantwortung für die Durchführung der praktischen Ausbildung einschließlich ihrer Organisation. Er schließt mit der oder dem Auszubildenden einen Ausbildungsvertrag.

(2) Träger der praktischen Ausbildung können ausschließlich Einrichtungen nach § 7 Abs. 1 sein,

1. die eine Pflegeschule selbst betreiben oder

2. die mit mindestens einer Pflegeschule einen Vertrag über die Durchführung des theoretischen und praktischen Unterrichts geschlossen haben.

(3) Der Träger der praktischen Ausbildung hat über Vereinbarungen mit den weiteren an der praktischen Ausbildung beteiligten Einrichtungen zu gewährleisten, dass

1. die vorgeschriebenen Einsätze der praktischen Ausbildung in den weiteren an der praktischen Ausbildung beteiligten Einrichtungen durchgeführt werden können und

2. die Ausbildung auf der Grundlage eines Ausbildungsplans zeitlich und sachlich gegliedert so durchgeführt werden kann, dass das Ausbildungsziel in der vorgesehenen Zeit erreicht werden kann.

(4) Die Aufgaben des Trägers der praktischen Ausbildung nach Abs. 3 können von einer Pflegeschule wahrgenommen werden, wenn Trägeridentität besteht oder soweit der Träger der praktischen Ausbildung die Wahrnehmung der Aufgaben durch Vereinbarung auf die Pflegeschule übertragen hat. Die Pflegeschule kann in diesem Rahmen auch zum Abschluss des Ausbildungsvertrags für den Träger der praktischen Ausbildung bevollmächtigt werden.

(5) Auszubildende sind für die gesamte Dauer der Ausbildung Arbeitnehmer im Sinne von § 5 des Betriebsverfassungsgesetzes oder von § 4 des Bundespersonalvertretungsgesetzes des Trägers der praktischen Ausbildung. Träger der praktischen Ausbildung bleibt auch in den Fällen des Absatzes 4 die Einrichtung nach den Absätzen 1 und 2.

§ 9

Mindestanforderungen an Pflegeschulen

(1) Pflegeschulen müssen folgende Mindestanforderungen erfüllen:

1. hauptberufliche Leitung der Schule durch eine pädagogisch qualifizierte Person mit einer abgeschlossenen Hochschulausbildung auf Master- oder vergleichbarem Niveau,

2. Nachweis einer im Verhältnis zur Zahl der Ausbildungsplätze angemessenen Zahl fachlich und pädagogisch qualifizierter Lehrkräfte mit entsprechender, insbesondere pflegepädagogischer, abgeschlossener Hochschulausbildung auf Master- oder vergleichbarem Niveau für die Durchführung des theoretischen Unterrichts sowie mit entsprechender, insbesondere pflegepädagogischer, abgeschlossener Hochschulausbildung für die Durchführung des praktischen Unterrichts,

3. Vorhandensein der für die Ausbildung erforderlichen Räume und Einrichtungen sowie ausreichender Lehr- und Lernmittel, die den Auszubildenden kostenlos zur Verfügung zu stellen sind.

(2) Das Verhältnis nach Abs. 1 Nummer 2 soll für die hauptberuflichen Lehrkräfte mindestens einer Vollzeitstelle auf 20 Ausbildungsplätze entsprechen. Eine geringere Anzahl von hauptberuflichen Lehrkräften ist nur vorübergehend zulässig.

(3) Die Länder können durch Landesrecht das Nähere zu den Mindestanforderungen nach den Absätzen 1 und 2 bestimmen und weitere, auch darüber hinausgehende Anforderungen festlegen. Sie können für die Lehrkräfte für die Durchführung des theoretischen Unterrichts nach Abs. 1 Nummer 2 befristet bis zum 31. Dezember 2029 regeln, inwieweit die erforderliche Hochschulausbildung nicht oder nur für einen Teil der Lehrkräfte auf Master- oder vergleichbarem Niveau vorliegen muss.

§ 10

Gesamtverantwortung der Pflegeschule

(1) Die Pflegeschule trägt die Gesamtverantwortung für die Koordination des Unterrichts mit der praktischen Ausbildung. Sie prüft, ob der Ausbildungsplan für die praktische Ausbildung den Anforderungen des schulinternen Curriculums entspricht. Ist dies nicht der Fall, ist der Träger der praktischen Ausbildung zur Anpassung des Ausbildungsplans verpflichtet.

(2) Die Pflegeschule überprüft anhand des von den Auszubildenden zu führenden Ausbildungsnachweises, ob die praktische Ausbildung gemäß dem Ausbildungsplan durchgeführt wird. Die an der praktischen Ausbildung beteiligten Einrichtungen unterstützen die Pflegeschule bei der Durchführung der von dieser zu leistenden Praxisbegleitung.

§ 11
Voraussetzungen für den Zugang zur Ausbildung

(1) Voraussetzung für den Zugang zu der Ausbildung zur Pflegefachfrau oder zum Pflegefachmann ist

1. der mittlere Schulabschluss oder ein anderer als gleichwertig anerkannter Abschluss oder

2. der Hauptschulabschluss oder ein anderer als gleichwertig anerkannter Abschluss, zusammen mit dem Nachweis

   a) einer erfolgreich abgeschlossenen Berufsausbildung von mindestens zweijähriger Dauer,

   b) einer erfolgreich abgeschlossenen landesrechtlich geregelten Assistenz- oder Helferausbildung in der Pflege von mindestens einjähriger Dauer, die die von der Arbeits- und Sozialministerkonferenz 2012 und von der Gesundheitsministerkonferenz 2013 als Mindestanforderungen beschlossenen „Eckpunkte für die in Länderzuständigkeit liegenden Ausbildungen zu Assistenz- und Helferberufen in der Pflege" (BAnz AT 17.02.2016 B3) erfüllt,

   c) einer bis zum 31. Dezember 2019 begonnenen, erfolgreich abgeschlossenen landesrechtlich geregelten Ausbildung in der Krankenpflegehilfe oder Altenpflegehilfe von mindestens einjähriger Dauer oder

   d) einer auf der Grundlage des Krankenpflegegesetzes vom 4. Juni 1985 (BGBl. I S. 893), das durch Artikel 18 des Gesetzes vom 16. Juli 2003 (BGBl. I S. 1442) aufgehoben worden ist, erteilten Erlaubnis als Krankenpflegehelferin oder Krankenpflegehelfer,

   oder

3. der erfolgreiche Abschluss einer sonstigen zehnjährigen allgemeinen Schulbildung.

(2) § 2 Nummer 2 bis 4 findet entsprechende Anwendung.

§ 12
Anrechnung gleichwertiger Ausbildungen

(1) Die zuständige Behörde kann auf Antrag eine andere erfolgreich abgeschlossene Ausbildung oder erfolgreich abgeschlossene Teile einer Ausbildung im Umfang ihrer Gleichwertigkeit bis zu zwei Dritteln der Dauer einer Ausbildung nach § 6 Abs. 1 Satz 1 anrechnen. Das Erreichen des Ausbildungsziels darf durch die Anrechnung nicht gefährdet werden.

(2) Ausbildungen, die die von der Arbeits- und Sozialministerkonferenz 2012 und von der Gesundheitsministerkonferenz 2013 als Mindestanforderungen beschlossenen „Eckpunkte für die in Länderzuständigkeit liegenden Ausbildungen zu Assistenz- und

Helferberufen in der Pflege" (BAnz AT 17.02.2016 B3) erfüllen, sind auf Antrag auf ein Drittel der Dauer der Ausbildung nach § 6 Abs. 1 Satz 1 anzurechnen.

§ 13
Anrechnung von Fehlzeiten

(1) Auf die Dauer der Ausbildung werden angerechnet:

    1.   Urlaub, einschließlich Bildungsurlaub oder Ferien,

    2.   Fehlzeiten wegen Krankheit oder aus anderen, von der Auszubildenden oder dem Auszubildenden nicht zu vertretenden Gründen

        a)   bis zu 10 Prozent der Stunden des theoretischen und praktischen Unterrichts sowie

        b)   bis zu 10 Prozent der Stunden der praktischen Ausbildung nach Maßgabe der Ausbildungs- und Prüfungsverordnung,

    3.   Fehlzeiten aufgrund mutterschutzrechtlicher Beschäftigungsverbote bei Auszubildenden, die einschließlich der Fehlzeiten nach Nummer 2 eine Gesamtdauer von 14 Wochen nicht überschreiten.

(2) Auf Antrag kann die zuständige Behörde auch über Abs. 1 hinausgehende Fehlzeiten berücksichtigen, wenn eine besondere Härte vorliegt und das Erreichen des Ausbildungsziels durch die Anrechnung nicht gefährdet wird. Ist eine Anrechnung der Fehlzeiten nicht möglich, kann die Ausbildungsdauer entsprechend verlängert werden.

(3) Freistellungsansprüche nach dem Betriebsverfassungsgesetz, dem Bundespersonalvertretungsgesetz oder den Landespersonalvertretungsgesetzen bleiben unberührt.

§ 14
Ausbildung im Rahmen von Modellvorhaben nach § 63 Abs. 3c des Fünften Buches Sozialgesetzbuch

(1) Zur zeitlich befristeten Erprobung von Ausbildungsangeboten, die der Weiterentwicklung des nach diesem Gesetz geregelten Berufs im Rahmen von Modellvorhaben nach § 63 Abs. 3c des Fünften Buches Sozialgesetzbuch dienen, können über die in § 5 beschriebenen Aufgaben hinausgehende erweiterte Kompetenzen zur Ausübung heilkundlicher Tätigkeiten vermittelt werden. Dabei darf die Erreichung des Ausbildungsziels nicht gefährdet sein.

(2) Soweit die Ausbildung nach Abs. 1 über die in diesem Gesetz und die in der Ausbildungs- und Prüfungsverordnung nach § 56 Abs. 1 geregelten Ausbildungsinhalte hinausgeht, werden die Ausbildungsinhalte in gesonderten schulinternen Curricula der Pflegeschulen und Ausbildungsplänen der Träger der praktischen Ausbildung festgelegt.

(3) Die schulinternen Curricula und Ausbildungspläne nach Abs. 2 sind gemeinsam vom Bundesministerium für Familie, Senioren, Frauen und Jugend und vom Bundesministerium für Gesundheit zu genehmigen. Die Genehmigung setzt voraus, dass sich die erweiterte Ausbildung auf ein vereinbartes Modellvorhaben nach § 63 Abs. 3c des Fünften Buches Sozialgesetzbuch bezieht und die Ausbildung geeignet ist, die zur Durchführung dieses Modellvorhabens erforderliche Qualifikation zu vermitteln.

(4) Abweichend von Abs. 3 Satz 2 kann die Fachkommission nach § 53 für die zusätzliche Ausbildung standardisierte Module entwickeln, die gemeinsam vom Bundesministerium für Familie, Senioren, Frauen und Jugend und vom Bundesministerium für Gesundheit auch ohne Vorliegen eines vereinbarten Modellvorhabens nach § 63 Abs. 3c des Fünften Buches Sozialgesetzbuch genehmigt werden können. Die Genehmigung der standardisierten Module erfolgt einmalig; Änderungen bedürfen einer erneuten Genehmigung.

(5) Die Ausbildungsdauer nach § 6 Abs. 1 Satz 1 ist nach Maßgabe der genehmigten schulinternen Curricula und Ausbildungspläne entsprechend zu verlängern.

(6) Die staatliche Abschlussprüfung erstreckt sich auch auf die mit der zusätzlichen Ausbildung erworbenen erweiterten Kompetenzen.

(7) Die Absätze 1 bis 5 gelten entsprechend für Personen, die bereits zur Führung der Berufsbezeichnung nach § 1 Abs. 1 berechtigt sind. Die erworbenen erweiterten Kompetenzen werden zum Abschluss des Ausbildungsangebots staatlich geprüft.

§ 15
Modellvorhaben zur Weiterentwicklung des Pflegeberufs

(1) Zur zeitlich befristeten Erprobung von Konzepten zur Durchführung der schulischen und praktischen Ausbildung können die Länder im Einvernehmen mit dem Bundesministerium für Familie, Senioren, Frauen und Jugend und dem Bundesministerium für Gesundheit Abweichungen von den §§ 6, 7 und 10 und den Vorschriften der Ausbildungs- und Prüfungsverordnung nach § 56 Abs. 1, die sich nicht auf Inhalte oder Prüfungsvorgaben beziehen, zulassen, sofern das Erreichen der Ausbildungsziele nach § 5 nicht gefährdet wird und die Vereinbarkeit der Ausbildung mit der Richtlinie 2005/36/EG des Europäischen Parlaments und des Rates vom 7. September 2005 über die Anerkennung von Berufsqualifikationen (ABl. L 255 vom 30.9.2005, S. 22), die zuletzt durch den Delegierten Beschluss (EU) 2016/790 (ABl. L 134 vom 24.5.2016, S. 135) geändert worden ist, gewährleistet ist. Dabei können Teile des theoretischen Unterrichts nach § 6 Abs. 2 als Fernunterricht erteilt werden.

(2) Die Zulassung als Modellvorhaben setzt voraus, dass

1. das Erprobungsziel beschrieben wird und erkennen lässt, welche qualitativen Verbesserungen für die Pflegeausbildung unter Beachtung der berufsfeldspezifischen Anforderungen erwartet werden,

2. eine sachgerecht begleitende und abschließende wissenschaftliche Evaluierung des Modellvorhabens gewährleistet ist und

3. die Laufzeit des Modellvorhabens fünf Jahre nicht überschreitet und eine Verlängerung um höchstens zwei Jahre anhand der Evaluierungsergebnisse zu begründen ist.

Abschnitt 2
Ausbildungsverhältnis

§ 16
Ausbildungsvertrag

(1) Zwischen dem Träger der praktischen Ausbildung und der oder dem Auszubildenden ist ein schriftlicher Ausbildungsvertrag nach Maßgabe der Vorschriften dieses Abschnitts zu schließen.

(2) Der Ausbildungsvertrag muss mindestens Folgendes enthalten:

1. die Bezeichnung des Berufs, zu dem nach den Vorschriften dieses Gesetzes ausgebildet wird sowie den gewählten Vertiefungseinsatz einschließlich einer Ausrichtung nach § 7 Abs. 4 Satz 2,

2. den Beginn und die Dauer der Ausbildung,

3. Angaben über die der Ausbildung zugrundeliegende Ausbildungs- und Prüfungsverordnung,

4. eine Darstellung der inhaltlichen und zeitlichen Gliederung der praktischen Ausbildung (Ausbildungsplan),

5. die Verpflichtung der Auszubildenden oder des Auszubildenden zum Besuch der Ausbildungsveranstaltungen der Pflegeschule,

6. die Dauer der regelmäßigen täglichen oder wöchentlichen praktischen Ausbildungszeit,

7. die Dauer der Probezeit,

8. Angaben über Zahlung und Höhe der Ausbildungsvergütung einschließlich des Umfangs etwaiger Sachbezüge nach § 19 Abs. 2,

9. die Dauer des Urlaubs,

10. die Voraussetzungen, unter denen der Ausbildungsvertrag gekündigt werden kann, und

11. einen in allgemeiner Form gehaltenen Hinweis auf die dem Ausbildungsvertrag gegebenenfalls zugrunde liegenden tariflichen Bestimmungen, Betriebs- oder Dienstvereinbarungen sowie auf die Rechte als Arbeitnehmer im Sinne von § 5 des Betriebsverfassungsgesetzes oder von § 4 des Bundespersonalvertretungsgesetzes des Trägers der praktischen Ausbildung.

(3) Der Ausbildungsvertrag ist von einer vertretungsberechtigten Person des Trägers der praktischen Ausbildung und der oder dem Auszubildenden, bei Minderjährigen auch von deren gesetzlichen Vertretern, zu unterzeichnen. Eine Ausfertigung des unterzeichneten Ausbildungsvertrages ist der oder dem Auszubildenden und deren gesetzlichen Vertretern auszuhändigen.

(4) Auf den Ausbildungsvertrag sind, soweit sich aus seinem Wesen und Zweck sowie aus diesem Gesetz nichts anderes ergibt, die für Arbeitsverträge geltenden Rechtsvorschriften und Rechtsgrundsätze anzuwenden.

(5) Änderungen des Ausbildungsvertrages bedürfen der Schriftform. Auch eine Änderung des Vertiefungseinsatzes ist bis zu dessen Beginn jederzeit in beiderseitigem Einverständnis möglich. Die Absätze 2 bis 4 gelten entsprechend.

(6) Der Ausbildungsvertrag bedarf zu seiner Wirksamkeit im Falle des § 8 Abs. 2 Nummer 2 der schriftlichen Zustimmung der Pflegeschule. Liegt die Zustimmung bei Vertragsschluss nicht vor, ist sie unverzüglich durch den Träger der praktischen Ausbildung einzuholen. Hierauf ist der oder die Auszubildende und sind bei minderjährigen Auszubildenden auch deren gesetzliche Vertreter hinzuweisen.

§ 17
Pflichten der Auszubildenden

Die oder der Auszubildende hat sich zu bemühen, die in § 5 genannten Kompetenzen zu erwerben, die erforderlich sind, um das Ausbildungsziel zu erreichen. Sie oder er ist insbesondere verpflichtet,

1. an den vorgeschriebenen Ausbildungsveranstaltungen der Pflegeschule teilzunehmen,

2. die ihr oder ihm im Rahmen der Ausbildung übertragenen Aufgaben sorgfältig auszuführen,

3. einen schriftlichen Ausbildungsnachweis zu führen,

4. die für Beschäftigte in den Einrichtungen nach § 7 geltenden Bestimmungen über die Schweigepflicht einzuhalten und über Betriebsgeheimnisse Stillschweigen zu wahren und

5. die Rechte der zu pflegenden Menschen zu achten.

§ 18
Pflichten des Trägers der praktischen Ausbildung

(1) Der Träger der praktischen Ausbildung ist verpflichtet,

1. die Ausbildung in einer durch ihren Zweck gebotenen Form auf der Grundlage des Ausbildungsplans zeitlich und sachlich gegliedert so durchzufuhren, dass das Ausbildungsziel in der vorgesehenen Zeit erreicht werden kann,

2. zu gewährleisten, dass die nach § 16 Abs. 2 Nummer 4 vereinbarten Einsätze der praktischen Ausbildung durchgefuhrt werden können,

3. sicherzustellen, dass die nach § 6 Abs. 3 Satz 3 zu gewährleistende Praxisanleitung der oder des Auszubildenden im Umfang von mindestens 10 Prozent der während eines Einsatzes zu leistenden praktischen Ausbildungszeit stattfmdet,

4. der oder dem Auszubildenden kostenlos die Ausbildungsmittel einschließlich der Fachbücher, Instrumente und Apparate zur Verfügung zu stellen, die zur praktischen Ausbildung und zum Ablegen der staatlichen Abschlussprüfung erforderlich sind, und

5. die Auszubildende oder den Auszubildenden für die Teilnahme an Ausbildungsveranstaltungen der Pflegeschule und für die Teilnahme an Prüfungen freizustellen und bei der Gestaltung der Ausbildung auf die erforderlichen Lern- und Vorbereitungszeiten Rücksicht zu nehmen.

(2) Der oder dem Auszubildenden dürfen nur Aufgaben übertragen werden, die dem Ausbildungszweck und dem Ausbildungsstand entsprechen; die übertragenen Aufgaben müssen den physischen und psychischen Kräften der Auszubildenden angemessen sein.

§ 19
Ausbildungsvergütung

(1) Der Träger der praktischen Ausbildung hat der oder dem Auszubildenden für die gesamte Dauer der Ausbildung eine angemessene Ausbildungsvergütung zu zahlen. Die oder der Auszubildende steht den zur Berufsausbildung Beschäftigten im Sinne sozialversicherungsrechtlicher Bestimmungen gleich.

(2) Sachbezüge können in der Höhe der Werte, die durch Rechtsverordnung nach § 17 Abs. 1 Satz 1 Nummer 4 des Vierten Buches Sozialgesetzbuch bestimmt sind, angerechnet werden; sie dürfen jedoch 75 Prozent der Bruttovergütung nicht überschreiten. Kann die oder der Auszubildende aus berechtigtem Grund Sachbezüge nicht abnehmen, so sind diese nach den Sachbezugswerten abzugelten. Eine Anrechnung von Sachbezügen ist nur zulässig, soweit dies im Ausbildungsvertrag vereinbart worden ist.

(3) Eine über die vereinbarte regelmäßige tägliche oder wöchentliche Ausbildungszeit hinausgehende Beschäftigung ist nur ausnahmsweise zulässig und besonders zu vergüten oder in Freizeit auszugleichen.

§ 20
Probezeit

Das Ausbildungsverhältnis beginnt mit der Probezeit. Die Probezeit beträgt sechs Monate, sofern sich aus tarifvertraglichen Regelungen keine andere Dauer ergibt.

§ 21
Ende des Ausbildungsverhältnisses

(1) Das Ausbildungsverhältnis endet unabhängig vom Zeitpunkt der staatlichen Abschlussprüfung mit Ablauf der Ausbildungszeit.

(2) Besteht die oder der Auszubildende die staatliche Prüfung nicht oder kann sie oder er ohne eigenes Verschulden die staatliche Prüfung nicht vor Ablauf der Ausbildung ablegen, so verlängert sich das Ausbildungsverhältnis auf schriftliches Verlangen gegenüber dem Träger der praktischen Ausbildung bis zur nächstmöglichen Wiederholungsprüfung, höchstens jedoch um ein Jahr.

§ 22
Kündigung des Ausbildungsverhältnisses

(1) Während der Probezeit kann das Ausbildungsverhältnis von jedem Vertragspartner jederzeit ohne Einhaltung einer Kündigungsfrist gekündigt werden.

(2) Nach der Probezeit kann das Ausbildungsverhältnis nur gekündigt werden

1. von jedem Vertragspartner ohne Einhalten einer Kündigungsfrist bei Vorliegen eines wichtigen Grundes,

2. von der oder dem Auszubildenden mit einer Kündigungsfrist von vier Wochen.

(3) Die Kündigung muss schriftlich erfolgen. Bei einer Kündigung durch den Träger der praktischen Ausbildung ist das Benehmen mit der Pflegeschule herzustellen. In den Fällen des Absatzes 2 Nummer 1 sind die Kündigungsgründe anzugeben.

(4) Eine Kündigung aus einem wichtigen Grund ist unwirksam, wenn die ihr zugrunde liegenden Tatsachen der kündigungsberechtigten Person länger als 14 Tage bekannt sind. Ist ein vorgesehenes Güteverfahren vor einer außergerichtlichen Stelle eingeleitet, so wird bis zu dessen Beendigung der Lauf dieser Frist gehemmt.

§ 23
Beschäftigung im Anschluss an das Ausbildungsverhältnis

Wird die oder der Auszubildende im Anschluss an das Ausbildungsverhältnis beschäftigt, ohne dass hierüber ausdrücklich etwas vereinbart worden ist, so gilt ein Arbeitsverhältnis auf unbestimmte Zeit als begründet.

§ 24
Nichtigkeit von Vereinbarungen

(1) Eine Vereinbarung, die zu Ungunsten der oder des Auszubildenden von den übrigen Vorschriften dieses Abschnitts abweicht, ist nichtig.

(2) Eine Vereinbarung, durch die die oder der Auszubildende für die Zeit nach Beendigung des Ausbildungsverhältnisses in der Ausübung ihrer oder seiner beruflichen Tätigkeit beschränkt wird, ist nichtig. Dies gilt nicht, wenn die oder der Auszubildende innerhalb der letzten drei Monate des Ausbildungsverhältnisses für die Zeit nach dessen Beendigung ein Arbeitsverhältnis eingeht.

(3) Nichtig ist auch eine Vereinbarung über

1. die Verpflichtung der oder des Auszubildenden, für die praktische Ausbildung eine Entschädigung oder für die Teilnahme am theoretischen und praktischen Unterricht an der Pflegeschule eine Vergütung oder ein Schulgeld zu zahlen,

2. Vertrags strafen,

3. den Ausschluss oder die Beschränkung von Schadensersatzansprüchen und

4. die Festsetzung der Höhe eines Schadensersatzes in Pauschalbeträgen.

§ 25
Ausschluss der Geltung von Vorschriften dieses Abschnitts

Die §§ 16 bis 24 finden keine Anwendung auf Auszubildende, die Diakonissen, Diakonieschwestern oder Mitglieder geistlicher Gemeinschaften sind.

Abschnitt 3
Finanzierung der beruflichen Ausbildung in der Pflege

§ 26
Grundsätze der Finanzierung

(1) Mit dem Ziel,

1. bundesweit eine wohnortnahe qualitätsgesicherte Ausbildung sicherzustellen,

2. eine ausreichende Zahl qualifizierter Pflegefachfrauen und Pflegefachmänner auszubilden,

3. Nachteile im Wettbewerb zwischen ausbildenden und nicht ausbildenden Einrichtungen zu vermeiden,

4. die Ausbildung in kleineren und mittleren Einrichtungen zu stärken und

5. wirtschaftliche Ausbildungsstrukturen zu gewährleisten,

werden die Kosten der Pflegeausbildung nach Teil 2 durch Ausgleichsfonds nach Maßgabe von § 26 Abs. 2 bis § 36 finanziert.

(2) Die Ausgleichsfonds werden auf Landesebene organisiert und verwaltet.

(3) An der Finanzierung der Ausgleichsfonds nehmen teil:

1. Krankenhäuser nach § 7 Abs. 1 Nummer 1,

2. stationäre und ambulante Pflegeeinrichtungen nach § 7 Abs. 1 Nummer 2 und 3,

3. das jeweilige Land,

4. die soziale Pflegeversicherung und die private Pflege-Pflichtversicherung.

(4) Die zuständige Stelle im Land ermittelt den erforderlichen Finanzierungsbedarf nach § 32 und erhebt Umlagebeträge bei den Einrichtungen nach § 33 Abs. 3 und 4. Sie verwaltet die eingehenden Beträge nach § 33 Abs. 1 einschließlich der Beträge aus Landesmitteln nach § 33 Abs. 1 Nummer 3 sowie der Beträge nach § 33 Abs. 1 Nummer 4 als Sondervermögen und zahlt Ausgleichszuweisungen an die Träger der praktischen Ausbildung und die Pflegeschulen aus.

(5) Finanzierungs- und Abrechnungszeitraum ist jeweils das Kalenderjahr.

(6) Das jeweilige Land bestimmt die zuständige Stelle nach Abs. 4 und kann ergänzende Regelungen erlassen. Es bestimmt ebenfalls die zuständige Behörde nach § 30 Abs. 1 sowie eine weitere Behörde, die die Vertreter des Landes nach § 36 Abs. 2 entsendet. Die zuständige Stelle unterliegt der Rechtsaufsicht des zuständigen Landesministeriums. Die Aufgaben der zuständigen Stelle nach Abs. 4 können im Wege der Beleihung auf eine zur Wahrnehmung dieser Aufgaben geeignete juristische Person des Privatrechts, die die Gewähr für eine sachgerechte Aufgabenerledigung bietet, übertragen

werden. Diese Aufgabenübertragung kann mit Auflagen verbunden werden und ist widerruflich. Satz 3 gilt entsprechend.

(7) Die Bestimmung der zuständigen Stelle kann länderübergreifend erfolgen.

§ 27
Ausbildungskosten

(1) Kosten der Pflegeberufsausbildung sind die Mehrkosten der Ausbildungsvergütungen und die Kosten der praktischen Ausbildung einschließlich der Kosten der Praxisanleitung. Zu den Ausbildungskosten gehören auch die Betriebskosten der Pflegeschulen nach § 6 Abs. 2 einschließlich der Kosten der Praxisbegleitung. Nicht zu den Ausbildungskosten gehören die Investitionskosten. Investitionskosten sind Aufwendungen für Maßnahmen einschließlich Kapitalkosten, die dazu bestimmt sind, die für den jeweiligen Betrieb notwendigen Gebäude und sonstigen abschreibungsfähigen Anlagegüter herzustellen, anzuschaffen, wiederzubeschaffen oder zu ergänzen.

(2) Bei der Ermittlung der Mehrkosten der Ausbildungsvergütung sind Personen, die nach Teil 2 dieses Gesetzes in der Pflege ausgebildet werden, in Krankenhäusern und in stationären Pflegeeinrichtungen im Verhältnis 9,5 zu 1 auf die Stelle einer voll ausgebildeten Pflegefachkraft anzurechnen; bei ambulanten Pflegeeinrichtungen erfolgt eine Anrechnung im Verhältnis von 14 zu 1.

§ 28
Umlageverfahren

(1) Die Finanzierung der Ausgleichsfonds durch Krankenhäuser und ambulante und stationäre Pflegeeinrichtungen erfolgt über landesweite Umlageverfahren nach Maßgabe des Absatzes 2 und der §§ 29 bis 35.

(2) Die an den Umlageverfahren teilnehmenden Krankenhäuser können die auf sie entfallenden Umlagebeträge zusätzlich zu den Entgelten oder Vergütungen für ihre Leistungen als Ausbildungszuschläge erheben; für ambulante und stationäre Pflegeeinrichtungen sind die auf sie entfallenden Umlagebeträge in der Vergütung der allgemeinen Pflegeleistungen (§ 84 Abs. 1, § 89 des Elften Buches Sozialgesetzbuch) berücksichtigungsfähig.

§ 29
Ausbildungsbudget, Grundsätze

(1) Die Träger der praktischen Ausbildung und die Pflegeschulen erhalten für einen zukünftigen Zeitraum (Finanzierungszeitraum) ein Ausbildungsbudget zur Finanzierung der Ausbildungskosten. Das Ausbildungsbudget des Trägers der praktischen Ausbildung umfasst auch die Ausbildungskosten der weiteren an der praktischen Ausbildung beteiligten Einrichtungen nach § 8 Abs. 3; es setzt sich zusammen aus

den voraussichtlichen Mehrkosten der Ausbildungsvergütung und aus den Kosten der praktischen Ausbildung je Auszubildender oder je Auszubildendem.

(2) Das Ausbildungsbudget soll die Kosten der Ausbildung bei wirtschaftlicher Betriebsgröße und wirtschaftlicher Betriebsführung decken. Die Bezahlung tarifvertraglich vereinbarter Vergütungen sowie entsprechender Vergütungen nach kirchlichen Arbeitsrechtsregelungen kann nicht als unwirtschaftlich abgelehnt werden. Grundlage des Ausbildungsbudgets sind die Ausbildungszahlen, die an die zuständige Stelle gemeldet werden, ebenso wie die Höhe der Mehrkosten der Ausbildungsvergütung. Mehrkosten der Ausbildungsvergütungen dürfen nicht unangemessen sein; sie können nicht als unangemessen beanstandet werden, soweit ihnen tarifvertraglich vereinbarte Ausbildungsvergütungen sowie entsprechende Vergütungen nach kirchlichen Arbeitsrechtsregelungen zugrunde liegen.

(3) Die für den Finanzierungszeitraum zu erwartenden Kostenentwicklungen sind zu berücksichtigen. Die Ausbildung in der Region darf nicht gefährdet werden. Soweit eine Pflegeschule in der Region erforderlich ist, zum Beispiel weil die Entfernungen und Fahrzeiten zu anderen Pflegeschulen nicht zumutbar sind, können auch langfristig höhere Finanzierungsbeträge vorgesehen werden. Die Parteien nach § 31 Abs. 1 können Strukturverträge schließen, die den Ausbau, die Schließung oder die Zusammenlegung von Pflegeschulen finanziell unterstützen und zu wirtschaftlichen Ausbildungsstrukturen führen. § 27 Abs. 1 Satz 3 gilt entsprechend.

(4) Soweit Ausbildungskosten nach anderen Vorschriften aufgebracht werden, ist dies bei der Festlegung des Ausbildungsbudgets mindernd zu berücksichtigen.

(5) Das Ausbildungsbudget erfolgt als Pauschalbudget nach § 30. Es wird als Individualbudget vereinbart, wenn dies das jeweilige Land oder die Parteien nach Abs. 6 übereinstimmend bis zum 15. Januar des Vorjahres des Finanzierungszeitraums schriftlich erklären. Diese Erklärungen können auch nur für die Finanzierung der Träger der praktischen Ausbildung oder die Finanzierung der Pflegeschulen abgegeben werden.

(6) Die Erklärungen der Parteien nach Abs. 5 erfolgen für die Finanzierung der Träger der praktischen Ausbildung von den Parteien nach § 30 Abs. 1 Satz 1 und für die Finanzierung der Pflegeschulen von den Parteien nach § 30 Abs. 1 Satz 2. Eine ausdrückliche Enthaltungserklärung ist zulässig. Ist eine der Parteien durch mehrere Vertreter vertreten, gilt die Erklärung der Partei dann als abgegeben, wenn entsprechende Erklärungen von der jeweiligen Mehrheit der Vertreter dieser Partei abgegeben worden sind.

(7) Das Land und die Parteien sind an ihre Erklärungen für den folgenden Finanzierungszeitraum gebunden. Darüber hinaus gelten die Erklärungen nach Abs. 5 bis zu einer abweichenden Erklärung fort. Die abweichenden Erklärungen können ebenfalls bis zum 15. Januar des Vorjahres des jeweiligen Finanzierungszeitraums abgegeben werden.

§ 30
Pauschalbudgets

(1) Die zuständige Behörde des Landes, die Landeskrankenhausgesellschaft, die Vereinigungen der Träger der ambulanten oder stationären Pflegeeinrichtungen im Land, die Landesverbände der Kranken- und Pflegekassen sowie der Landesausschuss des Verbandes der privaten Krankenversicherung legen durch gemeinsame Vereinbarungen Pauschalen zu den Kosten der praktischen Ausbildung fest. Die gemeinsame Vereinbarung der Pauschalen zu den Ausbildungskosten der Pflegeschulen wird von der zuständigen Behörde des Landes, den Landesverbänden der Kranken- und Pflegekassen, dem Landesausschuss des Verbandes der privaten Krankenversicherung sowie von Interessenvertretungen der öffentlichen und der privaten Pflegeschulen auf Landesebene getroffen. Keiner Pauschalierung zugänglich sind die Mehrkosten der Ausbildungsvergütung.

(2) Kommt eine Vereinbarung bis zum 30. April des Vorjahres des Finanzierungszeitraums nicht zustande, entscheidet auf Antrag einer Vertragspartei die Schiedsstelle nach § 36 innerhalb von sechs Wochen.

(3) Die Pauschalen sind alle zwei Jahre anzupassen. Kommt bis zum 30. Juni des Vorjahres des hierauf folgenden Finanzierungszeitraums eine neue Vereinbarung weder durch Vereinbarung noch durch Schiedsspruch zustande, gilt die bisherige Pauschalvereinbarung fort. Abweichend von Satz 1 kann die Pauschalvereinbarung von jedem der Beteiligten mit Wirkung für alle bis zum 1. Januar des Vorjahres des Finanzierungszeitraums gekündigt werden.

(4) Der Träger der praktischen Ausbildung und die Pflegeschule teilen der zuständigen Stelle die voraussichtliche Zahl der Ausbildungsverhältnisse beziehungsweise die voraussichtlichen Schülerzahlen sowie die voraussichtlichen Mehrkosten der Ausbildungsvergütung und das sich daraus ergebende Gesamtbudget mit. Dabei ist auch die Höhe der voraussichtlich für jeden Auszubildenden anfallenden Ausbildungsvergütung mitzuteilen. Die angenommenen Ausbildungs- oder Schülerzahlen werden näher begründet. Die zuständige Stelle setzt auf Grundlage der Mitteilungen nach den Sätzen 1 bis 3 das Ausbildungsbudget fest; sie weist unangemessene Ausbildungsvergütungen und unplausible Ausbildungs- und Schülerzahlen zurück.

(5) Erfolgt eine Mitteilung nach Abs. 4 Satz 1 bis 3 nicht oder nicht vollständig innerhalb von für die Mitteilung vorgegebenen Fristen oder wurden bestimmte Angaben in der Mitteilung nach Abs. 4 Satz 4 zurückgewiesen und werden die zurückgewiesenen Angaben nicht fristgerecht nachträglich mitgeteilt, nimmt die zuständige Stelle eine Schätzung vor.

§ 31
Individualbudgets

(1) Werden die Ausbildungsbudgets nach § 29 Abs. 5 Satz 2 und 3 individuell vereinbart, sind Parteien der Budgetverhandlung

   1. der Träger der praktischen Ausbildung oder die Pflegeschule,

   2. die zuständige Behörde des Landes und

   3. die Kranken- und Pflegekassen oder deren Arbeitsgemeinschaften, soweit auf sie im Jahr vor Beginn der Budgetverhandlungen mehr als 5 Prozent der Belegungs- und Berechnungstage oder der betreuten Pflegebedürftigen bei ambulanten Pflegediensten bei einem der kooperierenden Träger der praktischen Ausbildung entfallen.

Pflegeschulen und Träger der praktischen Ausbildung können vereinbaren, dass das Ausbildungsbudget des Trägers der praktischen Ausbildung die Ausbildungskosten der Pflegeschule mit umfasst und vom Träger der praktischen Ausbildung mit verhandelt werden.

(2) Die Verhandlungen nach Abs. 1 sind zügig zu führen. Vor Beginn der Verhandlungen hat der Träger der praktischen Ausbildung den Beteiligten rechtzeitig Nachweise und Begründungen insbesondere über Anzahl der voraussichtlich belegten Ausbildungsplätze und die Ausbildungskosten vorzulegen sowie im Rahmen der Verhandlungen zusätzliche Auskünfte zu erteilen, soweit diese erforderlich sind und nicht außer Verhältnis stehen. Satz 2 gilt für die Pflegeschulen entsprechend.

(3) Kommt eine Vereinbarung über ein Ausbildungsbudget für den Finanzierungszeitraum nicht innerhalb von zwei Monaten nach Vorlage von Verhandlungsunterlagen zustande, entscheidet auf Antrag einer Vertragspartei die Schiedsstelle nach § 36 innerhalb von sechs Wochen.

(4) Die Parteien nach Abs. 1 teilen der zuständigen Stelle gemeinsam die Höhe der vereinbarten oder der von der Schiedsstelle nach Abs. 3 festgesetzten Ausbildungsbudgets und den jeweiligen Träger der praktischen Ausbildung mit. Dabei geben sie die Zahl der Ausbildungsplätze sowie die voraussichtlichen Mehrkosten der Ausbildungsvergütung unter Mitteilung der Höhe der voraussichtlich für jeden Auszubildenden anfallenden Ausbildungsvergütung an, die der Vereinbarung oder der Festsetzung zugrunde gelegt worden sind. Die zuständige Stelle weist unangemessene Ausbildungsvergütungen zurück.

(5) Erfolgt eine Mitteilung nach Abs. 4 Satz 1 und 2 nicht oder nicht vollständig innerhalb von für die Mitteilung vorgegebenen Fristen oder wurden bestimmte Angaben in der Mitteilung nach Abs. 4 Satz 3 zurückgewiesen und werden die zurückgewiesenen Angaben nicht fristgerecht nachträglich mitgeteilt, nimmt die zuständige Stelle eine Schätzung vor.

§ 32
Höhe des Finanzierungsbedarfs; Verwaltungskosten

(1) Die zuständige Stelle ermittelt für den jeweiligen Finanzierungszeitraum die Höhe des Finanzierungsbedarfs für die Pflegeausbildung im Land aus

1. der Summe aller Ausbildungsbudgets eines Landes nach den §§ 30 und 31,

2. einem Aufschlag auf diese Summen von 3 Prozent zur Bildung einer Liquiditätsreserve, die die erforderlichen Mittel abdeckt für in der Meldung des Ausbildungsbudgets nach § 30 Abs. 4 und nach § 31 Abs. 4 noch nicht berücksichtigte Ausbildungsverhältnisse sowie für Forderungsausfälle und Zahlungsverzüge.

Schätzungen nach § 30 Abs. 5 und § 31 Abs. 5 stehen den bei der Ermittlung des Finanzierungsbedarfs festgesetzten oder vereinbarten Ausbildungsbudget gleich.

(2) Die zuständige Stelle erhebt als Ausgleich für anfallende Verwaltungs- und Vollstreckungskosten 0,6 Prozent der sich aus Abs. 1 Nummer 1 ergebenden Summe (Verwaltungskostenpauschale). Dieser Betrag wird gesondert ausgewiesen und zum Finanzierungsbedarf nach Abs. 1 hinzugerechnet.

§ 33
Aufbringung des Finanzierungsbedarfs; Verordnungsermächtigung

(1) Der nach § 32 ermittelte Finanzierungsbedarf wird durch die Erhebung von Umlagebeträgen und Zahlungen nach § 26 Abs. 3 nach folgenden Anteilen aufgebracht:

1. 57,2380 Prozent durch Einrichtungen nach § 7 Abs. 1 Nummer 1,

2. 30,2174 Prozent durch Einrichtungen nach § 7 Abs. 1 Nummer 2 und 3,

3. 8,9446 Prozent durch das Land und

4. 3,6 Prozent durch Direktzahlung der sozialen Pflegeversicherung, wobei die private Pflege-Pflichtversicherung der sozialen Pflegeversicherung 10 Prozent ihrer Direktzahlung erstattet.

(2) Die Zahlungen nach Abs. 1 Nummer 1 und 2 werden als monatlicher Teilbetrag an die zuständige Stelle abgeführt. Soweit einer zur Zahlung eines Umlagebetrages verpflichteten Einrichtung infolge der praktischen Ausbildung eine Ausgleichszuweisung nach § 34 zusteht, kann die zuständige Stelle die Beträge miteinander verrechnen.

(3) Der von den Trägern der Einrichtungen nach § 7 Abs. 1 Nummer 1 zu zahlende Anteil kann als Teilbetrag des Ausbildungszuschlags je voll- und teilstationärem Fall nach § 17a Abs. 5 Satz 1 Nummer 2 des Krankenhausfinanzierungsgesetzes oder als eigenständiger Ausbildungszuschlag je voll- und teilstationärem Fall aufgebracht werden. Vereinbart wird die Höhe des Zuschlags oder des Teilbetrages durch die Vertragsparteien nach § 18 Abs. 1 Satz 2 des Krankenhausfinanzierungsgesetzes. Die Vertragsparteien teilen der zuständigen Stelle gemeinsam die Höhe des vereinbarten Zuschlags oder des Teilbetrages mit, die diesen Zuschlag als Umlagebetrag gegenüber den Einrichtungen nach Abs. 1 Nummer 1 festsetzt.

(4) Der von den Trägern der Einrichtungen nach § 7 Abs. 1 Nummer 2 und 3 zu zahlende Anteil nach Abs. 1 Nummer 2 wird über Ausbildungszuschläge aufgebracht. Die zuständige Stelle setzt gegenüber jeder Einrichtung den jeweils zu entrichtenden Umlagebetrag fest. Dafür wird der Anteil nach Abs. 1 Nummer 2 auf die Sektoren „voll- und teilstationär" und „ambulant" im Verhältnis der in diesen Sektoren beschäftigten Pflegefachkräfte aufgeschlüsselt. Einzelheiten zu dem Verfahren werden durch eine Umlageordnung nach § 56 Abs. 3 Nummer 3 festgelegt. Die Länder können ergänzende Regelungen erlassen.

(5) Die Zahlungen nach Abs. 1 Nummer 3 und 4 erfolgen je Finanzierungszeitraum als Einmalzahlung zwei Monate vor Fälligkeit der ersten Ausgleichszahlung. Die Direktzahlung der sozialen Pflegeversicherung sowie die Erstattung der privaten Pflege-Pflichtversicherung nach Abs. 1 Nummer 4 werden aus Mitteln des Ausgleichsfonds nach § 65 des Elften Buches Sozialgesetzbuch oder an den Ausgleichsfonds erbracht. § 45c Abs. 7 des Elften Buches Sozialgesetzbuch gilt entsprechend.

(6) Die in § 30 Abs. 1 Satz 1 genannten Beteiligten auf Landesebene vereinbaren die erforderlichen Verfahrensregelungen im Zusammenhang mit der Einzahlung der Finanzierungsmittel und den in Rechnung zu stellenden Zuschlägen. Hierzu gehören insbesondere Vorgaben zur Verzinsung ausstehender Einzahlungen, die mit einem Zinssatz von acht Prozent über dem Basiszinssatz nach § 247 Abs. 1 des Bürgerlichen Gesetzbuchs zu verzinsen sind. Kommt eine Vereinbarung nicht zustande, entscheidet die Schiedsstelle nach § 36 auf Antrag eines Beteiligten.

(7) Gegen den Festsetzungs- und Zahlungsbescheid der zuständigen Stelle nach den Absätzen 3 und 4 ist der Verwaltungsrechtsweg gegeben. Widerspruch und Klage haben keine aufschiebende Wirkung.

(8) Die Bundesregierung prüft alle drei Jahre, erstmals 2023, die Notwendigkeit und Höhe einer Anpassung des Prozentsatzes der Direktzahlung der sozialen Pflegeversicherung nach Abs. 1 Nummer 4. Die Bundesregierung legt den gesetzgebenden Körperschaften des Bundes einen Bericht über das Ergebnis und die tragenden Gründe vor. Die Bundesregierung wird ermächtigt, durch Rechtsverordnung mit Zustimmung des Bundesrates

1. nach Vorlage des Berichts unter Berücksichtigung etwaiger Stellungnahmen der gesetzgebenden Körperschaften des Bundes den Prozentsatz nach Abs. 1 Nummer 4 zum 1. Januar des Folgejahres anzupassen und

2. bei Anpassung des Prozentsatzes nach Abs. 1 Nummer 4 auch den Prozentsatz nach Abs. 1 Nummer 2 anzupassen, so dass die Summe der Prozentsätze nach Abs. 1 Nummer 2 und 4 unverändert bleibt.

Rechtsverordnungen nach Satz 3 sind dem Bundestag zuzuleiten. Die Zuleitung erfolgt vor der Zuleitung an den Bundesrat. Die Rechtsverordnungen können durch Beschluss des Bundestages geändert oder abgelehnt werden. Der Beschluss des Bundestages wird der Bundesregierung zugeleitet. Hat sich der Bundestag nach Ablauf von drei Sitzungswochen seit Eingang der Rechtsverordnung nicht mit ihr befasst, so wird die unveränderte Rechtsverordnung dem Bundesrat zugeleitet.

§ 34
Ausgleichszuweisungen

(1) Die Ausgleichszuweisungen erfolgen an den Träger der praktischen Ausbildung und an die Pflegeschule in monatlichen Beträgen entsprechend dem nach § 29 festgesetzten Ausbildungsbudget durch die zuständige Stelle. Die Ausgleichszuweisungen sind zweckgebunden für die Ausbildung zu verwenden. Abweichungen zwischen der Zahl der Ausbildungsplätze, die der Meldung nach § 30 Abs. 4 oder der Budgetvereinbarung nach § 31 zugrunde gelegt worden sind, und der tatsächlichen Anzahl der Ausbildungsplätze teilt der Träger der praktischen Ausbildung der zuständigen Stelle mit; er beziffert die aufgrund der Abweichung anfallenden Mehr- oder Minderausgaben. Minderausgaben sind bei den monatlichen Ausgleichzuweisungen vollständig zu berücksichtigen; Mehrausgaben sind zu berücksichtigen, soweit die Liquiditätsreserve dies zulässt. Entsprechende Mitteilungspflichten haben die Pflegeschulen.

(2) Der Träger der praktischen Ausbildung leitet die in den Ausgleichszuweisungen enthaltenen Kosten der übrigen Kooperationspartner und im Falle des § 31 Abs. 1 Satz 2 der Pflegeschulen auf Grundlage der Kooperationsverträge und im Falle von Individualbudgets nach § 31 unter Berücksichtigung der vereinbarten Ausbildungsbudgets an diese weiter.

(3) Die Pflegeschule stellt Auszubildenden, soweit sie nach § 81 des Dritten Buches Sozialgesetzbuch oder nach § 16 des Zweiten Buches Sozialgesetzbuch in Verbindung mit § 81 des Dritten Buches Sozialgesetzbuch gefordert werden, unbeschadet von § 24 Abs. 3 Nummer 1 zweite Alternative, Lehrgangskosten in angemessener Höhe in Rechnung. Die Leistungen für Lehrgangskosten sind gemäß § 83 Abs. 2 Satz 1 des Dritten Buches Sozialgesetzbuch an die Pflegeschule als Träger der Maßnahme auszuzahlen. Leistungen zur Finanzierung der Ausbildung, wie beispielsweise Fördermittel nach dem Dritten Kapitel des Dritten Buches Sozialgesetzbuch, sind vom Auszahlungsberechtigten anzugeben und werden, soweit sie nicht bereits im Rahmen des Ausbildungsbudgets nach § 29 Abs. 4 berücksichtigt worden sind, mit der Ausgleichszuweisung verrechnet.

(4) Ein Anspruch auf Ausgleichszuweisungen besteht nur, soweit bezüglich der begünstigten ausbildenden Einrichtung ein rechtskräftiger Umlagebescheid nach § 33 Abs. 3 Satz 3 oder nach § 33 Abs. 4 Satz 2 besteht. Erfolgt eine Kostenschätzung nach § 30 Abs. 5 oder nach § 31 Abs. 5 ist die Ausgleichszuweisung auf diese Kostenschätzung begrenzt, auch wenn die erforderlichen Angaben nach § 30 Abs. 4 Satz 1 bis 3 oder nach § 31 Abs. 4 Satz 1 und 2 der zuständigen Stelle nachträglich mitgeteilt werden. Bis zum Vorliegen aller erforderlichen Angaben wird die Ausgleichszuweisung ausgesetzt. § 34 Abs. 6 erster Teilsatz gilt entsprechend.

(5) Nach Ablauf des Finanzierungszeitraums haben der Träger der praktischen Ausbildung und die Pflege- Schule der zuständigen Stelle eine Abrechnung über die Einnahmen aus den Ausgleichszahlungen und die im Ausbildungsbudget vereinbarten Ausbildungskosten vorzulegen. Für gezahlte pauschale Anteile kann lediglich ein Nachweis und eine Abrechnung darüber gefordert werden, dass die Grundvoraus-

setzungen, wie zum Beispiel die Zahl der Ausbildungsverträge, im Abrechnungszeitraum vorgelegen haben.

(6) Überschreiten die tatsächlichen Ausgaben aufgrund gestiegener Ausbildungszahlen die Höhe der Ausgleichszuweisungen, werden diese Mehrausgaben bei der auf die Abrechnung folgenden Festlegung oder Vereinbarung des Ausbildungsbudgets nach den §§ 30, 31 berücksichtigt; dies gilt nicht, soweit diese Mehrausgaben bereits nach Abs. 1 finanziert wurden. Überzahlungen aufgrund gesunkener Ausbildungszahlen sind unverzüglich an die zuständige Stelle zurückzuzahlen. Das Nähere zum Prüfverfahren wird durch Landesrecht bestimmt, soweit nicht das Bundesministerium für Familie, Senioren, Frauen und Jugend und das Bundesministerium für Gesundheit von der Ermächtigung nach § 56 Abs. 3 Nummer 4 Gebrauch machen.

§ 35
Rechnungslegung der zuständigen Stelle

(1) Nach Ablauf des Finanzierungszeitraumes und nach der Abrechnung nach § 34 Abs. 5 und 6 erfolgt eine Rechnungslegung der zuständigen Stelle über die als Ausgleichsfonds und im Rahmen des Umlageverfahrens verwalteten Mittel.

(2) Bei der Rechnungslegung ermittelte Überschüsse oder Defizite werden bei dem nach § 32 ermittelten Finanzierungsbedarf in dem auf die Rechnungslegung folgenden Erhebungs- und Abrechnungsjahr berücksichtigt.

§ 36
Schiedsstelle; Verordnungsermächtigung

(1) Die Landesverbände der Kranken- und Pflegekassen, die Vereinigungen der Träger der ambulanten oder stationären Pflegeeinrichtungen im Land, die Landeskrankenhausgesellschaften und Vertreter des Landes bilden für jedes Land eine Schiedsstelle.

(2) Die Schiedsstellen bestehen aus einem neutralen Vorsitzenden, aus drei Vertretern der Kranken- und Pflegekassen, aus zwei Vertretern der Krankenhäuser, einem Vertreter der ambulanten Pflegedienste und einem Vertreter der stationären Pflegeeinrichtungen sowie aus einem Vertreter des Landes. Der Schiedsstelle gehört auch ein von dem Landesausschuss des Verbandes der Privaten Krankenversicherung bestellter Vertreter an, der auf die Zahl der Vertreter der Krankenkassen angerechnet wird. Die Vertreter der Kranken- und Pflegekassen und deren Stellvertreter werden von den Landesverbänden der Kranken- und Pflegekassen, die Vertreter der Krankenhäuser und deren Stellvertreter werden von der Landeskrankenhausgesellschaft, die Vertreter der Pflegeeinrichtungen und deren Stellvertreter werden von den Landesverbänden der Pflegeeinrichtungen, die Vertreter des Landes und ihre Stellvertreter werden vom Land bestellt. Der Vorsitzende und sein Stellvertreter werden von den beteiligten Organisationen gemeinsam bestellt; kommt eine Einigung nicht zustande, entscheidet das Los.

(3) Bei Schiedsverfahren zu den Pauschalen der Pflegeschulen nach § 30 oder den individuellen Ausbildungsbudgets der Pflegeschulen nach § 31 treten an die Stelle der Vertreter der Krankenhäuser und des Vertreters der ambulanten Pflegedienste und des Vertreters der stationären Pflegeeinrichtungen vier Vertreter der Interessen der Pflegeschulen auf Landesebene. Sie werden von den Landesverbänden der Interessenvertretungen der Schulen bestellt. Die Sitzverteilung erfolgt entsprechend dem Verhältnis der Schulen in öffentlicher und in privater Trägerschaft. Sind sowohl Schulen in öffentlicher als auch in privater Trägerschaft in dem Ausbildungsbereich der Pflege tätig, ist eine Vertretung beider in der Schiedsstellenbesetzung zu gewährleisten.

(4) Die Mitglieder der Schiedsstellen führen ihr Amt als Ehrenamt. Sie sind in Ausübung ihres Amtes an Weisungen nicht gebunden. Jedes Mitglied hat eine Stimme. Die Entscheidungen werden mit der Mehrheit der Mitglieder getroffen; ergibt sich keine Mehrheit, gibt die Stimme des Vorsitzenden den Ausschlag.

(5) Die Landesregierungen werden ermächtigt, durch Rechtsverordnung das Nähere über

   1. die Bestellung, die Amtsdauer und die Amtsführung der Mitglieder der Schiedsstelle sowie die ihnen zu gewährende Erstattung der Barauslagen und Entschädigung für Zeitaufwand der Mitglieder der Schiedsstelle,

   2. die Führung der Geschäfte der Schiedsstelle,

   3. das Verfahren und die Verfahrensgebühren

   zu bestimmen; sie können diese Ermächtigung durch Rechtsverordnung auf oberste Landesbehörden übertragen. Die Kosten der Schiedsstelle werden anteilig der Sitzverteilung nach den Absätzen 2 und 3 von den Rechtsträgern der Parteien nach den Absätzen 1 und 3 getragen.

(6) Gegen die Entscheidung der Schiedsstelle ist der Verwaltungsrechtsweg gegeben. Ein Vorverfahren findet nicht statt; die Klage hat keine aufschiebende Wirkung.

Teil 3
Hochschulische Pflegeausbildung

§ 37
Ausbildungsziele

(1) Die primärqualifizierende Pflegeausbildung an Hochschulen befähigt zur unmittelbaren Tätigkeit an zu pflegenden Menschen aller Altersstufen und verfolgt gegenüber der beruflichen Pflegeausbildung nach Teil 2 ein erweitertes Ausbildungsziel.

(2) Die hochschulische Ausbildung zur Pflegefachfrau oder zum Pflegefachmann vermittelt die für die selbstständige umfassende und prozessorientierte Pflege von Menschen aller Altersstufen nach § 5 Abs. 2 in akut und dauerhaft stationären sowie ambulanten Pflegesituationen erforderlichen fachlichen und personalen Kompetenzen auf wissenschaftlicher Grundlage und Methodik.

(3) Die hochschulische Ausbildung umfasst die in § 5 Abs. 3 beschriebenen Kompetenzen der beruflichen Pflegeausbildung. Sie befähigt darüber hinaus insbesondere

1. zur Steuerung und Gestaltung hochkomplexer Pflegeprozesse auf der Grundlage wissenschaftsbasierter oder wissenschaftsorientierter Entscheidungen,

2. vertieftes Wissen über Grundlagen der Pflegewissenschaft, des gesellschaftlich-institutionellen Rahmens des pflegerischen Handelns sowie des normativ-institutionellen Systems der Versorgung anzuwenden und die Weiterentwicklung der gesundheitlichen und pflegerischen Versorgung dadurch maßgeblich mitzugestalten,

3. sich Forschungsgebiete der professionellen Pflege auf dem neuesten Stand der gesicherten Erkenntnisse erschließen und forschungsgestützte Problemlösungen wie auch neue Technologien in das berufliche Handeln übertragen zu können sowie berufsbezogene Fort- und Weiterbildungsbedarfe zu erkennen,

4. sich kritisch-reflexiv und analytisch sowohl mit theoretischem als auch praktischem Wissen auseinandersetzen und wissenschaftsbasiert innovative Lösungsansätze zur Verbesserung im eigenen beruflichen Handlungsfeld entwickeln und implementieren zu können und

5. an der Entwicklung von Qualitätsmanagementkonzepten, Leitlinien und Expertenstandards mitzuwirken.

(4) Die Hochschule kann im Rahmen der ihr obliegenden Ausgestaltung des Studiums die Vermittlung zusätzlicher Kompetenzen vorsehen. Das Erreichen des Ausbildungsziels darf hierdurch nicht gefährdet werden.

(5) § 5 Abs. 4 und § 14 gelten entsprechend.

§ 38
Durchführung des Studiums

(1) Das Studium dauert mindestens drei Jahre. Es umfasst theoretische und praktische Lehrveranstaltungen an staatlichen oder staatlich anerkannten Hochschulen anhand eines modularen Curriculums sowie Praxiseinsätze in Einrichtungen nach § 7.

(2) Die Studiengangskonzepte unterliegen der Überprüfung durch die zuständige Landesbehörde im Akkreditierungsverfahren. Wesentliche Änderungen der Studiengangskonzepte nach Abschluss des Akkreditierungsverfahrens unterliegen ebenfalls der Überprüfung durch die zuständigen Landesbehörden.

(3) Die Praxiseinsätze gliedern sich in Pflichteinsätze, einen Vertiefungseinsatz sowie weitere Einsätze. Wesentlicher Bestandteil der Praxiseinsätze ist die von den Einrichtungen zu gewährleistende Praxisanleitung. Die Hochschule unterstützt die Praxiseinsätze durch die von ihr zu gewährleistende Praxisbegleitung. Auf der Grundlage einer landesrechtlichen Genehmigung kann ein geringer Anteil der Praxiseinsätze in Einrichtungen durch praktische Lerneinheiten an der Hochschule ersetzt werden.

(4) Die Hochschule trägt die Gesamtverantwortung für die Koordination der theoretischen und praktischen Lehrveranstaltungen mit den Praxiseinsätzen. Sie ist auch für die Durchführung der Praxiseinsätze verantwortlich und schließt hierfür Kooperationsvereinbarungen mit den Einrichtungen der Praxiseinsätze.

(5) Die im Rahmen einer erfolgreich abgeschlossenen Pflegeausbildung nach Teil 2 oder nach dem Krankenpflegegesetz in der bis zum 31. Dezember 2019 geltenden Fassung oder dem Altenpflegegesetz in der Fassung der Bekanntgabe vom 25. August 2003 (BGBl. I S. 1690) in der bis zum 31. Dezember 2019 geltenden Fassung erworbenen Kompetenzen und Fähigkeiten sollen als gleichwertige Leistungen auf das Studium angerechnet werden.

(6) Die weitere Ausgestaltung des Studiums obliegt den Hochschulen. Sie beachtet die Vorgaben der Richtlinie 2005/36/EG.

§ 39
Abschluss des Studiums, staatliche Prüfung zur Erlangung der Berufszulassung

(1) Das Studium schließt mit der Verleihung des akademischen Grades durch die Hochschule ab. Die Hochschule überprüft das Erreichen der Ausbildungsziele nach § 37.

(2) Die Überprüfung der Kompetenzen nach § 5 und erforderlichenfalls nach § 14 soll nach Abs. 1 Satz 2 zum Ende des Studiums erfolgen. Bundesweit einheitliche Rahmenvorgaben regelt die Ausbildungs- und Prüfungsverordnung nach § 56 Abs. 1.

(3) Die Hochschule legt mit Zustimmung der zuständigen Landesbehörde die Module nach Abs. 2 Satz 1 fest. Die hochschulische Prüfung nach Abs. 1 Satz 2 umfasst auch die staatliche Prüfung zur Erlangung der Berufszulassung.

(4) Die Modulprüfungen nach Abs. 2 Satz 1 werden unter dem gemeinsamen Vorsitz von Hochschule und Landesbehörde durchgeführt. Die zuständige Landesbehörde kann die Hochschule beauftragen, den Vorsitz auch für die zuständige Landesbehörde wahrzunehmen.

Teil 4
Anerkennung ausländischer Berufsabschlüsse; Zuständigkeiten; Fachkommission; Statistik und Verordnungsermächtigungen; Bußgeldvorschriften

Abschnitt 1
Außerhalb des Geltungsbereichs des Gesetzes erworbene Berufsabschlüsse

§ 40
Gleichwertigkeit und Anerkennung von Ausbildungen

(1) Eine außerhalb des Geltungsbereichs dieses Gesetzes und außerhalb eines Mitgliedstaats der Europäischen Union oder eines anderen Vertragsstaats des Abkommens über den Europäischen Wirtschaftsraum oder der Schweiz erworbene abgeschlossene Ausbildung erfüllt die Voraussetzungen des § 2 Nummer 1, wenn die Gleichwertigkeit des Ausbildungsstandes gegeben ist.

(2) Der Ausbildungsstand ist als gleichwertig anzusehen, wenn die Ausbildung der antragstellenden Person in dem Beruf, für den die Anerkennung beantragt wird, keine wesentlichen Unterschiede gegenüber der in diesem Gesetz und in der Ausbildungs- und Prüflingsverordnung für diesen Beruf geregelten Ausbildung aufweist. Wesentliche Unterschiede im Sinne des Satzes 1 liegen vor, wenn

1. die Ausbildung der antragstellenden Person hinsichtlich der beruflichen Tätigkeit Themenbereiche oder Bereiche der praktischen Ausbildung umfasst, die sich wesentlich von denen unterscheiden, die nach diesem Gesetz und der Ausbildungs- und Prüflingsverordnung für die Pflegeberufe vorgeschrieben sind, oder

2. der Beruf der Pflegefachfrau oder des Pflegefachmanns, der Beruf der Gesundheits- und Kinderkrankenpflegerin oder des Gesundheits- und Kinderkrankenpflegers oder der Beruf der Altenpflegerin oder des Altenpflegers eine oder mehrere reglementierte Tätigkeiten umfasst, die im Herkunftsstaat der antragstellenden Person nicht Bestandteil des Berufs sind, der dem der Pflegefachfrau oder des Pflegefachmanns, der Gesundheits- und Kinderkrankenpflegerin oder des Gesundheits- und Kinderkrankenpflegers oder der Altenpflegerin oder des Altenpflegers entspricht, und wenn sich die Ausbildung für die jeweiligen Tätigkeiten auf Themenbereiche oder Bereiche der praktischen Ausbildung nach diesem Gesetz und der Ausbildungs- und Prüfungsverordnung für die Pflegeberufe beziehen, die sich wesentlich von denen unterscheiden, die von der Ausbildung der antragstellenden Person abgedeckt sind, und die antragstellende Person diese Unterschiede nicht durch Kenntnisse und Fähigkeiten ausgleichen kann, die sie im Rahmen ihrer tatsächlichen und rechtmäßigen Ausübung des Berufs der Pflegefachfrau oder des Pflegefachmanns, der Gesundheits- und Kinderkran-

kenpflegerin oder des Gesundheits- und Kinderkrankenpflegers oder der Altenpflegerin oder des Altenpflegers in Voll- oder Teilzeit oder durch lebenslanges Lernen erworben hat, sofern die durch lebenslanges Lernen erworbenen Kenntnisse und Fähigkeiten von einer dafür in dem jeweiligen Staat zuständigen Stelle formell als gültig anerkannt wurden; dabei ist nicht entscheidend, in welchem Staat diese Kenntnisse und Fähigkeiten erworben worden sind. Themenbereiche oder Bereiche der praktischen Ausbildung unterscheiden sich wesentlich, wenn die nachgewiesene Ausbildung der antragstellenden Person wesentliche inhaltliche Abweichungen hinsichtlich der Kenntnisse und Fähigkeiten aufweist, die eine wesentliche Voraussetzung für die Ausübung des Berufs der Pflegefachfrau oder des Pflegefachmanns, der Gesundheits- und Kinderkrankenpflegerin oder des Gesundheits- und Kinderkrankenpflegers oder der Altenpflegerin oder des Altenpflegers in Deutschland sind; Satz 2 letzter Teilsatz gilt entsprechend.

(3) Ist die Gleichwertigkeit des Ausbildungsstandes nach Abs. 2 nicht gegeben oder kann sie nur mit unangemessenem zeitlichen oder sachlichen Aufwand festgestellt werden, weil die erforderlichen Unterlagen und Nachweise aus Gründen, die nicht in der antragstellenden Person liegen, von dieser nicht vorgelegt werden können, ist ein gleichwertiger Kenntnisstand nachzuweisen. Dieser Nachweis wird durch eine Kenntnisprüfung, die sich auf den Inhalt der staatlichen Abschlussprüfung erstreckt, oder einen höchstens dreijährigen Anpassungslehrgang erbracht, der mit einer Prüfung über den Inhalt des Anpassungslehrgangs abschließt. Die antragstellende Person hat das Recht, zwischen der Kenntnisprüfung und dem Anpassungslehrgang zu wählen.

(4) Das Berufsqualifikationsfeststellungsgesetz findet mit Ausnahme des § 17 keine Anwendung.

(5) Die Länder können vereinbaren, dass die Aufgaben nach den §§ 40 und 41 von einem anderen Land oder einer gemeinsamen Einrichtung wahrgenommen werden.

§ 41
Gleichwertigkeit entsprechender Ausbildungen; Verordnungsermächtigung

(1) Für Personen, die eine Erlaubnis nach § 1 Abs. 1 beantragen, gilt die Voraussetzung des § 2 Nummer 1 als erfüllt, wenn aus einem Europäischen Berufsausweis oder aus einem in einem Mitgliedstaat der Europäischen Union oder einem anderen Vertragsstaat des Abkommens über den Europäischen Wirtschaftsraum erworbenen Ausbildungsnachweis hervorgeht, dass die antragstellende Person eine Pflegeausbildung, die den Mindestanforderungen des Artikels 31 in Verbindung mit dem Anhang V Nummer 5.2.1 der Richtlinie 2005/36/EG entspricht, erworben hat und dies durch Vorlage eines in der Anlage aufgeführten und nach dem dort genannten Stichtag ausgestellten Ausbildungsnachweis eines der übrigen Mitgliedstaaten der Europäischen Union nachweist. Satz 1 gilt entsprechend für in der Anlage aufgeführte und nach dem 31. Dezember 1992 ausgestellte Ausbildungsnachweise eines anderen Vertragsstaates des Abkommens über den Europäischen Wirtschaftsraum. Das Bundesministerium für Familie, Senioren, Frauen und Jugend und das Bundesministerium für

Gesundheit werden ermächtigt, durch Rechtsverordnung, die nicht der Zustimmung des Bundesrates bedarf, die Anlage zu diesem Gesetz späteren Änderungen des Anhangs V Nummer 5.2.1 der Richtlinie 2005/36/EG anzupassen. Gleichwertig den in Satz 1 genannten Ausbildungsnachweisen sind nach einem der in der Anlage aufgeführten Stichtag von den übrigen Mitgliedstaaten der Europäischen Union oder anderen Vertragsstaaten des Abkommens über den Europäischen Wirtschaftsraum ausgestellte Ausbildungsnachweise der Pflegefachfrau oder des Pflegefachmanns, die den in der Anlage zu Satz 1 für den betreffenden Staat aufgeführten Bezeichnungen nicht entsprechen, aber mit einer Bescheinigung der zuständigen Behörde oder Stelle des Staates darüber vorgelegt werden, dass sie eine Ausbildung abschließen, die den Mindestanforderungen des Artikels 31 in Verbindung mit dem Anhang V Nummer 5.2.1 der Richtlinie 2005/36/EG entspricht und den für diesen Staat in der Anlage zu Satz 1 genannten Nachweisen gleichsteht. Inhaber eines bulgarischen Befähigungsnachweises für den Beruf des „фелдшер" („Feldscher") haben keinen Anspruch auf Anerkennung ihres beruflichen Befähigungsnachweises in anderen Mitgliedstaaten im Rahmen dieses Absatzes.

(2) Für Personen, die eine Erlaubnis nach § 58 Abs. 1 oder Abs. 2 beantragen, gilt die Voraussetzung des § 58 Abs. 3 in Verbindung mit § 2 Nummer 1 als erfüllt, wenn aus einem Europäischen Berufsausweis oder aus einem in einem anderen Mitgliedstaat der Europäischen Union oder einem anderen Vertragsstaat des Abkommens über den Europäischen Wirtschaftsraum erworbenen Ausbildungsnachweis hervorgeht, dass die antragstellende Person eine Ausbildung erworben hat, die in diesem Staat für den unmittelbaren Zugang zu einem dem Beruf der Gesundheits- und Kinderkrankenpflegerin oder des Gesundheits- und Kinderkrankenpflegers oder dem Beruf der Altenpflegerin oder des Altenpflegers entsprechenden Beruf erforderlich ist. Ausbildungsnachweise im Sinne dieses Gesetzes sind Ausbildungsnachweise gemäß Artikel 3 Abs. 1 Buchstabe c der Richtlinie 2005/36/EG, die mindestens dem in Artikel 11 Buchstabe b der Richtlinie 2005/36/EG genannten Niveau entsprechen und denen eine Bescheinigung des Herkunftsmitgliedstaats über das Ausbildungsniveau beigefügt ist. Satz 2 gilt auch für einen Ausbildungsnachweis oder eine Gesamtheit von Ausbildungsnachweisen, die von einer zuständigen Behörde in einem Mitgliedstaat ausgestellt wurden, sofern sie den erfolgreichen Abschluss einer in der Europäischen Union auf Voll- oder Teilzeitbasis im Rahmen formaler oder nichtformaler Ausbildungsprogramme erworbenen Ausbildung bescheinigen, von diesem Mitgliedstaat als gleichwertig anerkannt wurden und in Bezug auf die Aufnahme oder Ausübung des Berufs der Gesundheits- und Kinderkrankenpflegerin oder des Gesundheits- und Kinderkrankenpflegers oder des Berufs der Altenpflegerin oder des Altenpflegers dieselben Rechte verleihen oder auf die Ausübung des jeweiligen Berufs vorbereiten. Antragstellende Personen mit einem Ausbildungsnachweis aus einem anderen Mitgliedstaat der Europäischen Union oder einem anderen Vertragsstaat des Abkommens über den Europäischen Wirtschaftsraum haben einen höchstens dreijährigen Anpassungslehrgang zu absolvieren oder eine Eignungsprüfung abzulegen, wenn die Ausbildung der antragstellenden Person wesentliche Unterschiede gegenüber den in diesem Gesetz und in der Ausbildungs- und Prüfungsverordnung für die Pflegeberufe geregelten Ausbildung zum Beruf der Gesundheits- und Kinderkrankenpflegerin

oder des Gesundheits- und Kinderkrankenpflegers oder zum Beruf der Altenpflege-rin oder des Altenpflegers aufweist. § 40 Abs. 2 Satz 2 und 3 gilt entsprechend. Die antragstellende Person hat das Recht, zwischen dem Anpassungslehrgang und der Eignungsprüfung zu wählen.

(3) § 40 Abs. 2 und 3 gilt entsprechend für antragstellende Personen, die ihre Ausbil-dung in einem anderen Mitgliedstaat der Europäischen Union oder einem anderen Vertragsstaat des Abkommens über den Europäischen Wirtschaftsraum abgeschlos-sen haben und nicht unter Abs. 1 oder § 42 fallen, sowie antragstellende Personen, die über einen Ausbildungsnachweis als Pflegefachfrau oder Pflegefachmann aus einem Staat, der nicht Mitgliedstaat der Europäischen Union oder Vertragsstaat des Abkommens über den Europäischen Wirtschaftsraum (Drittstaat) ist, verfügen, der in einem anderen Mitgliedstaat der Europäischen Union oder einem anderen Vertrags-staat des Abkommens über den Europäischen Wirtschaftsraum anerkannt wurde. Zum Ausgleich der festgestellten wesentlichen Unterschiede haben die antragstel-lenden Personen in einem höchstens dreijährigen Anpassungslehrgang oder einer Eignungsprüfung, die sich auf die festgestellten wesentlichen Unterschiede erstre-cken, nachzuweisen, dass sie über die zur Ausübung des Berufs der Pflegefachfrau oder des Pflegefachmanns in Deutschland erforderlichen Kenntnisse und Fähigkei-ten verfügen. Sie haben das Recht, zwischen dem Anpassungslehrgang und der Eig-nungsprüfung zu wählen.

(4) Abs. 3 gilt entsprechend für Personen, die

1. eine Erlaubnis nach § 1 Abs. 1 beantragen und über einen in einem anderen Mitgliedstaat der Europäischen Union oder einem anderen Vertragsstaat des Abkommens über den Europäischen Wirtschaftsraum ausgestellten Ausbil-dungsnachweis oder eine Gesamtheit von Ausbildungsnachweisen verfügen, die eine Ausbildung zur spezialisierten Pflegefachfrau oder zum spezialisierten Pfle-gefachmann bescheinigen, die nicht die allgemeine Pflege umfasst, oder

2. eine Erlaubnis nach § 58 Abs. 1 oder 2 beantragen und über eine in einem ande-ren Mitgliedstaat der Europäischen Union oder einem anderen Vertragsstaat des Abkommens über den Europäischen Wirtschaftsraum ausgestellten Ausbil-dungsnachweis oder eine Gesamtheit von Ausbildungsnachweisen, die den Min-destanforderungen des Artikels 31 in Verbindung mit dem Anhang V Nummer 5.2.1 der Richtlinie 2005/3 6/EG entsprechen, und eine darauf aufbauende Spezi-alisierung in der Gesundheits- und Kinderkrankenpflege oder in der Altenpflege verfügen.

(5) Für antragstellende Personen nach Abs. 4, die über einen Ausbildungsnachweis ver-fügen, der dem in Artikel 11 Buchstabe a der Richtlinie 2005/36/EG genannten Niveau entspricht, gelten die Absätze 1 bis 4 und § 40 mit der Maßgabe, dass die erforder-liche Ausgleichsmaßnahme aus einer Eignungsprüfung besteht.

(6) Die Absätze 1 bis 5 gelten entsprechend für den Europäischen Berufsausweis für den Beruf der Pflegefachfrau oder des Pflegefachmanns sowie für den Fall der Einführung eines Europäischen Berufsausweises für den Beruf der Gesundheits- und Kinderkran-

kenpflegerin oder des Gesundheits- und Kinderkrankenpflegers und für den Beruf der Altenpflegerin oder des Altenpflegers.

(7) Die Absätze 1 bis 6 gelten entsprechend für Drittstaatsdiplome, für deren Anerkennung sich nach dem Recht der Europäischen Union eine Gleichstellung ergibt.

§ 42
Erlaubnis bei Vorlage von Nachweisen anderer EWR-Vertragsstaaten

(1) Antragstellenden Personen, die die Voraussetzungen nach § 2 Nummer 2 bis 4 erfüllen und eine Erlaubnis nach § 1 Abs. 1 auf Grund der Vorlage eines Ausbildungsnachweises beantragen,

1. der von der früheren Tschechoslowakei verliehen wurde und die Aufnahme des Berufs der Krankenschwester oder des Krankenpflegers, die für die allgemeine Pflege verantwortlich sind, gestattet oder aus dem hervorgeht, dass die Ausbildung zum Beruf der Krankenschwester oder des Krankenpflegers, die für die allgemeine Pflege verantwortlich sind, im Falle der Tschechischen Republik oder der Slowakei vor dem 1. Januar 1993 begonnen wurde, oder

2. der von der früheren Sowjetunion verliehen wurde und die Aufnahme des Berufs der Krankenschwester oder des Krankenpflegers, die für die allgemeine Pflege verantwortlich sind, gestattet oder aus dem hervorgeht, dass die Ausbildung zum Beruf der Krankenschwester oder des Krankenpflegers, die für die allgemeine Pflege verantwortlich sind, im Falle Estlands vor dem 20. August 1991, im Falle Lettlands vor dem 21. August 1991, im Falle Litauens vor dem 11. März 1990 begonnen wurde, oder

3. der vom früheren Jugoslawien verliehen wurde und die Aufnahme des Berufs der Krankenschwester oder des Krankenpflegers, die für die allgemeine Pflege verantwortlich sind, gestattet oder aus dem hervorgeht, dass die Ausbildung zum Beruf der Krankenschwester oder des Krankenpflegers, die für die allgemeine Pflege verantwortlich sind, im Falle Sloweniens vor dem 25. Juni 1991 begonnen wurde, ist die Erlaubnis zu erteilen, wenn die zuständigen Behörden der jeweiligen Mitgliedstaaten bescheinigen, dass dieser Ausbildungsnachweis hinsichtlich der Aufnahme und Ausübung des Berufs der Krankenschwester oder des Krankenpflegers, die für die allgemeine Pflege verantwortlich sind, in ihrem Hoheitsgebiet die gleiche Gültigkeit hat wie der von ihnen verliehene Ausbildungsnachweis und eine von den gleichen Behörden ausgestellte Bescheinigung darüber vorgelegt wird, dass die betreffende Person in den fünf Jahren vor Ausstellung der Bescheinigung mindestens drei Jahre ununterbrochen tatsächlich und rechtmäßig die Tätigkeit der Krankenschwester oder des Krankenpflegers, die für die allgemeine Pflege verantwortlich sind, in ihrem Hoheitsgebiet ausgeübt hat. Die Tätigkeit muss die volle Verantwortung für die Planung, die Organisation und die Ausführung der Krankenpflege des Patienten umfasst haben.

(2) Antragstellende Personen, die die Voraussetzungen nach § 2 Nummer 2 bis 4 erfüllen und die eine Erlaubnis nach § 1 Abs. 1 auf Grund der Vorlage eines Ausbildungsnachweises beantragen, der in Polen für Krankenschwestern und Krankenpfleger verliehen worden ist, deren Ausbildung vor dem 1. Mai 2004 abgeschlossen wurde und den Mindestanforderungen an die Berufsausbildung gemäß Artikel 31 der Richtlinie 2005/36/EG nicht genügte, ist die Erlaubnis zu erteilen, wenn ihm ein Bakkalaureat-Diplom beigefügt ist, das auf der Grundlage eines Aufstiegsfortbildungsprogramms erworben wurde, das in einem der in Artikel 33 Abs. 3 Buchstabe b Doppelbuchstabe i oder Doppelbuchstabe ii der Richtlinie 2005/36/EG genannten Gesetze enthalten ist.

(3) Antragstellende Personen, die die Erlaubnis nach § 1 Abs. 1 auf Grund einer in Rumänien abgeleisteten Ausbildung im Beruf der Krankenschwester oder des Krankenpflegers, die für die allgemeine Pflege verantwortlich sind, beantragen, die den Mindestanforderungen an die Berufsausbildung des Artikels 31 der Richtlinie 2005/36/EG nicht genügt, erhalten die Erlaubnis, wenn sie über ein

1. ‚Certificat de competenţe profesionale de asistent medical generalist' mit einer postsekundären Ausbildung an einer ‚şcoală postliceală', dem eine Bescheinigung beigefügt ist, dass die Ausbildung vor dem 1. Januar 2007 begonnen wurde,

2. ‚Diplomă des absolvire des asistent medical generalist' mit einer Hochschulausbildung von kurzer Dauer, dem eine Bescheinigung beigefügt ist, dass die Ausbildung vor dem 1. Oktober 2003 begonnen wurde, oder

3. ‚Diplomă de licenţă de asistent medical generalist' mit einer Hochschulausbildung von langer Dauer, dem eine Bescheinigung beigefügt ist, dass die Ausbildung vor dem 1. Oktober 2003 begonnen wurde, verfügen, dem eine Bescheinigung beigefügt ist, aus der hervorgeht, dass die antragstellenden Personen während der letzten fünf Jahre vor Ausstellung der Bescheinigung mindestens drei Jahre lang den Beruf der Krankenschwester und des Krankenpflegers, die für die allgemeine Pflege verantwortlich sind, in Rumänien ununterbrochen tatsächlich und rechtmäßig ausgeübt haben und sie die Voraussetzungen nach § 2 Nummer 2 bis 4 erfüllen. Abs. 1 Satz 2 gilt entsprechend.

(4) Antragstellende Personen, die nicht unter die Absätze 1 bis 3 fallen, die Voraussetzungen nach § 2 Nummer 2 bis 4 erfüllen und eine Erlaubnis nach § 1 Abs. 1 auf Grund der Vorlage eines vor dem nach § 41 Abs. 1 in Verbindung mit der Anlage zu diesem Gesetz genannten Stichtag ausgestellten Ausbildungsnachweises eines der übrigen Mitgliedstaaten der Europäischen Union beantragen, ist die Erlaubnis zu erteilen, auch wenn dieser Ausbildungsnachweis nicht alle Anforderungen an die Ausbildung nach Artikel 31 der Richtlinie 2005/3 6/EG erfüllt, sofern dem Antrag eine Bescheinigung darüber beigefügt ist, dass der Inhaber während der letzten fünf Jahre vor Ausstellung der Bescheinigung mindestens drei Jahre lang ununterbrochen tatsächlich und rechtmäßig den Beruf der Pflegefachfrau oder des Pflegefachmanns ausgeübt hat. Abs. 1 Satz 2 gilt entsprechend.

(5) Bei antragstellenden Personen, für die einer der Absätze 1 bis 4 gilt und die die dort genannten Voraussetzungen mit Ausnahme der geforderten Dauer der Berufserfahrung erfüllen, wird das Anerkennungsverfahren nach § 41 Abs. 3 durchgeführt.

§ 43
Feststellungsbescheid

Wird die Voraussetzung nach § 2 Nummer 1 auf eine Ausbildung gestützt, die außerhalb des Geltungsbereichs dieses Gesetzes abgeschlossen worden ist, soll die Gleichwertigkeit der Berufsqualifikation nach den Regelungen dieses Abschnitts vor den Voraussetzungen nach § 2 Nummer 2 bis 4 geprüft werden. Auf Antrag ist der antragstellenden Person ein gesonderter Bescheid über die Feststellung ihrer Berufsqualifikation zu erteilen.

Abschnitt 2
Erbringen von Dienstleistungen

§ 44
Dienstleistungserbringende Personen

(1) Staatsangehörige eines Mitgliedstaats der Europäischen Union oder eines Vertragsstaats des Abkommens über den Europäischen Wirtschaftsraum, die zur Ausübung des Berufs der Pflegefachfrau oder des Pflegefachmanns in einem anderen Mitgliedstaat der Europäischen Union oder einem anderen Vertragsstaat des Europäischen Wirtschaftsraumes auf Grund einer nach deutschen Rechtsvorschriften abgeschlossenen Ausbildung oder auf Grund eines den Anforderungen des § 41 Abs. 1 entsprechenden Ausbildungsnachweises berechtigt sind und in einem dieser Mitgliedstaaten rechtmäßig niedergelassen sind, dürfen als dienstleistungserbringende Personen im Sinne des Artikels 57 des Vertrages über die Arbeitsweise der Europäischen Union (ABl. C 326 vom 26.10.2012, S. 47) vorübergehend und gelegentlich ihren Beruf im Geltungsbereich dieses Gesetzes ausüben. Sie führen die Berufsbezeichnung nach § 1 Abs. 1 ohne Erlaubnis und dürfen die Tätigkeiten nach § 4 Abs. 2 ausüben.

(2) Staatsangehörige eines Mitgliedstaats der Europäischen Union oder eines Vertragsstaats des Abkommens über den Europäischen Wirtschaftsraum, die zur Ausübung des Berufs der Gesundheits- und Kinderkrankenpflegerin oder des Gesundheits- und Kinderkrankenpflegers oder der Altenpflegerin oder des Altenpflegers in einem anderen Mitgliedstaat der Europäischen Union oder einem anderen Vertragsstaat des Europäischen Wirtschaftsraumes auf Grund einer nach deutschen Rechtsvorschriften abgeschlossenen Ausbildung oder auf Grund eines den Anforderungen des § 41 Abs. 2 entsprechenden Ausbildungsnachweises berechtigt sind und

1. in einem Mitgliedstaat rechtmäßig niedergelassen sind oder,

2. wenn der Beruf der Gesundheits- und Kinderkrankenpflegerin oder des Gesundheits- und Kinderkrankenpflegers oder der Altenpflegerin oder des Altenpflegers oder die Ausbildung zu diesem Beruf im Niederlassungsmitgliedstaat nicht reglementiert ist, diesen Beruf während der vorhergehenden zehn Jahre mindestens ein Jahr im Niederlassungsmitgliedstaat rechtmäßig ausgeübt haben,

dürfen als dienstleistungserbringende Personen im Sinne des Artikels 57 des Vertrages über die Arbeitsweise der Europäischen Union vorübergehend und gelegentlich ihren Beruf im Geltungsbereich dieses Gesetzes ausüben. Sie führen die Berufsbezeichnung nach § 58 Abs. 1 oder Abs. 2 ohne Erlaubnis und dürfen die Tätigkeiten nach § 4 Abs. 2 ausüben.

(3) Der vorübergehende und gelegentliche Charakter der Dienstleistungserbringung wird im Einzelfall beurteilt. In die Beurteilung sind Dauer, Häufigkeit, regelmäßige Wiederkehr und Kontinuität der Dienstleistung einzubeziehen.

(4) Die Berechtigung nach Abs. 1 oder Abs. 2 besteht nicht, wenn die Voraussetzungen für eine Rücknahme oder einen Widerruf, die sich auf die Tatbestände nach § 2 Nummer 2 oder Nummer 3 beziehen, zwar vorliegen, die Rücknahme oder der Widerruf jedoch nicht vollzogen werden kann, da die betroffene Person keine deutsche Berufserlaubnis besitzt.

(5) Die Absätze 1 bis 4 sowie die §§ 45 bis 48 gelten entsprechend für Drittstaaten und Drittstaatsangehörige, soweit sich hinsichtlich der Anerkennung von Ausbildungsnachweisen nach dem Recht der Europäischen Union eine Gleichstellung ergibt.

§ 45
Rechte und Pflichten

Dienstleistungserbringende Personen haben beim Erbringen der Dienstleistung im Geltungsbereich dieses Gesetzes die gleichen Rechte und Pflichten wie Personen mit einer Erlaubnis nach § 1 Abs. 1 oder § 58 Abs. 1 oder Abs. 2.

§ 46
Meldung der dienstleistungserbringenden Person an die zuständige Behörde

(1) Wer beabsichtigt, im Sinne des § 44 Abs. 1 oder Abs. 2 Dienstleistungen zu erbringen, hat dies der zuständigen Behörde vorher schriftlich zu melden. Die Meldung ist einmal jährlich zu erneuern, wenn die dienstleistungserbringende Person beabsichtigt, während des betreffenden Jahres vorübergehend und gelegentlich Dienstleistungen im Geltungsbereich dieses Gesetzes zu erbringen. Wird die Meldung nach Satz 1 mittels eines Europäischen Berufsausweises vorgenommen, ist abweichend von Satz 2 die Meldung 18 Monate nach Ausstellung des Europäischen Berufsausweises zu erneuern.

(2) Bei der erstmaligen Meldung oder bei wesentlichen Änderungen hat die dienstleistungserbringende Person folgende Dokumente vorzulegen:

1. einen Staatsangehörigkeitsnachweis,

2. einen Berufsqualifikationsnachweis,

3. im Fall der Dienstleistungserbringung

   a) nach § 44 Abs. 1 eine Bescheinigung über die rechtmäßige Niederlassung im Beruf der Pflegefachfrau oder des Pflegefachmanns in einem anderen Mitgliedstaat, die sich darauf erstreckt, dass der dienstleistungserbringenden Person die Ausübung dieser Tätigkeit zum Zeitpunkt der Vorlage der Bescheinigung nicht, auch nicht vorübergehend, untersagt ist und keine Vorstrafen vorliegen, oder

   b) nach § 44 Abs. 2 Satz 1 Nummer 1 eine Bescheinigung über die rechtmäßige Niederlassung im Beruf der Gesundheits- und Kinderkrankenpflegerin oder des Gesundheits- und Kinderkrankenpflegers oder der Altenpflegerin oder des Altenpflegers in einem anderen Mitgliedstaat, oder im Fall des § 44 Abs. 2 Satz 1 Nummer 2 einen Nachweis in beliebiger Form darüber, dass die dienstleistungserbringende Person den Beruf der Gesundheits- und Kinderkrankenpflegerin oder des Gesundheits- und Kinderkrankenpflegers oder der Altenpflegerin oder des Altenpflegers während der vorhergehenden zehn Jahre mindestens ein Jahr lang rechtmäßig ausgeübt hat; dabei darf der dienstleistungserbringenden Person die Ausübung dieser Tätigkeit zum Zeitpunkt der Vorlage der Bescheinigung nicht, auch nicht vorübergehend, untersagt sein, und es dürfen keine Vorstrafen vorliegen und

4. eine Erklärung der dienstleistungserbringenden Person, dass sie über die zur Erbringung der Dienstleistung erforderlichen Kenntnisse der deutschen Sprache verfügt.

Die für die Ausübung der Dienstleistung erforderlichen Kenntnisse der deutschen Sprache müssen vorhanden sein.

(3) Im Fall der erstmaligen Dienstleistungserbringung nach § 44 Abs. 2 prüft die zuständige Behörde den nach § 46 Abs. 2 Satz 1 Nummer 2 vorgelegten Berufsqualifikationsnachweis. § 41 Abs. 2 gilt entsprechend mit der Maßgabe, dass für wesentliche Unterschiede zwischen der beruflichen Qualifikation der dienstleistungserbringenden Person und der nach diesem Gesetz und der Ausbildungs- und Prüfungsverordnung für die Pflegeberufe geforderten Ausbildung zum Beruf des Gesundheits- und Kinderkrankenpflegers oder der Gesundheitsund Kinderkrankenpflegerin oder der Altenpflegerin oder des Altenpflegers Ausgleichsmaßnahmen nur gefordert werden dürfen, wenn die Unterschiede so groß sind, dass ohne den Nachweis der fehlenden Kenntnisse und Fähigkeiten die öffentliche Gesundheit gefährdet wäre. Soweit dies für die Beurteilung der Frage, ob wesentliche Unterschiede vorliegen, erforderlich ist, kann die zuständige Behörde bei der zuständigen Behörde des Niederlassungsmitgliedstaats Informationen über die Ausbildungsgänge der dienstleistungserbringenden Person anfordem. Der Ausgleich der fehlenden Kenntnisse und Fähigkeiten erfolgt durch eine Eignungsprüfung.

(4) Sofern eine vorherige Meldung wegen der Dringlichkeit des Tätigwerdens nicht möglich ist, hat die Meldung unverzüglich nach Erbringen der Dienstleistung zu erfolgen.

§ 47
Bescheinigungen der zuständigen Behörde

Einer oder einem Staatsangehörigen eines Mitgliedstaats der Europäischen Union oder eines Vertragsstaats des Abkommens über den Europäischen Wirtschaftsraum, die oder der im Geltungsbereich dieses Gesetzes den Beruf der Pflegefachfrau oder des Pflegefachmanns, der Gesundheits- und Kinderkrankenpflegerin oder des Gesundheits- und Kinderkrankenpflegers oder der Altenpflegerin oder des Altenpflegers auf Grund einer Erlaubnis nach § 1 Abs. 1 oder § 58 Abs. 1 oder Abs. 2 ausübt, ist auf Antrag für Zwecke der Dienstleistungserbringung in einem anderen Mitgliedstaat der Europäischen Union oder einem anderen Vertragsstaat des Abkommens über den Europäischen Wirtschaftsraum eine Bescheinigung darüber auszustellen, dass sie oder er

1. als Pflegefachfrau oder Pflegefachmann, als Gesundheits- und Kinderkrankenpflegerin oder Gesundheitsund Kinderkrankenpfleger oder als Altenpflegerin oder Altenpfleger rechtmäßig niedergelassen ist und ihr oder ihm die Ausübung des Berufs nicht, auch nicht vorübergehend, untersagt ist,

2. über die zur Ausübung der jeweiligen Tätigkeit erforderliche berufliche Qualifikation verfügt.

Gleiches gilt für Drittstaaten und Drittstaatsangehörige, soweit sich hinsichtlich der Anerkennung von Ausbildungsnachweisen nach dem Recht der Europäischen Union eine Gleichstellung ergibt.

§ 48
Verwaltungszusammenarbeit bei Dienstleistungserbringung

(1) Wird gegen die Pflichten nach § 45 verstoßen, so hat die zuständige Behörde unverzüglich die zuständige Behörde des Niederlassungsmitgliedstaats dieser dienstleistungserbringenden Person hierüber zu unterrichten.

(2) Im Falle von berechtigten Zweifeln sind die zuständigen Behörden berechtigt, für jede Dienstleistungserbringung von den zuständigen Behörden des Niederlassungsmitgliedstaats Informationen über die Rechtmäßigkeit der Niederlassung sowie darüber anzufordern, ob berufsbezogene disziplinarische oder strafrechtliche Sanktionen vorliegen.

(3) Auf Anforderung der zuständigen Behörden eines Mitgliedstaats der Europäischen Union oder eines Vertragsstaats des Abkommens über den Europäischen Wirtschaftsraum haben die zuständigen Behörden in Deutschland nach Artikel 56 der Richtlinie 2005/3 6/EG der anfordemden Behörde Folgendes zu übermitteln:

1. alle Informationen über die Rechtmäßigkeit der Niederlassung und die gute Führung der dienstleistungserbringenden Person sowie

2. Informationen darüber, dass keine berufsbezogenen disziplinarischen oder strafrechtlichen Sanktionen vorliegen.

Abschnitt 3
Aufgaben und Zuständigkeiten

§ 49
Zuständige Behörden

Die Länder bestimmen die zur Durchführung dieses Gesetzes zuständigen Behörden.

§ 50
Unterrichtungspflichten

(1) Die zuständigen Behörden des Landes, in dem der Beruf der Pflegefachfrau oder des Pflegefachmanns ausgeübt wird oder zuletzt ausgeübt worden ist, unterrichten die zuständigen Behörden des Herkunftsmitgliedstaats über das Vorliegen strafrechtlicher Sanktionen, über die Rücknahme, den Widerruf und die Anordnung des Ruhens der Erlaubnis, über die Untersagung der Ausübung der Tätigkeit und über Tatsachen, die eine dieser Sanktionen oder Maßnahmen rechtfertigen würden; dabei sind die Vorschriften zum Schutz personenbezogener Daten einzuhalten.

(2) Erhalten die zuständigen Behörden der Länder Auskünfte von den zuständigen Behörden der Aufnahmemitgliedstaaten, die sich auf die Ausübung des Berufs der Pflegefachfrau oder des Pflegefachmanns auswirken könnten, so prüfen sie die Richtigkeit der Sachverhalte, befinden über Art und Umfang der durchzuführenden Prüfungen und unterrichten den Aufnahmemitgliedstaat über die Konsequenzen, die aus den übermittelten Auskünften zu ziehen sind.

(3) Das Bundesministerium für Familie, Senioren, Frauen und Jugend und das Bundesministerium für Gesundheit benennen nach Mitteilung der Länder gemeinsam die Behörden und Stellen, die für die Ausstellung oder Entgegennahme der in der Richtlinie 2005/36/EG genannten Ausbildungsnachweise und sonstigen Unterlagen oder Informationen zuständig sind, sowie die Behörden und Stellen, die die Anträge annehmen und Entscheidungen treffen können, die im Zusammenhang mit dieser Richtlinie stehen. Sie unterrichten die anderen Mitgliedstaaten und die Europäische Kommission unverzüglich über die Benennung.

(4) Die für die Entscheidungen nach diesem Gesetz zuständigen Behörden und Stellen übermitteln dem Bundesministerium für Familie, Senioren, Frauen und Jugend und dem Bundesministerium für Gesundheit statistische Aufstellungen über die

getroffenen Entscheidungen, die die Europäische Kommission für den nach Artikel 60 Abs. 1 der Richtlinie 2005/36/EG erforderlichen Bericht benötigt, zur Weiterleitung an die Kommission.

§ 51
Vorwarnmechanismus

(1) Die jeweils zuständige Stelle unterrichtet die zuständigen Behörden der anderen Mitgliedstaaten der Europäischen Union, der anderen Vertragsstaaten des Abkommens über den Europäischen Wirtschaftsraum und der Schweiz über

1. den Widerruf oder die Rücknahme der Erlaubnis nach § 1 Abs. 1 oder § 58 Abs. 1 oder Abs. 2, die sofort vollziehbar oder unanfechtbar sind,

2. den Verzicht auf die Erlaubnis,

3. das Verbot der Ausübung des Berufs der Pflegefachfrau oder des Pflegefachmanns, der Gesundheits- und Kinderkrankenpflegerin oder des Gesundheits- und Kinderkrankenpflegers oder der Altenpflegerin oder des Altenpflegers durch unanfechtbare gerichtliche Entscheidung oder

4. das vorläufige Berufsverbot durch gerichtliche Entscheidung.

(2) Die Mitteilung nach Abs. 1 (Warnmitteilung) enthält folgende Angaben:

1. die zur Identifizierung der betroffenen Person erforderlichen Angaben, insbesondere Name, Vorname, Geburtsdatum und Geburtsort,

2. Beruf der betroffenen Person,

3. Angaben über die Behörde oder das Gericht, die oder das die Entscheidung getroffen hat,

4. Umfang der Entscheidung oder des Verzichts und

5. Zeitraum, in dem die Entscheidung oder der Verzicht gilt.

Die Warnmitteilung erfolgt unverzüglich, spätestens jedoch drei Tage nach Eintritt der Unanfechtbarkeit einer Entscheidung nach Abs. 1 Nummer 1 oder Nummer 3, nach Bekanntgabe einer Entscheidung nach Abs. 1 Nummer 4 oder nach einem Verzicht nach Abs. 1 Nummer 2. Sie ist über das durch die Verordnung (EU) Nr. 1024/2012 des Europäischen Parlaments und des Rates vom 25. Oktober 2012 über die Verwaltungszusammenarbeit mit Hilfe des Binnenmarkt-Informationssystems und zur Aufhebung der Entscheidung 2008/49/EG der Kommission (ABl. L 316 vom 14.11.2012, S. 1) eingerichtete Binnenmarkt-Informationssystem (IMI) zu übermitteln. Zeitgleich mit der Warnmitteilung unterrichtet die Stelle, die die Warnmitteilung getätigt hat, die betroffene Person über die Warnmitteilung und deren Inhalt schriftlich unter Beifügung einer Rechtsbehelfsbelehrung. Wird ein Rechtsbehelf gegen die Warnmitteilung eingelegt, ergänzt die Stelle, die die Warnmitteilung getätigt hat, die Warnmitteilung um einen entsprechenden Hinweis.

(3) Im Fall der Aufhebung einer in Abs. 1 genannten Entscheidung oder eines Widerrufs des Verzichts unterrichtet jeweils die zuständige Stelle die zuständigen Behörden der anderen Mitgliedstaaten der Europäischen Union, der anderen Vertragsstaaten des Abkommens über den Europäischen Wirtschaftsraum und der Schweiz unverzüglich unter Angabe des Datums über die Aufhebung der Entscheidung oder den Widerruf des Verzichts. Die zuständige Stelle unterrichtet die zuständigen Behörden der anderen Mitgliedstaaten der Europäischen Union, der anderen Vertragsstaaten des Abkommens über den Europäischen Wirtschaftsraum und der Schweiz ebenfalls unverzüglich über jede Änderung des nach Abs. 2 Satz 1 Nummer 5 angegebenen Zeitraums. Die zuständige Stelle löscht Warnmitteilungen nach Abs. 1 im IMI unverzüglich, spätestens jedoch drei Tage nach Aufhebung der Entscheidung oder Widerruf des Verzichts.

(4) Wird gerichtlich festgestellt, dass eine Person, die die Erteilung der Erlaubnis oder die Feststellung der Gleichwertigkeit ihrer Berufsqualifikation nach diesem Gesetz beantragt hat, dabei gefälschte Berufsqualifikationsnachweise verwendet hat, unterrichtet die zuständige Stelle die zuständigen Behörden der anderen Mitgliedstaaten der Europäischen Union, der anderen Vertragsstaaten des Abkommens über den Europäischen Wirtschaftsraum und der Schweiz über die Identität dieser Person, insbesondere über Name, Vorname, Geburtsdatum und Geburtsort, und den Umstand, dass diese Person gefälschte Berufsqualifikationsnachweise verwendet hat. Die Unterrichtung erfolgt unverzüglich, spätestens jedoch drei Tage nach Unanfechtbarkeit der Feststellung über das IMI. Abs. 2 Satz 4 und 5 gilt für die Unterrichtung nach Satz 1 entsprechend.

(5) Ergänzend zu den Absätzen 1 bis 4 ist die Durchführungsverordnung (EU) 2015/983 der Kommission vom 24. Juni 2015 betreffend das Verfahren zur Ausstellung des Europäischen Berufsausweises und die Anwendung des Vorwarnmechanismus gemäß der Richtlinie 2005/36/EG des Europäischen Parlaments und des Rates (ABl. L 159 vom 25.6.2015, S. 27) in der jeweils geltenden Fassung zu beachten.

§ 52
Weitere Aufgaben der jeweils zuständigen Behörden

(1) Die Entscheidung, ob die Erlaubnis erteilt wird, die Berufsbezeichnung nach § 1 Abs. 1 oder § 58 Abs. 1 oder Abs. 2 zu führen, trifft die zuständige Behörde des Landes, in dem die antragstellende Person die Prüfung abgelegt hat.

(2) Die Entscheidungen über den Zugang zur Ausbildung nach § 11, die Anrechnung gleichwertiger Ausbildungen und die Anrechnung von Fehlzeiten trifft die zuständige Behörde des Landes, in dem die Ausbildung durchgeführt wird oder dem Antrag entsprechend durchgeführt werden soll.

(3) Die Meldung der dienstleistungserbringenden Person nach § 46 nimmt die zuständige Behörde des Landes entgegen, in dem die Dienstleistung erbracht werden soll oder erbracht worden ist. Sie fordert die Informationen nach § 46 Abs. 2 an.

(4) Die Informationen nach § 48 Abs. 3 werden durch die zuständige Behörde des Landes übermittelt, in dem der Beruf der Pflegefachfrau oder des Pflegefachmanns, der Gesundheits- und Kinderkrankenpflegerin oder des Gesundheits- und Kinderkrankenpflegers oder der Altenpflegerin oder des Altenpflegers ausgeübt wird oder zuletzt ausgeübt worden ist. Die Unterrichtung des Herkunftsmitgliedstaats gemäß § 48 Abs. 1 erfolgt durch die zuständige Behörde des Landes, in dem die Dienstleistung erbracht wird oder erbracht worden ist.

(5) Die Bescheinigungen nach § 46 Abs. 2 Satz 1 Nummer 3 stellt die zuständige Behörde des Landes aus, in dem die antragstellende Person den Beruf der Pflegefachfrau oder des Pflegefachmanns, der Gesundheitsund Kinderkrankenpflegerin oder des Gesundheits- und Kinderkrankenpflegers oder der Altenpflegerin oder des Altenpflegers ausübt.

Abschnitt 4
Fachkommission, Beratung, Aufbau unterstützender Angebote und Forschung

§ 53
Fachkommission; Erarbeitung von Rahmenplänen

(1) Zur Erarbeitung eines Rahmenlehrplans und eines Rahmenausbildungsplans für die Pflegeausbildung nach Teil 2 sowie zur Wahrnehmung der weiteren ihr nach diesem Gesetz zugewiesenen Aufgaben wird eine Fachkommission eingerichtet.

(2) Die Rahmenpläne der Fachkommission haben empfehlende Wirkung und sollen kontinuierlich, mindestens alle fünf Jahre, durch die Fachkommission auf ihre Aktualität überprüft und gegebenenfalls angepasst werden. Sie sind dem Bundesministerium für Familie, Senioren, Frauen und Jugend und dem Bundesministerium für Gesundheit zur Prüfung der Vereinbarkeit mit diesem Gesetz vorzulegen, erstmals bis zum 1. Juli 2019.

(3) Die Fachkommission besteht aus pflegefachlich, pflegepädagogisch und pflege wissenschaftlich für die Aufgaben nach Abs. 1 ausgewiesenen Expertinnen und Experten. Sie wird vom Bundesministerium für Familie, Senioren, Frauen und Jugend und vom Bundesministerium für Gesundheit für die Dauer von jeweils fünf Jahren eingesetzt. Die Berufung der Mitglieder erfolgt durch das Bundesministerium für Familie, Senioren, Frauen und Jugend und das Bundesministerium für Gesundheit im Benehmen mit den Ländern.

(4) Die Fachkommission gibt sich eine Geschäftsordnung, die der Zustimmung des Bundesministeriums für Familie, Senioren, Frauen und Jugend und des Bundesministeriums für Gesundheit bedarf. Das Bundesministerium für Familie, Senioren, Frauen und Jugend und das Bundesministerium für Gesundheit, die oder der Bevollmächtigte der Bundesregierung für Pflege sowie jeweils eine Vertreterin oder ein Vertreter

der Gesundheitsministerkonferenz, der Arbeits- und Sozialministerkonferenz und der Kultusministerkonferenz können an den Sitzungen der Fachkommission teilnehmen.

(5) Die Fachkommission wird bei der Erfüllung ihrer Aufgaben durch eine Geschäftsstelle, die beim Bundesinstitut für Berufsbildung angesiedelt ist, unterstützt. Die Fachaufsicht über die Geschäftsstelle üben das Bundesministerium für Familie, Senioren, Frauen und Jugend und das Bundesministerium für Gesundheit gemeinsam aus.

§ 54
Beratung; Aufbau unterstützender Angebote und Forschung

Das Bundesinstitut für Berufsbildung übernimmt die Aufgabe der Beratung und Information zur Pflegeausbildung nach diesem Gesetz, die Aufgabe des Aufbaus unterstützender Angebote und Strukturen zur Organisation der Pflegeausbildung nach den Teilen 2 und 3 sowie zur Unterstützung der Arbeit der Fachkommission die Aufgabe der Forschung zur Pflegeausbildung nach diesem Gesetz und zum Pflegeberuf nach Weisung des Bundesministeriums für Familie, Senioren, Frauen und Jugend und des Bundesministeriums für Gesundheit.

Abschnitt 5

§ 55
Statistik; Verordnungsermächtigung

(1) Das Bundesministerium für Familie, Senioren, Frauen und Jugend und das Bundesministerium für Gesundheit werden ermächtigt, für Zwecke dieses Gesetzes, gemeinsam durch Rechtsverordnung mit Zustimmung des Bundesrates jährliche Erhebungen über die bei der zuständigen Stelle nach § 26 Abs. 4 zur Erfüllung der Aufgaben nach Teil 2 Abschnitt 3, auch in Verbindung mit § 59 Abs. 1, vorliegenden Daten als Bundesstatistik anzuordnen. Die Statistik kann folgende Sachverhalte umfassen:

1. die Träger der praktischen Ausbildung, die weiteren an der Ausbildung beteiligten Einrichtungen sowie die Pflegeschulen,

2. die in der Ausbildung befindlichen Personen nach Geschlecht, Geburtsjahr, Beginn und Ende der Ausbildung, Grund der Beendigung der Ausbildung, Weiterbildung oder Umschulung,

3. die Ausbildungsvergütungen.

Auskunftspflichtig sind die zuständigen Stellen gegenüber den statistischen Ämtern der Länder.

(2) Die Befugnis der Länder, zusätzliche, von Abs. 1 nicht erfasste Erhebungen über Sachverhalte des Pflege- oder Gesundheitswesens als Landesstatistik anzuordnen, bleibt unberührt.

§ 56
Ausbildungs- und Prüfungsverordnung, Finanzierung; Verordnungsermächtigungen

(1) Das Bundesministerium für Familie, Senioren, Frauen und Jugend und das Bundesministerium für Gesundheit werden ermächtigt, gemeinsam durch Rechtsverordnung mit Zustimmung des Bundesrates in einer Ausbildungs- und Prüfungsverordnung

1. die Mindestanforderungen an die Ausbildung nach den Teilen 2, 3 und 5, einschließlich der Zwischenprüfung nach § 6 Abs. 5,

2. das Nähere über die staatliche Prüfung nach § 2 Nummer 1, auch in Verbindung mit § 58 Abs. 3, oder nach § 14 Abs. 6 in Verbindung mit § 2 Nummer 1 oder nach § 14 Abs. 7 in Verbindung mit § 2 Nummer 1, jeweils auch in Verbindung mit § 58 Abs. 3 und § 59 Abs. 1, einschließlich der Prüfung nach § 39, auch in Verbindung mit § 37 Abs. 5, die Urkunde für die Erlaubnis nach § 1 Abs. 1 oder § 58 Abs. 1 oder Abs. 2,

3. das Nähere über die Kooperationsvereinbarungen nach § 6 Abs. 4, auch in Verbindung mit § 59 Abs. 1,

4. das Nähere zur Errichtung, Zusammensetzung und Konkretisierung der Aufgaben der Fachkommission nach § 53, auch in Verbindung mit § 59 Abs. 1,

5. das Nähere zu den Aufgaben der Geschäftsstelle nach § 53, auch in Verbindung mit § 59 Abs. 1, und

6. das Nähere zu den Aufgaben des Bundesinstituts für Berufsbildung nach § 54, auch in Verbindung mit § 59 Abs. 1,

zu regeln. Die Rechtsverordnung ist dem Bundestag zur Beschlussfassung zuzuleiten. Die Zuleitung erfolgt vor der Zuleitung an den Bundesrat. Die Rechtsverordnung kann durch Beschluss des Bundestages geändert oder abgelehnt werden. Der Beschluss des Bundestages wird der Bundesregierung zugeleitet. Hinsichtlich Satz 1 Nummer 1 und 2 erfolgt der Erlass der Rechtsverordnung im Benehmen, hinsichtlich Satz 1 Nummer 5 und 6 im Einvernehmen mit dem Bundesministerium für Bildung und Forschung. Hinsichtlich Satz 1 Nummer 6 erfolgt der Erlass der Rechtsverordnung zudem im Benehmen mit dem Bundesministerium der Finanzen.

(2) In der Rechtsverordnung nach Abs. 1 ist für Inhaberinnen und Inhaber von Ausbildungsnachweisen, die eine Erlaubnis nach § 2 in Verbindung mit § 40 oder § 41 beantragen, Folgendes zu regeln:

1. das Verfahren bei der Prüfung der Voraussetzungen des § 2 Nummer 2 und 3, insbesondere die Vorlage der von der antragstellenden Person vorzulegenden Nachweise und die Ermittlung durch die zuständige Behörde entsprechend Artikel 50 Abs. 1 bis 3 in Verbindung mit Anhang VII der Richtlinie 2005/36/EG,

2. die Pflicht von Inhaberinnen und Inhabern von Ausbildungsnachweisen, nach Maßgabe des Artikels 52 Abs. 1 der Richtlinie 2005/36/EG die Berufsbezeichnung des Aufnahmemitgliedstaats zu führen und deren etwaige Abkürzung zu verwenden,

3. die Fristen für die Erteilung der Erlaubnis,

4. das Verfahren über die Voraussetzungen zur Dienstleistungserbringung gemäß den §§ 44 bis 48,

5. die Regelungen zur Durchführung und zum Inhalt der Anpassungsmaßnahmen nach § 40 Abs. 3 Satz 2 und § 41 Abs. 2 Satz 4 und Abs. 3 Satz 2,

6. das Verfahren bei der Ausstellung eines Europäischen Berufsausweises.

(3) Das Bundesministerium für Familie, Senioren, Frauen und Jugend und das Bundesministerium für Gesundheit werden ermächtigt, gemeinsam und im Benehmen mit dem Bundesministerium der Finanzen durch Rechtsverordnung mit Zustimmung des Bundesrates Vorschriften zu erlassen über die Finanzierung der beruflichen Ausbildung in der Pflege nach Teil 2 Abschnitt 3 und Teil 5; dies betrifft insbesondere

1. die nähere Bestimmung der Ausbildungskosten nach § 27,

2. das Verfahren der Ausbildungsbudgets einschließlich der Vereinbarung der Pauschalen und Individualbudgets nach den §§ 29 bis 31,

3. die Aufbringung des Finanzierungsbedarfs sowie der Zahlverfahren nach § 33 Abs. 2 bis 7,

4. die Erbringung und Weiterleitung der Ausgleichszuweisungen nach § 34 Abs. 1 bis 3, die Verrechnung nach § 34 Abs. 4, die Abrechnung, Zurückzahlung und nachträgliche Berücksichtigung nach § 34 Abs. 5 und 6,

5. die Rechnungslegung der zuständigen Stelle nach § 35

einschließlich der erforderlichen Vorgaben zum Erheben, Verarbeiten und Nutzen personenbezogener Daten und zum Datenschutz, soweit es für das Verfahren zur Finanzierung der beruflichen Ausbildung in der Pflege erforderlich ist.

(4) Der Spitzenverband Bund der Kranken- und Pflegekassen, der Verband der Privaten Krankenversicherung, die Vereinigungen der Träger der Pflegeeinrichtungen auf Bundesebene und die Deutsche Krankenhausgesellschaft vereinbaren spätestens bis drei Monate nach Verkündung dieses Gesetzes im Benehmen mit den Ländern Vorschläge für die Regelungsinhalte nach Abs. 3 Nummer 1 bis 5.

(5) Abweichungen durch Landesrecht von den Regelungen des Verwaltungsverfahrens in der auf Grundlage der Absätze 1 bis 3 erlassenen Rechtsverordnung sind ausgeschlossen.

Abschnitt 6
Bußgeldvorschriften

§ 57
Bußgeldvorschriften

(1) Ordnungswidrig handelt, wer

    1. ohne Erlaubnis nach § 1 Abs. 1, § 58 Abs. 1 oder Abs. 2 eine dort genannte Berufsbezeichnung führt,

    2. entgegen § 4 Abs. 1, auch in Verbindung mit § 58 Abs. 3, als selbstständig erwerbstätige Person eine dort genannte Aufgabe durchführt,

    3. entgegen § 4 Abs. 3, auch in Verbindung mit § 58 Abs. 3, einer dort genannten Person eine dort genannte Aufgabe zur Durchführung gegenüber Dritten überträgt oder die Durchführung der Aufgabe durch diese Person gegenüber Dritten duldet.

(2) Die Ordnungswidrigkeit kann in den Fällen des Absatzes 1 Nummer 2 und 3 mit einer Geldbuße bis zu zehntausend Euro, in den übrigen Fällen mit einer Geldbuße bis zu dreitausend Euro geahndet werden.

Teil 5
Besondere Vorschriften über die Berufsabschlüsse in der Gesundheits- und Kinderkrankenpflege sowie in der Altenpflege

§ 58
Führen der Berufsbezeichnungen in der Gesundheits- und Kinderkrankenpflege sowie in der Altenpflege

(1) Wer die Berufsbezeichnung „Gesundheits- und Kinderkrankenpflegerin" oder „Gesundheits- und Kinderkrankenpfleger" führen will, bedarf der Erlaubnis.

(2) Wer die Berufsbezeichnung „Altenpflegerin" oder „Altenpfleger" führen will, bedarf der Erlaubnis.

(3) Die §§ 2 bis 4 sind entsprechend anzuwenden.

§ 59
Gemeinsame Vorschriften; Wahlrecht der Auszubildenden

(1) Die Regelungen in Teil 2, § 52 Abs. 1 und 2 sowie Teil 4 Abschnitt 4 gelten entsprechend nach Maßgabe der Absätze 2 bis 5 sowie der §§ 60 und 61.

(2) Ist im Ausbildungsvertrag ein Vertiefungseinsatz im speziellen Bereich der pädiatrischen Versorgung vereinbart, kann sich die oder der Auszubildende für das letzte Ausbildungsdrittel entscheiden, statt die bisherige Ausbildung nach Teil 2 fortzusetzen, eine Ausbildung zur Gesundheits- und Kinderkrankenpflegerin oder zum Gesundheits- und Kinderkrankenpfleger nach Maßgabe des § 60 mit dem Ziel durchzuführen, eine Erlaubnis nach § 58 Abs. 1 zu erhalten.

(3) Ist im Ausbildungsvertrag ein Vertiefungseinsatz im Bereich der allgemeinen Langzeitpflege in stationären Einrichtungen oder der allgemeinen ambulanten Akut- und Langzeitpflege mit der Ausrichtung auf den Bereich der ambulanten Langzeitpflege vereinbart, kann sich die oder der Auszubildende für das letzte Ausbildungsdrittel entscheiden, statt die bisherige Ausbildung nach Teil 2 fortzusetzen, eine Ausbildung zur Altenpflegerin oder zum Altenpfleger nach Maßgabe des § 61 mit dem Ziel durchzuführen, eine Erlaubnis nach § 58 Abs. 2 zu erhalten.

(4) Der Träger der praktischen Ausbildung stellt sicher, dass die oder der Auszubildende vor Ausübung des Wahlrechts die in § 7 Abs. 3 benannten Einsätze jeweils mindestens zur Hälfte absolviert hat. Er stellt darüber hinaus nach Ausübung des Wahlrechts die Durchführung der jeweiligen gewählten Ausbildung nach § 60 oder §61 selbst oder über Kooperationsverträge nach § 6 Abs. 4 mit anderen Einrichtungen und Pflegeschulen sicher.

(5) Das Wahlrecht nach Abs. 2 oder Abs. 3 soll vier Monate und kann frühestens sechs Monate vor Beginn des letzten Ausbildungsdrittels gegenüber dem Träger der praktischen Ausbildung ausgeübt werden. Besteht ein Wahlrecht, muss der Ausbildungsvertrag nach § 16 Angaben zum Wahlrecht und zum Zeitpunkt der Ausübung enthalten. Wird das Wahlrecht ausgeübt, ist der Ausbildungsvertrag nach § 16 entsprechend anzupassen.

§ 60
Ausbildung zur Gesundheits- und Kinderkrankenpflegerin oder zum Gesundheits- und Kinderkrankenpfleger; Ausbildungsziel und Durchführung der Ausbildung

(1) Wählt die oder der Auszubildende nach § 59 Abs. 2, eine Ausbildung zur Gesundheits- und Kinderkrankenpflegerin oder zum Gesundheits- und Kinderkrankenpfleger durchzuführen, gilt § 5 für die weitere Ausbildung mit der Maßgabe, dass die Kompetenzvermittlung speziell zur Pflege von Kindern und Jugendlichen erfolgt.

(2) Die praktische Ausbildung des letzten Ausbildungsdrittels ist in Bereichen der Versorgung von Kindern und Jugendlichen durchzuführen. Der theoretische und praktische Unterricht des letzten Ausbildungsdrittels ist am Ausbildungsziel des Absatzes 1 auszurichten.

§ 61

Ausbildung zur Altenpflegerin oder zum Altenpfleger; Ausbildungsziel und Durchführung der Ausbildung

(1) Wählt die oder der Auszubildende nach § 59 Abs. 3, eine Ausbildung zur Altenpflegerin oder zum Altenpfleger durchzuführen, gilt § 5 für die weitere Ausbildung mit der Maßgabe, dass die Kompetenzvermittlung speziell zur Pflege alter Menschen erfolgt.

(2) Die praktische Ausbildung des letzten Ausbildungsdrittels ist in Bereichen der Versorgung von alten Menschen durchzuführen. Der theoretische und praktische Unterricht des letzten Ausbildungsdrittels ist am Ausbildungsziel des Absatzes 1 auszurichten.

§ 62

Überprüfung der Vorschriften über die Berufsabschlüsse in der Gesundheits- und Kinderkrankenpflege sowie in der Altenpflege

(1) Das Bundesministerium für Familie, Senioren, Frauen und Jugend und das Bundesministerium für Gesundheit ermitteln bis zum 31. Dezember 2025, welcher Anteil der Auszubildenden das Wahlrecht nach § 59 Abs. 2 einerseits und nach § 59 Abs. 3 andererseits ausgeübt hat. Das Bundesministerium für Familie, Senioren, Frauen und Jugend und das Bundesministerium für Gesundheit berichten dem Deutschen Bundestag bis zum 31. Dezember 2025, welcher Anteil der Auszubildenden das Wahlrecht nach § 59 Abs. 2 einerseits und nach § 59 Abs. 3 andererseits ausgeübt hat. Der Bericht soll für den Fall, dass der jeweilige Anteil geringer als 50 Prozent ist, Vorschläge zur Anpassung des Gesetzes enthalten.

(2) Die zuständigen Stellen nach § 26 Abs. 4 erheben für jedes Ausbildungsjahr zum Zweck der Evaluierung nach Abs. 1 die folgenden Angaben und übermitteln sie an das Bundesministerium für Familie, Senioren, Frauen und Jugend und das Bundesministerium für Gesundheit:

1. die Zahl der in der Ausbildung befindlichen Personen, getrennt nach Wahl des Vertiefungseinsatzes,

2. die Zahl der Personen nach § 59 Abs. 2, die das Wahlrecht ausüben,

3. die Zahl der Personen nach § 59 Abs. 3, die das Wahlrecht ausüben.

Teil 6
Anwendungs- und Übergangsvorschriften

§ 63
Nichtanwendung des Berufsbildungsgesetzes

Für die Ausbildung nach diesem Gesetz findet das Berufsbildungsgesetz, soweit nicht die Aufgaben des Bundesinstituts für Berufsbildung nach § 53 Abs. 5 Satz 1 und § 54 in Verbindung mit § 90 Abs. 3a des Berufsbildungsgesetzes betroffen sind, keine Anwendung.

§ 64
Fortgeltung der Berufsbezeichnung

Eine Erlaubnis zum Führen der Berufsbezeichnung nach dem Krankenpflegegesetz in der am 31. Dezember 2019 geltenden Fassung oder nach dem Altenpflegegesetz in der am 31. Dezember 2019 geltenden Fassung bleibt durch dieses Gesetz unberührt. Sie gilt zugleich als Erlaubnis nach § 1 Abs. 1 Satz 1. Die die Erlaubnis nach § 1 Abs. 1 Satz 1 betreffenden Vorschriften sind entsprechend anzuwenden.

§ 65
Weitergeltung staatlicher Anerkennungen von Schulen; Bestandsschutz

(1) Schulen, die am 31. Dezember 2019 nach den Vorschriften des Krankenpflegegesetzes in der am 31. Dezember 2019 geltenden Fassung staatlich anerkannt sind, gelten weiterhin als staatlich anerkannt nach § 6 Abs. 2, wenn die Anerkennung nicht nach Maßgabe des Absatzes 3 widerrufen wird.

(2) Altenpflegeschulen, die am 31. Dezember 2019 nach den Vorschriften des Altenpflegegesetzes in der am 31. Dezember 2019 geltenden Fassung staatlich anerkannt sind, gelten weiterhin als staatlich anerkannt nach § 6 Abs. 2, wenn die Anerkennung nicht nach Maßgabe des Absatzes 3 widerrufen wird.

(3) Staatliche Anerkennungen von Schulen nach Abs. 1 oder von Altenpflegeschulen nach Abs. 2 sind zu widerrufen, falls das Vorliegen der Voraussetzungen nach § 9 Abs. 1 und 2 nicht bis zum 31. Dezember 2029 nachgewiesen wird. Am 31. Dezember 2019 bestehende staatliche Schulen nach den Vorschriften des Krankenpflegegesetzes in der am 31. Dezember 2019 geltenden Fassung oder nach den Vorschriften des Altenpflegegesetzes in der am 31. Dezember 2019 geltenden Fassung setzen die Voraussetzungen nach § 9 Abs. 1 und 2 bis zum 31. Dezember 2029 um. § 9 Abs. 3 bleibt unberührt.

(4) Die Voraussetzungen des § 9 Abs. 1 Nummer 1 und 2 gelten als erfüllt, wenn als Schulleitung oder Lehrkräfte Personen eingesetzt werden, die am 31. Dezember 2019

1. eine staatliche oder staatlich anerkannte (Kinder-)Krankenpflegeschule oder eine staatliche oder staatlich anerkannte Altenpflegeschule rechtmäßig leiten,

2. als Lehrkräfte an einer staatlichen oder staatlich anerkannten (Kinder-)Krankenpflegeschule oder an einer staatlichen oder staatlich anerkannten Altenpflegeschule rechtmäßig unterrichten,

3. über die Qualifikation zur Leitung oder zur Tätigkeit als Lehrkraft an einer staatlichen oder staatlich anerkannten (Kinder-)Krankenpflegeschule oder an einer staatlichen oder staatlich anerkannten Altenpflegeschule verfügen oder

4. an einer Weiterbildung zur Leitung einer staatlichen oder staatlich anerkannten Altenpflegeschule oder zur Lehrkraft teilnehmen und diese bis zum 31. Dezember 2020 erfolgreich abschließen.

§ 66
Übergangsvorschriften für begonnene Ausbildungen nach dem Krankenpflegegesetz oder dem Altenpflegegesetz

(1) Eine Ausbildung

1. zur Gesundheits- und Krankenpflegerin oder zum Gesundheits- und Krankenpfleger oder

2. zur Gesundheits- und Kinderkrankenpflegerin oder zum Gesundheits- und Kinderkrankenpfleger,

die vor Ablauf des 31. Dezember 2019 begonnen wurde, kann bis zum 31. Dezember 2024 auf der Grundlage der Vorschriften des Krankenpflegegesetzes in der am 31. Dezember 2019 geltenden Fassung abgeschlossen werden. Nach Abschluss der Ausbildung erhält die antragstellende Person, wenn die Voraussetzungen des § 2 Nummer 2 bis 4 vorliegen, die Erlaubnis, die Berufsbezeichnung „Gesundheits- und Krankenpflegerin" oder „Gesundheitsund Krankenpfleger" oder die Bezeichnung „Gesundheits- und Kinderkrankenpflegerin" oder „Gesundheits- und Kinderkrankenpfleger" zu führen. Die Möglichkeit der Überleitung einer vor Außerkrafttreten des Krankenpflegegesetzes nach den Vorschriften des Krankenpflegegesetzes begonnenen Ausbildung in die neue Pflegeausbildung nach Teil 2 bleibt hiervon unberührt; das Nähere regeln die Länder.

(2) Eine Ausbildung zur Altenpflegerin oder zum Altenpfleger, die vor Ablauf des 31. Dezember 2019 begonnen wurde, kann bis zum 31. Dezember 2024 auf der Grundlage der Vorschriften des Altenpflegegesetzes, einschließlich der darin enthaltenen Kostenregelungen, in der am 31. Dezember 2019 geltenden Fassung abgeschlossen werden. Nach Abschluss der Ausbildung erhält die antragstellende Person, wenn die Voraussetzungen des § 2 Nummer 2 bis 4 vorliegen, die Erlaubnis, die Berufsbezeichnung „Altenpflegerin" oder „Altenpfleger" zu führen. Die Möglichkeit der Überleitung einer vor Außerkrafttreten des Altenpflegegesetzes nach den Vorschriften des Alten-

pflegegesetzes begonnenen Ausbildung in die neue Pflegeausbildung nach Teil 2 bleibt hiervon unberührt; das Nähere regeln die Länder.

(3) Für die Finanzierung der Ausbildung nach Abs. 1 Satz 1 gilt § 17a des Krankenhausfinanzierungsgesetzes in der am 31. Dezember 2018 geltenden Fassung.

§ 67
Kooperationen von Hochschulen und Pflegeschulen

(1) Bestehende Kooperationen von Hochschulen mit Schulen auf der Grundlage von § 4 Abs. 6 des Krankenpflegegesetzes oder mit Altenpflegeschulen auf der Grundlage von § 4 Abs. 6 des Altenpflegegesetzes können auf Antrag zur Durchführung der hochschulischen Pflegeausbildung nach Teil 3 bis zum 31. Dezember 2031 fortgeführt werden. Kooperiert die Hochschule bei den Lehrveranstaltungen mit einer Schule nach Satz 1, stellt sie sicher, dass die Ausbildungsziele erreicht werden. Eine Kooperation kann nur erfolgen, wenn der Anteil der Lehrveranstaltungen an der Hochschule deutlich überwiegt. Die Schule nach Satz 1 kann die Praxisbegleitung anteilig übernehmen.

(2) Neue Kooperationen von Hochschulen und Pflegeschulen können auf Antrag unter Beachtung der weiteren Maßgaben des Absatzes 1 zugelassen werden, soweit dies zur Förderung der hochschulischen Pflegeausbildung nach Teil 3 erforderlich ist.

§ 68
Evaluierung

(1) Das Bundesministerium für Familie, Senioren, Frauen und Jugend und das Bundesministerium für Gesundheit evaluieren bis zum 31. Dezember 2024 die Wirkung des § 11 Abs. 1 Nummer 3 auf wissenschaftlicher Grundlage.

(2) Das Bundesministerium für Familie, Senioren, Frauen und Jugend und das Bundesministerium für Gesundheit evaluieren bis zum 31. Dezember 2029 die Wirkung der §§ 53, 54 auf wissenschaftlicher Grundlage.

(3) Das Bundesministerium für Familie, Senioren, Frauen und Jugend und das Bundesministerium für Gesundheit überprüfen bis zum 31. Dezember 2029 die Wirkung des § 67 auf wissenschaftlicher Grundlage Im Rahmen einer umfassenden Evaluierung der hochschulischen Ausbildung.

(4) Das Bundesministerium für Familie, Senioren, Frauen und Jugend und das Bundesministerium für Gesundheit evaluieren bis zum 31. Dezember 2025 die Wirkungen des Teils 2 Abschnitt 3 auf wissenschaftlicher Grundlage.

Anlage
(zu § 41 Abs. 1 Satz 1)

Land	Ausbildungsnachweis	Ausstellende Stelle	Berufsbezeichnung	Stichtag
België/ Belgique/ Belgien	– Diploma gegradueerde verpleger/verpleegster/ Diplôme d´infirmier(ère) gradué(e)/Diplom eines (einer) graduierten Krankenpflegers (-pflegerin) – Diploma in de ziekenhuisverpleegkunde/ Brevet d´infirmier(ère) hospitalier(ère)/Brevet eines (einer) Krankenpflegers (-pflegerin) – Brevet van verpleegassistent(e)/Brevet d´hospitalier(ère)/ Brevet einer Pflegeassistentin	– De erkende opleidingsinstituten/Les établissements d´enseignement reconnus/Die anerkannten Ausbildungsanstalten – De bevoegde Examencommissie van de Vlaamse Gemeenschap/Le Jury compétent d´enseignement de la Communauté française/ Die zuständigen Prüfungsausschüsse der Deutschsprachigen Gemeinschaft	– Hospitalier (ère)/Verpleegassistent(e) – Infirmier(ère) hospitalier(ère)/Ziekenhuisverpleger (-verpleegster)	29. Juni 1979
България	Диплома за висше образование на образователно-квалификационна степен ‚Бакалавър' с професионална квалификация ‚Медицинска сестра'	Университет	Медицинска сестра	1. Januar 2007
Česká republika	– 1. Diplom o ukončení studia ve studijním programu ošetřovatelství ve studijním oboru všeobecná sestra (bakalář, Bc.),zusammen mit folgender Bescheinigung: Vysvědčení o státní závěrečné zkoušce – 2. Diplom o ukončení studia ve studijním oboru diplomovaná všeobecná sestra (diplomovaný specialista, DiS.),zusammen mit folgender Bescheinigung: Vysvědčení o absolutoriu	1. Vysoká škola zřízená nebo uznaná státem 2. Vyšší odborná škola zřízená nebo uznaná státem	1. Všeobecná sestra 2. Všeobecný ošetřovatel	1. Mai 2004
Danmark	Eksamensbevis efter gennemført sygeplejerskeuddannelse	Sygeplejeskole godkendt af Undervisningsministeriet	Sygeplejerske	29. Juni 1979
Eesti	Diplom õe erialal	1. Tallinna Meditsiinikool 2. Tartu Meditsiinikool 3. Kohtla-Järve Meditsiinikool	õde	1. Mai 2004

Land	Ausbildungsnachweis	Ausstellende Stelle	Berufsbezeichnung	Stichtag
Ελλάς	1. Πτυχίο Νοσηλευτικής Παν/μίου Αθηνών 2. Πτυχίο Νοσηλευτικής Τεχνολογικών Εκπαιδευτικών Ιδρυμάτων (Τ.Ε.Ι) 3. Πτυχίο Αξιωματικών Νοσηλευτικής 4. Πτυχίο Αδελφών Νοσοκόμων πρώην Ανωτέρων Σχολών Υπουργείου Υγείας και Πρόνοιας 5. Πτυχίο Αδελφών Νοσοκόμων και Επισκεπτριών πρώην Ανωτέρων Σχολών Υπουργείου Υγείας και Πρόνοιας 6. Πτυχίο Τμήματος Νοσηλευτικής	1. Πανεπιστήμιο Αθηνών 2. Τεχνολογικά Εκπαιδευτικά Ιδρύματα Υπουργείο Εθνικής Παιδείας και Θρησκευμάτων 3. Υπουργείο Εθνικής Άμυνας 4. Υπουργείο Υγείας και Πρόνοιας 5. Υπουργείο Υγείας και Πρόνοιας 6. ΚΑΤΕΕ Υπουργείου Εθνικής Παιδείας και Θρησκευμάτων	Δίπλωματούχος ή πτυχίούχος νοσοκόμος, νοσηλευτής ή νοσηλευτρια	1. Januar 1981
España	Título de Diplomado universitario en Enfermería	– Ministerio de Educación y Cultura – El rector de una universidad	Enfermero/a diplomado/a	1. Januar 1986
France	– Diplôme d'Etat d'infirmier(ère) – Diplôme d'Etat d'infirmier(ère) délivré en vertu du décret no 99-1147 du 29 décembre 1999	Le ministère de la santé	Infirmier(ère)	29. Juni 1979
Hrvatska	1. Svjedodžba „medicinska sestra opće njege/medicinski tehničar opće njege" 2. Svjedodžba „prvostupnik (baccalaureus) sestrinstva/ prvostupnica (baccalaurea) sestrinstva"	1. Srednje strukovne škole koje izvode program za stjecanje kvalifikacije „medicinska sestra opće njege/medicinski tehničar opće njege" 2. Medicinski fakulteti sveučilišta u Republici Hrvatskoj Sveučilišta u Republici Hrvatskoj Veleučilišta u Republici Hrvatskoj	1. medicinska sestra opće njege/ medicinski tehničar opće njege 2. prvostupnik (baccalaureus) sestrinstva/prvostupnica (baccalaurea) sestrinstva	1. Juli 2013
Ireland	Certificate of Registered General Nurse	An Bord Altranais (The Nursing Board)	Registered General Nurse	29. Juni 1979

Land	Ausbildungsnachweis	Ausstellende Stelle	Berufsbezeichnung	Stichtag
Italia	Diploma di infermiere professionale	Scuole riconosciute dallo Stato	Infermiere professionale	29. Juni 1979
Κύπρος	Δίπωμα Γενικής Νοσηλευτικής	Νοσηλευτική Σχολή	Εγγεγραμμένος Νοσηλευτικής	1. Mai 2004
Latvija	1. Diploms par māsas kvalifikācijas iegūšanu 2. Māsas diploms	1. Māsu skolas 2. Universitātes tipa augstskola pamatojoties uz Valsts eksāmenu komisijas lēmumu	Māsa	1. Mai 2004
Lietuva	1. Aukštojo mokslo diplomas, nurodantis suteiktą bendrosios praktikos slaugytojo profesinę kvalifikaciją 2. Aukštojo mokslo diplomas (neuniversitetinės studijos), nurodantis suteiktą bendrosios praktikos slaugytojo profesine kvalifikaciją	1. Universitetas 2. Kolegija	Bendrosios praktikos slaugytojas	1. Mai 2004
Luxembourg	– Diplôme d'Etat infirmier – Diplôme d'Etat infirmier hospitalier gradué	Ministère de l'éducation nationale, de la formation professionnelle et des sports	Infirmier	29. Juni 1979
Magyarország	1. Ápoló bizonyítvány 2. Diplomás ápoló oklevél 3. Egyetemi okleveles ápoló oklevél	1. Iskola 2. Egyetem/főiskola 3. Egyetem	Ápoló	1. Mai 2004
Malta	Lawrja jew diploma fl-istudji tal-infermerija	Universita' ta' Malta	Infermier Registrat tal-Ewwel Livell	1. Mai 2004
Nederland	1. Diploma's verpleger A, verpleegster A, verpleegkundige A 2. Diploma verpleegkundige MBOV (Middelbare Beroepsopleiding Verpleegkundige) 3. Diploma verpleegkundige HBOV (Hogere Beroepsopleiding Verpleegkundige) 4. Diploma beroepsonderwijs verpleegkundige –	1. Door een van overheidswege benoemde examencommissie 2. Door een van overheidswege benoemde examencommissie 3. Door een van overheidswege benoemde examencommissie 4. Door een van	Verpleegkundige	29. Juni 1979

Land	Ausbildungsnachweis	Ausstellende Stelle	Berufsbezeichnung	Stichtag
	Kwalificatieniveau 4	overheidswege aangewezen opleidingsinstelling		
	5. Diploma hogere beroepsopleiding verpleegkundige – Kwalificatieniveau 5	5. Door een van overheidswege aangewezen opleidingsinstelling		
Österreich	1. Diplom als „Diplomierte Gesundheits- und Kranken- schwester, Diplomierter Gesundheits- und Krankenpfleger" 2. Diplom als „Diplomierte Krankenschwester, Diplomierter Krankenpfleger"	1. Schule für allgemeine Gesundheits- und Krankenpflege 2. Allgemeine Krankenpflegeschule	– Diplomierte Krankenschwester – Diplomierter Kranken- pfleger	1. Januar 1994
Polska	Dyplom ukończenia studiów wyższych na kierunku pielęgniarstwo z tytułem „magister pielęgniarstwa"	Instytucja prowadząca kształcenie na poziomie wyższym uznana przez właściwe władze (von den zuständigen Behörden anerkannte höhere Bildungseinrichtung)	Pielegniarka	1. Mai 2004
Portugal	1. Diploma do curso do enfermagem geral 2. Diploma/carta de curso de bacharelato em enfermagem 3. Carta de curso de licenciatura em enfermagem	1. Escolas de Enfermagem 2. Escolas Superiores de Enfermagem 3. Escolas Superiores de Enfermagem; Escolas Superiores de Saúde	Enfermeiro	1. Januar 1986
România	1. Diplomă de absolvire de asistent medical generalist cu studii superioare de scurtă durată	1. Universități	asistent medical generalist	1. Januar 2007
	2. Diplomă de licență de asistent medical generalist cu studii superioare de lungă durată	1. Universități		
Slovenija	Diploma, s katero se podeljuje strokovni naslov „diplomirana medicinska sestra/diplomirani zdravstvenik"	1. Univerza 2. Visoka strokovna šola	Diplomirana medicinska sestra/ Diplomirani zdravstvenik	1. Mai 2004
Slovensko	1. Vysokoškolský diplom o udelení akademického titulu „magister z ošetrovateľstva" („Mgr.")	1. Vysoká škola	Sestra	1. Mai 2004

Land	Ausbildungsnachweis	Ausstellende Stelle	Berufsbezeichnung	Stichtag
	2. Vysokoškolský diplom o udelení akademického titulu „bakalár z ošetro- vatel'stva" („Bc.") 3. Absolventský diplom v študijnom odbore diplo- movaná všeobecná sestra	2. Vysoká škola 3. Stredná zdravotnícka škola		
Suomi/ Finland	1. Sairaanhoitajan tutkinto/ Sjukskötarexamen 2. Sosiaali- ja terveysalan ammattikorkeakoulu- tutkinto, sairaanhoitaja (AMK)/Yrkeshögskole- examen inom hälsovård och det sociala området, sjukskötare (YH)	1. Terveydenhuolto- oppilaitokset/ Hälsovårdsläro- anstalter 2. Ammattikorkeakoulut/Yrkeshög skolor	Sairaanhoitaja/ Sjukskötare	1. Januar 1994
Sverige	Sjuksköterskeexamen	Universitet eller högskola	Sjuksköterska	1. Januar 1994
United Kingdom	Statement of Registration as a Registered General Nurse in part 1 or part 12 of the register kept by the United Kingdom Central Council for Nursing, Midwifery and Health Visiting	Various	– State Regis- tered Nurse – Registered General Nurse	29. Juni 1979

Artikel 1 a
Änderung des Krankenpflegegesetzes

In § 26 des Krankenpflegegesetzes vom 16. Juli 2003 (BGB1.1 S. 1442), das zuletzt durch Artikel 1f des Gesetzes vom 4. April 2017 (BGBl. I S. 778) geändert worden ist, wird die Angabe „31. Dezember 2017" durch die Angabe „31. Dezember 2019" ersetzt.

Artikel 1 b
Änderung des Altenpflegegesetzes

In § 32 des Altenpflegegesetzes in der Fassung der Bekanntmachung vom 25. August 2003 (BGBl. I S. 1690), das zuletzt durch Artikel 34 des Gesetzes vom 18. April 2016 (BGBl. I S. 886) geändert worden ist, wird die Angabe „31. Dezember 2017" durch die Angabe „31. Dezember 2019" ersetzt.

Artikel 2
Änderung des Dritten Buches Sozialgesetzbuch

Das Dritte Buch Sozialgesetzbuch - Arbeitsförderung - (Artikel 1 des Gesetzes vom 24. März 1997, BGBl. I S. 594, 595), das zuletzt durch Artikel 10 des Gesetzes vom 20. Oktober 2015 (BGBl. I S. 1722) geändert worden ist, wird wie folgt geändert:

1. § 4a wird wie folgt geändert:

   a) In Abs. 2 Nummer 2 wird nach dem Wort „Seearbeitsgesetzes" ein Komma und werden die Wörter „nach Teil 2 des Pflegeberufegesetzes" eingefügt.

   b) In Abs. 3 Satz 1 werden nach den Wörtern „auf einen" die Wörter „nach Teil 2 des Pflegeberufegesetzes oder" eingefügt.

2. In § 57 Abs. 1 werden nach den Wörtern „oder nach" die Wörter „Teil 2 des Pflegeberufegesetzes oder" eingefügt.

3. In § 131b Satz 1 wird die Angabe „31. Dezember 2017" durch die Angabe „31. Dezember 2019" ersetzt.

4. Dem § 180 Abs. 4 wird folgender Satz angefügt:

„Abweichend von Satz 1 ist die Dauer einer Vollzeitmaßnahme der beruflichen Weiterbildung auch dann angemessen, wenn sie nach dem Pflegeberufegesetz nicht um mindestens ein Drittel verkürzt werden kann; insoweit ist Satz 2 nicht anzuwenden."

Artikel 3
Änderung des Fünften Buches Sozialgesetzbuch

§ 63 des Fünften Buches Sozialgesetzbuch - Gesetzliche Krankenversicherung - (Artikel 1 des Gesetzes vom 20. Dezember 1988, BGBl. I S. 2477, 2482), das zuletzt durch Artikel 2 des Gesetzes vom 1. Dezember 2015 (BGBl. I S. 2114) geändert worden ist, wird wie folgt geändert:

1. In Abs. 3b Satz 1 werden im Satzteil vor der Aufzählung nach den Wörtern „dass Angehörige der" die Wörter „im Pflegeberufegesetz," eingefügt.

2. Abs. 3c wird wie folgt gefasst:

„(3c) Modellvorhaben nach Abs. 1 können eine Übertragung der ärztlichen Tätigkeiten, bei denen es sich um selbstständige Ausübung von Heilkunde handelt und für die die Angehörigen des im Pflegeberufegesetz geregelten Berufs auf Grundlage einer Ausbildung nach § 14 des Pflegeberufegesetzes qualifiziert sind, auf diese vorsehen. Die Krankenkassen und ihre Verbände sollen entsprechende Vorhaben spätestens bis zum Ablauf des 31. Dezember 2020 vereinbaren oder durchführen. Der Gemeinsame Bundesausschuss legt in Richtlinien fest, bei welchen Tätigkeiten eine Übertragung von Heilkunde auf die Angehörigen des in Satz 1 genannten Berufs im Rahmen von Modellvorhaben erfolgen kann. Vor der Entscheidung des Gemeinsamen Bundesausschusses ist der Bundesärztekammer sowie den maßgeblichen Verbänden der Pflegeberufe Gelegenheit zur Stellungnahme zu geben. Die Stellungnahmen sind in die Entscheidungen einzubeziehen. Durch den Gemeinsamen Bundesausschuss nach den Sätzen 2 bis 4 festgelegte Richtlinien gelten für die Angehörigen des in Satz 1 geregelten Berufs fort."

Artikel 4
Änderung des Elften Buches Sozialgesetzbuch

Das Elfte Buch Sozialgesetzbuch - Soziale Pflegeversicherung - (Artikel 1 des Gesetzes vom 26. Mai 1994, BGBl. I S. 1014, 1015), das zuletzt durch Artikel 3 des Gesetzes vom 1. Dezember 2015 (BGBl. I S. 2114) geändert worden ist, wird wie folgt geändert:

1. § 71 Abs. 3 Satz 1 wird wie folgt gefasst:

„Für die Anerkennung als verantwortliche Pflegefachkraft im Sinne der Absätze 1 und 2 ist neben dem Abschluss einer Ausbildung als

1. Pflegefachfrau oder Pflegefachmann,

2. Gesundheits- und Krankenpflegerin oder Gesundheits- und Krankenpfleger,

3. Gesundheits- und Kinderkrankenpflegerin oder Gesundheits- und Kinderkrankenpfleger oder

4. Altenpflegerin oder Altenpfleger

eine praktische Berufserfahrung in dem erlernten Ausbildungsberuf von zwei Jahren innerhalb der letzten acht Jahre erforderlich."

2. § 82a wird wie folgt geändert:

a) In Abs. 1 werden die Wörter „nach Bundesrecht in der Altenpflege oder" und die Wörter „sowie die nach § 17 Abs. Ia des Altenpflegegesetzes zu erstattenden Weiterbildungskosten" gestrichen.

b) In Abs. 2 Satz 1 werden die Wörter „nach Bundesrecht zur Ausbildung in der Altenpflege oder" gestrichen.

c) In Abs. 3 Nummer 2 wird vor dem Punkt am Ende ein Semikolon und werden die Wörter „bei der Prüfung der Angemessenheit des Angebots an Ausbildungsplätzen ist zu berücksichtigen, dass eine abgeschlossene landesrechtlich geregelte Assistenz- oder Helferausbildung in der Pflege nach § 11 Abs. 1 Nummer 2 Buchstabe b des Pflegeberufegesetzes den Zugang zur Ausbildung nach dem Pflegeberufegesetz ermöglicht und nach § 12 Abs. 2 des Pflegeberufegesetzes auch zu einer Anrechnung und Verkürzung der Ausbildung führen kann" eingefügt.

Artikel 5
Änderung der Approbationsordnung für Ärzte

In § 6 Abs. 2 Nummer 5 der Approbationsordnung für Ärzte vom 27. Juni 2002 (BGBl. I S. 2405), die zuletzt durch Artikel 2 der Verordnung vom 2. August 2013 (BGBl. I S. 3005) geändert worden ist, wird nach dem Wort „Altenpflege" ein Komma und werden die Wörter „als Pflegefachfrau oder Pflegefachmann" eingefügt.

Artikel 6
Änderung des Krankenhausfinanzierungsgesetzes

Das Krankenhausfinanzierungsgesetz in der Fassung der Bekanntmachung vom 10. April 1991 (BGBl. I S. 886), das zuletzt durch Artikel 4 des Gesetzes vom 1. Dezember 2015 (BGBl. I S. 2114) geändert worden ist, wird wie folgt geändert:

1. In § 2 Nummer 1a Buchstabe e werden die Wörter „Gesundheits- und Krankenpflegerin, Gesundheits- und Krankenpfleger" durch die Wörter „Pflegefachfrau, Pflegefachmann" ersetzt.

2. § 17a wird wie folgt geändert:

a) Abs. 1 wird wie folgt geändert:

aa) In Satz 1 wird das Komma und werden die Wörter „insbesondere die Mehrkosten der Praxisanleitung infolge des Krankenpflegegesetzes vom 16. Juli 2003," gestrichen.

bb) In Satz 2 werden die Wörter „den Sätzen 3 und 4" durch die Angabe „Satz 3" ersetzt.

cc) Die Sätze 3 und 4 werden durch folgenden Satz ersetzt:

„Bei der Ermittlung der Mehrkosten der Ausbildungsvergütung sind Personen, die in der Krankenpflegehilfe ausgebildet werden, im Verhältnis 6 zu 1 auf die Stelle einer voll ausgebildeten Person nach Teil 2 des Pflegeberufegesetzes anzurechnen."

b) In Abs. 2 Satz 1 Nummer 1 wird das Komma und werden die Wörter „die zusätzlichen Kosten auf Grund der Umsetzung des Gesetzes über die Berufe in der Krankenpflege und zur Änderung anderer Gesetze" gestrichen.

c) In Abs. 3 Satz 4 werden die Wörter „einschließlich der zusätzlichen Kosten auf Grund der Umsetzung des Gesetzes über die Berufe in der Krankenpflege und zur Änderung anderer Gesetze" gestrichen.

d) Abs. 4 wird aufgehoben.

e) In Abs. 4a wird das Komma und werden die Wörter „für die Höhe der nach Abs. 4 durchzuführenden Ausgliederung des Ausbildungsbudgets aus dem Krankenhausbudget" gestrichen.

f) In Abs. 8 Satz 1 werden die Wörter „den Absätzen 3 und 4" durch die Angabe „Abs. 3" ersetzt.

g) Abs. 9 wird wie folgt geändert:

aa) In Satz 1 wird die Angabe „oder 4" gestrichen,

bb) Satz 4 wird aufgehoben.

Artikel 6 a
Änderung des Krankenhausentgeltgesetzes

In § 7 Abs. 1 Satz 1 Nummer 4 des Krankenhausentgeltgesetzes vom 23. April 2002 (BGBl. I S. 1412, 1422), das zuletzt durch Artikel 4 des Gesetzes vom 19. Dezember 2016 (BGBl. I S. 2986) geändert worden ist, werden nach dem Wort „Gesetz" die Wörter „sowie nach § 33 Abs. 3 Satz 1 des Pflegeberufegesetzes" eingefügt.

Artikel 6 b
Änderung der Bundespflegesatzverordnung

In § 7 Satz 1 Nummer 3 der Bundespflegesatzverordnung vom 26. September 1994 (BGBl. I S. 2750), die zuletzt durch Artikel 2 des Gesetzes vom 19. Dezember 2016 (BGBl. I S. 2986) geändert worden ist, werden nach den Wörtern „§ 17a Abs. 6 des Krankenhausfinanzierungsgesetzes" die Wörter „sowie § 33 Abs. 3 Satz 1 des Pflegeberufegesetzes" eingefügt.

Artikel 7
Änderung des Bundespersonalvertretungsgesetzes

In § 9 Abs. 1 des Bundespersonalvertretungsgesetzes vom 15. März 1974 (BGBl. I S. 693), das zuletzt durch Artikel 3 Abs. 2 des Gesetzes vom 3. Juli 2013 (BGBl. I S. 1978) geändert worden ist, wird nach dem Wort „Krankenpflegegesetz" ein Komma und werden die Wörter „dem Pflegeberufegesetz" eingefügt.

Artikel 8
Änderung des Strafvollzugsgesetzes

In § 158 Abs. 2 Satz 1 des Strafvollzugsgesetzes vom 16. März 1976 (BGBl. I S. 581; 2088; 1977 I S. 436), das zuletzt durch Artikel 152 der Verordnung vom 31. August 2015 (BGBl. I S. 1474) geändert worden ist, werden nach dem Wort „Krankenpflegegesetz" die Wörter „oder dem Pflegeberufegesetz" eingefügt.

Artikel 9
Änderung der Verordnung über die Ausbildungsförderung für soziale Pflegeberufe

In § 1 Abs. 1 Nummer 1 der Verordnung über die Ausbildungsförderung für soziale Pflegeberufe vom 30. August 1974 (BGBL I S. 2157), die zuletzt durch Artikel 1 der Verordnung vom 7. Juni 1995 (BGBl. I S. 794) geändert worden ist, werden nach dem Komma am Ende die Wörter „Pflegefachfrauen und Pflegefachmänner" eingefugt.

Artikel 10
Änderung der Bundespolizei-Laufbahnverordnung

In der Anlage 2 (zu § 12) zur Bundespolizei-Laufbahnverordnung vom 2. Dezember 2011 (BGBl. IS. 2408), die zuletzt durch Artikel 1 der Verordnung vom 15. Oktober 2014 (BGBl. I S. 1626) geändert worden ist, wird in der Spalte „Bildungsvoraussetzungen" in der ersten Zeile nach dem Wort „-pfleger" ein Komma und werden die Wörter „als Pflegefachfrau oder Pflegefachmann" eingefügt.

Artikel 11
Änderung der Soldatenlaufbahnverordnung

In § 17 Abs. 2 Satz 1 Nummer 2 der Soldatenlaufbahnverordnung in der Fassung der Bekanntmachung vom 19. August 2011 (BGBl. I S. 1813), die zuletzt durch Artikel 6 des Gesetzes vom 13. Mai 2015 (BGBl. I S. 706) geändert worden ist, werden nach den Wörtern „oder Gesundheits- und Krankenpfleger" die Wörter „Gesundheits- und Kinderkrankenpflegerin oder Gesundheits- und Kinderkrankenpfleger, Pflegefachfrau oder Pflegefachmann" eingefügt.

Artikel 12
Änderung der Schiffsbesetzungsverordnung

§ 6 Abs. 3 der Schiffsbesetzungsverordnung vom 18. Juli 2013 (BGBl. I S. 2575), die zuletzt durch Artikel 559 der Verordnung vom 31. August 2015 (BGBl. I S. 1474) geändert worden ist, wird wie folgt geändert:

1. In Satz 1 werden nach den Wörtern „Gesundheits- und Krankenpfleger" die Wörter „oder ein Pflegefachmann oder eine Pflegefachfrau" eingefügt.

2. In Satz 2 werden nach den Wörtern „Gesundheits- und Krankenpfleger" die Wörter „oder Pflegefachmänner oder Pflegefachfrauen" eingefügt.

Artikel 13
Änderung der Maritime-Medizin-Verordnung

Die Maritime-Medizin-Verordnung vom 14. August 2014 (BGBl. I S. 1383) wird wie folgt geändert:

1. In § 16 Abs. 2 werden nach den Wörtern „Gesundheits- und Krankenpfleger" die Wörter „oder als Pflegefachfrauen und Pflegefachmänner" eingefügt.

2. In § 18 Abs. 1 Satz 2 werden nach den Wörtern „Gesundheits- und Krankenpflegern" die Wörter „von Pflegefachfrauen und Pflegefachmännern" eingefügt.

Artikel 14
Änderung des Berufsbildungsgesetzes

Nach § 90 Abs. 3 des Berufsbildungsgesetzes vom 23. März 2005 (BGBl. I S. 931), das zuletzt durch Artikel 149 des Gesetzes vom 24 März 2017 (BGBl. I. S. 626) geändert worden ist, wird folgender Abs. 3a eingefügt:

„(3a) Das Bundesinstitut für Berufsbildung nimmt die Aufgaben nach § 53 Abs. 5 Satz 1 und § 54 des Pflegeberufegesetzes wahr."

Artikel 15
Inkrafttreten, Außerkrafttreten

(1) In Artikel 1 treten die §§ 53 bis 56 am Tag nach der Verkündung in Kraft, gleichzeitig treten die Artikel 1a, 1b und 2 Nummer 3 in Kraft.

(2) In Artikel 1 treten die §§26 bis 36 und 66 am 1. Januar 2019 in Kraft, gleichzeitig tritt Artikel 6 in Kraft.

(3) Artikel 4 Nummer 2 tritt am 1. Januar 2025 in Kraft.

(4) Im Übrigen tritt dieses Gesetz am 1. Januar 2020 in Kraft.

(5) Das Krankenpflegegesetz vom 16. Juli 2003 (BGBl. I S. 1442), das zuletzt durch Artikel 9 des Gesetzes vom 16. Juli 2015 (BGBl. I S. 1211) geändert worden ist, und das Altenpflegegesetz in der Fassung der Bekanntmachung vom 25. August 2003 (BGBl. I S. 1690), das zuletzt durch Artikel 10 dieses Gesetzes geändert worden ist, treten am 31. Dezember 2019 außer Kraft.

Teil B – Erläuterungen

I. Einführung in das Berufsrecht und das Pflegeberufereformgesetz

1. Das Berufsrecht als Grundlage der Berufsausübung

2. Anlass und Zielsetzung des Pflegeberufereformgesetzes

3. Das Pflegeberufereformgesetz

© Springer Fachmedien Wiesbaden GmbH, ein Teil von Springer Nature 2018
T. Weiß et al., *Pflegeberufereformgesetz (PflBRefG)*, Edition
Springer Pflege, https://doi.org/10.1007/978-3-658-20945-2_2

1. Das Berufsrecht als Grundlage der Berufsausübung

a) Das Berufsrecht der Gesundheits- und Kranken- sowie Kinderkrankenpflege

b) Das Berufsrecht der Altenpflege

c) Die Abgrenzung der pflegerischen Berufsgruppen und Hilfskräfte untereinander

d) Die neue Qualifikation und Qualifizierung der Pflegeberufe

1. Das Berufsrecht als Grundlage der Berufsausübung

Pflegen darf in Deutschland zwar jeder, nicht aber als Gesundheits- und Krankenpfleger/in bzw. als Krankenschwester, Gesundheits- und Kinderkrankenpfleger/in oder als Altenpfleger/in. Die professionelle Pflege mit bzw. unter einer Berufsbezeichnung ist gesetzlich normiert und darf nur von Personen erbracht werden, die unter anderem eine bestimmte Ausbildung absolviert und eine staatliche Erlaubnis zur Führung der Berufsbezeichnung erhalten haben.

Auch die Tätigkeit als Arzt ist berufsrechtlich reglementiert und ärztliche Tätigkeiten dürfen grundsätzlich nur durch Angehörige dieser Berufsgruppe ausgeübt werden. Ebenso gibt es rechtliche Vorgaben für die Zusammenarbeit der Berufsgruppen im Gesundheitswesen, insbesondere im Verhältnis von Pflegekräften und Ärzten. Diese erschließen sich jedoch nicht allein aus gesetzlichen Vorgaben und sind in manchen Detailfragen auch noch nicht endgültig geklärt.

a) Das Berufsrecht der Gesundheits- und Kranken- sowie Kinderkrankenpflege

Die Krankenpflege hat eine alte Tradition und entwickelte sich als berufliche Tätigkeit aus zwei Quellen:

- Zum einen gab es die chirurgischen Dienstleistungen, die ihrerseits in ärztliche und nichtärztliche Tätigkeiten unterteilt werden können. Dem verantwortlichen Arzt standen hierbei sog. Heilgehilfen oder Heildiener zur Seite.

- Zum anderen gab es die Dienstleistung in der Krankenversorgung. Hier kann man in die Bereiche der berufsmäßig ausgeübten Krankenpflege und den der Ordenskrankenpflege trennen.

Durch christliche Ordensgemeinschaften oder religiöse Genossenschaften ist die Krankenpflege als Form karitativen Wirkens seit Jahrhunderten ausgeübt worden.

Zusammengefasst stellt sich die neuere Entwicklung der Krankenpflege in Deutschland wie folgt dar:

- Nachdem im 18. und noch im 19. Jahrhundert die Krankenpflege auf ein niedriges Niveau herabgesunken war, begann im Laufe des 19. Jahrhunderts eine Neuorientierung und Erneuerung: So gründete z. B. Theodor Fliedner 1836 in Kaiserswerth das erste Diakonissenmutterhaus. Im Jahr 1866 gründete Großherzogin Luise von Baden die erste Rot-Kreuz-Schwesternschaft. Andere Schwesternschaften folgten und schlossen sich 1882 zu einem Verband zusammen.

Aber auch die Zahl der Frauen, die die Krankenpflege privat als Beruf ausübten, nahm stetig zu. Sie waren meist wenig oder gar nicht fachlich ausgebildet und hatten keine Lobby. Agnes Karll gründete für diese Gruppe im Jahr 1903 die erste Berufsorganisation der Krankenpflegerinnen Deutschlands, die den privaten Krankenpflegerinnen bei der Stellenvermittlung, Beratung von Arbeits- und Rechtsfragen oder Abschluss von Versicherungsverträgen unterstützend zur Seite stand.

- Anfang des 20. Jahrhunderts, im Jahr 1906, gab es dann auch die erste staatliche Regelung. Möglich wurde dies durch einen Bundesratsbeschluss vom 22. März 1906, auf dessen Grundlage in einzelnen Bundesstaaten des Deutschen Reiches Vorschriften über eine staatliche Prüfung von Krankenpflegepersonen geschaffen wurden. Die Ausbildung sollte nach dem Willen des Bundesrates ein Jahr dauern.

- Die erste deutschlandweite Regelung kam im Jahr 1938 durch den Erlass des Krankenpflegegesetzes und der Krankenpflegeverordnung vom 28. September 1938. Letztere sah im Wesentlichen vor, dass ein Lehrgang von anderthalb Jahren Dauer sowie ein einjähriges Praktikum zu absolvieren waren. Voraussetzung für die Ausbildung waren die Vollendung des 18. Lebensjahres und ein Volksschulabschluss.

- Durch das Krankenpflegegesetz vom 15. Juni 1957 (BGBl. I 1957, S. 716) wurde nach Ende des Nationalsozialismus das erste Gesetz für die Bundesrepublik Deutschland geschaffen. Darin wurde die Krankenpflegeausbildung auf zwei Jahre verlängert.

- Auch diese Ausbildungsdauer wurde allerdings bald als noch nicht ausreichend empfunden und durch das Krankenpflegegesetz vom 20. September 1965 (BGBl. I 1965, S. 1443) auf drei Jahre verlängert. Darüber hinaus wurde als Voraussetzung für den Zugang zur Krankenpflegeausbildung der Realschulabschluss eingeführt.

- Es gab dann im Jahr 1968 (03. September 1968, BGBl. I 1968, S. 980) und 1972 (04. Mai 1972, BGBl. I 1972, S. 753) noch einige kleinere Änderungen.

- Die nächste große Reform des Krankenpflegegesetzes vollzog sich erst 1985 als Folge europarechtlicher Vorgaben in Form des Krankenpflegegesetzes vom 4. Juni 1985 (BGBl. I 1985, S. 893).

- Anfang der 1990er Jahre wurden noch einmal Änderungen wegen des Zusammenschlusses der alten und der neuen Bundesländer notwendig.

Die derzeitige Fassung des Krankenpflegegesetzes stammt aus dem Jahr 2003 (Gesetz vom 16. Juli 2003, BGBl. 2003, Teil I, Seite 1442 f.), ist seit dem 01. Januar 2004 in Kraft und wurde zuletzt vor dem Pflegeberufereformgesetz durch Art. 1 f des Gesetzes vom 04. April 2017 (BGBl. 2017, Teil I, S. 778) geändert.

Im Jahr 2003 wurde eine umfangreiche Novellierung vorgenommen, um die Ausbildung für die Berufe der Krankenpflege den veränderten Rahmenbedingungen und den neuesten Erkenntnissen der Pflegewissenschaft anzupassen. Darüber hinaus sollte auch der stärkeren Professionalisierung des Pflegeberufes Rechnung getragen werden.

Kernpunkte der Änderungen, die zum 01. Januar 2004 in Kraft traten, waren die Herausnahme der Krankenpflegehilfeausbildung aus dem Gesetz, die Änderung der Berufsbezeichnung vom Krankenpfleger bzw. der Krankenschwester hin zum/zur „Gesundheits- und Krankenpfleger/in", eine Neufassung des Ausbildungsziels sowie Änderungen zur Dauer und Struktur der Ausbildung.

b)   Das Berufsrecht der Altenpflege

Die Altenpflege war seit je her von der Krankenpflege getrennt. Dies wirkte sich bis hin zur Gesetzgebung aus:

Die Krankenpflege wurde herkömmlich als Heilberuf verstanden. Die Gesetzgebungskompetenz für diesen Bereich lag beim Bund. Anders war es bei der Altenpflege. Sie wurde in der Vergangenheit als Ländersache behandelt. Dies hatte auch historische Gründe, wie ein kurzer Blick auf die Entwicklung der Altenpflege in Deutschland in der jüngeren Vergangenheit zeigt:

- In den 1950er Jahren des 20. Jahrhunderts gab es zunächst Lehrgänge für Frauen für die Pflege in sog. Alten- und Siechenheimen. Es kamen in dieser Zeit erste einrichtungsinterne Ausbildungen auf bei kirchlichen Trägern oder Schwesternschaften.

- In den 1960er Jahren wurde dann ein erstes Ausbildungskonzept für die Altenpflege entworfen, das 46 Unterrichtswochen vorsah mit insgesamt 2070 Unterrichtsstunden. Die Inhalte sollten von den Ländern in Ausbildungs- und Prüfungsverordnungen festgelegt werden.

- Zwischen 1970 und 1980 vereinheitlichte sich die Ausbildung und wurde in fast allen Bundesländern als zweijährige Ausbildung angeboten. Zu dieser Zeit wurde auch der Deutsche Berufsverband für Altenpflege gegründet. Dieser machte sich für die Belange der Altenpflege stark und arbeitete an der Entwicklung eines Berufsbildes und einer Erweiterung des Ausbildungskonzeptes.

- In den 1980er Jahren wurde eine Rahmenvereinbarung über die Ausbildung getroffen und manche Bundesländer (z.B. Baden-Württemberg und Hamburg) weiteten die Ausbildung zu einer dreijährigen aus.

Die zunehmende Bedeutung und Anerkennung des Berufes zeigte sich auch darin, dass die Altenpfleger in den seinerzeitigen Vergütungstarifvertrag des Öffentlichen Dienstes, dem Bundesangestelltentarifvertrag (BAT) einbezogen wurden.

In den 1990er Jahren gab es noch eine Novellierung der Ausbildungs- und Prüfungsverordnungen in einigen Bundesländern, bevor dann im Jahr 2000 eine bundesweite Regelung erfolgte: Das Altenpflegegesetz.

Bereits seit Mitte der 1980er-Jahre wurde auch im Bereich der Altenpflege eine Neuordnung und Vereinheitlichung politisch diskutiert. Die tatsächliche Umsetzung durch ein vom Bundestag beschlossenes Gesetz dauerte dann allerdings noch eine ganze Weile.

- Die bundesweite Vereinheitlichung wurde erstmals mit dem Gesetz über die Berufe in der Altenpflege vom 17. Oktober 2000 erreicht.

Das Gesetz trat jedoch zunächst nicht in Kraft, sondern wurde erst noch vom Bundesverfassungsgericht (BVerfG) auf seine Verfassungsgemäßheit hin überprüft. Diese wurde angezweifelt, weil einige Länder meinten, dass für die Gesetzgebung im Bereich der Altenpflege nicht der Bund, sondern die Länder zuständig seien.

Der Streit wurde durch das Bundesverfassungsgericht mit Urteil vom 24. Oktober 2002 (BGBl. I 2002, S. 4410) entschieden:

Das BVerfG hat in dieser Grundsatzentscheidung den Altenpflegeberuf als Heilberuf eingestuft, was die Gesetzgebungskompetenz des Bundes begründete. Somit war das Gesetz verfassungsgemäß zu Stande gekommen.

■ Diese Einschätzung der Verfassungsrichter galt allerdings nur für die Ausbildung zum Altenpfleger bzw. zur Altenpflegerin und nicht für den Beruf des Altenpflegehelfers. Da diese Berufsgruppe nicht unter die Heilberufe fällt, sind für entsprechende Gesetze die Länder zuständig. Aus diesem Grunde wurden die Regelungen in den Gesetzen, die sich mit der Ausbildung der Altenpflegehelfer befassten, für verfassungswidrig und damit nichtig erklärt.

Das Altenpflegegesetz wurde in der Folge entsprechend bereinigt und im August 2003 neugefasst. Die Altenpflegehelferausbildung ist hierin nicht mehr geregelt, sondern bleibt den einzelnen Ländern überlassen.

Entsprechendes gilt übrigens auch für die Krankenpflegehelferausbildung!

Die derzeitige Fassung des Gesetzes stammt aus dem Jahr 2003 (BGBl. I 2003, S. 1690). Sie wurde am 04.09. 2003 verkündet, ist seit dem 01.08. 2003 in Kraft und wurde zuletzt vor dem Pflegeberufereformgesetz durch Art. 34 des Gesetzes vom 18.04.2016 (BGBl. I S. 886) geändert.

Die gesetzlichen Regelungen sind ähnlich aufgebaut wie in der Krankenpflege.

c)   Die Abgrenzung der pflegerischen Berufsgruppen und Hilfskräfte untereinander

Die pflegerische Arbeit und allgemein die Tätigkeit im Gesundheitswesen sind geprägt von Arbeitsteilung.

Dabei müssen die Möglichkeiten und Grenzen der Zusammenarbeit in und zwischen den Berufsgruppen beachtet werden und es bedarf klarer Abgrenzungen im Zusammenwirken, damit Pflegebedürftige und Patienten durch die Zusammenarbeit nicht zusätzlichen Risiken ausgesetzt sind.

Weder im KrPflG noch im AltPflG sind bestimmte Tätigkeiten für die jeweiligen Berufsgruppen vorgeschrieben oder festgelegt. Das KrPflG grenzt im Detail nicht einmal die Krankenpflege von der Kinderkrankenpflege ab.

Nur durch die Ausbildungsinhalte und -anforderungen kann man mittelbar Grenzen herleiten, wobei sich diese auch nur zum Teil unterscheiden.

Andere Vorschriften, etwa die heimrechtlichen Regelungen oder Vorschriften des SGB V nebst ergänzenden Regelungen, enthalten zwar weitere Vorgaben, jedoch nur zu einzelnen Punkten.

Eine genaue Abgrenzung der Berufe oder Zuständigkeitszuteilung enthalten auch sie nicht.

Letztlich darf daher grundsätzlich sowohl eine Altenpflegekraft auch Krankenpflege betreiben wie auch Kinderkrankenpflegekräfte nicht von der Erwachsenenpflege ausgeschlossen sind.

Auch in der Praxis, in der z.B. im Altenpflegeheim Kranken- und Altenpflegekräfte ebenso zusammenarbeiten wie auf Stationen der Geburtshilfe im Krankenhaus Kranken- und Kinderkrankenpflegekräfte, gibt es keine klaren Abgrenzungen. Praktisch ergeben sich zwar durchaus Schwerpunkttätigkeiten aber keine Vorbehaltsaufgaben für die einzelnen Pflegeberufe.

Dem steht auch das Haftungsrecht nicht entgegen, insbesondere verbietet es die Übernahme von Aufgaben anderer pflegerischer Berufsgruppen nicht. Haftungsrechtlich von Bedeutung ist dies bei der Frage, ob ein Verstoß gegen oder die Verletzung von (Sorgfalts-) Pflichten vorliegt. Zur Beurteilung dieser Frage kommt es wesentlich auf die Fähigkeiten und die Eignung der Pflegekraft an, die einen Schaden verursacht hat. Diese beurteilen sich aber nicht allein nach der erworbenen Berufsbezeichnung bzw. dem Berufsrecht.

Vielmehr ist zwischen der sog. formalen und materiellen Qualifikation zu unterscheiden:

Die formale Qualifikation richtet sich nach der staatlich anerkannten Ausbildung bzw. dem Abschluss, den der oder die Betreffende erworben hat.

Dabei kann normalerweise davon ausgegangen werden, dass mit Bestehen der Prüfung und Zulassung zu einem Beruf die in den Ausbildungs- und Prüfungsordnungen festgelegten fachlichen Fähigkeiten und Kompetenzen erworben wurden.

Als materielle Qualifikation bezeichnet man dagegen die tatsächlich vorhandene Qualifikation, die sowohl von der einzelnen Pflegekraft, als auch von der jeweiligen Situation abhängt.

Auch durch das Haftungsrecht werden den Berufsgruppen also generell weder klare Grenzen noch vorbehaltene Tätigkeiten zugewiesen.

Es gibt somit keine Aufgaben, die nach den bisherigen rechtlichen Vorgaben generell dem einen oder anderen pflegerischen Beruf zugewiesen sind und nur von Alten- oder nur von Kranken- oder Kinderkrankenpflegern durchführt werden dürfen.

Anders sieht die Situation in der Zusammenarbeit zwischen dreijährig examinierten Pflegefachkräften und Kranken- oder Altenpflegehelfern und anderen Pflegehilfskräften aus. Die Arbeitsteilung ist hier eher abzugrenzen.

Das Berufsrecht ist allerdings inzwischen nicht mehr ganz so eindeutig, weil es abgesehen von Personalregelungen im Heimrecht der Länder, die Pflegehilfskräfte nicht als Fachkräfte einstufen, keine einheitlichen Regelungen für die Alten- und Krankenpflegehelfer mehr gibt.

Die Ausbildungen zum/zur Alten- oder Krankenpflegehelfer/in sind nämlich nicht mehr in den bundeseinheitlich geltenden KrPflG und AltPflG geregelt, sondern auf Länderebene. Daher kann es in jedem Bundesland unterschiedliche Anforderungen und Ausbildungsinhalte geben. Das gilt inzwischen im Detail auch für das Heimrecht, wofür die Bundesländer ebenfalls die Kompetenz bekommen haben.

Gleichwohl gibt es aufgrund der Rechtsprechung eine nachvollziehbare Abgrenzung der Tätigkeitsfelder.

So hat das Bundesarbeitsgericht (Urteile vom 02. September 1983 in: DKZ 1984, S. 704 und vom 05. März 1997, Az.: 4 AZR 392/95) bereits vor geraumer Zeit entschieden, dass Krankenpflegehelfer den Krankenschwestern und -pflegern lediglich zur Seite stehen (und deshalb nicht etwa die gleiche Eingruppierung verlangen können).

Das Landesarbeitsgericht (LAG) Bremen (Entscheidung vom 13. August 1999, Pflegerecht 2000, S. 19 ff.) wiederum hat festgestellt, dass bei Krankenpflegehelfern gewichtige „Differenzen in der Qualifikation, der Zuständigkeit im Pflegedienst und der Verantwortung bestehen" und diese „z. B. weder als Schichtführung noch als alleinverantwortliche Nachtwache eingesetzt werden" können.

Und der Bundesgerichtshof (BGH) (Urteil vom 08. Mai 1979, Az.: VI ZR 58/78) hat bei einer durch eine Krankenpflegehelferin vorgenommenen intramuskuläre Injektion, die zu einer sog. Spritzungslähmung führte, Schadensersatzansprüche des Patienten bejaht. Der BGH hatte nicht erkennen können, dass intramuskuläre Injektionen generell zum Aufgabenbereich der Krankenpflegehelfer gehören und verlangt, dass allenfalls über das übliche Maß hinaus besonders qualifizierte und erfahrene Krankenpflegehelfer damit betraut werden dürfen. Krankenpflegehelfer können demnach kaum eigenständig und alleinverantwortlich in der Pflege eingesetzt werden und sind nur für einige Pflegetätigkeiten zumeist im Bereich der allgemeinen Pflege (Grundpflege) qualifiziert.

d) Die neue Qualifikation und Qualifizierung der Pflegeberufe

Durch die Professionalisierung der beruflich ausgeübten Pflege, die zunehmende Bedeutung der europäischen Zusammenarbeit und die notwendige Steigerung der Attraktivität der Pflegeberufe sowie die demografische Entwicklung wurde und wird das Berufsrecht ständig weiterentwickelt. Hier kann man inzwischen zwischen drei Ebenen unterscheiden:

aa) Ebene EU-Recht

Im EU-Recht sind, im Wesentlichen Vorschriften zur Niederlassungsfreiheit und zur gegenseitigen Anerkennung von Berufsqualifikationen zu finden. In der neuen Fassung der Richtlinie über die Anerkennung von Berufsqualifikationen (2005/36/EG, der Text findet sich im Internet unter http://ec.europa.eu/growth/single-market/services/qualifications/policydevelop-ments/legislation/index_de.htm), die das Europäische Parlament in seiner Sitzung am 09. Oktober 2013 verabschiedet hat, finden sich Regelungen zur Zulassung für die Ausbildung von Pflegekräften, die für die allgemeine Pflege verantwortlich sind, und es wird die Ausbildungsdauer dahingehend präzisiert, dass diese drei Jahre lang und aus mindestens 4.600 Stunden theoretischer und klinisch-praktischer Ausbildung bestehen muss. Auch wird dort nunmehr festgelegt, auf welchem Wege die Ausbildung erfolgen darf, zum Beispiel in einer Hochschule oder in einer Berufsschule für Krankenpflege.

bb) Ebene Bundesrecht

Im Bundesrecht Deutschlands wurden Regelungen geschaffen, die die Pflegeausbildung nach dem Pflegeberufereformgesetz vorbereitet hatten. Dazu wurden sowohl Vorschriften im Leistungsrecht der Pflege als auch im Berufsrecht neu geschaffen. Durch Änderung des § 63 SGB V, die mit dem Pflegeweiterbildungsgesetz eingeführt wurde, wurden die originären Aufgaben der Pflege (ohne vorherige Veranlassung durch Ärzte) erweitert. Hierzu gibt es zwei Varianten:

Zum einen sollen Tätigkeiten durch Pflegekräfte wahrgenommen werden, die vorher von Ärzten erfüllt worden sind (vor allem im Hinblick auf abrechenbare Leistungen) als sog. nichtselbstständige Ausübung von Heilkunde (§ 63 Abs. 3 c SGB V). Letztere Tätigkeit hat, der G-BA zu bestimmen, was er in seiner am 20. Oktober 2011 erlassenen und am 22. März 2012 in Kraft getretenen sog. Heilkundeübertragungsrichtlinie getan hat.

Demgemäß wurden für diese Verrichtungen, die über die bisherigen Aufgaben und Tätigkeiten hinausreichen und zusätzliche Anforderungen stellen, auch das Krankenpflege- und das Altenpflegegesetz geändert, wonach solche erweiterten Kompetenzen erworben werden müssen.

Zum anderen sind Modellvorhaben möglich, wonach Pflegekräfte die Verordnung von Verbandsmitteln und Pflegehilfsmitteln sowie die inhaltliche Ausgestaltung der häuslichen Krankenpflege einschließlich deren Dauer vornehmen, u. a. soweit es sich nicht um selbstständige Ausübung von Heilkunde handelt (§ 63 Abs. 3 b SGB V).

Im Dezember 2015 wurde dann der Gesetzentwurf zur Reform der Pflegeausbildungen durch das Bundesministerium für Gesundheit vorgelegt und vom Kabinett Anfang 2016 verabschiedet. Nach Änderungen im Gesetzgebungsverfahren durch den Gesundheitsausschuss des Deutschen Bundestages wurde das Gesetz vom Deutschen Bundestag beschlossen und erhielt die Zustimmung des Bundesrates (s. dazu unter Nummern II, III).

Hinzukommen wird die vom Bundestag zu bewilligende Ausbildungs- und Prüfungsverordnung, zu der die Bundesministerien für Gesundheit sowie für Familie schon Eckpunkte aufgezeigt haben. Diese regeln Inhalte, Dauer und Struktur der Pflegeausbildung einschließlich des praktischen Teils sowie Einzelheiten zum berufsqualifizierenden Pflegestudium und zu den Prüfungen. (Siehe dazu unter: www.bmg.bund.de/ministerium/meldungen/2016/ausbildungs-und-pruefungs-verordnungen-zum-pflegeberufegesetz.html).

Festgelegt ist, dass der erste Ausbildungsjahrgang 2020 startet.

cc) Ebene Länderrrecht

Zudem haben 4 Bundesländer (Saarland, Hamburg, Bremen, Sachsen) Berufsordnungen für Pflegefachkräfte erlassen. Damit sind unter anderem entsprechend den akademischen Heilberufen auf gesetzlicher Grundlage Regelungen geschaffen worden, in denen Aufgaben, Pflichten und angemessenes Verhalten der jeweiligen Berufsgruppe beschrieben wird.

Auch wurde in Rheinland-Pfalz eine Pflegeberufekammer gebildet und es wird derzeit in zwei Bundesländern (Schleswig-Holstein und Niedersachsen) die Bildung einer Pflegekammer vorbereitet. Eine Aufgabe dieser Institution der beruflichen Selbstverwaltung ist es, selbst eine Berufsordnung für die Berufsangehörigen zu erlassen, die ebenso wie die zuvor genannten Berufsordnungen die beruflichen Tätigkeiten regeln.

2. Anlass und Zielsetzung des Pflegeberufereformgesetzes

a) Die Sicherstellung der zukünftigen Pflegeversorgung

b) Die sich wandelnden Anforderungen an die Ausbildung und Ausübung der pflegerischen Tätigkeit

c) Zielsetzung und Zukunft des Pflegeberufes

2. Anlass und Zielsetzung des Pflegeberufereformgesetzes

a) Die Sicherstellung der zukünftigen Pflegeversorgung

Die demografische Entwicklung prägt und verändert unsere Gesellschaft, im Miteinander der Generationen und insbesondere auch auf dem Arbeitsmarkt. Der Bereich der Pflege ist dadurch besonders intensiv betroffen. Hierzu stellte die Bundesregierung 2016 fest:

Bereits heute besteht ein Mangel an qualifizierten Pflegefachkräften. Dem Arbeitsmarkt werden immer weniger Menschen zur Verfügung stehen, um diesen Mangel auszugleichen. Der Wettbewerb um potentielle Auszubildende wird sich verschärfen. Gleichzeitig wird der Bedarf an professioneller Pflege künftig weiter zunehmen, da ein Anstieg der Zahl pflegebedürftiger Menschen in Deutschland zu erwarten ist. Die Lebenserwartung der Mitbürgerinnen und Mitbürger steigt, chronische Erkrankungen, Multimorbidität und die Zahl demenziell und psychisch erkrankter Menschen nehmen zu. Im Jahr 2013 galten 2,6 Millionen Personen als pflegebedürftig im Rahmen der Pflegeversicherung. Nach Berechnungen des Statistischen Bundesamtes auf der Grundlage konstanter Pflegequoten wird die Zahl an Pflegebedürftigen im Jahr 2020 auf 2,9 Millionen und im Jahr 2030 auf 3,4 Millionen ansteigen (aus der Gesetzesbegründung zum Pflegeberufereformgesetz BT-Drucksache 18/7823, S. 51).

Die Sicherung einer qualitativen Pflegeversorgung ist eine der gesellschaftspolitisch wichtigen Aufgaben der nächsten Jahre. Durch demografische und epidemiologische Entwicklungen sowie Veränderungen in den Versorgungsstrukturen wandeln sich die Anforderungen an die pflegerische Versorgung und an das Pflegepersonal. Die Lebenserwartung der Mitbürgerinnen und Mitbürger in Deutschland steigt; chronische Erkrankungen, Multimorbidität und die Zahl demenziell und psychisch erkrankter Menschen nehmen zu. Die spezifischen Belange älterer Menschen sind zunehmend auch bei der Pflege im Krankenhaus zu berücksichtigen. Aufgrund der dort verkürzten Liegezeiten müssen immer komplexere Pflegeleistungen durch ambulante Pflegedienste und in stationären Pflegeeinrichtungen erbracht werden. Aber auch die spezifischen Anforderungen an die Pflege (chronisch) kranker Kinder und Jugendlicher sowie von Personen mit psychischen Erkrankungen dürfen bei der Vermittlung der beruflichen Handlungskompetenz der Pflegefachkräfte nicht außer Acht gelassen werden (aaO., S. 1 f.).

Bereits heute ist die Pflegebranche einer der größten Arbeitgeber und Ausbildungsbereiche in Deutschland. In 2013 waren rund 1.005.000 Personen in ambulanten Pflegediensten und stationären Pflegeeinrichtungen beschäftigt. Das sind rund 61 Prozent mehr als 1999. Rund 375.000 Pflegefachkräfte, darunter 227.000 Altenpflegefachkräfte, 136.000 Gesundheits- und Krankenpflegefachkräfte und 12.000 Gesundheits- und Kinderkrankenpflegefachkräfte, gewährleisten eine qualitätsvolle Versorgung der Pflegebedürftigen in 12.700 ambulanten Pflegediensten und in 13.000 stationären Pflegeeinrichtungen. Rund 337.000 Gesundheits- und Krankenpflegefachkräfte und rund 37.000 Gesundheits- und

Kinderkrankenpflegefachkräfte sind in 1.996 Krankenhäusern beschäftigt. Im Schuljahr 2013/2014 absolvierten insgesamt rund 133.100 Auszubildende eine der drei derzeitigen Pflegeausbildungen. Besonders dynamisch hat sich dabei der Bereich der Langzeitpflege entwickelt, auf den heute rund die Hälfte aller Auszubildenden entfällt (aaO., S. 51 f.).

Es ist daher erforderlich, dass künftig in der Pflegeausbildung unter Berücksichtigung des pflegewissenschaftlichen Fortschritts Kompetenzen zur Pflege von Menschen aller Altersgruppen in allen Pflegesettings vermittelt werden: Moderne, sich wandelnde Versorgungsstrukturen erfordern eine übergreifende pflegerische Qualifikation. Mit Blick auf den bereits heute bestehenden Fachkräftemangel ist daneben die nachhaltige Sicherung der Fachkräftebasis eine wichtige Aufgabe auch der Reform der Pflegeausbildung.

Ziel ist es deshalb, die Pflegeberufe zukunftsgerecht weiterzuentwickeln, attraktiver zu machen und inhaltliche Qualitätsverbesserungen vorzunehmen. Es soll ein modernes, gestuftes und durchlässiges Pflegebildungssystem geschaffen werden, das die Ausbildung der zukünftigen Pflegefachkräfte derart ausgestaltet, dass sie den Anforderungen an die sich wandelnden Versorgungsstrukturen und zukünftigen Pflegebedarfe gerecht wird und zugleich die notwendige Basis für die im Sinne lebenslangen Lernens erforderlichen Fort- und Weiterbildungsprozesse bildet (aaO., S. 1 f.).

Diese Entwicklung sieht auch der Bundesrat und meint:

Die Deckung des pflegerischen Fachkräftebedarfs ist eines der drängenden Themen unserer Zeit. Nicht zuletzt vor dem Hintergrund des demografischen Wandels ist eine Steigerung der Ausbildungszahlen und damit der Fachkräfte unbedingt erforderlich. Der Gesetzentwurf der Bundesregierung zur Schaffung einer generalistischen Pflegeausbildung ist ein wesentlicher Schritt zur Sicherung des Fachkräftebedarfs für die Zukunft. Allerdings ist die Sicherung des Fachkräftebedarfs als entscheidender Bestandteil der pflegerischen Versorgung der Bevölkerung eine gesamtgesellschaftliche Aufgabe, wie es auch das SGB XI benennt.

Sofern auch künftig im Pflegeberufsgesetz am Grundsatz festgehalten wird, die bestehende Verteilung der Finanzierungsverantwortung fortzuschreiben, muss die Verteilungslast der Kosten der praktischen Ausbildung im SGB XI eine Neuordnung erfahren. Aufgrund der Natur der Pflegeversicherung als Teilkostenversicherung werden in stationären Einrichtungen versorgte Pflegebedürftige und solche, die Grundpflegeleistungen ambulanter Dienste beanspruchen, einen Teil ihrer Pflegekosten selbst tragen müssen. In diese Pflegekosten gehen aber nach § 82a SGB XI auch die Kosten der Ausbildungsvergütung ein. Anders als Personen, die Krankenpflege- oder Kinderkrankenpflegeleistungen beziehen, werden daher nur die Grundpflegeleistungsbezieher an der Finanzierung zusätzlich gesondert beteiligt.

Dies wird in der Bevölkerung weitgehend als ungerecht empfunden. Alle Umlagebeträge tragen zum Erhalt der einheitlich und gemeinsam ausgebildeten Pflegefachkräfte bei. Die Finanzierung ist jedenfalls nicht einheitlich und sollte daher mittelfristig angepasst werden (BT-Drucksache 18/7823, S. 110).

b) Die sich wandelnden Anforderungen an die Ausbildung und Ausübung der pflegerischen Tätigkeit

Wie unter Abschnitt 1d bereits dargestellt, steigen die Herausforderungen, die die Pflegefachkräfte zukünftig zu bewältigen haben. Insbesondere durch demografische, epidemiologische und strukturelle Entwicklungen und Veränderungen in den Versorgungsstrukturen wandeln sich die Anforderungen an das Pflegepersonal. Um den Bedarf an Pflegefachkräften nachhaltig zu sichern, ist es auch nach Auffassung der Bundesregierung wichtig, die Attraktivität der Pflegeausbildung zu steigern. Zur Verbesserung der Pflegequalität muss das zunehmende pflegewissenschaftliche Wissen besser genutzt werden.

Die Ausbildung der Pflegefachkräfte muss sich den wandelnden Versorgungsstrukturen und den sich verändernden Pflegebedarfen in Akut- und Langzeitpflege anpassen. Im Krankenhaus gilt es, die spezifischen Belange des wachsenden Anteils älterer und demenziell veränderter Patientinnen und Patienten stärker zu berücksichtigen. Aufgrund der verkürzten Liegezeiten in den Krankenhäusern steigt in der Langzeitpflege die Komplexität der (behandlungs-)pflegerischen Versorgungsbedarfe. Ambulante Versorgungsformen werden immer wichtiger. Auch die spezifischen Anforderungen an die Pflege (chronisch) kranker Kinder und Jugendlicher sowie von Personen mit psychischen Erkrankungen dürfen bei der Vermittlung der beruflichen Handlungskompetenz von Pflegefachkräften nicht außer Acht gelassen werden. Der bereits heute große Überschneidungsbereich der Pflegeausbildungen wird weiter zu nehmen. Die rasche Zunahme pflegewissenschaftlichen Wissens muss besser in die Praxis überführt werden.

Die Trennung nach Altersgruppen der bisherigen Ausbildungen in der Pflege (Altenpflege-, Gesundheits- und Krankenpflege- und die Gesundheits- und Kinderkrankenpflegeausbildungen) wird den beschriebenen Herausforderungen nicht mehr gerecht. Zur Sicherung der Pflegequalität und der Fachkräftebasis ist es vielmehr erforderlich, dass die Pflegeausbildung weiterentwickelt wird. Moderne, sich wandelnde Versorgungsstrukturen erfordern eine übergreifende pflegerische Qualifikation. Die künftige Pflegeausbildung soll die notwendigen Kompetenzen zur Pflege von Menschen aller Altersgruppen unter Berücksichtigung des pflegewissenschaftlichen Fortschritts vermitteln und somit den flexiblen Einsatz in allen Versorgungsbereichen ermöglichen und die Basis für die im Sinne des lebenslangen Lernens erforderlichen Fort- und Weiterbildungsprozesse schaffen.

Die Einführung einer generalistischen Pflegeausbildung ist das Ergebnis eines längeren Diskussionsprozesses, insbesondere auf der Grundlage der Erprobung von Reformmodellen nach dem Altenpflegegesetz und dem Krankenpflegegesetz. Die durchgeführten Modellvorhaben haben gezeigt, dass eine dreijährige einheitliche berufliche Pflegeausbildung die Kompetenzen vermitteln kann, die angesichts der zunehmend komplexer werdenden Pflegesituationen und unterschiedlichster Pflegekontexte notwendig sind.

Die Reform der Pflegeausbildung wurde im Koalitionsvertrag der Regierungsfraktionen der 18. Legislaturperiode vereinbart. Die Länder hatten sich durch Beschlüsse der Gesundheitsministerkonferenz und Arbeits- und Sozialministerkonferenz 2009 und 2012 für eine Zusammenführung der Pflegeberufe und eine einheitliche, generalistische Pflegeausbildung ausgesprochen (BT-Drucksache 18/7823, S. 51 f.).

Die bisherigen drei Ausbildungen in der Altenpflege, der Gesundheits- und Krankenpflege und der Gesundheits- und Kinderkrankenpflege werden reformiert und zu einem einheitlichen Berufsbild zusammengeführt; die bestehende Dreigliederung der Pflegeberufe wird aufgehoben. Ergänzend zur fachberuflichen Pflegeausbildung wird eine bundesgesetzliche Grundlage für eine primärqualifizierende hochschulische Pflegeausbildung geschaffen. Die neue Ausbildung bereitet auf einen universellen Einsatz in allen allgemeinen Arbeitsfeldern der Pflege vor, erleichtert einen Wechsel zwischen den einzelnen Pflegebereichen und eröffnet zusätzliche Einsatz- und Aufstiegsmöglichkeiten. Die Ausbildung wird in ein gestuftes und transparentes Fort- und Weiterbildungssystem eingepasst und die Durchlässigkeit zwischen den einzelnen Qualifikationsstufen in der Pflege verbessert.

Die Reform der Pflegeberufe ist notwendig. Bereits heute sind die Überschneidungen zwischen den Ausbildungen groß. Eine getrennte Weiterentwicklung der Ausbildungen nach dem Altenpflegegesetz und dem Krankenpflegegesetz kann die notwendige Flexibilität zur Bewältigung der Herausforderungen eines sich dynamisch verändernden Berufsfelds nicht gewährleisten. Sie ist angesichts der notwendigen Sicherung der Fachkräftebasis und der Verbesserung der Pflegequalität nicht zielführend (aaO., S. 2).

Auch der Ausschuss für Gesundheit des Bundestages stellt in seiner Beschlussempfehlung und seinem Bericht zum Pflegeberufereformgesetz fest, dass sich aufgrund demografischer sowie epidemiologischer Entwicklungen und durch veränderte Versorgungsstrukturen und -bedarfe die Anforderungen an die pflegerische Versorgung und damit an das Pflegepersonal verändern. Bei der Pflege im Krankenhaus müssten künftig die spezifischen Belange älterer Menschen stärker berücksichtigt werden. Zudem hätten wegen verkürzter Krankenhausliegezeiten die ambulanten Pflegedienste immer komplexere Pflegeleistungen zu erbringen. Auch die spezifischen Pflegebedarfe von (chronisch) kranken Kindern und Jugendlichen sowie von psychisch Erkrankten müssten bei der beruflichen Ausbildung der Pflegefachkräfte beachtet werden. Es sei deshalb erforderlich, in der Pflegeausbildung übergreifende pflegerische Qualifikationen zur Pflege von Menschen aller Altersgruppen in allen Pflegesettings zu vermitteln (BT-Drucksache 18/12847, S. 1).

c)   Die Zielsetzung und Zukunft des Pflegeberufes

Das Gesetz zur Reform der Pflegeberufe soll die erforderliche Grundlage für eine zukunftsfähige Pflegeausbildung, die notwendige Verbesserung der Pflegequalität und die Steigerung der Attraktivität des Pflegeberufs schaffen.

Mit dem Pflegeberufsgesetz wird die langjährig vorbereitete Reform der Pflegeberufe umgesetzt, indem die bisher getrennt geregelten Ausbildungen in der Altenpflege, der Gesundheits- und Krankenpflege sowie der Gesundheits- und Kinderkrankenpflege zu einer neuen, generalistisch ausgerichteten beruflichen Pflegeausbildung mit einem einheitlichen Berufsabschluss in einem Pflegeberufsgesetz zusammengeführt werden. Die Weiterentwicklung der beruflichen Pflegeausbildung wird dabei flankiert von einer Neuordnung der Finanzierungsgrundlagen und der Einführung eines bundesrechtlich geregelten primärqualifizierenden Pflegestudiums.

Durch die Zusammenführung der bisherigen im Altenpflegegesetz und im Krankenpflegegesetz nach Altersgruppen getrennt geregelten Pflegeausbildungen zu einer gemeinsamen, generalistischen Pflegeausbildung wird ein neues, einheitliches Berufsbild „Pflege" geschaffen, das sich mit einem eigenen beruflichen Selbstverständnis neben den anderen Gesundheitsfachberufen behauptet und die berufsständische Identifikation stärkt. Durch die Modernisierung der Ausbildung werden deren Qualität und damit im Ergebnis die Qualität der pflegerischen Versorgung verbessert. Der neue Pflegeberuf bietet bundesweit mehr und vielfältigere wohnortnahe Ausbildungs- und Beschäftigungsmöglichkeiten; ein Wechsel zwischen den einzelnen Pflegebereichen eröffnet zusätzliche Einsatz- und Aufstiegsmöglichkeiten.

Bei einem einheitlichen Berufsabschluss ist eine einheitliche Finanzierungsbasis der neuen beruflichen Pflegeausbildung die notwendige Folge. Die Finanzierungsstrukturen der bisherigen beruflichen Ausbildungen werden daher neu geordnet. Die einheitliche Finanzierung über Landesausbildungsfonds verfolgt das Ziel, bundesweit eine wohnortnahe qualitätsgesicherte Ausbildung sicherzustellen, eine ausreichende Zahl qualifizierter Pflegekräfte auszubilden, Nachteile im Wettbewerb zwischen ausbildenden und nicht ausbildenden Einrichtungen zu vermeiden, die Ausbildung in kleineren und mittleren Einrichtungen zu stärken und wirtschaftliche Ausbildungsstrukturen zu gewährleisten.

Mit der Einführung einer generalistischen, hochschulischen Pflegeausbildung wird ein weiteres wichtiges Signal zur Aufwertung des Berufsbereichs gesetzt und es werden zusätzliche Karrierewege eröffnet sowie neue Zielgruppen für die Pflegeausbildung erschlossen. Die Erfahrungen mit den Modellstudiengängen nach dem Altenpflegegesetz und dem Krankenpflegegesetz haben gezeigt, dass eine Nachfrage nach diesen Studienangeboten und eine Notwendigkeit für deren Verstetigung und Weiterentwicklung bestehen. Die Zunahme hochkomplexer Pflegeprozesse mit besonderen Schnittstellenproblematiken sowie der wissenschaftliche und technische Fortschritt begründen die Notwendigkeit einer das Angebot der beruflichen Pflegeausbildung ergänzenden Ausbildung an Hochschulen. Die hochschulisch ausgebildeten Pflegekräfte sollen forschungsgestützte Lösungsansätze und innovative Konzepte in die Pflege transferieren und damit die Weiterentwicklung der Pflege befördern.

Die Bundesregierung geht jedoch unverändert davon aus, dass in Deutschland auch zukünftig die auf der Grundlage eines mittleren Bildungsabschlusses an Pflegeschulen ausgebildeten Pflegefachkräfte die stärkste Säule im Berufsfeld der Pflege bilden werden. Als Orientierungspunkt für das langfristig anzustrebende Maß an hochschulisch ausgebildeten Pflegekräften können die vom Wissenschaftsrat in seinen Empfehlungen zu hochschulischen Qualifikationen für das Gesundheitswesen vom 13. Juli 2012 genannten Zahlen dienen.

Über die Durchlässigkeit der Pflegeausbildung – von den landesrechtlich geregelten Helferausbildungen über die berufliche Pflegefachausbildung bis hin zum Pflegestudium – wird die Attraktivität des Berufsfelds weiter erhöht. Die Grundlage für eine verbesserte horizontale Durchlässigkeit zwischen den verschiedenen Pflegebereichen wird mit der neuen Ausbildungsstruktur eines einheitlichen Pflegeberufs geschaffen.

Bei Einführung der neuen Ausbildung für den künftigen Pflegeberuf werden die Vorgaben der novellierten Berufsanerkennungsrichtlinie berücksichtigt.

Das Pflegeberufsgesetz führt eine neue Pflegeausbildung ein und löst das Altenpflegegesetz und das Krankenpflegegesetz ab.

Der Zugang zum neuen Pflegeberuf wird durch die Erteilung einer Erlaubnis zum Führen der Berufsbezeichnung „Pflegefachfrau/Pflegefachmann" eröffnet. Die Erlaubniserteilung ist an bestimmte Voraussetzungen gebunden, insbesondere muss eine nach dem Pflegeberufsgesetz geregelte berufliche oder hochschulische Ausbildung vorliegen. Bei hochschulischer Ausbildung wird die Berufsbezeichnung in Verbindung mit dem akademischen Grad geführt.

Die fachberufliche Ausbildung in der Pflege hat sich nach Ansicht der Bundesregierung in Deutschland bewährt. Gerade durch ihren hohen Praxisbezug habe sie ihre Stärke auch im internationalen Vergleich bewiesen. Sie ermögliche eine hohe Fachkraftquote und damit eine durchgängig hohe Pflegequalität. Daher wird der neue Pflegeberuf auch weiterhin als berufliche Fachausbildung konzipiert (BT-Drucksache 18/12847, S. 1).

Hierzu gibt es im Grundsatz allgemeine Zustimmung, im Detail jedoch unterschiedliche Bewertungen.

Der Deutsche Pflegerat (DPR) weist darauf hin (Ausschuss für Gesundheit, Drucksache 18(14) 0174(10) vom 25. Mai 2016, S. 2 f.), dass sich Professionen durch Fachlichkeit in Form von wissenschaftlicher Expertise auszeichnen. Durch die Einrichtung von pflegewissenschaftlichen, pflegepädagogischen und grundständigen Studiengängen in den letzten Jahren seien Anfänge gemacht, um die Pflegewissenschaft als Bestandteil der Profession Pflege zu etablieren. Allerdings bedürfe es weiterer gewaltiger Anstrengungen. Angesichts gesellschaftlicher Veränderungen wie der Zunahme alleinlebender Menschen, eines veränderten Gesundheitsverhaltens, des vermehrten Auftretens von Multimorbidität und insbesondere des demografischen Wandels sind pflegewissenschaftliche Erkenntnisse und ihre sachgerechte Anwendung in der Pflegepraxis zur Bewältigung dieser Herausforderungen unabdingbar.

Der Wissenschaftsrat hat diese Notwendigkeit erkannt und bereits 2012 in seinen Empfehlungen zu hochschulischen Qualifikationen für das Gesundheitswesen einen Anteil von 10 bis 20 Prozent akademisch ausgebildeter Pflegefachpersonen gefordert. Allerdings wurden bisher weder in ausreichendem Maß die entsprechenden strukturellen, personellen und materiellen Kapazitäten an den Hochschulen bereitgestellt noch die erforderliche Zahl akademisch ausgebildeter Pflegefachpersonen in der Pflegepraxis eingesetzt. Der DPR fordert für die Pflegepraxis in der direkten Klientenversorgung akademisch gebildete

Pflegefachpersonen, die pflegewissenschaftliche Erkenntnisse bewerten und in die Praxis implementieren können. Deshalb begrüßt der DPR, dass die hochschulische Ausbildung ins Berufsgesetz aufgenommen wurde.

Schüler/innen der Gesundheits- und Krankenpflege, Gesundheits- und Kinderkrankenpflege wie auch Altenpflege müssen Unterrichtsinhalte aus Pflegewissenschaft, Naturwissenschaften, Biochemie sowie Geistes- und Sozialwissenschaften auf anspruchsvollem Niveau kennen, bewerten und anwenden können. Und sie müssen in der Lage sein, die für qualitätsgeleitetes, berufliches Handeln erforderlichen Kompetenzen zu erwerben wie die Kompetenz zur Personenorientierung, zum ethisch fürsorglichen Verhalten, zum analytisch-kritischen Denken, zum planenden, problemlösenden Handeln sowie zur Informationsbeschaffung und -verarbeitung. Sie müssen auf lebenslanges Lernen vorbereitet werden, da sich Wissen nicht nur in Pflege und Medizin in immer kürzeren Zyklen erneuert.

Dazu bedarf es einer entsprechenden Schulbildung, die über den Hauptschulabschluss hinausgeht. Deutschland hat in der Richtlinie über die Anerkennung von Berufsqualifikationen 2013/55/EU eine Ausnahme von der zwölfjährigen Schulbildung als Zulassungsvoraussetzung in Form einer Sonderregelung erzwungen. Dieser Sonderweg wird sich als Sackgasse erweisen, da eine Ausbildung mit herabgesetzten Voraussetzungen nicht die nötige Qualität hervorbringen kann. Damit wurde die Chance vertan, das Niveau der Pflege anzuheben. Es ist aus Sicht des DPR bezeichnend, dass bei den Erfolgsmeldungen aus den wenigen Bundesländern, die im Kontext der Ausbildungs- und Qualifizierungsoffensive Altenpflege drastisch abgesenkte Zugangsvoraussetzungen nutzen, lediglich Daten über die Anzahl von Schüler/innen gemeldet werden, nicht aber Zahlen zu Ausbildungsabbrüchen oder Ausbildungserfolg. Lediglich aus Thüringen gebe es Zahlen zu steigenden Abbrecherquoten in der Altenpflegeausbildung, die vor allem mit der Überforderung im theoretischen Teil der Ausbildung begründet werden. Es sei zynisch, Menschen in eine dreijährige Ausbildung zu schicken, wenn die Wahrscheinlichkeit des Misserfolgs groß ist und es ist gefährlich, Menschen, die die Anforderungen eigentlich nicht erfüllen, dann doch in den Beruf zu lassen. Beides ist Realität in der heutigen Ausbildungssituation! Gegenüber den Klienten ist es geradezu fahrlässig, ausschließlich quantitative Argumente gelten zu lassen und die Ausbildung für (fast) jeden offen zu halten.

Trotz angehobener Zulassungsvoraussetzung ist der Pflegeberuf auch für Hauptschüler erreichbar! Die vertikale Durchlässigkeit über eine Ausbildung in der Pflegeassistenz ermöglicht auch Hauptschülern den Zugang zur pflegeprofessionellen Erstausbildung. Bedauerlicherweise gibt es immer noch keine bundesweit vergleichbare Regelung der Ausbildung in der Pflegeassistenz. Dies wäre ein tatsächlich wirksamer Beitrag zur Nachwuchsgewinnung für den Beruf.

Die Bundesärztekammer meint demgegenüber in ihrer Stellungnahme vom 04. Februar / 26. Mai 2016 (Ausschuss für Gesundheit, Drucksache 18(14) 0174(34), S. 2 ff.), wegen des steigenden Bedarfes an Pflegekräften und der veränderten Qualifikationsanforderungen an das Pflegepersonal – etwa durch den demografischen und epidemiologischen Wandel – sei es erforderlich, die Pflegeausbildung anzupassen. Die Bundesärztekammer sieht eine generalistische Ausbildung grundsätzlich positiv. Spezialisierungsweiterbildungen im Anschluss an die Ausbildung, die an den jeweiligen Anforderungen der Einsatzfelder ausgerichtet sind, werden jedoch als zwingend notwendig erachtet.

Zugleich befürchtet sie allerdings, dass wegen des sich verschärfenden Nachwuchsmangels in der Pflege veränderte Rahmenbedingungen in den Ausbildungsstrukturen kurz- bis mittelfristig zu einem nicht absehbaren Rückgang von Ausbildungsabschlüssen führen könnten, z. B. durch einen Attraktivitätsverlust für mögliche Bewerber vormals spezialisierter Ausbildungen.

Anstelle der Einführung einer akademischen Ausbildungsebene sieht die Bundesärztekammer den bisherigen Weg, akademische Qualifizierungen in Form von Weiterbildungsstudiengängen für bestimmte Funktionen vorzusehen, als zielführend und arbeitsmarktgerecht an. Es sollten weiterhin Bildungs- und Berufskarrieren in Form von Weiterbildungsstudiengängen geschaffen und gefördert sowie durchlässig und systematisch gestaltet werden. Dies würde zu einer Steigerung der Attraktivität des Pflegeberufs und damit zur Nachwuchssicherung wesentlich beitragen.

Für den Bundesverband privater Anbieter sozialer Dienste e. V. (bpa) ist nicht nachvollziehbar, dass das Studium zur Pflegefachfrau bzw. zum Pflegefachmann genauso lange dauern soll wie die Ausbildung. Aus Sicht des bpa besteht hier ein Widerspruch zu den Ausbildungszielen nach § 37 PflBG. In der Begründung dazu heißt es:

„Die hochschulische Pflegeausbildung qualifiziert zur unmittelbaren Pflege im Sinne des § 5 Abs. 2 von Menschen aller Altersstufen. Sie vermittelt die Kompetenzen und Ausbildungsinhalte, die die berufliche Pflegeausbildung nach Teil 2 zur selbstständigen, umfassenden und prozessorientierten Pflege umfasst und verfolgt darüber hinaus ein erweitertes Ausbildungsziel."

Daraus wird deutlich, dass die dreijährige hochschulische Pflegeausbildung die Kompetenzen der dreijährigen beruflichen Pflegeausbildung umfasst und darüber hinaus ein erweitertes Ausbildungsziel verfolgt. Wenn während des Studiums mehr Kompetenzen als in der beruflichen Ausbildung vermittelt werden sollen, kann das Studium nicht in drei Jahren abgeschlossen werden, sondern muss in jedem Fall länger dauern. Insofern müssen entweder Abstriche an den Inhalten oder zu vermittelnden Kompetenzen gemacht werden oder die Dauer des Studiums muss verlängert werden.

Darüber hinaus lehnt es der bpa ab, dass im Rahmen des Studiums Praxiseinsätze in Einrichtungen durch Lerneinheiten an der Hochschule ersetzt werden können. Das bedeutet, dass Pflegestudenten noch weniger Zeit in den Pflegeeinrichtungen verbringen als Auszubildende. Bereits im Rahmen der Ausbildung sei der Anteil der Praxis im Vergleich zur bestehenden Altenpflegeausbildung viel zu gering. Der Praxisbezug der Studenten, die Lernmöglichkeiten, aber auch die Identifizierung mit dem Praxisfeld würden dadurch noch einmal geringer werden. Faktisch hätten damit studierte Pflegefachfrauen und Pflegefachmänner viel weniger Praxiskenntnisse als bisher, was ihre anschließenden Einsatzmöglichkeiten verringern würde bzw. Nachschulungen nach Abschluss des Studiums durch die Träger der praktischen Ausbildung erforderlich machen würde. Im Wesentlichen stellt sich allerdings die Frage, wie das Ziel der Hochschulausbildung erreicht werden soll, zur unmittelbaren Tätigkeit an zu pflegenden Menschen aller Altersstufen zu befähigen (Ausschuss für Gesundheit, Drucksache 18(14) 0174(40), S. 54 f.).

Die neue berufliche Pflegeausbildung vermittelt die für die selbstständige und prozessorientierte Pflege von Menschen aller Altersstufen in akut und dauerhaft stationären sowie ambulanten Pflegesituationen erforderlichen fachlichen und personalen Kompetenzen. Dabei stellt die Ausbildung auf ein hohes Maß an Eigenverantwortlichkeit und Selbstständigkeit und die Befähigung zu multidisziplinärer und interprofessioneller Zusammenarbeit ab. Sie dauert in Vollzeit drei Jahre und gliedert sich in theoretischen und praktischen Unterricht an Pflegeschulen und eine praktische Ausbildung. Die praktische Ausbildung erfolgt für alle Auszubildenden in den Einsatzbereichen der allgemeinen Akut- und Langzeitpflege, sowohl ambulant als auch stationär sowie in der pädiatrischen und psychiatrischen Versorgung. Über einen Vertiefungseinsatz kann in einem dieser Bereiche ein Ausbildungsschwerpunkt gesetzt werden.

Berufsbegleitende Ausbildungen in Teilzeit sind bei entsprechender Verlängerung der Ausbildungsdauer weiterhin möglich. Erfolgreich abgeschlossene Ausbildungen oder Teile dieser können bei Gleichwertigkeit die berufliche Pflegeausbildung verkürzen. Die besonders wichtige Durchlässigkeit im Übergang von Assistenz- und Helferberufen in der Pflege zur Pflegefachkraftausbildung wird durch eine besondere Verkürzungsregelung gefördert.

Das Pflegeberufsgesetz regelt die einheitliche Finanzierung der beruflichen Pflegeausbildung. Die Finanzierung erfolgt über Ausbildungsfonds auf Landesebene, an denen alle Akteure des Pflegebereichs finanziell beteiligt werden. Die bundesweite Einführung eines Umlageverfahrens wird Wettbewerbsnachteile für ausbildende Betriebe im Vergleich zu nicht-ausbildenden Einrichtungen künftig vermeiden. Die Gewährleistung einer für die Auszubildenden kostenfreien beruflichen Ausbildung und einer angemessenen Ausbildungsvergütung im Rahmen der Neuregelung der Finanzierung erhöht die Attraktivität der neuen beruflichen Pflegeausbildung. Dies ist ein wichtiges Signal zur Aufwertung des Pflegeberufs – ein Beruf, in dem immer noch überwiegend Frauen tätig sind.

Mit dem Pflegeberufegesetz wird neben der beruflichen Pflegeausbildung an Pflegeschulen ein generalistisch ausgerichtetes, primärqualifizierendes Pflegestudium an Hochschulen eingeführt. Auch die hochschulische Pflegeausbildung qualifiziert zur unmittelbaren Tätigkeit an zu pflegenden Menschen aller Altersstufen. Das Studium umfasst die Inhalte der beruflichen Pflegeausbildung und verfolgt darüber hinaus ein erweitertes Ausbildungsziel. Die Ausgestaltung berücksichtigt die Erfahrungen aus den Modellstudiengängen nach dem Altenpflegegesetz und dem Krankenpflegegesetz und darüber hinaus die Vorgaben der Berufsanerkennungsrichtlinie 2005/36/EG, damit auch die hochschulische Pflegeausbildung dem System der automatischen Anerkennung in der Europäischen Union unterfällt. Hierzu gehören eine Dauer von mindestens drei Jahren, theoretische und praktische Lehrveranstaltungen sowie Ausbildungsanteile in der Praxis. Aufgrund der Eigenheiten der Strukturen des Hochschulwesens werden die praktischen Ausbildungsanteile abweichend zur beruflichen Ausbildung gestaltet. Der Ausbildungsvertrag mit einem Träger der praktischen Ausbildung und die Zahlung einer Ausbildungsvergütung entfallen. Die Hochschule ist auch für die Durchführung der Praxiseinsätze verantwortlich. Die hochschulische Pflegeausbildung schließt mit der Verleihung des akademischen Grades durch die Hochschule ab und umfasst eine staatliche Prüfung zur Erlangung der Berufszulassung. Die Finanzierung der hochschulischen Pflegeausbildung erfolgt nach den allgemeinen Grundsätzen zur Finanzierung von Studiengängen.

Übergangsregelungen und differenzierte Inkrafttretensregelungen sollen eine nachhaltige Umsetzung der Reform sowie den Erhalt der heutigen Ausbildungsangebote bei einem angestrebten weiteren Ausbau der Ausbildungszahlen sichern. Die bisherigen Berufsbezeichnungen nach dem Altenpflegegesetz und dem Krankenpflegegesetz gelten fort; auf Antrag erfolgt eine Umschreibung auf die neue Berufsbezeichnung.

Die Reform der Pflegeberufe ist notwendig. Bereits heute sind die Überschneidungen zwischen den Ausbildungen groß. Eine getrennte Weiterentwicklung der Ausbildungen nach dem Altenpflegegesetz und dem Krankenpflegegesetz kann die notwendige Flexibilität zur Bewältigung der Herausforderungen eines sich dynamisch verändernden Berufsfelds nicht gewährleisten. Sie ist angesichts der notwendigen Sicherung der Fachkräftebasis und der Verbesserung der Pflegequalität nicht zielführend (so die Bundesregierung, BT-Drucksache 18/7823, S. 51 ff.).

Der Gesundheitsausschuss des Bundestages stellt insoweit zusammenfassend fest:

Ziel des Gesetzentwurfs ist es, die Pflegeberufe zukunftsgerecht weiterzuentwickeln, attraktiver zu machen und inhaltliche Qualitätsverbesserungen vorzunehmen, damit künftige Pflegefachkräfte den Anforderungen an sich wandelnde Versorgungsstrukturen und Pflegebedarfe gerecht werden. Hierzu soll ein gestuftes und durchlässiges Pflegebildungssystem geschaffen werden. Die bisherigen Ausbildungen in der Altenpflege, der Gesundheits- und Krankenpflege sowie in der Gesundheits- und Kinderkrankenpflege sollen zu einem einheitlichen Ausbildungsberuf zusammengeführt werden. Dadurch sollen die künftigen Pflegefachkräfte universell in allen Arbeitsbereichen der Pflege eingesetzt werden können. Die Finanzierung der neuen Pflegeausbildung soll reformiert werden und sie soll für die Auszubildenden kostenlos sein (BT-Drucksache, 18/12847, S. 1).

Auch der Bundesrat unterstützt diese Intention der Regierung, hat aber Bedenken hinsichtlich der Finanzierung und der Kosten:

Er vertritt weiterhin die Auffassung, dass die Sicherung des Fachkräftebedarfs zur Stärkung der Pflege eine gesamtgesellschaftliche Aufgabe ist. Die Finanzierung von Kosten der praktischen Ausbildung könne daher auch im Bereich der Altenpflege nicht Aufgabe der Grundpflegeleistungsbezieher sein.

Zwar sehe das Finanzierungsmodell eine Aufbringung des Finanzierungsbedarfs durch Krankenhäuser, Pflegeeinrichtungen, Land und die soziale Pflegeversicherung vor; der Bundesrat begrüßt in diesem Zusammenhang auch die Anhebung des Anteils der sozialen Pflegeversicherung gegenüber früheren Überlegungen zugunsten des sinkenden Finanzierungsanteils der Pflegeeinrichtungen, sodass indirekt auch die Pflegebedürftigen entlastet werden.

Angestrebt wird von ihm aber eine gerechtere, gemeinsame und einheitliche Finanzierung der neuen Ausbildung. Letzteres sei aufgrund der indirekten Beteiligung der in stationären Einrichtungen versorgten und von ambulanten Diensten Grundpflegeleistungen beziehenden Pflegebedürftigen am Finanzierungsbeitrag der Pflegeeinrichtungen nicht der Fall.

Der Bundesrat forderte die Bundesregierung daher auf, diese uneinheitliche Regelung mittelfristig so anzupassen, dass tatsächlich eine vollumfänglich gerechte, gemeinsame und einheitliche Finanzierung der neuen Pflegeausbildung gegeben ist.

Die Ausbildung (Schulkosten, Ausbildungsvergütung, Praxisanleitung) soll künftig über einen Ausbildungsfonds finanziert werden, der auf Länderebene eingerichtet wird. An der Finanzierung werden alle Akteure des Pflegebereichs – Länder, Krankenhäuser, stationäre und ambulante Pflegeeinrichtungen sowie die Pflegeversicherung – beteiligt.

Der Bundesrat stellt fest, dass die Kosten, die mit der Reform für die Haushalte der Länder verbunden sein werden, im Gesetzentwurf der Bundesregierung nur unzureichend spezifiziert und ausgewiesen sind. In den angeführten zusätzlichen Belastungen sind insbesondere die Mehrkosten für die vorgesehene primärqualifizierende Hochschulausbildung im Pflegebereich nicht enthalten. Die voraussichtlichen Mehrausgaben für die Haushalte der Länder lassen sich zum gegenwärtigen Zeitpunkt auch deswegen nicht verlässlich abschätzen, weil die Bundesregierung bislang weder eine Ausbildungs- und Prüfungsverordnung (gemäß § 56 Abs. 1 PflBG) noch eine Finanzierungsverordnung (gemäß § 56 Abs. 3 PflBG) vorgelegt hat (BT-Drucksache 18/7823, S. 110 f.).

Von großer Bedeutung ist in diesem Zusammenhang, dass zukünftig kein Schulgeld von Auszubildenden mehr erhoben und die Finanzierung der Ausbildung auf eine solide und solidarische Grundlage gestellt wird. Hervorzuheben ist, dass sich auch die soziale Pflegeversicherung schrittweise stärker an der Finanzierung beteiligt und dadurch unverhältnismäßige Belastungen der Pflegebedürftigen vermieden werden können.

Neben den Pflegeschulen, die zukünftig für das gesamte Spektrum der Pflege ausbilden, wird auch den Ausbildungsbetrieben eine wichtige Rolle zukommen. In enger Kooperation mit den Pflegeschulen und weiteren an der Ausbildung beteiligten Einrichtungen sorgen sie für eine umfassende praktische Ausbildung und ermöglichen den Auszubildenden gleichzeitig eine Schwerpunktbildung, da die Ausbildung überwiegend im eigenen Betrieb durchgeführt wird. Es wird große und kleine Ausbildungsbetriebe geben, die nicht nur in Fragen der Ausbildung, sondern auch in Fragen der pflegerischen Versorgung zukünftig noch enger zusammenarbeiten werden. Dies geschieht auch zum Wohle der pflegebedürftigen Menschen in den verschiedenen Sektoren. Eine bundesweit verbindlich vorgegebene und im Rahmen der Fondsfinanzierung abgesicherte Praxisanleitung unterstützt Auszubildende und Betriebe.

Den Ländern wird eine besondere Verantwortung übertragen, weil das Angebot eines hochschulischen Ausbildungsweges allein in ihrer Zuständigkeit liegt. Damit werden bestehende Strukturen erhalten und ausgebaut.

Die Länder erwarten von der neuen Pflegeausbildung einen qualitativen und quantitativen Schub im Interesse der pflegebedürftigen Menschen und der Berufsangehörigen selbst. Soweit es noch spürbare Unterschiede in der Entlohnung von Pflegekräften gibt, sollte die gemeinsame Ausbildung die Voraussetzung dafür schaffen, diese möglichst bald abzubauen (BT-Drucksache 18/7823, S. 128 f.).

Die Bundesregierung sieht zudem auch noch eine Verbesserung speziell für Frauen bei der Umsetzung des Gesetzes, weil der Anteil von Frauen unter den Auszubildenden in der Pflege besonders hoch ist. Aus diesem Grund sind Frauen von der Reform der Pflegeberufe stärker betroffen als Männer. Die Ausbildungsverbesserungen sowie die gesetzlich geregelte Schulkostenfreiheit kommen daher Frauen in besonderem Maße zugute.

Tab. 1: Verhältnis von Schüler und Schülerinnen im Ausbildungsjahr 2013/2014

2013/2014	Schüler und Schülerinnen		
	Gesamt	männlich	**weiblich**
Gesundheits- und Krankenpfleger/ Gesundheits- und Krankenpflegerin	**64.009**	13.722	**50.287**
Gesundheits- und Kinderkrankenpfleger/ Gesundheits- und Kinderkrankenpflegerin	**6.780**	359	**6.421**
Altenpfleger/ Altenpflegerin	**62.355**	13.431	**48.924**
Gesamt	**133.144**	27.512	**105.632**

(BT-Drucksache 18/7823, S. 63, basierend auf Daten des statistischen Bundesamtes).

3. Das Pflegeberufereformgesetz

a) Wesentliche Inhalte des Gesetzes

b) Der Ablauf des Gesetzgebungsverfahrens

c) Inkrafttreten des Gesetzes

d) Zur Finanzierung, den entstehenden Kosten und dem Erfüllungsaufwand

e) Die zusammenfassende Bewertung des Gesetzes durch die Fraktionen des Deutschen Bundestages

3. Das Pflegeberufereformgesetz

a) Wesentliche Inhalte des Gesetzes

Das Gesetz verfolgt entsprechend der zuvor genannten Ziele das Ziel, die Pflegeberufe zukunftsgerecht weiterzuentwickeln, attraktiver zu machen und inhaltliche Qualitätsverbesserungen vorzunehmen, um ein modernes, gestuftes und durchlässiges Pflegebildungssystem zu schaffen. Dazu werden die bisher im Altenpflegegesetz und Krankenpflegegesetz getrennt geregelten Pflegeausbildungen in einem neuen Pflegeberufegesetz (PflBG) zusammengeführt. Kennzeichnend ist, dass alle Auszubildenden eine zweijährige gemeinsame, generalistisch ausgerichtete Ausbildung erhalten, mit der Möglichkeit, einen Vertiefungsbereich in der praktischen Ausbildung zu wählen. Wer die generalistische Ausbildung im dritten Ausbildungsjahr fortsetzt, erwirbt den Abschluss zur Pflegefachfrau oder zum Pflegefachmann. Auszubildende, die ihren Schwerpunkt in der Pflege alter Menschen oder Versorgung von Kindern und Jugendlichen sehen, können für das dritte Ausbildungsjahr statt des generalistischen Berufsabschlusses einen gesonderten Abschluss in der Altenpflege oder Kinderkrankenpflege erwerben. Pflegehelferinnen und -helfer können über eine verkürzte Ausbildungszeit zur Pflegefachkraft weiterqualifiziert werden. Reformiert wird auch die Finanzierung der Pflegeausbildung. Sie wird in Zukunft für die Auszubildenden kostenlos sein und über Landesausbildungsfonds, an denen alle Akteure des Pflegebereichs über ein bundesweites Umlageverfahren finanziell beteiligt sind, finanziert werden. Die Auszubildenden sollen vom Ausbildungsträger eine Vergütung erhalten. Eine weitere Maßnahme wird die Einführung eines generalistischen, primärqualifizierenden, mindestens drei Jahre dauernden Pflegestudiums an Hochschulen sein, das theoretische und praktische Unterrichtseinheiten sowie praktische Ausbildungsanteile enthalten soll (Erläuterung zu TOP 13 der Tagesordnung der Sitzung des Bundesrates vom 07. Juli 2017, S. 13).

b) Der Ablauf des Gesetzgebungsverfahrens

Mit Schreiben vom 09. März 2016 hat die Bundesregierung ihren Gesetzesentwurf zum Pflegeberufereformgesetz in die parlamentarischen Beratungen eingebracht und begründet (BT-Drucksache 18/7823).

Zuvor hatte der Nationale Normenkontrollrat (NKR) den Gesetzesentwurf geprüft (BT-Drucksache 18/7823, Anlage 2) und hatte keine Einwände.

Auch der Bundesrat hatte zuvor, in seiner Sitzung am 26.02.2016 gem. Art. 76 Abs. 2 des Grundgesetzes Stellung genommen. Er hatte den Gesetzesentwurf zur Reform der Pflegeberufe begrüßt und einige Änderungen sowie Prüfbitten beschlossen. Die Änderungsvorschläge betrafen insbesondere das Inkrafttreten – Verschiebung um ein Jahr –, die Berufsbezeichnung – Ersetzen von *„Pflegefachmann"* bzw. *„Pflegefachfrau"* durch *„Pfle-*

gefachkraft" –, die Finanzierung der Kosten der Praxisanleitung in der hochschulischen Pflegeausbildung durch den Ausgleichsfonds und die Anpassung des Beitrags der Pflegeversicherung (Einzelheiten siehe Drucksache 18/7823).

Die Bundesregierung hat in ihrer Gegenäußerung zu einer Reihe von Vorschlägen eine Prüfung zugesagt, andere Vorschläge hat sie abgelehnt (Einzelheiten siehe Drucksache 18/7823). Durch Änderungsanträge wurden im Wesentlichen 24 Änderungswünsche des Bundesrates aufgegriffen. Dazu gehören u. a.:

- Der Forderung des Bundesrates nach einer Ombudsstelle wurde dadurch nachgekommen, dass die Länder die Möglichkeit erhalten, eine Ombudsstelle zur Beilegung von Streitigkeiten zwischen Auszubildenden und Trägern der praktischen Ausbildung einzurichten.

- Der Bundesrat hatte weiter gefordert, dass der Träger der praktischen Ausbildung während der praktischen Ausbildung eine Praxisanleitung im Umfang von mindestens 10 Prozent der Ausbildungszeit sicherstellen muss. Diesem Wunsch wurde durch einen weiteren Änderungsantrag entsprochen.

- Darüber hinaus hatte der Bundesrat kritisiert, dass eine Vermischung der getrennten Zahlungsströme von Einnahmen und Ausgaben fehleranfällig und aufwändig für die Fondsverwaltung sei. Der Kritik wurde insoweit begegnet, als die vorgesehene Verrechnung von Auszahlungen aus den Fonds an ausbildende Einrichtungen mit durch die Einrichtung zu erbringenden Einzahlungen aufgrund ihrer Umlagepflicht in eine Kann-Regelung geändert wird. Damit kann die Fondsverwaltung entscheiden, ob sie einer Verrechnung (Vorteil: bei ausstehenden Zahlungen keine Beitreibung erforderlich) oder getrennten Zahlungsströmen bei Einnahmen und Ausgaben (Vorteil: weniger fehleranfällig als gemischte Verfahren) den Vorzug gibt.

- Ferner wurde das Anliegen des Bundesrates umgesetzt, die Umschulungsförderung einer unverkürzten Ausbildung nach dem SGB II und III dauerhaft zu regeln. Auszubildende werden dadurch nicht mit Kosten belastet.

- Die Zusammensetzung der Fachkommission wurde entsprechend der Forderung des Bundesrates um jeweils einen Vertreter von GMK, ASMK und KMK ergänzt. Die Fachkommission soll eine qualitativ hochwertige und bundesweit einheitliche inhaltliche Ausgestaltung der beruflichen Pflegeausbildung unterstützen. Mit der Änderung soll insbesondere der Zuständigkeit der Länder für die Umsetzung der Ausbildung nach dem Pflegeberufegesetz und der Ausbildungs- und Prüfungsverordnung durch die Erstellung von Empfehlungen für Rahmenlehrpläne und Rahmenausbildungspläne Rechnung getragen werden (vgl. Darstellung in BT-Drucksache 18/12847, S. 99 f.).

Der Haushaltsausschuss hat in seiner 108. Sitzung am 21. Juni 2017 mit den Stimmen der Fraktionen der CDU/CSU und SPD gegen die Stimmen der Fraktionen DIE LINKE. und BÜNDNIS 90/DIE GRÜNEN beschlossen zu empfehlen, den Gesetzentwurf auf Drucksache 18/7823 in der vom Ausschuss für Gesundheit geänderten Fassung anzunehmen. Zudem hat der Haushaltausschuss aufgrund seiner Beteiligung nach § 96 der Geschäftsordnung des Deutschen Bundestages einen eigenen Bericht vorgelegt (s. dazu auch im Abschnitt 3b der Einführung).

Der Ausschuss für Familie, Senioren, Frauen und Jugend hat in seiner 95. Sitzung am 21. Juni 2017 mit den Stimmen der Fraktionen der CDU/CSU und SPD gegen die Stimmen der Fraktionen DIE LINKE. und BÜNDNIS 90/DIE GRÜNEN beschlossen zu empfehlen, den Gesetzentwurf auf Drucksache 18/7823 in der vom Ausschuss für Gesundheit geänderten Fassung anzunehmen.

Der Ausschuss für Bildung, Forschung und Technikfolgenabschätzung hat in seiner 99. Sitzung am 21. Juni 2017 mit den Stimmen der Fraktionen der CDU/CSU und SPD gegen die Stimmen der Fraktionen DIE LINKE. und BÜNDNIS 90/DIE GRÜNEN beschlossen zu empfehlen, den Gesetzentwurf auf Drucksache 18/7823 in der vom Ausschuss für Gesundheit geänderten Fassung anzunehmen.

Im Rahmen seines Auftrags zur Überprüfung von Gesetzentwürfen und Verordnungen der Bundesregierung auf Vereinbarkeit mit der nationalen Nachhaltigkeitsstrategie hat sich der Parlamentarische Beirat für nachhaltige Entwicklung des Deutschen Bundestages gemäß Einsetzungsantrag (Drucksache 18/559) am 17. Februar 2016 mit dem Gesetzentwurf Drucksache 18/7823 (Bundesratsdrucksache 20/16) befasst und festgestellt, dass eine Vorabfassung Prüfbitte nicht erforderlich sei, da sich die Darstellung der Nachhaltigkeitsprüfung als plausibel erwiesen habe (Ausschussdrucksache 18(23) 67-5).

In seiner 71. Sitzung am 13. April 2016 hat der Ausschuss die Beratungen zu der Vorlage aufgenommen und beschlossen, die öffentliche Anhörung gemeinsam mit dem Ausschusses für Familie, Senioren, Frauen und Jugend durchzuführen.

Die öffentliche Anhörung, zu der mehr als 60 Organisationen, Verbände und Institutionen sowie sechs Sachverständige eingeladen waren, fand in der 76. Sitzung (62. Sitzung des Ausschusses für Familie, Senioren, Frauen und Jugend) am 30. Mai 2016 statt.

Die Beratungen zu der Vorlage wurden in der 118. Sitzung am 31. Mai 2017 fortgesetzt und in der 120. Sitzung am 21. Juni 2017 gemeinsam mit dem Antrag der Fraktion BÜNDNIS 90/DIE GRÜNEN *„Eine Lobby für die Pflege – Arbeitsbedingungen und Mitspracherechte von Pflegekräften stärken"* (Drucksache 18/11414) abgeschlossen. Als Ergebnis empfahl er mit den Stimmen der Fraktionen der CDU/CSU und SPD gegen die Stimmen der Fraktionen Die Linke und Bündnis 90/Die Grünen den Gesetzesentwurf in der vom Ausschuss geänderten Fassung (BT-Drucksache 18/12847) anzunehmen.

Gegenüber dem ursprünglichen Gesetzesentwurf der Bundesregierung (siehe BT-Drucksache 18/7823) wurde durch den Ausschuss für Gesundheit des Bundestages eine Reihe von Änderungen zu verschiedenen Aspekten des Gesetzesentwurfs beschlossen (vgl. Synopse in BT-Drucksache 18/12847). Diese haben im Wesentlichen folgenden Inhalt:

- Im Pflegeberufegesetz wurde ein neuer Teil 5 eingefügt, der besondere Vorschriften über die Berufsabschlüsse in der Gesundheits- und Kinderkrankenpflege sowie in der Altenpflege enthält. Diese speziellen Abschlüsse soll es weiterhin neben dem generalistischen Abschluss Pflegefachfrau oder Pflegefachmann geben.

- Da die speziellen Berufsabschlüsse der Gesundheits- und Kinderkrankenpflege sowie der Aktenpflege auch von den Regelungen der EU-Richtlinie 2005/36/EG über die Anerkennung von Berufsqualifikationen profitieren sollen, wurde der Gesetzesentwurf entsprechend ergänzt.

- Es wurden die Voraussetzungen geregelt, unter denen sich Auszubildende für einen Abschluss in der Gesundheits- und Kinderkrankenpflege bzw. in der Altenpflege entscheiden können (Auszubildende, die einen Vertiefungseinsatz im speziellen Bereich der pädiatrischen Versorgung wählen, können entscheiden, ob sie die generalistische Ausbildung fortsetzen oder den gesonderten Abschluss in der Gesundheits- und Kinderkrankenpflege machen wollen; Auszubildende, die einen Vertiefungseinsatz im Bereich der allgemeinen Langzeitpflege in stationären Einrichtungen oder der allgemeinen ambulanten Akut- und Langzeitpflege mit Ausrichtung auf den Bereich der ambulanten Langzeitpflege wählen, können entscheiden, ob sie die generalistische Ausbildung fortsetzen oder den gesonderten Abschluss in der Altenpflege machen wollen).

- Nach zwei Dritteln der generalistischen Ausbildungszeit gibt es eine Zwischenprüfung. Den Ländern wird dadurch die Möglichkeit eröffnet, die mit der Zwischenprüfung festgestellten Kompetenzen im Rahmen einer Pflegeassistenz- oder Pflegehelferausbildung anzuerkennen.

- Im Verfahren zum Erlass einer Ausbildungs- und Prüfungsverordnung ist die Rechtsverordnung dem Deutschen Bundestag zur Beschlussfassung zuzuleiten. Die Zuleitung erfolgt vor der Zuleitung an den Bundesrat.

- Die Vorschriften über die Berufsabschlüsse in der Gesundheits- und Kinderkrankenpflege sowie in der Altenpflege werden sechs Jahre nach Inkrafttreten des Pflegeberufegesetzes durch die zuständigen Bundesministerien evaluiert.

- Auch die mit dem Pflegeberufegesetz auf eine neue Grundlage gestellte Finanzierung der beruflichen Ausbildung wird sechs Jahre nach Beginn der neuen Ausbildungen überprüft, wenn hinreichende Erfahrungen bezüglich der praktischen Bewährung und der Auswirkungen vorliegen.

- Der Zeitpunkt des Inkrafttretens wesentlicher Teile des Pflegeberufegesetzes und damit des Beginns der neuen Pflegeberufeausbildungen wurde auf den 01. Januar 2020 verschoben.

- Die Auszubildenden gelten als Beschäftigte. Auf diese Weise wird sichergestellt, dass die bisherige Einstufung der Ausbildungsgänge in der Altenpflege, der Gesundheits- und Krankenpflege sowie der Gesundheits- und Kinderkrankenpflege als sozialversicherungspflichtige Beschäftigungsverhältnisse auch im Rahmen der neuen Pflegeberufeausbildung aufrecht erhalten bleibt.

- Bei fehlender oder fehlerhafter Mitteilung über die Ausbildungskosten durch den Träger der praktischen Ausbildung und die Pflegeschule im Falle von Pauschalbudgets bzw. durch die Parteien der Budgetverhandlung im Falle von Individualbudgets erfolgt eine Schätzung durch die Fondsverwaltung. Diese Kostenschätzung dient der Ermittlung des Gesamt-Finanzierungsvolumens und ist notwendig, um eine ausreichende Fondsfinanzierung sicherzustellen.

■ Die Folgen fehlender, fehlerhafter oder unplausibler Mitteilungen des Trägers der praktischen Ausbildung oder der Pflegeschulen an den Fondsverwalter über die Ausbildungskosten wurden ergänzt: Bis zur korrekten Mitteilung erfolgen keine Ausgleichszuweisungen des Fonds. Im Übrigen werden die Kosten im laufenden Finanzierungsverfahren auf den Schätzungsbetrag beschränkt. Auf diese Weise sollen wirksame Anreize für die erforderlichen Meldungen an die zuständigen Stellen gesetzt werden.

■ Die Kosten der Schiedsstelle sind nicht durch die Kostenträger des Fonds, sondern anteilmäßig durch die Parteien des Schiedsverfahrens aufzubringen.

■ Wegen der Einführung des Europäischen Berufsausweises für „Krankenschwestern und Krankenpfleger für allgemeine Pflege" im Sinne der Richtlinie 2005/36/EG über die Anerkennung von Berufsqualifikationen 2016 wurden die Regelungen zur Meldung berücksichtigt.

In seiner 240. Sitzung am 22. Juni 2017 hat der Deutsche Bundestag den so geänderten Gesetzesentwurf dann beschlossen.

Der Bundesrat hat dem gemäß Artikel 84 Abs. 1 Satz 5, 6 sowie Artikel 104a Abs. 4 des Grundgesetzes seiner Zustimmung unterliegende Gesetz, in der 959. Sitzung am 07. Juli 2017 zugestimmt.

Das Gesetz ist am 24. Juli 2017 im Bundesgesetzblatt verkündet worden (Bundesgesetzblatt Teil I 2017, Nr. 49 vom 24. Juli 2017, S. 2581).

c)   Inkrafttreten des Gesetzes

Das Gesetz ist ein sogenanntes Artikelgesetz und besteht aus 15 Artikeln. Das *„eigentliche"* Pflegeberufegesetz mit seinen Neuregelungen findet sich im Artikel 1. Mit den weiteren Artikeln werden damit zusammenhängende Gesetze geändert, z. B. das Krankenpflege- und das Altenpflegegesetz, die Approbationsordnung für Ärzte, das SGB, das Krankenhausfinanzierungs- und das Krankenhausentgeltgesetz, die Bundespflegesatzverordnung, usw.

Sofort in Kraft getreten sind Regelungen zur Vorbereitung der Umsetzung des Gesetzes. So soll eine Fachkommission gebildet werden, die u. a. einen Rahmenlehrplan und einen Rahmenausbildungsplan erarbeiten soll (vgl. Artikel 1 § 53 des Gesetzes). Das Bundesinstitut für Berufsausbildung hat Aufgaben zur Beratung und zum Aufbau unterstützender Angebote und Forschung übertragen bekommen (§ 54), und die zuständigen Bundesministerien wurden ermächtigt u. a. Rechtsverordnungen zu erlassen, und insbesondere die Ausbildungs- und Prüfungsverordnung zu erarbeiten (§ 56). Mit verschiedenen Spitzenverbänden sind im Benehmen mit den Ländern spätestens bis Oktober 2017 Vorschläge für die Finanzierung zu vereinbaren (§ 56 Abs. 4).

Am 01. Januar 2019 treten die Regelungen zur zukünftigen Finanzierung der beruflichen Ausbildung in der Pflege in Kraft (§§ 26 bis 36), die Übergangsvorschriften für begonnene Ausbildungen nach dem Krankenpflege- oder Altenpflegegesetz (§ 66) und die Änderungen des Krankenhausfinanzierungsgesetzes (Art. 6 des Gesetzes).

Der Hauptteil und damit das neue Pflegeberufegesetz tritt am 01. Januar 2020 in Kraft und zuvor, am 31. Dezember 2019, treten das Krankenpflege- und das Altenpflegegesetz außer Kraft.

Der erste Ausbildungsjahrgang soll 2020 beginnen.

Schließlich treten dann noch am 01. Januar 2025 Änderungen zur Ausbildungsvergütung in § 82a SGB XI in Kraft.

Mit diesen zeitversetzten Schritten soll zum Einen die Vorbereitung der umfassenden Reform der Pflegeberufe gewährleistet werden und zum Anderen allen an der künftigen Pflegeausbildung beteiligten Stellen genügend Zeit zur Umstellung eingeräumt werden (vgl. Gesetzesbegründung, BT-Drucksache 18/7823, S. 99).

d)   Zur Finanzierung, den entstehenden Kosten und dem Erfüllungsaufwand

aa)   **Mit dem Pflegeberufereformgesetz wird auch die Finanzierung der Pflegeausbildung reformiert.**

Sie wird in Zukunft für die Auszubildenden kostenlos sein und über Landesausbildungsfonds, an denen alle Akteure des Pflegebereichs über ein bundesweites Umlageverfahren finanziell beteiligt sind, finanziert (siehe dazu Art. 1 Abschnitt 3 des Gesetzes, §§ 26-36). Die Auszubildenden sollen vom Ausbildungsträger eine Vergütung erhalten.

Außerdem wird es finanzielle Veränderungen durch die Einführung des generalistischen, primärqualifizierenden, mindestens drei Jahre dauernden Pflegestudiums an Hochschulen geben. Das Studium wird theoretische und praktische Unterrichtseinheiten sowie praktische Ausbildungsanteile enthalten.

Die bundesweite Einführung eines Umlageverfahrens soll nach den Vorstellungen des Gesetzgebers Wettbewerbsnachteile für ausbildende Betriebe im Vergleich zu nicht-ausbildenden Einrichtungen künftig vermeiden. Die Gewährleistung einer für die Auszubildenden kostenfreien beruflichen Ausbildung und einer Ausbildungsvergütung soll die Attraktivität der neuen beruflichen Pflegeausbildung erhöhen. Zugleich sieht der Gesetzgeber darin ein Signal zur Aufwertung dieses Berufes, in dem immer noch überwiegend Frauen tätig sind (BT-Drucksache 18/7823, S. 53 f.).

Für die Studierenden an Hochschulen wird es keine Ausbildungsvergütung geben, da trotz der vorgesehenen praktischen Ausbildungsanteile es keinen Ausbildungsvertrag mit dem Träger der praktischen Ausbildung geben wird Auch für diesen Teil des Studiums ist nämlich die Hochschule zuständig. Somit erfolgt die finanzielle Unterstützung der Studierenden und die Finanzierung der hochschulischen Pflegeausbildung nach den allgemeinen Grundsätzen zur Studienförderung und zur Finanzierung von Studiengängen (vgl. Gesetzesbegründung aaO., S. 54).

bb) **Hinsichtlich der entstehenden Kosten hat der Nationale Normenkontrollrat (NKR) den Gesetzentwurf der Bundesregierung (BT-Drucksache 18/7823) geprüft und ist dabei zu dem Ergebnis gekommen, dass das Bundesministerium für Gesundheit die darstellbaren Kosten nachvollziehbar dargestellt hat (BT-Drucksache 18/7823 Anlage 2).**

Dort wird mit folgenden Kosten gerechnet:

Die Träger der praktischen Ausbildung sind künftig verpflichtet, der zuständigen Stelle des jeweiligen Landes die voraussichtliche Zahl der Ausbildungsverhältnisse mitzuteilen. Die Pflicht gilt für 10.900 Einrichtungen (rund 1.000 Krankenhäuser, rund 6.400 stationäre und rund 3.500 ambulante Pflegeeinrichtungen). Pro Fall wird ein Aufwand von 27,82 Euro angenommen. Die Gesamtkosten pro Jahr belaufen sich daher auf 303.292 Euro.

Darüber hinaus werden die Träger der praktischen Ausbildung verpflichtet, an die zuständige Stelle des Landes eine Abrechnung über die Einnahmen aus den Ausgleichzahlungen und die im Ausbildungsbudget vereinbarten Ausbildungskosten zu übermitteln. Auch diese Pflicht gilt für 10.900 Einrichtungen. Pro Fall wird ein Aufwand von 207 Euro angenommen, was zu einem Gesamtaufwand von 2,25 Mio. Euro pro Jahr führt.

Weitere wesentliche jährliche Kosten von 875.700 Euro entstehen aufgrund der des Umlageverfahrens. Künftig werden Umlagebeträge erhoben, die durch die Träger der praktischen Ausbildung an eine zuständige Stelle des Landes als monatliche Teilbeträge abzuführen sind. Für die Zahlungsanweisung wird im Einzelnen ein Aufwand von fünf Minuten und Kosten von 2,63 Euro angenommen. Die Fallzahl beläuft sich auf 333.600.

Des Weiteren sind alle drei Jahre Vereinbarungen zu den Kosten der praktischen Ausbildung und zu den Ausbildungskosten der Pflegeschulen zu treffen. Hierfür bestehen zwei Möglichkeiten, entweder die Vereinbarung über Pauschalen oder individuelle Vereinbarungen. Die Länder haben sich nach Angaben des Ressorts für Pauschalbudgets ausgesprochen. Daher wird angenommen, dass nur wenige Individualverträge abgeschlossen werden. Vereinbarungspartner sind die Akteure in der Pflege (Krankenkassen, Pflegeeinrichtungen, Krankenhausgesellschaft u. a.). Für die Vereinbarung der Pauschalen zu den Kosten der praktischen Ausbildung werden 114 Stunden Aufwand für Personen mit hohem Qualifikationsniveau angesetzt und somit Kosten von insgesamt 5.750 Euro pro Vereinbarung. Pro Jahr bedeutet dies einen Aufwand von rund 1.920 Euro. Hochgerechnet auf sechzehn Bundesländer werden 30.670 Euro Erfüllungsaufwand pro Jahr erwartet. Für die Vereinbarungen zu den Pauschalen für die Ausbildungskosten der Pflegeschulen werden 98 Stunden ebenfalls für Personen mit einem hohen Personalaufwand pro Fall erwartet. Pro Jahr ergibt sich daher ein Erfüllungsaufwand von rund 1.640 Euro. Hochgerechnet auf sechzehn Bundesländer werden 26.290 Euro Erfüllungsaufwand pro Jahr erwartet. In den Fällen, in denen keine Vereinbarung zustande kommt, entscheidet eine in jedem Land zu bildende Schiedsstelle. Da nicht eingeschätzt werden kann, in wie vielen Fällen ein

Schiedsverfahren einberufen werden muss, wird die Darstellung des Erfüllungsaufwandes an einem Fall vorgenommen. Das Ressort geht davon aus, dass rund 80 Stunden für ein Schiedsverfahren benötigt werden und damit Erfüllungsaufwand von 4.087 Euro entsteht.

Die Praxisanleitung war bisher bereits im Altenpflege- und im Krankenhauspflegegesetz verankert. Mit dem vorliegenden Entwurf erfolgt eine Aufwertung, indem diese einen Anteil von 10 Prozent der praktischen Ausbildungszeit ausmachen soll. Aufgrund der bereits bestehenden Regelung geht das Ressort von keinem Mehraufwand aus. Durch Verbände wird die Aufwertung grundsätzlich begrüßt. Gleichzeitig wird aber auch darauf hingewiesen, dass dadurch auch ein erhöhter Erfüllungsaufwand besonders für kleinere Pflegeeinrichtungen entstehen kann.

Insgesamt entsteht der Wirtschaft ein jährlicher Erfüllungsaufwand von 3,5 Mio. Euro, wovon rund 2,5 Mio. Euro Bürokratiekosten sind (BT-Drucksache 18/7823, Anlage 2, S. 101 f.).

Bei den Kosten für die Verwaltungsträger ist zwischen denjenigen des Bundes und deren der Länder zu differenzieren.

Für den Bund wird ein jährlicher Erfüllungsaufwand von rund 6 Mio. Euro für das Jahr 2017 und 8,5 Mio. Euro ab dem Jahr 2018 geschätzt. Dies beinhaltet die Einrichtung einer Fachkommission (500.000 Euro), die Zulassung von Modellvorhaben zur Weiterentwicklung des Pflegeberufs (5.542 Euro bei zwei Fällen im Jahr) und die Vorlage eines Berichtes der Bundesregierung alle drei Jahre über die Überprüfung der Notwendigkeit und Anpassung der Höhe des Prozentsatzes der Direktzahlungen der sozialen Pflegeversicherung in den Ausbildungsfonds (gering). Im Wesentlichen beinhaltet es jedoch Aufgaben der Beratung, den Aufbau unterstützender Angebote sowie den sukzessiven Aufbau der Forschung zur Pflegeausbildung.

Für die Länder wird jährlicher Erfüllungsaufwand von rund 870.000 Euro und ein einmaliger Erfüllungsaufwand von 1,5 Mio. Euro erwartet.

Der einmalige Erfüllungsaufwand entsteht durch die Aufstellung eines neuen Lehrplanes in den Pflegeschulen aufgrund der neuen generalisierten Pflegeausbildung. Pro Lehrplan wird ein Aufwand von 24 Stunden und 1.115 Euro geschätzt. Für 1.400 Pflegeschulen entsteht somit ein einmaliger Erfüllungsaufwand von insgesamt rund 1,5 Mio. Euro.

Auch für die Länderebene entsteht jährlicher Erfüllungsaufwand für die Vereinbarung von Pauschalen für die Kosten der praktischen Ausbildung und Ausbildungskosten der Pflegeschulen. Diese belaufen sich auf insgesamt 12.000 Euro. Der Aufwand für das Schiedsverfahren entspricht in etwa dem Aufwand der Wirtschaft.

Darüber hinaus müssen auch Pflegeschulen die voraussichtlichen Schülerzahlen mitteilen. Für 1.400 Schulen wird ein Aufwand von insgesamt 47.500 Euro erwartet (rund 34 Euro pro Fall). Für die Erstellung und Vorlage der Abrechnung über die Einnahmen aus den Ausgleichszahlungen und die im Ausbildungsbudget vereinbarten Ausbildungskosten entsteht den Pflegeschulen Aufwand von jährlich 354.000 Euro (pro Fall 253 Euro).

Weitere wesentliche Kosten entstehen durch die neu geschaffene Möglichkeit, die Erlaubnis zur Ausübung des Pflegeberufes ruhen zu lassen. Dies in den Fällen, in denen ein Strafverfahren wegen des Verdachts einer Straftat eingeleitet wurde. Bei 500.000 Pflegekräften geht das Ressort von ca. 3.200 Personen aus. Im Einzelfall ist der Aufwand für das Verfahren vernachlässigbar (139 Euro). Hochgerechnet auf geschätzte 3.200 Fälle würde ein Aufwand von 444.448 Euro entstehen.

Für die vorgesehenen Evaluierungen der gesetzlichen Neuregelungen kommen weitere Kosten hinzu (aaO. S. 102).

cc)   **Der Gesetzesentwurf wurde, wie mehrfach erwähnt, durch den Gesundheitsausschuss überarbeitet und gegenüber dem ursprünglichen Entwurf wurden diverse Änderungen in das Gesetz aufgenommen. Der Haushaltsausschuss des Bundestages hat zu der dann zum Gesetz gewordenen Fassung Stellung genommen und kam zu folgendem Ergebnis (BT-Drucksache 18/12848, S. 1 ff.):**

(1)   Synergieeffekte

Infolge der Generalistik entstehen trotz gewisser Synergieeffekte gegenüber dem heutigen Stand der Ausbildungskosten in der Altenpflege und Krankenpflege von insgesamt rund 2,41 Mrd. Euro pro Jahr Mehrkosten in Höhe von 322 Mio. Euro. Diese jährlichen Mehrkosten beruhen auf verbesserter Ausstattung und Infrastruktur der Schulen (102 Mio. Euro), Qualitätsverbesserungen insbesondere im Bereich der Praxisanleitung (150 Mio. Euro), Angleichung der Ausbildungsvergütungen (54 Mio. Euro) sowie Verwaltungskosten der Ausbildungsfonds (16 Mio. Euro). Hinzu kommen Kosten für die Liquiditätsreserve des Fonds (3 Prozent des Fondsvolumens), die sich auf rund 80 Mio. Euro beläuft und bei einer Inanspruchnahme der Reserve in den Folgejahren aufgefüllt werden muss. Die genannten Kosten verteilen sich auf die verschiedenen Kostenträger wie im Folgenden dargestellt.

Die Kosten für eine vollumfängliche Ausbildung nach dem Pflegeberufegesetz entstehen in voller Höhe ab Januar 2023. Bis dahin können parallel Ausbildungen nach bisherigem Recht in der (Kinder-)Krankenpflege und in der Altenpflege abgeschlossen werden. Die Finanzierung dieser Ausbildungen erfolgt nicht aus dem neuen Ausbildungsfonds, sondern entsprechend den bislang geltenden Finanzierungsregelungen. Da sich die genaue Entwicklung der Ausbildungszahlen im Übergangszeitraum nicht prognostizieren lässt, wird in den Kostenberechnungen von den Kosten für eine vollumfängliche Finanzierung ausgegangen. Auf Basis der Annahme, dass die überwiegende Anzahl der Ausbildungen in der regulären Ausbildungszeit einer Vollzeitausbildung von drei Jahren durchlaufen wird, kann für das erste Ausbildungsjahr 2018 von einer Kostenbelastung in Höhe von rund einem Drittel, für das zweite Ausbildungsjahr von rund zwei Dritteln und ab dem dritten Ausbildungsjahr 2020 von nahezu 100 Prozent der im Folgenden dargestellten Kosten ausgegangen werden. Die oben genannten Kosten für die Liquiditätsreserve, die in voller Höhe für ihre Bereitstellung anfallen, werden in diesem Anlaufzeitraum nach und nach aufgebracht. Sie werden im Folgenden aus Gründen der Übersichtlichkeit in einem Gesamtbetrag ausgewiesen.

(2)   Für Bund, Länder und Gemeinden gilt Folgendes:

Die mit der Einrichtung einer Fachkommission, den Aufgaben der Beratung, dem Aufbau unterstützender Angebote sowie dem sukzessiven Aufbau der Forschung zur Pflegeausbildung für den Bund verbundenen Kosten für den Mehrbedarf an Sach- und Personalmitteln werden je zur Hälfte finanziell und stellenmäßig im Einzelplan des Bundesministeriums für Gesundheit und im Einzelplan des Bundesministeriums für Familie, Senioren, Frauen und Jugend ausgeglichen.

Im Bereich der Beihilfe entstehen Mehrkosten von bis zu rund 8,5 Mio. Euro jährlich ab dem ersten Jahr der vollumfänglichen Finanzierung der neuen Pflegeausbildung. Hinzu kommen Kosten in Höhe von rund 2 Mio. Euro durch die Bereitstellung der Liquiditätsreserve. Von diesen Beihilfekosten fallen rund 2,97 Mio. Euro jährlich beim Bund an. Weitere Mehrkosten in Höhe von rund 700.000 Euro entstehen durch die Bereitstellung der Liquiditätsreserve.

Im Ausbildungsfonds entstehen in der Folgezeit Entlastungen durch die Umschulungsförderung der Bundesagentur für Arbeit und Jobcenter. Im Forschungsgutachten von WIAD/prognos werden diese mit 46 Mio. Euro ausgewiesen. Dies mindert unter Annahme einer Fortführung der Förderung auf dem bisherigen Niveau in den Folgejahren die Belastung des Bundes um rund 385.000 Euro jährlich.

Auf Grundlage des vorgesehenen Landesanteils am Ausbildungsfonds in Höhe von 8,9446 Prozent entstehen den Ländern jährlich Mehrkosten in Höhe von 32,81 Mio. Euro ab dem ersten Jahr der vollumfänglichen Finanzierung des Pflegeberufsgesetzes. Außerdem entstehen einmalig Kosten in Höhe von 7,3 Mio. Euro infolge der Bereitstellung der Liquiditätsreserve.

Für die öffentlichen Haushalte der Länder und Gemeinden im Bereich der Beihilfe ergeben sich ab dem ersten Jahr der vollumfänglichen Finanzierung der neuen Pflegeausbildung Mehrausgaben in Höhe von 5,51 Mio. Euro jährlich und Mehrkosten in Höhe von 1,3 Mio. Euro zur Bereitstellung der Liquiditätsreserve.

Für die Sozialhilfeträger entstehen entsprechend ihrer bisherigen Beteiligung an den von den Pflegebedürftigen zu tragenden Kosten Mehrkosten in Höhe von 7 Mio. Euro jährlich zuzüglich 7 Mio. Euro für die Bereitstellung der Liquiditätsreserve.

Weiterhin entstehen bei den Ländern Kosten durch die Einführung einer hochschulischen Ausbildung. Diese Kosten lassen sich nicht genau beziffern. Auch stehen ihnen Einsparungen der Länder durch die Beendigung von Modellstudiengängen gegenüber.

Die Umschulungsförderung durch die Bundesagentur für Arbeit entlastet die Länder in den Folgejahren um rund 4,8 Mio. Euro jährlich, die Sozialhilfeträger um 3,8 Mio. Euro jährlich.

Durch die Zusammenführung der drei Pflegeberufe kommt es im Haushalt der Bundesagentur für Arbeit mittelfristig zu Mehrausgaben für Berufsausbildungsbeihilfe, Einstiegsqualifizierung und ausbildungsbegleitende Hilfen in Höhe von rund 19 Mio. Euro jährlich.

Durch die Zusammenführung der drei Pflegeberufe kommt es zu Mehrausgaben für Einstiegsqualifizierung und ausbildungsbegleitende Hilfen in Höhe von rund 1 Mio. Euro jährlich für den Bundeshaushalt.

(3)   Gesetzliche Krankenversicherung

Für die gesetzliche Krankenversicherung entstehen ab dem ersten Jahr der vollumfänglichen Finanzierung der neuen Pflegeausbildung Mehrkosten in Höhe von rund 180 Mio. Euro jährlich. Hinzu kommen einmalig für die Bereitstellung der Liquiditätsreserve Kosten in Höhe von 40 Mio. Euro.

Die Umschulungsförderung durch die Bundesagentur für Arbeit führt bei der gesetzlichen Krankenversicherung unter der Annahme der Fortführung der Förderung auf dem bisherigen Niveau jährlich zu Minderausgaben in Höhe von rund 22,4 Mio. Euro.

(4)   Soziale Pflegeversicherung

Für die private Krankenversicherung entstehen ab dem ersten vollumfänglichen Finanzierungszeitraum jährliche Kosten in Höhe von rund 23 Mio. Euro. Hinzu kommen rund 5 Mio. Euro für den Aufbau der Liquiditätsreserve. Die Entlastungen durch die Umschulungsförderung der Bundesagentur für Arbeit belaufen sich auf rund 3 Mio. Euro jährlich.

Für die soziale Pflegeversicherung entstehen durch den Direktbeitrag ab dem ersten Jahr der vollumfänglichen Finanzierung der neuen Pflegeausbildung Mehrkosten in Höhe von 99 Mio. Euro jährlich. Hinzu kommen für die Bereitstellung der Liquiditätsreserve Kosten in Höhe von 2 Mio. Euro. Gemindert werden diese Kosten durch eine zehnprozentige Erstattung durch die private Pflege-Pflichtversicherung, das heißt um rund 10 Mio. Euro. Insoweit verbleiben bei der sozialen Pflegversicherung Belastungen von 89 bzw. 91 Mio. Euro.

Infolge der Umschulungsförderung durch die Bundesagentur für Arbeit entstehen bei der sozialen Pflegeversicherung Minderausgaben in Höhe von rund 1,7 Mio. Euro jährlich.

Die Höhe des allgemeinen Beitragssatzes in der gesetzlichen Krankenversicherung und des Beitragssatzes in der sozialen Pflegeversicherung bleibt unberührt.

(5)   Private Kranken- und Pflegeversicherung

Für die private Pflege-Pflichtversicherung ergeben sich durch ihre zehnprozentige Beteiligung an der Direktzahlung der Pflegeversicherung Mehrkosten von rund 10 Mio. Euro jährlich. Die Entlastungen durch die Umschulungsförderung der Bundesagentur für Arbeit belaufen sich in der Folgezeit auf rund 0,17 Mio. Euro jährlich.

Für die Pflegebedürftigen ergeben sich ab dem ersten vollumfänglichen Finanzierungszeitraum Mehrkosten in Höhe von 18 Mio. Euro jährlich. Denn fast alle auf den Pflegesektor entfallenden Mehrkosten werden durch den Direktbeitrag von der Pflegeversicherung getragen. Hinzu kommen einmalig für die Bereitstellung der Liquiditätsreserve Kosten in Höhe von 15 Mio. Euro. Durch die Umschulungsförderung der Bundesagentur für Arbeit werden die Pflegebedürftigen in der Folgezeit um rund 9 Mio. Euro jährlich entlastet.

Nennenswerte Auswirkungen auf die Einzelpreise und das Preisniveau sind wegen des geringen Umfangs der finanziellen Auswirkungen im Verhältnis zum Bruttoinlandsprodukt nicht zu erwarten.

(6)   Erfüllungsaufwand für die Wirtschaft

Verschiedene in diesem Gesetz vorgesehene Pflichten der Wirtschaft waren entsprechend im Altenpflegegesetz und im Krankenpflegegesetz vorgesehen und bewirken daher keinen zusätzlichen Erfüllungsaufwand für die Wirtschaft. Teilweise werden neue Pflichten, die mit dem Gesetz eingeführt werden, im Rahmen des neuen Finanzierungssystems über den Fonds refinanziert und verursachen daher ebenfalls keinen zusätzlichen Erfüllungsaufwand für die Wirtschaft.

Durch das mit diesem Gesetz neu eingeführte Finanzierungssystem entsteht der Wirtschaft zusätzlicher Erfüllungsaufwand und teilweise auch einmaliger Umstellungsaufwand.

Insgesamt beläuft sich der Erfüllungsaufwand für die Wirtschaft auf 3,496 Mio. Euro. Davon sind 2,564 Mio. Euro Bürokratiekosten.

Hinsichtlich der im Rahmen der *„One in, one out"*-Regel erforderlichen Kompensation prüft die Bundesregierung Entlastungsmöglichkeiten unter anderem in den Bereichen Arzneimittel, Medizinprodukte und Mutterschutzgesetz.

(7)   Erfüllungsaufwand der Verwaltung

Verschiedene in diesem Gesetz vorgesehene Pflichten der Länder im Bereich des Vollzugs des Gesetzes waren entsprechend im Altenpflegegesetz und im Krankenpflegegesetz vorgesehen und bewirken daher keinen zusätzlichen Erfüllungsaufwand für die Länder.

Durch einige Vorgaben des Gesetzes und das mit diesem Gesetz neu eingeführte Finanzierungssystem entstehen der Verwaltung zusätzlicher Erfüllungsaufwand und teilweise auch einmaliger Umstellungsaufwand.

Durch die Einrichtung einer Fachkommission ergibt sich für den Bund ab 2017 zusätzlicher Erfüllungsaufwand in Höhe von rund 500.000 Euro jährlich. Für die Aufgaben der Beratung und den Aufbau unterstützender Angebote sowie den sukzessiven Aufbau der Forschung zur Pflegeausbildung fällt 2017 zusätzlicher Erfüllungsaufwand in Höhe von bis zu 5,5 Millionen Euro an, aufwachsend auf 8,5 Mio. Euro ab 2018.

Insgesamt ergibt sich für den Bund ein jährlicher Erfüllungsaufwand von 6.006.000 Euro im Jahr 2017 und von 9.006.000 Euro ab 2018. Für die Länder fällt ein einmaliger Erfüllungsaufwand in Höhe von 1,56 Mio. Euro an und ein jährlicher Erfüllungsaufwand in Höhe von 871.000 Euro.

e)   Die zusammenfassende Bewertung des Gesetzes durch die Fraktionen des Deutschen Bundestages

Politisch Stellung zum Gesetz genommen hatten die Fraktionen des Deutschen Bundestages in der Sitzung des Gesundheitsausschusses des Bundestages. Wegen der unterschiedlichen Bewertung des Gesetzes, seiner Ausprägung und Umsetzung sind diese im Bericht des Gesundheitsausschusses mitgeteilten Stellungnahmen (BT-Drucksache 18/12847, S. 103 f.) nachfolgend aufgeführt:

Die Fraktion der CDU/CSU betonte, das Gesetz sei ein Kompromiss zwischen Generalistik und spezialisierter Ausbildung. Man habe einen politischen Kompromiss erzielt, der von hoher Fachlichkeit getragen sei. Dieses Gesetz gebe die richtige Richtung vor und spiegele die Differenziertheit der Lebenssituationen und des Arbeitsmarktes. Es sei mit großer Transparenz unter Beteiligung aller Betroffenen zustande gekommen und erhalte die größtmögliche Entscheidungsfreiheit für die Auszubildenden. Nach zwei Jahren Generalistik hätten die Auszubildenden dann die Möglichkeit, sich zu verändern. Sie könnten sich neben der Generalistik für die Altenpflege und die Kinderkrankenpflege entscheiden, so dass diese Spezialisierungen erhalten blieben. Letztlich würden also die Auszubildenden selbst entscheiden, welches Modell sich am Arbeitsmarkt durchsetzen werde. Von einer Generalistik durch die Hintertür könne also nicht gesprochen werden. Wichtig sei gewesen, alle für die Ausbildung relevanten Institutionen einzubinden, so dass auch in Zukunft alle Jugendlichen die Chance hätten, einen Pflegeberuf zu erlernen. Zudem sei es gelungen, das Mitspracherecht des Parlaments bei der Prüfungsverordnung durchzusetzen. Nicht glücklich sei man allerdings darüber, dass die Ausbildungs- und Prüfungsverordnung noch nicht vorliege. Zur Bezahlung der Pflegekräfte hieß es, es sei nicht Aufgabe des Gesetzgebers, diese zu regeln, sondern der Tarifpartner. Hervorzuheben sei in diesem Zusammenhang die flächendeckende Abschaffung des Schulgeldes.

Die Fraktion der SPD erklärte, durch das Pflegeberufereformgesetz erfolge die längst überfällige und dringend notwendige Neuausrichtung der Pflegeberufe und werde die Generalistik als Regelausbildung für alle eingeführt. Durch die Zusammenlegung der Gesundheits- und Kinderkrankenpflegeausbildung mit der Ausbildung in der Altenpflege reagiere man auf die sich ändernden Pflegesettings und stelle die Berufsausbildung breiter auf. Damit erhalte der Pflegeberuf mehr Attraktivität. Die akademische Ausbildung werde in die Regelausbildung überführt und durch die Abschaffung des Schulgeldes bundesweit kostenfrei. Damit sei die Altenpflege EU-konform. Für eine Übergangszeit von sechs Jahren werde es in der Altenpflege und der Kinderkrankenpflege als Wahloption und als Ausnahme zur generalistischen Regelausbildung die spezialisierte Ausbildung im dritten Ausbildungsjahr geben. Die allgemeine Krankenpflege sei dagegen vollständig generalistisch angelegt. Man gehe davon aus, dass sich die Auszubildenden überwiegend für die generalistische Ausbildung entscheiden würden, da sie den Einsatz in allen Pflegebereichen ermögliche. Durch die Wahloption im dritten Ausbildungsjahr, die langen Übergangs- und Bestandsschutzfristen sowie durch den Start der neuen Ausbildung im Jahr 2020 hätten Schulen und Ausbildungsträger ausreichend Zeit, sich auf die Neuerungen einzustellen. Die SPD gehe davon aus, dass die Ausbildungs- und Prüfungsordnung dem Bundestag zeitnah zugeleitet werde und der Ausbildungsstart im Jahr 2020 nicht gefährdet sei. Die generalistische Pflegeausbildung sei im Interesse der Patientinnen und Patienten und deren Sicherheit. Deshalb werde man dafür Sorge tragen, dass sie eine höhere materielle und immaterielle Wertschätzung sowohl stationär als auch ambulant sowie über alle Phasen der Pflege und in allen Bereichen, in denen Pflege eine Rolle spiele, erfahre.

Die Fraktion DIE LINKE. bezeichnete die Reform als ein „Desaster". Sie sei ausschließlich ein politischer Kompromiss und nicht fachlich begründet. Die neue Ausbildung beginne zwei Jahre später, werde unübersichtlicher und organisatorisch schwerer umsetzbar. Die Qualität der Ausbildung werde nicht erhöht, was insbesondere die Alten- und die Kinderkrankenpflege zu spüren bekämen. Die Ausbildungsinhalte seien unklar, da die Ausbildungs- und Prüfungsverordnungen noch nicht einmal als Entwurf vorlägen, obwohl die Bundesregierung öffentlich zugesagt habe, im Rahmen des Gesetzgebungsverfahrens einen Entwurf vorzulegen. Wenn die neuen Ausbildungslehrgänge nach sechs Jahren ausgewertet werden sollten, sei keine wissenschaftliche Auswertung geplant, sondern lediglich eine zahlenmäßige Erfassung. Eine fundierte wissenschaftliche Evaluation sei aber wichtig, um eine Einschätzung der Ausbildungsqualität, auch für die Generalistik, zu ermöglichen. Zudem werde suggeriert, dass die Generalistik zu einer besseren Bezahlung der Altenpfleger führen würde. Unerwähnt bleibe aber, dass sie auch eine deutliche Verschlechterung der Bezahlung in der Krankenpflege nach sich ziehen könne.

Die Fraktion BÜNDNIS 90/DIE GRÜNEN wies darauf hin, dass sich viele Fachleute mit guten Argumenten gegen eine generalistische Pflegeausbildung ausgesprochen hätten. Das Pflegeberufereformgesetz sei ein fauler Kompromiss, der weder die Befürworter noch die Unterstützer einer generalistischen Ausbildung zufrieden stelle. Dass durch die Reform die Attraktivität insbesondere des Altenpflegeberufs gesteigert werde, die Bezahlung besser werde oder die Arbeitsplätze attraktiver würden, seien bloße Ankündigungen, die das Gesetz nicht realisieren könne, da die Bezahlung oder die Ausgestaltung des Arbeitsplatzes vom Arbeitgeber und nicht von der Ausbildung abhänge. Der Gesetzentwurf enthalte Unklarheiten, die in einer zweiten Anhörung hätten geklärt werden müssen. Es sei unklar, wie die Ausbildung an den Schulen organisiert oder wie die Ausbildung zum Pflegehelfer oder -assistenten geregelt werde. Es existiere auch kein echtes Wahlrecht, das den Wechsel in alle Fachrichtungen ermögliche. Aus den genannten Gründen sei das Gesetz nicht zustimmungsfähig. Durch den Abschluss des Antrages *„Eine Lobby für die Pflege"* weist die Fraktion darauf hin, dass bei der Pflege nicht nur die Ausbildung im Argen liege. Es brauche eine bessere Personalausstattung, bessere Arbeitsbedingungen und mehr Mitspracherechte für Pflegekräfte in den Gremien des Pflege- und Gesundheitssystems.

II. Kommentierte Textausgabe des Pflegeberufegesetzes (Artikel 1 des Pflegeberufereformgesetzes) mit Materialien

© Springer Fachmedien Wiesbaden GmbH, ein Teil von Springer Nature 2018
T. Weiß et al., *Pflegeberufereformgesetz (PflBRefG)*, Edition
Springer Pflege, https://doi.org/10.1007/978-3-658-20945-2_3

Teil 1
Allgemeiner Teil

Abschnitt 1
Erlaubnis zum Führen der Berufsbezeichnung

§ 1

Führen der Berufsbezeichnung

(1) Wer die Berufsbezeichnung „Pflegefachfrau" oder „Pflegefachmann" führen will, bedarf der Erlaubnis. Personen mit einer Ausbildung nach Teil 3 führen die Berufsbezeichnung „Pflegefachfrau" oder „Pflegefachmann" mit dem akademischen Grad.

(2) Die Urkunde für die Erlaubnis nach Abs. 1 enthält neben der Berufsbezeichnung nach Abs. 1 einen Hinweis auf den nach § 7 Abs. 4 Satz 1 durchgeführten Vertiefungseinsatz.

I. Zur Entstehungsgeschichte. Im Gesetzesentwurf der Bundesregierung war zunächst nur der jetzige Abs. 1 für diese Vorschrift vorgesehen. Nunmehr ist die Regelung auf 2 Absätze erweitert worden.

II. Aus den Gesetzesmaterialien.

1. Aus der Begründung zum Gesetzesentwurf der Bundesregierung von 2016 (BT-Drucksache 18/7823 (S. 64 f.)). Mit dem Gesetz über den Pflegeberuf werden die bisherigen Ausbildungen nach dem Altenpflegegesetz und dem Krankenpflegegesetz zu einer neuen generalistischen Pflegeausbildung zusammengeführt und die Zulassung zum neuen Pflegeberuf mit der Berufsbezeichnung *„Pflegefachfrau/Pflegefachmann"* geregelt.

Zu Teil 1 (Allgemeiner Teil). Die Vorschriften des Allgemeinen Teils finden sowohl auf die berufliche Pflegeausbildung nach Teil 2 als auch auf die hochschulische Pflegeausbildung nach Teil 3 Anwendung.

Zu Abschnitt 1 (Erlaubnis zum Führen der Berufsbezeichnung). Zu § 1 (Führen der Berufsbezeichnung). § 1 regelt die Erlaubnispflicht zum Führen der Berufsbezeichnung *„Pflegefachfrau"* oder *„Pflegefachmann"*. Dabei ist entsprechend den übrigen bundeseinheitlichen Heilberufsgesetzen nicht die Ausübung einer bestimmten Tätigkeit, sondern die Führung der genannten Berufsbezeichnung erlaubnispflichtig. Eine weitergehende Regelung enthält dabei § 4, in dem erstmals für den Bereich der Pflege Vorbehaltsaufgaben beschrieben werden.

Mit dem neuen Pflegeberufsgesetz wird nicht nur die formale Trennung zwischen den drei bisherigen Pflegeausbildungen Altenpflege-, Gesundheits- und Krankenpflege und Gesundheits- und Kinderkrankenpflege aufgehoben. Die einheitliche Berufsbezeichnung *„Pflegefachmann/Pflegefachfrau"* bildet den neuen generalistischen Ansatz in der Pflege auch sprachlich ab. Deutlich gemacht werden mit dieser Bezeichnung auch die besondere fachliche Kompetenz und die spezielle Qualifikation der beruflich Pflegenden.

Der Schutz der Berufsbezeichnung ist mit der Berufsfreiheit vereinbar. Nach Artikel 12 GG sind die Beschränkungen der Berufsfreiheit nur durch Gesetz oder auf Grund eines Gesetzes möglich. Diese Voraussetzung wird durch das Pflegeberufsgesetz erfüllt. Die gesetzlich geregelten Einschränkungen genügen auch materiellrechtlich denen der Rechtsprechung des Bundesverfassungsgerichts zu entnehmenden Anforderungen.

Regelungen, die die Verwendung einer Berufsbezeichnung unter einen Erlaubnisvorbehalt stellen, sind subjektive Berufszulassungsbeschränkungen oder diesen zumindest gleichwertig (*BVerwGE 59, 213, 218 f.*). Die Pflegefachfrauen und Pflegefachmänner sind dabei im Rahmen der in der Ausbildung vermittelten Kompetenzen zur Ausübung der erlernten Tätigkeiten berechtigt, ohne dass es hierzu einer weiteren ausdrücklichen Ermächtigung bedarf. Dies gilt auch im Falle des Erwerbs erweiterter Kompetenzen zur Ausübung heilkundlicher Tätigkeiten nach § 14. Die in § 1 Abs. 1 Satz 2 Krankenpflegegesetz bzw. § 1 Satz 2 Altenpflegegesetz enthaltenen Formulierungen haben dies mehr verdeckt als klargestellt und wurden daher nicht übernommen.

Den Anforderungen für eine subjektive Zulassungsvoraussetzung ist Genüge getan, da die Regelung zum Schutz wichtiger Gemeinschaftsgüter geeignet, erforderlich sowie den Betroffenen zumutbar ist. Bei dem zu schützenden, wichtigen Gemeinschaftsgut handelt es sich um die Gesundheit der Bevölkerung sowie um das Anliegen, die Versorgungssicherheit in der Pflege sowie die Qualität der pflegerischen Versorgung durch einen attraktiven und zukunftsfähigen Pflegeberuf zu verbessern und sicherzustellen, dessen Ausbildung die veränderten und sich weiter verändernden Versorgungs- und Pflegebedarfe berücksichtigt. Der Schutz der Berufsbezeichnung, die ausschließlich nach vorangegangener Ausbildung und bestandener Prüfung erteilt werden kann, ist geeignet die Gesundheit der Bevölkerung zu schützen, da hierdurch sichergestellt wird, dass Angehörige des Pflegeberufs bestimmte Kenntnisse und Fähigkeiten aufweisen und zu pflegende Menschen sowie Arbeitgeber dies erkennen können. Der Schutz der Berufsbezeichnung stellt darüber hinaus im System der Heilberufe – zu denen der Pflegeberuf zählt (*vgl. BVerfGE vom 24.10.2002, 2 BvF 1/01*) – das am wenigsten beeinträchtigende Mittel zum Schutz der Gesundheit der Bevölkerung dar und bewährt sich bei einer Vielzahl berufsrechtlicher Regelungen im Bereich der Gesundheitsfachberufe über Jahrzehnte. Die zur Erlaubniserteilung zum Führen der Berufsbezeichnung vorgeschriebenen Kenntnisse und Fähigkeiten stehen darüber hinaus nicht außer Verhältnis zu dem zu schützenden Gemeinschaftsgut; der vorgeschriebene formale Ausbildungsgang mit staatlicher Abschlussprüfung beschwert den Berufsbewerber nicht übermäßig (*vgl. BVerfGE 13, 97,107*).

Personen mit einer hochschulischen Ausbildung nach Teil 3 führen die Berufsbezeichnung in Verbindung mit dem ebenfalls erworbenen akademischen Grad. Haben die Absolventinnen und Absolventen als akademischen Grad einen Bachelor of Arts erworben, lautet die Bezeichnung „*Pflegefachfrau (B.A.)*" oder „*Pflegefachmann (B.A.)*"; haben sie einen Bachelor of Science erworben, lautet die Bezeichnung „*Pflegefachfrau (B.Sc.)*" oder „*Pflegefachmann (B.Sc.)*". Die Länder sind aufgefordert, die Einführung eines akademischen Grads „*Bachelor of Nursing*" zu prüfen.

Das Führen der Berufsbezeichnung ohne eine Erlaubnis ist – wie bereits bisher für die Berufsbezeichnungen nach dem Altenpflegegesetz und dem Krankenpflegegesetz – eine Ordnungswidrigkeit und nach § 57 bußgeldbewehrt.

2. Aus der Beschlussempfehlung und dem Bericht des Ausschusses für Gesundheit des Deutschen Bundestages (BT-Drucksache 18/12847 (S. 105)) vom 21. Juni 2017. Die Berufsurkunde verleiht die einheitliche Berufsbezeichnung *„Pflegefachfrau bzw. Pflegefachmann"*; bei einer Ausbildung nach Teil 3 ist der akademische Grad hinzuzufügen. Sie enthält daneben einen informatorischen Hinweis auf den tatsächlich absolvierten Vertiefungseinsatz nach § 7 Abs. 4 Satz 1.

III. Erläuterungen. Die Vorschrift regelt die Berufsbezeichnung *„Pflegefachfrau"* oder *„Pflegefachmann"*.

Diese macht deutlich, dass ein neuer Beruf geschaffen wird, ist gegenüber den bisher gebräuchlichen Berufsbezeichnungen neutral und seit 2004 in der Schweiz gebräuchlich.

Mit der Berufsbezeichnung wird die Trennung zwischen den bisherigen Pflegeausbildungen Altenpflege-, Gesundheits- und Krankenpflege sowie Gesundheits- und Kinderkrankenpflege aufgehoben und der generalistische Ansatz der neuen Pflegeausbildung hervorgehoben.

Der Bundesrat hatte vorgeschlagen die Wörter *„Pflegefachfrau"* und *„Pflegefachmann"* jeweils durch das Wort *„Pflegefachkraft"* zu ersetzen, was von der Bundesregierung abgelehnt worden war. Dieser Begriff wird aber im SGB XI mit jeweils speziellen Inhalten verwendet (*vgl. z. B. § 37 Abs. 3, § 71 SGB XI*), aber auch in den Berufsordnungen und in den heimrechtlichen Regelungen der Bundesländer mit zum Teil unterschiedlichen Definitionen.

Auch nicht aufgegriffen wurde eine Bezeichnung, die sich speziell auf die Kinderkrankenpflege bezieht, z. B. *„Kinder-Pflegefachfrau"* oder *„Kinder-Pflegefachmann"*, wie insbesondere von Verbänden aus diesem Bereich gefordert. Der Zusatz *„Kinder"* sollte danach sicherstellen, dass das Berufsbild Kinderkrankenpflege auch in der Außendarstellung erkennbar und damit die Attraktivität des Berufes erhalten bleibt.

Stattdessen ist nun bestimmt, dass die Erlaubnisurkunde neben der Berufsbezeichnung einen Hinweis auf den Vertiefungseinsatz enthält, der sich gemäß § 7 Abs. 4 Satz 1 in Verbindung mit Abs. 2 auch auf die Kinderkrankenpflege beziehen kann. Außerdem kann auch zukünftig die Berufsbezeichnung *„Gesundheits- und Kinderkrankenpflegerin"* bzw. *„Gesundheits- und Kinderkrankenpfleger"* gewählt werden (*vgl. § 58*). Entsprechendes gilt für *„Altenpflegerin"* bzw. *„Altenpfleger"*.

§ 2

Voraussetzungen für die Erteilung der Erlaubnis

Die Erlaubnis zum Führen der Berufsbezeichnung ist auf Antrag zu erteilen, wenn die antragstellende Person
(1) die durch dieses Gesetz vorgeschriebene berufliche oder hochschulische Ausbildung absolviert und die staatliche Abschlussprüfung bestanden hat,
(2) sich nicht eines Verhaltens schuldig gemacht hat, aus dem sich die Unzuverlässigkeit zur Ausübung des Berufs ergibt,
(3) nicht in gesundheitlicher Hinsicht zur Ausübung des Berufs ungeeignet ist und
(4) über die für die Ausübung des Berufs erforderlichen Kenntnisse der deutschen Sprache verfügt.

I. Zur Entstehungsgeschichte. Der Text des Gesetzesentwurfes der Bundesregierung wurde unverändert verabschiedet.

II. Aus den Gesetzesmaterialien. Aus der Begründung zum Gesetzesentwurf der Bundesregierung von 2016 (BT-Drucksache 18/7823 (S. 65)). § 2 legt die Voraussetzungen für die Erteilung der Erlaubnis zum Führen der Berufsbezeichnung fest. Die Erlaubnis wird auf Antrag erteilt. Bei Vorliegen der in den Nummern 1 bis 4 genannten Anforderungen besteht ein Rechtsanspruch auf Erteilung der Erlaubnis. Die einzelnen Voraussetzungen entsprechen dem bisherigen Recht nach dem Altenpflegegesetz und dem Krankenpflegegesetz und den in den sonstigen Berufszulassungsgesetzen im Bereich der Gesundheitsfachberufe üblichen Regelungen.

Die antragstellende Person muss nachweisen, dass sie die in Teil 2 oder Teil 3 dieses Gesetzes geregelte Ausbildung abgeleistet und die staatliche Abschlussprüfung erfolgreich bestanden hat. Diese Regelung bezieht sich auf Ausbildungen im Geltungsbereich dieses Gesetzes. Ausbildungen außerhalb des Geltungsbereichs erfüllen die Voraussetzungen nach Nr. 1, wenn die Gleichwertigkeit des Ausbildungs- oder Kenntnisstands und die Anerkennung nach den §§ 40 bis 42 gegeben sind.

Die antragstellende Person darf sich nicht eines Verhaltens schuldig gemacht haben, aus dem sich die Unzuverlässigkeit zur Ausübung des Pflegeberufs ergibt. Dies kann über die Vorlage eines erweiterten Führungszeugnisses nachgewiesen werden.

Darüber hinaus darf die antragstellende Person nicht in gesundheitlicher Hinsicht zur Ausübung des in diesem Gesetz geregelten Berufs ungeeignet sein. Diese Formulierung statuiert das Erfordernis der gesundheitlichen Eignung für den Beruf, das im Hinblick auf den Schutz des Patienten erforderlich ist, ohne Missverständnisse hinsichtlich einer eventuellen Diskriminierung von Menschen mit Behinderung hervorzurufen. Nicht das Fehlen einer Behinderung ist entscheidend für die Berufszulassung, sondern dass die antragstellende Person in gesundheitlicher Hinsicht nicht ungeeignet ist. Die Formulierung berücksichtigt damit die Vorgaben der UN-Behindertenrechtskonvention und erleichtert die entsprechende Beweisführung. Diese Voraussetzung, die bereits beim Zugang zur Ausbildung gegeben sein muss (§ 11 Abs. 2), kann insbesondere durch die Vorlage einer ärztlichen Bescheinigung nachgewiesen werden. Die Versagung einer Erlaubnis sollte nur dann erfolgen, wenn eine Berufsausübung aufgrund der gesundheitlichen Begebenheiten auch in weniger belastenden Tätigkeitsfeldern nicht möglich erscheint.

Des Weiteren muss die antragstellende Person über die zur Ausübung des Pflegeberufs erforderlichen Kenntnisse der deutschen Sprache verfügen. Gerade im Pflegebereich ist es unabdingbar, dass sich das Pflegepersonal mit den zu betreuenden Personen, mit deren Angehörigen, im Kollegenkreis und auch mit anderen in den Pflegeprozess eingebundenen Berufsgruppen verständigen kann. Missverständnisse, die durch unzureichende Kenntnisse der deutschen Sprache entstehen, können fatale Folgen nach sich ziehen. Die zu fordernden Sprachkenntnisse sollten sich am Sprachniveau B 2 des Gemeinsamen Europäischen Referenzrahmens für Sprachen orientieren und können über ein Sprachzertifikat nachgewiesen werden.

III. Erläuterungen. Die Vorschrift regelt die Voraussetzungen für die Erteilung der Erlaubnis. Zum Führen der Berufsbezeichnung entsprechen diese im Wesentlichen dem bisherigen Recht nach dem Altenpflegegesetz und dem Krankenpflegegesetz.

Die Einzelheiten der Erlaubniserteilung richten sich nach dem Verfahrensrecht der jeweiligen Länder, da die zuständigen Behörden Landesbehörden sind (§ 49).

Die Erteilung der Erlaubnis ist ein Verwaltungsakt.

Nach § 2 darf keine Unzuverlässigkeit zur Ausübung des Berufs gegeben sein. Bei der Beurteilung ist auf das Spezifikum der pflegerischen Tätigkeit abzustellen. Nicht jedes Fehlverhalten und auch nicht jede strafrechtliche Verurteilung ist schon ein Beleg für die Unzuverlässigkeit. Zur Konkretisierung dieses unbestimmten Rechtsbegriffes ist jeweils auf die Umstände des Einzelfalls abzustellen. Berufsbezogene Straftaten, wie Tötungsdelikte, Körperverletzungen, Verstöße gegen die Schweigepflicht und/oder das Betäubungsmittelrecht, usw. sind Anhaltspunkte für die mangelnde Zuverlässigkeit, wobei es bei der Beurteilung aber auch noch darauf ankommt, was die Prognose für die Zukunft ergibt.

In der Regel wird die Zuverlässigkeit auf Basis eines Führungszeugnisses (in der Ausführung *„zur Vorlage bei einer Behörde"*, vgl. § 32 Bundeszentralregistergesetz (BZRG), und/oder als *„erweitertes Führungszeugnis"*, vgl. § 30a (BZRG)) geprüft.

Zur Abwägung im Einzelfall siehe die angefügten Beispiele aus der Rechtsprechung.

Nach Nr. 3 darf auch keine gesundheitsbedingte Ungeeignetheit vorliegen, um den Beruf ausüben zu können. Sie ist allein an den Anforderungen des Pflegeberufes im Sinne des Gesetzes zu bemessen. Auf die Art der Beeinträchtigung (psychische oder physische) kommt es nicht an. Suchterkrankungen können die gesundheitliche Ungeeignetheit bedingen, allerdings nicht schon Missbrauch unterhalb dieser Stufe (z. B. Tabak- oder Schlafmittelmissbrauch). Einzelne gesundheitliche Einschränkungen, die nur bei einzelnen Tätigkeiten in der Pflege Auswirkungen haben, oder Verschleißerscheinungen (z. B. Rückenprobleme) oder altersbedingte Gesundheitsprobleme (Altersschwäche) müssen nicht der Erlaubniserteilung entgegenstehen. Der Einsatz bei anderen pflegerischen Tätigkeiten ist dann noch möglich. Auch müssen die Erkrankung, Gebrechen oder sonstige gesundheitliche Beeinträchtigungen längerfristig andauern. Die Nichterteilung ist nur zu rechtfertigen, wenn die gesundheitliche Nichteignung die Ausübung des Pflegeberufes umfassend und weitgehend oder ganz ausschließt. Ob die Antragsteller diesen Anforderungen genügen, ist im jeweiligen Einzelfall zu prüfen. Gibt es begründete Anhaltspunkte oder gar Zweifel, kann eine ärztliche Untersuchung verlangt werden. Diese generell ohne konkrete Anhaltspunkte zu fordern, findet keine Stütze in der Vorschrift. Gibt es begründete Anhaltspunkte oder Zweifel und wird eine ärztliche Untersuchung verweigert, kann dies rechtlich dazu führen, die Erlaubnis nicht zu erteilen.

Gemäß Nr. 4 muss die antragstellende Person über die für die Ausübung des Berufs erforderlichen Kenntnisse der deutschen Sprache verfügen. Das Sprachniveau als Zugangsvoraussetzung für die Ausbildung ist aber weder in dieser Vorschrift und auch nicht in § 11 genau festgelegt worden. In der Gesetzesbegründung zu § 2 heißt es, dass Sprachkenntnisse „sich am Sprachniveau B2 des Gemeinsamen Europäischen Referenzrahmens für Sprachen orientieren" soll.

Ein solches Sprachniveau von B2 ist bereits bei Ausbildungsbeginn unerlässlich, wie der Gesetzgeber durch die Bestimmung in § 11 Abs. 2 deutlich gemacht hat.

Der Erwerb der Sprachkompetenz erst während der Ausbildung reicht also nicht aus, zumal dies wohl zur Überforderung der Auszubildenden führen würde und fehlende Sprachkompetenz Probleme beim Verfolgen des Unterrichtes und der Lerninhalte sowie bei der Kommunikation mit den Pflegebedürftigen, den Ausbildern, anderen an der Versorgung Beteiligten, usw. machen würde und somit die Sicherheit der Versorgung gefährdet.

Bei der Erbringung von Dienstleistungen durch ausländische Pflegekräfte müssen auch diese über entsprechende Sprachkenntnisse verfügen (*vgl. § 46 Abs. 2 Satz 2*).

IV. Rechtsprechung. Bei dem Tatbestandsmerkmal der Unzuverlässigkeit in § 2 Abs. 1 Nr. 2 KrPflG handelt es sich um einen unbestimmten Rechtsbegriff ohne Beurteilungsspielraum. Die Unzuverlässigkeit setzt ein Verhalten voraus, das nach Art, Schwere und Zahl von Verstößen insbesondere gegen Berufspflichten die zu begründende Prognose rechtfertigt, der Betroffene biete aufgrund der begangenen Verfehlungen nicht die Gewähr, in Zukunft die berufsspezifischen Vorschriften und Pflichten zu beachten. Hat eine Pflegekraft sich durch die sexuelle Nötigung gegenüber einer Krankenhauspatientin eines Verhaltens schuldig gemacht, ergibt sich daraus die Unzuverlässigkeit zur Ausübung des Berufs des Krankenpflegers. Auch bei einem einmaligen Fehlverhalten und bei einer Sexualstraftat mit singulär-situativem Charakter ist die Prognose gerechtfertigt, der Betreffende werde seine beruflichen Pflichten in Zukunft nicht zuverlässig erfüllen.

1. Verwaltungsgericht Köln, Urt. v. 27. September 2011 – (Az.: 7 K 6441/10) (Beurteilung durch Verfasser):

Bei der Beurteilung sind die gesamte Persönlichkeit des Betroffenen und seine Lebensumstände im Zeitpunkt des Abschlusses des Verwaltungsverfahrens zu würdigen (*vgl. Bundesverwaltungsgericht* (BVerwG), *Urteil vom 26.09.2002 – 3 C 37/01 –, juris*), so dass auch nicht berufsbezogene Verfehlungen die Unzuverlässigkeit begründen können. Für die gebotene Prognose ist somit abzustellen auf die Sach- und Rechtslage im Zeitpunkt der behördlichen Entscheidung (*vgl. Oberverwaltungsgericht* (OVG) *NRW, Urteil vom 20.05.2009 – 13 A 2569/06 –, juris*).

Für die Überprüfung der berufsrechtlichen Zuverlässigkeit können die Verwaltungsbehörde sowie das Gericht auf die Feststellungen des Strafgerichts zurückgreifen. Der Einzelne muss also die ihm zum Nachteil gereichenden Tatsachenfeststellungen der Strafgerichte auch im berufsrechtlichen Verfahren gegen sich gelten lassen (*vgl. OVG NRW, Beschluss vom 12.11.2002 – 13 A 683/00 –, juris*).

Die beruflichen Pflichten sind zwar als solche nicht im Krankenpflegegesetz bestimmt, lassen sich aber aus den Vorschriften zur Ausbildung herleiten.

Die Behörde kann unter Zugrundelegung der Sach- und Rechtslage im Zeitpunkt der letzten Behördenentscheidung von einer auch künftigen Unzuverlässigkeit ausgehen, wenn, wie im entschiedenen Fall, festgestellt wird: „*Im Hinblick auf die anzustellende Prognose, ob eine Wiederholungsgefahr besteht, ist zu berücksichtigen, dass es sich um eine für einen Krankenpfleger ganz normale alltägliche Situation handelte und der Kläger jederzeit, wenn er seinem Beruf als Krankenpfleger weiter nachgehen dürfte, wieder in eine solche Situation (Patientin im OP-Hemd, mit nacktem Körper, Körperkontakt mit der Patientin im Rahmen der Pflege) kommen könnte. Da aus dem Strafurteil nicht klar wird, worin für ihn die Besonderheit dieser Situation lag, die aus seiner Sicht zu einer einmaligen Entgleisung geführt hat, kann auch eine Wiederholung nicht ausgeschlossen werden.*"

Unerheblich für die Prognoseentscheidung der Behörde ist, wenn das Strafgericht von der Verhängung eines Berufsverbots nach § 70 StGB abgesehen hat. Das Berufsverbot des § 70 StGB ist eine tatbezogene Maßregel der Besserung und Sicherung zur Verhinderung einer Wiederholung der abgeurteilten Tat. Sie ist grundsätzlich zeitlich befristet und kann zur Bewährung ausgesetzt werden. Die Rücknahme der Erlaubnis zur Berufsausübung nach dem Krankenpflegegesetz ist hingegen ebenso wie die Anordnung des Ruhens oder der Widerruf der Approbation eines Arztes eine personenbezogene, auf die Einhaltung der berufsrechtlichen Pflichten nach dem Krankenpflegegesetz und die Wahrung des Ansehens des Berufs eines Krankenpflegers abzielende Maßnahme, die weder befristet noch zur Bewährung ausgesetzt werden kann. Die tatübergreifenden berufsrechtlichen Aspekte werden von dem beschränkten strafgerichtlichen Berufsverbot nach § 70 StGB nicht in vollem Umfang erfasst und lassen daher weitergehende berufsrechtliche Maßnahmen zu (*vgl. hierzu* VG Aachen, Urteil vom 02.02.2009 – 5 K 404/08 –, *juris*).

Ebenso wie das Fehlen eines Berufsverbots im Urteil des Strafgerichts hat auch die Aussetzung der Vollstreckung des Strafurteils zur Bewährung für die Entscheidung über die Unzuverlässigkeit keine bestimmende Bedeutung. Dies ergibt sich aus den bereits aufgeführten Gründen der unterschiedlichen Regelungszwecke einer Maßnahme im Strafurteil und einer Regelung in den Gesetzen der Heilberufe. Das Landgericht ist im entschiedenen Fall bei der Aussetzung der Vollstreckung der Freiheitsstrafe davon ausgegangen, *„dass der Angeklagte als weitere Folge seiner Tat vorhersehbar nie wieder wird als Krankenpfleger arbeiten können. Somit wird er noch sehr lange mit den Folgen seiner Tat konfrontiert werden, so dass aus Sicht der Kammer die begründete Erwartung besteht, dass er sich zu einem ähnlichen Fehlverhalten – mit dann noch gravierenderen Folgen – nicht wieder wird hinreißen lassen.“* Die Intention des Landgerichts ging also nicht dahin, durch Aussetzung der Bewährung eine günstige Prognose über die Berufsausübung des Klägers zu treffen und ihm damit einen Verbleib in seinem Beruf zu ermöglichen.

Liegen die Voraussetzungen des § 2 Abs. 1 Nr. 2 KrPflG zukünftig (§ 2 Abs. 1 Nr. 2 PflBG) vor, ist die Erlaubnis zwingend zu widerrufen. Ein Ermessen steht der Behörde insoweit nicht zu.

Nichts anderes gilt auch bei der Entscheidung über eine Wiedererteilung der Erlaubnis.

Nach der Rechtsprechung des BVerwG kann bereits ein einmaliges Fehlverhalten, das mit einer Bewährungsstrafe geahndet worden ist, die Prognose rechtfertigen, dass der Betroffene seine beruflichen Pflichten in Zukunft nicht zuverlässig erfüllen wird. Ob das konkrete Verhalten des Betroffenen diesen Schluss zulässt, bedarf einer Prüfung im Einzelfall unter Berücksichtigung sämtlicher Umstände (*vgl.* BVerwG, Beschluss vom 10.12.1993 – 3 B 38.93, *Rn. 3, juris; Verwaltungsgerichtshof (VGH) Bayern, Beschluss vom 09.03.2010 – 21 ZB 09.3222, Rn. 8, juris*).

Zur Prognose der Zuverlässigkeit zur Ausübung des Berufs, auch bei der gebotenen Berücksichtigung der konkreten Umstände des Einzelfalls, bezüglich der Wiedererteilung der Erlaubnis zum Führen der Berufsbezeichnung hat sich die Behörde der Beweismittel zu bedienen, die sie nach pflichtgemäßem Ermessen zur Ermittlung des Sachverhalts für erforderlich hält. Sie kann hierzu schriftliche Äußerungen von Sachverständigen einholen.

Im Rahmen des Antragsverfahrens (auf Wiedererteilung der Erlaubnis) verpflichtet der Amtsermittlungsgrundsatz die Behörde nicht, sämtliche Tatsachen selbst zu erheben und erforderlichenfalls nachzuprüfen. Vielmehr ist sie im Rahmen der Amtsermittlung zur Überprüfung der vorgelegten Unterlagen und abgegebenen Erklärungen auf Richtigkeit und Vollständigkeit verpflichtet, wobei sich die Prüfung in der Regel auf eine nachvollziehende Kontrolle in Form einer inhaltlichen Plausibilitätsprüfung und dem Abgleich mit bisherigem Erfahrungswissen beschränkt (*vgl. Kopp/Ramsauer, Verwaltungsverfahrensgesetz, 11. Auflage 2010, § 24 VwVfG, Rn. 10a f.*).

Die entscheidungserheblichen Tatsachen und Umstände müssen soweit aufgeklärt werden, dass die Voraussetzungen für den Abschluss des Verwaltungsverfahrens zur Überzeugung der Behörde feststehen (*vgl. Kopp/Ramsauer, Verwaltungsverfahrensgesetz, 11. Auflage 2010, § 24 VwVfG, Rn. 12*).

Im Antragsverfahren auf Erlass eines begünstigenden Verwaltungsakts geht es in der Regel zu Lasten des Antragstellers, wenn die Voraussetzungen für das Bestehen des Anspruchs nicht zur Überzeugung der Behörde festgestellt werden können (*vgl. Kopp/ Ramsauer, Verwaltungsverfahrensgesetz, 11. Auflage 2010, § 24 VwVfG, Rn. 46*).

Siehe auch die Rechtsprechung zu § 3.

§ 3

Rücknahme, Widerruf und Ruhen der Erlaubnis

(1) Die Erlaubnis ist zurückzunehmen, wenn bei Erteilung der Erlaubnis entweder die Voraussetzung nach § 2 Nr. 1 oder die Voraussetzung nach § 2 Nr. 2 nicht vorgelegen hat oder die Ausbildung nach den §§ 40 bis 42 nicht abgeschlossen war. Die Erlaubnis kann zurückgenommen werden, wenn bei Erteilung der Erlaubnis entweder die Voraussetzung nach § 2 Nr. 3 oder die Voraussetzung nach § 2 Nr. 4 nicht vorgelegen hat.

(2) Die Erlaubnis ist zu widerrufen, wenn nachträglich bekannt wird, dass die Voraussetzung nach § 2 Nr. 2 nicht erfüllt ist. Die Erlaubnis kann widerrufen werden, wenn nachträglich die Voraussetzung nach § 2 Nr. 3 weggefallen ist.

(3) Das Ruhen der Erlaubnis kann angeordnet werden, wenn gegen die betreffende Person wegen des Verdachts einer Straftat, aus der sich die Unzuverlässigkeit zur Ausübung des Pflegeberufs ergeben würde, ein Strafverfahren eingeleitet wurde. Die Anordnung ist aufzuheben, wenn ihre Voraussetzungen nicht mehr vorliegen.

I. Zur Entstehungsgeschichte. Der Text des Gesetzesentwurfes der Bundesregierung wurde unverändert verabschiedet.

II. Aus den Gesetzesmaterialien. Aus der Begründung zum Gesetzesentwurf der Bundesregierung von 2016 (BT-Drucksache 18/7823 (S. 66)). § 3 regelt die Rücknahme, den Widerruf und das Ruhen der Erlaubnis zum Führen der Berufsbezeichnung. Die Sonderregelung gegenüber den allgemeinen Vorschriften über Rücknahme und Widerruf eines Verwaltungsaktes nach dem Verwaltungsverfahrensgesetz ist durch das besondere Interesse am Schutz pflegebedürftiger Menschen begründet.

Zu Abs. 1. Lagen zum Zeitpunkt der Erlaubniserteilung die Voraussetzung nach § 2 Nr. 1 oder 2 nicht vor oder war die Ausbildung nach den §§ 40 bis 42 nicht abgeschlossen, so hat die zuständige Behörde die Erlaubnis mit Wirkung für die Vergangenheit aufzuheben. Die Rücknahme steht im Ermessen der zuständigen Behörde, wenn bei Erlaubniserteilung eine der Voraussetzungen nach § 2 Nr. 3 oder 4 nicht vorgelegen hat.

Zu Abs. 2. Lagen zum Zeitpunkt der Erlaubniserteilung die Voraussetzungen nach § 2 vor, hat sich jedoch die antragstellende Person im Nachgang eines Verhaltens schuldig gemacht, aus dem sich ihre Unzuverlässigkeit zur Ausübung des Pflegeberufs ergibt, so ist die Erlaubnis mit Wirkung für die Zukunft zu widerrufen. Der Widerruf der Erlaubnis steht im Ermessen der Behörde, wenn die antragstellende Person im Nachgang zur Erlaubniserteilung in gesundheitlicher Hinsicht zur Ausübung des Pflegeberufs ungeeignet wird Bei Ausstellung von Ersatzurkunden kann zur Vermeidung von Missbräuchen die erneute Vorlage eines aktuellen Führungszeugnisses verlangt werden.

Zu Abs. 3. Wurde gegen die Inhaberin oder den Inhaber der Erlaubnis nach § 1 ein Strafverfahren eingeleitet, aus dem sich die Unzuverlässigkeit zur Ausübung des Pflegeberufs ergeben kann, steht es im Ermessen der zuständigen Behörde das Ruhen der Erlaubnis mit der Folge anzuordnen, dass das Führen der Berufsbezeichnung nach § 1 nicht mehr zulässig ist. Diese Vorschrift zielt auf das hohe Schutzgut des Patientenschutzes pflegebedürftiger Menschen. Das Ruhestellen der Erlaubnis beeinträchtigt die Erlaubnisinhaberin oder den Erlaubnisinhaber geringer als ein Widerruf der Erlaubnis. Die zuständige Behörde hat im Rahmen ihrer Ermessensausübung den erforderlichen Schutz der pflegebedürftigen Menschen mit dem Interesse der Berufsträgerin oder des Berufsträgers an der Berufsausübung sorgfältig abzuwägen. Dies gilt insbesondere, da der Einleitung eines Strafverfahrens nur der Verdacht einer Straftat zugrunde liegt, der gerade noch nicht als zutreffend erwiesen ist.

III. Erläuterungen. Die weitgehend den bisherigen Regelungen im Kranken- und Altenpflegegesetz entsprechende Vorschrift regelt die Rücknahme, den Widerruf und das Ruhen der Erlaubnis.

Diese Regelungen sollen vor dem Missbrauch schützen und dienen zum Schutz der Pflegebedürftigen.

§ 3 ist eine sog. *lex specialis* gegenüber dem Verwaltungsverfahrensgesetz und geht den dortigen Regelungen vor. Den für die Durchführung des Gesetzes und die Beaufsichtigung zuständigen Behörden (§ 49) wird mit dieser Regelung eine eindeutige Grundlage für ihre Entscheidungen gegeben.

Während die Vorgaben in Abs. 1 Satz 1 und Abs. 2 Satz 1 sowie Abs. 3 Satz 2 der Behörde keinen Ermessensspielraum gewähren (sog. *„Muss-Bestimmungen"*) bleiben ihr für die übrigen Tatbestände Ermessensspielräume. Sie hat dabei die notwendigen Abwägungen vorzunehmen.

Die Erteilung der Erlaubnis ist ein Verwaltungsakt. Dagegen bezeichnet die Rücknahme die Maßnahme, die erforderlich ist, wenn der Verwaltungsakt rechtswidrig aus den in Abs. 1 genannten Gründen erlassen worden ist. Der Widerruf nach Abs. 2 ist das Mittel, wenn der Verwaltungsakt rechtmäßig erlassen wurde, aber nachträglich die dafür notwendigen Voraussetzungen entfallen oder bekannt geworden ist, dass diese entfallen sind. Ein Ruhen der Erlaubnis bedeutet das zeitweilige Verbot des Führens der Berufsbezeichnung (auch mit der Folge des Verbots der durchzuführenden Tätigkeiten nach § 4), also (noch) nicht das endgültige Entfallen der Befugnis zur Führung der Berufsbezeichnung. Je nach Entscheidung in den Strafverfahren, auf das in Abs. 3 Satz 1 abgestellt wird, ist eine Erlaubnis zu widerrufen oder das Ruhen aufzuheben.

Zu den inhaltlichen Voraussetzungen vgl. die Kommentierung zu § 2, die dort dargestellte Rechtsprechung und die hier nachfolgenden Gerichtsentscheidungen.

IV. Rechtsprechung. 1. VG München, Beschluss vom 02. August 2016 (Az.: M 16 S 16.2504 (bearbeitet vom Verfasser)):

Eine Unzuverlässigkeit zur Ausübung des Berufs Altenpfleger setzt ein Verhalten voraus, das nach Art, Schwere und Zahl von Verstößen gegen Berufspflichten die zu begründende Prognose rechtfertigt, eine Person biete aufgrund der begangenen Verfehlungen nicht die Gewähr, in Zukunft die berufsspezifischen Vorschriften und Pflichten zu beachten (*ebenso Bayerischer VGH, Urteil vom 02. März 2010 (Az.: 21 B 08.3008) = PflR 2010, 527 ff.*).

Die für die Annahme der Unzuverlässigkeit anzustellende Prognose ist nicht darauf beschränkt, ob Verstöße gegen Berufspflichten in der Vergangenheit erwarten lassen, dass jemand gleiche oder zumindest ähnliche Berufspflichten in der Zukunft schwerwiegend verletzen wird. Vielmehr kann aus dem durch die Art, Schwere und Zahl der Verstöße gegen Berufspflichten manifest gewordene Charakter einer Person auch die Befürchtung abzuleiten sein, es seien andere, aber ähnlich schwerwiegende Verstöße gegen Berufspflichten ernsthaft zu besorgen.

Die Anordnung der sofortigen Vollziehung des Widerrufs der Erlaubnis zur Führung der Berufsbezeichnung Altenpfleger hat ein selbstständiges vorläufiges Verbot zur Ausübung des Berufs zum Inhalt, das in seinen Wirkungen über diejenigen des Widerrufs hinausgeht. Ein derart schwerwiegender Eingriff in Artikel 12 Abs. 1 GG ist nur gerechtfertigt, wenn die sofortige Vollziehung schon vor der Rechtskraft des Widerrufs selbst als Präventionsmaßnahme zur Abwehr konkreter Gefahren für wichtige Gemeinschaftsgüter erforderlich ist und unter strikter Beachtung des Verhältnismäßigkeitsgrundsatzes erfolgt.

2. VG Oldenburg, Beschluss vom 12. Juli 2016 (Az.: 7 B 3175/16 (bearbeitet vom Verfasser)): Auch aus einer Anklageschrift der Staatsanwaltschaft kann im Einzelfall bereits der Schluss auf die Unzuverlässigkeit gezogen werden, die den Widerruf der Erlaubnis zum Führen der Berufsbezeichnung Krankenschwester erfordert.

Für die Anordnung der sofortigen Vollziehung ist eine über das gefahrenabwehrrechtliche Grundinteresse am Widerruf hinausgehende besondere Begründung erforderlich, die insbesondere den verfassungsrechtlichen Anforderungen zur Abwehr einer Interimsgefahr genügen muss.

3. VG Braunschweig, Urteil vom 11. Februar 2015 (Az.: 1 A 159/14 (bearbeitet vom Verfasser)): Die in einem rechtskräftigen Strafbefehl enthaltenen Feststellungen können im Hinblick auf die Frage der Zuverlässigkeit bzw. Unzuverlässigkeit zugrunde gelegt werden, soweit sich nicht gewichtige Anhaltspunkte für die Unrichtigkeit solcher Feststellungen ergeben.

Eine Verurteilung wegen zweifacher Körperverletzung gegenüber Heimbewohnern dokumentiert einen beachtlichen Verstoß gegen die Grundpflichten einer Krankenschwester, der nicht hingenommen werden kann, und rechtfertigt insgesamt die Annahme der Unzuverlässigkeit sowie den Widerruf der Erlaubnis zum Führen der Berufsbezeichnung „Krankenschwester".

4. VG Stuttgart, Urteil vom 19. Juli 2011 (Az.: 4 K 766/11 (bearbeitet vom Verfasser)): Misshandlungen und Verletzungen des Persönlichkeitsrechts gegenüber schutzbedürftigen Personen, die einem Altenpfleger anvertraut sind, rechtfertigen in der Regel dessen Beurteilung als unzuverlässig.

5. Bayerischer VGH, Urteil vom 02. März 2010 (Az.: 21 B 08.3008 (bearbeitet vom Verfasser)): Hat sich jemand eines Verhaltens schuldig gemacht, aus dem sich die Unzuverlässigkeit zur Ausübung des Berufs ergibt, ist eine Erlaubnis zur Führung der Berufsbezeichnung „Altenpfleger" zu widerrufen, wenn nachträglich die Voraussetzung weggefallen ist. Ein Ermessensspielraum besteht insoweit nach dem klaren Wortlaut des Gesetzes („ist zu widerrufen") nicht. Der Widerruf setzt ein Verhalten voraus, das nach Art, Schwere und Zahl von Verstößen gegen Berufspflichten die zu begründende Prognose rechtfertigt, der Betroffene biete aufgrund der begangenen Verfehlungen nicht die Gewähr, in Zukunft die berufsspezifischen Vorschriften und Pflichten zu beachten. Dabei sind die gesamte Persönlichkeit des Betroffenen und seine Lebensumstände im Zeitpunkt des Abschlusses des Verwaltungsverfahrens zu würdigen.

Der Kläger hat innerhalb eines Zeitraums von knapp zwei Jahren zweimal in nicht unerheblicher Weise gegen seine Berufspflichten als Altenpfleger verstoßen, die von einer besonderen Verantwortung gegenüber den anvertrauten und von einer sorgsamen Betreuung abhängigen alten Menschen geprägt sind. Er ließ im Februar 2004 eine 93-jährige Heimbewohnerin unter der Dusche fahrlässig für kurze Zeit ohne Aufsicht allein mit der Folge, dass sie durch heißes Wasser Verbrennungen zweiten und dritten Grades erlitt. Wegen der Verletzungen waren mehrere Operationen erforderlich, bei denen nicht nur Hautverpflanzungen vorgenommen, sondern auch fünf Zehen amputiert wurden. Im Januar 2006 versetzte er einem zeitweise verwirrten und aggressiven, demenzkranken 70-jährigen Heimbewohner bei einer handgreiflichen Auseinandersetzung zwei Schläge auf die rechte und linke Gesichtshälfte, die massive und noch Tage später sichtbare Rötungen verursachten. Es bedarf keiner weiteren Erörterung, dass ein Altenpfleger in der Lage sein muss, eine derartige Situation ohne den Einsatz körperlicher Gewalt zu lösen.

Dennoch rechtfertigen diese Vorfälle noch nicht die im Hinblick auf Art. 12 Abs. 1 GG schwerwiegende Annahme, dass der Kläger zur Ausübung des Berufs „Altenpfleger" unzuverlässig ist. Denn zu seinen Gunsten sprechen auch erhebliche entlastende Gesichtspunkte, die letztlich den Ausschlag geben. So war der Kläger bis zu dem ersten Vorfall nahezu siebzehn Jahre in der Altenpflege tätig, ohne dass es irgendwelche Beanstandungen gab.

Der Verwaltungsgerichtshof hat keine Bedenken, bei der Zuverlässigkeitsbeurteilung auch die lange beanstandungsfreie Zeit in der Altenpflege einzubeziehen. Denn auch bei dieser Tätigkeit stand der enge persönliche Kontakt mit den zu pflegenden alten Menschen im Vordergrund, bei dem es in den Jahren 2004 und 2006 zu den geschilderten Pflichtverletzungen kam. Des Weiteren ist die allgemeine Situation der Altenpflege in Deutschland zu berücksichtigen. Aufgrund zahlreicher Medienberichte ist allgemein bekannt, dass auf diesem Gebiet manches im Argen liegt und die Personalsituation angespannt ist. Es ist daher verständlich und nachvollziehbar, dass der Kläger seine ohnehin schwierige berufliche Tätigkeit als besonders psychisch belastend empfand, und darin eine wesentliche Ursache für seine Verfehlungen sieht. Zwar hat das Seniorenwohnheim, in dem der Kläger zuletzt arbeitete, erklärt, dass die personelle Besetzung laufend von der Heimaufsicht kontrolliert werde, es insoweit zu keinem Zeitpunkt Anlass zu Kritik gegeben habe und der geltend gemachte Erschöpfungszustand des Klägers nicht erkennbar gewesen sei. Das schließt aber eine Überlastungssituation im Einzelfall und eine dadurch bedingte höhere Fehlerwahrscheinlichkeit bei der ohnehin schweren Tätigkeit in der Altenpflege nicht aus. Hinzu kommen die konkreten Umstände der Vorkommnisse.

Bei einer Gesamtwürdigung aller Umstände, insbesondere der Art, Schwere und nur geringen Zahl der Pflichtverstöße im Verhältnis zu der langjährigen beanstandungsfreien Arbeit des Klägers in der Altenpflege, der bekanntermaßen allgemein angespannten Personalsituation in den Pflegeheimen sowie der unbestreitbar erheblichen psychischen Belastung, der ein Altenpfleger bei seiner beruflichen Tätigkeit ausgesetzt ist, vermag der Verwaltungsgerichtshof daher im Einklang mit dem Verwaltungsgericht kein Verhalten des Klägers festzustellen, aus dem sich seine Unzuverlässigkeit zur Ausübung des Berufs Altenpfleger ergibt. Ohne das Ausmaß der Verfehlungen und die bedauerlichen Folgen für die Betroffenen, insbesondere für die 93-jährige Heimbewohnerin, zu verharmlosen, erscheint dennoch die schwerwiegende Prognose nicht gerechtfertigt, er biete aufgrund dieser Pflichtverstöße in Zukunft nicht mehr die Gewähr, die berufsspezifischen Vorschriften und Pflichten eines Altenpflegers zu beachten. Ebenso wie das Verwaltungsgericht ist der Verwaltungsgerichtshof überzeugt, dass der Kläger nach der erfolgreichen Behandlung seines psychischen Erschöpfungssyndroms, an dem er nach Angaben seines Bevollmächtigten in der mündlichen Verhandlung offenbar immer noch leidet, seinen Beruf als Altenpfleger in Zukunft wieder ordnungsgemäß und beanstandungsfrei ausüben wird, wenn er sich für eine Fortsetzung dieser Tätigkeit entscheidet.

6. VG Karlsruhe, Urteil vom 14. Januar 2010 (Az.: 6 K 1545/08 (bearbeitet vom Verfasser)): Als unzuverlässig ist eine Altenpflegerin anzusehen, wenn sie keine ausreichende Gewähr dafür bietet, dass sie in Zukunft ihren Beruf ordnungsgemäß unter Beachtung aller in Betracht kommenden Vorschriften und Berufspflichten ausüben wird und sich dadurch Gefahren für die Allgemeinheit oder ihre Patienten ergeben. Wesentlich ist, dass sie infolge des Fehlverhaltens in der Vergangenheit nicht mehr das für ihre Berufsausübung erforderliche Vertrauen genießen kann. Unzuverlässigkeit setzt somit ein Verhalten voraus, das nach Art, Schwere und Zahl von Verstößen gegen Berufspflichten die begründete Prognose rechtfertigt, der Betroffene biete aufgrund der begangenen Verfehlungen nicht die Gewähr, in Zukunft die berufsspezifischen Vorschriften und Pflichten zu beachten. Ausschlaggebend für die Prognose ist die Würdigung der gesamten Persönlichkeit und der Lebensumstände im Zeitpunkt des Abschlusses des Verwaltungsverfahrens (*vgl. VG München, Urt. v. 04. März 2008 – M 16 K 06.3357 -; VG Oldenburg, Urt. v. 18. November 2008 – 7 A 1324/08 -; Niedersächsisches OVG, Beschl. v. 23. Dezember 2004 – 8 ME 169/04 -, juris*).

Allerdings kann nicht jeder zu vertretende Pflichtverstoß für die Prognoseentscheidung herangezogen werden. Dies ergibt sich im Wege einer verfassungskonformen Auslegung im Hinblick auf Art. 12 Abs. 1 Satz 1 GG. Der Widerruf einer Erlaubnis zur Führung der Bezeichnung *„Altenpflegerin"* stellt einen (finalen) Eingriff in die subjektive Berufswahlfreiheit der Betroffenen dar. Damit ist er nur zum Zwecke des Schutzes eines besonders wichtigen Gemeinschaftsgutes zulässig. Als ein solches ist insbesondere die Gesundheit und körperliche Unversehrtheit der in der Altenpflege befindlichen Personen, die über Art. 2 Abs. 2 Satz 1 GG Schutz genießen, anzusehen. Folglich kann eine negative Prognoseentscheidung auf die Verletzung solcher Pflichten gestützt werden, die dem Schutz von Körper und Gesundheit der zu pflegenden Person zu dienen bestimmt und damit gleichsam als die Kardinalpflichten der Altenpflegerin anzusehen sind.

Ferner sind in einer Gesamtbetrachtung die begangenen Pflichtenverstöße zu werten. Bei der vorzunehmenden Bestimmung der Schwere der Verstöße ist insbesondere auf den Grad der objektiven Pflichtwidrigkeit und der subjektiven Vorwerfbarkeit einzugehen, wobei auch das Ausmaß des eingetretenen Schadens zu berücksichtigen ist. Schließlich sind in die Gesamtbetrachtung sämtliche Umstände einzubeziehen, die im Zusammenhang mit den Pflichtenverstößen stehen oder die sonst für die zu treffende Prognose der Unzuverlässigkeit von Bedeutung sein können. Namentlich ist auf das unmittelbar dem Pflichtenverstoß nachfolgendes Verhalten einzugehen. Zuletzt sind die begangenen Pflichtverletzungen in ein Verhältnis zueinander und zu den beanstandungsfreien Berufsjahren zu setzen. Nur dann, wenn unter Betrachtung all dieser Umstände eine überwiegende Wahrscheinlichkeit dafür spricht, dass der Betroffene auch in Zukunft kardinalen Berufspflichten nicht nachkommen wird, mithin eine Wiederholungsgefahr besteht, liegt eine Unzuverlässigkeit im Sinne des § 2 Abs. 1 Nr. 2 AltPflG vor (*vgl. VG München, Urt. v. 04.03.2008, aaO.*).

Abschnitt 2
Vorbehaltene Tätigkeiten

§ 4

Vorbehaltene Tätigkeiten

(1) Pflegerische Aufgaben nach Abs. 2 dürfen beruflich nur von Personen mit einer Erlaubnis nach § 1 Abs. 1 durchgeführt werden. Ruht die Erlaubnis nach § 3 Abs. 3 Satz 1, dürfen pflegerische Aufgaben nach Abs. 2 nicht durchgeführt werden.

(2) Die pflegerischen Aufgaben im Sinne des Absatzes 1 umfassen die Erhebung und Feststellung des individuellen Pflegebedarfs nach § 5 Abs. 3 Nr. 1 Buchstabe a, die Organisation, Gestaltung und Steuerung des Pflegeprozesses nach § 5 Abs. 3 Nr. 1 Buchstabe b sowie die Analyse, Evaluation, Sicherung und Entwicklung der Qualität der Pflege nach § 5 Abs. 3 Nr. 1 Buchstabe d.

(3) Wer als Arbeitgeber Personen ohne eine Erlaubnis nach § 1 Abs. 1 oder Personen, deren Erlaubnis nach § 3 Abs. 3 Satz 1 ruht, in der Pflege beschäftigt, darf diesen Personen Aufgaben nach Abs. 2 weder übertragen noch die Durchführung von Aufgaben nach Abs. 2 durch diese Personen dulden.

I. Zur Entstehungsgeschichte. Der Text des Gesetzesentwurfes der Bundesregierung wurde um den Tatbestand der ruhenden Erlaubnis ergänzt.

II. Aus den Gesetzesmaterialien.

1. Aus der Begründung zum Gesetzesentwurf der Bundesregierung von 2016 (BT-Drucksache 18/7823 (S. 66 f.)). Zu Abschnitt 2 (Vorbehaltene Tätigkeiten). Zu § 4 (Vorbehaltene Tätigkeiten). § 4 regelt für den Pflegebereich erstmals bestimmte berufliche Tätigkeiten, die dem Pflegeberuf nach diesem Gesetz vorbehalten sind. Es handelt sich hierbei im Zusammenhang mit dem Pflegeprozess um die in Abs. 2 beschriebenen pflegerischen Aufgaben, die für die Pflegequalität und den Patientenschutz von besonderer Bedeutung sind. Der Pflegeprozess dient dabei als professionsspezifische, analytische Arbeitsmethode der systematischen Strukturierung und Gestaltung des Pflegearrangements. Die Regelung bedeutet eine merkliche Aufwertung des Pflegeberufs und setzt ein deutliches Zeichen, dass die charakteristischen Kernaufgaben der beruflichen Pflege durch zielgerichtet ausgebildetes Personal mit den erforderlichen Kompetenzen wahrgenommen werden müssen. Die Pflege durch Angehörige bleibt durch diese Vorschrift unberührt, da die vorbehaltenen Tätigkeiten nur im Rahmen der beruflichen Ausübung Wirkung entfalten.

Vergleichbare Regelungen sind im Hebammengesetz (§ 4) und im Gesetz über technische Assistenten in der Medizin (§ 9) enthalten.

Abs. 3 stellt klar, dass auch der Arbeitgeber einer Pflegefachfrau oder eines Pflegefachmanns verpflichtet ist, die Einhaltung der durch die Vorbehaltstätigkeiten beschriebenen Grenzen sicherzustellen. Diese Regelung verfolgt ein zweifaches Ziel: Zum einen geht es auch hier um den Gesundheitsschutz der Pflegebedürftigen, zum anderen sollen Arbeitnehmerinnen und Arbeitnehmer selbst vor Überforderungen durch den Arbeitgeber geschützt werden.

Die nach dem Altenpflegegesetz oder Krankenpflegegesetz ausgebildeten Pflegefachkräfte bleiben zur Wahrnehmung der erfassten Tätigkeiten befugt. Dies wird durch § 59 Abs. 1 Satz 2 abgesichert, wonach die nach diesen Gesetzen erteilte Erlaubnis zugleich als Erlaubnis im Sinne des § 1 Satz 1 gilt.

2. Aus der Beschlussempfehlung und dem Bericht des Ausschusses für Gesundheit des Deutschen Bundestages (BT-Drucksache 18/12847 (S. 105)) vom 21. Juni 2017.

Zu Abs. 1. Nach der bisherigen Regelung in Abs. 1 dürfen pflegerische Aufgaben nach Abs. 2 beruflich nur von Personen mit einer Erlaubnis zum Führen der Berufsbezeichnung durchgeführt werden. Die Ergänzung legt fest, dass die in Abs. 2 aufgeführten vorbehaltenen Tätigkeiten auch dann nicht ausgeübt werden dürfen, wenn die Erlaubnis zum Führen der Berufsbezeichnung ruht.

Zu Abs. 3. Mit der Ergänzung in Abs. 3 wird festgelegt, dass Arbeitgeber Personen mit einer ruhenden Erlaubnis weder Aufgaben nach Abs. 2 übertragen noch die Durchführung dieser Aufgaben durch diese Personen dulden dürfen.

III. Erläuterungen. Diese Vorschrift regelt erstmals die vorbehaltenen Tätigkeiten in der Pflege. Dies sind die Erhebung und Feststellung des individuellen Pflegebedarfs, die Organisation, Gestaltung und Steuerung des Pflegeprozesses sowie die Analyse, Evaluation, Sicherung und Entwicklung der Qualität der Pflege.

In der Bezeichnung des Abschnittes 2 und in der Überschrift von § 4 wird der Begriff *„Tätigkeiten"* verwendet, bezieht sich also auf die Verrichtungen, während im Text der Begriff *„Aufgaben"* verwendet wird. Dieser ist die zutreffende Bezeichnung und es bleibt unklar, warum er nicht auch in den Überschriften verwendet worden ist, zumal dies z. B. in der Stellungnahme des Deutschen Pflegerates (Ausschuss für Gesundheit Drucks. 18(14) 0174(10), S. 3) und des DBfK vorgeschlagen war. Der Pflegeprozess umfasst nicht nur eine Abfolge von Tätigkeiten und der Begriff *„Aufgaben"* wird zudem auch im Ausbildungsziel in § 5 Abs. 3 verwendet.

Diese Vorschrift ist eine der wichtigsten Neuerungen, weil sie in klar abgegrenzten Bereichen die Eigenständigkeit der Profession Pflege bestimmt. Erstmalig wird in der Gesetzgebung der pflegerischen Berufe das Tätigkeitsfeld der Pflegenden klar definiert und damit vor dem Fremdzugriff anderer Personen/Berufsgruppen geschützt, wie zuvor schon etwa bei den Hebammen/Geburtspfleger (vgl. § 4 Hebammengesetz; dort wird auch in der Überschrift der Begriff *„Tätigkeiten"* verwendet, im Text dann aber von *„Leistungen"* gesprochen, also die ganze Regelung verrichtungsbezogen formuliert).

Einen Vorbehalt auf den gesamten Pflegeprozess oder auf das vollständige Ausbildungsziel in § 5 Abs. 3 Nr. 1 legt der Gesetzgeber nicht fest. So verweist § 4 Abs. 1 S. 1 auf Abs. 2, wo wiederum auf § 5, dem Ausbildungsziel, verwiesen wird. Vorbehalten sind danach die Erhebung und Feststellung des individuellen Pflegebedarfs, es fehlt aber die in § 5 Abs. 3 Nr. 1 Buchstabe a auch noch aufgeführte „Planung" der Pflege. Nach der Gesetzesbegründung zu § 5 Abs. 3 handelt es sich aber auch dabei um einen Kernbereich der beruflichen Aufgaben, der „selbstständig" auszuführen ist, sodass auch die Planung der Pflege den Fachkräften vorbehalten ist. Das der Gesetzgeber mit dieser Lücke in der Verweisung diesen Teil der Berufsausübung nicht in den Vorbehaltsbereich mit einbeziehen wollte, ist nicht erkennbar, zumal die Planung üblicherweise auch zur Organisation des Pflegeprozesses zu zählen ist, der zu den vorbehaltenen Aufgaben kraft ausdrücklicher Verweisung gehört.

Anders ist es bei der Durchführung der Pflege und Dokumentation der angewendeten Maßnahmen (§ 5 Abs. 3 Nr. 1 Buchstabe c) sowie der Bedarfserhebung und Durchführung präventiver und gesundheitsfördernder Maßnahmen (§ 5 Abs. 3 Nr. 1 e). Diese werden nicht in die vorbehaltenen Aufgaben einbezogen und dafür gibt es auch gute Gründe:

Weil die Durchführung der Pflege an sich, also eigentlich die Kerntätigkeit nicht aufgeführt wird, können pflegerische Tätigkeiten auch weiterhin von Hilfs- und Assistenzkräften sowie anderen Berufsgruppenmitgliedern ausgeübt werden. Demgegenüber dürfen die im Gesetz aufgeführten Tätigkeiten/Aufgaben im Rahmen der Berufsausübung nicht von Angehörigen anderer Gesundheitsberufe, wie z. B. Ärzten, ausgeübt werden.

Ärzte dürfen nach ihrer Ausbildung zwar im gesamten Bereich der Heilkunde tätig sein (vgl. §§ 1 Abs. 1, 2 Abs. 5 Bundesärzteordnung i. V. m. der Approbationsordnung), doch gehört zu ihrer Ausbildung nur ein dreimonatiger Krankenpflegedienst (§ 6 Approbationsordnung). Dieser dient dazu, sich „mit den üblichen Verrichtungen der Krankenpflege vertraut zu machen". Da der Gesetzgeber ausdrücklich in seiner Begründung darauf hinweist, „dass die charakteristischen Kernaufgaben der beruflichen Pflege durch zielgerichtet ausgebildetes Personal mit den erforderlichen Kompetenzen wahrgenommen werden müssen", „um den Gesundheitsschutz der Pflegebedürftigen" zu gewährleisten, ist daraus abzuleiten, dass auch gegenüber Ärzten der Vorbehalt in § 4 greift. Mit der Begründung des Gesetzgebers zum Vorbehalt wird auch den verfassungsrechtlichen Anforderungen in Art. 12 GG insbesondere zur Begrenzung der Berufsausübungsfreiheit hinreichend Rechnung getragen, da eine solche Einschränkung verhältnismäßig - also im Verhältnis zum angestrebten Zweck geeignet, erforderlich und auch nicht unverhältnismäßig - ist. Für die Berufsgruppe der Ärzte ist sie auch zumutbar, weil diese Tätigkeiten sie in ihrer Berufsausübung kaum beeinträchtigen und im Hinblick auf ihre Qualifikation sachgerecht sind.

Die Bedarfserhebung und Durchführung präventiver und gesundheitsfördernder Maßnahmen ist demgegenüber nicht exklusiv nur beruflich tätigen Pflegefachkräften vorbehalten und wird (selbstverständlich) auch anderen Berufsgruppen im Rahmen der Heilkunde, insbesondere den Ärzten, weiterhin möglich bleiben.

Die Pflegetätigkeiten von pflegenden Angehörigen und sonstigen Pflegepersonen hingegen bleiben durch diese Vorschriften unberührt, da die Vorbehaltstätigkeiten grundsätzlich nur im Rahmen der Berufsausübung Wirkung entfalten (so der ausdrückliche Hinweis in der Gesetzgebung).

Die Tätigkeit insbesondere nach Abs. 2 Nr. 2 von Angehörigen anderer Berufsgruppen, die z. B. im Entlassungs- und Casemanagement oder im Sozialdienst tätig sind, wird zukünftig durch diese Vorgaben in ihrem Spektrum eingeschränkt (vgl. Stellungnahme der Deutschen Krankenhausgesellschaft (DKG) Ausschuss für Gesundheit Drucks. 18(14) 0174(11), S. 9). Die Träger von Krankenhäusern und stationären Pflegeeinrichtungen müssen sicherstellen, dass es hier nicht zu Überschreitungen kommt, zumal ansonsten ein Bußgeld droht (§§ 57 Abs. 1 Nr. 3, Abs. 2).

Durch diese gesetzliche Regelung wird zwar auch in die Berufsausübungsfreiheit von Arbeitgebern eingegriffen, denn dazu gehört auch das Führen von Unternehmen und die Beschäftigung von Arbeitnehmerinnen und Arbeitnehmern. Doch ist diese Beschränkung und die damit verbundene Beeinträchtigung verhältnismäßig, also geeignet, erforderlich und verhältnismäßig im engeren Sinne, weil der Gesetzgeber ausdrücklich auf die Sicherung des Gesundheitsschutzes der Pflegebedürftigen damit abzielt. Insbesondere ist ein anderes gleichwirksames aber weniger einschränkendes Mittel insoweit nicht erkennbar, sodass auch diesbezüglich kein Verstoß gegen Art. 12 GG zu erkennen ist.

Auch die Abgrenzung zur Tätigkeit des MDK und/oder zu den von den Pflegekassen ansonsten beauftragten Gutachtern im Rahmen der Pflegeversicherung ist nicht eindeutig. So sollen im Rahmen der Begutachtung zur Pflegebedürftigkeit der MDK oder die Beauftragten Gutachter u. a. den Pflegebedarf sowie „Art und Umfang von Pflegeleistungen sowie einen individuellen Pflegeplan" empfehlen (vgl. § 18 Abs. 1, Abs. 6 S. 2 SGB XI). Damit erfolgt zwar noch nicht die Pflegeplanung an sich, es handelt sich jedoch um die „Erhebung und Feststellung des individuellen Pflegebedarfs" und das Gutachten ist von maßgeblicher Bedeutung u. a. für die Pflegeplanung und pflegerischen Leistungen, worauf die Pflegekassen ausdrücklich die Pflegebedürftigen bzw. die Antragssteller von Pflegeleistungen hinzuweisen haben (§ 18 Abs. 3 S. 6 SGB XI). Bei der Auswahl der Gutachter des MDK oder der externen Gutachter wird dies zu berücksichtigen sein; es muss sich also um Pflegefachkräfte handeln, denen diese Tätigkeiten vorbehalten sind. Anderes kann nur gelten, wenn darauf abgestellt wird, dass das Gutachten nur als „Empfehlung" (so die Formulierung in § 16 Abs. 3 S. 5 SGB XI) bewertet wird und/oder es sich nur um eine vorherige Aktivität handelt, nicht aber um eine Tätigkeit im Sinne von § 4 PflBG, wobei jedoch nach den Vorgaben des Gesetzgebers im SGB XI das Gutachten „Feststellungen" enthält über Maßnahmen zur „Beseitigung, Minderung oder Verhütung einer Verschlimmerung der Pflegebedürftigkeit" (§ 16 Abs. 1 S. 3 SGB XI), was mehr als eine Empfehlung ist und berufsrechtlich nicht eindeutig von den hier in § 4 bestimmten vorbehaltenen Tätigkeiten ohne Weiteres abzugrenzen ist. Bezieht man die Tätigkeiten des MDK und der externen Gutachter in die berufsrechtlich vorbehaltenen Tätigkeiten gem. § 4 Abs. 1, 2 i. V. m. § 5 Abs. 3 Nr. 1 a PflBG ein, kommt es zu einem Folgeproblem hinsichtlich der Auswahl der Gutachter: Dann dürften Ärzte, wie derzeit in § 16 Abs. 7 SGB XI noch vorgesehen, wohl nicht mehr insofern als Gutachter tätig werden und die Gutachteraufgaben dürften ausschließlich von Pflegefachkräften wahrgenommen werden.

Unklar könnte auf dem ersten Blick sein, wie die neuen Regelungen zu den Vorbehaltsaufgaben auf bisher abgeschlossene Ausbildungen wirken. Grundsätzlich gilt, dass solche qualifizierten Pflegefachkräfte „zur Wahrnehmung der erfassten Tätigkeiten befugt" sind (so die Gesetzesbegründung). Ob damit eine Einschränkung z. B. auf die Pflege alter Menschen bei Altenpflegerinnen/Altenpflegern oder entsprechend in der Kinder- oder Gesundheits- und Kinderkrankenpflege auf Jugendliche und Kinder gemeint ist, könnte zu Irritationen führen. Doch ist in § 64 S. 2 ausdrücklich bestimmt, dass mit der bisherigen Berufsbezeichnung auch die Erlaubnis nach § 1 Abs. 1 als erteilt gilt und die „die Erlaubnis nach § 1 Abs. 1 S. 1 betreffenden Vorschriften" entsprechend anzuwenden sind. „Zudem reicht die Erlaubnis zum Führen der bisherigen Berufsbezeichnung, um die in § 4 Abs. 2 genannten Tätigkeiten ausüben zu können", so die Gesetzesbegründung und auch der Gesundheitsausschuss hat darauf ausdrücklich hingewiesen, dass hiervon alle in § 4 Abs. 2 genannten Tätigkeiten umfasst werden: „So dürfen …".

Teil 2
Berufliche Ausbildung in der Pflege

Abschnitt 1
Ausbildung

§ 5

Ausbildungsziel

(1) Die Ausbildung zur Pflegefachfrau oder zum Pflegefachmann vermittelt die für die selbstständige, umfassende und prozessorientierte Pflege von Menschen aller Altersstufen in akut und dauerhaft stationären sowie ambulanten Pflegesituationen erforderlichen fachlichen und personalen Kompetenzen einschließlich der zugrunde liegenden methodischen, sozialen, interkulturellen und kommunikativen Kompetenzen und der zugrunde liegenden Lernkompetenzen sowie der Fähigkeit zum Wissenstransfer und zur Selbstreflexion. Lebenslanges Lernen wird dabei als ein Prozess der eigenen beruflichen Biographie verstanden und die fortlaufende persönliche und fachliche Weiterentwicklung als notwendig anerkannt.

(2) Pflege im Sinne des Absatzes 1 umfasst präventive, kurative, rehabilitative, palliative und sozialpflegerische Maßnahmen zur Erhaltung, Förderung, Wiedererlangung oder Verbesserung der physischen und psychischen Situation der zu pflegenden Menschen, ihre Beratung sowie ihre Begleitung in allen Lebensphasen und die Begleitung Sterbender. Sie erfolgt entsprechend dem allgemein anerkannten Stand pflegewissenschaftlicher, medizinischer und weiterer bezugswissenschaftlicher Erkenntnisse auf Grundlage einer professionellen Ethik. Sie berücksichtigt die konkrete Lebenssituation, den sozialen, kulturellen und religiösen Hintergrund, die sexuelle Orientierung sowie die Lebensphase der zu pflegenden Menschen. Sie unterstützt die Selbstständigkeit der zu pflegenden Menschen und achtet deren Recht auf Selbstbestimmung.

(3) Die Ausbildung soll insbesondere dazu befähigen
1. die folgenden Aufgaben selbstständig auszuführen:
   a) Erhebung und Feststellung des individuellen Pflegebedarfs und Planung der Pflege,
   b) Organisation, Gestaltung und Steuerung des Pflegeprozesses,
   c) Durchführung der Pflege und Dokumentation der angewendeten Maßnahmen,
   d) Analyse, Evaluation, Sicherung und Entwicklung der Qualität der Pflege,
   e) Bedarfserhebung und Durchführung präventiver und gesundheitsfördernder Maßnahmen,

  f) Beratung, Anleitung und Unterstützung von zu pflegenden Menschen bei der individuellen Auseinandersetzung mit Gesundheit und Krankheit sowie bei der Erhaltung und Stärkung der eigenständigen Lebensführung und Alltagskompetenz unter Einbeziehung ihrer sozialen Bezugspersonen,

  g) Erhaltung, Wiederherstellung, Förderung, Aktivierung und Stabilisierung individueller Fähigkeiten der zu pflegenden Menschen insbesondere im Rahmen von Rehabilitationskonzepten sowie die Pflege und Betreuung bei Einschränkungen der kognitiven Fähigkeiten,

  h) Einleitung lebenserhaltender Sofortmaßnahmen bis zum Eintreffen der Ärztin oder des Arztes und Durchführung von Maßnahmen in Krisen- und Katastrophensituationen,

  i) Anleitung, Beratung und Unterstützung von anderen Berufsgruppen und Ehrenamtlichen in den jeweiligen Pflegekontexten sowie Mitwirkung an der praktischen Ausbildung von Angehörigen von Gesundheitsberufen,

2. ärztlich angeordnete Maßnahmen eigenständig durchzuführen, insbesondere Maßnahmen der medizinischen Diagnostik, Therapie oder Rehabilitation,

3. interdisziplinär mit anderen Berufsgruppen fachlich zu kommunizieren und effektiv zusammenzuarbeiten und dabei individuelle, multidisziplinäre und berufsübergreifende Lösungen bei Krankheitsbefunden und Pflegebedürftigkeit zu entwickeln sowie teamorientiert umzusetzen.

(4) Während der Ausbildung zur Pflegefachfrau oder zum Pflegefachmann werden ein professionelles, ethisch fundiertes Pflegeverständnis und ein berufliches Selbstverständnis entwickelt und gestärkt.

  I. Zur Entstehungsgeschichte. Im Gesetzesentwurf der Bundesregierung war das Ziel der interkulturellen Kompetenzen noch nicht mit aufgeführt.

  II. Aus den Gesetzesmaterialien.

  1. Aus der Begründung zum Gesetzesentwurf der Bundesregierung von 2016 (BT-Drucksache 18/7823 (S. 67)). Zu Teil 2. (Berufliche Ausbildung in der Pflege) Teil 2 regelt die fachschulisch-berufliche Pflegeausbildung.

  Zu Abschnitt 1 (Ausbildung). Zu § 5 (Ausbildungsziel). Die Vorschrift regelt das Ausbildungsziel der neuen beruflichen Pflegeausbildung und damit den staatlichen Ausbildungsauftrag sowohl für die Pflegeschulen als auch für den Träger der praktischen Ausbildung sowie die sonstigen an der Ausbildung beteiligten Einrichtungen. Der Ausbildungsauftrag besteht kraft Gesetzes und ist damit Gegenstand eines jeden Schulverhältnisses und Ausbildungsvertrags, der zwischen dem oder der Auszubildenden und dem Träger der praktischen Ausbildung geschlossen wird. Die Pflegeschule, der Träger der praktischen Ausbildung und die sonstigen an der praktischen Ausbildung beteiligten Einrichtungen sind verpflichtet, den Ausbildungsauftrag nach den Vorgaben des Gesetzes und der Ausbildungs- und Prüfungsverordnung nach § 56 zu erfüllen.

  Ziel der neuen, generalistisch ausgerichteten Pflegeausbildung ist es, den Auszubildenden die Kompetenzen zu vermitteln, die für die selbstständige und prozessorientierte Pflege von Menschen aller Altersstufen in akut und dauerhaft stationären sowie ambulanten Pflegesituationen erforderlich sind. Die Trennung der Ausbildungsziele nach Altersgruppen in den bisherigen Ausbildungen nach dem Altenpflegegesetz und dem Krankenpflegegesetz wird damit aufgehoben.

Der Begriff der umfassenden und prozessorientierten Pflege wird in Abs. 2 dargelegt. Die Auszubildenden erlernen die Kompetenzen, präventive, kurative, rehabilitative, palliative und sozialpflegerische Maßnahmen zur Erhaltung, Förderung, Wiedererlangung und Verbesserung der physischen und psychischen Situation der zu pflegenden Menschen durchzuführen, Menschen mit Pflegebedarfen zu beraten und in allen Lebensphasen zu begleiten, insbesondere auch die Begleitung von Sterbenden.

Die in der Ausbildung zu entwickelnden Kompetenzen umfassen die erforderlichen fachlichen und personalen Kompetenzen. Hierzu gehören auch die erforderlichen methodischen, sozialen und kommunikativen Kompetenzen sowie Lernkompetenzen und die Fähigkeit zum Wissenstransfer. Die Auszubildenden werden darüber hinaus befähigt, sich im Sinne des lebenslangen Lernens persönlich und fachlich fortzubilden und weiterzuentwickeln.

Am Ende der Ausbildung sollen die Auszubildenden befähigt sein, die vielfältigen Aufgaben des Pflegeberufs sicher zu übernehmen. Abs. 3 präzisiert in einer umfassenden, aber nicht abschließenden Aufzählung die charakteristischen Aufgaben des Pflegeberufs und die Fähigkeiten, die zu ihrer ordnungsgemäßen Erfüllung in der Ausbildung nach diesem Gesetz zu entwickeln sind. Hierbei wird unterschieden zwischen Aufgaben, die eine Pflegefachfrau oder ein Pflegefachmann selbstständig ausführt, ärztlich angeordnete Maßnahmen, die die Pflegefachfrau oder der Pflegefachmann eigenständig durchführt sowie die interdisziplinäre Kommunikation und Zusammenarbeit mit anderen Berufsgruppen. Bei Verwendung der Begriffe *„selbstständig"* oder *„eigenständig"* wurde auf die Erläuterungen zu den Begrifflichkeiten des Deutschen Qualifikationsrahmen (*vgl. DQR-Handbuch Stand 1.8.2013, Glossar*) abgestellt. Der Begriff der Selbstständigkeit umfasst danach insbesondere auch das Element des Tätigwerdens in eigener Verantwortung, während der Begriff der Eigenständigkeit den Fall des Tätigwerdens auf fremde (ärztliche) Anordnung erfasst. Übernahme- und Durchführungsverantwortung verbleiben unabhängig davon immer bei der Pflegefachfrau bzw. dem Pflegefachmann. Die Ausbildungszielbeschreibung umfasst die Mindestanforderungen an die Ausbildung und hebt dabei in Nr. 1 die Kernbereiche der beruflichen Aufgaben hervor. Diese Mindestanforderungen sind durch die Ausbildungs- und Prüfungsverordnung nach § 56 zu konkretisieren.

Mit der neuen beruflichen Pflegeausbildung ist auch die Aufwertung des Berufsstandes Pflege und eine stärkere gesellschaftliche Wertschätzung der Pflegetätigkeit beabsichtigt. Hierzu ist es erforderlich, dass bereits in der Ausbildung ein professionelles, ethisch fundiertes Pflegeverständnis und insbesondere ein berufliches Selbstverständnis entwickelt wird, um sich neben anderen Gesundheitsfachberufen inklusive der Ärzteschaft als Berufsgruppe selbstbewusst zu positionieren.

Bei der Durchführung der Ausbildung ist sicherzustellen, dass die Kenntnisse und Fähigkeiten vermittelt werden, die die Auszubildenden in die Lage versetzen, mindestens die in Artikel 31 Abs. 7 der Richtlinie 2005/36/EG aufgeführten Tätigkeiten und Aufgaben in eigener Verantwortung durchzuführen.

2. Aus der Beschlussempfehlung und dem Bericht des Ausschusses für Gesundheit des Deutschen Bundestages (BT-Drucksache 18/12847 (S. 105)) vom 21. Juni 2017. Zu Abs. 1. Die kulturelle, nationale und religiöse Vielfalt in der Gesellschaft und damit auch unter den zu Pflegenden nimmt stetig zu. Diese Vielfalt bringt in einem so sensiblen Bereich wie der Pflege neue Herausforderungen mit sich, mit denen die Pflegefachkräfte umgehen müssen. Vor diesem Hintergrund sind die interkulturellen Kompetenzen an dieser Stelle gesondert aufzuführen.

III. Erläuterungen. Zu den fachlichen und personalen Ausbildungszielen zählen nach der gesetzlichen Definition die erforderlichen methodischen, sozialen und kommunikativen Kompetenzen, die Lernkompetenzen sowie die Fähigkeit zum Wissenstransfer. Die Ausbildungsziele wurden mit der Gesundheitsförderung und der Prävention aus der Richtlinie ergänzt gegenüber den bisher geltenden Bestimmungen etwa im Krankenpflegegesetz. Zudem wird lebenslanges Lernen u. a. durch Fort- und Weiterbildung als berufliche und pflegefachliche Notwendigkeit in Abs. 1 Satz 2 hervorgehoben. Die Ausbildungsziele entsprechen weitgehend denen durch die Berufsanerkennungsrichtlinie 2013/55/EU geänderte Regelungen in Artikel 31 Abs. 6, 7 a-n der Richtlinie 2005/36/EU (wenngleich nicht im Wortlaut damit völlig übereinstimmen).

Die Kompetenzen für eine selbstständige, umfassende und prozessorientierte Pflege werden in Abs. 2 näher beschrieben. Ausdrücklich erwähnt wird, dass die Ausbildung auf der Grundlage einer professionellen Ethik erfolgt. Ziel ist die Unterstützung der Selbstständigkeit der zu Pflegenden und deren Recht auf Selbstbestimmung.

In Abs. 3 wird unterschieden zwischen Aufgaben, die Pflegekräfte selbstständig ausführen und Aufgaben, die sie eigenständig im Rahmen ärztlich angeordneter Maßnahmen ausführen. In der Gesetzesbegründung weist der Gesetzgeber darauf hin, dass mit dem Begriff *„Selbstständigkeit"* insbesondere das Tätigwerden in eigener Verantwortung gemeint ist, während der Begriff der *„Eigenständigkeit"* das Tätigwerden auf fremde (ärztliche) Anordnung umfasst. Die haftungsrechtliche Betrachtung ist davon unabhängig, weil die Übernahmen und Durchführungsverantwortung stets bei den Pflegefachpersonen verbleiben. Die Pflegekräfte sollen zudem zur interdisziplinären fachlichen Kommunikation und teamorientierten Zusammenarbeit mit anderen Berufsgruppen befähigt werden.

Wie schon im Krankenpflegegesetz soll der Kompetenzerwerb im Rahmen des allgemein anerkannten Stands pflegewissenschaftlicher, medizinischer und weiterer bezugswissenschaftlicher Erkenntnisse erfolgen. Der Katalog von selbstständigen Aufgaben in Abs. 3 Nr. 1 entspricht in weiten Teilen den Aufgabenbeschreibungen in den bisherigen Kranken- und dem Altenpflegegesetzen. Die Aufgabenbeschreibung ist jedoch durchgängig auf den neuen generalistischen Ansatz bezogen.

Nach Abs. 3 Nr. 1 Buchstabe e ist nunmehr die *„Bedarfserhebung und Durchführung präventiver und gesundheitsfördernder Maßnahmen"* ein Ausbildungsziel, welches zur selbstständigen Ausführung dieser Tätigkeiten befähigen soll. Im Vergleich zu Art. 31 Abs. 7 Buchstabe c der Richtlinie 2005/36/EG, wo es darum geht *„Einzelpersonen, Familien und Gruppen auf der Grundlage der gemäß Abs. 6 Buchstaben a und b erworbenen Kenntnisse und Fähigkeiten zu einer gesunden Lebensweise und zur Selbsthilfe zu verhelfen",* ist die Formulierung im Pflegeberufegesetz weitergehend. Die *„Bedarfserhebung und Durchführung präventiver und gesundheitsfördernder Maßnahmen"* ist mehr als das Verhelfen zu einer gesunden Lebensweise. Wo hier die Grenze insbesondere gegenüber der ärztlichen

Tätigkeit zu ziehen ist, wird sich in der Praxis erweisen müssen. Da diese Kompetenzen nicht im Katalog der Vorbehaltsaufgaben stehen, bleiben (selbstverständlich) auch Ärzte weiterhin im Rahmen der Heilkunde für die Prävention und die Früherkennung von Krankheiten zuständig. Die Regelung erstreckt die Aufgaben der Pflegefachkräfte nun aber teilweise auch auf diesen Bereich und korrespondiert mit der durch das Präventionsgesetz bereits 2015 (BGBl. I, S. 1368) dem Medizinischen Dienst der Krankenkassen zugewiesenen Aufgabe, im Rahmen der Feststellung der Pflegebedürftigkeit zu prüfen, ob und gegebenenfalls welche Maßnahmen der Prävention geeignet, notwendig und zumutbar sind, und diese in einer gesonderten Präventions- und Rehabilitationsempfehlung zu dokumentieren (§ 18 Abs. 6 SGB XI).

Die aufgeführten Ziele sind anspruchsvoll. Sie sind in drei Jahren zu erreichen und sind einerseits ambitioniert. Andererseits sind die Bestimmungen in § 11 und § 12 bezüglich der Voraussetzungen zum Ausbildungszugang und zur Verkürzung der Ausbildung problematisch (*s. dazu die dortigen Erläuterungen*).

Die Formulierung der Ausbildungsziele ist zum Teil nicht oder nicht gut gelungen. Ob gem. Abs. 1 Satz 2 das lebenslange Lernen *„als ein Prozess der eigenen beruflichen Biographie verstanden"* wird, wird kaum festzustellen und jedenfalls wenn überhaupt nur schwer abzuprüfen (im Sinne einer Erfolgskontrolle der Ausbildung) sein.

Kurios ist die Formulierung in Abs. 3 Nr. 1 Buchstabe h wonach lebenserhaltende Sofortmaßnahmen *„bis zum Eintreffen der Ärztin oder des Arztes"* eingeleitet werden sollen. Die Fähigkeit zur Einleitung lebenserhaltender Sofortmaßnahmen ist sicher nicht nur *„bis zum Eintreffen der Ärztin oder des Arztes"* notwendig und auch nicht davon abhängig, wann und ob ärztliche Unterstützung/Hilfe eintrifft.

§ 6

Dauer und Struktur der Ausbildung

(1) Die Ausbildung zur Pflegefachfrau oder zum Pflegefachmann dauert unabhängig vom Zeitpunkt der staatlichen Abschlussprüfung in Vollzeitform drei Jahre, in Teilzeitform höchstens fünf Jahre. Sie besteht aus theoretischem und praktischem Unterricht und einer praktischen Ausbildung; der Anteil der praktischen Ausbildung überwiegt.

(2) Der theoretische und praktische Unterricht wird an staatlichen, staatlich genehmigten oder staatlich anerkannten Pflegeschulen nach § 9 auf der Grundlage eines von der Pflegeschule zu erstellenden schulinternen Curriculums erteilt. Das schulinterne Curriculum wird auf der Grundlage der Empfehlungen des Rahmenlehrplans nach § 53 Abs. 1 und 2 und der Vorgaben der Ausbildungs- und Prüfungsverordnung nach § 56 Abs. 1 und 2 erstellt. Die Länder können unter Beachtung der Vorgaben der Ausbildungs- und Prüfungsverordnung einen verbindlichen Lehrplan als Grundlage für die Erstellung der schulinternen Curricula der Pflegeschulen erlassen.

(3) Die praktische Ausbildung wird in den Einrichtungen nach § 7 auf der Grundlage eines vom Träger der praktischen Ausbildung zu erstellenden Ausbildungsplans durchgeführt. Sie gliedert sich in Pflichteinsätze, einen Vertiefungseinsatz sowie

weitere Einsätze. Wesentlicher Bestandteil der praktischen Ausbildung ist die von den Einrichtungen zu gewährleistende Praxisanleitung im Umfang von mindestens 10 Prozent der während eines Einsatzes zu leistenden praktischen Ausbildungszeit. Die Pflegeschule unterstützt die praktische Ausbildung durch die von ihr in angemessenem Umfang zu gewährleistende Praxisbegleitung.

(4) Die Pflegeschule, der Träger der praktischen Ausbildung und die weiteren an der praktischen Ausbildung beteiligten Einrichtungen wirken bei der Ausbildung auf der Grundlage entsprechender Kooperationsverträge zusammen.

(5) Zum Ende des zweiten Ausbildungsdrittels findet eine Zwischenprüfung statt.

I. Zur Entstehungsgeschichte. Gegenüber dem ursprünglichen Gesetzesentwurf der Bundesregierung wurden in Abs. 2 Ergänzungen eingearbeitet. Aufgeführt sind nunmehr auch staatlich genehmigte Pflegeschulen und der Text ist um Bestimmungen zum Genehmigungsverfahren und zur Erstellung von Lehrplänen und Curricula erweitert worden.

II. Aus den Gesetzesmaterialien.

1. Aus der Begründung zum Gesetzesentwurf der Bundesregierung von 2016 (BT-Drucksache 18/7823 (S. 68 f.)). Die Vorschrift regelt die Dauer und die Struktur der beruflichen Pflegeausbildung.

Es ist vorgesehen, dass die Ausbildung grundsätzlich in Vollzeitform drei Jahre dauert. Dies gilt unabhängig vom Zeitpunkt der staatlichen Abschlussprüfung. Das Ausbildungsverhältnis erstreckt sich somit in Vollzeitform auch dann über drei Jahre, wenn die staatliche Prüfung aus organisatorischen Gründen früher abgelegt wird Eine entsprechende Regelung wurde bereits nach der bisherigen Rechtslage im Altenpflegegesetz und im Krankenpflegegesetz aus rechtlichen und sozialen Gründen für erforderlich erachtet, um klarzustellen, dass das Ausbildungsverhältnis tatsächlich bis zum Ende der gesetzlich vorgeschriebenen Ausbildungszeit andauert.

Im Sinne eines Beitrags zur besseren Vereinbarkeit von Familie und Beruf ist es zulässig, die Ausbildung auch in Teilzeitform mit einer Höchstdauer von fünf Jahren zu absolvieren. Eine Beschränkung der Höchstdauer der Teilzeitausbildung ist erforderlich, weil sowohl die Auszubildenden als auch die Schule und der Träger der praktischen Ausbildung zu Beginn der Ausbildung eine zeitliche Perspektive für den Abschluss der Ausbildung benötigen. Der Zeitraum von fünf Jahren ist dabei angemessen; im Rahmen einer beruflichen Erstausbildung ist es zumutbar, wenn die Hälfte der regulären Arbeitszeit auf die Ausbildung entfällt. Die Beschränkung entspricht vergleichbaren Bestimmungen in anderen Heilberufsgesetzen, wie z. B. im Notfallsanitäter- oder Psychotherapeutengesetz. Die Verkürzung der Ausbildungsdauer aufgrund einer Anrechnung einer anderen Ausbildung oder Teilen einer Ausbildung regelt § 12.

Die berufliche Pflegeausbildung umfasst theoretische und praktische Unterrichtseinheiten und eine praktische Ausbildung. Deutlich gemacht wird, dass - Vorgaben der EU-Berufsanerkennungsrichtlinie entsprechend – der praktische Ausbildungsanteil überwiegt. Die Einzelheiten zur Strukturierung des theoretischen und praktischen Unterrichts und der praktischen Ausbildung werden in der Ausbildungs- und Prüfungsverordnung nach § 56 geregelt. Dies gilt auch für die näheren Regelungen zur staatlichen Abschlussprüfung.

Nach Abs. 2 findet der theoretische und praktische Unterricht an einer Pflegeschule statt. Pflegeschulen sind entweder staatliche Schulen oder bedürfen der staatlichen Anerkennung bzw. Genehmigung und müssen den Mindestanforderungen nach § 9 genügen. In diesem Zusammenhang ist auf die Vorschrift zur Weitergeltung staatlicher Anerkennung von Schulen nach § 60 zu verweisen. Der Unterricht erfolgt anhand eines Lehrplans, den die Pflegeschule erstellt.

Die Durchführung der praktischen Ausbildung erfolgt auf der Grundlage eines Ausbildungsplans, den der Träger der praktischen Ausbildung (§ 8) erstellt. Die Auszubildenden leisten im Rahmen der praktischen Ausbildung Pflichteinsätze in den allgemeinen und speziellen Bereichen der Pflege, einen Vertiefungseinsatz sowie weitere Einsätze in den Einrichtungen nach § 7.

Wesentliche Bestandteile der praktischen Ausbildung und damit Garanten einer qualitätsvollen Ausbildung sind die Praxisanleitung in den Einrichtungen und die Praxisbegleitung durch die Pflegeschule. Die Auszubildenden werden durch Beschäftigte in den Einrichtungen, die die Funktion als Praxisanleiterinnen und Praxisanleiter übernehmen, vor Ort in die pflegerischen Aufgaben und Tätigkeiten schrittweise anhand des Ausbildungsplans eingewiesen und angeleitet. Der Praxisanleitung kommt damit eine wesentliche Rolle beim Erwerb der nach diesem Gesetz beschriebenen Kompetenzen zu und unterstreicht den Ausbildungscharakter der praktischen Ausbildungseinheiten. Mit der Reform der Pflegeberufe wird eine Aufwertung der Praxisanleitung angestrebt. Es ist gesetzlich vorgegeben, dass die Praxisanleitung mindestens zehn Prozent der auf den jeweiligen Einsatz entfallenden praktischen Ausbildungszeit umfasst. Die Pflegeschule unterstützt die praktische Ausbildung durch die von ihr zu gewährleistende Praxisbegleitung vor Ort in angemessenem Umfang. Näheres, insbesondere auch zur Qualifizierung der Praxisanleiterinnen und Praxisanleiter wird in der Ausbildungs- und Prüfungsverordnung nach § 56 geregelt. Die Praxisanleitung in den Einrichtungen sowie die Praxisbegleitung durch die Pflegeschulen sind Teil der Pflegeausbildungskosten nach § 27.

Die generalistische Pflegeausbildung erfordert eine enge Zusammenarbeit der Pflegeschule, des Trägers der praktischen Ausbildung sowie den weiteren an der Ausbildung beteiligten Einrichtungen. Um diese Zusammenarbeit abzusichern und erfolgreich zu gestalten, schließen die Beteiligten entsprechende Kooperationsverträge. Zwischen der Pflegeschule, insbesondere den für die Praxisbegleitung zuständigen Lehrkräften, dem Träger der praktischen Ausbildung sowie den an der praktischen Ausbildung beteiligten Einrichtungen und den Praxisanleiterinnen und Praxisanleitern sollte auf Grundlage der Kooperationsverträge ein regelmäßiger Austausch erfolgen, damit eine Ausbildung auf hohem Niveau gewährleistet ist.

2. Aus der Beschlussempfehlung und dem Bericht des Ausschusses für Gesundheit des Deutschen Bundestages (BT-Drucksache 18/12847 (S. 106)) vom 21. Juni 2017. Zu Abs. 2. Bevor Pflegeschulen staatlich anerkannt werden, durchlaufen sie ein Genehmigungsverfahren, während dessen geprüft wird, ob die Voraussetzungen für eine staatliche Anerkennung gegeben sind. Um eine staatliche Genehmigung zu erhalten, müssen die Pflegeschulen ebenfalls die Voraussetzungen nach § 9 erfüllen. Ob die Ausbildung jedoch auch tatsächlich dem geforderten Standard entspricht, zeigt sich erst bei der praktischen Durchführung. Es muss daher auch staatlich genehmigten Pflegeschulen erlaubt sein, theoretischen und praktischen Unterricht zu erteilen.

Die Regelungen des § 6 Abs. 2 müssen aus diesem Grund auch für staatlich genehmigte Pflegeschulen gelten.

Nach den üblichen Begrifflichkeiten werden Lehrpläne vom Land erstellt. Die Schulen erstellen darauf aufbauende schulinterne Curricula. Die Begrifflichkeit im Gesetz wird an diesen Sprachgebrauch angepasst. Die Curricula an den Pflegeschulen werden auf der Grundlage des von der Fachkommission bereitgestellten bundesweiten Rahmenlehrplans und der Vorgaben der Ausbildungs- und Prüfungsverordnung erstellt. Die Länder können einen verbindlichen Lehrplan erstellen.

Zu Abs. 5. Nach zwei Dritteln der generalistischen Ausbildung, die in Vollzeit drei Jahre, in Teilzeit bis zu fünf Jahre dauert, wird in Anlehnung an berufsschulische Ausbildungen eine nicht-staatliche Zwischenprüfung zur Ermittlung des Ausbildungsstandes eingeführt. Den Ländern wird dadurch unter Beachtung der grundgesetzlichen Kompetenzregelungen die Möglichkeit eröffnet, die mit der Zwischenprüfung festgestellten Kompetenzen im Rahmen einer Pflegeassistenz- oder -helferausbildung anzuerkennen. Ein Bestehen der Prüfung ist nicht Voraussetzung für die Fortführung der Ausbildung nach dem Pflegeberufegesetz. Allgemein ist sicherzustellen, dass das Niveau der Pflegeausbildung mit dem Niveau des Schulabschlusses korrespondiert, der den Zugang zur Ausbildung eröffnet.

III. Erläuterungen. Die Ausbildung dauert grundsätzlich drei Jahre, in Teilzeit höchstens fünf Jahre, und besteht aus theoretischem und praktischem Unterricht sowie der praktischen Ausbildung, deren Anteil zeitlich überwiegt, und sich in Pflichteinsätze, einen Vertiefungseinsatz sowie weitere Einsätze gliedert. Abs. 1 regelt die Dauer der Ausbildung. Abs. 2 das Nähere zum Unterricht. Gemäß Abs. 3 erstellt der Träger der praktischen Ausbildung den Ausbildungsplan. Die Praxisanleitung muss mindestens zehn Prozent der praktischen Ausbildungszeit betragen.

Die Struktur der generalistischen Ausbildung erfordert eine enge Zusammenarbeit der Beteiligten. Die Pflegeschule, der Träger der praktischen Ausbildung und weitere an der praktischen Ausbildung beteiligte Einrichtungen müssen deshalb bei der Ausbildung auf der Grundlage entsprechender Kooperationsverträge zusammenwirken.

Der Unterricht wird an staatlichen, staatlich genehmigten oder staatlich anerkannten Pflegeschulen erteilt. Die praktische Ausbildung gliedert sich in Pflichteinsätze, in einen Vertiefungseinsatz sowie weitere Einsätze.

Wird die Abschlussprüfung erfolgreich vor Ablauf der Ausbildungszeit absolviert, können und dürfen die Absolventen wie Fachkräfte eingesetzt werden, allerdings unter Beachtung von § 4 Abs. 1 Satz 1, also ohne die Vorbehaltätigkeiten. Formal sind sie auch in dieser Zeit noch Auszubildende und haben noch keine Erlaubnis. Auch die Vergütung ändert sich für diese Zeit noch nicht. Sie können also bis zum (auch im Ausbildungsvertrag gem. § 16 Abs. 2 Nr. 2 festgeschriebenen) Ausbildungsende als Auszubildende vergütet werden.

Eine Bewertung der Struktur und Einzelheiten der Ausbildung wird erst möglich sein, wenn in der Ausbildungs- und Prüfungsverordnung gem. § 56 diese bestimmt werden.

Allerdings ist schon jetzt festzustellen, dass im Gesetz, abgesehen von der Dauer, die Einzelheiten einer berufsbegleitenden Ausbildung, die neben der Ausübung der Berufstätigkeit eine Ausbildung in Teilzeit mit einem Berufsabschluss ermöglicht, nicht geregelt sind. Bisher gibt es in einigen Bundesländern die Möglichkeit, eine Fachausbildung zur

Altenpflegerin/zum Altenpfleger neben der Berufstätigkeit zu absolvieren. Dabei sind die Auszubildenden zu mindestens 50% regulär beschäftigt, erhalten ein Einkommen und absolvieren die Praxiseinsätze der Ausbildung beim Arbeitgeber. Weitere Praxiseinsätze sind dort nicht vorgesehen. Die praktische Ausbildung verteilt sich auf mehrere Einrichtungen, die voraussichtlich nach neuem Recht nicht dem Träger der praktischen Ausbildung zuzuordnen sind. Dies erschwert eine Teilzeitausbildung, zumal bei denjenigen, die während der Ausbildung auf eine Erwerbsarbeit zur Existenzsicherung angewiesen sind. In einigen Bundesländern, wie Brandenburg und Berlin spielt die berufsbegleitende Ausbildung eine wichtige Rolle im Ausbildungsgeschehen. In Berlin hatten nach Angaben des DRK in seiner Stellungnahme zum Gesetzesentwurf zum Beispiel 1.258 Auszubildende im April 2014 diesen Ausbildungsweg gewählt (*Ausschuss für Gesundheit, Drucks. 18(14) 0174(1), S. 13*).

Deshalb muss in der Umsetzung darauf geachtet werden, dass trotz eines etwaig reduzierten Einsatzes beim Träger der praktischen Ausbildung, eine existenzsichernde Teilzeitausbildung möglich bleibt bzw. ist. Zur weiteren Steigerung der Attraktivität der Tätigkeit in der Pflege sollte es auch noch ergänzend arbeitsmarktpolitische Förderungen zur Teilzeitausübung in der Pflege geben.

Nach Abs. 5 findet nach zwei Jahren eine Zwischenprüfung statt. Deren erfolgreiche Ablegung könnte zur Anerkennung als Pflegehelfer/in ausreichen. Dies zu regeln fällt in den Zuständigkeitsbereich der Länder. Berücksichtigt man, dass bisher die Ausbildung zum Pflegehelfer/zur Pflegehelferin nach den Bestimmungen der Länder in der Regel ein Jahr andauert und mit einer Abschlussprüfung endet, sollte bei den hier in Rede stehenden Auszubildenden, die nach zwei Jahren die Zwischenprüfung erfolgreich bestanden haben und die Ausbildung nicht weiter fortsetzen, eine einheitliche evtl. weitergehende Anerkennung durch die Länder bestimmt werden. Dazu gehört auch die Klärung, ob und in welchem Umfang solche Pflegekräfte auf die Fachkraftquote nach den Heimgesetzen der Länder angerechnet werden können. Es wäre dafür nicht auf den Berufsabschluss oder die Berufsbezeichnung abzustellen (es handelt sich nur um eine Zwischenprüfung), sondern es müsste eine qualitative Betrachtung vorgenommen werden. Ein solches Verfahren sieht z. B. § 9 der Landespersonalverordnung zum Landesheimgesetz Baden-Württemberg vor, in dem solche Pflegehilfskräfte bis zu einem bestimmten Anteil auf die Fachkraftquote angerechnet werden dürfen. Unabhängig davon, ob und ggf. wie man eine Anrechnung solcher Pflegehilfskräfte heimrechtlich auf die Fachkräftequote vornehmen will (auf jeden Fall darf dazu keine schleichende Reduzierung der Pflegequalität zu Lasten der Pflegebedürftigen und keine zusätzliche Arbeitsbelastung für die Pflegefachkräfte gegeben sein) könnten solche Auszubildende mit erfolgreich abgelegter Zwischenprüfung berufsrechtlich auf jeden Fall als Pflegehelfer anerkannt werden. Zu überlegen wäre darüber hinaus, eine dritte Qualifikations-„Stufe" zu entwickeln: Pflegehelfer/innen nach einjähriger Ausbildung mit Abschlussprüfung, Auszubildende mit zweijähriger Ausbildung nach dem Pflegeberufegesetz und bestandener Zwischenprüfung, Pflegefachkräfte. In Anbetracht des Bedarfs an Pflegekräften sollte unabhängig davon, ob man einem solchen Modell nähertreten will und/oder eine Anrechnung auf die Fachkraftquote stattfinden soll oder nicht, berücksichtigt werden, welche Kompetenzen in zwei Jahren generalistischer Ausbildung erworben wurden und die Länder sollten dafür sorgen, eine einheitliche Regelung zu finden, sodass solche Auszubildende nach bestandener Zwischenprüfung entsprechend ihren erworbenen Kompetenzen auch eingesetzt werden können. Für eine solche Bewertung wäre der Ansatz in Baden-Württemberg grundsätzlich geeignet, in dem die fachliche Kompetenz solcher Pflegehilfskräfte qualitativ betrachtet und bewertet wird und ggf. mit jeweiliger Zustimmung durch die zuständigen Landesbehörden ein Einsatz in der Pflege ermöglicht wird. Die im Gesetz definierten Vorbehaltsaufgaben/-tätigkeiten müssen jedoch stets auch dann ausschließlich durch Pflegefachkräfte durchgeführt werden.

Die Festlegung, dass mindestens 10 Prozent der praktischen Ausbildung durch eine Praxisanleitung begleitet werden soll, entspricht dem Umfang der Praxisanleitung, der im Bereich der Gesundheits- und (Kinder-)Krankenpflege in einigen Bundesländern bereits Standard ist (z. B. in Niedersachsen (*vgl. Erlass des Kultusministeriums zur Praxisanleitung, Rd Erl. d. MK. vom 19. Mai 2014 – 45-80009/10/2/b-)*), wo grundsätzlich ein Bedarf an Praxisanleitung von 104 Stunden pro Jahr und Schüler zu berücksichtigen ist (*Nds. Krankenhausgesellschaft, Hinweise 2017 zur Finanzierung der Ausbildungskosten nach § 47a KHG, Ausgabe 1, Februar 2017, S. 11 (NKG-Mitteilung 66/2017)*).

Um die Praxisanleitung während der praktischen Ausbildung zu gewährleisten, sind neben der üblichen Dienstplanung zudem Ausfallzeiten durch Urlaub, Krankheit usw. abzudecken um stets eine ausreichende Zahl von Praxisanleitungen zu haben.

Die Praxisleiterinnen und Praxisleiter müssen ihren Aufgaben gerecht werden können, weshalb auch geregelt werden sollte, dass die Praxisleiterinnen und Praxisleiter für die Ausübung ihrer Tätigkeit pflegepädagogisch qualifiziert und für die Durchführung ihrer Aufgabe in entsprechendem Umfang freizustellen sind.

Im *„angemessenen Umfang"* ist die praktische Ausbildung auch durch die Praxisbegleitung der Pflegeschulen zu unterstützen. Woran sich dieser bemisst, ist unklar und sollte in der Ausbildungs- und Prüfungsverordnung gemäß § 56 Abs. 1 dahingehend präzisiert werden.

Kritik wurde an der Regelung zu dem durch den Träger der praktischen Ausbildung zu erstellenden *„Ausbildungsplan"* geübt (z. B. durch den DBfK Ausschuss für Gesundheit Drucks. 18(14) 0174(6), S. 4 f.). Der Begriff Ausbildungsplan, wie er hier verstanden wird, kennzeichne grundlegend eine getrennte betriebliche und schulische Verantwortung. Unabdingbar ist aber eine Vernetzung der theoretischen wie auch der praktischen Ausbildungsinhalte. Ob in den Praxiseinrichtungen überall die pädagogische Kompetenz für eine solche Aufgabe vorhanden ist, kann auch bezweifelt werden. Darüber hinaus stellt der Ausbildungsplan gerade für kleine und mittlere Betriebe einen großen Aufwand dar, da sie eine Reihe von Kooperationen vereinbaren und pflegen müssen, um die gesetzlich vorgeschriebenen Einsätze zu gewährleisten. Dies könnte das Interesse an der Ausbildung verringern.

Zu beachten ist, dass gemäß Abs. 3 Satz 1 bei der Erstellung des Ausbildungsplanes durch den Träger der praktischen Ausbildung die Beteiligung der Pflegeschulen zwar nicht ausdrücklich festgelegt ist. Letztere tragen aber gemäß der Überschrift zu § 10 die Gesamtverantwortung, was sich nach Abs. 1 Satz 1 auf die Koordination von Unterricht und praktischer Ausbildung bezieht. Neben dem dort in Satz 2 bestimmten Prüfungsrecht und der Pflicht der Träger, den Ausbildungsplan bei Abweichungen von den Anforderungen des schulinternen Curriculums anzupassen, hat auch die Pflegeschule, die nicht vom Träger der praktischen Ausbildung betrieben wird (§ 8 Abs. 2 Nr. 2), einen mittelbaren Einfluss auf den Inhalt des Ausbildungsplans. Zudem ist der Ausbildungsplan Teil des Ausbildungs-vertrages (§ 16 Abs. 2 Nr. 4) und dem muss eine solche Pflegeschule schriftlich zustimmen (§ 16 Abs. 6), damit der Ausbildungsvertrag wirksam wird.

Die Vorgaben in der Ausbildungs- und Prüfungsverordnung zur näheren Ausgestal-tung des Vertiefungseinsatzes werden nicht unproblematisch sein und können das Risiko erhöhen, dass die praktische Ausbildung in ihrer Vielfalt eingeschränkt wird und eher der Personalbindung dient.

§ 7

Durchführung der praktischen Ausbildung

(1) Die Pflichteinsätze in der allgemeinen Akutpflege in stationären Einrichtungen, der allgemeinen Langzeitpflege in stationären Einrichtungen und der allgemei-nen ambulanten Akut- und Langzeitpflege werden in folgenden Einrichtungen durchgeführt:

1. zur Versorgung nach § 108 des Fünften Buches Sozialgesetzbuch zugelassenen Krankenhäusern,

2. zur Versorgung nach § 71 Abs. 2 und § 72 Abs. 1 des Elften Buches Sozialgesetz-buch zugelassenen stationären Pflegeeinrichtungen,

3. zur Versorgung nach § 71 Abs. 1 und § 72 Abs. 1 des Elften Buches Sozialgesetz-buch und nach § 37 des Fünften Buches Sozialgesetzbuch zugelassenen ambu-lanten Pflegeeinrichtungen.

(2) Die Pflichteinsätze in den speziellen Bereichen der pädiatrischen Versorgung und der allgemein-, geronto-, kinder- oder jugendpsychiatrischen Versorgung sowie weitere Einsätze können auch in anderen, zur Vermittlung der Ausbildungsin-halte geeigneten Einrichtungen durchgeführt werden.

(3) Die Pflichteinsätze nach Abs. 1 sowie der Pflichteinsatz in der pädiatrischen Ver-sorgung nach Abs. 2 sollen vor der Zwischenprüfung nach § 6 Abs. 5 durchge-führt werden.

(4) Der Vertiefungseinsatz soll beim Träger der praktischen Ausbildung in einem der Bereiche, in denen bereits ein Pflichteinsatz stattgefunden hat, durchgeführt werden. Der Vertiefungseinsatz im Bereich des Pflichteinsatzes nach Abs. 1 Nr. 3 kann auf den Bereich der ambulanten Langzeitpflege ausgerichtet werden. Ins-gesamt soll der überwiegende Teil der praktischen Ausbildung beim Träger der praktischen Ausbildung stattfinden. Das Nähere regelt die Ausbildungs- und Prü-fungsverordnung nach § 56 Abs. 1.

(5) Die Geeignetheit von Einrichtungen nach den Absätzen 1 und 2 zur Durchfüh-rung von Teilen der praktischen Ausbildung bestimmt sich nach den jeweiligen landesrechtlichen Regelungen, wobei ein angemessenes Verhältnis von Auszu-bildenden zu Pflegefachkräften gewährleistet sein muss. Die zuständige Landes-behörde kann im Falle von Rechtsverstößen einer Einrichtung die Durchführung der Ausbildung untersagen.

(6) Die Länder können durch Landesrecht bestimmen, dass eine Ombudsstelle zur Beilegung von Streitigkeiten zwischen der oder dem Auszubildenden und dem

Träger der praktischen Ausbildung bei der zuständigen Stelle nach § 26 Abs. 4 eingerichtet wird.

I. Zur Entstehungsgeschichte. Im Gesetzesentwurf der Bundesregierung war zunächst nur der jetzige Abs. 1 für diese Vorschrift vorgesehen. Nunmehr ist die Regelung auf 2 Absätze erweitert worden. Inhaltlich betrifft dies die Pflichteinsätze und des Vertiefungseinsatzes in der ambulanten Pflege sowie die Möglichkeit zur Einrichtung einer Ombudsstelle durch die Bundesländer.

II. Aus den Gesetzesmaterialien.

1. Aus der Begründung zum Gesetzesentwurf der Bundesregierung von 2016 (BT-Drucksache 18/7823 (S. 68 f.)). Der praktische Teil der neuen Pflegeausbildung umfasst aufgrund der generalistischen Ausrichtung der Ausbildung Einsätze in verschiedenen Einrichtungen. § 7 legt fest, welche Einrichtungen jeweils in Betracht kommen.

Abs. 1 sieht vor, dass Pflichteinsätze im Rahmen der praktischen Ausbildung in der allgemeinen Akutpflege in stationären Einrichtungen, der allgemeinen Langzeitpflege in stationären Einrichtungen und der allgemeinen ambulanten Akut- und Langzeitpflege geleistet werden und regelt die Einrichtungen, in denen diese Pflichteinsätze durchgeführt werden können. Dies sind zugleich die Einrichtungen, die auch die Trägerschaft der praktischen Ausbildung nach § 8 übernehmen können und mit dem oder der Auszubildenden den Ausbildungsvertrag nach § 16 schließen sowie den Ausbildungsplan zur Durchführung der praktischen Ausbildung entwickeln. Die Definition nach Nr. 1 umfasst auch psychiatrische Krankenhäuser, wenn die Ausbildungsinhalte der allgemeinen Akutpflege vermittelt werden können. Gerade weil diese Einrichtungen die für die Ausbildung wichtige Funktion des Trägers der praktischen Ausbildung nach § 8 übernehmen können, wird unter Qualitätsaspekten Wert darauf gelegt, dass gesetzlich vorgegebene Kriterien erfüllt sind. Dies wird durch die Bezugnahme auf die genannten Vorschriften im Fünften Buch Sozialgesetzbuch und im Elften Buch Sozialgesetzbuch erreicht. Einrichtungen, die diese Kriterien nicht erfüllen, können über die Regelung in Abs. 2 in die Ausbildung einbezogen werden, sofern die dort genannten Voraussetzungen erfüllt sind.

Die Ausbildung soll dabei mit einem längeren Pflichteinsatz beim Träger der praktischen Ausbildung beginnen, um in der Einstiegsphase der Ausbildung für die oder den Auszubildenden einen festen Rahmen anbieten zu können.

Die Auszubildenden müssen darüber hinaus nach Abs. 2 Pflichteinsätze in den speziellen Bereichen der pädiatrischen Versorgung und der allgemeinen, geronto-, kinder- oder jugendpsychiatrischen Versorgung leisten. Diese können in den in Abs. 1 aufgeführten Einrichtungen oder aber in anderen Einrichtungen (z. B. Kinderarztpraxis) durchgeführt werden, soweit diese zur Vermittlung der Ausbildungsinhalte geeignet sind.

Die weiteren Einsätze können ebenfalls in den Einrichtungen nach Abs. 1 oder anderen geeigneten Einrichtungen durchgeführt werden. Sie dienen dazu, Bereiche der Pflege kennenzulernen, die in den Pflichteinsätzen nicht im Fokus stehen. So können diese beispielsweise im Bereich Sterbebegleitung, Palliation, Rehabilitation oder Pflegeberatung absolviert werden.

Der Vertiefungseinsatz soll in der Regel wieder beim Träger der praktischen Ausbildung stattfinden. Er soll in einem der Bereiche geleistet werden, in dem der oder die Auszubildende bereits einen Pflichteinsatz geleistet hat.

Insgesamt soll der überwiegende Teil der praktischen Ausbildung beim Träger der praktischen Ausbildung stattfinden. Hierdurch wird ermöglicht, dass eine enge Bindung zwischen dem Träger der praktischen Ausbildung, der die Durchführung der praktischen Ausbildung insgesamt verantwortet und dem oder der Auszubildenden entstehen kann. Damit wird der Übergang in die Berufstätigkeit und das Interesse der Träger an der Ausbildung unterstützt. Vor dem Hintergrund einer breit angelegten generalistischen Ausbildung kann von dieser Soll-Vorgabe abgewichen werden. So können der Träger der praktischen Ausbildung und die oder der Auszubildende beispielsweise festlegen, dass der Vertiefungseinsatz in einer anderen Einrichtung als beim Träger der praktischen Ausbildung geleistet werden soll.

Ob eine Einrichtung – dies gilt auch für die in Abs. 1 genannten Einrichtungen – grundsätzlich zur Durchführung von Teilen der praktischen Ausbildung geeignet ist, bestimmt sich im Übrigen nach Landesrecht. Bundesrechtlich ist in Abs. 4 vorgegeben, dass eine Einrichtung nur dann zur Vermittlung von Ausbildungsinhalten im Rahmen der praktischen Ausbildung geeignet ist, wenn ein angemessenes Verhältnis von Auszubildenden zu Fachkraft gewährleistet ist. Die zuständige Landesbehörde kann im Falle von Rechtsverstößen einer Einrichtung die Durchführung untersagen.

Weitere Einzelheiten zu Umfang und Verteilung der Einsätze regelt die Ausbildungs- und Prüfungsverordnung nach § 56.

2. Aus der Beschlussempfehlung und dem Bericht des Ausschusses für Gesundheit des Deutschen Bundestages (BT-Drucksache 18/12847 (S. 106 f.)). vom 21. Juni 2017. Zu Abs. 3. Alle Auszubildenden werden für mindestens zwei Jahre generalistisch ausgebildet, bevor die Auszubildenden mit Vertiefungseinsätzen im Bereich der pädiatrischen Versorgung oder im Bereich der allgemeinen Langzeitpflege in stationären Einrichtungen sich für das letzte Ausbildungsdrittel alternativ für die speziellen Abschlüsse in der Gesundheits- und Kinderkrankenpflege oder in der Altenpflege entscheiden können. Die im Rahmen der generalistischen Ausbildung vorgesehenen Pflichteinsätze sollen mit Ausnahme des Einsatzes in der allgemein-, geronto-, kinder- oder jugendpsychiatrischen Versorgung von allen Auszubildenden bereits in den ersten beiden Ausbildungsdritteln absolviert werden, um vor der Ausübung des Wahlrechts alle Einsatzorte mit ihren spezifischen Anforderungen kennengelernt zu haben.

Zu Abs. 4. Satz 2 Für den Vertiefungseinsatz in der ambulanten Pflege wird nunmehr geregelt, dass der Träger der praktischen Ausbildung und die oder der Auszubildende eine Ausrichtung auf den Bereich der Langzeitpflege vereinbaren können. Damit wird zugleich die Grundlage dafür geschaffen, dass auch Auszubildende mit einem Ausbildungsvertrag bei einem ambulanten Pflegedienst wählen können, im letzten Ausbildungsdrittel nicht die bisherige, generalistische Ausbildung fortzusetzen, sondern nach Maßgabe des neuen Teils 5 dieses Gesetzes eine Ausbildung zur Altenpflegerin oder zum Altenpfleger durchzuführen.

Zu Abs. 5. Es handelt sich um eine Folgeänderung zur Einfügung eines neuen Absatzes 3.

Zu Abs. 6. Vorabfassung – wird durch die lektorierte Fassung ersetzt. Die Einrichtung einer Ombudsstelle ist eine geeignete Maßnahme, um Streitigkeiten zwischen der oder dem Auszubildenden und dem Träger der praktischen Ausbildung einer einvernehmlichen Lösung zuzuführen. Bei Rechtsverstößen bleibt es der zuständigen Landesbehörde unbenommen, ein Ordnungswidrigkeitsverfahren einzuleiten oder einer Einrichtung die Durchführung der Ausbildung gänzlich zu untersagen (*vgl. § 7 Abs. 4 Satz 2*)

III. Erläuterungen. Die Vorschrift regelt die Durchführung der praktischen Ausbildung.

Abs. 1 regelt die Einsatzorte. Die Pflichteinsätze der praktischen Ausbildung erfolgen in Krankenhäusern, stationären und ambulanten Pflegeeinrichtungen. Die Pflichteinsätze in der pädiatrischen und psychiatrischen Versorgung können auch in anderen, zur Vermittlung der Ausbildungsinhalte geeigneten Einrichtungen durchgeführt werden (Abs. 2). Abs. 3 bestimmt den Zeitraum für die Pflichteinsätze (vor der Zwischenprüfung) und regelt den Vertiefungseinsatz. Abs. 4 definiert die Geeignetheit von Einrichtungen nach den Absätzen 1 und 2 zur Durchführung von Teilen der praktischen Ausbildung. Ebenso wird ein angemessenes Verhältnis von Auszubildenden zu Fachkräften gefordert und den zuständigen Landesbehörden im Falle von Rechtsverstößen, die Untersagung der Ausbildung eingeräumt.

Die Einzelheiten zu Umfang und Verteilung der Einsätze werden in der Ausbildungs- und Prüfungsverordnung gem. § 56 festgelegt. Zu beachten ist, dass die Ausbildung nur von solchen ambulanten Pflegediensten durchgeführt werden darf, die zur Versorgung nach § 71 Abs. 2 und § 72 Abs. 2 SGB XI und § 37 SGB V zugelassen sind. Sie müssen also sowohl einen Versorgungsvertrag mit den Pflegekassen als auch den Krankenkassen haben. Pflegedienste, die nur mit einer Kassenart einen Versorgungsvertrag haben, also z. B. mit Pflege- aber nicht mit den Krankenkassen, sind nicht geeignet die Ausbildung durchzuführen. Pflegedienste, die bisher nur Leistungen der häuslichen Krankenpflege gem. SGB V oder nur Pflegesachleistungen gem. SGB XI erbringen, müssten also ihren Tätigkeits- und Versorgungsbereich ausweiten, wenn sie zu den nach § 6 Abs. 3 Satz 1 i. V. m. § 7 Abs. 1 zur Ausbildung geeigneten Einrichtungen gehören wollen. Für den Bereich der Kinderkrankenpflege ist dem Rechnung getragen worden. Insbesondere ambulant tätige Einrichtungen der Kinderkrankenpflege erbringen fast immer, jedenfalls aber sehr häufig, nur Leistungen im Bereich des SGB V und nicht auch im Bereich des SGB XI. Von ihnen kann gem. Abs. 2 auch die Ausbildung in den Pflichteinsätzen der Auszubildenden erbracht werden, weil sie u. a. zu den *„anderen, zur Vermittlung der Ausbildungsinhalte geeigneten Einrichtungen"* gehören. Allerdings können sie nicht Träger der praktischen Ausbildung sein, da § 8 Abs. 2 *„ausschließlich"* Einrichtungen nach § 7 Abs. 1 dazu zählt.

Das Deutsche Rote Kreuz gab in seiner Stellungnahme (*aaO. S. 15, Ausschuss für Gesundheit Drucks. 18(14) 0174(1)), S. 15*) zu bedenken, dass ein Pflichteinsatz in der pädiatrischen Versorgung bei insgesamt gut 20.000 Klinikbetten in der Kinderheilkunde und Kinderchirurgie bei derzeit über 137.000 Schülerinnen und Schülern der drei Pflegeberufe nicht realisierbar erscheint. In der Gesetzesbegründung werden als Beispiel für geeignete Einrichtungen, in denen Pflichteinsätze absolviert werden können, Kinderarztpraxen angeführt. Auch dies scheint bei insgesamt knapp 7.000 ambulant tätigen Kinder- und Jugendmedizinern quantitativ nicht ausreichend. Zudem können in Kinderarztpraxen keine pflegerischen Kompetenzen erworben werden, und eine Praxisanleitung dürfte dort auch nicht zur Verfügung stehen. Schließlich stellt sich insbesondere mit Blick auf die Pflichteinsätze in der pädiatrischen Versorgung auch die Frage nach der Erreichbarkeit für die Auszubildenden angesichts der begrenzten Zahl an Praxisplätzen.

Die Deutsche Gesellschaft für Kinder- und Jugendmedizin hat darauf hingewiesen, dass den Auszubildenden (ca. 64.000 mit dem Ziel Krankenpflege und ca. 66.000 mit dem Ziel Altenpflege) 356 Klinikstandorte mit Kinderabteilungen gegenüber stehen. Sie hat erhebliche Zweifel, unabhängig davon, ob Kinderarztpraxen überhaupt bereit und zahlenmäßig in der Lage sind, dass ein Ausbildungseinsatz dort sinnvoll ist (Ausschuss für Gesundheit Drucks. 18(14) 0174(8), S. 4).

Bei der Pflegeausbildung geht es um die Pflege von Kindern. Einsätze in Kinderarztpraxen müssen also dazu die notwendigen Inhalte vermitteln können. Eine qualifizierte Praxisanleitung ist dort insoweit ebenfalls zu gewährleisten.

Wegen der hohen Bedeutung für die neue Ausbildung schlug das Deutsche Rote Kreuz vor, dass die Verfügbarkeit einer ausreichenden Anzahl von Plätzen vor Inkrafttreten des Gesetzes überprüft und eine Liste von geeigneten Einrichtungen unter Angabe der verfügbaren Plätze von der Bundesregierung bzw. den federführenden Ministerien veröffentlicht wird (Ausschuss für Gesundheit Drucks. 18(14) 0174(1), S. 15). Dieser Vorschlag sollte aufgegriffen, die Erstellung und die Veröffentlichung der Liste vor Erlass der Ausbildungs- und Prüfungsverordnung gemäß § 54 durch das Bundesinstitut für Berufsbildung erfolgen.

Betrachtet man das Ausbildungsziel *„Durchführung präventiver und gesundheitsführende Maßnahmen"* (§ 5 Abs. 3 Nr. 1e), fällt auf, dass eine Einsatzmöglichkeit in Einrichtungen der Prävention und Gesundheitsförderung in § 7 nicht ausdrücklich benannt wird So werden Rehabilitationskliniken nicht aufgeführt.

Ohne deren ausdrückliche Auflistung in Abs. 1 können Rehabilitationskliniken allerdings auch zukünftig als weitere Ausbildungsorte über Abs. 2 letzter Halbsatz in die Ausbildung eingezogen werden, ebenso wie bisher im Krankenpflegegesetz, wo gemäß § 4 Abs. 2 KrPflG die praktische Ausbildung auch an weiteren geeigneten Einrichtungen, insbesondere Rehabilitationseinrichtungen, durchgeführt werden kann.

Krankenhäuser und Rehabilitationskliniken stehen hier nicht in Konkurrenz. Das Risiko von Engpässen bei der Ausbildung wird minimiert und das Arbeitskräfteangebot insgesamt verbessert.

Gemäß Abs. 4 soll der Vertiefungseinsatz beim Träger der praktischen Ausbildung in einem der Bereiche erfolgen, in denen bereits ein Pflichteinsatz stattgefunden hat. Die Regelung in Abs. 4 schränkt die Wahl der praktischen Einsätze ein. Damit werden fachliche Auswahlkriterien wie auch die Neigung der Auszubildenden zurückgestellt.

Gemäß Abs. 5 soll bei der praktischen Ausbildung ein angemessenes Verhältnis von Auszubildenden und Pflegefachpersonen gewährleistet werden.

Im Sinne eines bundesweit einheitlichen Standards sollten sich die Länder dort verständigen, das Verhältnis von Auszubildenden und Pflegefachpersonen gemeinsam zu regeln. Zudem sollte ebenso klargestellt werden, was genau unter *„Pflegefachkräften"* zu verstehen ist, nämlich solche gemäß § 1. Landesrechtliche Regelungen sollten nicht zu Unterschieden in Ausbildungsdurchführung und damit der Ausbildungsqualität führen.

Es sollte auch die Möglichkeit eingeräumt werden, länderübergreifende Praxiseinsätze zu ermöglichen. Das erleichtert die Ausbildung in Grenzregionen der Bundesländer. Ebenso sind Regelungen sinnvoll, die es ermöglichen, praktische Ausbildungsphasen im EU-Ausland absolvieren zu können.

§ 8

Träger der praktischen Ausbildung

(1) Der Träger der praktischen Ausbildung trägt die Verantwortung für die Durchführung der praktischen Ausbildung einschließlich ihrer Organisation. Er schließt mit der oder dem Auszubildenden einen Ausbildungsvertrag.

(2) Träger der praktischen Ausbildung können ausschließlich Einrichtungen nach § 7 Abs. 1 sein,

   1. die eine Pflegeschule selbst betreiben oder

   2. die mit mindestens einer Pflegeschule einen Vertrag über die Durchführung des theoretischen und praktischen Unterrichts geschlossen haben.

(3) Der Träger der praktischen Ausbildung hat über Vereinbarungen mit den weiteren an der praktischen Ausbildung beteiligten Einrichtungen zu gewährleisten, dass

   1. die vorgeschriebenen Einsätze der praktischen Ausbildung in den weiteren an der praktischen Ausbildung beteiligten Einrichtungen durchgeführt werden können und

   2. die Ausbildung auf der Grundlage eines Ausbildungsplans zeitlich und sachlich gegliedert so durchgeführt werden kann, dass das Ausbildungsziel in der vorgesehenen Zeit erreicht werden kann.

(4) Die Aufgaben des Trägers der praktischen Ausbildung nach Abs. 3 können von einer Pflegeschule wahrgenommen werden, wenn Trägeridentität besteht oder soweit der Träger der praktischen Ausbildung die Wahrnehmung der Aufgaben durch Vereinbarung auf die Pflegeschule übertragen hat. Die Pflegeschule kann in diesem Rahmen auch zum Abschluss des Ausbildungsvertrages für den Träger der praktischen Ausbildung bevollmächtigt werden.

(5) Auszubildende sind für die gesamte Dauer der Ausbildung Arbeitnehmer im Sinne von § 5 des Betriebsverfassungsgesetzes oder von § 4 des Bundespersonalvertretungsgesetzes des Trägers der praktischen Ausbildung. Träger der praktischen Ausbildung bleibt auch in den Fällen des Absatzes 4 die Einrichtung nach den Absätzen 1 und 2.

I. Zur Entstehungsgeschichte. Die ursprüngliche Fassung im Gesetzesentwurf der Bundesregierung bestand aus zwei Absätzen und wurde um Detailregelungen ergänzt, insbesondere zur Verantwortung bei der Organisation der Praxiseinsätze, der Festlegung von Voraussetzungen um Träger der praktischen Ausbildung zu sein die abzuschließende Vereinbarungen und Klarstellungen wer zum Abschluss von Ausbildungsverträgen berechtigt ist und in welcher Einrichtung die Auszubildenden ihre Rechte als Arbeitnehmer/in haben.

II. Aus den Gesetzesmaterialien.

1. Aus der Begründung zum Gesetzesentwurf der Bundesregierung von 2016 (BT-Drucksache 18/7823 (S. 69 f.)). § 8 regelt, wer die Trägerschaft der praktischen Ausbildung übernehmen kann und welche Aufgaben damit verbunden sind. Die Trägerschaft der praktischen Ausbildung durch einen Ausbildungsbetrieb, der mit dem oder der Auszubildenden einen Ausbildungsvertrag schließt, ist wesentliches Merkmal einer dualen

Berufsausbildung. Hierdurch wird die Ausbildungsverantwortung des Ausbildungsbetriebs gestärkt, aber auch die Identifikation und Zugehörigkeit der Auszubildenden mit der jeweiligen Einrichtung gefördert.

Träger der praktischen Ausbildung können nur die in § 7 Abs. 1 Nr. 1 bis 3 genannten Einrichtungen sein, die darüber hinaus weitere Anforderungen erfüllen müssen. Träger der praktischen Ausbildung können danach nur Einrichtungen sein, die eine Pflegeschule nach § 9 selbst betreiben oder die mit mindestens einer Pflegeschule einen Vertrag über die Durchführung des theoretischen und praktischen Unterrichts geschlossen haben. Dies ist erforderlich, um die Verknüpfung der theoretischen mit der praktischen Ausbildung sicherzustellen.

Der Träger der praktischen Ausbildung trägt die Verantwortung für die Durchführung der praktischen Ausbildung einschließlich deren Organisation und Koordination bei mehreren an der praktischen Ausbildung beteiligten Einrichtungen.

Er erstellt einen Ausbildungsplan, auf dessen Grundlage die praktische Ausbildung erfolgt. Der Ausbildungsplan muss zeitlich und sachlich so gegliedert sein, dass das Ausbildungsziel in der Ausbildungszeit erreicht werden kann. Der Ausbildungsplan muss nach § 10 Abs. 1 Satz 3 den Anforderungen des Lehrplans der Pflegeschule entsprechen. Können, was auch bei größeren Trägern ganz regelmäßig der Fall sein wird, nicht alle vorgegebenen Einsätze der praktischen Ausbildung beim Träger der praktischen Ausbildung durchgeführt werden, sind weitere Einrichtungen, die den Anforderungen nach § 7 genügen, an der praktischen Ausbildung zu beteiligen. Der Träger der praktischen Ausbildung schließt dann mit den weiteren Einrichtungen Vereinbarungen, um die Durchführung auf der Grundlage des Ausbildungsplans zu gewährleisten. Hierzu gehört auch die Sicherstellung der Praxisanleitung in den Einrichtungen. Verfestigen sich diese Kooperationen zu dauerhaften Ausbildungsverbünden, wird die Organisation der Ausbildung in der Praxis stark vereinfacht.

Wenn zwischen dem Träger der praktischen Ausbildung und einer Pflegeschule Trägeridentität besteht, kann unproblematisch die dann nur organisatorisch verselbständigte Pflegeschule die Aufgaben des Trägers der praktischen Ausbildung übernehmen. Besteht keine Trägeridentität, kann der Träger der praktischen Ausbildung durch Vereinbarung auch die Wahrnehmung von Aufgaben an die Pflegeschule übertragen. Eine solche Gestaltung kann gerade kleineren Ausbildungsbetrieben die Übernahme der Rolle des Trägers der praktischen Ausbildung erleichtern. In diesem Rahmen kann der Ausbildungsbetrieb die Pflegeschule zum Abschluss des Ausbildungsvertrages bevollmächtigen, so dass die formale Anmeldung zur Ausbildung in einem Schritt erfolgen kann.

Die über den Ausbildungsvertrag definierte Stellung eines Ausbildungsbetriebs als Träger der praktischen Ausbildung bleibt davon jedoch sowohl im Falle der Ausbildungsverbünde wie auch der Aufgabenübertragung auf eine Pflegeschule unberührt. Damit ist zugleich die betriebliche Zuordnung einschließlich der betrieblichen Mitbestimmungsrechte der oder des Auszubildenden zum Ausbildungsbetrieb sichergestellt.

2. Aus der Beschlussempfehlung und dem Bericht des Ausschusses für Gesundheit des Deutschen Bundestages (BT-Drucksache 18/12847 (§ 107)) vom 21. Juni 2017. Zu Abs. 1 Satz 1. Der Organisation der verschiedenen Praxiseinsätze kommt in der neuen Ausbildung große Bedeutung zu. Daher soll klargestellt werden, dass der Träger der praktischen Ausbildung hierfür die Verantwortung trägt.

Zu Abs. 4 Satz 1. Die Änderung dient der Klarstellung, dass der Träger der praktischen Ausbildung stets den Ausbildungsvertrag abschließt.

Zu Abs. 5. Es wird klargestellt, dass die Auszubildenden unabhängig von der Ausgestaltung des Verhältnisses zwischen dem Träger der praktischen Ausbildung, den weiteren an der Ausbildung beteiligten Einrichtungen und der Pflegeschule ihre sich auf die Ausbildung beziehenden Rechte immer bei der Einrichtung ausüben können, bei der auch der überwiegende Teil der praktischen Ausbildung stattfinden soll, nämlich dem Träger der praktischen Ausbildung.

III. Erläuterungen. Der Träger der praktischen Ausbildung hat nach dieser gesetzlichen Vorgabe die Verantwortung für die Durchführung der praktischen Ausbildung.

Träger der praktischen Ausbildung sind zugelassene Krankenhäuser oder zugelassene ambulante und stationäre Pflegeeinrichtungen, die eine Pflegeschule selbst betreiben oder mit mindestens einer Schule einen Vertrag über die Durchführung des theoretischen und praktischen Unterrichts geschlossen haben.

Bei den ambulanten Pflegeeinrichtungen gehören nur diejenigen dazu, die einen Versorgungsvertrag mit den Pflegekassen und einen mit den Krankenkassen haben (Abs. 2 i. V. m. § 7 Abs. 1 Nr. 3). Eine Zulassung reicht nicht aus, weil die Erfüllung der zuvor genannten Voraussetzungen zwingend vom Gesetzgeber verlangt wird (*„ausschließlich"*, vgl. Abs. 2).

Der Träger der praktischen Ausbildung hat zu gewährleisten, dass die vorgeschriebenen Einsätze der praktischen Ausbildung in den weiteren an der praktischen Ausbildung beteiligten Einrichtungen durchgeführt werden können und die Ausbildung auf der Grundlage eines Ausbildungsplans (§ 6 Abs. 2 Nr. 4) zeitlich und sachlich gegliedert so durchgeführt werden kann, dass das Ausbildungsziel in der vorgesehenen Zeit erreicht werden kann.

Die Aufgaben können von einer Pflegeschule wahrgenommen werden, wenn Trägeridentität zwischen Träger der praktischen Ausbildung und Schulträger besteht oder soweit die Wahrnehmung der Aufgaben durch Vereinbarung auf die Pflegeschule übertragen wird. Die Pflegeschule kann in diesem Rahmen auch zum Abschluss des Ausbildungsvertrags für den Träger der praktischen Ausbildung bevollmächtigt werden.

Nach diesen gesetzlichen Vorgaben ist also zu unterscheiden einerseits zwischen dem Träger der praktischen Ausbildung, dessen Aufgaben er durch eine Vereinbarung auf die Pflegeschule überträgt. In einem solchen Fall kann und muss die Pflegeschule den Ausbildungsvertrag selbst abschließen, denn dies ist eine Pflicht des Trägers der praktischen Ausbildung aus § 16 Abs. 1. Allerdings bleibt der Träger auch dann noch im Umfang von § 8 Abs. 5 Satz 2 verantwortlich. Wird gem. Abs. 4 Satz 2 die Pflegeschule andererseits lediglich bevollmächtigt, bleibt verantwortlich für die Aufgaben des Trägers dieser selbst und ebenso ist er auch dann Vertragspartner der Auszubildenden, weil die Ausbildungsverträge für und mit dem Träger der praktischen Ausbildung durch die Pflegeschule *„in Vollmacht"* rechtlich abgeschlossen und praktisch unterschrieben werden.

In beiden Varianten muss die Pflegeschule eine juristische Person sein oder einen eigenen Rechtsträger haben. Denn der Vertrag kann nur mit einer juristischen Person geschlossen werden und auch eine Bevollmächtigung ist nur so möglich.

Ob es sich im Übrigen für den Träger der praktischen Ausbildung empfiehlt, die ihm in Abs. 2 Nr. 2 gegebenen Möglichkeit Verträge mit mehreren Schulen abzuschließen empfiehlt, sollte stets sorgfältig geprüft werden. Denn dies erhöht nicht nur die Komplexität sondern kann ggf. auch zu Auseinandersetzungen mit den Schulen bei dort jeweils unterschiedlicher Auffassung führen. Im Hinblick auf die in § 10 formulierte Gesamtverantwortung der Schule ist auch insoweit eine klare Vereinbarung nötig, zumal Unterricht und (anschließende) praktische Ausbildung aufeinander aufbauen. Der Ausbildungsplan hat dem Curriculum zu entsprechen, welcher in der Hand der Schule liegt.

Gemäß Abs. 3 hat der Träger der praktischen Ausbildung neben der Personalverwaltung zahlreiche Verpflichtungen, die einen erhöhten Verwaltungs- und Koordinierungsaufwand zur Folge haben. So muss er gewährleisten, dass die Praxiseinsätze in den kooperierenden Einrichtungen entsprechend des Ausbildungsplanes sichergestellt sind. Dies bedeutet auch, dass er gewährleisten muss, dass in den kooperierenden Einrichtungen die Praxisanleitung mindestens zehn Prozent der auf den jeweiligen Einsatz entfallenden praktischen Ausbildungszeit umfasst. Um dies durchsetzen zu können ist in der Vereinbarung darauf zu achten, dass die dafür nötigen Handlungs- und Sanktionsmöglichkeiten gegeben sind, wenn sich einer der Kooperationspartner nicht an die Vorgaben hält, unabhängig davon, dass bei Rechtsverstößen einer Einrichtung die Durchführung der Ausbildung untersagt werden kann (§ 7 Abs. 5 Satz 2).

Die praktische Umsetzung all dieser Vorgaben soll in der Rechtsverordnung nach § 56 geregelt werden.

§ 9

Mindestanforderungen an Pflegeschulen

(1) Pflegeschulen müssen folgende Mindestanforderungen erfüllen:
1. hauptberufliche Leitung der Schule durch eine pädagogisch qualifizierte Person mit einer abgeschlossenen Hochschulausbildung auf Master- oder vergleichbarem Niveau,
2. Nachweis einer im Verhältnis zur Zahl der Ausbildungsplätze angemessenen Zahl fachlich und pädagogisch qualifizierter Lehrkräfte mit entsprechender, insbesondere pflegepädagogischer, abgeschlossener Hochschulausbildung auf Master- oder vergleichbarem Niveau für die Durchführung des theoretischen Unterrichts sowie mit entsprechender, insbesondere pflegepädagogischer, abgeschlossener Hochschulausbildung für die Durchführung des praktischen Unterrichts,

3. Vorhandensein der für die Ausbildung erforderlichen Räume und Einrichtungen sowie ausreichender Lehr- und Lernmittel, die den Auszubildenden kostenlos zur Verfügung zu stellen sind.
(2) Das Verhältnis nach Abs. 1 Nr. 2 soll für die hauptberuflichen Lehrkräfte mindestens einer Vollzeitstelle auf 20 Ausbildungsplätze entsprechen. Eine geringere Anzahl von hauptberuflichen Lehrkräften ist nur vorübergehend zulässig.

(3) Die Länder können durch Landesrecht das Nähere zu den Mindestanforderungen nach den Absätzen 1 und 2 bestimmen und weitere, auch darüber hinausgehende Anforderungen festlegen. Sie können für die Lehrkräfte für die Durchführung des theoretischen Unterrichts nach Abs. 1 Nr. 2 befristet bis zum 31. Dezember 2029 regeln, inwieweit die erforderliche Hochschulausbildung nicht oder nur für einen Teil der Lehrkräfte auf Master- oder vergleichbarem Niveau vorliegen muss.

I. Zur Entstehungsgeschichte. Abs. 3 wurde gegenüber dem Gesetzesentwurf der Bundesregierung erweitert.

II. Aus den Gesetzesmaterialien.

1. Aus der Begründung zum Gesetzesentwurf der Bundesregierung von 2016 (BT-Drucksache 18/7823 (S. 70 f.)). § 9 regelt in Abs. 1 die Mindestanforderungen an Pflegeschulen, die erforderlich sind, um das Ziel der Ausbildung und eine hohe Ausbildungsqualität sicherzustellen. Diese gelten sowohl für staatliche als auch staatlich anerkannte Pflegeschulen. Die Übergangs- und Bestandsschutzregelungen des § 60 stellen sicher, dass sich die bestehenden Krankenpflegeschulen und Altenpflegeschulen auf die neuen Anforderungen einstellen können und es zu keinen Einbrüchen in den Ausbildungskapazitäten kommt. Für das vorhandene Personal wird ein umfassender persönlicher Bestandsschutz gewährleistet.

Die Schulleitung muss hauptberuflich durch eine pädagogisch qualifizierte Person erfolgen, die über eine abgeschlossene Hochschulausbildung auf Master- oder vergleichbarem Niveau verfügt. Eine abgeschlossene Berufsausbildung im sozialen oder pflegerischen Bereich, die nach dem Altenpflegegesetz mit mehrjähriger Berufserfahrung für die Leitung einer Altenpflegeschule ausreichend war, wird den Anforderungen des Pflegeberufsgesetzes mit seinen höheren Anforderungen gerade auch an die Qualifikation der Lehrkräfte nicht gerecht. Besondere pflegerische Fachkenntnisse der Schulleitung werden nicht vorausgesetzt. Diese sind angesichts der Leitungsfunktion nicht zwingend und wären darüber hinaus insbesondere für staatliche Schulzentren, die über mehrere Ausbildungsgänge verschiedener Fachrichtungen verfügen, nicht umsetzbar.

Die Pflegeschule hat darüber hinaus eine angemessene Zahl an fachlich und pädagogisch qualifizierten Lehrkräften zu beschäftigen und nachzuweisen. Die Lehrkräfte müssen, soweit sie theoretischen Unterricht erteilen, über eine entsprechende, insbesondere pflegepädagogische, abgeschlossene Hochschulausbildung auf Master- oder vergleichbarem Niveau und, soweit sie praktischen Unterricht erteilen, über eine entsprechende, insbesondere pflegepädagogische, abgeschlossene Hochschulausbildung verfügen. Diese Vorgabe geht hinsichtlich der Qualifikationen der Lehrkräfte für den theoretischen Unterricht über die bisherige Rechtslage in Krankenpflegegesetz und Altenpflegegesetz hinaus. Die Anhebung des Qualifikationsniveaus ist erforderlich, um eine qualitative Pflegeausbildung, die den steigenden Anforderungen an das Pflegepersonal und den fortschreitenden pflegewissenschaftlichen Erkenntnissen gerecht wird, sicherzustellen. Die geforderte Qualifikation entspricht dem für die Lehrerbildung üblichen Anforderungsniveau. Die Länder können befristet durch Landesrecht zulassen, dass die Hochschulausbildung nicht oder nur für einen Teil der Lehrkräfte auf Master- oder vergleichbarem Niveau vorliegen muss. Diese Übergangsregelung ist notwendig, um sicherzustellen, dass zu Beginn der Pflegeausbildung ausreichend Lehrpersonal für den theoretischen Unterricht zur Verfügung steht.

Die Länder müssen in diesem zeitlichen Rahmen sicherstellen, dass ausreichend Qualifizierungsangebote für Lehrkräfte in der Pflege auf Master- oder vergleichbarem Niveau geschaffen werden. Die Übergangsvorschrift des § 60 reicht angesichts möglicher Veränderungen im Schulbestand durch Neugründungen und Fusionen sowie des personellen Ersatzbedarfs durch altersbedingt ausscheidende Lehrkräfte und möglichen personellen Mehrbedarfs bei steigenden Ausbildungszahlen nicht aus.

Die geforderte Qualifikation für den praktischen Unterricht entspricht der bisherigen Rechtslage nach dem Krankenpflegegesetz.

Die Zahl der Lehrkräfte muss im Verhältnis zur Zahl der Ausbildungsplätze der Pflegeschule angemessen sein. Abs. 2 enthält eine Konkretisierung nur für die hauptberuflichen Lehrkräfte. Bei diesen soll das Verhältnis mindestens einer hauptberuflichen Vollzeitstelle auf zwanzig Ausbildungsplätze betragen. Die bundesgesetzliche Vorgabe stellt hier wie auch sonst nur Mindestanforderungen auf, die zur Sicherung der Ausbildungsqualität notwendig sind. Es soll sichergestellt werden, dass den Auszubildenden ein Mindestmaß an hauptberuflichen Lehrkräften als kontinuierliche Ansprechpartner zur Verfügung steht. Ein höherer Personalschlüssel kann geboten sein, um den gesetzlich vorgegebenen Bildungsauftrag der Schule umzusetzen. Der in der Fachdiskussion häufig als vorteilhaft benannte Personalschlüssel von 1:15 unter Einbeziehung von Honorarkräften wird durch die bundesgesetzliche Regelung einer Mindestvorgabe nicht in Frage gestellt. Die Refinanzierung eines höheren Schlüssels ist unter Beachtung der grundsätzlich für alle Finanzierungsregelungen geltenden Wirtschaftlichkeitsvorgabe möglich.

Im Interesse einer hohen Ausbildungsqualität sind die Anforderungen nach Abs. 1 Nr. 1 und 2 erforderlich, um die Auszubildenden angemessen auf das Erreichen des Ausbildungsziels und die Anforderungen im beruflichen Alltag vorzubereiten. Die Vorgabe einer Hochschulausbildung für Schulleitungen und Lehrkräfte stellt keinen ungerechtfertigten Eingriff in die Berufsfreiheit dar. Nach Artikel 12 des Grundgesetzes sind Beschränkungen der Berufsfreiheit nur durch Gesetz oder auf Grund eines Gesetzes möglich. Diese Voraussetzung wird durch das Pflegeberufsgesetz erfüllt. Die gesetzlich geregelten Einschränkungen genügen auch materiell-rechtlich der Rechtsprechung des Bundesverfassungsgerichts. Es handelt sich um subjektive Zulassungsvoraussetzungen, die dann zulässig sind, wenn sie zum Schutz wichtiger Gemeinschaftsgüter geeignet, erforderlich sowie den Betroffenen zumutbar sind und die vorgeschriebenen Kompetenzen nicht außer Verhältnis zur geplanten Tätigkeit stehen (*vgl. BVerfGE 13, 97, 107*).

Die vorliegende Regelung dient dem Schutz der Gesundheit der Bevölkerung. Die vorgesehenen Qualifikationsvoraussetzungen sind geeignet und erforderlich, um die Gesundheit der Bevölkerung zu schützen. Sie verfolgen den Zweck, die Qualität der neuen Pflegeausbildung sicherzustellen. Moderne Lehr- und Lerntechniken erfordern sowohl eine fachliche als auch pädagogisch-didaktische Qualifikation, die auf Dauer nur durch hochschulische Lehrerbildung sichergestellt werden kann. Sie steht damit auch nicht außer Verhältnis zur geplanten Tätigkeit. Dem Vertrauensschutz der bisherigen Schulleitungen und Lehrkräfte wird durch Bestandsschutzvorschriften in § 60 Rechnung getragen. Die Länder erhalten darüber hinaus die Befugnis, das Qualifikationsniveau der Lehrkräfte abweichend zu regeln. Des Weiteren enthält § 60 weitreichende Übergangsvorschriften.

Weitere Mindestanforderungen an Pflegeschulen in Abs. 1 Nr. 3 betreffen die Ausstattung, die vorgehalten werden muss, um die Ausbildung erfolgreich durchzuführen.

Den Ländern ist es unbenommen, die vorgegebenen Mindestanforderungen weiter auszugestalten oder zusätzliche Vorgaben zu regeln.

2. Aus der Beschlussempfehlung und dem Bericht des Ausschusses für Gesundheit des Deutschen Bundestages (BT-Drucksache 18/12847 (S. 107)) vom 21. Juni 2017. Zu Abs. 3 Satz 1. Mit der Änderung sollen die Länder ermächtigt werden, auch über die in § 9 Abs. 1 und 2 genannten Mindestanforderungen hinausgehende Anforderungen zu bestimmen. Diese Ermächtigung ist unschädlich für die bundesgesetzliche Regelung, aber unerlässlich, um Qualifikationsanforderungen weiterentwickeln zu können beziehungsweise in den Punkten, in denen die Mindestanforderungen des Pflegeberufegesetzes unterhalb der bisherigen länderrechtlichen Anforderungen liegen, das bislang geregelte Qualitätsniveau aufrecht erhalten zu können.

Abs. 3 Satz 2. Es handelt sich um eine Folgeänderung zur Verschiebung des Beginns der neuen Ausbildung.

III. Erläuterungen. Diese Bestimmung enthält die Mindestanforderungen u. a. in fachlicher und räumlicher Hinsicht an Pflegeschulen. Abs. 1 regelt die Mindestanforderungen an die Schulen. Abs. 2 regelt das Verhältnis der Lehrkräfte zu den Ausbildungsplätzen. Abs. 3 regelt, dass die Länder Näheres zu den Mindestanforderungen und weitere, auch höhere, Anforderungen festlegen, ebenso wie (zeitlich befristet) von der Hochschulausbildung der Lehrkräfte absehen können.

Durch die gesetzlich festgelegten Mindestanforderungen an Pflegeschulen sollen das Ziel der Ausbildung und eine hohe Ausbildungsqualität sichergestellt werden. Deshalb ist in der Praxis stets darauf zu achten, dass die Schule in die Lage versetzt wird, die Qualität der neuen Pflegeausbildung sicherzustellen und es werden dazu die bundeseinheitlich verpflichtenden Mindeststandards für die Länderregelungen (auch zur Finanzierung, *vgl.* §§ 27 Abs. 1, 29 Abs. 1 und 2, 32) verbindlich festgelegt.

Das in Abs. 1 geforderte Qualifikationsniveau von Schulleitungen und Lehrkräften entspricht dem üblichen Qualifikationsniveau der Lehrkräfte an öffentlichen Schulen. Der Vorschlag des Bundesrats, dass die Lehrkräfte an den Pflegeschulen nicht nur pädagogisch qualifiziert, sondern auch hauptsächlich tätig sein müssen, wurde nicht umgesetzt. Nur die Leitung der Pflegeschule muss hauptberuflich erfolgen und es gibt in Abs. 2 einen Schlüssel für das Verhältnis von „hauptberuflichen" Lehrkräften zu den Ausbildungsplätzen.

Die Finanzierungsregelungen halten eine tarifgerechte Bezahlung auch der Lehrkräfte und Schulleitungen für wirtschaftlich, was wichtig ist, weil ansonsten wohl nicht ausreichend Lehrkräfte mit dem geforderten Qualifikationsniveau gewonnen werden können. Insofern sind auch die Übergangs- und Bestandsschutzregelungen des § 65 für Schulen notwendig, um Engpässe zu vermeiden.

Der Mindest-Personalschlüssel mit einer Vollzeitstelle auf zwanzig Ausbildungsplätze entspricht nicht aktuellem Landesrecht (z. B. in Berlin, Brandenburg und Hessen), wo es einen Personalschlüssel von einer Lehrkraft auf fünfzehn Auszubildende gibt. Diesen Ländern ermöglicht § 9 Abs. 2, über die Mindestanforderungen hinaus weitere Anforderungen festzulegen, die dann auch zu einer Verbesserung des Mindestpersonalschlüssels führen können. Dies sollte nicht nur für das Verhältnis von hauptberuflichen Lehrkräften zu den Ausbildungsplätzen genutzt werden, sondern es sollte eventuell auch das Verhältnis zum Einsatz von Honorarkräften konkretisiert werden, da nicht alle Fächer durch festangestellte Lehrkräfte unterrichtet werden können. Daher ist es für die Pflegeschulen weiterhin erforderlich, auch Honorarkräfte einzusetzen, aber die Pflegepädagogen sollten in der Regel hauptberuflich (ggf. in Teilzeit) angestellt sein.

Hinzuweisen ist darauf, dass sich die Anzahl der Lehrkräfte auf die Zahl der Ausbildungsplätze und nicht auf die Zahl der Auszubildenden bezieht. Das Verhältnis 1:20 bezieht sich also nicht nur auf die tatsächlich besetzten Ausbildungsplätze, sondern auf die Zahl der genehmigten Ausbildungsplätze. Dadurch gibt es eine Vorhaltungspflicht der Ausbildungsstätten für nicht besetzte Plätze.

Nach Abs. 1 Nr. 3 hat die Schule Lehr- und Lernmittel dem Auszubildenden kostenlos zur Verfügung zu stellen hat. Welche Mittel genau zur Verfügung zu stellen sind, ist nicht bestimmt.

Die Voraussetzungen, die die Schulen in sachlicher Hinsicht erfüllen müssen, sind aber im Wesentlichen aus dem Altenpflege- und dem Krankenpflegegesetz übernommen worden. Dort ist die Pflicht des Trägers der Ausbildung geregelt, kostenlos diejenigen Ausbildungsmittel einschließlich der Fachbücher, Instrumente und Apparate zur Verfügung zu stellen, die zur Ausbildung und zum Ablegen der staatlichen Prüfung erforderlich sind (*vgl. dort § 15 Abs. 1 Nr. 2 Altenpflegegesetz und § 10 Abs. 1 Nr. 2 Krankenpflegegesetz*). Demgemäß ist davon auszugehen, dass auch zukünftig vollständige Lernmittelfreiheit gelten soll, wie sich im Übrigen auch aus § 18 Abs. 1 Nr. 4 für den Träger der praktischen Ausbildung ergibt.

Anders als Einrichtungen, die die praktische Ausbildung durchführen, kann den Pflegeschulen bei Rechtsverstößen jedenfalls nicht ohne ergänzendes Landesrecht (*vgl. Abs. 3 Satz 1*) die Durchführung des Unterrichts untersagt werden. Eine vergleichbare Regelung wie in § 7 Abs. 5 Satz 2 fehlt in § 9 für die Pflegeschulen.

§ 10

Gesamtverantwortung der Pflegeschule

(1) Die Pflegeschule trägt die Gesamtverantwortung für die Koordination des Unterrichts mit der praktischen Ausbildung. Sie prüft, ob der Ausbildungsplan für die praktische Ausbildung den Anforderungen des schulinternen Curriculums entspricht. Ist dies nicht der Fall, ist der Träger der praktischen Ausbildung zur Anpassung des Ausbildungsplans verpflichtet.

(2) Die Pflegeschule überprüft anhand des von den Auszubildenden zu führenden Ausbildungsnachweises, ob die praktische Ausbildung gemäß dem Ausbildungsplan durchgeführt wird. Die an der praktischen Ausbildung beteiligten Einrichtungen unterstützen die Pflegeschule bei der Durchführung der von dieser zu leistenden Praxisbegleitung.

I. Zur Entstehungsgeschichte. Im Text wurden inhaltliche und sprachliche Anpassungen an die geänderte Fassung der § 6 Abs. 2 vorgenommen.

II. Aus den Gesetzesmaterialien.

1. Aus der Begründung zum Gesetzesentwurf der Bundesregierung von 2016 (BT-Drucksache 18/7823 (S. 71 f.)). Die Pflegeschule trägt die Gesamtverantwortung für die Koordination des theoretischen und praktischen Unterrichts mit der praktischen Ausbildung. Sie prüft, ob der Ausbildungsplan, den der Träger der praktischen Ausbildung unter Berücksichtigung der Vorgaben des Lehrplans der Pflegeschule zu erstellen hat, tatsächlich dessen Anforderungen entspricht. Ist dies nicht der Fall, ist der Träger der praktischen Ausbildung zur Anpassung des Ausbildungsplans verpflichtet. Auf diese Weise wird eine optimale inhaltliche und zeitliche Theorie-Praxis-Verzahnung während der Ausbildung gewährleistet. Die Festlegung möglichst korrespondierender Ausbildungsinhalte zwischen Unterricht und praktischer Ausbildung stellt sicher, dass zu den Lerninhalten des Unterrichts Praxisbezug hergestellt wird. Die in der Pflegeschule erworbenen Kenntnisse und Fertigkeiten unterstützen die Auszubildenden bei der Umsetzung ihrer Aufgaben in den Einrichtungen. Darüber hinaus kann die Pflegeschule durch die Verzahnung, die Erfahrungen und Fertigkeiten des Auszubildenden aus der Praxis durch theoretische Grundlagen vertiefen und durch Einordnung in einen Gesamtkontext abstrahieren sowie bei der Reflexion helfen.

Die Pflegeschule ist auch während der praktischen Ausbildung Ansprechpartnerin für die Auszubildenden. Sie hält zu den Auszubildenden Kontakt über die von ihr zu gewährleistende Praxisbegleitung. Sie ist Vermittlerin, falls Schwierigkeiten bei der Durchführung der praktischen Ausbildung entstehen. Sie überprüft anhand des Ausbildungsnachweises der oder des Auszubildenden, ob die praktische Ausbildung auf der Grundlage des Ausbildungsplans durchgeführt wird. Wird die praktische Ausbildung nicht anhand des Ausbildungsplans durchgeführt, hat die Pflegeschule unterschiedliche Möglichkeiten der Handhabe. Besteht Trägeridentität mit dem Träger der praktischen Ausbildung, sind innerorganisatorische Maßnahmen zu ergreifen. Hat die Pflegeschule mit dem Träger der praktischen Ausbildung nach § 8 Abs. 2 Nr. 2 einen Vertrag geschlossen, sollte dieser die Konsequenzen im Innenverhältnis regeln. Sind an der praktischen Ausbildung weitere Einrichtungen beteiligt, sind auch diese nach Maßgabe des § 6 Abs. 4 über Kooperationsverträge mit der Pflegeschule verbunden. Primärer Ansprechpartner für die Pflegeschule wird allerdings in der Regel der Träger der praktischen Ausbildung sein, da dieser die Verantwortung für die Durchführung der praktischen Ausbildung trägt.

Bei Durchführung der Praxisbegleitung wird die Pflegeschule durch die an der Ausbildung beteiligten Einrichtungen unterstützt. Hierzu gehört insbesondere, dass die Einrichtungen den Lehrkräften der Pflegeschulen, die die Praxisbegleitung wahrnehmen, Zugang gewähren. Die Einzelheiten sind in den Kooperationsverträgen nach § 6 Abs. 4 zu regeln.

Die Regelung des § 10 ist damit im Kontext mit den weiteren, die Stellung der Pflegeschule beschreibenden Regelungen zu sehen. Ohne Vertrag mit einer Pflegeschule kann ein Ausbildungsbetrieb nach § 8 Abs. 2 nicht Träger der praktischen Ausbildung sein. Ohne Zustimmung der Pflegeschule kann der Träger der praktischen Ausbildung nach § 16 Abs. 6 keinen Ausbildungsvertrag abschließen. Finanziert wird die Pflegeschule unabhängig vom Träger der praktischen Ausbildung über ein eigenes Budget.

2. Aus der Beschlussempfehlung und dem Bericht des Ausschusses für Gesundheit des Deutschen Bundestages (BT-Drucksache 18/12847 (S. 107)) vom 21. Juni 2017. Es handelt sich um Folgeänderungen zur Änderung in § 6 Abs. 2.

III. Erläuterungen. Die Regelung legt die Gesamtverantwortung der Pflegeschulen (nur) für die Koordination von (theoretischen und praktischen) Unterricht mit der praktischen Ausbildung fest. Deren Träger sind in der Versorgung von Pflegebedürftigen tätig, also vorrangig ihrem Versorgungsauftrag verpflichtet, sodass die Gesamtverantwortung eigentlich für die ganze Ausbildung bei den Schulen als sinnvoll anzusehen ist. Gleichwohl hat der Gesetzgeber sich nur auf einen Teil beschränkt.

Den Pflegeschulen obliegt die Prüfung, ob der Ausbildungsplan für die praktische Ausbildung den Anforderungen des Lehrplans entspricht. Außerdem prüfen die Pflegeschulen auf Grundlage der Ausbildungsnachweise, ob die praktische Ausbildung gemäß dem Ausbildungsplan durchgeführt wird. Damit soll eine inhaltliche und zeitliche Theorie-Praxis-Verzahnung zwischen Unterricht und praktischer Ausbildung sichergestellt werden. Denn die Träger der praktischen Ausbildung sind, wie erwähnt, in erster Linie ihrem Versorgungsauftrag verpflichtet und keine Bildungseinrichtungen, bekommen aber dennoch die Aufgabe Ausbildungspläne zu erstellen.

Die Pflegeschule erstellt hingegen das Curriculum und prüft die Ausbildungspläne der Träger. Insoweit wird die Pflegeschule zur Kontrollinstanz. Sie kann auf den ersten Blick damit nur im Nachhinein reagieren, und muss deshalb in den Verträgen mit den Trägern der praktischen Ausbildung Sanktionsmöglichkeiten vorsehen, um ihre Rechte gemäß Abs. 1 Satz 2 i. V. m. Satz 3 auch durchsetzen zu können. Auf den zweiten Blick ist aber nicht jede Schule ohne solche Vertragsregelungen machtlos: Denn gemäß § 16 Abs. 6 muss eine Pflegeschule, die nicht vom Träger der praktischen Ausbildung selbst betrieben wird (§ 8 Abs. 2 Nr. 2), dem Ausbildungsvertrag schriftlich zustimmen, damit dieser wirksam wird. Und Bestandteil des Ausbildungsvertrages muss wiederum gemäß § 16 Abs. 2 Nr. 4 der Ausbildungsplan sein.

Wenn der Träger der praktischen Ausbildung auch der Träger der Schule ist (*vgl. § 8 Abs. 2 Nr. 1*) und damit ein Direktionsrecht hat, muss er dafür Sorge tragen, dass die gesetzlichen Anforderungen umgesetzt werden (nach den inhaltlichen Vorgaben der Schule). Aufgrund der Abhängigkeit vom Träger der praktischen Ausbildung ist es der Schulleitung in einem solchen Fall kaum zuzumuten, solche Fälle bei den zuständigen Behörden zur Anzeige zu bringen, und deshalb trifft den Träger die Pflicht, zumal auch im eigenen Interesse, intern die notwendigen Bestimmungen zu erlassen und durchzusetzen.

Anhand des Tätigkeitsnachweises der Auszubildenden hat die Pflegeschule auch zu prüfen, ob die praktische Ausbildung dem Ausbildungsplan entsprechend durchgeführt wird. Insoweit gilt die zuvor beschriebene Pflicht ebenso bei Abweichungen.

Klar ist durch diese Regelung in Verbindung mit derjenigen in § 6 Abs. 2, dass maßgebend für den Ausgliederungsinhalt, auch denjenigen der praktischen Ausbildung, die Vorgaben des Curriculums sind.

§ 11

Voraussetzung für den Zugang zur Ausbildung

(1) Voraussetzung für den Zugang zu der Ausbildung zur Pflegefachfrau oder zum Pflegefachmann ist

    1. der mittlere Schulabschluss oder ein anderer als gleichwertig anerkannter Abschluss oder

2. der Hauptschulabschluss oder ein anderer als gleichwertig anerkannter Abschluss, zusammen mit dem Nachweis

   a) einer erfolgreich abgeschlossenen Berufsausbildung von mindestens zweijähriger Dauer,

   b) einer erfolgreich abgeschlossenen landesrechtlich geregelten Assistenz- oder Helferausbildung in der Pflege von mindestens einjähriger Dauer, die die von der Arbeits- und Sozialministerkonferenz 2012 und von der Gesundheitsministerkonferenz 2013 als Mindestanforderungen beschlossenen „Eckpunkte für die in Länderzuständigkeit liegenden Ausbildungen zu Assistenz- und Helferberufen in der Pflege" (BAnz AT 17.02.2016 B3) erfüllt,

   c) einer bis zum 31. Dezember 2019 begonnenen, erfolgreich abgeschlossenen landesrechtlich geregelten Ausbildung in der Krankenpflegehilfe oder Altenpflegehilfe von mindestens einjähriger Dauer oder

   d) einer auf der Grundlage des Krankenpflegegesetzes vom 4. Juni 1985 (BGBl. I S. 893), das durch Artikel 18 des Gesetzes vom 16. Juli 2003 (BGBl. I S. 1442) aufgehoben worden ist, erteilten Erlaubnis als Krankenpflegehelferin oder Krankenpflegehelfer,

   oder

3. der erfolgreiche Abschluss einer sonstigen zehnjährigen allgemeinen Schulbildung.

(2) § 2 Nr. 2 bis 4 findet entsprechende Anwendung.

I. Zur Entstehungsgeschichte. Abs. 1 Nr. 2 Buchstabe d wurde gegenüber des Gesetzesentwurfs der Bundesregierung verändert.

II. Aus den Gesetzesmaterialien.

1. Aus der Begründung zum Gesetzesentwurf der Bundesregierung von 2016 (BT-Drucksache 18/7823 (S. 72 f.)). § 11 regelt die Zugangsvoraussetzungen zur beruflichen Pflegeausbildung. Entsprechend der bisherigen Rechtslage und in Anbetracht der hohen Anforderungen an Pflegefachfrauen und Pflegefachmänner, die sich bereits in der Ausbildung niederschlagen, ist grundsätzlich ein mittlerer Schulabschluss oder ein als gleichwertig anerkannter Abschluss Voraussetzung für den Zugang zur Ausbildung.

Bewerberinnen oder Bewerber mit einem Hauptschulabschluss oder einem als gleichwertig anerkannten Abschluss werden zugelassen, wenn eine der zusätzlichen Voraussetzungen nach Abs. 1 Nr. 2 a bis d erfüllt ist. Hierzu gehört insbesondere der erfolgreiche Abschluss einer landesrechtlich geregelten Assistenz oder Helferausbildung in der Pflege von mindestens einjähriger Dauer, die den von der Arbeits- und Sozialministerkonferenz 2012 und von der Gesundheitsministerkonferenz 2013 beschlossenen Mindestanforderungen entspricht. Diese Möglichkeit ist besonders bedeutsam für ein durchlässiges Pflegebildungssystem, da es den Übergang von den Assistenz- und Helferberufen in die dreijährige Fachkraftausbildung nach dem Pflegeberufsgesetz ebnet. Der Zugang zur Fachkraftausbildung über den Hauptschulabschluss und eine landesrechtlich geregelte einjährige Ausbildung in der Krankenpflegehilfe oder der Altenpflegehilfe, die nicht den beschlossenen Mindestanforderungen der ASMK und GMK entspricht, ist dann möglich, wenn diese bis zu einem Stichtag, dem 31. Dezember 2019, begonnen wurde. Eine berufliche Pflegeausbildung nach diesem Gesetz kann auch beginnen, wer zusätzlich zum Hauptschulabschluss über eine erfolgreich abgeschlossene Berufsausbildung von mindestens zweijähriger Dauer verfügt.

Darüber hinaus wird unter Berücksichtigung des bundesweiten Fachkräftemangels in der Pflege der Zugang zur neuen Ausbildung über eine erfolgreich abgeschlossene sonstige zehnjährige Schulbildung eröffnet. Hierunter fällt sowohl eine abgeschlossene zehnjährige Schulbildung, die den Hauptschulabschluss erweitert, als auch eine andere abgeschlossene zehnjährige allgemeine Schulbildung. Die Regelung entspricht den bisherigen befristeten Öffnungsklauseln nach dem Altenpflegegesetz und dem Krankenpflegegesetz. Die Erfahrungen haben gezeigt, dass in einigen wenigen Ländern der Anteil an Auszubildenden mit einer sonstigen zehnjährigen Schulbildung bedeutsam ist. Allerdings liegen keine zuverlässigen Daten über die Abbruchquote und den erfolgreichen Abschluss von Auszubildenden mit einer sonstigen zehnjährigen Schulbildung vor. Das Bundesministerium für Familie, Senioren, Frauen und Jugend und das Bundesministerium für Gesundheit werden daher gemäß § 63 Abs. 1 im Rahmen der neuen Pflegeausbildung diese Zugangsvoraussetzung fünf Jahre nach Inkrafttreten auf wissenschaftlicher Grundlage, insbesondere mit der Fragestellung nach der Erfolgsquote, evaluieren. Im Anschluss daran wird entschieden, ob die Regelung bestehen bleiben oder aufgehoben werden soll.

Zusätzlich zum schulischen Abschluss müssen die Ausbildungsbewerber weitere Zugangsvoraussetzungen erfüllen. Die Voraussetzungen nach § 2 Nr. 2 bis 4 finden entsprechende Anwendung. Die Bewerberin oder der Bewerber darf nicht in gesundheitlicher Hinsicht zur Ausbildung ungeeignet oder unzuverlässig sein und muss über die für das Absolvieren der Ausbildung erforderlichen Kenntnisse der deutschen Sprache verfügen. Die für die Ausbildung geforderten Sprachkenntnisse sind auf einem niedrigeren Niveau anzusetzen als die für die Ausübung des Berufs nach § 2 Nr. 4 geforderten Kenntnisse. Dass keine gesundheitlichen Aspekte der Ausbildung entgegenstehen, kann über eine ärztliche Untersuchung, die Zuverlässigkeit über die Vorlage eines erweiterten Führungszeugnisses und die Kenntnisse der deutschen Sprache über ein Sprachzertifikat nachgewiesen werden

2. Aus der Beschlussempfehlung und dem Bericht des Ausschusses für Gesundheit des Deutschen Bundestages (BT-Drucksache 18/12847 (S. 108)) vom 21. Juni 2017. Zu Abs. 1 Nr. 2 Buchstabe d. Mit dem Verweis auf das Krankenpflegegesetz vom 4. Juni 1985 erhalten die Absolventinnen und Absolventen einer Krankenpflegehilfeausbildung, die letztmalig bundesgesetzlich im Krankenpflegegesetz vom 4. Juni 1985 geregelt war, Zugang zu der Ausbildung zur Pflegefachfrau oder zum Pflegefachmann, sofern sie die weiteren Voraussetzungen nach § 11 Abs. 1 Nr. 2 Buchstabe d (Hauptschulabschluss oder ein anderer als gleichwertig anerkannter Abschluss) erfüllen.

III. Erläuterungen. Hier werden die Voraussetzungen für den Zugang zur Ausbildung bestimmt. Abs. 1 Nr. 2 regelt den Hauptschulabschluss oder gleichwertig anzuerkennende Abschlüsse und in Nr. 3 wird geregelt, dass der erfolgreiche Abschluss einer sonstigen zehnjährigen allgemeinen Schulbildung einen gleichwertig anerkannten Abschluss darstellt.

In § 11 wird eine Vielfalt an Möglichkeiten aufgeführt, nach denen ausgehend vom Hauptschulabschluss unterhalb des Sekundarstufe-I-Abschlusses und in Verbindung mit unterschiedlich landesrechtlich absolvierten Assistenz- und Helferausbildungen der Zugang zur Pflegeausbildung eröffnet wird. Abgesehen davon, dass insbesondere solche

Ausbildungen keine oder allenfalls wenige allgemeinbildende Inhalte hatten/haben, fordert die europäische Berufsqualifikationsanerkennungsrichtlinie 2005/36/EG, in der Fassung der Richtlinie 2013/55/EU, verpflichtend eine allgemeine Schulbildung von zwölf Jahren (Art. 31 Abs. 1a).

Aufgrund der Intervention der Bundesregierung wurde eine Anhebung der Zugangsvoraussetzung auf zwölf Jahre allgemeinbildender Schulbildung für die Ausbildung in der Krankenpflege in Deutschland im Herbst 2013 verhindert. Die Richtlinie ermöglicht deshalb explizit für Deutschland weiterhin den Zugang zur Pflegeausbildung mit mittlerem Schulabschluss (Art. 31 Abs. 1a).

Die Bestimmungen in Abs. 1 Nr. 1 und Nr. 2 verlangen jeweils einen Schulabschluss. Mit einem solchen Verständnis ist mehr als die bloße Erfüllung der Schulpflicht von zehn Jahren gemeint. Dies bedeutet allerdings weder, dass z. B. Hauptschulabsolventinnen und -absolventen nach zehn Jahren Schulbildung und ohne Abschluss Zugang zur generalistischen Pflegefachausbildung erhalten, noch dass mindestens das Niveau eines qualifizierten mittleren Abschlusses, die sogenannte *„mittlere Reife"*, bzw. der *„(erweiterte) Sekundarabschluss I"* oder die *„Fachoberschulreife"* stets erreicht werden muss.

Der Zugang zur Ausbildung wurde bereits 2009 aufgrund des steigenden Bedarfs an Pflegefachpersonal für weitere Personengruppen geöffnet, nämlich auch für solche, die unterhalb des Sekundarstufe-I-Abschlusses ihren allgemeinbildenden Schulabschluss erreichen. Diese damaligen Festlegungen werden mit dem Gesetz fortgeschrieben und erweitert, obwohl die Anforderungen an die pflegeberufliche Ausbildung im Gesetz aufgewertet werden.

Bei der Bewertung dieser Regelung im neuen Gesetz muss daher einerseits berücksichtigt werden, dass der weiterhin gestufte Zugang aufgrund des zukünftigen Fachkräftebedarfs nachvollziehbar ist, ebenso wie die durch die neue Ausbildungsstruktur ermöglichte größere vertikale und horizontale Durchlässigkeit zwischen den verschiedenen Pflegebereichen und Pflegequalifikationen. Das Ziel eine höhere Durchlässigkeit zu schaffen ist im Grundsatz ebenfalls zu begrüßen, da hierdurch flexibler auf sich wandelnde Bedarfe reagiert werden kann. Die zusätzlichen Einsatz- und Aufstiegsmöglichkeiten und die Arbeitsbedingungen müssen aber so gestaltet werden, dass mit dem Gesetz kein Sog in der Krankenpflege zu Lasten der Kinderkrankenpflege und Altenpflege ausgelöst wird. Insbesondere die mit den Pflegestärkungsgesetzen angestrebten Leistungsverbesserungen setzen zwingend auch ausreichend und gut ausgebildetes Pflegepersonal voraus. Die eingesetzten Beitragsmittel der sozialen Pflegeversicherung müssen vor diesem Hintergrund in einem notwendigen Fachkräftezuwachs münden.

Andererseits muss den hohen Anforderungen der pflegerischen Berufsausübung Genüge getan werden und es darf nicht zu einer Absenkung des Qualitätsniveaus, einer steigenden Zahl von Ausbildungsabbrüchen usw. kommen. Bei der Evaluierung (§ 68) sollte sehr zeitnah geprüft werden, in welchem Umfang die Auszubildenden die neue Ausbildung erfolgreich abgeschlossen haben, wie viel Abbrüche es gibt (in Verbindung mit der Schulbildung) und wer in welchem künftigen Einsatzbereich arbeiten will bzw. arbeitet.

Gleichwohl kommt es mit Inkrafttreten des neuen Gesetzes allein auf die jetzt vom Gesetzgeber vorgeschriebenen Voraussetzungen an, auch wenn sie im Widerspruch zu den Anforderungen der beruflichen Praxis und deren Weiterentwicklung im Sinne qualifizierter pflegerischer Versorgung stehen und zwischen den Voraussetzungen zum Zugang zur Ausbildung und den gestiegenen Ausbildungszielen eine Diskrepanz durchaus erkennbar ist.

Nach der Gesetzesbegründung (*S. oben unter Nr. II 1*) sollen die für die Ausbildung erforderlichen deutschen Sprachkenntnisse auf einem niedrigeren Niveau als die für die Ausübung des Berufs ausreichend sein. Diese Bewertung erscheint mehr als fraglich, weil das Verständnis für die Inhalte des theoretischen und praktischen Unterrichts sowie die Tätigkeit in der praktischen Ausbildung mindestens die gleichen Deutschkenntnisse, wie die berufliche Tätigkeit als Pflegefachkraft erfordern. Deshalb sollte der Verweis von Abs. 2 auf § 2 Nr. 4 anders als nach der Gesetzesbegründung eng ausgelegt werden.

IV. Rechtsprechung. Entscheidungen zu den Voraussetzungen nach Abs. 2 sind nach den Erläuterungen zu §§ 2 und 3 abgedruckt. Soweit dort auf die Erteilung der Erlaubnis nach § 2 abgestellt wird, gelten die Grundsätze auch für die Vorgaben des Gesetzgebers hier in Abs. 2 aufgrund des Verweises auf § 2 Nummern 2-4.

§ 12

Anrechnung gleichwertiger Ausbildungen

(1) Die zuständige Behörde kann auf Antrag eine andere erfolgreich abgeschlossene Ausbildung oder erfolgreich abgeschlossene Teile einer Ausbildung im Umfang ihrer Gleichwertigkeit bis zu zwei Dritteln der Dauer einer Ausbildung nach § 6 Abs. 1 Satz 1 anrechnen. Das Erreichen des Ausbildungsziels darf durch die Anrechnung nicht gefährdet werden.

(2) Ausbildungen, die die von der Arbeits- und Sozialministerkonferenz 2012 und von der Gesundheitsministerkonferenz 2013 als Mindestanforderungen beschlossenen „Eckpunkte für die in Länderzuständigkeit liegenden Ausbildungen zu Assistenz- und Helferberufen in der Pflege" (BAnz AT 17.02.2016 B3) erfüllen, sind auf Antrag auf ein Drittel der Dauer der Ausbildung nach § 6 Abs. 1 Satz 1 anzurechnen.

I. Zur Entstehungsgeschichte. Die Regelung ist gegenüber dem Gesetzesentwurf der Bundesregierung unverändert geblieben.

II. Aus den Gesetzesmaterialien. Aus der Begründung zum Gesetzesentwurf der Bundesregierung von 2016 (S. 73)). Die Vorschrift ermöglicht, entsprechend den Regelungen in anderen Berufszulassungsgesetzen, die Anrechnung von anderen Ausbildungen oder von Teilen solcher Ausbildungen im Umfang von bis zu zwei Dritteln auf die Dauer einer Ausbildung zur Pflegefachfrau oder zum Pflegefachmann. Bei der Ausgestaltung sind die Vorgaben von Artikel 31 der Richtlinie 2005/36/EG als Voraussetzung der automatischen Berufsanerkennung zu beachten. Eine weitergehende Anrechnung insbesondere auch informell oder non-formal erworbener Kompetenzen ist daher nicht möglich.

Die Ausbildung oder die Ausbildungsteile können nur angerechnet werden, wenn sie erfolgreich abgeschlossen sind. Somit ist es nicht möglich, reine Ausbildungszeiten, die nicht mit einer bestandenen Prüfung oder in vergleichbarer Weise abgeschlossen wurden, zu berücksichtigen. Die Vorschrift ermöglicht insbesondere auch im Falle eines Abbruchs der hochschulischen Pflegeausbildung nach Teil 3, bereits abgeschlossene Studienleistungen auf eine berufliche Pflegeausbildung anrechnen zu lassen. Das Erreichen des Ausbildungsziels darf durch die Anrechnung nicht gefährdet werden.

Eine Besonderheit gilt bei Ausbildungen, die den von der Arbeits- und Sozialministerkonferenz 2012 und der Gesundheitsministerkonferenz 2013 beschlossenen Mindestanforderungen für Assistenz- und Helferberufe in der Pflege entsprechen. Diese sind nach Abs. 2 auf ein Drittel der Ausbildungsdauer nach § 6 anzurechnen. Eine weitergehende Anrechnung nach Abs. 1 wird durch Abs. 2 nicht ausgeschlossen. Eine weitergehende Anrechnung kann insbesondere in Betracht kommen, wenn eine zweijährige Ausbildung, die den von der Arbeits- und Sozialministerkonferenz 2012 und der Gesundheitsministerkonferenz 2013 beschlossenen Mindestanforderungen für Assistenz- und Helferberufe in der Pflege entspricht, vorliegt.

Die Anrechnung wird nicht von Amts wegen durchgeführt, sondern setzt einen Antrag voraus.

III. Erläuterungen. Durch die nach dieser Vorschrift mögliche Anrechnung gleichwertiger Ausbildungen kann die Regelausbildungszeit verkürzt werden. Das Erreichen des Ausbildungsziels darf dadurch aber nicht gefährdet werden.

Dabei bezieht sich die Anrechnung gleichwertiger Ausbildungen nicht nur auf andere Heilberufe. Eine solche Klarstellung geht nicht aus dem Gesetzestext eindeutig hervor. Auch die Gesetzesbegründung schweigt insoweit.

Die Möglichkeit der Anrechnung in Verbindung mit Verkürzung der Ausbildung gemäß Abs. 2 stellt darüber hinaus auch noch in anderer Hinsicht ein Problem dar. Sowohl das Bundesverfassungsgericht ist seinem Urteil vom 24. Oktober 2002 (BGBl. I 2002, S. 4410 ff.) als auch die europäische Berufsqualifikationsanerkennungsrichtlinie beurteilen eine Assistenz- und Helferausbildung als nicht gleichwertig mit der verfassungs- und unionsrechtlich bestimmten Pflegefachausbildung.

„Der Beruf des Altenpflegers ist, anders als der Beruf des Altenpflegehelfers, ein „anderer Heilberuf" im Sinne des Art. 74 Abs. 1 Nr. 19 GG", so das Bundesverfassungsgericht. In der EU-Richtlinie 2013/55/EU des Europäischen Parlaments und des Rates vom 20. November 2013 zur Änderung der Richtlinie 2005/36/EG über die Anerkennung von Berufsqualifikationen und der Verordnung (EU) Nr. 1024/2012 über die Verwaltungszusammenarbeit mit Hilfe des Binnenmarkt-Informationssystems (*„IMI-Verordnung"*), Europäisches Amtsblatt L 354 v. 28.12.2013, S. 132-170 heißt es in Artikel 31 Abs. 3: *„(…) Ist ein Teil der Ausbildung im Rahmen anderer Ausbildungsgänge von mindestens gleichwertigem Niveau erworben worden, so können die Mitgliedstaaten den betreffenden Berufsangehörigen für Teilbereiche Befreiungen gewähren".*

Demzufolge ist eine Anrechnung der Assistenz- und Helferausbildung – ohne ergänzende Qualifikation – unabhängig davon, dass sichergestellt sein muss, dass *„das Erreichen der Ausbildungsziele, durch die Anrechnung nicht gefährdet werden"* darf (wie es für die Anrechnungsmöglichkeiten nach Abs. 1 ausdrücklich vorgeschrieben ist), auch nach Ansicht des Deutschen Bildungsrates, nicht begründbar (vgl. Stellungnahme, Positionspapier zum Zugang zur beruflichen Pflegeausbildung vom 30.06.2016, S. 3 f., www.bildungsrat-pflege.de unter Downloads).

Zudem ist zu beachten, dass die Ausbildungsziele und Komplexität der theoretischen Inhalte in Pflegeausbildung und Assistentenausbildung deutlich unterschiedlich sind.

Nicht nur aus Sicht des Deutschen Bildungsrates für Pflegeberufe ist es unabdingbar, den Erfolg der Ausbildung ausschließlich am Ausbildungsziel und den zu erreichenden Kompetenzen zu messen. Gleichwohl räumt der Gesetzgeber bei der Entscheidung über Anträge gemäß Abs. 2 den zuständigen Behörden keinen Ermessensspielraum ein.

Deshalb sollte im Hinblick auf die Qualität der Ausbildung die Anrechnung von Ausbildungszeiten aufgrund von Ausbildungen zu Assistenz- und Helferberufen auch Teil der (zeitnahen) Evaluation nach § 68 sein.

Grundsätzlich möglich ist nach Abs. 1 die Anerkennung erfolgreich abgeschlossener Ausbildungen oder erfolgreich abgeschlossene Teile einer Ausbildung von Medizinischen Fachangestellten (MFA). Deren Ausbildung richtet sich nach der vom Bundesinstitut für Berufsbildung (§ 54) mitgestalteten Ausbildungsordnung vom 26. April 2006, einem Ausbildungsrahmenplan für die betriebliche und einem Rahmenlehrplan für die schulische Ausbildung (zu finden auf www.vmf-online.de). Diese dreijährig ausgebildeten Fachkräfte werden zunehmend auch in Krankenhäusern eingesetzt. Eine Anrechnung der Ausbildung zur MFA auf die Pflegeausbildung ist im Umfang der Gleichwertigkeit ihrer Ausbildungen nach den zuvor genannten Regelungen gegeben.

Die konkreten Regelungen zur Ausbildungsverkürzung bei Teilnahme an beruflichen Weiterbildungsmaßnahmen nach dem SGB III in §§ 7 Abs. 3, 4 Altenpflegegesetz wurden nicht übernommen. Diese waren 2013 durch das Gesetz zur Stärkung der beruflichen Aus- und Weiterbildung in der Altenpflege vom 19. März 2013 dort eingefügt worden. Das Gesetz basierte auf der 2012 abgeschlossenen *„Ausbildungs- und Qualifizierungsoffensive Altenpflege"*, findet hier aber keine Fortsetzung.

§ 13

Anrechnung von Fehlzeiten

(1) Auf die Dauer der Ausbildung werden angerechnet:
1. Urlaub, einschließlich Bildungsurlaub oder Ferien,
2. Fehlzeiten wegen Krankheit oder aus anderen, von der Auszubildenden oder dem Auszubildenden nicht zu vertretenden Gründen
   a) bis zu 10 Prozent der Stunden des theoretischen und praktischen Unterrichts sowie
   b) bis zu 10 Prozent der Stunden der praktischen Ausbildung
   nach Maßgabe der Ausbildungs- und Prüfungsverordnung,
3. Fehlzeiten aufgrund mutterschutzrechtlicher Beschäftigungsverbote bei Auszubildenden, die einschließlich der Fehlzeiten nach Nr. 2 eine Gesamtdauer von 14 Wochen nicht überschreiten.
(2) Auf Antrag kann die zuständige Behörde auch über Abs. 1 hinausgehende Fehlzeiten berücksichtigen, wenn eine besondere Härte vorliegt und das Erreichen des Ausbildungsziels durch die Anrechnung nicht gefährdet wird. Ist eine Anrechnung der Fehlzeiten nicht möglich, kann die Ausbildungsdauer entsprechend verlängert werden.

(3) Freistellungsansprüche nach dem Betriebsverfassungsgesetz, dem Bundespersonalvertretungsgesetz oder den Landespersonalvertretungsgesetzen bleiben unberührt.

I. Zur Entstehungsgeschichte. Die Regelung wurde unverändert verabschiedet.

II. Aus den Gesetzesmaterialien. Aus der Begründung zum Gesetzesentwurf der Bundesregierung von 2016 (BT-Drucksache 18/7823 (S. 73)). Diese Vorschrift regelt die Anrechnung von Unterbrechungen der Ausbildung. Bei Unterbrechung der Ausbildung wegen mutterschutzrechtlicher Beschäftigungsverbote der Auszubildenden sind Fehlzeiten von insgesamt 14 Wochen einschließlich der Fehlzeiten nach Abs. 1 Nr. 2 anrechenbar. Unter die mutterschutzrechtlichen Beschäftigungsverbote fallen zum einen die Schutzfristen nach § 3 Abs. 2 und § 6 Abs. 1 Mutterschutzgesetz sowie die übrigen Beschäftigungsverbote nach § 3 Abs. 1 und §§ 4, 6 Mutterschutzgesetz. Eine Unterbrechung darüber hinaus gefährdet grundsätzlich das Ziel der Ausbildung und ist im Interesse der Qualität der Ausbildung nicht vertretbar. Zur Vermeidung von besonderen Härten sollen Unterbrechungen, die über die in Abs. 1 angegebenen Zeiten hinausgehen, allerdings dann angerechnet werden, wenn nach Abwägung aller Umstände des Einzelfalls eine Anrechnung gerechtfertigt erscheint und die Erreichung des Ausbildungsziels dadurch nicht gefährdet wird. Ist eine Anrechnung nicht möglich, kann die zuständige Behörde die Ausbildungszeit verlängern. Elternzeit stellt keinen Urlaub im Sinne des § 13 Abs. 1 Nr. 1 dar.

Abs. 3 stellt klar, dass die gesetzlich geregelten Freistellungsansprüche nach dem Betriebsverfassungsgesetz, dem Bundespersonalgesetz oder den Landespersonalvertretungsgesetzen nicht als Fehlzeiten im Sinne des § 13 gelten.

III. Erläuterungen. Die Anrechnung bzw. Berücksichtigung von Fehlzeiten in der Ausbildung sind im Hinblick auf die in der Ausbildungszeit zu erwerbenden Fähigkeiten zu bewerten. Umfangreiche Versäumnisse von Ausbildungsveranstaltungen und/oder bei der praktischen Ausbildung können zudem das Erreichen des Ausbildungszieles nicht nur gefährden sondern sogar hindern. Anders als im Berufsbildungsgesetz macht der Gesetzgeber hierzu im PflBG klare Vorgaben, ebenso wie zuvor schon im Kranken- und im Altenpflegegesetz.

Die in dieser Regelung in Abs. 1 bestimmten Arten und der Umfang von Fehlzeiten aufgrund von Urlaub, Krankheit und Schwangerschaft, werden automatisch auf die Ausbildungszeit angerechnet.

Darüber hinausgehend kann bei besonderen Härtefällen auf Antrag eine Anrechnung erfolgen. Die Formulierung des Gesetzgebers lässt wie auch schon zuvor etwa im Krankenpflegegesetz erkennen, dass ein Härtefall noch nicht ausreicht, es muss ein *„besonderer"* sein. Was ein Härtefall ist, kann nicht generell bestimmt werden. Vielmehr ist eine Einzelfallprüfung und -abwägung, wie auch in der Gesetzesbegründung erläutert, dazu notwendig. Dabei ist jedoch nicht großzügig sondern wegen der *„besonderen"* Härte ein strenger Maßstab anzulegen, zumal durch die Möglichkeit nach Abs. 2 Satz 2 über die Verlängerung der Ausbildungszeit das Ausbildungsziel trotz zu langer Fehlzeiten noch erreicht werden kann. Die Entscheidung trifft die vom jeweiligen Bundesland gem. § 49 bestimmte zuständige Behörde.

Das Erreichen des Ausbildungsziels darf durch die Anrechnung nicht gefährdet werden.

Wie mit der Wahrnehmung staatsbürgerlicher Verpflichtungen durch Auszubildende umzugehen ist, ist nicht geregelt. Diese fallen entweder als zu vertretender Grund unter die Quote nach Abs. 1 Nr. 2 oder erfüllen in der Regel die Voraussetzungen nach Abs. 2.

Bedeutsam ist auch das Verhältnis der Regelungen dieses Gesetzes zu gesetzlichen Freistellungsansprüchen bei der Zuordnung Zu Abs. 1. Nr. 2 oder Abs. 2. Das gilt insbesondere für Ansprüche wegen Erkrankung eines Kindes (§ 45 SGB V) und für die Freistellung zur Pflege Angehöriger von bis zu 10 Ausbildungstagen nach dem Pflegezeitgesetz. Zu den Anspruchsberechtigten gehören auch Auszubildende. Die Wahrnehmung dieser gesetzlichen Freistellungsmöglichkeiten ist ebenso auf die Quote nach Abs. 2 anzurechnen und je nach Einzelfall gem. Abs. 3 zu verfahren.

Freistellungsansprüche nach dem Betriebsverfassungsgesetz, dem Bundespersonalvertretungsgesetz oder den Landespersonalvertretungsgesetzen bleiben gem. Abs. 3 unberührt. Auch wenn dies nicht wörtlich erwähnt wird, dürfte Entsprechendes auch für kirchengesetzlich geregelte Interessenvertretungen gelten, z. B. nach dem Mitarbeitervertretungsgesetz der Evangelischen Kirche in Deutschland (MVG-EKD).

Da die Fehlzeitenregelung in Teil 2 des Gesetzes aufgenommen worden ist, gilt sie nicht für die hochschulische Pflegeausbildung, die in Teil 3 geregelt ist.

§ 14

Ausbildung im Rahmen von Modellvorhaben
nach § 63 Abs. 3c des Fünften Bundes Sozialgesetzbuch

(1) Zur zeitlich befristeten Erprobung von Ausbildungsangeboten, die der Weiterentwicklung des nach diesem Gesetz geregelten Berufes im Rahmen von Modellvorhaben nach § 63 Abs. 3c des Fünften Buches Sozialgesetzbuch dienen, können über die in § 5 beschriebenen Aufgaben hinausgehende erweiterte Kompetenzen zur Ausübung heilkundlicher Tätigkeiten vermittelt werden. Dabei darf die Erreichung des Ausbildungsziels nicht gefährdet sein.

(2) Soweit die Ausbildung nach Abs. 1 über die in diesem Gesetz und die in der Ausbildungs- und Prüfungsverordnung nach § 56 Abs. 1 geregelten Ausbildungsinhalte hinausgeht, werden die Ausbildungsinhalte in gesonderten schulinternen Curricula der Pflegeschulen und Ausbildungsplänen der Träger der praktischen Ausbildung festgelegt.

(3) Die schulinternen Curricula und Ausbildungspläne nach Abs. 2 sind gemeinsam vom Bundesministerium für Familie, Senioren, Frauen und Jugend und vom Bundesministerium für Gesundheit zu genehmigen. Die Genehmigung setzt voraus, dass sich die erweiterte Ausbildung auf ein vereinbartes Modellvorhaben nach § 63 Abs. 3c des Fünften Buches Sozialgesetzbuch bezieht und die Ausbildung geeignet ist, die zur Durchführung dieses Modellvorhabens erforderliche Qualifikation zu vermitteln.

(4) Abweichend von Abs. 3 Satz 2 kann die Fachkommission nach § 53 für die zusätzliche Ausbildung standardisierte Module entwickeln, die gemeinsam vom Bundesministerium für Familie, Senioren, Frauen und Jugend und vom Bundesministerium für Gesundheit auch ohne Vorliegen eines vereinbarten Modellvorhabens nach § 63 Abs. 3c des Fünften Buches Sozialgesetzbuch genehmigt werden können. Die Genehmigung der standardisierten Module erfolgt einmalig; Änderungen bedürfen einer erneuten Genehmigung.

(5) Die Ausbildungsdauer nach § 6 Abs. 1 Satz 1 ist nach Maßgabe der genehmigten schulinternen Curricula und Ausbildungspläne entsprechend zu verlängern.

(6) Die staatliche Abschlussprüfung erstreckt sich auch auf die mit der zusätzlichen Ausbildung erworbenen erweiterten Kompetenzen.

(7) Die Absätze 1 bis 5 gelten entsprechend für Personen, die bereits zur Führung der Berufsbezeichnung nach § 1 Abs. 1 berechtigt sind. Die erworbenen erweiterten Kompetenzen werden zum Abschluss des Ausbildungsangebots staatlich geprüft.

I. Zur Entstehungsgeschichte. Die Absätze 2, 3 und 5 wurden insoweit gegenüber dem ursprünglichen Entwurf verändert, als diese zur Anpassung an die veränderten Regelungen in § 6 Abs. 2 notwendig war. Entsprechend wurde Abs. 7 an die Einfügung des Absatzes 2 in § 1 angepasst.

II. Aus den Gesetzesmaterialien.

1. Aus der Begründung zum Gesetzesentwurf der Bundesregierung von 2016 (BT-Drucksache 18/7823 (S. 74)). Entsprechend der bisherigen Rechtslage können nach dieser Vorschrift modellhaft Ausbildungsangebote erprobt werden, die über die in § 5 beschriebenen Kompetenzen hinaus erweiterte Kompetenzen zur Ausübung heilkundlicher Tätigkeiten vermitteln. Die Erprobung dieser Ausbildungsgänge erfolgt zwar im Rahmen von Modellvorhaben nach § 63 Abs. 3c SGB V. Berufsrechtlich sind diese zusätzlich erworbenen Kompetenzen allerdings nicht auf Tätigkeiten im Rahmen der gesetzlichen Krankenversicherung beschränkt, da die Ausbildung grundlegende Kompetenzen vermittelt, die generell und dauerhaft den Zugang zum erlernten Beruf und damit die Ausübung der erlernten heilkundlichen Tätigkeit gestattet. Einer klarstellenden Regelung wie in § 1 Abs. 1 Satz 2 Krankenpflegegesetz bzw. § 1 Satz 2 Altenpflegegesetz bedarf es dazu nicht. Die modellhafte Erprobung kann sowohl im Rahmen der Erstausbildung als auch für Personen, die bereits über eine Erlaubnis nach § 1 verfügen, durchgeführt werden.

Die zusätzlichen Ausbildungsinhalte werden in gesonderten Lehrplänen der Pflegeschulen und Ausbildungsplänen der Träger der praktischen Ausbildung festgelegt, die nach Abs. 3 gemeinsam durch das Bundesministerium für Familie, Senioren, Frauen und Jugend und das Bundesministerium für Gesundheit zu genehmigen sind. Hierfür ist es insbesondere erforderlich, dass sich die erweiterte Ausbildung auf ein vereinbartes Modellvorhaben nach § 63 Abs. 3c SGB V bezieht.

Da seit Einführung entsprechender Modellklauseln im bisherigen Altenpflegegesetz und im bisherigen Krankenpflegegesetz durch das Gesetz zur strukturellen Weiterentwicklung der Pflegeversicherung im Jahr 2008 keine Modellvorhaben vereinbart oder durchgeführt wurden, sieht Abs. 4 des Pflegeberufsgesetzes vor, dass die Fachkommission nach § 53 standardisierte Module zur Vermittlung erweiterter Kompetenzen zur Ausübung heilkundlicher Tätigkeiten entwickeln kann. Diese können gemeinsam durch das Bundesministerium für Familie, Senioren, Frauen und Jugend und das Bundesministerium für Gesundheit genehmigt werden. Das Vorliegen eines vereinbarten Modellvorhabens ist hierbei nicht Voraussetzung. Die Genehmigung der standardisierten Module erfolgt einmalig; lediglich Änderungen bedürfen einer neuen Genehmigung. Das Verfahren zur Entwicklung von Lehr- und Ausbildungsplänen und ihrer Genehmigung durch die zuständigen Fachministerien wird dadurch verkürzt. Durch diese Regelung soll die angestrebte Weiterentwicklung des Pflegeberufs gefördert und die Durchführung von Modellvorhaben erleichtert werden. Es besteht nun die Möglichkeit, dass Ausbildungsstätten zur Durchführung von Modellvorhaben auf bereits erarbeitete Ausbildungsmodule zurückgreifen können. Eine vergleichbare Regelung, die durch das GKV-Versorgungsstärkungsgesetz 2015 eingeführt wurde, sieht die Entwicklung entsprechender Module durch den Gemeinsamen Bundesausschuss vor. Diese Regelung wird durch das Pflegeberufsgesetz abgelöst. Bereits in der Gesetzesbegründung zum GKV-Versorgungsstärkungsgesetz wurde angekündigt, dass der Gesetzgeber selbst diese Aufgabe im Rahmen der Reform der Pflegeausbildungen in geeigneter Form aufgreifen wird. Dies erfolgt durch die Einführung einer Fachkommission, die durch die Fachministerien berufen wird, und deren Beauftragung zur Modulentwicklung.

Flankiert wird diese Regelung durch eine Änderung des § 63 Abs. 3c SGB V, durch die ein zügiger Beginn entsprechender Modellvorhaben erreicht werden soll.

Bei Entwicklung der Modellvorhaben ist stets die Vereinbarkeit der Ausbildung mit der Richtlinie 2005/36/EG zu gewährleisten.

Die Ausbildungsdauer nach § 6 Abs. 1 verlängert sich bei Modellvorhaben, soweit diese Teil einer Erstausbildung sind. Die Auszubildenden haben während der gesamten Dauer einen Anspruch auf Ausbildungsvergütung. Die staatliche Abschlussprüfung erstreckt sich auch auf die mit der zusätzlichen Ausbildung erworbenen erweiterten Kompetenzen. Erfolgt die zusätzliche Ausbildung im Nachgang zur Erstausbildung, werden die erweiterten

Kompetenzen ebenfalls staatlich geprüft.

Über eine Verweisung in § 37 Abs. 5 gelten die Regelungen des § 14 entsprechend auch für die hochschulische Pflegeausbildung.

2. Aus der Beschlussempfehlung und dem Bericht des Ausschusses für Gesundheit des Deutschen Bundestages (BT-Drucksache 18/12847 (S. 107 f.)) vom 21. Juni 2017. Zu den Absätzen 2, 3 und 5 Vorabfassung – wird durch die lektorierte Fassung ersetzt. Es handelt sich um Folgeänderungen zur Änderung in § 6 Abs. 2.

Zu Abs. 7. Es handelt sich um eine Folgeänderung zur Einfügung eines neuen Absatzes 2 in § 1

III. Erläuterungen. Die Regelung greift die Ausbildung im Rahmen von Modellvorhaben nach § 63 Abs. 3c SGB V auf. Zur Weiterentwicklung des Pflegeberufes werden solche im Rahmen befristeter Angebote ermöglicht, um erweiterte Kompetenzen zur Ausübung der Heilkunde zu vermitteln. Gesonderte Lehrpläne hierfür sind durch das Bundesministerium für Familie, Senioren, Frauen und Jugend und das Bundesministerium für Gesundheit zu genehmigen. Allerdings gab es bisher keine Modellvorhaben trotz deren Ermöglichung durch die Einfügung entsprechender Modellklauseln im Kranken- und Altenpflegegesetz. Nunmehr sollen sie noch stärker initiiert werden, indem standardisierte Module für die zusätzliche Ausbildung nach § 63 Abs. 3c SGB V von der Fachkommission nach § 53 dieses Gesetzes erstellt werden können und wohl auch erstellt werden sollen. Diese Module sollen künftig auch unabhängig von bereits beschlossenen Modellvorhaben entwickelt werden. In beiden Fällen schließt die Ausbildung mit einer staatlichen Prüfung ab.

Die Regelung in Abs. 4 bedeutet eine Vereinfachung gegenüber dem bisherigen Verfahren. Ob dies die Attraktivität einer Erprobung für Einrichtungsträger erhöht, bleibt abzuwarten.

Die Übertragung von ärztlichen Tätigkeiten auf Pflegefachkräfte mit einer entsprechenden Qualifikation zur selbstständigen Ausübung von Heilkunde bietet insbesondere in ländlichen Regionen mit niedrigerer Bevölkerungsdichte und nicht ausreichender Zahl von Ärzten einerseits ambulanten Pflegediensten eine Chance zum Ausbau ihres Angebotes und andererseits Patienten/Pflegebedürftigen eine verbesserte Versorgung. So übernehmen ambulante Pflegedienste schon derzeit Maßnahmen der Krankenbehandlung im Rahmen der häuslichen Krankenpflege (§§ 27, 37, 132a SGB V). Dazu gibt es die Möglichkeiten der Arztentlastung durch Medizinische Fachangestellte, doch haben wohl die bürokratischen Hürden der Richtlinie nach § 63 Abs. 3c SGB V bisher dazu geführt, dass es auch mehrere Jahre nach dem Beschluss des G-BA zu den Richtlinien gem. § 63 Abs. 3c SGB V am 20. Oktober 2011 kein Modellvorhaben nach § 63 Abs. 3c SGB V gibt. Dies könnte sich aufgrund der neuen Vorgaben ändern.

§ 15

Modellvorhaben zur Weiterentwicklung des Pflegeberufs

(1) Zur zeitlich befristeten Erprobung von Konzepten zur Durchführung der schulischen und praktischen Ausbildung können die Länder im Einvernehmen mit dem Bundesministerium für Familie, Senioren, Frauen und Jugend und dem Bundesministerium für Gesundheit Abweichungen von den §§ 6, 7 und 10 und den Vorschriften der Ausbildungs- und Prüfungsverordnung nach § 56 Abs. 1, die sich nicht auf Inhalte oder Prüfungsvorgaben beziehen, zulassen, sofern das Erreichen der Ausbildungsziele nach § 5 nicht gefährdet wird und die Vereinbarkeit der Ausbildung mit der Richtlinie 2005/36/EG des Europäischen Parlaments und des Rates vom 7. September 2005 über die Anerkennung von Berufsqualifikationen (ABl. L 255 vom 30.9.2005, S. 22; L 271 vom 16.10.2007, S. 18), die zuletzt durch den Delegierten Beschluss (EU) 2016/790 (ABl. L 134 vom 24.5.2016, S. 135) geändert worden ist, gewährleistet ist. Dabei können Teile des theoretischen Unterrichts nach § 6 Abs. 2 als Fernunterricht erteilt werden.

(2) Die Zulassung als Modellvorhaben setzt voraus, dass

1. das Erprobungsziel beschrieben wird und erkennen lässt, welche qualitativen Verbesserungen für die Pflegeausbildung unter Beachtung der berufsfeld-spezifischen Anforderungen erwartet werden,

2. eine sachgerecht begleitende und abschließende wissenschaftliche Evaluierung des Modellvorhabens gewährleistet ist und

3. die Laufzeit des Modellvorhabens fünf Jahre nicht überschreitet und eine Verlängerung um höchstens zwei Jahre anhand der Evaluierungsergebnisse zu begründen ist.

I. Zur Entstehungsgeschichte. Der Text wurde in Bezug auf die europäische Regelung angepasst.

Aus der Beschlussempfehlung und dem Bericht des Ausschusses für Gesundheit des Deutschen Bundestages (BT-Drucksache 18/12847) vom 21. Juni 2017. Es handelt sich um eine Aktualisierung des Vollzitats der Richtlinie 2005/36/EG des Europäischen

Parlaments und des Rates vom 7. September 2005 über die Anerkennung von Berufsqualifikationen (*ABl. L 255 vom 30.9.2005, S. 22*), die zuletzt durch den Delegierten Beschluss (EU) 2016/790 (*ABl. L 134 vom 24.5.2016, S. 135*), geändert worden ist.

II. Aus den Gesetzesmaterialien. Aus der Begründung zum Gesetzesentwurf der Bundesregierung von 2016 (BT-Drucksache 18/7823 (S. 74 f.)). Entsprechend der bisherigen Rechtslage können auch im Rahmen der neuen Pflegeausbildung Modellvorhaben unter den festgelegten Voraussetzungen zur Erprobung von Ausbildungsangeboten, die der Weiterentwicklung des neuen Pflegeberufs dienen, befristet zugelassen werden. Die Zulassung erfolgt durch die Länder im Einvernehmen mit dem Bundesministerium für Familie, Senioren, Frauen und Jugend und dem Bundesministerium für Gesundheit. Abs. 1 Satz 2 stellt klar, dass abweichend von § 6 Abs. 2 Teile der theoretischen Ausbildung als Fernunterricht durchgeführt werden können. Dies gilt nach Satz 1 mit der Maßgabe, dass dadurch das Erreichen der Ausbildungsziele nach § 5 nicht gefährdet wird und die Vereinbarkeit der Ausbildung mit der Richtlinie 2005/36 EG gewährleistet ist.

III. Erläuterungen. Diese Vorschrift umfasst Regelungen zu Modellvorhaben zur Weiterentwicklung des Pflegeberufs. Auch im Rahmen der neuen Pflegeausbildung können Modellvorhaben entsprechend der bisherigen Rechtslage unter den festgelegten Voraussetzungen zur Erprobung von Ausbildungsangeboten, die der Weiterentwicklung der Pflegeberufe dienen, befristet zugelassen werden. Die Zulassung setzt u. a. voraus, dass das Erprobungsziel und die erwarteten Ergebnisse beschrieben werden sowie eine sachgerecht begleitende und abschließende wissenschaftliche Evaluation des Modellvorhabens erfolgt.

Der Gesetzgeber schreibt vor, dass die Laufzeit des Modellvorhabens fünf Jahre nicht überschreitet, wobei eine Verlängerung um zwei Jahre anhand der Evaluationsergebnisse zu begründen ist. Die Zulassung erfolgt durch die Länder im Einvernehmen mit dem Bundesministerium für Familie, Senioren, Frauen und Jugend und dem Bundesministerium für Gesundheit.

Dabei darf von Dauer und Struktur der Ausbildung (§ 6), der Durchführung der praktischen Ausbildung gemäß § 7 und den Regelungen in § 10 (Gesamtverantwortung der Pflegeschulen) nicht aber von den Mindestanforderungen an Pflegeschulen (§ 9) bei zeitlich befristeten Erprobungen von Konzepten zur Durchführung der schulischen und praktischen Ausbildung abgewichen werden.

Die Experimentierungsklausel setzt damit einen engen Rahmen, zumal Teil 3 (Hochschulische Pflegeausbildung) und § 14 (Ausbildung im Rahmen von Modellvorhaben nach § 63 Abs. 3c SGB V) nicht einbezogen worden sind.

Abschnitt 2
Ausbildungsverhältnis

§ 16

Ausbildungsvertrag

(1) Zwischen dem Träger der praktischen Ausbildung und der oder dem Auszubildenden ist ein schriftlicher Ausbildungsvertrag nach Maßgabe der Vorschriften dieses Abschnitts zu schließen.

(2) Der Ausbildungsvertrag muss mindestens Folgendes enthalten:

1. die Bezeichnung des Berufs, zu dem nach den Vorschriften dieses Gesetzes ausgebildet wird sowie den gewählten Vertiefungseinsatz einschließlich einer Ausrichtung nach § 7 Abs. 4 Satz 2,

2. den Beginn und die Dauer der Ausbildung,

3. Angaben über die der Ausbildung zugrunde liegende Ausbildungs- und Prüfungsverordnung,

4. eine Darstellung der inhaltlichen und zeitlichen Gliederung der praktischen Ausbildung (Ausbildungsplan),

5. die Verpflichtung der Auszubildenden oder des Auszubildenden zum Besuch der Ausbildungsveranstaltungen der Pflegeschule,

6. die Dauer der regelmäßigen täglichen oder wöchentlichen praktischen Ausbildungszeit,

7. die Dauer der Probezeit,

8. Angaben über Zahlung und Höhe der Ausbildungsvergütung einschließlich des Umfangs etwaiger Sachbezüge nach § 19 Abs. 2,

9. die Dauer des Urlaubs,

10. die Voraussetzungen, unter denen der Ausbildungsvertrag gekündigt werden kann, und

11. einen in allgemeiner Form gehaltenen Hinweis auf die dem Ausbildungsvertrag gegebenenfalls zugrunde liegenden tariflichen Bestimmungen, Betriebs- oder Dienstvereinbarungen sowie auf die Rechte als Arbeitnehmer im Sinne von § 5 des Betriebsverfassungsgesetzes oder von § 4 des Bundespersonalvertretungsgesetzes des Trägers der praktischen Ausbildung.

(3) Der Ausbildungsvertrag ist von einer vertretungsberechtigten Person des Trägers der praktischen Ausbildung und der oder dem Auszubildenden, bei Minderjährigen auch von deren gesetzlichen Vertretern, zu unterzeichnen. Eine Ausfertigung des unterzeichneten Ausbildungsvertrages ist der oder dem Auszubildenden und deren gesetzlichen Vertretern auszuhändigen.

(4) Auf den Ausbildungsvertrag sind, soweit sich aus seinem Wesen und Zweck sowie aus diesem Gesetz nichts anderes ergibt, die für Arbeitsverträge geltenden Rechtsvorschriften und Rechtsgrundsätze anzuwenden.

(5) Änderungen des Ausbildungsvertrages bedürfen der Schriftform. Auch eine Änderung des Vertiefungseinsatzes ist bis zu dessen Beginn jederzeit in beiderseitigem Einverständnis möglich. Die Absätze 2 bis 4 gelten entsprechend.

(6) Der Ausbildungsvertrag bedarf zu seiner Wirksamkeit im Falle des § 8 Abs. 2 Nr. 2 der schriftlichen Zustimmung der Pflegeschule. Liegt die Zustimmung bei Vertragsschluss nicht vor, ist sie unverzüglich durch den Träger der praktischen Ausbildung einzuholen. Hierauf ist der oder die Auszubildende und sind bei minderjährigen Auszubildenden auch deren gesetzliche Vertreter hinzuweisen.

I. Zur Entstehungsgeschichte. Es wurden gegenüber dem Gesetzesentwurf der Bundesregierung ergänzende Bestimmungen zum Inhalt und zur Wirkung des Ausbildungsvertrages aufgenommen.

II. Aus den Gesetzesmaterialien.

1. Aus der Begründung zum Gesetzesentwurf der Bundesregierung von 2016 (BT-Drucksache 18/7823 (S. 75)).

Die Vorschrift enthält Regelungen zum Abschluss und zum Mindestinhalt des Ausbildungsvertrags zwischen dem Träger der praktischen Ausbildung und dem oder der Auszubildenden. Sie entspricht vergleichbaren Regelungen in anderen Heilberufsgesetzen.

Abs. 2 Nr. 1 sieht unter anderem vor, auch den gewählten Vertiefungseinsatz bereits in den Ausbildungsvertrag aufzunehmen. Bis zum Beginn des Vertiefungseinsatzes kann dieser in beiderseitigem Einverständnis geändert werden. Dies ist in Abs. 5 ausdrücklich festgehalten.

Zur Stärkung der Rolle der Pflegeschule, die nach § 10 die Gesamtverantwortung für die Ausbildung trägt, ist in Abs. 6 vorgesehen, dass der Ausbildungsvertrag zu seiner Wirksamkeit die Zustimmung der Pflegeschule bedarf.

2. Aus der Beschlussempfehlung und dem Bericht des Ausschusses für Gesundheit des Deutschen Bundestages (BT-Drucksache 18/12847 (S. 108)) vom 21. Juni 2017.
Zu Abs. 2 Nr. 1. Wird von der neu eingeführten Ausrichtung des Vertiefungseinsatzes in der allgemeinen ambulanten Akut- und Langzeitpflege auf den Bereich der Langzeitpflege Gebrauch gemacht, muss dies entsprechend im Ausbildungsvertrag angegeben werden.

Zu Abs. 2 Nr. 11. Mit der Änderung wird der Hinweis im Ausbildungsvertrag auf die dem Ausbildungsvertrag gegebenenfalls zugrunde liegenden tariflichen Bestimmungen sowie Betriebs- oder Dienstvereinbarungen um den Hinweis auf die Rechte als Arbeitnehmer im Sinne von § 5 des Betriebsverfassungsgesetzes oder von § 4 des Bundespersonalvertretungsgesetzes ergänzt.

Zu Abs. 6. Für die Auszubildende oder für den Auszubildenden und bei minderjährigen Auszubildenden auch für deren gesetzliche Vertreter muss ersichtlich sein, wenn der Ausbildungsvertrag aufgrund der Regelung in Abs. 6 noch nicht wirksam ist.

III. Erläuterungen. Hier wird der Ausbildungsvertrag geregelt. Gemäß Abs. 1 wird der Ausbildungsvertrag zwischen dem Träger der praktischen Ausbildung und den Auszubildenden geschlossen. Träger der praktischen Ausbildung ist der Betriebsinhaber bzw. die juristische Person, z. B. GmbH, der Einrichtungen gem. § 7 Abs. 1 (*vgl. § 8 Abs. 2 Satz 1*). Zu trennen ist von diesem rechtlich Verantwortlichen und Vertragspartner des Auszubildenden der (praktisch) die Ausbildung durchführende Ausbilder (im BBiG der sog. Ausbildende, *vgl. dort § 28*). Vertretungsberechtigte Person des Trägers der praktischen Ausbildung nach Abs. 2 Satz 1 ist der gesetzliche Vertreter, z. B. bei einer GmbH der Geschäftsführer, bei einer OHG oder KG die vertretungsberechtigten Gesellschafter.

In Abs. 2 werden dann konkrete Vorgaben zum Inhalt des Ausbildungsvertrages gemacht. U. a. muss der Ausbildungsvertrag auch den gewählten Vertiefungseinsatz benennen und/oder Nr. 4 wird der Ausbildungsplan als notwendiger Bestandteil aufgeführt und definiert.

Da der Ausbildungsvertrag mit dem Träger der Ausbildung geschlossen wird, muss der Vertrag die Verpflichtung der Auszubildenden zum Besuch der Ausbildungsveranstaltungen der Pflegeschule enthalten (Abs. 2 Nr. 5), auch wenn sich eine indirekte Pflicht aus der Regelung in § 17 Nr. 1 und eine weitere indirekte aus der Fehlzeitenregelung in § 13 Abs. 2 Nr. 2a ergibt.

In der Praxis könnte es problematisch werden, dass schon vor Beginn der Ausbildung der Vertiefungseinsatz bereits im Ausbildungsvertrag festzulegen ist. Die Festlegung vor Beginn der Berufsausbildung könnte dazu führen, dass sich die Auszubildenden an den bisherigen Berufsbereichen orientieren, ohne dass die Auszubildenden die unterschiedlichen Tätigkeitsbereiche selbst kennenlernen konnten, um sich dann für ihren Vertiefungseinsatz zu entscheiden. Zwar ist gemäß Abs. 5 eine nachträgliche Änderung zulässig, jedoch nur im Einvernehmen mit dem Träger der praktischen Ausbildung. Ob die Träger einer nachträglichen Vertragsänderung gegenüber offen sein werden, bleibt abzuwarten. Stehen der Änderung des Vertiefungseinsatzes die Interessen der Praxiseinrichtungen entgegen, muss darauf geachtet werden, dass Vertiefungswünsche der Auszubildenden nicht ohne Weiteres abgelehnt werden. Hier stellt sich auch eine Aufgabe für die Ombudsstelle (§ 7 Abs. 6).

Die Dauer der täglichen oder wöchentlichen Ausbildungszeit ist gem. Abs. 2 Nr. 6 nur für die praktische Ausbildung anzugeben. Sie sollte aber auch während des Unterrichts nicht überschritten werden, zumal § 19 Abs. 5 auf die Ausbildungszeit, nicht nur diejenige der praktischen Ausbildung, abstellt.

Die Angaben über die Ausbildungsvergütung (Abs. 8) einschließlich des Umfangs etwaiger Sachbezüge nach § 19 Abs. 2 beziehen sich nicht eindeutig nur auf diejenigen Sachbezüge, die angerechnet werden. Entsprechend der Vorgehensweise nach dem BBiG sind hier nur die Modalitäten der Zahlung, wie Art, Fälligkeit, Berechnung (z. B. nach Monaten, Tagen, usw.) gemeint. Die Höhe ergibt sich aus § 19 ebenso wie die Wirksamkeit der Anrechnung von Sachbezügen einschließlich deren Voraussetzungen. Nach § 19 Abs. 2 Satz 3 ist dazu eine Vereinbarung im Ausbildungsvertrag notwendig, woraus sich im Umkehrschluss ergibt, dass ansonsten, also ohne Anrechnung oder Abgeltung, eine Regelung zu Sachbezügen im Ausbildungsvertrag entbehrlich ist.

Im Übrigen ist die Verpflichtung, die Schule zur Wirksamkeit des Ausbildungsvertrages durch schriftliche Zustimmung einzubeziehen, sachgerecht im Hinblick auf die ihr übertragene Verantwortung gem. § 10. Dadurch hat zudem eine Pflegeschule, die nicht vom Träger der praktischen Ausbildung betrieben wird (§ 8 Abs. 2 Nr. 2) einen mittelbaren Einfluss gem. Abs. 4 auf den Ausbildungsplan.

§ 17

Pflichten der Auszubildenden

Die oder der Auszubildende hat sich zu bemühen, die in § 5 genannten Kompetenzen zu erwerben, die erforderlich sind, um das Ausbildungsziel zu erreichen. Sie oder er ist insbesondere verpflichtet,

1. an den vorgeschriebenen Ausbildungsveranstaltungen der Pflegeschule teilzunehmen,
2. die ihr oder ihm im Rahmen der Ausbildung übertragenen Aufgaben sorgfältig auszuführen,
3. einen schriftlichen Ausbildungsnachweis zu führen,
4. die für Beschäftigte in den Einrichtungen nach § 7 geltenden Bestimmungen über die Schweigepflicht einzuhalten und über Betriebsgeheimnisse Stillschweigen zu wahren und
5. die Rechte der zu pflegenden Menschen zu achten.

I. Zur Entstehungsgeschichte. Die Regelung ist unverändert aus dem Gesetzesentwurf der Bundesregierung übernommen worden.

II. Aus den Gesetzesmaterialien. Aus der Begründung zum Gesetzesentwurf der Bundesregierung von 2016 (BT-Drucksache 18/7823 (S. 75)). Die Vorschrift umschreibt die den Auszubildenden im Rahmen der Ausbildung obliegenden Pflichten. Der Ausbildungsnachweis ist so auszugestalten, dass sich aus ihm die Ableistung der praktischen Ausbildungsanteile und eine Kompetenzentwicklung ablesen lassen.

III. Erläuterungen. Die Vorschrift enthält die Pflichten der Auszubildenden. Neu, z. B. gegenüber § 11 Krankenpflegegesetz, ist die Vorgabe, einen Ausbildungsnachweis zu führen und nun wird ausdrücklich benannt (wenngleich auch vorher schon notwendig) die Rechte der zu pflegenden Menschen zu achten.

Zu beachten ist, dass in Nr. 1 eine Einschränkung der Teilnahmepflicht auf die *„vorgeschriebenen"* Ausbildungsveranstaltungen vorgenommen worden ist, anders als und in § 16 Abs. 2 Nr. 5, wo dieser Zusatz fehlt. Dies kann zu Missverständnissen führen und es sollte eine Klarstellung im Ausbildungsvertrag erfolgen, z. B. gem. § 16 Abs. 2 Nr. 4 durch Bezug auf den Ausbildungsplan (*vgl. auch § 8 Abs. 3 Nr. 2 in Verbindung mit § 10*).

Nicht gesetzlich geregelt aber aus den Vorgaben an den Ausbildungsveranstaltungen teilzunehmen (Nr. 1) und die ihnen im Rahmen der Ausbildung übertragenen Aufgaben sorgfältig auszuführen (Nr. 2), abzuleiten ist die Forderung aktiv und interessiert auf das Ausbildungsziel hinzuarbeiten und ein gewisses Maß an geistigen Bemühungen auch außerhalb der Ausbildungszeit im engeren Sinne aufzubringen (*so auch das Bundesarbeitsgericht (BAG) in seiner Entscheidung vom 11. Januar 1979 zum BBiG, AP BBiG § 6 Nr. 1*). Eine grobe Verletzung der Mitwirkungspflicht, wäre ein wichtiger Grund zur fristlosen Kündigung gem. § 22 Abs. 2 Nr. 1.

Der Katalog der Verhaltenspflichten ist wegen der Formulierung in Satz 2 *„insbesondere"* nicht abschließend und es können sich weitere aus der Ausbildung heraus ergeben.

Nehmen Auszubildende gem. Nr. 1 unentschuldigt nicht an den Ausbildungsveranstaltungen teil, kann das Verhalten abgemahnt und die Ausbildungsvergütung anteilig gekürzt werden. Mehrfache Verstöße gegen die Teilnahmepflicht können (nach Abmahnung), wie erwähnt, sogar zur fristlosen Kündigung aus wichtigem Grund führen.

Mit der Bestimmung in Nr. 2 wird festgelegt, dass die Auszubildenden nicht ausbildungsrelevante Tätigkeiten nicht ausführen müssen (*vgl. die korrespondierende Pflicht beim Ausbildungsträger in § 18 Abs. 2*), wobei diese Bestimmungen nicht zu eng anzulegen sind. Denn mit der Ausbildung zusammenhängende Nebentätigkeiten, z. B. Reinigungsarbeiten aufgrund von betrieblichen oder sonstigen Vorgaben, dürfen verlangt werden. Zudem verlangt der Gesetzgeber eine Sorgfaltspflicht bei Ausführung der übertragenen Ausführungen von den Auszubildenden. Dies entbindet die Ausbilder und Praxisleiter nicht, die notwendigen Einweisungen und Aufsicht vorzunehmen und es ist stets bei der Bemessung der Sorgfaltspflicht auf den Ausbildungsstand und die ggf. davon abhängige Einsichtsfähigkeit abzustellen.

Die Haftung der Auszubildenden ist dementsprechend nicht vergleichbar mit dem Haftungsumfang von Fachkräften. Auch wegen der Vorgaben in § 8 Abs. 5 Satz 1 und § 16 Abs. 4 ist aber generell ansonsten ein von den allgemeinen Grundsätzen der Haftung von Arbeitnehmern allein wegen des Ausbildungsverhältnisses abweichender geringerer Haftungsmaßstab nicht gegeben (*vgl. auch die Entscheidung des BAG vom 18. April 2002 zum BBiG, Neue Zeitschrift für Arbeitsrecht 2003, S. 37*).

§ 18

Pflichten des Trägers der praktischen Ausbildung

(1) Der Träger der praktischen Ausbildung ist verpflichtet,

1. die Ausbildung in einer durch ihren Zweck gebotenen Form auf der Grundlage des Ausbildungsplans zeitlich und sachlich gegliedert so durchzuführen, dass das Ausbildungsziel in der vorgesehenen Zeit erreicht werden kann,

2. zu gewährleisten, dass die nach § 16 Abs. 2 Nr. 4 vereinbarten Einsätze der praktischen Ausbildung durchgeführt werden können,

3. sicherzustellen, dass die nach § 6 Abs. 3 Satz 3 zu gewährleistende Praxisanleitung der oder des Auszubildenden im Umfang von mindestens 10 Prozent der während eines Einsatzes zu leistenden praktischen Ausbildungszeit stattfindet,

4. der oder dem Auszubildenden kostenlos die Ausbildungsmittel einschließlich der Fachbücher, Instrumente und Apparate zur Verfügung zu stellen, die zur praktischen Ausbildung und zum Ablegen der staatlichen Abschlussprüfung erforderlich sind, und

5. die Auszubildende oder den Auszubildenden für die Teilnahme an Ausbildungsveranstaltungen der Pflegeschule und für die Teilnahme an Prüfungen freizustellen und bei der Gestaltung der Ausbildung auf die erforderlichen Lern- und Vorbereitungszeiten Rücksicht zu nehmen.

(2) Der oder dem Auszubildenden dürfen nur Aufgaben übertragen werden, die dem Ausbildungszweck und dem Ausbildungsstand entsprechen; die übertragenen Aufgaben müssen den physischen und psychischen Kräften der Auszubildenden angemessen sein.

I. Zur Entstehungsgeschichte. Eine inhaltliche Änderung gegenüber dem Gesetzesentwurf der Bundesregierung ist durch Einfügung einer neuen Regelung in Nr. 3 vorgenommen worden und dementsprechend sind die Folgeregelungen in der Nummerierung angepasst worden.

II. Aus den Gesetzesmaterialien.

1. Aus der Begründung zum Gesetzesentwurf der Bundesregierung von 2016 (BT-Drucksache 18/7823 (S. 75)). Die Vorschrift regelt die Pflichten des Trägers der praktischen Ausbildung.

Abs. 1 bestimmt, dass der Träger der praktischen Ausbildung durch eine angemessene und zweckmäßige Strukturierung der Ausbildung auf der Grundlage des Ausbildungsplans die Erreichung des Ausbildungsziels in der vorgeschriebenen Ausbildungszeit sicherzustellen und den Auszubildenden die erforderlichen Ausbildungsmittel kostenlos zur Verfügung zu stellen hat. Dazu zählen ausdrücklich auch die Ausbildungsmittel, die zum Ablegen der staatlichen Abschlussprüfung erforderlich sind.

Der Träger der praktischen Ausbildung hat die Auszubildenden im Übrigen für die Teilnahme an Ausbildungsveranstaltungen der Pflegeschule und für die Teilnahme an Prüfungen freizustellen. Die Freistellung muss eventuelle Reise- und Wegezeiten mitumfassen. Auch darüber hinaus ist dem Ausbildungscharakter entsprechend auf die erforderlichen Lern- und Vorbereitungszeiten Rücksicht zu nehmen.

Die Ausbildungsvergütung muss nach § 19 Abs. 1 Halbsatz 1 grundsätzlich für die gesamte Dauer der Ausbildung gezahlt werden. Die Bezüge sind daher auch während der Teilnahme an Ausbildungsveranstaltungen der Pflegeschule und Prüfungen fortzuzahlen.

Durch die Schutzvorschrift in Abs. 2 wird zugunsten der Auszubildenden sichergestellt, dass diesen nur Verrichtungen übertragen werden, die dem Ausbildungszweck dienen und deren Ausbildungsstand sowie deren physischen und psychischen Kräften entsprechen. Dadurch soll auch verhindert werden, dass die Auszubildenden lediglich als Arbeitskräfte eingesetzt werden. Die für jugendliche Auszubildende, d.h. für Personen unter 18 Jahren geltenden Arbeitsschutzvorschriften nach dem Jugendarbeitsschutzgesetz bleiben unberührt.

2. Aus der Beschlussempfehlung und dem Bericht des Ausschusses für Gesundheit des Deutschen Bundestages (BT-Drucksache 18/12847 (S. 108)) vom 21. Juni 2017. Zu Abs. 1 Nr. 3. Die Sicherstellung der in § 6 Abs. 3 Satz 3 vorgesehenen Praxisanleitung im Umfang von mindestens 10 Prozent der während eines Einsatzes zu leistenden praktischen Ausbildungszeit muss sich bei den Pflichten des Trägers der praktischen Ausbildung wiederfinden. Damit wird auch die mit der Reform der Pflegeberufe angestrebte Aufwertung der Praxisanleitung noch einmal verdeutlicht.

Zu Nr. 4 und 5. Es handelt sich um eine Folgeänderung zur Einfügung einer neuen Nr. 3 in § 18 Abs. 1.

III. Erläuterungen. Mit diesen Vorgaben werden die Verpflichtungen des Trägers der praktischen Ausbildung, wie sie im § 8 Abs. 3 angeführt werden, weiter konkretisiert.

In den Regelungen in Abs. 1 Nr. 1, 2 wird auf die Dauer und Struktur der Ausbildung nach §§ 6, 7 Bezug genommen. Abs. 2 beschränkt das Weisungsrecht.

Die Regelung der Pflichten des Trägers der praktischen Ausbildung ist z. B. gegenüber derjenigen in § 10 des Krankenpflegegesetzes erweitert worden. So sind u. a. gemäß Abs. 1 Nr. 5 die Auszubildenden für die Teilnahme an Ausbildungsveranstaltungen der Pflegeschule und für die Teilnahme an Prüfungen freizustellen.

Der Begriff „Freistellung" ist hier missverständlich und meint die praktische Vorgehensweise, denn rechtlich handelt es sich bei Ausbildungsveranstaltungen der Pflegeschule und Prüfungen um Bestandteile der Ausbildung, die der Träger der praktischen Ausbildung einzuplanen, also bei der Organisation zu beachten hat (*vgl. § 8 Abs. 1 Satz 1 in Verbindung mit § 6 Abs. 3 Sätze 1, 2*).

Werden die Pflichten nicht erfüllt, hat das verschiedene Konsequenzen. Der Anspruch der Auszubildenden auf tatsächliche Ausbildung kann nach § 888 Abs. 1 ZPO vollstreckt werden (*so das Landesarbeitsgericht Berlin zum BBiG vom 19. Januar 1978 AP ZPO, § 888 Nr. 9*). Auszubildende haben das Recht Weisungen zu ausbildungsfremden Tätigkeiten nicht befolgen zu müssen, ohne dass dies Auswirkungen auf ihre Vergütung hat.

Bestehen Auszubildende wegen Verletzung der Ausbildungspflicht die Abschlussprüfung nicht, kann dies zu Schadensersatzansprüchen führen. Allerdings müssen sich die Auszubildenden trotzdem bemühen, das Ausbildungsziel zu erreichen, sonst trifft sie eventuell eine Mitschuld (*vgl. die Entscheidungen des BAG zum BBiG vom 10. Juni 1976, Neue Juristische Wochenschrift 1977, S. 77 und vom 11. Dezember 1964, ebenda 1965, S. 709*).

Was nach Abs. 2 genau dem Ausbildungszweck dient, ist nicht generell festzustellen. Hier ist eine Einzelfallbetrachtung notwendig, da auch Nebentätigkeiten, etwa Reinigungsarbeiten, dazugehören. Grundsätzlich kann insbesondere zu der praktischen Ausbildung jedoch festgestellt werden, dass ein Interesse an der Arbeitsleistung, also die Arbeitskraft zu verwerten, gar nicht oder allenfalls als Folge der Ausbildungtätigkeit anzuerkennen ist. Daher ist der Einsatz zur Sicherung einer Mindestbesetzung von Schichten oder die Auswahl der Einsatzzeiten allein im Hinblick auf die von der Einrichtung zu erfüllende Versorgung von Pflegebedürftigen oder zur Entlastung der Pflegekräfte davon nicht gedeckt. Auch Tätigkeiten wie Botengänge sind nicht zulässig, ebenso wenig wie an sich ausbildungsrelevante Tätigkeiten im Übermaß (z. B. Betten machen), wenn sie einen Zuwachs an Kenntnissen oder Fertigkeiten nicht mehr vermitteln können.

Der Maßstab in Abs. 2 für die Leistungsfähigkeit der Auszubildenden bemisst sich einzelfallbezogen zum jeweiligen Zeitpunkt. Bei bekannten Einschränkungen erhöht sich die Pflicht von Ausbildern, Praxisleitern, usw. Maßnahmen zum Schutz vor Überforderung zu ergreifen.

Selbstverständlich sind stets die gesetzlichen Arbeitsschutzvorschriften, die Unfallverhütungsregeln der Berufsgenossenschaften, die Patientenschutzbestimmungen, Hygienevorgaben, usw. zu beachten und einzuhalten.

§ 19

Ausbildungsvergütung

(1) Der Träger der praktischen Ausbildung hat der oder dem Auszubildenden für die gesamte Dauer der Ausbildung eine angemessene Ausbildungsvergütung zu zahlen. Die oder der Auszubildende steht den zur Berufsausbildung Beschäftigten im Sinne sozialversicherungsrechtlicher Bestimmungen gleich.

(2) Sachbezüge können in der Höhe der Werte, die durch Rechtsverordnung nach § 17 Abs. 1 Satz 1 Nr. 4 des Vierten Buches Sozialgesetzbuch bestimmt sind, angerechnet werden; sie dürfen jedoch 75 Prozent der Bruttovergütung nicht überschreiten. Kann die oder der Auszubildende aus berechtigtem Grund Sachbezüge nicht abnehmen, so sind diese nach den Sachbezugswerten abzugelten. Eine Anrechnung von Sachbezügen ist nur zulässig, soweit dies im Ausbildungsvertrag vereinbart worden ist.

(3) Eine über die vereinbarte regelmäßige tägliche oder wöchentliche Ausbildungszeit hinausgehende Beschäftigung ist nur ausnahmsweise zulässig und besonders zu vergüten oder in Freizeit auszugleichen.

I. Zur Entstehungsgeschichte. Abs. 1 wurde von Satz 2 gegenüber dem Gesetzesentwurf der Bundesregierung erweitert.

II. Aus den Gesetzesmaterialien.

1. Aus der Begründung zum Gesetzesentwurf der Bundesregierung von 2016 (BT-Drucksache 18/7823 (S. 75 f.)). Nach Abs. 1 hat der oder die Auszubildende grundsätzlich gegenüber dem Träger der praktischen Ausbildung Anspruch auf eine angemessene Ausbildungsvergütung für die gesamte Dauer der Ausbildung. Die Ausbildungsvergütung dient der finanziellen Unterstützung des oder der Auszubildenden und erhöht die Attraktivität der Ausbildung. Orientierungspunkt sollte insofern die Vergütung nach dem Tarifrecht des öffentlichen Dienstes sein. Angaben über Zahlung und Höhe der Ausbildungsvergütung sind im Ausbildungsvertrag nach § 16 festzulegen. Die Ausbildungsvergütung muss angemessen sein, wobei der Maßstab der Angemessenheit gesetzlich nicht geregelt wird. Die Vertragsparteien haben somit einen gewissen Spielraum bei der Vereinbarung der Vergütung. Jedoch unterliegt die Frage, ob die gezahlte Ausbildungsvergütung im Einzelfall angemessen ist, im Zweifelsfall der vollen gerichtlichen Überprüfung. Bei der Beurteilung der Angemessenheit ist die Verkehrsanschauung maßgeblich, wobei das Bundesarbeitsgericht als wichtigsten Anhaltspunkt die einschlägigen Tarifverträge nennt (*vgl. BAG, Urteil v. 23.08.2011, 3 AZR 575/09, Ziff. 37*). Das Bundesarbeitsgericht hat ausgeführt, dass, soweit keine tarifliche Regelung gilt, branchenübliche Sätze oder eine der Verkehrsauffassung des betreffenden Bereichs entsprechende Vergütung zugrunde zu legen sind. Eine vereinbarte Ausbildungsvergütung sei dann unangemessenen, wenn sie die einschlägige tarifliche, branchenübliche oder in den kirchlichen Arbeitsvertragsrichtlinien festgelegte Vergütung um mehr als 20 Prozent unterschreitet (*vgl. BAG, Urteil v. 23.08.2011, 3 AZR 575/09, Ziff. 41*). Allerdings wird hierdurch der Anspruch der oder des Auszubildenden nicht auf das gerade noch zulässige Maß der Unterschreitung begrenzt. Zweck der Vorschrift ist es, eine angemessene Ausbildungsvergütung sicherzustellen. Das Bundesarbeitsgericht hat dargelegt, dass bei Unterschreitung der Angemessenheitsgrenze der Träger der praktischen Ausbildung die volle tarifliche, branchenübliche oder in den kirchlichen Arbeitsvertragsrichtlinien festgelegte Ausbildungsvergütung zu zahlen hat (*vgl. BAG, Urteil v. 23.08.2011, 3 AZR 575/09, Ziff. 41*).

Sachbezüge nach Abs. 2 können nur in dem Umfang gewährt werden, in dem dies durch den Ausbildungsvertrag nach § 16 vorgesehen ist.

Bei einer nach Abs. 3 über die vereinbarte regelmäßige tägliche oder wöchentliche Ausbildungszeit hinausgehenden Beschäftigung sind insbesondere die Arbeitszeitvorschriften des Arbeitszeitgesetzes und des Jugendarbeitsschutzgesetzes zu beachten

2. Aus der Beschlussempfehlung und dem Bericht des Ausschusses für Gesundheit des Deutschen Bundestages (BT-Drucksache 18/12847 (S. 108)) vom 21. Juni 2017. Zu Abs. 1. Mit der Regelung wird sichergestellt, dass die bisherige Einstufung der Ausbildungsgänge in der Altenpflege, der Gesundheits- und Krankenpflege sowie der Gesundheits- und Kinderkrankenpflege als sozialversicherungspflichtige Beschäftigungsverhältnisse auch im Rahmen der neuen Pflegeberufsausbildung aufrecht erhalten bleibt.

III. Erläuterungen. Die Auszubildenden erhalten eine Ausbildungsvergütung.

Die Vorgabe in Abs. 1 Satz 1 ist zwingend und bedeutet, dass die Höhe der angemessenen Ausbildungsvergütung sich zwar grundsätzlich nach den Vertragsvereinbarungen (*vgl. § 16 Abs. 2 Nr. 8*) richten kann, dies aber nicht den Anspruch der Auszubildenden begrenzt. Die Höhe ist angemessen, wenn sie den tarifvertraglichen Vergütungen entspricht. Wird die tarifliche Vergütung um mehr als 20 % unterschritten, kann von der fehlenden Angemessenheit ausgegangen werde und die Auszubildenden haben Anspruch nicht nur auf 80 % sondern auf 100 % der tariflichen Vergütung (*vgl. die Entscheidungen des BAG vom 15. Dezember 2005, Neue Zeitschrift für Arbeitsrecht 2007, S. 1392; vom 30. September 1998, ebd. 1999, S. 265; vom 08. Mai 2003, ebd. 2003, S. 1343; vom 19. Februar 2008, ebd., 2008, S. 828; vom 23. August 2011, ebd. 2012, S. 211; vom 25. Juli 2002, AP BBiG § 10 Nr. 11*). Die tarifliche Ausbildungsvergütung ist stets auch für die nicht tariflich gebundenen Träger als angemessen anzusehen.

Die Pflegearbeitsverordnung, die den Pflege-Mindestlohn festlegt, gilt nicht für Auszubildende in der Pflege (vgl. dort § 1, Abs. 2, Nr. 1, 2; siehe Anlage 3 in diesem Buch).

Sachbezüge nach Abs. 2 sind z. B. Wohnung, Heizung, Beleuchtung.

Gemäß Abs. 3 ist eine über die vereinbarte regelmäßige tägliche oder wöchentliche Ausbildungszeit hinausgehende Beschäftigung nur ausnahmsweise zulässig und besonders zu vergüten. Mit der in Abs. 3 benannten Mehrarbeit wird auf die Vereinbarung gem. § 16 Abs. 2 Nr. 6 im Ausbildungsvertrag Bezug genommen. Zulässige Mehrarbeit liegt nur vor, wenn sie im Rahmen der Ausbildung erbracht wird. Nicht zulässig ist sie zur Arbeitsleistung. Gleichwohl ist auch eine unzulässige Mehrarbeit auszugleichen. Die Zulässigkeit von Mehrarbeit und die Ruhezeit von Jugendlichen richten sich im Übrigen nach §§ 2, 8, 12, 13, 14, 15, 16, 17, 18, 21 und 21a JArbSchG.

Die Fortzahlung der Vergütung für Zeiten in denen die Auszubildenden unverschuldet verhindert sind, sind ihre Ausbildungspflichten zu erfüllen, ist anders als in § 19 Abs. 1 Nr. 2 Buchstabe b BBiG, nicht gesetzlich geregelt. Hierzu ist deshalb ggf. auf die tariflichen Bestimmungen abzustellen, soweit diese im konkreten Ausbildungsverhältnis anzuwenden sind, und/oder auf die Grundsätze gem. § 616 S. 1 BGB i. V. m. § 16 Abs. 4 PflBG, wonach *„für eine verhältnismäßige nicht erhebliche Zeit"* gezahlt werden muss. Dieser unbestimmte Rechtsbegriff ist durch das Verhältnis von Dauer des Ausbildungsverhältnisses zur Dauer der Verhinderungszeit zu konkretisieren und auf den Einzelfall abzustellen (Näheres dazu

S. Dörner/Preis im Erfurter Kommentar zum Arbeitsrecht, § 616 BGB, Rn. 10 f.). Hinzuweisen ist darauf, dass dann, wenn die Verhinderung (von vornherein) nicht nur verhältnismäßig kurz sondern länger andauert, der Anspruch entfällt. Außerdem kann die Anwendung von § 616 BGB vertraglich abbedungen werden, wie aus § 619 BGB abzuleiten ist. Es empfiehlt sich daher zu dieser Problematik eine eindeutige Regelung im Ausbildungsvertrag, etwa wie in § 19 Abs. 1 Nr. 2 b, wonach eine Fortzahlung der Vergütung bis zu sechs Wochen erfolgt.

Der Anwendungsbereich des Entgeltfortzahlungsgesetzes ergibt sich demgegenüber unmittelbar aus dessen Bestimmung in § 1.

§ 20

Probezeit

Das Ausbildungsverhältnis beginnt mit der Probezeit. Die Probezeit beträgt sechs Monate, sofern sich aus tarifvertraglichen Regelungen keine andere Dauer ergibt.

I. Zur Entstehungsgeschichte. Diese Regelung wurde unverändert verabschiedet.

II. Aus den Gesetzesmaterialien. Aus der Begründung zum Gesetzesentwurf der Bundesregierung von 2016 (BT-Drucksache 18/7823 (S. 76)). Die Vorschrift regelt eine der besonderen Struktur der Ausbildung entsprechende Probezeit, die auf sechs Monate festgelegt wird Sollte sich aus tarifvertraglichen Regelungen eine andere Dauer ergeben, so gilt diese.

III. Erläuterungen. Die Regelung entspricht den im Arbeitsrecht üblichen Regelungen.

Die Probezeit dient dazu, dem Träger der praktischen Ausbildung und der/den Auszubildenden die Möglichkeit zu geben zu prüfen, ob die Ausbildung und/oder der Vertragspartner geeignet sind. Der Träger der praktischen Ausbildung hat dabei die Geeignetheit für die gesamte Ausbildung zu berücksichtigen, also auch für den theoretischen und praktischen Unterricht.

Während der Probezeit kann das Ausbildungsverhältnis jederzeit gekündigt werden. Einer Kündigungsfrist bedarf es nicht (§ 22 Abs. 1).

Die Dauer der Probezeit beträgt grundsätzlich 6 Monate, kann aber tarifvertraglich auch anders festgelegt werden. Im Tarifvertrag für Auszubildende des öffentlichen Dienstes Allgemeiner Teil und Besonderer Teil Pflege (TVAöD-Pflege) beträgt gem. § 3 Abs. 1 die Probezeit ebenfalls sechs Monate. Im BBiG, dessen Regelungen auf die Pflegeausbildung gem. § 63 nicht anwendbar sind, beträgt die Probezeit nur einen bis vier Monate.

Die Frist beginnt mit der im Ausbildungsvertrag bestimmten Zeit (§§ 16 Abs. 2 Nr. 2, 7) und unabhängig vom konkreten Dienstantritt, z. B. wegen Feiertagen, Krankheit, usw. Eine Verlängerung über die sechs Monate hinaus ist zwar durch Tarifvertrag möglich. Dabei ist jedoch der Geltungsumfang des Kündigungsschutzgesetzes zu beachten, da gem. § 1 Kündigungsschutzgesetz bei einer längeren Probezeit, die nicht unterbrochen war, die Kündigung durch den Träger sozial gerechtfertigt sein muss, und damit nur wirksam ist, wenn hierfür ein Grund nach § 1 Abs. 2 Kündigungsschutzgesetz vorliegt.

§ 21

Ende des Ausbildungsverhältnisses

(1) Das Ausbildungsverhältnis endet unabhängig vom Zeitpunkt der staatlichen Abschlussprüfung mit Ablauf der Ausbildungszeit.

(2) Besteht die oder der Auszubildende die staatliche Prüfung nicht oder kann sie oder er ohne eigenes Verschulden die staatliche Prüfung nicht vor Ablauf der Ausbildung ablegen, so verlängert sich das Ausbildungsverhältnis auf schriftliches Verlangen gegenüber dem Träger der praktischen Ausbildung bis zur nächstmöglichen Wiederholungsprüfung, höchstens jedoch um ein Jahr.

I. Zur Entstehungsgeschichte. Die Regelung wurde, so wie im Gesetzesentwurf der Bundesregierung vorgesehen, verabschiedet.

II. Aus den Gesetzesmaterialien. Aus der Begründung zum Gesetzesentwurf der Bundesregierung von 2016 (BT-Drucksache 18/7823 (S. 76)). Die Vorschrift trifft Bestimmungen zum Ende des Ausbildungsverhältnisses und zum Verfahren bei Nichtbestehen der Prüfung. In Abs. 1 wird dabei deutlich gemacht, dass die Ausbildungszeit in jedem Fall erst nach Ablauf der dreijährigen Ausbildungszeit endet, auch wenn die Prüfung vorher abgelegt sein sollte.

III. Erläuterungen. Mit diesen Regelungen werden die bisherigen Bestimmungen im Kranken- und Altenpflegegesetz fortgeführt.

Das Ausbildungsverhältnis endet gem. Abs. 1 nach Ablauf der dreijährigen bzw. fünfjährigen Ausbildungszeit ohne dass es einer Kündigung oder auch nur einer Mitteilung bedarf. Die Dauer ergibt sich aus der Vereinbarung im Ausbildungsvertrag (§ 16 Abs. 2 Nr. 2). Dabei sind Verlängerungen z. B. wegen Fehlzeiten möglich (*vgl. § 13 Abs. 2 Satz 2*).

Eine Verlängerung findet auf Antrag der/des Auszubildenden gem. Abs. 2 statt. Im Fall des Nichtbestehens der staatlichen Prüfung verlängert sich das Ausbildungsverhältnis kraft Gesetzes unmittelbar (*vgl. Entscheidung des BAG vom 15. März 2000 zum BBiG, Neue Zeitschrift für Arbeitsrecht 2001, S. 214*). Der Träger der praktischen Ausbildung hat also keinen Entscheidungsspielraum. Ob das nicht rechtzeitige Ablegen der Prüfung schuldhaft war, ist durch den Träger der praktischen Ausbildung bei seiner Entscheidung zu berücksichtigen. Gründe für eine Entschuldigung wären z. B. entschuldigtes Fehlen bei der Prüfung oder Krankheit, die die Teilnahme verhindert hat. Generell sollte bei der Entscheidung bedacht werden, dass durch die gesetzliche Möglichkeit der/den Auszubildenden die Chance eingeräumt werden soll, das Ausbildungsziel noch zu erreichen.

Wird ein solches Verlangen nicht oder nicht formgerecht zum Ausdruck gebracht, bleibt es bei der Beendigung. Eine Frist für das Verlangen ist gesetzlich nicht vorgegeben, das Verlangen sollte aber unverzüglich erfolgen, wobei der/dem Auszubildenden eine angemessene Überlegungsfrist einzuräumen ist.

Durch die Verlängerung wird lediglich die Dauer der Ausbildung verändert, alle anderen Vertragsregelungen bleiben unberührt.

Beim Ende ist auf die *„nächstmögliche"* bzw. nachträgliche Wiederholungsprüfung abzustellen. Das bedeutet nicht automatisch die zeitlich nächste, da dem Auszubildenden eine angemessene Vorbereitung auf die Wiederholungsprüfung möglich sein muss. Auch hier sollte eher großzügig verfahren werden. Die Höchstgrenze von einem Jahr darf aber nicht überschritten werden.

§ 22

Kündigung des Arbeitsverhältnisses

(1) Während der Probezeit kann das Ausbildungsverhältnis von jedem Vertragspartner jederzeit ohne Einhaltung einer Kündigungsfrist gekündigt werden.

(2) Nach der Probezeit kann das Ausbildungsverhältnis nur gekündigt werden
    1. von jedem Vertragspartner ohne Einhalten einer Kündigungsfrist bei Vorliegen eines wichtigen Grundes,
    2. von der oder dem Auszubildenden mit einer Kündigungsfrist von vier Wochen.

(3) Die Kündigung muss schriftlich erfolgen. Bei einer Kündigung durch den Träger der praktischen Ausbildung ist das Benehmen mit der Pflegeschule herzustellen. In den Fällen des Absatzes 2 Nr. 1 sind die Kündigungsgründe anzugeben.

(4) Eine Kündigung aus einem wichtigen Grund ist unwirksam, wenn die ihr zugrunde liegenden Tatsachen der kündigungsberechtigten Person länger als 14 Tage bekannt sind. Ist ein vorgesehenes Güteverfahren vor einer außergerichtlichen Stelle eingeleitet, so wird bis zu dessen Beendigung der Lauf dieser Frist gehemmt.

I. Zur Entstehungsgeschichte. Abs. 3 erhielt einen klarstellenden Zusatz durch Satz 2, der im Gesetzesentwurf der Bundesregierung noch nicht vorgesehen war.

II. Aus den Gesetzesmaterialien.

1. Aus der Begründung zum Gesetzesentwurf der Bundesregierung von 2016 (BT-Drucksache 18/7823 (S. 76)). Die Regelung enthält die üblichen Bestimmungen für die Kündigung von Ausbildungsverhältnissen.

2. Aus der Beschlussempfehlung und dem Bericht des Ausschusses für Gesundheit des Deutschen Bundestages (BT-Drucksache 18/12847 (S. 108 f.)) vom 21. Juni 2017.

Zu Abs. 3. Die Änderung soll sicherstellen, dass im Fall einer Kündigung durch den Träger der praktischen Ausbildung die Pflegeschule beteiligt wird und gegebenenfalls moderierend zum Erhalt des Ausbildungsverhältnisses beitragen kann. Die abschließende Entscheidung über die Kündigung trifft weiterhin der Träger der praktischen Ausbildung.

III. Erläuterungen. Nur während der Probezeit kann das Ausbildungsverhältnis ordentlich gekündigt werden. Damit gibt es nur ein eingeschränktes Kündigungsrecht, was nicht durch vertragliche Regelungen abänderbar oder erweiterbar ist.

Auch vor Antritt der Probezeit kann das Ausbildungsverhältnis ordentlich gekündigt werden (*vgl. Entscheidung des BAG zum BBiG vom 17. September 1987, Neue Zeitschrift für Arbeitsrecht 1988, 735*), es sei denn es gibt andere vertragliche Regelungen (§ 16 enthält in Abs. 2 nur die Mindestvorgaben für den Ausbildungsvertrag).

Nach der Probezeit kann nur noch aus wichtigem Grund oder von der/dem Auszubildenden mit einer Frist von vier Wochen (auch ohne wichtigem Grund und ohne Pflicht zur Angabe von Gründen) gekündigt werden. Als wichtige Gründe sind auch die in §§ 2 Nummern 2, 3 genannten Voraussetzungen (Unzuverlässigkeit aufgrund schuldhaften Verhaltens, gesundheitliche Ungeeignetheit) anzusehen, wenn diese während der Ausbildung eintreten.

Ein Verstoß gegen die Formvorschriften führt zur Nichtigkeit der Kündigung gem. § 125 BGB. Dasselbe gilt, wenn die Kündigungsgründe bei Kündigung aus wichtigem Grund nicht angegeben werden (Abs. 3 Satz 3).

Bei allen Kündigungen seitens des Trägers sind die Beteiligungsrechte von Betriebsrat/Personalrat/Mitarbeitervertretung und der Sonderkündigungsschutz nach § 9 MuSchG, § 18 BEEG, § 85 SGB IX und § 15 KSchG sowie der einschlägigen Regelungen im Betriebsverfassungs-/Personalvertretungsrecht und den kirchlichen Bestimmungen zu beachten.

Auch wenn in § 22 Abs. 3 Satz 2 das Benehmen mit der Pflegeschule herzustellen ist, entscheidet letztlich allein der Träger der praktischen Ausbildung als Vertragspartner des Auszubildenden (so ausdrücklich der Gesetzgeber in seiner Begründung). Besteht kein Einvernehmen zwischen dem Träger der praktischen Ausbildung und der Pflegeschule, besteht für die Pflegeschule keine weitere Einflussmöglichkeit zur Durchsetzung einer Kündigung, auch nicht, wenn diese den Eindruck in der Probezeit gewonnen hat, dass die/der Auszubildende für die weitere Ausbildung nicht geeignet erscheint.

§ 23

Beschäftigung im Anschluss an das Ausbildungsverhältnis

Wird die oder der Auszubildende im Anschluss an das Ausbildungsverhältnis beschäftigt, ohne dass hierüber ausdrücklich etwas vereinbart worden ist, so gilt ein Arbeitsverhältnis auf unbestimmte Zeit als begründet.

I. Zur Entstehungsgeschichte. Diese Regelung stammt ohne Änderung aus dem Gesetzesentwurf der Bundesregierung.

II. Aus den Gesetzesmaterialien. Aus der Begründung zum Gesetzesentwurf der Bundesregierung von 2016 (BT-Drucksache 18/7823 (S. 76)). Die Regelung ist eine Schutzvorschrift zugunsten der Auszubildenden, die dem Rechtsgedanken des § 625 BGB entspricht.

III. Erläuterungen. Diese Regelung entspricht derjenigen in § 626 BGB und dient der Klarstellung. Die Bestimmung greift nicht bei Verlängerung der Ausbildungszeit nach § 21 Abs. 2.

Eine Weiterbeschäftigung im Sinne von § 23 liegt vor, wenn die/der Auszubildende an dem der rechtlichen Beendigung des Ausbildungsverhältnisses folgenden Arbeitstag mit Wissen und Willen oder sogar auf Weisung des Trägers der praktischen Ausbildung oder seines Vertreters arbeitet (*vgl. Entscheidung des BAG vom 20. Februar 2002, Zeitschrift für Tarifrecht 2002, S. 439*).

Weil die Weiterbeschäftigung *„im Anschluss"* an das Ausbildungsverhältnis erfolgen muss, darf keine oder allenfalls eine geringfügige Unterbrechung gegeben sein. Was *„geringfügig"* bedeutet, ist vom Einzelfall abhängig, ebenso wie eine Unterbrechung durch Krankheit.

Von dieser Regelung zu unterscheiden ist die Verpflichtung zur Begründung eines Arbeitsverhältnisses nach § 78a BetrVG, § 9 BPersVG und/oder ggf. den Regelungen in den Personalvertretungsgesetzen der Länder sowie den kirchlichen Bestimmungen. Danach sind Jugend- und Auszubildendenvertreter Sonderrechte eingeräumt, wenn diese nach der Ausbildung weiter beschäftigt werden wollen.

Hat die /der Auszubildende die staatliche Prüfung bestanden und wird er/sie (nach Ende der Ausbildungszeit, § 21 Abs. 1) als Pflegefachmann/Pflegefachfrau bzw. Gesundheits- und Kinderkrankenpfleger(in) oder Altenpfleger(in) weiterbeschäftigt, steht ihr/ihm die entsprechende Vergütung zu. Ist das Ausbildungsverhältnis ohne bestandene staatliche Prüfung beendet worden, kommt es auf die anschließende tatsächliche Beschäftigung an (*vgl. § 612 Abs. 2 BGB*).

§ 24

Nichtigkeit von Vereinbarungen

(1) Eine Vereinbarung, die zu Ungunsten der oder des Auszubildenden von den übrigen Vorschriften dieses Abschnitts abweicht, ist nichtig.

(2) Eine Vereinbarung, durch die die oder der Auszubildende für die Zeit nach Beendigung des Ausbildungsverhältnisses in der Ausübung ihrer oder seiner beruflichen Tätigkeit beschränkt wird, ist nichtig. Dies gilt nicht, wenn die oder der Auszubildende innerhalb der letzten drei Monate des Ausbildungsverhältnisses für die Zeit nach dessen Beendigung ein Arbeitsverhältnis eingeht.

(3) Nichtig ist auch eine Vereinbarung über
1. die Verpflichtung der oder des Auszubildenden, für die praktische Ausbildung eine Entschädigung oder für die Teilnahme am theoretischen und praktischen Unterricht an der Pflegeschule eine Vergütung oder ein Schulgeld zu zahlen,
2. Vertragsstrafen,
3. den Ausschluss oder die Beschränkung von Schadensersatzansprüchen und
4. die Festsetzung der Höhe eines Schadensersatzes in Pauschalbeträgen.

I. Zur Entstehungsgeschichte. Diese Regelung wurde unverändert gemäß dem Gesetzesentwurf der Bundesregierung verabschiedet.

II. Aus den Gesetzesmaterialien. Aus der Begründung zum Gesetzesentwurf der Bundesregierung von 2016 (BT-Drucksache 18/7823 (S. 76)). Die Vorschrift bestimmt, dass die in diesem Gesetz zum Ausbildungsverhältnis enthaltenen Regelungen in keinem Fall zu Ungunsten der Auszubildenden abbedungen werden dürfen. Es handelt sich um eine Schutzvorschrift, da sich die Auszubildenden auf Grund der Ausbildung in einem Abhängigkeitsverhältnis und somit in einer besonders schutzbedürftigen Lage befinden.

Die in Abs. 3 Nr. 1 enthaltene Regelung über die Nichtigkeit einer Verpflichtung der Auszubildenden zur Zahlung von Schulgeld dient der Klarstellung. Sie soll gewährleisten, dass die Bestimmungen zur Ausbildungsvergütung nicht durch Schulgeldzahlungen konterkariert werden.

III. Erläuterungen. Es handelt sich um eine Schutzvorschrift, da sich die Auszubildenden auf Grund der Ausbildung in einem Abhängigkeitsverhältnis und somit in einer besonders schutzbedürftigen Lage befinden.

Mit der Regelung wird zum einen Artikel 12 GG Rechnung getragen. Die Berufsfreiheit soll auch insoweit geschützt werden, als die/der Auszubildende frei entscheiden können soll, wie, wo und mit wem es beruflich weitergehen soll (Abs. 2).

Zum anderen sollen die Auszubildende benachteiligende Vereinbarungen verhindert werden. Insbesondere sollen die Auszubildenden weder unmittelbar noch mittelbar mit Kosten, die durch die Ausbildung entstehen, belastet werden.

Soweit der/die Auszubildende Rechte aus einer nichtigen Vereinbarung herleiten kann, bleiben diese erhalten. § 24 ist eine Schutzregelung zugunsten der Auszubildenden und soll diese vor Belastungen schützen, ihnen aber keine Rechte nehmen.

§ 25

Ausschluss der Geltung von Vorschriften dieses Abschnitts

Die §§ 16 bis 24 finden keine Anwendung auf Auszubildende, die Diakonissen, Diakonieschwestern oder Mitglieder geistlicher Gemeinschaften sind.

I. Zur Entstehungsgeschichte. Die Regelung des Gesetzesentwurfs der Bundesregierung wurde ohne Änderung übernommen.

II. Aus den Gesetzesmaterialien. Aus der Begründung zum Gesetzesentwurf der Bundesregierung von 2016 (BT-Drucksache 18/7823 (S. 76 f.)). Aufgrund bestehender Sonderregelungen für Auszubildende, die Diakonissen, Diakonieschwestern oder Mitglieder geistlicher Gemeinschaften sind, wird durch § 25 deutlich gemacht, dass die Regelungen des zweiten Abschnitts über das Ausbildungsverhältnis keine Anwendung finden. Entsprechend dem Autonomiestatut nach Artikel 140 GG in Verbindung mit Artikel 137 Abs. 3 Weimarer Reichsverfassung finden auf solche Auszubildenden, die zu einer Kirche oder einer sonstigen Religionsgemeinschaft in einem besonderen Rechtsverhältnis stehen, die Vorschriften des zweiten Abschnitts keine Anwendung. Die Rechte und Pflichten dieser Auszubildenden werden durch sogenannte Gestellungsverträge zwischen der geistlichen Gemeinschaft und dem Träger der praktischen Ausbildung im Einzelnen geregelt.

III. Erläuterungen. § 25 berücksichtigt Sonderregelungen für Auszubildende, die Diakonissen, Diakonieschwestern oder Mitglieder geistlicher Gemeinschaften sind. Damit werden in Anlehnung an das Alten- und Krankenpflegegesetz die dortigen Regelungen auch im neuen Berufegesetz übernommen.

Solche Auszubildende sind aufgrund anderer Rechtsgrundlagen tätig und deshalb wird die Anwendung der Vorschriften zum Ausbildungsverhältnis nach diesem Gesetz ausgeschlossen. Ihre Tätigkeit ist karitativ oder religiös motiviert und ihre Versorgung ist durch die jeweilige Gemeinschaft gesichert (*„Mutterhaus"*). Wenn sie bei einem Träger der praktischen Ausbildung ausgebildet werden, der selbst nicht Teil der Gemeinschaft ist, erfolgt die Ausbildung in der Regel aufgrund eines sog. Gestellungsvertrages zwischen dem rechtlichen Träger der Gemeinschaft und dem Träger der praktischen Ausbildung.

Mitglieder weltlicher Gemeinschaften, z. B. der Schwesternschaften vom DRK, sind von dieser Ausnahmeregelung nicht erfasst. Dies gilt auch dann, wenn sie aufgrund eines Gestellungsvertrages bei einem Träger der praktischen Ausbildung ausgebildet werden, der nicht dem DRK-Verbund angehört.

Abschnitt 3
Finanzierung der beruflichen Ausbildung in der Pflege

I. Aus den Gesetzesmaterialien.

1. Begründung der Bundesregierung. Zu Abschnitt 3 (Finanzierung der beruflichen Ausbildung in der Pflege). Mit einer generalistischen Pflegeausbildung, in der die bisherigen Ausbildungen zur Gesundheits- und Kranken-, zu Gesundheits- und Kinderkranken- und zur Altenpflege zusammengeführt werden, werden auch eine einheitliche Finanzierung und einheitliche Finanzierungsgrundsätze eingeführt. Nur so kann tatsächlich von einer einheitlichen Ausbildung gesprochen werden. Dabei ist es sachgerecht, die Kosten und Kostenanteile, die die bisherigen Kostenträger tragen, der gemeinsamen Finanzierung zu Grunde zu legen. Die Kostenbeiträge werden jeweils in einen Ausbildungsfonds auf Landesebene eingezahlt, d.h. die bisherigen Kostenträger speisen den Fonds. Ausbildende und nicht ausbildende Einrichtungen werden an den Ausbildungskosten beteiligt.

Finanziert wird eine am Ausbildungsbedarf orientierte, wohnortnahe Ausbildung. Die Ausbildungszahlen werden nicht durch finanzielle Vorgaben gedeckt, sondern richten sich nach der tatsächlichen Zahl der Auszubildenden. Dabei finanziert der Fonds die Gesamtkosten der gemeinsamen Pflegeausbildungskosten, d.h. die laufenden Schulkosten, die Kosten der Ausbildungsvergütung unter Berücksichtigung eines Wertschöpfungsanteils der Auszubildenden sowie die sonstigen Kosten der praktischen Ausbildung (S. § 27). Gedeckt werden die Kosten der Ausbildung bei wirtschaftlicher Betriebsführung. Hierfür erhalten die Pflegeschulen und der Träger der praktischen Ausbildung ein Ausbildungsbudget, dessen Höhe sich im Regelfall durch eine Pauschalvereinbarung (§ 30) zuzüglich der Mehrkosten der Ausbildungsvergütung oder durch eine Individualvereinbarung (§ 31) bestimmt. Die Mittelauszahlung erfolgt monatlich. Am Ende des Finanzierungszeitraumes (Kalenderjahr) erfolgt eine Abrechnung.

Die Liquidität des Fonds wird durch eine sogenannte Liquiditätsreserve sichergestellt, die Verwaltungskosten werden durch eine Verwaltungskostenpauschale gedeckt.

Die Finanzierungsregelungen beziehen sich auf die berufliche, nicht jedoch auf die hochschulische Ausbildung. Diese wird entsprechend den allgemeinen Grundsätzen, die für hochschulische Ausbildungen gelten, finanziert mit der Möglichkeit für die Studierenden, BAföG zu beziehen.

2. Aus der Stellungnahme des Bundesrates. Zu Artikel 1 (§§ 26 bis 36 PflBG). Zur Finanzierung der Ausbildung und zu den Kosten der Reform. Der Gesetzentwurf verfolgt das Ziel, die Pflegeberufe zukunftsgerecht weiterzuentwickeln, attraktiver zu machen und inhaltliche Qualitätsverbesserungen vorzunehmen.

Der Bundesrat begrüßt den Gesetzentwurf der Bundesregierung. Die vorgesehene Zusammenführung der bisher getrennten Ausbildungswege Gesundheits- und Krankenpflege, Gesundheits- und Kinderkrankenpflege sowie Altenpflege zu einem gemeinsamen, generalistischen Ausbildungsweg ist ein wichtiger Schritt. So kann das Berufsbild der Pflege den zunehmenden Herausforderungen der Praxis begegnen und zur Fachkräftesicherung in der Zukunft beitragen.

Der Bundesrat vertritt jedoch weiterhin die Auffassung, dass die Sicherung des Fachkräftebedarfs zur Stärkung der Pflege eine gesamtgesellschaftliche Aufgabe ist. Die Finanzierung von Kosten der praktischen Ausbildung kann daher auch im Bereich der Altenpflege nicht Aufgabe der Grundpflegeleistungsbezieher sein.

Zwar sieht das Finanzierungsmodell eine Aufbringung des Finanzierungsbedarfs durch Krankenhäuser, Pflegeeinrichtungen, Land und die soziale Pflegeversicherung vor; der Bundesrat begrüßt in diesem Zusammenhang auch die Anhebung des Anteils der sozialen Pflegeversicherung gegenüber früheren Überlegungen zugunsten des sinkenden Finanzierungsanteils der Pflegeeinrichtungen, sodass indirekt auch die Pflegebedürftigen entlastet werden.

Angestrebt wird eine gerechte, gemeinsame und einheitliche Finanzierung der neuen Ausbildung. Letzteres ist aufgrund der indirekten Beteiligung der in stationären Einrichtungen versorgten und von ambulanten Diensten Grundpflegeleistungen beziehenden Pflegebedürftigen am Finanzierungsbeitrag der Pflegeeinrichtungen nicht der Fall.

Der Bundesrat fordert die Bundesregierung daher auf, diese uneinheitliche Regelung mittelfristig so anzupassen, dass tatsächlich eine vollumfänglich gerechte, gemeinsame und einheitliche Finanzierung der neuen Pflegeausbildung gegeben ist.

Begründung: Die Deckung des pflegerischen Fachkräftebedarfs ist eines der drängenden Themen unserer Zeit. Nicht zuletzt vor dem Hintergrund des demografischen Wandels ist eine Steigerung der Ausbildungszahlen und damit der Fachkräfte unbedingt erforderlich.

Der Gesetzentwurf der Bundesregierung zur Schaffung einer generalistischen Pflegeausbildung ist ein wesentlicher Schritt zur Sicherung des Fachkräftebedarfs für die Zukunft. Allerdings ist die Sicherung des Fachkräftebedarfs als entscheidender Bestandteil der pflegerischen Versorgung der Bevölkerung eine gesamtgesellschaftliche Aufgabe, wie es auch das SGB XI benennt.

Sofern auch künftig im Pflegeberufsgesetz am Grundsatz festgehalten wird, die bestehende Verteilung der Finanzierungsverantwortung fortzuschreiben, muss die Verteilungslast der Kosten der praktischen Ausbildung im SGB XI eine Neuordnung erfahren. Aufgrund der Natur der Pflegeversicherung als Teilkostenversicherung werden in stationären Einrichtungen versorgte Pflegebedürftige und solche, die Grundpflegeleistungen ambulanter Dienste beanspruchen, einen Teil ihrer Pflegekosten selbst tragen müssen. In diese Pflegekosten gehen aber nach § 82a SGB XI auch die Kosten der Ausbildungsvergütung ein. Anders als Personen, die Krankenpflege- oder Kinderkrankenpflegeleistungen beziehen, werden daher nur die Grundpflegeleistungsbezieher an der Finanzierung zusätzlich gesondert beteiligt.

Dies wird in der Bevölkerung weitgehend als ungerecht empfunden. Alle Umlagebeträge tragen zum Erhalt der einheitlich und gemeinsam ausgebildeten Pflegefachkräfte bei. Die Finanzierung ist jedenfalls nicht einheitlich und sollte daher mittelfristig angepasst werden.

Die Ausbildung (Schulkosten, Ausbildungsvergütung, Praxisanleitung) soll künftig über einen Ausbildungsfonds finanziert werden, der auf Länderebene eingerichtet wird. An der Finanzierung werden alle Akteure des Pflegebereichs – Länder, Krankenhäuser, stationäre und ambulante Pflegeeinrichtungen sowie die Pflegeversicherung – beteiligt.

Der Bundesrat stellt fest, dass die Kosten, die mit der Reform für die Haushalte der Länder verbunden sein werden, im Gesetzentwurf der Bundesregierung nur unzureichend spezifiziert und ausgewiesen sind. In den angeführten zusätzlichen Belastungen sind insbesondere die Mehrkosten für die vorgesehene primärqualifizierende Hochschulausbildung im Pflegebereich nicht enthalten. Die voraussichtlichen Mehrausgaben für die Haushalte der Länder lassen sich zum gegenwärtigen Zeitpunkt auch deswegen nicht verlässlich abschätzen, weil die Bundesregierung bislang weder eine Ausbildungs- und Prüfungsverordnung (gemäß § 56 Abs. 1 PflBG) noch eine Finanzierungsverordnung (gemäß § 56 Abs. 3 PflBG) vorgelegt hat.

Der Bundesrat bittet vor diesem Hintergrund die Bundesregierung, im weiteren Gesetzgebungsverfahren in Abstimmung mit den Ländern eine nachvollziehbare und vollständige Einschätzung der Kosten der Reform der Pflegeausbildung vorzunehmen. Der Bundesrat fordert die Bundesregierung zudem in jedem Fall dazu auf, die für die Länder entstehenden Kosten so weit als möglich zu begrenzen.

§ 26

Grundsätze der Finanzierung

(1) Mit dem Ziel,
1. bundesweit eine wohnortnahe qualitätsgesicherte Ausbildung sicherzustellen,
2. eine ausreichende Zahl qualifizierter Pflegefachfrauen und Pflegefachmänner auszubilden,
3. Nachteile im Wettbewerb zwischen ausbildenden und nicht ausbildenden Einrichtungen zu vermeiden,
4. die Ausbildung in kleineren und mittleren Einrichtungen zu stärken und
5. wirtschaftliche Ausbildungsstrukturen zu gewährleisten,
werden die Kosten der Pflegeausbildung nach Teil 2 durch Ausgleichsfonds nach Maßgabe von § 26 Abs. 2 bis § 36 finanziert.

(2) Die Ausgleichsfonds werden auf Landesebene organisiert und verwaltet.

(3) An der Finanzierung der Ausgleichsfonds nehmen teil:
1. Krankenhäuser nach § 7 Abs. 1 Nr. 1,
2. stationäre und ambulante Pflegeeinrichtungen nach § 7 Abs. 1 Nr. 2 und 3,
3. das jeweilige Land,
4. die soziale Pflegeversicherung und die private Pflege-Pflichtversicherung.

(4) Die zuständige Stelle im Land ermittelt den erforderlichen Finanzierungsbedarf nach § 32 und erhebt Umlagebeträge bei den Einrichtungen nach § 33 Abs. 3 und 4. Sie verwaltet die eingehenden Beträge nach § 33 Abs. 1 einschließlich der Beträge aus Landesmitteln nach § 33 Abs. 1 Nr. 3 sowie der Beträge nach § 33 Abs. 1 Nr. 4 als Sondervermögen und zahlt Ausgleichszuweisungen an die Träger der praktischen Ausbildung und die Pflegeschulen aus.

(5) Finanzierungs- und Abrechnungszeitraum ist jeweils das Kalenderjahr.

(6) Das jeweilige Land bestimmt die zuständige Stelle nach Abs. 4 und kann ergänzende Regelungen erlassen. Es bestimmt ebenfalls die zuständige Behörde nach § 30 Abs. 1 sowie eine weitere Behörde, die die Vertreter des Landes nach § 36 Abs. 2 entsendet. Die zuständige Stelle unterliegt der Rechtsaufsicht des zustän-

digen Landesministeriums. Die Aufgaben der zuständigen Stelle nach Abs. 4 können im Wege der Beleihung auf eine zur Wahrnehmung dieser Aufgaben geeignete juristische Person des Privatrechts, die die Gewähr für eine sachgerechte Aufgabenerledigung bietet, übertragen werden. Diese Aufgabenübertragung kann mit Auflagen verbunden werden und ist widerruflich. Satz 3 gilt entsprechend.

(7) Die Bestimmung der zuständigen Stelle kann länderübergreifend erfolgen.

I. Zur Entstehungsgeschichte. Abs. 6 hat eine zusätzliche Regelung in den Sätzen 4 und 5 gegenüber dem ursprünglichen Gesetzesentwurf erhalten.

II. Aus den Gesetzesmaterialien.

1. Aus der Begründung zum Gesetzesentwurf der Bundesregierung von 2016 (BT-Drucksache 18/7823 (S. 77 ff.)). Zu Abs. 1. Abs. 1 beschreibt die Ziele, die mit einer bundesweit einheitlichen Finanzierungsregelung verfolgt werden. Bundesweit soll eine wohnortnahe qualitätsgesicherte Ausbildung sichergestellt werden. Zugleich sollen die bundeseinheitlichen Vorgaben gewährleisten, dass bundesweit eine ausreichende Zahl an Pflegefachkräften ausgebildet wird. Angesichts der demografischen Entwicklung ist dies erforderlich. Allein die Zahl der Pflegebedürftigen wird von derzeit 2,6 Millionen auf voraussichtlich weit über 4 Millionen im Jahr 2050 steigen. Im Gegenzug sinkt wegen der seit über 40 Jahren niedrigen Geburtenrate langfristig das Erwerbspersonenpotenzial aus dem Pflegefachkräfte gewonnen werden können. Vielmehr setzt die vorgesehene bundesweit nach gleichen Grundsätzen organisierte Ausbildungsumlage einheitliche finanzielle Anreize dafür, dass auch künftig in Ausbildung investiert wird. Dem dient auch das Ziel, Nachteile im Wettbewerb zwischen ausbildenden und nicht ausbildenden Einrichtungen zu vermeiden. Wie wichtig eine Finanzierungsbeteiligung von ausbildenden und nicht ausbildenden Pflegeeinrichtungen für hohe Ausbildungszahlen ist, haben die zuletzt nach Einführung der Ausbildungsumlage für die Altenpflegeausbildung in NRW aber auch im Saarland deutlich ansteigenden Ausbildungszahlen in diesen Ländern gezeigt. Die Finanzierung durch ausbildende und nicht ausbildende Einrichtungen im Umlageverfahren stärkt die Ausbildung durch kleinere und mittlere Einrichtungen, die damit die finanziellen Belastungen nicht alleine tragen müssen. Auch dies ist ausdrücklich als Finanzierungsziel verankert.

Zu Abs. 2. Abs. 2 schreibt den Grundsatz fest, dass die reformierte Pflegeberufsausbildung durch Ausbildungsfonds auf Landesebene finanziert wird. Das Verfahren der Bildung von Fonds auf Landesebene stellt sicher, dass Ausbildungsbedarfen und Gegebenheiten eines jeden Landes unmittelbar Rechnung getragen werden kann. Dementsprechend bestimmt das jeweilige Land die Stelle, die den Fonds verwaltet und kann damit selbst die geeignete Stelle im Land auswählen (Abs. 6).

Zu Abs. 3. Ausgehend von dem Grundsatz, dass die bisherigen Kostenträger der getrennten Pflegeausbildungen auch für die Kosten der einheitlichen Pflegeausbildung aufkommen sollen, benennt Abs. 3 die unmittelbaren Einzahler in den Fonds. Einzahler sind Krankenhäuser nach § 7 Abs. 1 Nr. 1 und Pflegeeinrichtungen (stationär, teil-stationär und ambulante Pflegedienste) nach § 7 Abs. 1 Nr. 2 und Nr. 3. Die genannten Einrichtungen refinanzieren die Ausbildungskosten über Ausbildungszuschläge bzw. die Pflegevergütungen entsprechend der Regelungen der sozialen Sicherungssysteme. Wesentliche mittelbare Kostenträger sind insoweit die Gesetzliche Krankenversicherung (GKV) und die Soziale

Pflegeversicherung (SPV) über den im Pflegesatz enthaltenen Kostenanteil für die Ausbildung, aber auch die private Krankenversicherung, die Beihilfe, die Sozialhilfe und die Pflegebedürftigen. Um die Belastung der Pflegebedürftigen aufgrund des Charakters der SPV als Teilleistungsversicherung zu vermindern, ist außerdem eine ergänzende Direktzahlung der SPV vorgesehen, an der sich die private Pflege-Pflichtversicherung durch eine zehnprozentige Erstattung beteiligt (*vgl. § 33 Abs. 1 Nr. 4*). Die Länder beteiligen sich ebenfalls durch eine Direktzahlung. Die jeweiligen Leistungsanteile sind in § 33 Abs. 1 festgelegt.

Nicht vorgesehen ist ein Direktanteil der Bundesagentur für Arbeit (BA). Durch die Übernahme von Umschulungskosten im Bereich der Altenpflege finanziert diese nach dem Finanzierungsgutachten von WIAD/Prognos mit Stand 2013 rund 1,9 Prozent der Gesamtkosten der Kranken- und Altenpflegeausbildung. Eine derartige Finanzierung findet auch nach der Reform des Pflegeberufs und der Neuregelung zur Finanzierung weiterhin finanzielle Berücksichtigung und mindert die von den sonstigen Finanzierungsträgern aufzubringenden Kosten. Allerdings erfolgt diese Berücksichtigung nicht unmittelbar über eine Einzahlung in den Fonds – ebenso wie andere Kostenträger, zum Beispiel die GKV, nicht unmittelbar in den Fonds einzahlen. Vielmehr findet die Übernahme von Kosten durch die Bundesagentur für Arbeit, soweit eine solche zu diesem Zeitpunkt bereits bekannt ist, bei der Festlegung bzw. Vereinbarung der Ausbildungsbudgets Berücksichtigung (*vgl. § 29 Abs. 4*). Ansonsten mindern Zahlungen der Bundesagentur für Arbeit den Auszahlungsanspruch bei Ausgleichszuweisungen (§ 34 Abs. 3) bzw. sind bei der Abrechnung nach § 34 Abs. 5 zu berücksichtigen.

Die Einbeziehung der privaten Pflege-Pflichtversicherung ist mit verfassungsrechtlichen Vorgaben vereinbar. Die private Pflege-Pflichtversicherung ist zwar keine klassische Sozialversicherung. Bei Einführung der Pflegeversicherung wurde dementsprechend nicht nur Artikel 74 Abs. 1 Nr. 12 GG, sondern auch Artikel 74 Abs. 1 Nr. 11 GG als Grundlage der Gesetzgebungskompetenz herangezogen.

Zur Sozialversicherung gehört typischerweise die Finanzierung im Umlageverfahren. Die private Pflege-Pflichtversicherung legt ebenso wie andere Privatversicherungen, die nach Art der Lebensversicherung kalkuliert sind, das Kapitaldeckungsprinzip zur Grunde. Die private Pflege-Pflichtversicherung ist aber auf Umlageelemente angewiesen, um die Vorgaben des SGB XI erfüllen zu können (Versicherungspflicht/Kontrahierungszwang, Absicherung auch bereits pflegebedürftiger Personen, soziale Ausgestaltung auf der Leistungs- und Beitragsseite).

In der privaten Pflege-Pflichtversicherung besteht zwar kein öffentlich-rechtliches, sondern ein privatrechtliches Verhältnis zwischen Versicherten und Versicherungsunternehmen. Die privat Pflegeversicherten haben entsprechende privatrechtliche Versicherungsverträge abgeschlossen. Das SGB XI enthält aber zahlreiche Vorgaben zur sozialverträglichen Durchführung der privaten Pflege-Pflichtversicherung (§§ 23, 61, 110, 111 SGB XI). Das SGB XI ist in seiner Ausgestaltung durch zahlreiche solidarische Elemente einer Sozialversicherung stark angenähert. Rechte und Pflichten der Vertragspartner sind überwiegend durch die sozialversicherungsrechtlichen Vorgaben bestimmt. Die sozialversicherungsrechtliche Ausgestaltung dominiert über zivilrechtliche Vorgaben: z. B. die zentrale Frage, welche Pflegeleistungen kann der Versicherte erhalten und in welcher Höhe, ergibt sich aus dem SGB XI, und erst für die weitere rechtliche Ausgestaltung, wie zum Beispiel die Verjährung des Anspruchs auf Pflegeleistungen, ist das Zivilrecht maßgeblich.

Die gesetzliche Pflegeversicherung als Gesamtversicherung mit einer Versicherungspflicht für alle besteht aus zwei Teilen, der SPV und der privaten Pflege-Pflichtversicherung. Es besteht ein einheitlicher Versicherungsschutz, d.h. die private Pflege-Pflichtversicherung muss immer gleichwertige Leistungen wie die SPV erbringen (bzw. bei Beihilfeberechtigten gleichwertige Leistungen zusammen mit den anteiligen Leistungen der Beihilfe; anteilige Leistungen für Beihilfeberechtigte nicht nur in der privaten Pflege-Pflichtversicherung, sondern auch in der SPV). Es gelten im Wesentlichen die gleichen Leistungsvoraussetzungen in der privaten Pflege-Pflichtversicherung wie in der SPV. Die private Pflege-Pflichtversicherung darf keinen höheren Höchstbeitrag als die SPV erheben, das heißt der Höchstbeitrag ist vereinheitlicht.

Die private Pflege-Pflichtversicherung hat – was eigentlich nur eine Sozialversicherung im Umlageverfahren leisten kann – bei Einführung der Pflegeversicherung die bereits Pflegebedürftigen mit privater Krankenversicherung mit in die private Pflege-Pflichtversicherung aufnehmen müssen, also einen Personenkreis, der von Anfang an Leistungen bezogen hat, aber für diese Leistungen keine Kapitalrückstellungen gebildet hatte. Die Versicherungsunternehmen waren damals bereit, dieses solidarische Konzept zu Gunsten der bereits Pflegebedürftigen mitzutragen. Um das Risiko, das Versicherungsunternehmen eingegangen sind, zu begrenzen, wurde ein Risikoausgleich innerhalb der privaten Pflege-Pflichtversicherung eingerichtet (ebenso wie zwischen den Pflegekassen, – aber nicht systemübergreifend).

EU-rechtlich ist die private Pflege-Pflichtversicherung mit der SPV insofern gleichgestellt, als die Freizügigkeitsverordnung 883/04 nach einer Entscheidung des EuGH (*RS C – 502/01 – „Gaumain-Cerri" vom 08. Juli 2004*) auf die private Pflege-Pflichtversicherung anwendbar ist.

Für Streitigkeiten zwischen Versicherten und der privaten Pflege-Pflichtversicherung ist der Rechtsweg zu den Sozialgerichten eröffnet (*Beschluss des BSG vom 08. August 1996, Az.: 3 BS 1/96*).

Das BSG führt in dem genannten Beschluss unter anderem Folgendes aus:

- *„Beide Zweige der Pflegeversicherung sind im SGB XI gesetzlich durch öffentlich-rechtliche Vorschriften des Sozialrechts geregelt. Zwischen beiden besteht ein enger Zusammenhang in der Weise, dass sie auf einer Versicherungspflicht beruhen und die Leistungen der privaten Pflegeversicherung den Leistungen der sozialen Pflegeversicherung nach Art und Umfang gleichwertig sein müssen (§ 23 Abs. 1 SGB XI)."*
- *„Der Inhalt der mit privaten Versicherungsunternehmen abzuschließenden, unter Kontrahierungszwang (§ 23 Abs. 1, 2 SGB XI) stehenden Pflegeversicherungsverträge ist im Wesentlichen zwingend gesetzlich vorgeschrieben und damit der autonomen Gestaltung der Vertragspartner (Versicherungspflichtiger und privates Pflegeversicherungsunternehmen) entzogen."*
- *„Die Leistungen der privaten Pflegeversicherung und die Pflichten der Versicherten (z. B. Beitragspflicht) ergeben sich zwar aus dem Versicherungsvertrag, maßgebend für Voraussetzungen und Umfang dieser Ansprüche ist aber das SGB XI. Die Bestimmungen des Versicherungsvertrags wiederholen nur die in den §§ 23 und 110 SGB XI im Einzelnen zwingend festgelegten Leistungsumfänge."*

– *„Der enge Sachzusammenhang zwischen privater und sozialer Pflegeversicherung ergibt sich auch aus den folgenden Überlegungen. Die Leistungen der privaten Pflegeversicherung, die eine Pflichtversicherung ist, werden durch die §§ 23, 110 SGB XI weitestgehend vorgeschrieben, um eine Gleichwertigkeit des Versicherungsschutzes zwischen der gesetzlichen und der privaten Pflegeversicherung zu erreichen (...). Aufgrund dessen werden sowohl bei Rechtsstreitigkeiten in Angelegenheiten des einen wie des anderen Zweigs der Pflegeversicherung dieselben oder zumindest gleichgeartete Rechtsfragen in Streit stehen."*

In der privaten Pflege-Pflichtversicherung sind im erheblichen Umfang ein solidarischer Ausgleich und soziale Elemente vorhanden, wie dies sich bei sonst keiner anderen privaten Versicherung wieder findet. Die private Pflege-Pflichtversicherung ist daher in ihrem Charakter einer Sozialversicherung stark angenähert.

Die private Pflege-Pflichtversicherung wurde bei der Finanzierung der Weiterentwicklung der pflegerischen Versorgungsstrukturen nach § 45c SGB XI zu einer gleichrangigen Mitfinanzierung verpflichtet. Es war vom Selbstverständnis der Versicherungsunternehmen und des sie vertretenden Verbandes auch kein Problem, sich an dieser Aufgabe der Daseinsvorsorge zu beteiligen und damit Länder und Kommunen in ihren Aufgaben zu entlasten (also eine Aufgabe der Daseinsvorsorge, die nur einen mittelbaren Zusammenhang mit Leistungen für konkret bei ihnen versicherte und leistungsberechtigte Personen hat). Die private Pflege-Pflichtversicherung will bei Erfüllung öffentlicher Aufgaben neben der SPV durchaus gleichgewichtig präsent sein.

Zu Abs. 4. Abs. 4 umreißt die Aufgaben des Verwalters des Ausbildungsfonds (zuständige Stelle). Dieser ermittelt den erforderlichen Finanzierungsbedarf, erhebt Umlagebeträge bei den Einrichtungen und verwaltet die eingehenden Beträge. Ferner wird bestimmt, dass der Ausbildungsfonds als Sondervermögen geführt wird. Außerdem zahlt der Verwalter des Ausbildungsfonds Ausgleichszuweisungen an den Träger der praktischen Ausbildung und die Pflegeschulen aus.

Zu Abs. 5. In Abs. 5 wird festgelegt, dass der Finanzierungs- und Abrechnungszeitraum ein (Kalender-)Jahr beträgt. Damit wird den sich jährlich ändernden Ausbildungszahlen Rechnung getragen.

Zu Abs. 6. Nach Abs. 6 bleibt die Bestimmung des Fondsverwalters (zuständige Stelle) den Ländern überlassen. Dies gibt den Ländern die Möglichkeit, bestehende organisatorische Strukturen zu nutzen und auf Strukturen und Erfahrungen im Zusammenhang mit etwaigen Umlageverfahren nach dem Altenpflegegesetz zurückzugreifen. Als Fondsverwalter kommen ggf. auch die Landeskrankenhausgesellschaften in Frage, die auch die Ausgleichsfonds nach § 17a Abs. 5 Satz 1 Nr. 1 KHG verwalten.

Zu Abs. 7. Abs. 7 stellt klar, dass die Länder organisatorisch zusammenarbeiten und mehrere Länder dieselbe zuständige Stelle bestimmen können. Dies entspricht einem von mehreren Ländern geäußerten Anliegen.

2. Aus der Beschlussempfehlung und dem Bericht des Ausschusses für Gesundheit des Deutschen Bundestages (BT-Drucksache 18/12847 (S. 109)) vom 21. Juni 2017. Zu Abs. 6. Nach Abs. 6 Satz 1 bestimmt das jeweilige Land die zuständige Stelle nach Abs. 4. Hier kann es unter Zugrundelegung bestehender organisatorischer Strukturen in den Ländern sinnvoll sein, die Aufgaben der zuständigen Stelle einer juristischen Person des Privatrechts zu übertragen. Dementsprechend wird in der Begründung zu § 26 darauf hingewiesen, dass als Fondsverwalter – neben anderen geeigneten juristischen Personen des Privatrechts – gegebenenfalls auch die Landeskrankenhausgesellschaften in Frage kommen. Da die zuständige Stelle hoheitliche Aufgaben wahrzunehmen hat – dies gilt insbesondere für den Erlass von Festsetzungs- und Zahlungsbescheiden nach § 33 – ist für eine derartige Aufgabenübertragung eine Beleihung notwendig. Eine Beleihung ist nur durch oder auf Grund eines Gesetzes zulässig. Um einen zügigen Aufbau der Fondsverwaltung zu ermöglichen, wird in das Pflegeberufegesetz selbst eine Beleihungsermächtigung aufgenommen und dadurch eine Ermächtigung durch Landesgesetz entbehrlich gemacht.

Die juristische Person des Privatrechts, auf welche die Aufgaben nach Abs. 4 übertragen werden sollen, muss für die Wahrnehmung der dort genannten Aufgaben geeignet sein, das heißt, sie muss die Gewähr für eine sachgerechte Aufgabenerledigung bieten. Der angefügte Satz 6 stellt klar, dass die beliehene Stelle der Rechtsaufsicht des zuständigen Landesministeriums unterliegt.

III. Erläuterungen. Mit dieser Vorschrift beginnen die Regelungen zu den Grundsätzen der Finanzierung.

Anders als im System der dualen Ausbildung wird auch zukünftig in der Pflegeausbildung der schulische Anteil der Ausbildungskosten nicht durch die Länder und der betrieblichen Ausbildungskostenanteil durch die Ausbildungsbetriebe/Leistungserbringer getragen. Die Ausbildungskosten der Gesundheitseinrichtungen werden über einen sog. Ausgleichsfonds, in den auch die nicht ausbildenden Einrichtungen einzahlen müssen, finanziert. Bei den Pflegeschulen handelt es sich um staatliche Schulen bzw. staatlich genehmigte oder anerkannte Schulen (§ 6 Abs. 2), die durchaus vergleichbar mit Berufsschulen sind. Dort, in einer dualen Ausbildung die auch an einen staatlich anerkannten Ausbildungsabschluss heranführt, erfolgt die Finanzierung der Schulkosten aus Steuermitteln. Mit dem nur im Pflegebereich weiterhin geltenden abweichenden System gibt es allerdings nun eine Annäherung sowohl bezüglich der Aufgabenverteilung zwischen Schule und praktischer Ausbildung und deren Träger, als auch bei der Finanzierung der Ausbildung, indem bisher zwei getrennte Systeme miteinander verknüpft werden.

Die Ausbildungskosten sollen nunmehr mittels Umlagebeiträge und Verwaltung durch die Ausgleichsfonds auf Länderebene finanziert werden.

In Abs. 1 werden fünf Ziele zur Finanzierung benannt, bundesweit eine wohnortnahe qualitätsgesicherte Ausbildung sicherzustellen, eine ausreichende Zahl qualifizierter Pflegekräfte auszubilden, Nachteile im Wettbewerb zwischen ausbildenden und nicht ausbildenden Einrichtungen zu vermeiden, die Ausbildung in kleinen und mittleren Einrichtungen zu stärken und wirtschaftliche Ausbildungsstrukturen zu gewährleisten. Die fünf Ziele stehen teilweise in einem Spannungsverhältnis zueinander, wobei die Reihenfolge zu beachten ist. Mit dem Ziel der Wohnortsnähe wird ein Anreiz zur Steigerung der Attraktivität gesetzt. Die Einbeziehung kleinerer und teilweise auch mittlerer Einrichtungen ist ebenfalls positiv, wobei diese alleine die erforderliche fachliche Breite der Ausbildung nicht anbieten können. Daher müssen sie für eine qualitativ gute Ausbildung kooperieren und sich z. B. an Ausbildungsverbünden beteiligen, aber auch finanziell unterstützt werden. Die Regelungen zur Finanzierung dienen insbesondere auch dazu.

Abs. 3 regelt die Finanzierung der Ausgleichsfonds.

Dort werden auf den Kostenträger die Ausbildungsfonds aufgeführt. Dabei wird dem Grundsatz gefolgt, dass die bisherigen Kostenträger der getrennten Pflegeausbildungen auch für die Kosten der einheitlichen Pflegeausbildung aufkommen sollen. Dies bedeutet, dass die Pflegeeinrichtungen ihren Anteil der Ausbildungskosten, über die Pflegevergütungen refinanzieren. Anders als beim System der Krankenhausvergütung, können bei den Pflegeeinrichtungen die Kosten der Ausbildungsvergütung den Pflegebedürftigen über die Vergütungsvereinbarungen in Form von Ausbildungsumlagebeträgen in Rechnung gestellt werden. Es kann also eine finanzielle Schlechterstellung der Pflegebedürftigen z. B. in den Heimen gegenüber den Patienten in Krankenhäusern im Bereich des SGB XI geben, abhängig davon, ob die jeweilige Pflegeinrichtung bereits ausbildet und es in dem entsprechenden Bundesland bereits ein Umlageverfahren gab. Die Mitfinanzierung der Pflegeausbildung durch die Versicherten der Pflegeversicherung kann daher als sog. Sonderabgabe bewertet werden. Die Verfassungsmäßigkeit dafür ist fraglich (*s. dazu am Ende dieser Erläuterung*).

Das in Abs. 4 dargestellte Verfahren, nach dem Ausgleichszuweisungen nicht nur an den Träger der praktischen Ausbildung, sondern auch an die Pflegeschulen erfolgen, bedarf getrennter Budgets für die Träger der praktischen Ausbildung und die Pflegeschulen (*vgl. auch §§ 29 Abs. 1, 27 Abs. 1 Sätze 1, 2*).

Durch die Kooperationsmöglichkeiten kann ein Träger der praktischen Ausbildung verschiedene Auszubildende gleichzeitig an verschiedene Schulen schicken.

Das geschieht auch schon derzeit in der Altenpflege. Es können Auszubildende verschiedener Träger der praktischen Ausbildung in dieselbe Pflegeschule gehen. Daher ist eine separate Auszahlung der Ausgleichszuweisungen für die praktische Ausbildung und die Schule sachgerecht.

Abs. 6 enthält Regelungen zu den zuständigen Stellen, die zur Wahrnehmung ihrer Aufgaben geeignete Institutionen in privatrechtlicher Form damit beleihen (beauftragen) können. Länderübergreifende Regelungen sind möglich.

Für die Kosten der generalistischen Pflegeausbildung wird das Berechnungsmodell von WIAD/Prognos aus dem Jahr 2013 zu Grunde gelegt. Die dem Gutachten zugrunde gelegten Daten sind noch vor 2013 erhoben worden. Da die neuen Finanzierungsregelungen erst Anfang 2019 greifen und neue Ausbildungen ab 2020 beginnen werden, ist dann von höheren Gesamtkosten auszugehen.

Es handelt sich um sehr komplexe Bestimmungen, die mit einem nicht unerheblichen Aufwand in der Umsetzung verbunden sind. Rehabilitationskliniken und/oder deren Kostenträger sind nicht in die Finanzierung des Fonds einbezogen.

Der Weg über die Ausgleichsfonds ist aufwändig und mit einem recht hohen bürokratischen Aufwand verbunden.

Der Gesetzgeber ist mit der Regelung einer langjährigen Forderung nachgekommen, die Wettbewerbsnachteile von auszubildenden Pflegeeinrichtungen und Pflegediensten zu beheben. Die Gesetzesbegründung zu § 26 Abs. 1 macht dies deutlich und verweist auf die positiven Erfahrungen in der Vergangenheit nach Einführung der Umlage in einigen Bundesländern. Die Einführung der Ausbildungsumlage für die Altenpflegeausbildung in den Bundesländern Nordrhein-Westfalen und Saarland hat zu deutlich ansteigenden Ausbildungszahlen in diesen Ländern geführt.

Dass die Ausbildungsfonds auf Länderebene angesiedelt sind, bringt zwar einen größeren Verwaltungsaufwand mit sich, die Fonds können aber so besser landesspezifische Rahmenbedingungen und Entwicklungen berücksichtigen.

Gegen die Finanzierungsregelungen sind verfassungsrechtliche Bedenken, wie sie sich aus in einem Rechtsgutachten im Auftrag der Landesregierung Nordrhein-Westfalen ergeben (*s. http://www.mgepa.nrw.de/mediapool/pdf/pflege/Rechtsgutachten-Pflegeberufe.pdf*) erhoben werden.

Danach wird schon die Erforderlichkeit des Pflegeberufegesetzes als bundeseinheitliche Regelung und damit die Gesetzgebungskompetenz des Bundes im Sinne von Artikel 72 Abs. 2 GG als problematisch eingestuft. Auch wird danach insbesondere wegen der Finanzierung der Ausbildung über Landesfonds anstelle über einen einheitlichen Bundesfond erwartet, dass es zu einer unterschiedlichen organisatorischen und finanziellen Ausstattung der einzelnen Fonds kommen wird Es wird darauf hingewiesen, dass für die einzelnen Pflegebedürftigen wirtschaftliche Unterschiede in den einzelnen Bundesländern auftreten werden. Kritisch gesehen wird die Einrichtung der Länderfonds auch dahingehend, dass Krankenhäuser und Pflegeeinrichtungen je nach Bundesland ungleich behandelt werden, weil bei der Ermittlung der Umlage nach Bundesländern zu differenzieren ist.

Eine weitere Ungleichbehandlung zwischen den Krankenhäusern einerseits und den Pflegeeinrichtungen andererseits besteht im Hinblick auf die Möglichkeit, die Umlage an die Patienten bzw. Pflegebedürftigen weiterzugeben. Für Krankenhäuser wird es unproblematisch möglich sein, die Umlage einfach an die Patienten und damit die Krankenversicherungen weiterzureichen.

Da die Krankenversicherungen diesen Vergütungszuschlag generell übernehmen, wird es faktisch kein Krankenhaus geben, das von dieser gesetzlichen Möglichkeit keinen Gebrauch macht. Ein wirtschaftlicher Wettbewerb ist insoweit nicht zu erwarten, da es für die Patienten unerheblich ist, ob ein bestimmtes Krankenhaus den Zuschlag weiter reicht oder nicht.

Die gleiche Möglichkeit besteht für Pflegeeinrichtungen aufgrund des wirtschaftlichen Wettbewerbs und der zumindest fehlenden Erstattungsfähigkeit der Ausbildungsumlage so ohne Weiteres nicht. Damit ist nach dem Gutachten nicht erkennbar, wodurch diese Ungleichbehandlung bei einer einheitlichen Ausbildung gerechtfertigt sein soll.

Bedenken bestehen auch bezüglich der verfassungsrechtlichen Anforderungen an eine Sonderabgabe. Sonderabgaben dürfen nur gegenüber einer homogenen Gruppe erhoben werden. Hierbei ist zu prüfen, wer letztlich nach der gesetzlichen Systematik die Abgabe tragen muss. Bei ambulanten und stationären Pflegeeinrichtungen sieht das Gesetz die Möglichkeit vor, die Ausbildungszuschläge gegenüber den Pflegebedürftigen in Rechnung zu stellen. Das BVerfG hat in einer einschlägigen Entscheidung dennoch die Pflegeeinrichtungen als maßgebliche Abgabenschuldner eingestuft, da aufgrund des Wettbewerbs zwischen Pflegeeinrichtungen eine tatsächliche Weiterreichung nicht zwingend zu erwarten sei. Hierfür spricht auch, dass Pflegebedürftige häufig keinen Erstattungsanspruch bezüglich dieses Vergütungsteils haben, da hierfür die Pflegepauschalen nicht ausreichen.

Verfassungsrechtliche Bedenken bestehen zudem beim sogenannten Wertschöpfungsanteil. Nach § 27 Abs. 2 soll der Vorteil der ausbildenden Einrichtung durch den Einsatz der Auszubildenden bei der Erbringung der Leistungen von Krankenhäusern und stationären Pflegeeinrichtungen im Verhältnis von 9,5:1 und bei ambulanten Pflegeeinrichtungen im Verhältnis von 14:1 in Ansatz gebracht werden. Während die Ungleichbehandlung wegen der unterschiedlichen Verhältnisse gerechtfertigt sein kann, wenn aufgrund der unterschiedlichen Einsatzmöglichkeiten die vorgesehene unterschiedliche Anrechnung belegbar ist, ist die generelle Anrechnung eines Wertschöpfungsanteils bei allen Einrichtungen nur dann gerechtfertigt, wenn tatsächlich der zu beurteilende Sachverhalt gleich ist. Hieran bestehen erhebliche Bedenken, da ambulante Pflegeeinrichtungen letztlich keine Möglichkeit haben, die Auszubildenden wirtschaftlich sinnvoll einzusetzen. Diese sind zwangsläufig mit einer ausgebildeten Pflegefachkraft unterwegs und können nur unterstützend beim jeweiligen Pflegebedürftigen eingesetzt werden. Gleichwohl erhöhen sich die Leistungspauschalen für die erbrachten Pflegeleistungen nicht. Ein Mehrwert könnte deshalb allenfalls entstehen, wenn dieselben Leistungen in einer kürzeren Zeit erbracht und somit mehr Patienten innerhalb der Arbeitszeit gepflegt werden können. Dies erscheint nach den Erfahrungen in Nordrhein-Westfalen unrealistisch.

Ob gegen die Regelungen Klagen erhoben werden, bleibt abzuwarten.

Klagebefugt sind sowohl die Krankenhäuser als auch die ambulanten und stationären Pflegeeinrichtungen. Gegen die jeweiligen Umlagebescheide, die als Verwaltungsakt zu qualifizieren sind, besteht die Möglichkeit Anfechtungsklage zu erheben. Hält das Verwaltungsgericht die gesetzliche Regelung für verfassungswidrig, legt es diese Frage dem BVerfG zur Entscheidung vor. Bestätigt diese die Verfassungswidrigkeit fehlt die gesetzliche Grundlage für die jeweiligen Umlagebescheide. Den zuständigen Stellen und damit letzten Endes den Bundesländer obliegt daher das volle Risiko, dass die bundesgesetzliche Regelung verfassungswidrig ist und deshalb Klagen gegen die Umlagebescheide Erfolg haben.

Die Verfassungswidrigkeit des sogenannten Wertschöpfungsanteils in § 27 Abs. 2 des Gesetzentwurfes kann zu Verpflichtungsklagen ambulanter Pflegeeinrichtungen auf Gewährung einer Ausgleichszuweisung ohne den entsprechenden Abzug führen. Resultat einer erfolgreichen Klage wäre eine Unterdeckung in den Fonds, die auch in dieser Konstellation letztlich von den Bundesländen ausgeglichen werden müsste (*Rechtsgutachten vom 18. Februar 2016 aaO., S. 52 ff.*).

§ 27

Ausbildungskosten

(1) Kosten der Pflegeberufsausbildung sind die Mehrkosten der Ausbildungsvergütungen und die Kosten der praktischen Ausbildung einschließlich der Kosten der Praxisanleitung. Zu den Ausbildungskosten gehören auch die Betriebskosten der Pflegeschulen nach § 6 Abs. 2 einschließlich der Kosten der Praxisbegleitung. Nicht zu den Ausbildungskosten gehören die Investitionskosten. Investitionskosten sind Aufwendungen für Maßnahmen einschließlich Kapitalkosten, die dazu bestimmt sind, die für den jeweiligen Betrieb notwendigen Gebäude und sonstigen abschreibungsfähigen Anlagegüter herzustellen, anzuschaffen, wiederzubeschaffen oder zu ergänzen.

(2) Bei der Ermittlung der Mehrkosten der Ausbildungsvergütung sind Personen, die nach Teil 2 dieses Gesetzes in der Pflege ausgebildet werden, in Krankenhäusern und in stationären Pflegeeinrichtungen im Verhältnis 9,5 zu 1 auf die Stelle einer voll ausgebildeten Pflegefachkraft anzurechnen; bei ambulanten Pflegeeinrichtungen erfolgt eine Anrechnung im Verhältnis von 14 zu 1.

I. Zur Entstehungsgeschichte. Die Vorschrift wurde, so wie im Gesetzesentwurf der Bundesregierung vorgesehen, verabschiedet.

II. Aus den Gesetzesmaterialien. Aus der Begründung zum Gesetzesentwurf der Bundesregierung von 2016 (BT-Drucksache 18/7823 (S. 80)). § 27 bestimmt den Begriff der Ausbildungskosten näher.

Zu Abs. 1. Zu den Ausbildungskosten im Sinne der gemeinsamen Pflegeausbildungsfinanzierung gehören

- die Mehrkosten der Ausbildungsvergütung (*s. Abs. 2*)
- die Kosten der praktischen Ausbildung einschließlich der Kosten der Praxisanleitung und
- die Betriebskosten der schulischen Ausbildung einschließlich der Kosten der Praxisbegleitung.

Nicht enthalten sind ausdrücklich die Investitionskosten, d.h. die für den Betrieb notwendigen Aufwendungen für die Herstellung, Anschaffung, Wiederbeschaffung oder Ergänzung von Gebäuden. Die Finanzierungsverantwortung liegt insoweit bei den Ländern. Dies entspricht den geltenden Regelungen des § 82a Abs. 3 Nr. 3 SGB XI, 1. Halbsatz sowie §§ 82 Abs. 2 und 9 SGB XI und den Grundsätzen des Krankenhausfinanzierungsgesetzes, die eine Tragung der Investitionskosten durch die Länder vorsehen. Nähere Einzelheiten zu den anzuerkennenden Ausbildungskosten werden durch gemeinsame Rechtsverordnung des Bundesministeriums für Familie, Senioren, Frauen und Jugend und des Bundesministeriums für Gesundheit mit Zustimmung des Bundesrates bestimmt (*vgl. § 56 Abs. 3 Nr. 1*). Den gesetzlichen Regelungen zu Grunde gelegt ist, dass die zu finanzierenden Kostentatbestände im Wesentlichen den Berechnungsgrundlagen des Finanzierungsgutachtens von WIAD/prognos vom 20. Juni 2013 folgen (*vgl. Finanzierungsgutachten S. 151*), die wiederum auf den Finanzierungsgrundsätzen der Schulen bzw. Ausbildungsstätten an Krankenhäusern nach § 17a KHG beruhen. Wesentlich finanziert werden sollen entsprechend der Rahmenvereinbarung zu § 17a Abs. 2 Nr. 1 KHG vom 25. Februar 2009 die Personalkosten (hauptamtliches und nebenberufliches Lehrpersonal), Sachkosten (z. B. Lehr- und Arbeitsmaterialien, Lernmittel, Reisekosten, Prüfungskosten) und Gemeinkosten (sonstige Personalkosten wie für Sekretariat, allgemeine Verwaltung, sonstige zentrale Dienste wie Hausmeister, technischen Dienst, Reinigungsdienst; Betriebskosten des Schulgebäudes).

Zu Abs. 2. Kosten der Ausbildungsvergütung werden als sogenannte Mehrkosten im Rahmen eines Anrechnungsschlüssels berücksichtigt. Hintergrund hierfür ist, dass die Auszubildenden die Ausbildungsvergütung vor allem im Hinblick darauf erhalten, dass ihre praktische Tätigkeit für die Versorgung der Patientinnen und Patienten und der Pflegebedürftigen verwertbar ist. Im Umfang von 9,5:1 wird dabei der Wertschöpfungsanteil der Auszubildenden in Krankenhäusern und in stationären Pflegeeinrichtungen im Verhältnis einer voll ausgebildeten Pflegefachkraft berücksichtigt. Diesen müssen sich die ausbildenden Einrichtungen anrechnen lassen. Der Wertschöpfungsanteil von 9,5:1 bedeutet, dass von den Ausbildungsvergütungen von 9,5 Auszubildenden die Kosten der ausbildenden Einrichtung für eine voll ausgebildete Pflegefachkraft abzuziehen ist. Das Ergebnis dieser Differenzbildung sind die von den Kostenträgern zu finanzierenden Mehrkosten der Ausbildungsvergütung. Der Wertschöpfungsanteil von 9,5:1 entspricht dem in der Krankenpflegeausbildung zurzeit geltenden Wertschöpfungsanteil (*vgl. § 17a Abs. 1 Satz*

4 KHG). In der Altenpflegeausbildung besteht zurzeit keine bundesweit einheitliche Wertschöpfungsquote. Geltende Quoten reichen von überhaupt keiner Anrechnung (Angaben aus sechs Ländern) bis zu einer Quote von 2:1 (*vgl. Finanzierungsgutachten S. 86 ff.*). Aufgrund der dortigen Pflegesituation wird in der ambulanten Pflege ein geringerer Wertschöpfungsanteil (14:1) zu Grunde gelegt.

III. Erläuterungen. In dieser Vorschrift werden die Bestandteile der Ausbildungskosten benannt: Mehrkosten der Ausbildungsvergütung, Kosten der praktischen Ausbildung einschließlich der Kosten der Praxisanleitung, die Betriebskosten der schulischen Ausbildung einschließlich der Kosten der Praxisbegleitung. Nicht Bestandteil der Ausbildungskosten sind die Investitionskosten, da die Finanzierungsverantwortung hierfür bei den Ländern liegt. Nach Abs. 2 sollen die Auszubildenden im Krankenhaus und in stationären Pflegeeinrichtung im Verhältnis 9,5:1 auf den Stellenplan angerechnet werden und in ambulanten Pflegeeinrichtungen im Verhältnis 14:1.

Das Anrechnen von Auszubildenden auf dem Stellenplan darf nicht dazu führen, dass diese zur Kompensation fehlender ausgebildeter Pflegekräfte eingesetzt werden. In der Ausbildung steht der Erwerb der erforderlichen Kompetenzen im Vordergrund und nicht die Sicherstellung der Versorgung der Pflegebedürftigen, zumal den Auszubildenden nur Entscheidungen und Aufgaben übertragen werden dürfen, die ihrem Ausbildungsstand entsprechen (*vgl. § 18 Abs. 2*). Sonst gefährdet ein solcher Einsatz die Sicherheit der zu pflegenden Menschen.

Die Arbeitsleistung der Auszubildenden darf nicht Vorrang vor der Ausbildung haben.

Die Anrechnung soll nach der Gesetzesbegründung (*s. oben unter **Nr. II Zu Abs. 2.***) entsprechend § 17a Abs. 1 Satz 4 KHG auf die Stelle einer voll ausgebildeten Pflegefachkraft erfolgen. Weiteres ist nicht vorgegeben. In der Anlage zur Vereinbarung über die Übermittlung von Daten nach § 21 Abs. 4 und Abs. 5 KHEntgG (*veröffentlicht auf www.g-drg.de*) wird auf Seite 11 auf die durchschnittlichen Personalkosten (Ist-Kosten) für eine examinierte Vollkraft in dem entsprechenden Ausbildungsberuf abgestellt. Dazu zählen die Kosten nach den Kontengruppen 60 bis 64 KHBV (Gehälter gesetzlicher Sozialabgaben, Altersversorgung, Beihilfen und Unterstützungen sowie sonstige Personalaufwendungen), bereinigt um die Kosten für Auszubildende und andere Hilfskräfte. Personen, die in Leitungspositionen oder -funktionen arbeiten, sind nicht in die Berechnung einzubeziehen. Zudem dürfen die ermittelten Personalkosten keine Kosten anderer Berufe/Qualifikationen enthalten. Diese Berechnungsmethode könnte ein erster Ansatz sein, wobei die Einzelheiten verbindlich durch die Rechtsverordnung gem. § 56 Abs. 3 Nr. 1 festgelegt werden.

Welche konkreten Auswirkungen die Anrechnung von Auszubildenden auf den Stellenplan hat, hat die ADS (Arbeitsgemeinschaft Christlicher Schwesternverbände und Pflegeorganisationen in Deutschland e. V.) in ihrer Stellungnahme gegenüber dem Gesundheitsausschuss des Deutschen Bundestages (*Ausschussdrucksache 18(14) 0174(45) im Mai 2016*) vorgerechnet:

Erläuterung zu den Auswirkungen der festgelegten Anrechnung auf den Stellenschlüssel

1. Im Gesetzentwurf festgelegter Anrechnungsschlüssel

In der Konsequenz heißt der Bezug auf die Stelle einer voll ausgebildeten Pflegefachkraft, dass die auf die Mehrkosten der Ausbildungsvergütung angerechneten und das Personalbudget der Einrichtung vermindernden Bruttopersonalkosten einer ausgebildeten Pflegefachkraft in Pflegehilfskraft-Stellenanteile umgerechnet werden müssen.

Bei Bruttopersonalkosten einer Pflegefachkraft in Höhe von 43.000 Euro/Jahr und einer Pflegehilfskraft von 35.000 EUR (AVR.HN) entspricht einer Pflegefachkraftstelle 1,23 Pflegehilfskraftstellen, die stationär durch 9,5 Schüler/innen und ambulant durch 14 Schülerinnen zu ersetzen sind.

Damit ergibt sich auf der Grundlage der Gesetzesvorlage eine Anrechnungsnotwendigkeit von 7,73:1 auf die Stelle einer voll ausgebildeten Pflegefachkraft im stationären Bereich und 11,4:1 in ambulanten Pflegeeinrichtungen.

2. Sich daraus ergebenden Einsatznotwendigkeiten der Schüler/innen

Wenn die Schüler/innen 1.300 Stunden beim Träger der praktischen Ausbildung sind – davon 10 % angeleitete Zeit sein müssen und 10 Prozent ggf. durch Krankheitsausfälle die Zeit der praktischen Ausbildung vermindern – verbleiben 1.040 Stunden innerhalb der drei Jahre, wie auch immer verteilt.

Mit diesen je 1.040 Stunden müssen 7,73 Schüler/innen (S. Berechnung unter 1.) die Nettoarbeitszeit einer Pflegehilfskraft im Umfang von 1.600 Stunden pro Jahr und 4.800 Stunden in drei Jahren ersetzen. Pro angerechnetem/r Schüler/in bedeutet das, dass in den drei Jahren beim Träger der praktischen Ausbildung, der die Ausbildungsvergütung zahlt, 621 Stunden anstelle der Pflegehilfskraft als vollumfänglicher Arbeitszeit zu leisten sind.

Wenn die Zeit des Orientierungseinsatzes abgezogen wird, muss der/die Schüler/in fast die ganze übrige Ausbildungszeit außerhalb der Zeiten der Praxisanleitung im Dienstplan anstelle einer Pfleghilfskraft verplant und eingesetzt werden. In Bereichen bzw. Schichtzeiten mit einem regelhaften Einsatz von zwei Pflegepersonen ist der/die Schüler/in dann regelhaft die zweite Person.

Von einer die Anrechnung begründenden Wertschöpfung kann nachweislich dieser Erläuterungen keine Rede sein. Regelungen dieser Art führen vielmehr dazu, die Ausbildungsbereitschaft von Einrichtungen zu verhindern und Interessent/innen von der Ausbildung abzuhalten.

Instandhaltungs- und Instandsetzungskosten zählen nicht (mehr) als Investitionskosten und gehören zu den über den Ausbildungsfonds zu refinanzierenden Betriebskosten der schulischen Ausbildung. Unklar bleibt, inwieweit Mietkosten und/oder Umbaumaßnahmen von Schulen dazu gehören und somit in die Finanzierungszuständigkeit der Länder fallen oder ob sie zu den Betriebskosten zählen und damit durch die Umlage finanziert werden. In § 17a Abs. 10 KHG werden die Kosten der Unterbringung von Auszubildenden geregelt, welche nicht pflegesatzfähig sind. Durch die Vertragsparteien (§ 18 Abs. 2 KHG) kann aber Abweichendes vereinbart werden. Diese Regelungen sind nicht in das neue Pflegeberufegesetz übergenommen worden.

Unklar bleibt auch, inwieweit die Vorbereitung der Praxisanleitung z. B. für Planung und die nur mittelbar ihr dienenden Tätigkeiten, etwa der Austausch mit den Lehrkräften, Fort- und Weiterbildung und Teilnahme an den Prüfungen, zu den Ausbildungskosten zählen. Denn die Einrichtungen können diese Kosten nicht selber tragen und würden so gegebenenfalls von Ausbildungsanstrengungen abgehalten.

Hier soll die noch zu schaffende Rechtsverordnung (*vgl. § 56 Abs. 3 Nr. 1*) Klarheit schaffen.

§ 28

Umlageverfahren

(1) Die Finanzierung der Ausgleichsfonds durch Krankenhäuser und ambulante und stationäre Pflegeeinrichtungen erfolgt über landesweite Umlageverfahren nach Maßgabe des Absatzes 2 und der §§ 29 bis 35.

(2) Die an den Umlageverfahren teilnehmenden Krankenhäuser können die auf sie entfallenden Umlagebeträge zusätzlich zu den Entgelten oder Vergütungen für ihre Leistungen als Ausbildungszuschläge erheben; für ambulante und stationäre Pflegeeinrichtungen sind die auf sie entfallenden Umlagebeträge in der Vergütung der allgemeinen Pflegeleistungen (§ 84 Abs. 1, § 89 des Elften Buches Sozialgesetzbuch) berücksichtigungsfähig.

I. Zur Entstehungsgeschichte. Diese Regelung des Gesetzesentwurfes der Bundesregierung wurde unverändert verabschiedet.

II. Aus den Gesetzesmaterialien. Aus der Begründung zum Gesetzesentwurf der Bundesregierung von 2016 (BT-Drucksache 18/7823 (S. 80 f.)). Festgelegt wird der Grundsatz, dass die Finanzierung der Ausbildungsfonds über Krankenhäuser und stationäre und ambulante Pflegeeinrichtungen über landesweite Umlageverfahren erfolgt. Mit dem Umlageverfahren sollen ausbildende und nicht ausbildende Betriebe gleichermaßen mit den Ausbildungskosten belastet, Wettbewerbsgerechtigkeit sichergestellt und dadurch die Ausbildung insgesamt gestärkt werden.

Abs. 2 regelt die vergütungsrechtlichen Folgen. Die an den Umlageverfahren teilnehmenden Krankenhäuser können die auf sie entfallenden Umlagebeträge zusätzlich zu den Entgelten oder Vergütungen für ihre Leistungen als Ausbildungszuschläge erheben. Ambulante und stationäre Pflegeeinrichtungen können die von ihnen zu tragenden Umlagebeträge in die Vergütungssätze für die allgemeinen Pflegeleistungen einrechnen. Diese Regelung ergänzt § 82a SGB XI.

III. Erläuterungen. § 28 legt den Grundsatz fest, dass die Finanzierung der Ausbildungsfonds über landesweite Umlageverfahren erfolgen soll. Durch das Umlageverfahren werden alle Einrichtungen (Krankenhäuser und stationäre und ambulante Pflegeeinrichtungen) gleichermaßen mit den Kosten der Ausbildung belastet werden, sodass dieses dem Grundsatz nach gerechter als das bisherige Verfahren ist (*zu den Einschränkungen dieser Aussage vgl. auch Kommentierung zu § 26*).

Die am Umlageverfahren teilnehmenden Krankenhäuser können die auf sie entfallenden Umlagebeträge zusätzlich zu den Entgelten und Vergütungen als Ausbildungszuschläge erheben. Pflegeeinrichtungen können diese Umlagebeträge in die allgemeinen Vergütungssätze für die Pflegeleistungen gem. §§ 82a, 84, 89 SGB XI einrechnen.

Dadurch werden gleichwohl, wie bereits zu § 26 angemerkt, die Pflegebedürftigen in den Pflegeeinrichtungen durch die unterschiedlichen Refinanzierungen der Ausbildungszuschläge schlechter gestellt. In Pflegeeinrichtungen gab es wegen des Teilleistungssystems des SGB XI die Ausbildungskosten zu Lasten der Pflegebedürftigen, denn die Ausbildungskosten werden in Einrichtung nach SGB XI über den Pflegesatz bzw. die Pflegevergütung auf die Betroffenen umgelegt.

Positiv ist die Abschaffung der bisherigen Unterschiede in der Finanzierung der derzeitigen Altenpflegeausbildung im Vergleich zur Gesundheits- und Kranken-/ Kinderkrankenpflegeausbildung; ebenso wie der Wegfall des Schulgeldes für die Altenpflege in einzelnen Bundesländern.

Pflegeeinrichtungen müssen unter Einhaltung der im jeweiligen Landesheimrecht bestimmten Fristen Heimentgelterhöhungen anmelden und die Zustimmung der Bewohner einholen. Dies ist ein weiterer bürokratischer Aufwand, der neben anderen Erhöhungen, die wohl nicht zeitgleich anstehen, von den Einrichtungen getragen werden muss. Um die Frist einzuhalten, muss die Höhe der für das jeweils nächste Jahr geltenden Höhe der Ausbildungsumlage frühzeitig bekannt sein.

§ 29

Ausbildungsbudget, Grundsätze

(1) Die Träger der praktischen Ausbildung und die Pflegeschulen erhalten für einen zukünftigen Zeitraum (Finanzierungszeitraum) ein Ausbildungsbudget zur Finanzierung der Ausbildungskosten. Das Ausbildungsbudget des Trägers der praktischen Ausbildung umfasst auch die Ausbildungskosten der weiteren an der praktischen Ausbildung beteiligten Einrichtungen nach § 8 Abs. 3; es setzt sich zusammen aus den voraussichtlichen Mehrkosten der Ausbildungsvergütung und aus den Kosten der praktischen Ausbildung je Auszubildender oder je Auszubildendem.

(2) Das Ausbildungsbudget soll die Kosten der Ausbildung bei wirtschaftlicher Betriebsgröße und wirtschaftlicher Betriebsführung decken. Die Bezahlung tarifvertraglich vereinbarter Vergütungen sowie entsprechender Vergütungen nach kirchlichen Arbeitsrechtsregelungen kann nicht als unwirtschaftlich abgelehnt werden. Grundlage des Ausbildungsbudgets sind die Ausbildungszahlen, die an die zuständige Stelle gemeldet werden, ebenso wie die Höhe der Mehrkosten der Ausbildungsvergütung. Mehrkosten der Ausbildungsvergütungen dürfen nicht unangemessen sein; sie können nicht als unangemessen beanstandet werden, soweit ihnen tarifvertraglich vereinbarte Ausbildungsvergütungen sowie entsprechende Vergütungen nach kirchlichen Arbeitsrechtsregelungen zugrunde liegen.

(3) Die für den Finanzierungszeitraum zu erwartenden Kostenentwicklungen sind zu berücksichtigen. Die Ausbildung in der Region darf nicht gefährdet werden. Soweit eine Pflegeschule in der Region erforderlich ist, zum Beispiel weil die Entfernungen und Fahrzeiten zu anderen Pflegeschulen nicht zumutbar sind, können auch langfristig höhere Finanzierungsbeträge vorgesehen werden. Die Parteien nach § 31 Abs. 1 können Strukturverträge schließen, die den Ausbau, die Schließung oder die Zusammenlegung von Pflegeschulen finanziell unterstützen und zu wirtschaftlichen Ausbildungsstrukturen führen. § 27 Abs. 1 Satz 3 gilt entsprechend.

(4) Soweit Ausbildungskosten nach anderen Vorschriften aufgebracht werden, ist dies bei der Festlegung des Ausbildungsbudgets mindernd zu berücksichtigen.

(5) Das Ausbildungsbudget erfolgt als Pauschalbudget nach § 30. Es wird als Individualbudget vereinbart, wenn dies das jeweilige Land oder die Parteien nach Abs. 6 übereinstimmend bis zum 15. Januar des Vorjahres des Finanzierungszeitraums schriftlich erklären. Diese Erklärungen können auch nur für die Finanzierung der Träger der praktischen Ausbildung oder die Finanzierung der Pflegeschulen abgegeben werden.

(6) Die Erklärungen der Parteien nach Abs. 5 erfolgen für die Finanzierung der Träger der praktischen Ausbildung von den Parteien nach § 30 Abs. 1 Satz 1 und für die Finanzierung der Pflegeschulen von den Parteien nach § 30 Abs. 1 Satz 2. Eine ausdrückliche Enthaltungserklärung ist zulässig. Ist eine der Parteien durch mehrere Vertreter vertreten, gilt die Erklärung der Partei dann als abgegeben, wenn entsprechende Erklärungen von der jeweiligen Mehrheit der Vertreter dieser Partei abgegeben worden sind.

(7) Das Land und die Parteien sind an ihre Erklärungen für den folgenden Finanzierungszeitraum gebunden. Darüber hinaus gelten die Erklärungen nach Abs. 5 bis zu einer abweichenden Erklärung fort. Die abweichenden Erklärungen können ebenfalls bis zum 15. Januar des Vorjahres des jeweiligen Finanzierungszeitraumes abgegeben werden.

I. Zur Entstehungsgeschichte. Der Text des Gesetzesentwurfs der Bundesregierung wurde ohne Änderungen übernommen.

II. Aus den Gesetzesmaterialien. Aus der Begründung zum Gesetzesentwurf der Bundesregierung von 2016 (BT-Drucksache 18/7823 (S. 81 f.)). Um den Gesamtfinanzbedarf für die Pflegeausbildung (s. § 32) ermitteln zu können, werden für die Träger der praktischen Ausbildung und die Pflegeschulen im Voraus für den jeweiligen Finanzierungszeitraum (Kalenderjahr) sog. Ausbildungsbudgets bestimmt. Die Bestimmung erfolgt im Regelfall über Pauschalen pro Auszubildenden bzw. pro Auszubildendem zuzüglich der zu erwartenden (Mehr-)Kosten der Ausbildungsvergütung. Die Mehrkosten der Ausbildungsvergütung sind einer Pauschalierung nicht zugänglich, um die Zahlung einer angemessenen und tarifvertraglichen Ausbildungsvergütung sicherzustellen.

Die Pauschalen werden durch landesweite Vereinbarung nach § 30 festgelegt. Statt einer Pauschalvereinbarung können Individualbudgets durch individuelle Vereinbarungen mit den Kostenträgern (§ 31) vereinbart werden, wenn sich das Land hierfür schriftlich ausspricht oder die Mehrheit der Vertragsparteien auf Landesebene dies schriftlich vereinbart.

Die Ausbildungsbudgets haben zum einen die Funktion, Grundlage der Ermittlung der Gesamtausbildungskosten für den Finanzierungszeitraum zu sein. Zum anderen bilden sie die Grundlage für Mittelzuweisungen aus dem Fonds. Sowohl die Festlegung von Ausbildungsbudgets über auf Landesebene vereinbarte Pauschalen als auch eine Individualvereinbarung ermöglichen eine auf die individuelle Ausbildungs- und Schulsituation zugeschnittene Finanzierung und dient damit dem Erhalt und der Steigerung von Ausbildungsangeboten.

Weiterhin stellt die Finanzierung über Ausbildungsbudgets, die über gemeldete Ausbildungszahlen bestimmt werden, sicher, dass eine Ausbildung entsprechend dem tatsächlichen Bedarf und der bestehenden Kapazitäten erfolgt. Eine Deckelung, wie sie beispielsweise über zuvor festgelegte Finanzierungssummen erfolgen würde, findet nicht statt.

Zu Abs. 1. Das Ausbildungsbudget des Trägers der praktischen Ausbildung bildet ein Gesamtbudget für alle Auszubildenden, mit denen der Träger der praktischen Ausbildung für den Finanzierungszeitraum einen Ausbildungsvertrag abgeschlossen hat bzw. abschließen wird Es umfasst auch die Ausbildungskosten der bei der praktischen Ausbildung kooperierenden weiteren Einrichtungen. Dabei umschließt das Ausbildungsbudget die Kosten der praktischen Ausbildung einschließlich der Mehrkosten der Ausbildungsvergütung. Dieses Gesamtbudget trägt der wesentlichen Bedeutung des Kooperationsverbundes und der besonderen Rolle, die der Träger der praktischen Ausbildung darin übernimmt, Rechnung. Es folgt der Struktur der Kooperationsverträge. Daher ist es folgerichtig, dem Träger der praktischen Ausbildung ein Gesamtbudget für die Ausbildung zu übertragen. Entsprechend ihrer besonderen Rolle erhalten die Pflegeschulen ein eigenes Ausbildungsbudget.

Zu Abs. 2. Abs. 2 stellt allgemeine Grundsätze für die Ausbildungsbudgets auf. Er regelt, dass Ausbildungskosten bei wirtschaftlicher Betriebsführung und wirtschaftlicher Betriebsgröße zu decken sind.

Zu Abs. 3. Gleichzeitig stellt Abs. 3 klar, dass bei der Gefährdung der Ausbildung in der Region auch langfristig höhere Finanzierungsbeiträge gezahlt werden können.

Über Strukturverträge können Anpassungen wie der Ausbau, die Schließung oder die Zusammenlegung von Pflegeschulen finanziell unterstützt werden. Der Verweis auf § 27 Abs. 1 Satz 3 stellt klar, dass es bei dem Grundsatz bleibt, dass Investitionskosten aus Fondsmitteln nicht getragen werden.

Zu Abs. 4. Abs. 4 stellt die Nachrangigkeit der Finanzierung über den Ausbildungsfonds klar. Soweit Ausbildungskosten nach anderen Vorschriften aufgebracht werden, ist diese Finanzierung vorrangig und bei der Festlegung des Ausbildungsbudgets mindernd zu berücksichtigen.

Zu Abs. 5. Regelmäßig werden für die Kosten der Ausbildung Pauschalen vereinbart. Das Land kann sich jedoch durch schriftliche Erklärung für Individualbudgets entscheiden. Damit erhalten die Länder aufgrund der unterschiedlichen Rahmenbedingungen in den Ländern und deren Gesamtverantwortung für den Vollzug dieses Gesetzes ein Wahlrecht hinsichtlich des Verfahrens, in dem das Ausbildungsbudget festgelegt wird Das Wahlrecht kann auch von den Vertragsparteien nach § 30 Abs. 1 durch übereinstimmende Erklärungen ausgeübt werden. Da das Land zu den Vertragsparteien nach § 30 gehört, kann es nicht überstimmt werden. Es kann sich jedoch nach Abs. 6 enthalten und damit die Entscheidung den übrigen Vertragsparteien überlassen.

Sowohl die Verfahrensfestlegung durch das Land als auch durch die Parteien können für die Kosten der Träger der praktischen Ausbildung als auch für die Kosten der Pflegeschulen gesondert erfolgen, da sich die Strukturen beider Bereiche erheblich unterscheiden.

Zu Abs. 6. Abs. 6 legt fest, welche Parteien das Wahlrecht nach Abs. 5 ausüben können. Die Ausübung des Wahlrechts durch die Länder, Kostenträger und Zahlungsempfänger soll nicht von einem einzelnen Beteiligten blockiert werden können. Deshalb wird eine Mehrheitsentscheidung für die Vertreterinnen und Vertreter einer Partei vorgesehen.

Zu Abs. 7. Das Land und die Parteien sind an ihre Erklärungen für den folgenden Finanzierungszeitraum gebunden. Darüber hinaus gelten die Erklärungen bis zu einer abweichenden Erklärung fort. Dabei kann jedoch das Wahlrecht für jeden Finanzierungszeitraum erneut ausgeübt werden

III. Erläuterungen. In dieser Vorschrift werden die Grundsätze des Ausbildungsbudgets bestimmt.

Für einen zukünftigen Finanzierungszeitraum, also im Voraus, erhalten die Träger der praktischen Ausbildung und die Pflegeschulen Ausbildungsbudgets zur Finanzierung der Ausbildungskosten.

Die Parteien (Teilnehmer am Ausgleichsfonds) können Strukturverträge schließen, die den Ausbau, die Schließung oder die Zusammenlegung von Pflegeschulen finanziell unterstützen und zu wirtschaftlichen Ausbildungsstrukturen führen.

Das Ausbildungsbudget des Trägers der praktischen Ausbildung ist ein Gesamtbudget für alle Auszubildenden, mit denen der Träger der praktischen Ausbildung für den Finanzierungszeitraum einen Ausbildungsvertrag abschließen wird und umfasst auch die Ausbildungskosten der weiteren an der praktischen Ausbildung beteiligten Einrichtungen. Es umfasst die Mehrkosten der Ausbildungsvergütungen, auch die Kosten der praktischen Ausbildung. Die Pflegeschulen erhalten ein eigenes Ausbildungsbudget. Damit sind zwei Budgets festzulegen. Grundlage des Ausbildungsbudgets für den Träger der praktischen Ausbildung sind die Ausbildungszahlen, nicht die Anzahl der Ausbildungsplätze.

Für das Budget der Pflegeschulen wird anders als bei den Kosten der praktischen Ausbildung nicht vorgegeben, dass sich dieses aus den Kosten je Auszubildenden zusammensetzt. Zwar wird in der Gesetzesbegründung diese Bezugsgröße als *„Regelfall"* angenommen (*s. oben unter Nr. II*), doch ist dem nicht ohne Weiteres zuzustimmen. Die Schul- und Unterrichtskosten hängen nicht allein von der Zahl der Auszubildenden ab. Bei einem Ausbildungsabbruch steigen sogar die Kosten je Schüler.

Die Erfahrung zeigt, dass Auszubildende die Ausbildung auch abbrechen. Das Ausbildungsbudget der Pflegeschule muss insoweit auch die Kosten zur Vor- und Beibehaltung von Strukturen umfassen. Deshalb ist hier nicht allein auf die Zahl der Auszubildenden abzustellen, sondern entsprechend § 9 Abs. 1 auf die Ausbildungsplätze.

Die Finanzierung der Ausbildungskosten durch Ausbildungsbudgets ist ein praktikables Verfahren und die Festlegung von Ausbildungsbudgets auf Grundlage vereinbarter Pauschalen ermöglicht eine auf die individuelle Ausbildungssituation zugeschnittene Finanzierung, die dem tatsächlichen Bedarf gerecht wird Dies dürfte auch eine Steigerung von Ausbildungsangeboten mit sich bringen.

Das Ausbildungsbudget soll die Kosten der Ausbildung bei wirtschaftlicher Betriebsgröße und wirtschaftlicher Betriebsführung decken. Die Bezahlung tarifvertraglich vereinbarter Vergütungen gilt nicht als unwirtschaftlich.

Gemäß Abs. 3 sind die für den Finanzierungszeitraum zu erwartenden Kostenentwicklungen zu berücksichtigen.

Soweit eine Pflegeschule in der Region erforderlich ist, können höhere Finanzierungsbeiträge gezahlt werden. Die Parteien nach § 31 Abs. 1 können auch Strukturverträge schließen, die den Ausbau, die Schließung oder die Zusammenlegung von Pflegeschulen finanziell unterstützen und zu wirtschaftlichen Ausbildungsstrukturen führen. Das Ausbildungsbudget erfolgt grundsätzlich als Pauschalbudget. Es kann jedoch auch durch die Länder sowie durch die Parteien nach § 30 Abs. 1 als Individualbudget gewählt werden.

Über die oben bereits benannten Grundsätze einer wirtschaftlichen Betriebsführung, die es ebenso in den sonstigen Finanzierungsbestimmungen für Krankenhäuser und Pflegeeinrichtungen gibt, wird auch bei wohnortnaher Ausbildung eine wirtschaftliche Betriebsgröße als Maßstab für das Budget verlangt. Was genau darunter zu verstehen ist wird auch nicht in der Gesetzesbegründung erläutert. Zudem ist unklar, in welchem Verhältnis die wirtschaftliche Betriebsgröße zu den in § 26 festgelegten Zielen der Finanzierung einer wohnortnahen Ausbildung und einer Ausbildung in kleinen und mittleren Betrieben, die gefördert werden sollen, steht. Die Regelung, wonach selbst langfristig höhere Finanzierungsbeiträge an eine Pflegeschule in der jeweiligen Region gezahlt werden können, wenn die Ausbildung in der Region dies erfordert, lässt jedoch eine Priorisierung dieses Zieles unter Berücksichtigung der Vorgaben in § 26 Abs. 1 Nummern 1 und 4 (vor Nr. 5) erkennen.

Die Möglichkeit Strukturverträge abzuschließen, um den Ausbau, die Zusammenlegung und soweit nicht vermeidbar die Schließung von Pflegeschulen zu finanzieren, ist sinnvoll. Es darf jedoch für die Pflegeschulen entsprechend der Regelung als sog. „Kann-Bestimmung" auch nicht indirekt ein Abschluss mittelbar erzwungen werden (um wirtschaftliche Ausbildungsstrukturen nach Vorgabe bzw. Auffassung der übrigen Vertragspartner zu erreichen). Dies gilt umso mehr als gem. § 31 Abs. 1 Satz 1 Nr. 1, auf den verwiesen wird, „*die Träger der praktischen Ausbildung* <u>oder</u> *die Pflegeschule*" als Vertragspartner genannt werden. In Bezug auf die Strukturverträge sind deshalb die Pflegeschulen mit ihren Belangen als gleichwertige Vertragspartner anzuerkennen.

§ 30

Pauschalbudgets

(1) Die zuständige Behörde des Landes, die Landeskrankenhausgesellschaft, die Vereinigungen der Träger der ambulanten oder stationären Pflegeeinrichtungen im Land, die Landesverbände der Kranken- und Pflegekassen sowie der Landesausschuss des Verbandes der privaten Krankenversicherung legen durch gemeinsame Vereinbarungen Pauschalen zu den Kosten der praktischen Ausbildung fest. Die gemeinsame Vereinbarung der Pauschalen zu den Ausbildungskosten der Pflegeschulen wird von der zuständigen Behörde des Landes, den Landesverbänden der Kranken- und Pflegekassen, dem Landesausschuss des Verbandes der privaten Krankenversicherung sowie von Interessenvertretungen der öffent-

lichen und der privaten Pflegeschulen auf Landesebene getroffen. Keiner Pauschalierung zugänglich sind die Mehrkosten der Ausbildungsvergütung.

(2) Kommt eine Vereinbarung bis zum 30. April des Vorjahres des Finanzierungszeitraums nicht zustande, entscheidet auf Antrag einer Vertragspartei die Schiedsstelle nach § 36 innerhalb von sechs Wochen.

(3) Die Pauschalen sind alle zwei Jahre anzupassen. Kommt bis zum 30. Juni des Vorjahres des hierauf folgenden Finanzierungszeitraums eine neue Vereinbarung weder durch Vereinbarung noch durch Schiedsspruch zustande, gilt die bisherige Pauschalvereinbarung fort. Abweichend von Satz 1 kann die Pauschalvereinbarung von jedem der Beteiligten mit Wirkung für alle bis zum 1. Januar des Vorjahres des Finanzierungszeitraums gekündigt werden.

(4) Der Träger der praktischen Ausbildung und die Pflegeschule teilen der zuständigen Stelle die voraussichtliche Zahl der Ausbildungsverhältnisse beziehungsweise die voraussichtlichen Schülerzahlen sowie die voraussichtlichen Mehrkosten der Ausbildungsvergütung und das sich daraus ergebende Gesamtbudget mit. Dabei ist auch die Höhe der voraussichtlich für jeden Auszubildenden anfallenden Ausbildungsvergütung mitzuteilen. Die angenommenen Ausbildungs- oder Schülerzahlen werden näher begründet. Die zuständige Stelle setzt auf Grundlage der Mitteilungen nach den Sätzen 1 bis 3 das Ausbildungsbudget fest; sie weist unangemessene Ausbildungsvergütungen und unplausible Ausbildungs- und Schülerzahlen zurück.

(5) Erfolgt eine Mitteilung nach Abs. 4 Satz 1 bis 3 nicht oder nicht vollständig innerhalb von für die Mitteilung vorgegebenen Fristen oder wurden bestimmte Angaben in der Mitteilung nach Abs. 4 Satz 4 zurückgewiesen und werden die zurückgewiesenen Angaben nicht fristgerecht nachträglich mitgeteilt, nimmt die zuständige Stelle eine Schätzung vor.

I. Zur Entstehungsgeschichte. Diese Vorschrift wurde unverändert aus dem Gesetzesentwurf der Bundesregierung übernommen.

II. Aus den Gesetzesmaterialien.

1. Aus der Begründung zum Gesetzesentwurf der Bundesregierung von 2016 (BT-Drucksache 18/7823 (S. 82 f.)). Zu Abs. 1. Abs. 1 regelt, dass zu den Ausbildungskosten der Pflegeschulen und zu den Kosten der praktischen Ausbildung durch gemeinsame Vereinbarungen von Kosten- und Leistungsträgern auf Landesebene Pauschalen festgelegt werden. Ausdrücklich festgelegt ist, dass die Mehrkosten der Ausbildungsvergütung Pauschalen nicht zugänglich sind. Dies soll gewährleisten, dass angemessene Vergütungen gezahlt und tarifliche Vereinbarungen eingehalten werden.

Vereinbarungsparteien der landesweit geltenden Pauschalen sind einerseits die Interessensvertretungen der Kostenträger des Ausbildungsfonds auf Landesebene, andererseits die Interessensvertreter der ausbildenden Einrichtungen bzw. der Pflegeschulen. Dadurch soll sichergestellt werden, dass einerseits auskömmliche Beträge festgelegt, andererseits die Kostenentwicklung begrenzt wird.

Zu Abs. 2. Kommt bis zum 30. April des Vorjahres des Finanzierungszeitraums keine Pauschalvereinbarung zustande, entscheidet auf Anruf einer Vereinbarungspartei die Schiedsstelle nach § 36 innerhalb von sechs Wochen.

Zu Abs. 3. Die Pauschalen sind alle zwei Jahre anzupassen. Damit wird aktuellen Kostenentwicklungen Rechnung getragen. Eine vorzeitige Kündigung ist möglich. Kommt bis zum 30. Juni des Vorjahres des folgenden Finanzierungszeitraums eine Vereinbarung über Pauschalen weder durch Vereinbarung noch durch Schiedsspruch zustande, gilt die bisherige Pauschalvereinbarung fort. Damit soll verhindert werden, dass gar keine Vereinbarung getroffen wird.

Zu Abs. 4. Abs. 4 bestimmt, dass Träger der praktischen Ausbildung und Pflegeschule der zuständigen Stelle das für sie auf Grundlage der Pauschalen und der angenommenen Ausbildungszahlen errechnete Ausbildungsbudget mitteilen, das für die praktische Ausbildung um die Mehrkosten der Ausbildungsvergütung ergänzt wird Dabei haben sie die Zahl der voraussichtlichen Ausbildungsverhältnisse anzugeben und näher zu begründen. Die zuständige Stelle prüft, ob die gemeldeten Ausbildungsvergütungen nicht unangemessen und die gemeldeten Ausbildungs- bzw. Schülerzahlen plausibel sind. Die Prüfung der Angemessenheit der Ausbildungsvergütung soll verhindern, dass wegen der Vollerstattung der Mehrkosten der Ausbildungsvergütung im Einzelfall beliebig hohe Ausbildungsvergütungen zu Lasten aller Kostenträger angeboten werden. Gleichzeitig wird sichergestellt, dass keine zu niedrigen Vergütungen vorgesehen werden.

2. Aus der Beschlussempfehlung und dem Bericht des Ausschusses für Gesundheit des Deutschen Bundestages (BT-Drucksache 18/12847 (S. 109)) vom 21. Juni 2017. Es handelt sich um eine redaktionelle Angleichung von § 30 und § 31. In beiden Fällen sind der zuständigen Stelle die angenommenen Mehrkosten der Ausbildungsvergütung sowie die Höhe der Ausbildungsvergütung selbst mitzuteilen. Dies dient der zuständigen Stelle als Kalkulationsgrundlage für die Höhe des Gesamt-Finanzierungsbedarfs sowie als Grundlage nachträglich geltend gemachter Kostensteigerungen und der Kontrolle der Angemessenheit der Ausbildungsvergütungen.

Satz 4 Dient der Klarstellung, dass eine Kostenfeststellung und eine Festsetzung des Ausbildungsbudgets durch die zuständige Stelle erfolgen.

Zu Abs. 5. Die Träger der praktischen Ausbildung und die Pflegeschule haben der zuständigen Stelle die voraussichtliche Zahl der Ausbildungsverhältnisse bzw. die voraussichtlichen Schülerzahlen, die voraussichtliche Ausbildungsvergütung und deren Mehrkosten sowie das sich daraus ergebende Gesamtbudget nach Abs. 4 mitzuteilen. Mit dem neuen Abs. 5 wird festgelegt, dass bei unterbliebener, unvollständiger oder zurückgewiesener Mitteilung, die nicht fristgerecht nachgeholt wird, die zuständige Stelle eine Kostenschätzung vornimmt. Fristen für die Mitteilung können durch eine auf Grundlage von § 56 Abs. 3 erlassene Finanzierungsverordnung vorgegeben werden.

Die Regelung der Kostenschätzung ist notwendig, damit der Gesamtfinanzierungsbedarf des Ausbildungsfonds nach § 32 Abs. 1 auch bei fehlerhafter oder unterbliebener Mitteilung ermittelt werden kann. Eine entsprechende Klarstellung erfolgt dort. In Ergänzung zur Kostenschätzung sind folgende Regelungen und Änderungen bei fehlerhafter oder unterbliebener Mitteilung der Ausbildungskosten vorgesehen:

Um einen wirksamen Anreiz für die Meldung an die zuständige Stelle zu setzen, sollen die Träger der praktischen Ausbildung und die Pflegeschulen, für die keine, eine unvollständige oder eine unplausible Meldung abgegeben wird, bis zu einer vollständigen und plausiblen Meldung keine Ausgleichszuweisungen erhalten (Änderungsantrag zu § 34 Abs. 4). Liegt die vollständige Meldung nachträglich vor, werden die Ausgleichszuweisungen auf das geschätzte Ausbildungsbudget begrenzt. Die Regelung ist notwendig, weil durch fehlende oder unplausible Datenmeldungen der von der zuständigen Stelle zu ermittelnde Finanzierungsbedarf zu gering ausfällt. Die Einnahmen der zuständigen Stelle wären dann zu niedrig, um die Ausbildungskosten im Land zu finanzieren. Dies wird verhindert, wenn die Zahlungen begrenzt werden. Eine gegebenenfalls erforderliche Nachzahlung erfolgt dann im folgenden Finanzierungszeitraum.

III. Erläuterungen. § 30 enthält die Vereinbarungen zum Pauschalbudget. Er regelt, wer durch Vereinbarungen die Pauschalen zu den Kosten der praktischen Ausbildung und zu den Ausbildungskosten der Pflegeschulen festlegt. Bei der in Abs. 1 genannten Interessenvertretung der öffentlichen und privaten Pflegeschulen auf Landesebene ist allerdings unklar, wer damit gemeint ist.

Kommt die Vereinbarung bis zum 30. April des Vorjahres des Finanzierungszeitraums nicht zustande, entscheidet auf Antrag die Schiedsstelle innerhalb von sechs Wochen.

Die Pauschalen sind alle zwei Jahre anzupassen. Kommt bis zum 30. Juni des Vorjahres des Finanzierungszeitraums eine neue Vereinbarung nicht zustande, gilt die bestehende fort (Abs. 2).

Abs. 4 regelt, dass der Träger der praktischen Ausbildung und die Pflegeschule an die zuständige Stelle die voraussichtliche Zahl der Ausbildungsverhältnisse bzw. die Schülerzahlen sowie die voraussichtlichen Mehrkosten der Ausbildungsvergütung und das sich daraus ergebende Gesamtbudget nebst Begründung melden. Die zuständige Stelle wird ermächtigt *„unangemessene Ausbildungsvergütungen und unplausible Ausbildungs- und Schülerzahlen"* zurückzuweisen. Die zuständige Stelle hat damit ein eigenständiges Bewertungsrecht unabhängig von den Verhandlungspartnern nach Abs. 1.

Die zuständige Stelle kann bei Fristüberschreitungen Schätzungen vornehmen (Abs. 5). Mit dem Verfahren wird erreicht, dass sich Träger der praktischen Ausbildung und Pflegeschulen bei der Budgetverhandlung nicht gegenseitig blockieren und eine Festlegung trotzdem erfolgen kann.

§ 31

Individualbudget

(1) Werden die Ausbildungsbudgets nach § 29 Abs. 5 Satz 2 und 3 individuell vereinbart, sind Parteien der Budgetverhandlung
   1. der Träger der praktischen Ausbildung oder die Pflegeschule,
   2. die zuständige Behörde des Landes und
   3. die Kranken- und Pflegekassen oder deren Arbeitsgemeinschaften, soweit auf sie im Jahr vor Beginn der Budgetverhandlungen mehr als 5 Prozent der Belegungs- und Berechnungstage oder der betreuten Pflegebedürftigen bei ambulanten Pflegediensten bei einem der kooperierenden Träger der praktischen Ausbildung entfallen.

Pflegeschulen und Träger der praktischen Ausbildung können vereinbaren, dass das Ausbildungsbudget des Trägers der praktischen Ausbildung die Ausbildungskosten der Pflegeschule mit umfasst und vom Träger der praktischen Ausbildung mit verhandelt werden.

(2) Die Verhandlungen nach Abs. 1 sind zügig zu führen. Vor Beginn der Verhandlungen hat der Träger der praktischen Ausbildung den Beteiligten rechtzeitig Nachweise und Begründungen insbesondere über Anzahl der voraussichtlich belegten Ausbildungsplätze und die Ausbildungskosten vorzulegen sowie im Rahmen der Verhandlungen zusätzliche Auskünfte zu erteilen, soweit diese erforderlich sind und nicht außer Verhältnis stehen. Satz 2 gilt für die Pflegeschulen entsprechend.

(3) Kommt eine Vereinbarung über ein Ausbildungsbudget für den Finanzierungszeitraum nicht innerhalb von zwei Monaten nach Vorlage von Verhandlungsunterlagen zustande, entscheidet auf Antrag einer Vertragspartei die Schiedsstelle nach § 36 innerhalb von sechs Wochen.

(4) Die Parteien nach Abs. 1 teilen der zuständigen Stelle gemeinsam die Höhe der vereinbarten oder der von der Schiedsstelle nach Abs. 3 festgesetzten Ausbildungsbudgets und den jeweiligen Träger der praktischen Ausbildung mit. Dabei geben sie die Zahl der Ausbildungsplätze sowie die voraussichtlichen Mehrkosten der Ausbildungsvergütung unter Mitteilung der Höhe der voraussichtlich für jeden Auszubildenden anfallenden Ausbildungsvergütung an, die der Vereinbarung oder der Festsetzung zugrunde gelegt worden sind. Die zuständige Stelle weist unangemessene Ausbildungsvergütungen zurück.

(5) Erfolgt eine Mitteilung nach Abs. 4 Satz 1 und 2 nicht oder nicht vollständig innerhalb von für die Mitteilung vorgegebenen Fristen oder wurden bestimmte Angaben in der Mitteilung nach Abs. 4 Satz 3 zurückgewiesen und werden die zurückgewiesenen Angaben nicht fristgerecht nachträglich mitgeteilt, nimmt die zuständige Stelle eine Schätzung vor.

I. Zur Entstehungsgeschichte. Der Gesetzesentwurf der Bundesregierung wurde in Abs. 4 um den letzten Satz und um Abs. 5 erweitert.

II. Aus den Gesetzesmaterialien.

1. Aus der Begründung zum Gesetzesentwurf der Bundesregierung von 2016 (BT-Drucksache 18/7823 (S. 83)). Zu Abs. 1. Vereinbarungspartner der Individualbudgets sind außer dem Träger der praktischen Ausbildung oder der Pflegeschule die Kostenträger, die die Ausbildung finanzieren. Das Land benennt hierfür eine Stelle; dies kann auch die den Fonds verwaltende Stelle sein. Dabei können Pflegeschulen und Träger der praktischen Ausbildung vereinbaren, dass das Ausbildungsbudget des Trägers der praktischen Ausbildung das Budget der Pflegeschule mit umfasst und vom Träger der praktischen Ausbildung mit verhandelt wird.

Zu Abs. 2. Nach Abs. 2 sind die Verhandlungen zügig zu führen und die erforderlichen Nachweise rechtzeitig vorzulegen.

Zu Abs. 3. Abs. 3 ermöglicht eine Anrufung der Schiedsstelle durch eine Vertragspartei, wenn eine Vereinbarung über das Ausbildungsbudget zwei Monate nach Vorlage der Verhandlungsunterlagen nicht zustande kommt.

Zu Abs. 4. Die vereinbarten bzw. von der Schiedsstelle festgelegten Ausbildungsbudgets sind der zuständigen Stelle von den Vertragsparteien gemeinsam mitzuteilen. Um eine Grundlage für spätere Anpassungen bei den Ausgleichszuweisungen nach § 34 zu haben, geben sie die Zahl der Ausbildungsplätze sowie die Höhe der für jeden Auszubildenden anfallenden Ausbildungsvergütung an, die der Budgetvereinbarung bzw. Festsetzung durch die Schiedsstelle zu Grunde gelegt worden sind.

2. Aus der Beschlussempfehlung und dem Bericht des Ausschusses für Gesundheit des Deutschen Bundestages (BT-Drucksache 18/12847 (S. 110)) vom 21. Juni 2017. Zu Abs. 4. Die Regelung beinhaltet eine Klarstellung, dass die Träger der praktischen Ausbildung und die Pflegeschulen die Höhe der voraussichtlichen Mehrkosten der Ausbildungsvergütung einschließlich der Höhe der voraussichtlich für jeden Auszubildenden anfallenden Ausbildungsvergütung selbst zu melden haben. Dies entspricht der Regelung in dem neu eingefügten § 30 Abs. 4 Satz 2. Zugleich wird entsprechend der Regelung in § 30 Abs. 4 Satz 4 vorgesehen, dass die Meldung unangemessener – und damit nach § 19 Abs. 1 gesetzwidriger – Ausbildungsvergütungen zurückgewiesen wird.

Zu Abs. 5. Die vereinbarten bzw. die von der Schiedsstelle festgelegten Ausbildungsbudgets sind der zuständigen Stelle von den Vertragsparteien gemeinsam mitzuteilen. Um eine Grundlage für die Festlegung des Finanzierungsbedarfs nach § 32 Abs. 1 zu haben, nimmt die zuständige Stelle eine Kostenschätzung vor, wenn die erforderliche Mitteilung innerhalb vorgegebener Fristen unterbleibt. Fristen für die Mitteilung können durch eine auf Grundlage von § 56 Abs. 3 erlassene Finanzierungsverordnung vorgegeben werden.

Die Änderung entspricht der Änderung zu den Pauschalbudgets in dem neu angefügten § 30 Abs. 5. Die Regelung ist notwendig, weil durch fehlende oder unplausible Datenmeldungen der von der zuständigen Stelle zu ermittelnde Finanzierungsbedarf zu gering ausfällt. Die Einnahmen der zuständigen Stelle wären dann zu niedrig, um die Ausbildungskosten im Land zu finanzieren. Dies wird verhindert, wenn für Träger, die keine, unvollständige oder unplausible Daten übermitteln, eine Kostenschätzung erfolgt. Die weiteren Rechtsfolgen, dass bis zur erforderlichen Meldung keine Ausgleichszuweisungen erfolgen und danach die Zuweisungen im Finanzierungszeitraum in der Höhe auf die Kostenschätzung begrenzt sind, werden in § 34 Abs. 4 Satz 2 und 3 festgelegt.

III. Erläuterungen. Diese Vorschrift enthält Regelungen zum Individualbudget. Diese können statt der Pauschalbudgets vereinbart werden. Pflegeschulen und Träger der praktischen Ausbildung können vereinbaren, dass das Ausbildungsbudget des Trägers der praktischen Ausbildung die Ausbildungskosten der Pflegeschule mit umfasst. Kommt eine Vereinbarung nicht zustande, entscheidet die Schiedsstelle.

Das Ausbildungsbudget kann gemäß § 29 Abs. 5 Satz 2 als Individualbudget vereinbart werden, wenn dies das jeweilige Land oder die Parteien nach § 30 Abs. 1 Satz 1 für die Finanzierung der praktischen Ausbildung sowie die Parteien nach § 30 Abs. 1 Satz 2 für die Finanzierung der Pflegeschulen übereinstimmend (oder jeweils nur für ihren Bereich) bis zum 15. Januar des Vorjahres des Finanzierungszeitraumes schriftlich erklären.

In Abs. 2 wird festgelegt, dass die Verhandlungen zügig zu führen sind.

Nach Abs. 3 kann die Schiedsstelle angerufen werden, wenn die Vereinbarung nicht innerhalb von zwei Monaten nach Vorlage der Verhandlungsunterlagen geschlossen wird Die Schiedsstelle muss binnen sechs Wochen ihre Entscheidung treffen. Ob die in Abs. 3 genannte Frist von zwei Monaten praktikabel ist, wird sich zeigen müssen. Allerdings muss nach Ablauf dieser Frist die Schiedsstelle noch nicht angerufen werden. Es kann also noch weiter verhandelt werden.

Auch wenn die Vereinbarung von Individualbudgets möglich ist um spezielle Besonderheiten bei der Finanzierung berücksichtigen zu können, ist nach dem System der Finanzierung die Regelung über Pauschalbudgets als Regel und diejenige über Individualbudgets als Ausnahme zu bewerten.

§ 32

Höhe des Finanzierungsbedarfs; Verwaltungskosten

(1) Die zuständige Stelle ermittelt für den jeweiligen Finanzierungszeitraum die Höhe des Finanzierungsbedarfs für die Pflegeausbildung im Land aus
1. der Summe aller Ausbildungsbudgets eines Landes nach den §§ 30 und 31,
2. einem Aufschlag auf diese Summen von 3 Prozent zur Bildung einer Liquiditätsreserve, die die erforderlichen Mittel abdeckt für in der Meldung des Ausbildungsbudgets nach § 30 Abs. 4 und nach § 31 Abs. 4 noch nicht berücksichtigte Ausbildungsverhältnisse sowie für Forderungsausfälle und Zahlungsverzüge.
Schätzungen nach § 30 Abs. 5 und § 31 Abs. 5 stehen den bei der Ermittlung des Finanzierungsbedarfs festgesetzten oder vereinbarten Ausbildungsbudgets gleich.
(2) Die zuständige Stelle erhebt als Ausgleich für anfallende Verwaltungs- und Vollstreckungskosten 0,6 Prozent der sich aus Abs. 1 Nr. 1 ergebenden Summe (Verwaltungskostenpauschale). Dieser Betrag wird gesondert ausgewiesen und zum Finanzierungsbedarf nach Abs. 1 hinzugerechnet.

I. Zur Entstehungsgeschichte. In Abs. 1 wurde zur Klarstellung Satz 2 hinzugefügt.

II. Aus den Gesetzesmaterialien.

1. Aus der Begründung zum Gesetzesentwurf der Bundesregierung von 2016 (BT-Drucksache 18/7823 (S. 83)). Zu Abs. 1. Die Vorschrift regelt die Ermittlung des Finanzierungsbedarfs der Pflegeberufsausbildung. Dieser ergibt sich aus der Summe aller Ausbildungsbudgets nach §§ 30, 31 für den jeweiligen Finanzierungszeitraum. Hinzu kommt ein Sicherheitsaufschlag in Höhe von 3 Prozent. Dieser dient der Bildung einer Liquiditätsreserve und soll die Zahlungsfähigkeit des Fonds sicherstellen. Außerdem soll die Finanzierung einer im Vergleich zur Vereinbarung der Ausbildungsbudgets höheren Zahl von Ausbildungsverhältnissen ermöglicht werden.

Zu Abs. 2. Zu den genannten Kosten tritt eine Verwaltungskostenpauschale i. H. v. 0,6 Prozent bezogen auf die Summe aller Ausbildungsbudgets nach § 32 Abs. 1 Nr. 1 hinzu. Die Verwaltungskostenpauschale orientiert sich in ihrer Höhe an den Pauschalen, die die Länder in ihren Umlageverfahren – soweit solche Verfahren eingerichtet worden sind – zur Finanzierung der Altenpflegeausbildung vorgesehen haben.

2. Aus der Beschlussempfehlung und dem Bericht des Ausschusses für Gesundheit des Deutschen Bundestages (BT-Drucksache 18/12847 (S. 110)) vom 21. Juni 2017. Zu Abs. 1. Die Regelung ergänzt die Änderungen in § 30 Abs. 5 und § 31 Abs. 5 und stellt klar, dass auch die Kostenschätzungen der zuständigen Stelle nach diesen Vorschriften Grundlage für die Ermittlung des Finanzierungsbedarfs sind. Dies ist erforderlich, da andernfalls der ermittelte Finanzierungsbedarf zu gering ausfallen würde.

III. Erläuterungen. Die zuständige Stelle ermittelt nach dieser Vorschrift den Finanzierungsbedarf für die Pflegeausbildung im jeweiligen Land. Die Höhe des Finanzierungsbedarfs für die Pflegeausbildung im jeweiligen Land wird ermittelt aus der Summe aller Ausbildungsbudgets eines Landes nach den §§ 30 und 31 und durch einen Aufschlag auf diese Summe in Höhe von 3 Prozent zur Bildung einer Liquiditätsreserve. Diese soll der Finanzierung von in der Meldung über die Zahl der Ausbildungsverhältnisse noch nicht berücksichtigten Ausbildungsverhältnissen dienen und auch Forderungsausfälle und Zahlungsverzüge abdecken. Hinzu kommt eine Verwaltungskostenpauschale in Höhe von 0,6 Prozent der Gesamtsumme der Höhe des Finanzierungsbedarfs.

Neben der (neuen) zuständigen Stelle des Landes für die hier beschriebenen Aufgaben verbleibt es bei anderen in fast allen Ländern bestehenden Ausbildungsfonds (nicht nur der Krankenpflege sondern auch für weitere Ausbildungsberufe nach KHG, die insoweit nicht entfallen) dabei, dass diese weiterhin von den Landeskrankenhausgesellschaften geführt werden.

Die für die Fondsverwaltung nach dem Pflegeberufegesetz zuständige Stelle wird also vermutlich parallelen Verwaltungsaufwand zur Folge haben.

§ 33

Aufbringung des Finanzierungsbedarfs; Verordnungsermächtigung

(1) Der nach § 32 ermittelte Finanzierungsbedarf wird durch die Erhebung von Umlagebeträgen und Zahlungen nach § 26 Abs. 3 nach folgenden Anteilen aufgebracht:
1. 57,2380 Prozent durch Einrichtungen nach § 7 Abs. 1 Nr. 1,
2. 30,2174 Prozent durch Einrichtungen nach § 7 Abs. 1 Nr. 2 und 3,
3. 8,9446 Prozent durch das Land und
4. 3,6 Prozent durch Direktzahlung der sozialen Pflegeversicherung, wobei die private Pflege-Pflichtversicherung der sozialen Pflegeversicherung 10 Prozent ihrer Direktzahlung erstattet.

(2) Die Zahlungen nach Abs. 1 Nr. 1 und 2 werden als monatlicher Teilbetrag an die zuständige Stelle abgeführt. Soweit einer zur Zahlung eines Umlagebetrages verpflichteten Einrichtung infolge der praktischen Ausbildung eine Ausgleichszuweisung nach § 34 zusteht, kann die zuständige Stelle die Beträge miteinander verrechnen.

(3) Der von den Trägern der Einrichtungen nach § 7 Abs. 1 Nr. 1 zu zahlende Anteil kann als Teilbetrag des Ausbildungszuschlags je voll- und teilstationärem Fall nach § 17a Abs. 5 Satz 1 Nr. 2 des Krankenhausfinanzierungsgesetzes oder als eigenständiger Ausbildungszuschlag je voll- und teilstationärem Fall aufgebracht werden. Vereinbart wird die Höhe des Zuschlags oder des Teilbetrages durch die Vertragsparteien nach § 18 Abs. 1 Satz 2 des Krankenhausfinanzierungsgesetzes. Die Vertragsparteien teilen der zuständigen Stelle gemeinsam die Höhe des vereinbarten Zuschlags oder des Teilbetrages mit, die diesen Zuschlag als Umlagebetrag gegenüber den Einrichtungen nach Abs. 1 Nr. 1 festsetzt.

(4) Der von den Trägern der Einrichtungen nach § 7 Abs. 1 Nr. 2 und 3 zu zahlende Anteil nach Abs. 1 Nr. 2 wird über Ausbildungszuschläge aufgebracht. Die zuständige Stelle setzt gegenüber jeder Einrichtung den jeweils zu entrichtenden Umlagebetrag fest. Dafür wird der Anteil nach Abs. 1 Nr. 2 auf die Sektoren „voll- und teilstationär" und „ambulant" im Verhältnis der in diesen Sektoren beschäftigten Pflegefachkräfte aufgeschlüsselt. Einzelheiten zu dem Verfahren werden durch eine Umlageordnung nach § 56 Abs. 3 Nr. 3 festgelegt. Die Länder können ergänzende Regelungen erlassen.

(5) Die Zahlungen nach Abs. 1 Nr. 3 und 4 erfolgen je Finanzierungszeitraum als Einmalzahlung zwei Monate vor Fälligkeit der ersten Ausgleichszahlung. Die Direktzahlung der sozialen Pflegeversicherung sowie die Erstattung der privaten Pflege-Pflichtversicherung nach Abs. 1 Nr. 4 werden aus Mitteln des Ausgleichsfonds nach § 65 des Elften Buches Sozialgesetzbuch oder an den Ausgleichsfonds erbracht. § 45c Abs. 7 des Elften Buches Sozialgesetzbuch gilt entsprechend.

(6) Die in § 30 Abs. 1 Satz 1 genannten Beteiligten auf Landesebene vereinbaren die erforderlichen Verfahrensregelungen im Zusammenhang mit der Einzahlung der Finanzierungsmittel und den in Rechnung zu stellenden Zuschlägen. Hierzu gehören insbesondere Vorgaben zur Verzinsung ausstehender Einzahlungen, die mit einem Zinssatz von 8 Prozent über dem Basiszinssatz nach § 247 Abs. 1 des Bürgerlichen Gesetzbuchs zu verzinsen sind. Kommt eine Vereinbarung nicht zustande, entscheidet die Schiedsstelle nach § 36 auf Antrag eines Beteiligten.

(7) Gegen den Festsetzungs- und Zahlungsbescheid der zuständigen Stelle nach den Absätzen 3 und 4 ist der Verwaltungsrechtsweg gegeben. Widerspruch und Klage haben keine aufschiebende Wirkung.

(8) Die Bundesregierung prüft alle drei Jahre, erstmals 2023, die Notwendigkeit und Höhe einer Anpassung des Prozentsatzes der Direktzahlung der sozialen Pflegeversicherung nach Abs. 1 Nr. 4. Die Bundesregierung legt den gesetzgebenden Körperschaften des Bundes einen Bericht über das Ergebnis und die tragenden Gründe vor. Die Bundesregierung wird ermächtigt, durch Rechtsverordnung mit Zustimmung des Bundesrates

1. nach Vorlage des Berichts unter Berücksichtigung etwaiger Stellungnahmen der gesetzgebenden Körperschaften des Bundes den Prozentsatz nach Abs. 1 Nr. 4 zum 1. Januar des Folgejahres anzupassen und

2. bei Anpassung des Prozentsatzes nach Abs. 1 Nr. 4 auch den Prozentsatz nach Abs. 1 Nr. 2 anzupassen, so dass die Summe der Prozentsätze nach Abs. 1 Nr. 2 und 4 unverändert bleibt.

Rechtsverordnungen nach Satz 3 sind dem Bundestag zuzuleiten. Die Zuleitung erfolgt vor der Zuleitung an den Bundesrat. Die Rechtsverordnungen können durch Beschluss des Bundestages geändert oder abgelehnt werden. Der Beschluss des Bundestages wird der Bundesregierung zugeleitet. Hat sich der Bundestag nach Ablauf von drei Sitzungswochen seit Eingang der Rechtsverordnung nicht mit ihr befasst, so wird die unveränderte Rechtsverordnung dem Bundesrat zugeleitet.

I. Zur Entstehungsgeschichte. Der Gesetzesentwurf der Bundesregierung wurde durch die Bestimmungen in Abs. 2 letzter Halbsatz verändert und in den Sätzen 1, 3 und 4 des Absatzes 8 aufgefasst.

II. Aus den Gesetzesmaterialien.

1. Aus der Begründung zum Gesetzesentwurf der Bundesregierung von 2016 (BT-Drucksache 18/7823 (S. 84 f.)).

Die Vorschrift legt die Finanzierungsanteile der in § 26 Abs. 3 genannten Fondseinzahler fest, regelt die Einzahlungsmodalitäten und die Grundsätze der Refinanzierung.

Zu Abs. 1. Abs. 1 bestimmt die von den Finanzierungsträgern zu zahlenden Anteile an den nach § 32 ermittelten jährlichen Gesamtkosten der Pflegeberufsausbildung. Die festgeschriebenen Anteile beruhen auf den im Finanzierungsgutachten von WIAD/Prognos vom 10. Juli 2013 ermittelten Kostentragungsanteilen, die auf Grundlage der Kosten der getrennten Ausbildungen in der (Kinder-)Kranken- und der Altenpflege errechnet wurden (*vgl. Abbildungen 2.12 und 4.62 im Finanzierungsgutachten*) ohne BA-Anteil (*S. Begründung zu § 26 Abs. 3*). Da die dort dargestellten Anteile gerundet wurden und aufgrund von Rundungsdifferenzen die Summe der gerundeten Anteile bei den Angaben ohne BA-/Jobcenter-Anteile (Krankenversicherung 57,2 Prozent, Anteil Kostenträger Pflege 33,8 Prozent, Länder 8,9 Prozent) nur 99,9 und keine 100 Prozent ergeben, wurden bei den Gutachtern die genauen Prozentanteile erfragt und hier verwendet.

Der im Finanzierungsgutachten auf den Pflegebereich entfallende Anteil, der auch anteilige Kosten der Pflegeversicherung enthält, wurde dabei aufgeteilt. Er besteht aus einem Einzahlungsanteil der Pflegeeinrichtungen (30,2174 Prozent), der zu etwa 50 Prozent von der Pflegeversicherung refinanziert wird, und einem ergänzenden Direktbeitrag der Pflegeversicherung. Mit einem Anteil von 3,6 Prozent der Gesamtkosten übernimmt die soziale Pflegeversicherung mit rund 100 Mio. Euro die gesamten laut Gutachten auf den Pflegesektor entfallenden Mehrkosten der einheitlichen Pflegeausbildung und entlastet insoweit die Pflegebedürftigen.

Die private Pflege-Pflichtversicherung beteiligt sich wiederum im Umfang des Mittelwertes ihres Versichertenanteils von etwas mehr als zehn Prozent und ihres Pflegebedürftigenanteils von etwas weniger als zehn Prozent an den direkt von der sozialen Pflegeversicherung getragenen Kosten.

Zu Abs. 2. Die Zahlungen der Einrichtungen sind monatlich in Teilbeträgen zu erbringen. Einzahlungen und Auszahlungen von Ausgleichsbeträgen (§ 34) werden miteinander verrechnet.

Zu Abs. 3. Im Bereich der Finanzierung durch die Krankenhäuser erfolgt die Kostentragung durch Ausbildungszuschläge der Krankenhäuser entsprechend den dortigen Grundsätzen und Gegebenheiten. Zur Ermittlung der Höhe des Zuschlags werden die auf den Abrechnungszeitraum entfallenden Gesamtkosten durch die für diesen Zeitraum prognostizierte Fallzahl geteilt und dadurch der pro Fall zu erhebende Zuschlag ermittelt. Der Zuschlag kann als Teilbetrag des Ausbildungszuschlags nach § 17a Abs. 5 Satz 1 Nr. 2 KHG, der der Finanzierung der übrigen in § 2 Abs. 1a KHG genannten Ausbildungsberufe dient, oder als eigenständiger Zuschlag vereinbart werden. In beiden Fällen erfolgt die Vereinbarung durch die Vertragsparteien auf Landesebene nach § 18 Abs. 1 Satz 2 KHG. Der Ausbildungszuschlag ist sowohl von ausbildenden als auch von nicht ausbildenden Krankenhäusern zu erheben und an die zuständige Stelle weiterzuleiten.

Zu Abs. 4. Im Bereich der voll- und teilstationären sowie der ambulanten Pflegeeinrichtungen scheidet eine Ermittlung und Festsetzung der Umlagebeträge aufgrund von Fallzahlen aus. Daher erfolgt hier ein anderes Festsetzungsverfahren. Die nähere Ausgestaltung des Umlageverfahrens wird durch Rechtsverordnung (Umlageordnung) auf Bundesebene und ggf. durch die Länder näher festgelegt.

Zu Abs. 5. Die vorgesehene jährliche Zahlung des Länderanteils und des Direktanteils der Pflegeversicherung zwei Monate vor Fälligkeit der ersten Ausgleichszahlung sollen die Liquidität des Fonds vor Beginn des jeweiligen Auszahlungszeitraumes sicherstellen.

Die Beteiligung der privaten Pflege-Pflichtversicherung kann wie bei der Förderung von Modellmaßnahmen nach § 45c SGB XI durch Zahlung des Verbandes der privaten Krankenversicherung e.V. erfolgen.

Zu Abs. 6. Die Beteiligten nach § 30 Abs. 1 1. Halbsatz vereinbaren Einzelheiten zur Einzahlung. Kommt eine Vereinbarung nicht zustande, entscheidet die Schiedsstelle nach § 36 auf Antrag eines der genannten Beteiligten.

Zu Abs. 7. Abs. 7 legt den Verwaltungsrechtsweg fest und regelt, dass Widerspruch und Klage keine aufschiebende Wirkung haben.

Zu Abs. 8. Mit der Anpassungsmöglichkeit des Prozentsatzes durch Rechtsverordnung wird die untergesetzliche Möglichkeit geschaffen, dafür Sorge zu tragen, dass die Belastung der einzelnen Pflegebedürftigen mit Ausbildungskosten auch langfristig in einem ausgewogenen Verhältnis zur Kostenbeteiligung der Pflegeversicherung steht. Damit soll verhindert werden, dass die Belastung des einzelnen Pflegebedürftigen mit Ausbildungskosten stärker steigt als sein verfügbares Einkommen (i. d. R. die Rente).

2. Aus der Beschlussempfehlung und dem Bericht des Ausschusses für Gesundheit des Deutschen Bundestages (BT-Drucksache 18/12847 (S. 110 f.)) vom 21. Juni 2017.

Zu Abs. 2. Der zuständigen Stelle wird es überlassen, ob sie Einzahlungen und Auszahlungsansprüche miteinander verrechnet. Somit kann sie selbst entscheiden, ob sie einer Verrechnung den Vorzug gibt mit der Folge, gegebenenfalls ausstehende Einzahlungsleistungen nicht beitreiben zu müssen, oder ob sie getrennte Zahlungsströme bei Einnahmen und Ausgaben vorzieht, weil sie gemischte Verfahren für zu fehleranfällig hält.

Zu Abs. 8. Satz 1 Es handelt sich um eine Folgeänderung zur Verschiebung des Beginns der neuen Ausbildung.

Satz 3 Es handelt sich um eine redaktionelle und rechtstechnisch notwendige Anpassung. Nur wenn die Verordnungsermächtigung der Bundesregierung sich sowohl auf Nr. 4 (Prozentsatz der Direktzahlung der sozialen Pflegeversicherung) als auch Nr. 2 (Prozentzahl der Zahlung der Pflegeeinrichtungen) bezieht, kann die Summe der Prozentsätze nach § 33 Abs. 1 Nr. 2 und 4 bei einer Anpassung unverändert bleiben.

Satz 4 Es handelt sich um eine redaktionelle Folgeänderung.

III. Erläuterungen. In § 33 werden die Anteile der Kostenträger konkretisiert.

Die nach § 32 ermittelte Höhe des Finanzierungsbedarfs wird nach dem in § 33 Abs. 1 festgelegten Schlüssel durch die Erhebung von Umlagebeträgen und Zahlungen aufgebracht:

Das Verfahren zur Zahlung der Umlage wird in den Absätzen 3 und 4 jeweils für die Krankenhäuser und für die Pflegeeinrichtungen beschrieben.

Der in Abs. 3 beschriebene Modus des von den Trägern der Krankenhäuser zu zahlenden Anteils entsprechend der Fallzahlen entspricht der bisherigen Regelung im Krankenhausfinanzierungsgesetz. Es ist auch sachgerecht, die Zahlung der Beträge der Altenpflegeeinrichtungen auf der Grundlage der beschäftigten Pflegekräfte zu ermitteln (Abs. 4). Wegen der verbreiteten Teilzeitbeschäftigungen in der Altenpflege sollte in der Umlageordnung nach § 56 Abs. 3 Nr. 3 klargestellt werden, dass die Beschäftigungsverhältnisse nach Vollzeitkräften zu bemessen sind. Im Hinblick auf die wünschenswerte Reduzierung von atypischen Arbeitsverhältnissen sollten zudem nur in regulären Arbeitsverhältnissen angestellte Beschäftigte berücksichtigt werden. Es sollte dort auch klargestellt werden, dass die Anteile der voll- und teilstationären Einrichtungen gegenüber den ambulanten Einrichtungen auf der Grundlage von Vollzeitstellen ermittelt werden, wozu Teilzeitbeschäftigungen entsprechend umzurechnen sind.

Die festgeschriebenen Anteile der Träger der praktischen Ausbildung, der Länder und der sozialen und privaten Pflegeversicherung beruhen auf dem Finanzierungsgutachten von WIAD/Prognos vom 10. Juli 2013 und wurden auf der Grundlage der Kosten der bisher getrennten Ausbildung von Alten-, Kranken- und Kinderkrankenpflege ermittelt.

Die Bundesregierung prüft nach Abs. 8 alle drei Jahre, erstmalig im Jahr 2023, ob der Prozentsatz der Direktbeteiligung der Pflegeversicherung angepasst werden muss. Dann legt die Bundesregierung dem Bundestag und dem Bundesrat einen Bericht über das Ergebnis vor. Sie wird ermächtigt, nach Vorlage des Berichts und unter Berücksichtigung der Stellungnahme der beiden gesetzgebenden Körperschaften, den Prozentsatz durch Rechtsverordnung mit Zustimmung des Bundesrats anzupassen. Diese Rechtsverordnung ist vor der Zuleitung an den Bundesrat dem Bundestag vorzulegen. Die Rechtsverordnung kann durch Beschluss des Bundestags geändert oder abgelehnt werden.

Würde der Finanzierungsanteil der Pflegeversicherung und der Länder deutlich erhöht, müssten die pflegebedürftigen Menschen in Pflegeeinrichtungen nicht finanziell beteiligt werden. Ansonsten setzt sich deren Benachteiligung gegenüber den Patienten in Krankenhäusern fest (*vgl. dazu die Erläuterungen zu §§ 26, 28*).

§ 34

Ausgleichszuweisung

(1) Die Ausgleichszuweisungen erfolgen an den Träger der praktischen Ausbildung und an die Pflegeschule in monatlichen Beträgen entsprechend dem nach § 29 festgesetzten Ausbildungsbudget durch die zuständige Stelle. Die Ausgleichszuweisungen sind zweckgebunden für die Ausbildung zu verwenden. Abweichungen zwischen der Zahl der Ausbildungsplätze, die der Meldung nach § 30 Abs. 4 oder der Budgetvereinbarung nach § 31 zugrunde gelegt worden sind, und der tatsächlichen Anzahl der Ausbildungsplätze teilt der Träger der praktischen Ausbildung der zuständigen Stelle mit; er beziffert die aufgrund der Abweichung anfallenden Mehr- oder Minderausgaben. Minderausgaben sind bei den monatlichen Ausgleichzuweisungen vollständig zu berücksichtigen; Mehrausgaben sind zu berücksichtigen, soweit die Liquiditätsreserve dies zulässt. Entsprechende Mitteilungspflichten haben die Pflegeschulen.

(2) Der Träger der praktischen Ausbildung leitet die in den Ausgleichszuweisungen enthaltenen Kosten der übrigen Kooperationspartner und im Falle des § 31 Abs. 1 Satz 2 der Pflegeschulen auf Grundlage der Kooperationsverträge und im Falle von Individualbudgets nach § 31 unter Berücksichtigung der vereinbarten Ausbildungsbudgets an diese weiter.

(3) Die Pflegeschule stellt Auszubildenden, soweit sie nach § 81 des Dritten Buches Sozialgesetzbuch oder nach § 16 des Zweiten Buches Sozialgesetzbuch in Verbindung mit § 81 des Dritten Buches Sozialgesetzbuch gefördert werden, unbeschadet von § 24 Abs. 3 Nr. 1 zweite Alternative, Lehrgangskosten in angemessener Höhe in Rechnung. Die Leistungen für Lehrgangskosten sind gemäß § 83 Abs. 2 Satz 1 des Dritten Buches Sozialgesetzbuch an die Pflegeschule als Träger der Maßnahme auszuzahlen. Leistungen zur Finanzierung der Ausbildung, wie beispielsweise Fördermittel nach dem Dritten Kapitel des Dritten Buches Sozialgesetzbuch, sind vom Auszahlungsberechtigten anzugeben und werden, soweit sie nicht bereits im Rahmen des Ausbildungsbudgets nach § 29 Abs. 4 berücksichtigt worden sind, mit der Ausgleichszuweisung verrechnet.

(4) Ein Anspruch auf Ausgleichszuweisungen besteht nur, soweit bezüglich der begünstigten ausbildenden Einrichtung ein rechtskräftiger Umlagebescheid nach § 33 Abs. 3 Satz 3 oder nach § 33 Abs. 4 Satz 2 besteht. Erfolgt eine Kostenschätzung nach § 30 Abs. 5 oder nach § 31 Abs. 5 ist die Ausgleichszuweisung auf diese Kostenschätzung begrenzt, auch wenn die erforderlichen Angaben nach § 30 Abs. 4 Satz 1 bis 3 oder nach § 31 Abs. 4 Satz 1 und 2 der zuständigen Stelle nachträglich mitgeteilt werden. Bis zum Vorliegen aller erforderlichen Angaben wird die Ausgleichszuweisung ausgesetzt. § 34 Abs. 6 erster Teilsatz gilt entsprechend.

(5) Nach Ablauf des Finanzierungszeitraums haben der Träger der praktischen Ausbildung und die Pflegeschule der zuständigen Stelle eine Abrechnung über die Einnahmen aus den Ausgleichszahlungen und die im Ausbildungsbudget vereinbarten Ausbildungskosten vorzulegen. Für gezahlte pauschale Anteile kann lediglich ein Nachweis und eine Abrechnung darüber gefordert werden, dass die Grundvoraussetzungen, wie zum Beispiel die Zahl der Ausbildungsverträge, im Abrechnungszeitraum vorgelegen haben.

(6) Überschreiten die tatsächlichen Ausgaben aufgrund gestiegener Ausbildungszahlen die Höhe der Ausgleichszuweisungen, werden diese Mehrausgaben bei der auf die Abrechnung folgenden Festlegung oder Vereinbarung des Ausbildungsbudgets nach den §§ 30, 31 berücksichtigt; dies gilt nicht, soweit diese Mehrausgaben bereits nach Abs. 1 finanziert wurden. Überzahlungen aufgrund gesunkener Ausbildungszahlen sind unverzüglich an die zuständige Stelle zurückzuzahlen. Das Nähere zum Prüfverfahren wird durch Landesrecht bestimmt, soweit nicht das Bundesministerium für Familie, Senioren, Frauen und Jugend und das Bundesministerium für Gesundheit von der Ermächtigung nach § 56 Abs. 3 Nr. 4 Gebrauch machen.

I. Zur Entstehungsgeschichte. Die Abätze 3 und 4 wurden gegenüber dem Gesetzesentwurf der Bundesregierung inhaltlich verändert und präzisiert. Satz 1 in Abs. 6 wurde angepasst.

II. Aus den Gesetzesmaterialien.

1. Aus der Begründung zum Gesetzesentwurf der Bundesregierung von 2016 (BT-Drucksache 18/7823 (S. 85)). § 34 regelt die Zahlungen (*sog. Ausgleichszuweisungen*), die der Träger der Ausbildung und von diesem die ausbildenden Einrichtungen und Pflegeschulen aus Fondsmitteln zur Deckung der bei ihnen entstehenden Ausbildungskosten erhalten.

Zu Abs. 1. Vorgesehen sind monatliche anteilmäßige Zahlungen in Höhe des vereinbarten Ausbildungsbudgets.

Weicht die Zahl der in der Budgetfestsetzung bzw. -vereinbarung zu Grunde gelegten Ausbildungsverhältnisse von der Zahl der tatsächlichen Ausbildungsverhältnisse ab, so ist die Zahl der tatsächlichen Ausbildungsverhältnisse zu berücksichtigen. Damit erfolgt eine passgenauere Auszahlung. Hiermit ist es insbesondere möglich, gestiegene Ausbildungszahlen zu berücksichtigen. Übersteigt die Zahl der tatsächlichen Ausbildungsverhältnisse die in den Budgetverhandlungen angenommene Zahl, kann allerdings eine Berücksichtigung im laufenden Finanzierungszeitraum nur insoweit erfolgen, als dies die Liquiditätsreserve zulässt, andernfalls würde der Fonds notleidend.

Können aufgrund dieser Begrenzung Mehrkosten aufgrund gestiegener Ausbildungszahlen nicht abgedeckt werden, erfolgt ihre Berücksichtigung bei der Abrechnung nach Abs. 5 und bei den folgenden Budgetfestlegungen bzw. -verhandlungen. Sonstige Mehrkosten werden nicht berücksichtigt. Minderkosten aufgrund gesunkener Ausbildungszahlen sind stets zu berücksichtigen.

Zu Abs. 2. Der Träger der praktischen Ausbildung leitet die in den Ausgleichszuweisungen enthaltenen Kosten der übrigen Kooperationspartner und ggf. der Pflegeschulen auf der Grundlage der Kooperationsverträge und entsprechend den festgesetzten bzw. vereinbarten Ausbildungsbudgets an diese weiter.

Zu Abs. 3. Abs. 3 bestimmt, dass Leistungen zur Finanzierung der Ausbildung durch Dritte – hier werden beispielhaft Leistungen der Bundesagentur für Arbeit im Rahmen einer Umschulungsförderung (*sog. Maßnahmen der Fort- und Weiterbildung*) nach dem Dritten Buch Sozialgesetzbuch genannt – mit Ausgleichszuweisungen verrechnet werden. Dies stellt die Nachrangigkeit der Finanzierung der Pflegeausbildungen durch den Ausgleichsfonds klar.

Zu Abs. 4. Die Vorschrift enthält den Grundsatz, dass ein Auszahlungsanspruch für eine Ausgleichszuweisung nur besteht, soweit ein rechtskräftiger Festsetzungsbescheid für die Ausbildungsumlage nach § 33 Absätze 3 oder 4 besteht. Damit soll verhindert werden, dass Einrichtungen, die selbst nicht in den Fonds einzahlen, Leistungen aus dem Fonds erhalten.

Zu Abs. 5. Nach Abs. 5 hat nach Ablauf des Finanzierungs- bzw. Abrechnungszeitraums die Einrichtung bzw. die Pflegeschule, die Ausgleichszahlungen geltend gemacht bzw. erhalten hat, über die Verwendung der Mittel Rechnung zu legen. Satz 2 stellt klar, dass für gezahlte pauschale Anteile lediglich Abrechnung und Nachweise darüber gefordert werden können, dass die Grundvoraussetzungen der Ausgleichszahlungen wie z. B. Zahl der Ausbildungsverträge vorgelegen haben.

Zu Abs. 6. Unterzahlungen aufgrund gestiegener Ausbildungszahlen sind bei der auf die Abrechnung folgenden Budgetfestsetzung bzw. Budgetvereinbarung zu berücksichtigen.

Überzahlungen sind unverzüglich an die zuständige Stelle zurückzuzahlen.

Das entsprechende Prüfverfahren kann durch Landesrecht bzw. über eine Rechtsverordnung auf Bundesebene geregelt werden.

2. Aus der Beschlussempfehlung und dem Bericht des Ausschusses für Gesundheit des Deutschen Bundestages (BT-Drucksache 18/12847 (S. 111 f.)) vom 21. Juni 2017. Zu Abs. 3. Für Auszubildende, die Leistungen zur Förderung der beruflichen Weiterbildung erhalten können, sollen wie bisher bei Umschulungen in der Altenpflege, Gesundheits- und Krankenpflege und Gesundheits- und Kinderkrankenpflege auch bei Umschulungen in die neuen Pflegeberufe Lehrgangskosten über die Weiterbildungsförderung nach dem Zweiten oder Dritten Buch Sozialgesetzbuch von den Jobcentern beziehungsweise den Agenturen für Arbeit getragen werden können. Dies setzt aber voraus, dass Lehrgangskosten für die Teilnehmerin oder den Teilnehmer an einer Weiterbildung auch anfallen. In dem neuen Satz 1 des Absatzes 3 wird daher geregelt, dass die Pflegeschule den Auszubildenden, soweit die Lehrgangskosten tatsächlich von den Agenturen für Arbeit beziehungsweise den Jobcentern übernommen und die Auszubildenden daher mit diesen nicht belastet werden, die angemessenen Lehrgangskosten in Rechnung stellt. Angemessen sind die Lehrgangskosten, die der Zulassung der Maßnahme für die berufliche Weiterbildungsförderung nach dem Dritten Buch Sozialgesetzbuch und der Akkreditierungs- und Zulassungsverordnung Arbeitsförderung zugrunde liegen. Die in Rechnung gestellten Lehrgangskosten werden von den Agenturen für Arbeit beziehungsweise den Jobcentern übernommen und nach § 83 Abs. 2 Satz 1 des Dritten Buches Sozialgesetzbuch unmittelbar der Pflegeschule ausgezahlt. Die Auszubildenden werden daher mit den Lehrgangskosten selbst nicht belastet. Es wird festgelegt, dass die Regelung des § 24 Abs. 3 Nr. 1 zweite Alternative der Erstattungsforderung von Lehrgangskosten bei geförderten Umschülern nicht entgegensteht.

Das Vorliegen der Voraussetzungen für eine Weiterbildungsförderung nach dem Zweiten oder Dritten Buch Sozialgesetzbuch und die Übernahme der Lehrgangskosten wird Arbeitnehmerinnen und Arbeitnehmern regelmäßig durch die Ausstellung eines Bildungsgutscheins durch die Agentur für Arbeit beziehungsweise das Jobcenter bescheinigt (§ 81 Abs. 4 des Dritten Buches Sozialgesetzbuch).

In Satz 2 wird klargestellt, dass die Lehrgangskosten über den Bildungsgutschein unmittelbar von der Pflegeschule mit der Agentur für Arbeit oder dem Jobcenter abgerechnet werden (§ 83 Abs. 2 Satz 1 des Dritten Buches Sozialgesetzbuch). Für die geförderte Teilnehmerin oder den geförderten Teilnehmer selbst bleibt die Weiterbildung daher kostenfrei.

Der künftige Satz 3 gilt weiterhin: Darin ist geregelt, dass im Rahmen der Festlegung des Ausbildungsbudgets nicht geltend gemachte Erstattungsbeträge (hier die Übernahme der Weiterbildungskosten durch Jobcenter beziehungsweise Agenturen für Arbeit) von den der Pflegeschule zustehenden Ausgleichszuweisungen im Wege der Verrechnung in Abzug gebracht werden (*S. Drucksache 18/7823, zu § 34* **Zu Abs. 3.**, *S. 83*).

Zu Abs. 4. Die Regelung ergänzt die Änderungen in § 30 Abs. 5 und § 31 Abs. 5. Um einen wirksamen Anreiz für die Meldung an die zuständige Stelle zu setzen, sollen die Träger der praktischen Ausbildung und die Pflegeschulen, für die keine, eine unvollständige oder eine unplausible Meldung abgegeben wird, bis zu einer vollständigen und plausiblen Meldung keine Ausgleichszuweisungen erhalten. Liegt die vollständige Meldung nachträglich vor, werden die Ausgleichszuweisungen auf das geschätzte Ausbildungsbudget begrenzt. Die Regelung ist notwendig, weil durch fehlende oder unplausible Datenmeldungen der von der zuständigen Stelle zu ermittelnde Finanzierungsbedarf zu gering ausfällt. Die Einnahmen der zuständigen Stelle wären dann zu niedrig, um die Ausbildungskosten im Land zu finanzieren. Dies wird verhindert, wenn die Zahlungen begrenzt werden. Eine ggf. erforderliche Nachzahlung erfolgt dann im folgenden Finanzierungszeitraum. Insofern erfolgt eine Verweisung auf Abs. 6 Satz 1 erster Teilsatz.

Zu Abs. 6. Es handelt sich um eine redaktionelle Folgeänderung.

III. Erläuterungen. § 34 regelt die Ausgleichszuweisungen, die der Träger der praktischen Ausbildung aus Fondsmitteln zur Deckung der Ausbildungskosten erhält und die er anteilig an die ausbildenden Einrichtungen und Pflegeschulen weiterzuleiten hat.

Anders als in Abs. 1 formuliert (Ausgleichzahlungen erfolgen an den Träger der praktischen Ausbildung und an die Pflegeschulen) erfolgen die Ausgleichzuweisungen durch die zuständige Stelle nicht direkt an die Pflegeschulen, sondern vom Träger der praktischen Ausbildung an die Pflegeschulen (*vgl. § 34 Abs. 2 und Satz 1 der Gesetzesbegründung, oben Nr. II 1*).

Die Zuweisungen erfolgen durch die zuständige Stelle in monatlichen Beträgen entsprechend des festgesetzten Ausbildungsbudgets. Abweichungen zwischen der vereinbarten und der tatsächlich belegten Zahl der Ausbildungsplätze müssen vom Träger der praktischen Ausbildung bzw. den Pflegeschulen der zuständigen Stelle mitgeteilt werden. Die aufgrund der Abweichung entstehenden Minderausgaben sind vollständig zu berücksichtigen und die Mehrausgaben nur soweit die Liquiditätsreserve dies zulässt.

Bei Abweichungen der tatsächlichen Ausbildungsverhältnisse ist zu beachten, dass Kürzungen aufgrund nicht besetzter Ausbildungsplätze sich auf die Ausbildungsvergütung beziehen und sonstige variable davon abhängige Kosten beziehen, Fixkosten (vorzuhaltendes Personal, Ausstattung, usw.), jedoch herauszurechnen sind.

Bei den zu berücksichtigenden Mehraufgaben sollte beachtet werden, dass das ggf. vollständige Einbeziehen einer Liquiditätsreserve nur im Ausnahmefall verlangt werden kann, zumal dann nicht, wenn die Reserve für erwartete oder evtl. nicht genau vorhersehbare oder bezifferbare Kostenbelastungen bzw. -steigerungen gebildet werden. Andernfalls würde ein unkalkulierbares Risiko entstehen und dies hätte wohl Auswirkungen auf die Ausbildungsbereitschaft.

Abs. 3 Satz 3 bestimmt, dass Leistungen zur Finanzierung der Ausbildung durch die Bundesagentur für Arbeit (z. B. das dritte Umschulungsjahr) mit den Ausgleichszuweisungen verrechnet werden.

§ 35

Rechnungslegung der zuständigen Stelle

(1) Nach Ablauf des Finanzierungszeitraumes und nach der Abrechnung nach § 34 Abs. 5 und 6 erfolgt eine Rechnungslegung der zuständigen Stelle über die als Ausgleichsfonds und im Rahmen des Umlageverfahrens verwalteten Mittel.

(2) Bei der Rechnungslegung ermittelte Überschüsse oder Defizite werden bei dem nach § 32 ermittelten Finanzierungsbedarf in dem auf die Rechnungslegung folgenden Erhebungs- und Abrechnungsjahr berücksichtigt.

I. Zur Entstehungsgeschichte. Die Regelung wurde unverändert verabschiedet.

II. Aus den Gesetzesmaterialien. Aus der Begründung zum Gesetzesentwurf der Bundesregierung von 2016 (BT-Drucksache 18/7823 (S. 85)).

Nach Ablauf des Finanzierungszeitraumes und Abrechnung mit den zuweisungsberechtigten Einrichtungen und Pflegeschulen erfolgt eine Rechnungslegung der den Fonds verwaltenden Stelle. Überschüsse und Defizite werden im auf die Rechnungslegung folgenden Erhebungs- und Abrechnungsjahr berücksichtigt.

III. Erläuterungen. Die zuständige Stelle muss nach Ablauf des Finanzierungszeitraums und nach Abrechnung mit den Trägern der praktischen Ausbildung und den Pflegeschulen eine Rechnungslegung über die als Ausgleichsfonds und im Rahmen des Umlageverfahrens verwalteten Mittel durchführen und dabei ermittelte Überschüsse oder Defizite beim Finanzierungsbedarf im Folgejahr berücksichtigen.

Durch die Rechnungslegung wird die gebotene Transparenz bei der Verwaltung der Fondsmittel erreicht und bietet die Grundlage zur Information für alle an der Umlage beteiligten Einrichtungen.

§ 36

Schiedsstelle; Verordnungsermächtigung

(1) Die Landesverbände der Kranken- und Pflegekassen, die Vereinigungen der Träger der ambulanten oder stationären Pflegeeinrichtungen im Land, die Landeskrankenhausgesellschaften und Vertreter des Landes bilden für jedes Land eine Schiedsstelle.

(2) Die Schiedsstellen bestehen aus einem neutralen Vorsitzenden, aus drei Vertretern der Kranken- und Pflegekassen, aus zwei Vertretern der Krankenhäuser, einem Vertreter der ambulanten Pflegedienste und einem Vertreter der stationären Pflegeeinrichtungen sowie aus einem Vertreter des Landes. Der Schiedsstelle gehört auch ein von dem Landesausschuss des Verbandes der Privaten Krankenversicherung bestellter Vertreter an, der auf die Zahl der Vertreter der Krankenkassen angerechnet wird. Die Vertreter der Kranken- und Pflegekassen und deren Stellvertreter werden von den Landesverbänden der Kranken- und Pflegekassen, die Vertreter der Krankenhäuser und deren Stellvertreter werden von der Landeskrankenhausgesellschaft, die Vertreter der Pflegeeinrichtungen und deren Stellvertreter werden von den Landesverbänden der Pflegeeinrichtungen, die Vertreter des Landes und ihre Stellvertreter werden vom Land bestellt. Der Vorsitzende und sein Stellvertreter werden von den beteiligten Organisationen gemeinsam bestellt; kommt eine Einigung nicht zustande, entscheidet das Los.

(3) Bei Schiedsverfahren zu den Pauschalen der Pflegeschulen nach § 30 oder den individuellen Ausbildungsbudgets der Pflegeschulen nach § 31 treten an die Stelle der Vertreter der Krankenhäuser und des Vertreters der ambulanten Pflegedienste und des Vertreters der stationären Pflegeeinrichtungen vier Vertreter der Interessen der Pflegeschulen auf Landesebene. Sie werden von den Landesverbänden der Interessenvertretungen der Schulen bestellt. Die Sitzverteilung erfolgt entsprechend dem Verhältnis der Schulen in öffentlicher und in privater Trägerschaft. Sind sowohl Schulen in öffentlicher als auch in privater Trägerschaft in dem Ausbildungsbereich der Pflege tätig, ist eine Vertretung beider in der Schiedsstellenbesetzung zu gewährleisten.

(4) Die Mitglieder der Schiedsstellen führen ihr Amt als Ehrenamt. Sie sind in Ausübung ihres Amtes an Weisungen nicht gebunden. Jedes Mitglied hat eine Stimme. Die Entscheidungen werden mit der Mehrheit der Mitglieder getroffen; ergibt sich keine Mehrheit, gibt die Stimme des Vorsitzenden den Ausschlag.

(5) Die Landesregierungen werden ermächtigt, durch Rechtsverordnung das Nähere über

  1. die Bestellung, die Amtsdauer und die Amtsführung der Mitglieder der Schiedsstelle sowie die ihnen zu gewährende Erstattung der Barauslagen und Entschädigung für Zeitaufwand der Mitglieder der Schiedsstelle,
  2. die Führung der Geschäfte der Schiedsstelle,
  3. das Verfahren und die Verfahrensgebühren

zu bestimmen; sie können diese Ermächtigung durch Rechtsverordnung auf oberste Landesbehörden übertragen. Die Kosten der Schiedsstelle werden anteilig der Sitzverteilung nach den Absätzen 2 und 3 von den Rechtsträgern der Parteien nach den Absätzen 1 und 3 getragen.

(6) Gegen die Entscheidung der Schiedsstelle ist der Verwaltungsrechtsweg gegeben. Ein Vorverfahren findet nicht statt; die Klage hat keine aufschiebende Wirkung.

I. Zur Entstehungsgeschichte. Die Absätze 3 und 5 wurden gegenüber dem ursprünglichen Gesetzesentwurf der Bundesregierung spezifiziert.

II. Aus den Gesetzesmaterialien.

1. Aus der Begründung zum Gesetzesentwurf der Bundesregierung von 2016 (BT-Drucksache 18/7823 (S. 86)). § 36 regelt die Schiedsstelle für die Fälle, dass

– nach gescheiterten Verhandlungen über Pauschalen nach § 30 Abs. 2 die Schiedsstelle von einer Vertragspartei angerufen wurde,

– eine Vereinbarung des Ausbildungsbudgets nicht zustande kommt und die Schiedsstelle nach § 31 Abs. 3 von einer Vertragspartei angerufen wird,

– ein Beteiligter die Schiedsstelle anruft, weil eine Vereinbarung über Verfahrensregelungen in Zusammenhang mit der Einzahlung der Finanzierungsmittel nach § 33 Abs. 6 nicht zustande gekommen ist. Die Vorgaben über Bildung, Zusammensetzung und Geschäftsführung der Schiedsstelle beschränken sich wegen der in Abs. 4 enthaltenen Verordnungsermächtigung auf einige Grundregelungen.

Zu Abs. 1. Abs. 1 legt die Organisationen fest, die die Schiedsstellen bilden.

Zu Abs. 2. Die Schiedsstellen bestehen aus einem neutralen Vorsitzenden sowie acht weiteren Mitgliedern. Dies sind vier Vertreter der Kostenträger (drei Vertreter der Kranken- und Pflegekassen und ein Vertreter des Landes) und vier Vertreter der Leistungsträger (zwei Vertreter der Krankenhäuser und je ein Vertreter der stationären und ein Vertreter der ambulanten Pflege). Damit soll ein angemessener Ausgleich der widerstreitenden Interessen zwischen Kosten- und Leistungsträgern ermöglicht und zugleich soll – auch aus Kostengründen – eine übergroße Schiedsstelle vermieden werden.

Weiterhin werden Einzelheiten zur Vertreterbestellung und zur Bestellung des Vorsitzenden geregelt.

Zu Abs. 3. Bei Entscheidungen, die die Pflegeschulen betreffen, ist eine Interessensvertretung der Pflegeschulen auf Landesebene zu beteiligen.

Zu Abs. 4. Die Mitglieder der Schiedsstelle führen ihr Amt als Ehrenamt. In Ausübung ihres Amtes sind sie an Weisungen nicht gebunden. Entscheidungen werden mit Stimmenmehrheit getroffen.

Zu Abs. 5. Abs. 5 enthält eine Verordnungsermächtigung der Länder. Weiterhin wird bestimmt, dass die Kostenträger des Ausbildungsfonds die Kosten der Schiedsstelle anteilig zu tragen haben.

Zu Abs. 6. Abs. 6 bestimmt den Verwaltungsrechtsweg. Ein Vorverfahren findet nicht statt, die Klage hat keine aufschiebende Wirkung.

2. Aus der Beschlussempfehlung und dem Bericht des Ausschusses für Gesundheit des Deutschen Bundestages (BT-Drucksache 18/12847 (S. 112)) vom 21. Juni 2017. Zu Abs. 3. Derzeit sind in den Ländern die Trägerstrukturen der Pflegeschulen sehr uneinheitlich. Es ist daher durch die vorstehende Ergänzung sicherzustellen, dass die Träger entsprechend den Strukturen des jeweiligen Landes in angemessenem Verhältnis an den Schiedsverfahren beteiligt werden. Darüber hinaus ist sicherzustellen, dass die Interessenvertretung von öffentlichen und privaten Schulen sichergestellt ist. Weitere Einzelheiten können durch Verordnung nach Abs. 5 geregelt werden.

Zu Abs. 5. Die Landesverbände der Kranken- und Pflegekassen, die Vereinigungen der Träger der ambulanten oder stationären Pflegeeinrichtungen im Land, die Landeskrankenhausgesellschaften und Vertreter des Landes bilden nach § 36 Abs. 1 für jedes Land eine Schiedsstelle. Entsprechendes gilt für die Pflegeschulen. Mit der vorliegenden Änderung werden die Kosten der Schiedsstelle sachgerecht unter den vorgenannten Organisationen bzw. deren Rechtsträgern aufgeteilt. Bei der bisherigen Formulierung im Gesetzentwurf blieb unklar, wer die Kostenträger der Ausbildungsfonds sind, die die Kosten der Schiedsstellen zu tragen haben. Der Anteil der Organisationen richtet sich dabei nach der Zahl der Sitze in der Schiedsstelle. Der neutrale Vorsitzende ist an der Kostentragung nicht beteiligt, da er nicht zu den Parteien nach § 36 Abs. 1 und 3 gehört.

III. Erläuterungen. Hier werden Regelungen zur Schiedsstelle getroffen. Auch aus diesen Regelungen geht ebenso wie in § 30 nicht klar hervor, wer die „Interessenvertretung der Pflegeschulen auf Landesebene" bzw. derjenigen „der öffentlichen und privaten Schulen auf Landesebene" ist.

Die Schiedsstelle kann nach gescheiterten Verhandlungen über Pauschalen angerufen werden, wenn eine Vereinbarung des Ausbildungsbudgets nicht zustande kommt und wenn eine Vereinbarung über Verfahrensregelungen in Zusammenhang mit der Einzahlung der Finanzierungsmittel nicht zustande gekommen ist. Bei Schiedsverfahren zu den Pauschalen der Pflegeschulen oder den individuellen Ausbildungsbudgets der Pflegeschulen ist eine Interessenvertretung der Pflegeschulen auf Landesebene zu beteiligen.

Bestehende oder sich bildende Pflegekammern sind vom Gesetzgeber nicht berücksichtigt worden und demgemäß weder bei Besetzung der Schiedsstelle noch im Schiedsverfahren beteiligt.

Die Schiedsstelle ist paritätisch besetzt. Die/der unparteiische Vorsitzende garantiert, dass im Konfliktfall mehrheitlich entschieden werden kann.

Sie/er und ihr/sein Stellvertreter(in) werden von den beteiligten Organisationen gemeinsam bestellt. Einigen diese sich nicht, entscheidet das Los. Die Mitglieder der Schiedsstelle führen nach Abs. 4 ihr Amt als Ehrenamt. Nach Abs. 5 werden die Kosten der Schiedsstelle anteilig von den Kostenträgern des Ausbildungsfonds getragen.

Einzelheiten auch zum Verfahren sollen Rechtsverordnungen der Länder regeln.

Teil 3
Hochschulische Pflegeausbildung

I. Aus den Gesetzesmaterialien.

1. Begründung der Bundesregierung. Zu Teil 3 (Hochschulische Pflegeausbildung) Teil 3 führt ein generalistisch ausgerichtetes, primärqualifizierendes Pflegestudium an Hochschulen auf Bachelor-Niveau ein. Damit wird ein weiteres wichtiges Signal zur Aufwertung und Stärkung des Berufsbereichs gesetzt. Es werden neue Zielgruppen für eine Ausbildung in der Pflege erschlossen und neue Entwicklungsperspektiven im Sinne eines durchlässigen Pflegebildungssystems mit Qualifikationsmöglichkeiten von der Helferausbildung bis zum Master-Studium eröffnet.

Ziel der Einführung einer hochschulischen Pflegeausbildung ist insbesondere, pflegerisches Handeln auf der Grundlage wissenschaftsbasierter und wissenschaftsorientierter Entscheidungen zu stärken. Die hochschulisch ausgebildeten Pflegekräfte sollen forschungsgestützte Lösungsansätze und innovative Konzepte in die Pflege transferieren und dadurch zu einer weiteren Verbesserung der Pflegequalität beitragen. Die Ausgestaltung der neuen hochschulischen Pflegeausbildung stützt sich auf die Erfahrungen aus den Modellstudiengängen nach dem Altenpflegegesetz und dem Krankenpflegegesetz.

2. Aus der Stellungnahme des Bundesrates. Zu Artikel 1. (§§ 37 bis 39 PflBG) Berufliche Ausbildung muss primärer Bildungsweg in der Pflege bleiben.

a) Der Bundesrat begrüßt, dass der Gesetzentwurf der Bundesregierung neben der beruflichen Ausbildung in der Pflege auch eine hochschulische Pflegeausbildung ermöglicht. Das vorgesehene generalistisch ausgerichtete, primärqualifizierende Pflegestudium an Hochschulen ist ein wichtiger Schritt zur Aufwertung des Berufsbildes. So kann den steigenden Anforderungen des Berufsfeldes entsprochen und ein Beitrag zur Fachkräftesicherung in der Zukunft geleistet werden.

b) Der Bundesrat ist ungeachtet dessen der Auffassung, dass die berufliche Pflegeausbildung die wesentliche Säule der Pflege bleiben muss. Eine übermäßige Verlagerung der Pflegeausbildung an die Hochschulen sollte vermieden werden. Ziel aller Bemühungen von Bund und Ländern muss die Sicherstellung einer flächendeckenden, qualitativ hochwertigen und an der Patientensicherheit orientierten pflegerischen Versorgung sein.

Nach Auffassung des Bundesrates sollte dementsprechend die Empfehlung des Wissenschaftsrates, wonach die akademische Qualifikation von 10 bis 20 Prozent eines Ausbildungsjahrgangs als sinnvoll erachtet wird, als maximaler Orientierungswert dienen. Der Bundesrat bittet daher, im weiteren Gesetzgebungsverfahren sowie alle betroffenen Akteure bei der Umsetzung der akademischen Pflegeausbildung diese Empfehlung des Wissenschaftsrates keinesfalls zu überschreiten.

§ 37

Ausbildungsziele

(1) Die primärqualifizierende Pflegeausbildung an Hochschulen befähigt zur unmittelbaren Tätigkeit an zu pflegenden Menschen aller Altersstufen und verfolgt gegenüber der beruflichen Pflegeausbildung nach Teil 2 ein erweitertes Ausbildungsziel.

(2) Die hochschulische Ausbildung zur Pflegefachfrau oder zum Pflegefachmann vermittelt die für die selbstständige umfassende und prozessorientierte Pflege von Menschen aller Altersstufen nach § 5 Abs. 2 in akut und dauerhaft stationären sowie ambulanten Pflegesituationen erforderlichen fachlichen und personalen Kompetenzen auf wissenschaftlicher Grundlage und Methodik.

(3) Die hochschulische Ausbildung umfasst die in § 5 Abs. 3 beschriebenen Kompetenzen der beruflichen Pflegeausbildung. Sie befähigt darüber hinaus insbesondere

1. zur Steuerung und Gestaltung hochkomplexer Pflegeprozesse auf der Grundlage wissenschaftsbasierter oder wissenschaftsorientierter Entscheidungen,

2. vertieftes Wissen über Grundlagen der Pflegewissenschaft, des gesellschaftlich-institutionellen Rahmens des pflegerischen Handelns sowie des normativ-institutionellen Systems der Versorgung anzuwenden und die Weiterentwicklung der gesundheitlichen und pflegerischen Versorgung dadurch maßgeblich mitzugestalten,

3. sich Forschungsgebiete der professionellen Pflege auf dem neuesten Stand der gesicherten Erkenntnisse erschließen und forschungsgestützte Problemlösungen wie auch neue Technologien in das berufliche Handeln übertragen zu können sowie berufsbezogene Fort- und Weiterbildungsbedarfe zu erkennen,

4. sich kritisch-reflexiv und analytisch sowohl mit theoretischem als auch praktischem Wissen auseinandersetzen und wissenschaftsbasiert innovative Lösungsansätze zur Verbesserung im eigenen beruflichen Handlungsfeld entwickeln und implementieren zu können und

5. an der Entwicklung von Qualitätsmanagementkonzepten, Leitlinien und Expertenstandards mitzuwirken.

(4) Die Hochschule kann im Rahmen der ihr obliegenden Ausgestaltung des Studiums die Vermittlung zusätzlicher Kompetenzen vorsehen. Das Erreichen des Ausbildungsziels darf hierdurch nicht gefährdet werden.

(5) § 5 Abs. 4 und § 14 gelten entsprechend.

I. Zur Entstehungsgeschichte. Die Regelungen wurden unverändert gegenüber dem Gesetzesentwurf der Bundesregierung verabschiedet.

II. Aus den Gesetzesmaterialien. Aus der Begründung zum Gesetzesentwurf der Bundesregierung von 2016 (BT-Drucksache 18/7823 (S. 87)). Die hochschulische Pflegeausbildung qualifiziert zur unmittelbaren Pflege im Sinne des § 5 Abs. 2 von Menschen aller Altersstufen. Sie vermittelt die Kompetenzen und Ausbildungsinhalte, die die berufliche Pflegeausbildung nach Teil 2 zur selbstständigen, umfassenden und prozessorientierten Pflege umfasst und verfolgt darüber hinaus ein erweitertes Ausbildungsziel.

Das erweiterte Ausbildungsziel umfasst zum einen die, einem Studium immanente, Kompetenzvermittlung auf wissenschaftlicher Grundlage und Methodik. Darüber hinaus beschreibt Abs. 3 die Vermittlung weiterer Kompetenzen. Hierzu gehören insbesondere die Befähigung, hochkomplexe Pflegeprozesse auf der Grundlage wissenschaftsbasierter Entscheidungen steuern und gestalten zu können sowie vertieftes Wissen über Grundlagen der Pflegewissenschaft anzuwenden und dadurch die Weiterentwicklung der gesundheitlichen und pflegerischen Versorgung maßgeblich mitzugestalten. Die Studierenden sollen lernen, sich Forschungsgebiete der professionellen Pflege selbstständig zu erschließen sowie forschungsgestützte Problemlösungen und neue Technologien in das berufliche Handeln übertragen zu können, um die Versorgungsqualität weiter zu verbessern. Sie sollen dafür sensibilisiert werden, eigene berufsbezogene Fort- und Weiterbildungsbedarfe, aber auch die jeweiligen Bedarfe im Pflegeteam zu erkennen. Die Studierenden lernen kritisch-reflexiv und analytisch mit theoretischem und praktischem Wissen umzugehen, neue Lösungsansätze zu entwickeln und auch in den beruflichen Alltag zu implementieren. Sie sollen durch das Studium dazu befähigt werden, an der Entwicklung von Qualitätsmanagementkonzepten, Leitlinien und Expertenstandards mitzuwirken.

Bei der Verwendung des Begriffs „selbstständig" wurde wie bei der Ausbildung nach Teil 2 auf die Erläuterungen zu den Begrifflichkeiten des Deutschen Qualifikationsrahmen (vgl. DQR-Handbuch Stand 01. August 2013, Glossar) abgestellt. Der Begriff umfasst danach insbesondere auch das Element des Tätigwerdens in eigener Verantwortung.

Darüber hinaus kann jede Hochschule nach eigenem Ermessen die Vermittlung zusätzlicher Kompetenzen vorsehen, soweit das Ausbildungsziel der hochschulischen Ausbildung hierdurch nicht gefährdet wird Die Hochschulen erhalten somit die Möglichkeit, im Rahmen der gesetzlichen Vorgaben eigene Profile zu entwickeln.

Entsprechend der Vorgaben in § 5 Abs. 4 ist das Studium so zu gestalten, dass die Studierenden ein professionelles, ethisch fundiertes Pflegeverständnis und insbesondere ein berufliches Selbstverständnis während der hochschulischen Pflegeausbildung entwickeln.

§ 14 findet auf die hochschulische Pflegeausbildung entsprechende Anwendung. Damit können nach den Vorgaben von § 14 zur zeitlich befristeten Erprobung von Ausbildungsangeboten, die der Weiterentwicklung des Pflegeberufs im Rahmen von Modellvorhaben nach § 63 Abs. 3c SGB V dienen, über die in § 37 in Verbindung mit § 5 beschriebenen Aufgaben hinausgehende erweiterte Kompetenzen zur Ausübung heilkundlicher Tätigkeiten auch an Hochschulen vermittelt werden.

III. Erläuterungen. Mit dieser Vorschrift werden die Ausbildungsziele der primärqualifizierenden Pflegeausbildung an Hochschulen festgelegt. Diese umfassen nicht nur diejenigen der beruflichen Qualifikation, für die unmittelbare Tätigkeit an zu pflegenden Menschen aller Altersstufen. Abs. 3 beschreibt die zusätzlichen Kompetenzen der hochschulischen Ausbildung. In Abs. 4 wird geregelt, dass die Hochschule im Rahmen der ihr obliegenden Ausgestaltung des Studiums die Vermittlung zusätzlicher Kompetenzen vorsehen kann.

Diese Regelung ist neben der Vereinheitlichung der Ausbildung und Finanzierung ein weiterer wichtiger Bestandteil, der gesetzlichen Neuregelungen zur Weiterentwicklung eines zukunftsgerichteten Berufsbilds der Pflege.

Pflegemanagement-/Pflegewissenschaft-/ und Pflegepädagogikstudiengänge gibt es schon seit einiger Zeit und sind gut eingeführt. Nunmehr werden primärqualifizierende Pflegestudiengänge neu (abgesehen von Modellstudiengängen) generell in der Pflege eingeführt. Die Einzelheiten der gesetzlichen Neuerung sind jedoch noch nicht vollständig klar.

Ob die in Abs. 3 genannten zusätzlichen Kompetenzen der hochschulischen Ausbildung noch im Rahmen eines grundständigen Bachelor-Abschlusses liegen oder darüber hinaus gelten, ist unklar. Das Erkennen berufsbezogener Fort- und Weiterbildungsbedarfe (Nr. 3), die Entwicklung und Implementierung wissenschaftsbasierter, innovativer Lösungsansätze (Nr. 4) oder die Mitwirkung bei der Entwicklung von Qualitätsmanagementkonzepten, Leitlinien und Expertenstandards (Nr. 5) sind wohl eher dem Niveau von Master-Studiengängen zuzuordnen. Und auch wenn die primärqualifizierende Ausbildung an Hochschulen zu begrüßen ist, darf nicht übersehen werden, dass für manche der Zusatzkompetenzen eine entsprechende Berufserfahrung unverzichtbar ist (z. B. auch für die Qualifizierung nach Nr. 1). Entsprechendes gilt für die Gestaltungsmöglichkeiten der Hochschulen nach Abs. 4.

Inwieweit zukünftig auch duale Studiengänge möglich und zulässig bleiben, wird sich gem. §§ 38 Abs. 2, 5 und 6 nach landes- und insbesondere hochschulrechtlichen Bestimmungen richten, wenn damit die Vorgaben der Europäischen Richtlinie 2005/36/EG eingehalten werden.

In Abs. 3 wird als zusätzliche Kompetenz, die im Pflegestudium erworben werden soll, die Steuerung und Gestaltung *„hochkomplexer Pflegeprozesse"* benannt. Gegenüber der Organisation, Gestaltung und Steuerung des *„Pflegeprozesses"* (§ 5 Abs. 3 Nr. 1 Buchstabe b), die den Pflegefachfrauen und -männern vorbehalten sind (§ 4 Abs. 2 Nr. 2), wird damit ein Herausgabemerkmal benannt. Was damit gemeint ist, woran die Komplexität bemessen wird und ob es sich nur um zwei Stufen der Komplexität handeln soll oder gar um drei (normaler bzw. einfacher bzw. nicht komplexer?) Pflegeprozess, komplexer Pflegeprozess, hochkomplexer Pflegeprozess bleibt zu klären. In den Gesetzgebungsgründen finden sich weder zu § 5 noch zu § 37 dazu Aussagen. Problematisch und unbeantwortet bleibt damit, wie *„hochkomplexe Pflegeprozesse"* definiert sind.

Auch was der Gesetzgeber unter *„Steuerung und Gestaltung"* derselben versteht, bedarf noch der Aufklärung: Ist damit die Umsetzung der Pflege komplexer Versorgungssituationen oder die Wahrnehmung von Leitungsaufgaben gemeint? Heißt dies im Übrigen weiter, dass die Pflegefachkräfte, die die berufliche Ausbildung absolviert haben (§ 5 PflBG) nicht *„zur Steuerung und Gestaltung hochkomplexer Pflegeprozesse"* nach § 37 Abs. 3 berechtigt sind?

An diesen Beispielen wird deutlich, dass mit den neuen gesetzlichen Bestimmungen allein es noch nicht getan ist, die berufliche und primärqualifizierende hochschulische Ausbildung voneinander abzugrenzen. Die Anknüpfung an hochkomplexe Pflegetätigkeiten als Unterscheidungsmerkmal wirft mehr Fragen auf, als es Orientierung bietet, zumal Pflegefachkräfte ohne Hochschulstudium auch jetzt schon in der Lage sein müssen und sind, hochkomplexe Fälle zu versorgen. Hier muss durch die Rechtsverordnung nach § 56 Abs. 1 Nr. 1, 2 die gebotene Ergänzung und Klarheit geschaffen werden.

§ 38

Durchführung des Studiums

(1) Das Studium dauert mindestens drei Jahre. Es umfasst theoretische und praktische Lehrveranstaltungen an staatlichen oder staatlich anerkannten Hochschulen anhand eines modularen Curriculums sowie Praxiseinsätze in Einrichtungen nach § 7.

(2) Die Studiengangskonzepte unterliegen der Überprüfung durch die zuständige Landesbehörde im Akkreditierungsverfahren. Wesentliche Änderungen der Studiengangskonzepte nach Abschluss des Akkreditierungsverfahrens unterliegen ebenfalls der Überprüfung durch die zuständigen Landesbehörden.

(3) Die Praxiseinsätze gliedern sich in Pflichteinsätze, einen Vertiefungseinsatz sowie weitere Einsätze. Wesentlicher Bestandteil der Praxiseinsätze ist die von den Einrichtungen zu gewährleistende Praxisanleitung. Die Hochschule unterstützt die Praxiseinsätze durch die von ihr zu gewährleistende Praxisbegleitung. Auf der Grundlage einer landesrechtlichen Genehmigung kann ein geringer Anteil der Praxiseinsätze in Einrichtungen durch praktische Lerneinheiten an der Hochschule ersetzt werden.

(4) Die Hochschule trägt die Gesamtverantwortung für die Koordination der theoretischen und praktischen Lehrveranstaltungen mit den Praxiseinsätzen. Sie ist auch für die Durchführung der Praxiseinsätze verantwortlich und schließt hierfür Kooperationsvereinbarungen mit den Einrichtungen der Praxiseinsätze.

(5) Die im Rahmen einer erfolgreich abgeschlossenen Pflegeausbildung nach Teil 2 oder nach dem Krankenpflegegesetz in der bis zum 31. Dezember 2019 geltenden Fassung oder dem Altenpflegegesetz in der Fassung der Bekanntmachung vom 25. August 2003 (BGBl. I S. 1690) in der bis zum 31. Dezember 2019 geltenden Fassung erworbenen Kompetenzen und Fähigkeiten sollen als gleichwertige Leistungen auf das Studium angerechnet werden.

(6) Die weitere Ausgestaltung des Studiums obliegt den Hochschulen. Sie beachtet die Vorgaben der Richtlinie 2005/36/EG.

I. Zur Entstehungsgeschichte. Abs. 2 wurde durch die Einfügung von Satz 2 erweitert und in Abs. 5 wurden die Daten angepasst.

II. Aus den Gesetzesmaterialien.

1. Aus der Begründung zum Gesetzesentwurf der Bundesregierung von 2016 (BT-Drucksache 18/7823 (S. 87 f.)). § 38 regelt die Durchführung des Studiums.

Die Ausgestaltung berücksichtigt die Vorgaben der Berufsanerkennungsrichtlinie 2005/36/EG. Das Studium dauert mindestens drei Jahre. Die Hochschule kann demnach entsprechend der Vorgaben für Bachelorstudiengänge Studiengangskonzepte entwickeln, die eine Studiendauer von sechs bis acht Semestern beinhalten.

Das Studium umfasst theoretische und praktische Lehrveranstaltungen anhand eines modularen Curriculums sowie Ausbildungsanteile in der Praxis. Aufgrund der Eigenheiten der Strukturen des Hochschulwesens und der Erfahrungen aus den Modellstudiengängen nach dem Altenpflegegesetz und dem Krankenpflegegesetz werden die praktischen Ausbildungsanteile der hochschulischen Pflegeausbildung strukturell abweichend zur beruflichen Ausbildung gestaltet. Dies bedeutet, dass es keinen Träger der praktischen Ausbildung gibt, der mit der oder dem Studierenden einen Ausbildungsvertrag über die praktische Ausbildung schließt und diese organisiert oder koordiniert. Die Organisation und Koordination ist Aufgabe der Hochschule. Sie ist für die Durchführung der praktischen Ausbildung verantwortlich und schließt mit den Einrichtungen, in denen die Praxiseinsätze erfolgen sollen, Kooperationsverträge und koordiniert die Inhalte der Lehrveranstaltungen mit den Praxiseinsätzen. Ein Anspruch auf Ausbildungsvergütung der Studierenden ist gesetzlich nicht geregelt. Sie kann jedoch vertraglich vereinbart werden. Im Übrigen greifen die für Studiengänge üblichen BaföG-Regelungen. Es ist möglich, Teile der theoretischen Lehrveranstaltungen als Fernveranstaltungen durchzuführen. Das Erreichen der Ausbildungsziele nach § 37 darf hierdurch nicht gefährdet werden und die Vereinbarkeit der Ausbildung mit der Richtlinie 2005/36 EG muss gewährleistet sein.

Die Praxiseinsätze gliedern sich entsprechend der beruflichen Ausbildung in Pflichteinsätze, einen Vertiefungseinsatz sowie weitere Einsätze. Die Hochschule unterstützt die Praxiseinsätze durch eine Praxisbegleitung. Wesentlicher Bestandteil der Praxiseinsätze ist die von den Einrichtungen zu gewährleistende Praxisanleitung. Der Umfang der Praxiszeiten soll gegenüber der beruflichen Ausbildung geringfügig auf das durch die EU-Berufsanerkennungsrichtlinie vorgegebene Mindestmaß von 2 300 Stunden reduziert werden.

Eine Besonderheit der hochschulischen Ausbildung ist, dass ein geringer Anteil der Praxiseinsätze in Einrichtungen durch praktische Lerneinheiten an der Hochschule ersetzt werden kann. Als Orientierungsgröße können 5 Prozent der Praxiszeiten gelten. Die Hochschule hat diesbezüglich ein entsprechendes Konzept vorzulegen, dass der Genehmigung durch die zuständige Landesbehörde bedarf. Hierdurch erhält die Hochschule einen erweiterten Spielraum, den wissenschaftlichen Anspruch der Ausbildungsziele des Studiums, der auch die Praxiseinsätze umfasst, sicherzustellen. Weitere Einzelheiten regelt die Ausbildungs- und Prüfungsverordnung nach § 56.

Abs. 2 regelt die Beteiligung der zuständigen Landesbehörde bereits im Akkreditierungsverfahren der auf Grundlage dieses Gesetzes zu entwickelnden Studiengangskonzepte. Die Überprüfung der Studiengangskonzepte durch die Landesbehörde ist Teil der staatlichen Verantwortung für den Gesundheitsschutz pflegebedürftiger Menschen und flankiert die staatliche Prüfung zur Erlangung der Berufszulassungsberechtigung, indem im Vorfeld sichergestellt wird, dass die angebotenen Studiengänge den Anforderungen dieses Gesetzes entsprechen.

Grundsätzlich kann die hierfür zuständige Stelle gleichwertige Leistungen auf das Studium nach allgemeinen landesrechtlichen oder hochschulrechtlichen Vorgaben anrechnen. § 38 Abs. 5 enthält diesbezüglich eine spezielle Anrechnungsregelung für erfolgreich abgeschlossene Ausbildungen nach Teil 2 des Pflegeberufsgesetzes sowie erfolgreich abgeschlossene Ausbildungen nach dem Krankenpflegegesetz oder dem Altenpflegegesetz. Die in den genannten Ausbildungen erworbenen Kompetenzen und Fähigkeiten sollen in der Regel als gleichwertige Leistungen auf das Studium angerechnet werden. Erfolgt eine Anrechnung ausnahmsweise nicht, ist die Entscheidung besonders zu begründen. Diese Vorschrift trägt zum durchlässigen Übergang von beruflicher zu hochschulischer Pflegeausbildung bei und darüber hinaus der Tatsache Rechnung, dass die Ausbildungsziele nach § 37 die Kompetenzen der beruflichen Pflegeausbildung nach § 5 mitumfassen. Im

Regelfall ist von der Anrechnungsfähigkeit auf die Hälfte der Dauer der hochschulischen Ausbildung auszugehen. Das Ausbildungsziel darf durch die Anrechnung nicht gefährdet werden.

Das Pflegeberufsgesetz räumt der Hochschule bei der weiteren Gestaltung des Studiums bestimmte Spielräume ein. Diese muss jedoch stets die Vorgaben der Berufsanerkennungsrichtlinie 2005/36/EG beachten.

2. Aus der Beschlussempfehlung und dem Bericht des Ausschusses für Gesundheit des Deutschen Bundestages (BT-Drucksache 18/12847 (S. 112)) vom 21. Juni 2017. Zu Abs. 2. Bei späteren wesentlichen Änderungen der Studiengangskonzepte muss eine Überprüfung durch die zuständige Landesbehörde sichergestellt sein. Entsprechende Änderungen sind nach den allgemeinen Regelungen auch den Akkreditierungsagenturen mitzuteilen.

Zu Abs. 5. Es handelt sich um eine Folgeänderung zur Verschiebung des Beginns der neuen Ausbildung.

III. Erläuterungen. § 38 regelt die Durchführung des Studiums. Es dauert mindestens drei Jahre und umfasst theoretische und praktische Lehrveranstaltungen an Hochschulen sowie Praxiseinsätze in stationären und ambulanten Einrichtungen. Die Hochschule trägt die Gesamtverantwortung für die Koordinierung der Lehrveranstaltungen mit den Praxiseinsätzen. Sie ist für die Durchführung der Praxiseinsätze verantwortlich und schließt hierfür Kooperationsvereinbarungen mit den Einrichtungen der Praxiseinsätze.

Die Gesamtverantwortung der Hochschule bemisst sich wie bei den Pflegeschulen analog nach den Vorgaben in §§ 6, 8 und 10.

Die in Abs. 3 genannte Praxisbegleitung entspricht ebenfalls derjenigen der Pflegeschulen. Bei der Möglichkeit einen geringeren Anteil der Praxiseinsätze in Einrichtungen durch praktische Lerneinheiten an der Hochschule zu ersetzen, müssen die Vorgaben der Berufeanerkennungsrichtlinie 2013/55/EU eingehalten werden, wonach die praktischen Lerneinheiten auf maximal 200 Stunden begrenzt sind, da gemäß der Richtlinie mindestens 2.300 Stunden Praxis im direkten Patientenkontakt erfolgen müssen.

Anders als in diesem Gesetz, wo das Studium nach Jahren bemessen wird, ist es gängige Praxis im Studium den erforderlichen Workload anhand von Leistungspunkten (Credit Points) festzulegen. Diese messen die zeitliche Gesamtbelastung der Studierenden (Bei 180 Credit Points als erforderlichem Workload und in der Regel pro Semester vergebenen 30 Credit Points entspricht dies einer Regelstudienzeit von drei Jahren). Durch den erfolgreichen Abschluss primärqualifizierenden Hochschulstudiums, wird der akademische Grad des Bachelors (*vgl. die Gesetzesbegründung oben unter Nr. II*) verliehen.

Die Gliederung der Praxiseinsätze nach Pflichteinsätzen sowie nach einem Vertiefungseinsatz stellt die Verbindung zur beruflichen Pflegeausbildung her und soll die Vergleichbarkeit der Ausbildungen gewährleisten.

Zudem „sollen" sowohl eine abgeschlossene Pflegeausbildung nach Teil 2 als auch eine erfolgreich abgeschlossene Kranken- oder Altenpflegeausbildung auf eine hochschulische Pflegeausbildung anzurechnen sein. Die im Rahmen einer beruflichen Ausbildung erworbenen Kompetenzen und Fähigkeiten werden also nicht automatisch als gleichwertige Leistungen auf das Studium angerechnet (*Näheres dazu in den Beschlüssen der Kultusministerkonferenz (KMK) zur Anrechnung erworbener Kompetenzen vom 28. Juni 2002 und vom 18.09.2008, bis max. 50 Prozent außerhochschulisch (Nr. 2 im Beschluss vom 2002)*).

Die Finanzierung der Praxisanleitung der Studierenden und der Praxisbegleitung durch die Hochschulen wird entsprechend der Bestimmungen für die berufliche Ausbildung auszugestalten sein (abgesehen von der Ausbildungsvergütung; einen Anspruch auf Ausbildungsvergütung der Studierenden gibt es nach diesem Gesetz nicht, die für Studiengänge üblichen BAföG-Regelungen gelten aber auch hier). Es kann eventuell durch Abschluss von Praktikantenverträgen mit den Einrichtungsträgern, bei denen die Praxiseinsätze absolviert werden, eine angemessene Praktikantenvergütung vereinbart werden. Dort können auch die sonstigen Rechte und Pflichten der Studierenden geregelt werden.

Zu beachten ist, dass einerseits die Hochschulen die Kosten der Praxisbegleitung nicht allein aus den allgemeinen Budget tragen sollten, um eine Schlechterstellung gegenüber der Pflegeschulen zu vermeiden. Andererseits hat der Gesetzgeber hierzu keine (anderen) Regelungen getroffen.

Auch der Aufwand für die Organisation der Einsätze, Absprachen mit den Kooperationspartnern, Vor- und Nachbereitungen usw. wird nicht unentgeltlich zu leisten sein. Hier wird es zu Regelungen mit den Ländern bezüglich der (Re-)Finanzierung kommen müssen.

§ 39

Abschluss des Studiums, staatliche Prüfung zur Erlangung der Berufszulassung

(1) Das Studium schließt mit der Verleihung des akademischen Grades durch die Hochschule ab. Die Hochschule überprüft das Erreichen der Ausbildungsziele nach § 37.

(2) Die Überprüfung der Kompetenzen nach § 5 und erforderlichenfalls nach § 14 soll nach Abs. 1 Satz 2 zum Ende des Studiums erfolgen. Bundesweit einheitliche Rahmenvorgaben regelt die Ausbildungs- und Prüfungsverordnung nach § 56 Abs. 1.

(3) Die Hochschule legt mit Zustimmung der zuständigen Landesbehörde die Module nach Abs. 2 Satz 1 fest. Die hochschulische Prüfung nach Abs. 1 Satz 2 umfasst auch die staatliche Prüfung zur Erlangung der Berufszulassung.

(4) Die Modulprüfungen nach Abs. 2 Satz 1 werden unter dem gemeinsamen Vorsitz von Hochschule und Landesbehörde durchgeführt. Die zuständige Landesbehörde kann die Hochschule beauftragen, den Vorsitz auch für die zuständige Landesbehörde wahrzunehmen.

I. Zur Entstehungsgeschichte. Die Bestimmungen wurden ohne Änderungen gegenüber dem ursprünglichen Gesetzesentwurf der Bundesregierung verabschiedet.

II. Aus den Gesetzesmaterialien. Aus der Begründung zum Gesetzesentwurf der Bundesregierung von 2016 (BT-Drucksache 18/7823 (S. 88 f.)). § 39 regelt den Abschluss des Studiums durch die Verleihung des akademischen Grads sowie die Verknüpfung der hochschulischen Prüfung mit der staatlichen Prüfung zur Erlangung der Berufszulassung nach § 1. Es handelt sich um eine Sonderregelung für die hochschulische Ausbildung zum Beruf der Pflegefachfrau und des Pflegefachmanns. Eine Präzedenzwirkung auf hochschulische Ausbildungen zu anderen Heilberufen ist damit ausdrücklich nicht verbunden.

Die Regelung in § 39 berücksichtigt die Belange der Hochschulen im Rahmen der landes-rechtlichen Vorgaben zu Hochschulabschlüssen auf Grundlage des Bologna-Prozesses. Zugleich wird die staatliche Verantwortung für den Pflegeberuf als Heilberuf sichergestellt, indem die staatliche Prüfung, die zur Erlangung der Berufszulassung aus Gründen des Gesundheitsschutzes der zu pflegenden Menschen erforderlich ist, im Rahmen der hochschulischen Überprüfung zum Bachelorabschluss unter gemeinsamem Vorsitz der Landesbehörde und der Hochschule erfolgt. Die hochschulische Überprüfung der Studienziele und die staatliche Prüfung zur Erlangung der Berufszulassung bilden somit innerhalb der hochschulischen Pflegeausbildung auf der Grundlage dieses Gesetzes eine faktische Einheit. Durch diese Ausgestaltung werden Doppelprüfungen für die Studierenden vermieden sowie das Auseinanderfallen der hochschulischen Prüfung und der staatlichen Prüfung mit unterschiedlichen Ergebnissen verhindert. Die Studierenden können den akademischen Grad nicht ohne das Bestehen der staatlichen Prüfungsanteile erhalten.

In der Regel verleihen die Hochschulen nach erfolgreichem Abschluss des Studiums einen Bachelor. Dies kann ein Bachelor of Arts oder ein Bachelor of Science sein. Die Länder werden gebeten zu prüfen, ob für Studiengänge, die auf der Grundlage dieses Gesetzes entstehen, ein Bachelor of Nursing eingeführt werden kann. Auf der Grundlage der erfolgreich abgeschlossenen hochschulischen Pflegeausbildung, die auch die staatliche Prüfung umfasst, wird die Erlaubnis nach § 1 erteilt. Die Hochschulabsolventen führen die Berufsbezeichnung „*Pflegefachfrau*" oder „*Pflegefachmann*" mit dem akademischen Grad als Zusatz.

Die hochschulische Überprüfung umfasst die Gesamtheit der Ausbildungsziele nach § 37. Die staatlichen Anteile der hochschulischen Prüfung beziehen sich auf die Überprüfung der Kompetenzen, die auch Teil der beruflichen Ausbildung nach § 5 sind und gegebenenfalls auf die im Rahmen eines Modellvorhabens vermittelten erweiterten Kompetenzen nach § 14. Die Hochschule legt mit Zustimmung der Landesbehörde die Module des Studiengangs fest, die im Rahmen der hochschulischen Überprüfung zugleich Teil der staatlichen Prüfung zur Erlangung der Berufszulassung sind. Hierdurch erfolgt die inhaltliche Verknüpfung der hochschulischen Prüfung mit der staatlichen Prüfung. Die Überprüfung dieser Module soll zum Ende des Studiums erfolgen. Es entspricht der Charakteristik einer staatlichen Prüfung, die erworbenen Kompetenzen und Fähigkeiten in ihrer Gesamtheit zum Abschluss der Ausbildung abzuprüfen. Die vorliegende „*Soll-Vorschrift*" ermöglicht jedoch ausnahmsweise Abweichungen, wenn diese durch die hochschulische Konzeption und das hochschulische Leben erforderlich sind. Die Qualität der Ausbildung und der Prüfung ist hierbei stets zu gewährleisten.

Die Modulprüfungen, die sich auf die Kompetenzen nach § 5 und gegebenenfalls § 14 beziehen, werden unter dem gemeinsamen Vorsitz der Hochschule und der Landesbehörde durchgeführt. Für das Bestehen einer Modulprüfung ist ein einheitliches Votum der Vorsitzenden erforderlich. Die zuständige Landesbehörde kann die Hochschule beauftragen, den Vorsitz insgesamt zu übernehmen.

Weitere Einzelheiten regelt die Ausbildungs- und Prüfungsverordnung nach § 56 Abs. 1.

III. Erläuterungen. Die Regelung in § 39 umfasst die Einzelheiten zum Abschluss des Studiums und zur staatlichen Prüfung zur Erlangung der Berufszulassung.

Diejenigen Module, die auch Teil der staatlichen Prüfung sind (Abs. 2 Satz 1), sollen zum Ende des Studiums geprüft werden.

Schon während des Studiums können bei entsprechender Gestaltung des Studiums durch die Hochschule solche Module aber auch schon abgeprüft werden, da es sich um eine *„Soll-Vorschrift"* handelt. Allerdings muss dann auch schon bei solchen Prüfungen während des Studiums der in Abs. 4 vorgegebene *„gemeinsame Vorsitz"* gewährleistet werden.

Teil 4
Anerkennung ausländischer Berufsabschlüsse; Zuständigkeiten; Fachkommission; Statistik und Verordnungsermächtigungen; Bußgeldvorschriften

Abschnitt 1
Außerhalb des Geltungsbereichs des Gesetzes erworbene Berufsabschlüsse

§ 40

Gleichwertigkeit und Anerkennung von Ausbildungen

(1) Eine außerhalb des Geltungsbereichs dieses Gesetzes und außerhalb eines Mitgliedstaats der Europäischen Union oder eines anderen Vertragsstaates des Abkommens über den Europäischen Wirtschaftsraum oder der Schweiz erworbene abgeschlossene Ausbildung erfüllt die Voraussetzungen des § 2 Nr. 1, wenn die Gleichwertigkeit des Ausbildungsstandes gegeben ist.

(2) Der Ausbildungsstand ist als gleichwertig anzusehen, wenn die Ausbildung der antragstellenden Person in dem Beruf, für den die Anerkennung beantragt wird, keine wesentlichen Unterschiede gegenüber der in diesem Gesetz und in der Ausbildungs- und Prüfungsverordnung für diesen Beruf geregelten Ausbildung aufweist. Wesentliche Unterschiede im Sinne des Satzes 1 liegen vor, wenn

    1. die Ausbildung der antragstellenden Person hinsichtlich der beruflichen Tätigkeit Themenbereiche oder Bereiche der praktischen Ausbildung umfasst, die sich wesentlich von denen unterscheiden, die nach diesem Gesetz und der Ausbildungs- und Prüfungsverordnung für die Pflegeberufe vorgeschrieben sind, oder

    2. der Beruf der Pflegefachfrau oder des Pflegefachmanns, der Beruf der Gesundheits- und Kinderkrankenpflegerin oder des Gesundheits- und Kinderkrankenpflegers oder der Beruf der Altenpflegerin oder des Altenpflegers eine oder mehrere reglementierte Tätigkeiten umfasst, die im Herkunftsstaat der antragstellenden Person nicht Bestandteil des Berufs sind, der dem der Pflegefachfrau oder des Pflegefachmanns, der Gesundheits- und Kinderkrankenpflegerin oder des Gesundheits- und Kinderkrankenpflegers oder der Altenpflegerin oder des Altenpflegers entspricht, und wenn sich die Ausbildung für die jeweiligen Tätigkeiten auf Themenbereiche oder Bereiche der praktischen Ausbildung nach diesem Gesetz und der Ausbildungs- und Prüfungsverordnung für die Pflegeberufe

beziehen, die sich wesentlich von denen unterscheiden, die von der Ausbildung der antragstellenden Person abgedeckt sind, und die antragstellende Person diese Unterschiede nicht durch Kenntnisse und Fähigkeiten ausgleichen kann, die sie im Rahmen ihrer tatsächlichen und rechtmäßigen Ausübung des Berufs der Pflegefachfrau oder des Pflegefachmanns, der Gesundheits- und Kinderkrankenpflegerin oder des Gesundheits- und Kinderkrankenpflegers oder der Altenpflegerin oder des Altenpflegers in Voll- oder Teilzeit oder durch lebenslanges Lernen erworben hat, sofern die durch lebenslanges Lernen erworbenen Kenntnisse und Fähigkeiten von einer dafür in dem jeweiligen Staat zuständigen Stelle formell als gültig anerkannt wurden; dabei ist nicht entscheidend, in welchem Staat diese Kenntnisse und Fähigkeiten erworben worden sind. Themenbereiche oder Bereiche der praktischen Ausbildung unterscheiden sich wesentlich, wenn die nachgewiesene Ausbildung der antragstellenden Person wesentliche inhaltliche Abweichungen hinsichtlich der Kenntnisse und Fähigkeiten aufweist, die eine wesentliche Voraussetzung für die Ausübung des Berufs der Pflegefachfrau oder des Pflegefachmanns, der Gesundheits- und Kinderkrankenpflegerin oder des Gesundheits- und Kinderkrankenpflegers oder der Altenpflegerin oder des Altenpflegers in Deutschland sind; Satz 2 letzter Teilsatz gilt entsprechend.

(3) Ist die Gleichwertigkeit des Ausbildungsstandes nach Abs. 2 nicht gegeben oder kann sie nur mit unangemessenem zeitlichen oder sachlichen Aufwand festgestellt werden, weil die erforderlichen Unterlagen und Nachweise aus Gründen, die nicht in der antragstellenden Person liegen, von dieser nicht vorgelegt werden können, ist ein gleichwertiger Kenntnisstand nachzuweisen. Dieser Nachweis wird durch eine Kenntnisprüfung, die sich auf den Inhalt der staatlichen Abschlussprüfung erstreckt, oder einen höchstens dreijährigen Anpassungslehrgang erbracht, der mit einer Prüfung über den Inhalt des Anpassungslehrgangs abschließt. Die antragstellende Person hat das Recht, zwischen der Kenntnisprüfung und dem Anpassungslehrgang zu wählen.

(4) Das Berufsqualifikationsfeststellungsgesetz findet mit Ausnahme des § 17 keine Anwendung.

(5) Die Länder können vereinbaren, dass die Aufgaben nach den §§ 40 und 41 von einem anderen Land oder einer gemeinsamen Einrichtung wahrgenommen werden.

I. Zur Entstehungsgeschichte. Die Überschrift zu Teil 4 wurde präzisiert. §§ 40 Abs. 2 Sätze 1 bis 3 wurden gegenüber dem ursprünglichen Gesetzesentwurf der Bundesregierung rechtliche Regelungen eingearbeitet und sprachliche Anpassungen vorgenommen.

II. Aus den Gesetzesmaterialien.

1. Aus der Begründung zum Gesetzesentwurf der Bundesregierung von 2016 (BT-Drucksache 18/7823 (S. 89 f.)).

Zu Teil 4 (Sonstige Vorschriften). Zu Abschnitt 1 (Außerhalb des Geltungsbereichs des Gesetzes erworbene Berufsabschlüsse). Zu § 40 (Gleichwertigkeit und Anerkennung von Ausbildungen). Zu Abs. 1. EU-Rechts oder internationaler Abkommen greifen. Die Anerkennung einer sogenannten Drittstaatsausbildung setzt voraus, dass die Gleichwertigkeit des Ausbildungsstandes gegeben ist.

Zu Abs. 2. Abs. 2 enthält die Vorgaben zur Prüfung der Gleichwertigkeit. Nach Satz 1 setzt diese voraus, dass die Ausbildung der antragstellenden Person gegenüber der deutschen Ausbildung keine wesentlichen Unterschiede enthält. Die Prüfung erfolgt im Rahmen eines Ausbildungsvergleichs.

Satz 2 Nummern 1 und 2 in Verbindung mit Satz 4 legen fest, wann wesentliche Unterschiede anzunehmen sind, wobei sich die Formulierung an dem durch die Richtlinie 2013/55/EU neu gefassten Artikel 7 Abs. 4 Unterabsatz 4 und dem neu gefassten Anerkennungsverfahren der Artikel 11, 12, 13 und 14 Absätze 4 und 5 der Richtlinie 2005/36/EG orientiert. Die Neuregelung der Richtlinie hat den Begriff der *„wesentlichen Unterschiede"* neu definiert und sieht insbesondere die Ausbildungsdauer nicht mehr als Kriterium für wesentliche Unterschiede an.

Nach Satz 2 zweiter Halbsatz werden entsprechend den Vorgaben der Richtlinie 2005/36/EG zum Ausgleich wesentlicher Unterschiede neben einer einschlägigen Berufserfahrung auch das lebenslange Lernen zugelassen, sofern eine zuständige Stelle des jeweiligen Staats die durch das lebenslange Lernen erworbenen Kenntnisse und Fähigkeiten formell als gültig anerkannt hat. Den zuständigen Anerkennungsbehörden obliegt allerdings die Entscheidung darüber, ob und in welchem Umfang entsprechende Nachweise zum Ausgleich wesentlicher Unterschiede tatsächlich geeignet sind. Für die Berücksichtigung der einschlägigen Erfahrungen der antragstellenden Person ist nicht von Bedeutung, wo diese erworben wurden.

Zu Abs. 3. Abs. 3 regelt die Rechtsfolge für den Fall, in dem ein Ausgleich wesentlicher Unterschiede nicht möglich ist oder indem die Gleichwertigkeit des Ausbildungsstandes auf Grund fehlender Nachweise zur Ausbildung der Anerkennungsbewerberin oder des Anerkennungsbewerbers nicht geprüft werden kann. Er sieht vor, dass die Gleichwertigkeit dann nach Wahl der antragstellenden Person in Form einer Kenntnisprüfung oder eines Anpassungslehrgangs mit abschließender Prüfung nachzuweisen ist. Die Kenntnisprüfung erstreckt sich dabei zwar auf die Inhalte der staatlichen Abschlussprüfung, ist mit dieser aber nicht identisch, da von einer antragstellenden Person aus einem Drittstaat nicht gefordert werden kann, dass sie die staatliche Prüfung in einem Umfang ablegt, die sich aktuell auf dem Wissensstand bewegt, der unmittelbar nach Abschluss der Ausbildung gegeben ist. Der Anpassungslehrgang dauert höchstens drei Jahre. Es schließt mit einer Prüfung über den Inhalt des Lehrgangs ab.

Ist die Gleichwertigkeit des Ausbildungs- oder Kenntnisstandes gegeben und werden auch die in § 2 Nummern 2 bis 4 genannten persönlichen Voraussetzungen erfüllt, besteht ein Rechtsanspruch auf Erteilung der Berufserlaubnis.

Zu Abs. 4. Die im Pflegeberufsgesetz enthaltenen Vorschriften zur Anerkennung von Berufsqualifikationen, die außerhalb Deutschlands erworben wurden, sind abschließend. Abs. 4 stellt daher klar, dass das Berufsqualifikationsfeststellungsgesetz mit Ausnahme des § 17 (Statistik) keine Anwendung findet.

Zu Abs. 5. Abs. 5 soll es den Ländern ermöglichen, die Aufgaben nach den §§ 40 und 41 zu bündeln. Dieses Anliegen ist im Interesse der Vereinheitlichung des Verwaltungsvollzugs sinnvoll.

2. Aus der Beschlussempfehlung und dem Bericht des Ausschusses für Gesundheit des Deutschen Bundestages (BT-Drucksache 18/12847 (S. 112 f.)) vom 21. Juni 2017. Zur Überschrift Teil 4. Aus rechtssystematischen Gründen ist die Überschrift von Teil 4 zu ändern.

Zu § 40. Zu Abs. 2 Satz 1 bis 3. Die Änderungen resultieren daraus, dass Regelungen zu den Berufsabschlüssen der Gesundheits- und Kinderkrankenpflege sowie der Altenpflege in das Gesetz integriert werden. Auch für diese Ausbildungen sollen die Voraussetzungen geschaffen werden, um ihre Anerkennung nach der Richtlinie 2005/36/EG des Europäischen Parlaments und des Rates vom 07. September 2005 über die Anerkennung von Berufsqualifikationen (*ABl. L 255 vom 30. September 2005, S. 22*), die zuletzt durch den Delegierten Beschluss (EU) 2016/790 (*ABl. L 134 vom 24. Mai 2016, S. 135*) geändert worden ist, zu ermöglichen. Dazu werden die Regelungen zur Gleichwertigkeitsprüfung von Berufsqualifikationsnachweisen um diejenigen von Gesundheits- und Kinderkrankenpflegerinnen und Gesundheits- und Kinderkrankenpflegern sowie Altenpflegerinnen und Altenpflegern aus EU-Mitgliedstaaten ergänzt.

Im Übrigen werden sprachliche Anpassungen vorgenommen. Sie ergeben sich aus dem neuen Titel des Gesetzes, der sich auch auf den Titel der Ausbildungs- und Prüfungsverordnung auswirken wird.

III. Erläuterungen. Diese Vorschrift regelt Gleichwertigkeit und Anrechnung von Ausbildungen außerhalb von Deutschland, der Europäischen Union oder eines sog. Vertragsstaates, der mit den zuvor Genannten ein Abkommen abgeschlossen hat, oder der Schweiz.

Die zuständige Behörde des jeweiligen Bundeslandes (§ 49) hat auf Antrag nach pflichtgemäßen Ermessen zu prüfen, ob und inwieweit die in der Vorschrift genannten Bedingungen für die Anrechnung vorliegen. Es handelt sich um Einzelfallprüfungen.

IV. Rechtsprechung. Die nachfolgende Entscheidung ist zum KrPflG ergangen. Sie enthält jedoch grundsätzliche Aussagen, die auch unter der Geltung der Bestimmungen in dieser Vorschrift zur Klärung beitragen können.

OVG Lüneburg, Beschluss vom 17. August 2016 (Az.: 8 LA 52/16) – (vom Verfasser überarbeitet und gekürzt):

Die Klägerin begehrt die Erteilung einer Erlaubnis zum Führen der Berufsbezeichnung „*Gesundheits- und Krankenpflegerin*".

Die Erteilung einer Erlaubnis zum Führen der *Berufsbezeichnung „Gesundheits- und Krankenpflegerin*" setzt ... auch voraus, dass die Antragstellerin die durch das Krankenpflegegesetz vorgeschriebene Ausbildungszeit abgeleistet und die staatliche Prüfung bestanden hat. Gemäß § 2 Abs. 3 Satz 1 KrPflG erfüllt diese Voraussetzung – vorbehaltlich der hier nicht einschlägigen Bestimmungen in § 2 Abs. 4 bis Abs. 6 und § 25 KrPflG – auch eine außerhalb des Bundesgebiets und auch außerhalb eines anderen Vertragsstaats des Europäischen Wirtschaftsraums erworbene abgeschlossene Ausbildung, wie sie von der Klägerin absolviert worden ist, wenn die Gleichwertigkeit des Ausbildungsstands gegeben ist.

Die danach erforderliche Gleichwertigkeit des Ausbildungsstands ist hier nicht gegeben. Der von der Klägerin nachgewiesene Ausbildungsstand ist mit der deutschen Referenzausbildung nicht gleichwertig.

Der Ausbildungsstand ist ... als gleichwertig anzusehen, wenn die ... absolvierte und abgeschlossene Ausbildung keine wesentlichen Unterschiede gegenüber der im Krankenpflegegesetz und in der Ausbildungs- und Prüfungsverordnung für die Berufe in der Krankenpflege ... geregelte Ausbildung aufweist. Wesentliche Unterschiede im Sinne dieser Bestimmung liegen ... etwa dann vor, wenn die Ausbildung ... hinsichtlich der beruflichen Tätigkeit Fächer (des theoretischen und praktischen Unterrichts) oder Bereiche der praktischen Ausbildung umfasst, die sich wesentlich von denen unterscheiden, die nach dem Krankenpflegegesetz und nach der Ausbildungs- und Prüfungsverordnung für die Berufe in der Krankenpflege vorgeschrieben sind (*vgl. zu den Themenbereichen und Fächern des theoretischen und praktischen Unterrichts: Abschnitt A der Anlage 1 zu § 1 Abs. 1 KrPflAPrV und zu den Bereichen der praktischen Ausbildung: Abschnitt B der Anlage 1 zu § 1 Abs. 1 KrPflAPrV*), und die Antragstellerin diese Unterschiede nicht durch Kenntnisse und Fähigkeiten ausgleichen kann, die sie im Rahmen ihrer Berufspraxis als Gesundheits- und Krankenpflegerin in Voll- oder Teilzeit oder durch lebenslanges Lernen erworben hat, sofern die durch lebenslanges Lernen erworbenen Kenntnisse und Fähigkeiten von einer dafür in dem jeweiligen Staat zuständigen Stelle formell als gültig anerkannt wurden: Dabei ist nicht entscheidend, in welchem Staat diese Kenntnisse und Fähigkeiten erworben worden sind. Themenbereiche und Fächer des theoretischen und praktischen Unterrichts oder Bereiche der praktischen Ausbildung unterscheiden sich ... wesentlich, wenn die nachgewiesene Ausbildung ... wesentliche inhaltliche Abweichungen hinsichtlich der Kenntnisse und Fähigkeiten aufweist, die eine wesentliche Voraussetzung für die Ausübung des Berufs der Gesundheits- und Krankenpflegerin in Deutschland sind.... Maßgebend für die hiernach vorzunehmende Gleichwertigkeitsprüfung ist der aktuelle Stand der deutschen Referenzausbildung und nicht deren Stand im Zeitpunkt des Erwerbs des ausländischen Abschlusses (*vgl. Senatsurteil v. 13. März 2014 – 8 LB 73/ 13, juris Rn. 39 ...; Gesetzentwurf der Bundesregierung, Entwurf eines Gesetzes zur Verbesserung der Feststellung und Anerkennung im Ausland erworbener Berufsqualifikationen, BT-Drucks. 17/ 6260, S. 50; Maier/ Rupprecht, Das Anerkennungsgesetz des Bundes, in: GewArch Beilage Wirtschaft und Verwaltung, 2012, S. 62, 71*).

Hieran gemessen bestehen wesentliche Unterschiede zwischen der von der Klägerin absolvierten und nachgewiesenen Ausbildung und der deutschen Referenzausbildung, wie sie nach dem Krankenpflegegesetz und nach der Ausbildungs- und Prüfungsverordnung für die Berufe in der Krankenpflege vorgeschrieben ist.

Nach dem von dem Beklagten eingeholten Gutachten des Instituts für Weiterbildung in der Kranken- und Altenpflege – Gesundheits- und Krankenpflegeschule IWK I. hat die Klägerin nicht nachgewiesen, dass die von ihr absolvierte Ausbildung (*vgl. Medizinische Fachschule in C., Studienbescheinigung v. 02. Juni 2003 und Auszug aus den Semester- und Prüfungsunterlagen*) in den Fächern und Themenbereichen des theoretischen und praktischen Unterrichts pflegerelevante Kenntnisse der Geistes- und Sozialwissenschaften und pflegerelevante Kenntnisse aus Recht, Politik und Wirtschaft überhaupt sowie Kenntnisse der Gesundheits- und Krankenpflege, der Gesundheits- und Kinderkrankenpflege und der Pflege- und Gesundheitswissenschaften in dem erforderlichen Umfang vermittelt hat:

Die insoweit bestehenden Unterschiede des Umfangs der von der Klägerin absolvierten und nachgewiesenen Ausbildung und der deutschen Referenzausbildung sind wesentlich (*vgl. zur Wesentlichkeit von Abweichungen im Ausbildungsumfang einzelner Fächer von mehr als 20 Prozent: Senatsurteil v. 13. März 2014, aaO. Rn. 55*).

Diese wesentlichen Unterschiede hat die Klägerin auch durch Kenntnisse und Fähigkeiten, die sie im Rahmen ihrer Berufspraxis als Gesundheits- und Krankenpflegerin in Voll- oder Teilzeit (§ 2 Abs. 3 Satz 3 Halbsatz 1 Alt. 1 KrPflG) oder durch lebenslanges Lernen (§ 2 Abs. 3 Satz 3 Halbs. 1 Alt. 2 KrPflG) erworben hat, nicht ausgeglichen.

Die von der Klägerin außerhalb des Bundesgebiets erlangte, zweifelsohne langjährige Berufspraxis als Gesundheits- und Krankenpflegerin (vormals Krankenschwester), die nach § 2 Abs. 3 Satz 3 Halbs. 2 KrPflG zu berücksichtigen ist, hat nach den vorgelegten Unterlagen jedenfalls die nach der Ausbildungs- und Prüfungsverordnung für die Berufe in der Krankenpflege vorgeschriebenen pflegerelevanten Kenntnisse der Geistes- und Sozialwissenschaften und die pflegerelevanten Kenntnisse aus Recht, Politik und Wirtschaft nicht vermittelt. Gleiches gilt für die von der Klägerin belegten Fort- und Weiterbildungsmaßnahmen (*vgl. die – teilweise wiederholt eingereichten – Nachweise*). Ungeachtet der Frage, ob die von der Klägerin vorgelegten Nachweise den formellen Anforderungen des § 2 Abs. 3 Satz 3 Halbs. 1 KrPflG genügen, waren diese Maßnahmen nicht ersichtlich auf die Vermittlung pflegerelevanter Kenntnisse der Geistes- und Sozialwissenschaften und pflegerelevanter Kenntnisse aus Recht, Politik und Wirtschaft gerichtet. Insoweit bestehen die wesentlichen Unterschiede mithin unverändert fort.

Danach bedarf es hier keiner Entscheidung mehr, ob auch in den Bereichen der praktischen Ausbildung ein wesentlicher Unterschied besteht und bejahendenfalls, ob dieser durch berufspraktische Erfahrung oder durch lebenslanges Lernen ausgeglichen worden ist. Der Senat weist daher nur klarstellend darauf hin, dass die geringere Zahl von Praktika während der von der Klägerin absolvierten Ausbildung durch eine langjährige Berufspraxis als Krankenschwester in kasachischen Kliniken und anderen Gesundheitseinrichtungen quantitativ kompensiert sein mag. Angesichts des sich deutlich unterscheidenden Berufsbilds der Gesundheits- und Krankenpflegerin (früher: Krankenschwester) in Deutschland einerseits und in Kasachstan andererseits bestehen aber erhebliche Zweifel, ob damit auch bestehende inhaltliche, qualitative Unterschiede der praktischen Ausbildung hinreichend ausgeglichen sind (*vgl. hierzu auch das von der Klägerin eingereichte Zertifikat über ein absolviertes Betriebspraktikum v. 30. März 1999: „Frau B. war in J. viele Jahre als Krankenschwester tätig. Die unterschiedliche Aufgabenstruktur einer Krankenschwester dort im Vergleich zu Deutschland musste zunächst innerlich akzeptiert und umgesetzt werden.“*). Die Tätigkeit als Krankenpflegehelferin in Deutschland ist schon mangels Gleichwertigkeit der ausgeübten Tätigkeit mit der einer Gesundheits- und Krankenpflegerin (früher: Krankenschwester) nicht geeignet, wesentliche Unterschiede in der praktischen Ausbildung auszugleichen.

Weitergehende Möglichkeiten der Anerkennung der von der Klägerin absolvierten Ausbildung ergeben sich – entgegen ihrer Auffassung – nicht aus den Bestimmungen des Berufsqualifikationsfeststellungsgesetzes oder des Niedersächsischen Berufsqualifikationsfeststellungsgesetzes. Das Berufsqualifikationsfeststellungsgesetz findet nach § 2 Abs. 7 KrPflG für die Ausbildung der Gesundheits- und Krankenpflegerin mit Ausnahme des hier nicht einschlägigen § 17 BQFG keine Anwendung. Der Anwendungsbereich des Niedersächsischen Berufsqualifikationsfeststellungsgesetzes ist nach § 2 Abs. 1 Satz 1 NBQFG von vornherein auf die Feststellung der Gleichwertigkeit im Ausland erworbener Ausbildungsnachweise und inländischer Ausbildungsnachweise für Berufe beschränkt, die durch Rechtsvorschriften des Landes geregelt sind (landesrechtlich geregelte Berufe). Hierzu zählt nicht der Beruf der Gesundheits- und Krankenpflegerin, der durch das Krankenpflegegesetz und die Ausbildungs- und Prüfungsverordnung für die Berufe in der Krankenpflege bundesrechtlich geregelt ist.

Dass die Klägerin sich erfolgreich auf Besonderheiten bei der Anerkennung von Prüfungen oder Befähigungsnachweisen von Spätaussiedlern nach § 10 Abs. 2 BVFG berufen könnte, hat sie nicht dargetan. Dies ist für den Senat auch nicht offensichtlich.

§ 41

Gleichwertigkeit entsprechender Ausbildungen; Verordnungsermächtigung

(1) Für Personen, die eine Erlaubnis nach § 1 Abs. 1 beantragen, gilt die Voraussetzung des § 2 Nr. 1 als erfüllt, wenn aus einem Europäischen Berufsausweis oder aus einem in einem Mitgliedstaat der Europäischen Union oder einem anderen Vertragsstaat des Abkommens über den Europäischen Wirtschaftsraum erworbenen Ausbildungsnachweis hervorgeht, dass die antragstellende Person eine Pflegeausbildung, die den Mindestanforderungen des Artikels 31 in Verbindung mit dem Anhang V Nr. 5.2.1 der Richtlinie 2005/36/EG entspricht, erworben hat und dies durch Vorlage eines in der Anlage aufgeführten und nach dem dort genannten Stichtag ausgestellten Ausbildungsnachweis eines der übrigen Mitgliedstaaten der Europäischen Union nachweist. Satz 1 gilt entsprechend für in der Anlage aufgeführte und nach dem 31. Dezember 1992 ausgestellte Ausbildungsnachweise eines anderen Vertragsstaates des Abkommens über den Europäischen Wirtschaftsraum. Das Bundesministerium für Familie, Senioren, Frauen und Jugend und das Bundesministerium für Gesundheit werden ermächtigt, durch Rechtsverordnung, die nicht der Zustimmung des Bundesrates bedarf, die Anlage zu diesem Gesetz späteren Änderungen des Anhangs V Nr. 5.2.1 der Richtlinie 2005/36/EG anzupassen. Gleichwertig den in Satz 1 genannten Ausbildungsnachweisen sind nach einem der in der Anlage aufgeführten Stichtag von den übrigen Mitgliedstaaten der Europäischen Union oder anderen Vertragsstaaten des Abkommens über den Europäischen Wirtschaftsraum ausgestellte Ausbildungsnachweise der Pflegefachfrau oder des Pflegefachmanns, die den in der Anlage zu Satz 1 für den betreffenden Staat aufgeführten Bezeichnungen nicht entsprechen, aber mit einer Bescheinigung der zuständigen Behörde oder Stelle des Staates darüber vorgelegt werden, dass sie eine Ausbildung abschließen, die den Mindestanforderungen des Artikels 31 in Verbindung mit dem Anhang V Nr. 5.2.1 der Richtlinie 2005/36/EG entspricht und den für diesen Staat in der Anlage zu Satz 1 genannten Nachweisen gleichsteht. Inhaber eines bulgarischen Befähigungsnachweises für den Beruf des „фелдшер" („Feldscher") haben keinen Anspruch auf Anerkennung ihres beruflichen Befähigungsnachweises in anderen Mitgliedstaaten im Rahmen dieses Absatzes.

(2) Für Personen, die eine Erlaubnis nach § 58 Abs. 1 oder Abs. 2 beantragen, gilt die Voraussetzung des § 58 Abs. 3 in Verbindung mit § 2 Nr. 1 als erfüllt, wenn aus einem Europäischen Berufsausweis oder aus einem in einem anderen Mitgliedstaat der Europäischen Union oder einem anderen Vertragsstaat des Abkommens über den Europäischen Wirtschaftsraum erworbenen Ausbildungsnachweis hervorgeht, dass die antragstellende Person eine Ausbildung erworben hat, die in diesem Staat für den unmittelbaren Zugang zu einem dem Beruf der Gesundheits- und Kinderkrankenpflegerin oder des Gesundheits- und Kinderkrankenpflegers oder dem Beruf der Altenpflegerin oder des Altenpflegers entsprechenden Beruf erforderlich ist. Ausbildungsnachweise im Sinne dieses Gesetzes sind Ausbildungsnachweise gemäß Artikel 3 Abs. 1 Buchstabe c der Richtlinie 2005/36/EG, die mindestens dem in Artikel 11 Buchstabe b der Richtlinie 2005/36/EG genannten Niveau entsprechen und denen eine Bescheinigung des Herkunftsmitgliedstaats über das Ausbildungsniveau beigefügt ist. Satz 2 gilt auch für einen Ausbildungsnachweis oder eine Gesamtheit von Ausbildungsnachweisen, die von einer zuständigen Behörde in einem Mitgliedstaat ausgestellt wurden, sofern sie den erfolgreichen Abschluss einer in der Europäischen Union auf Voll- oder Teilzeitbasis im Rahmen formaler oder nichtformaler Ausbildungsprogramme erworbenen Ausbildung bescheinigen, von diesem Mitgliedstaat als gleichwertig anerkannt wurden und in Bezug auf die Aufnahme oder Ausübung des Berufs der Gesundheits- und Kinderkrankenpflegerin oder des Gesundheits- und Kinderkrankenpflegers oder des Berufs der Altenpflegerin oder des Altenpflegers dieselben Rechte verleihen oder auf die Ausübung des jeweiligen Berufs vorbereiten. Antragstellende Personen mit einem Ausbildungsnachweis aus einem anderen Mitgliedstaat der Europäischen Union oder einem anderen Vertragsstaat des Abkommens über den Europäischen Wirtschaftsraum haben einen höchstens dreijährigen Anpassungslehrgang zu absolvieren oder eine Eignungsprüfung abzulegen, wenn die Ausbildung der antragstellenden Person wesentliche Unterschiede gegenüber den in diesem Gesetz und in der Ausbildungs- und Prüfungsverordnung für die Pflegeberufe geregelten Ausbildung zum Beruf der Gesundheits- und Kinderkrankenpflegerin oder des Gesundheits- und Kinderkrankenpflegers oder zum Beruf der Altenpflegerin oder des Altenpflegers aufweist. § 40 Abs. 2 Satz 2 und 3 gilt entsprechend. Die antragstellende Person hat das Recht, zwischen dem Anpassungslehrgang und der Eignungsprüfung zu wählen.

(3) § 40 Abs. 2 und 3 gilt entsprechend für antragstellende Personen, die ihre Ausbildung in einem anderen Mitgliedstaat der Europäischen Union oder einem anderen Vertragsstaat des Abkommens über den Europäischen Wirtschaftsraum abgeschlossen haben und nicht unter Abs. 1 oder § 42 fallen, sowie antragstellende Personen, die über einen Ausbildungsnachweis als Pflegefachfrau oder Pflegefachmann aus einem Staat, der nicht Mitgliedstaat der Europäischen Union oder Vertragsstaat des Abkommens über den Europäischen Wirtschaftsraum (Drittstaat) ist, verfügen, der in einem anderen Mitgliedstaat der Europäischen Union oder einem anderen Vertragsstaat des Abkommens über den Europäischen Wirtschaftsraum anerkannt wurde. Zum Ausgleich der festgestellten

wesentlichen Unterschiede haben die antragstellenden Personen in einem höchstens dreijährigen Anpassungslehrgang oder einer Eignungsprüfung, die sich auf die festgestellten wesentlichen Unterschiede erstrecken, nachzuweisen, dass sie über die zur Ausübung des Berufs der Pflegefachfrau oder des Pflegefachmanns in Deutschland erforderlichen Kenntnisse und Fähigkeiten verfügen. Sie haben das Recht, zwischen dem Anpassungslehrgang und der Eignungsprüfung zu wählen.

(4) Abs. 3 gilt entsprechend für Personen, die

1. eine Erlaubnis nach § 1 Abs. 1 beantragen und über einen in einem anderen Mitgliedstaat der Europäischen Union oder einem anderen Vertragsstaat des Abkommens über den Europäischen Wirtschaftsraum ausgestellten Ausbildungsnachweis oder eine Gesamtheit von Ausbildungsnachweisen verfügen, die eine Ausbildung zur spezialisierten Pflegefachfrau oder zum spezialisierten Pflegefachmann bescheinigen, die nicht die allgemeine Pflege umfasst, oder

2. eine Erlaubnis nach § 58 Abs. 1 oder 2 beantragen und über eine in einem anderen Mitgliedstaat der Europäischen Union oder einem anderen Vertragsstaat des Abkommens über den Europäischen Wirtschaftsraum ausgestellten Ausbildungsnachweis oder eine Gesamtheit von Ausbildungsnachweisen, die den Mindestanforderungen des Artikels 31 in Verbindung mit dem Anhang V Nr. 5.2.1 der Richtlinie 2005/36/EG entsprechen, und eine darauf aufbauende Spezialisierung in der Gesundheits- und Kinderkrankenpflege oder in der Altenpflege verfügen.

(5) Für antragstellende Personen nach Abs. 4, die über einen Ausbildungsnachweis verfügen, der dem in Artikel 11 Buchstabe a der Richtlinie 2005/36/EG genannten Niveau entspricht, gelten die Absätze 1 bis 4 und § 40 mit der Maßgabe, dass die erforderliche Ausgleichsmaßnahme aus einer Eignungsprüfung besteht.

(6) Die Absätze 1 bis 5 gelten entsprechend für den Europäischen Berufsausweis für den Beruf der Pflegefachfrau oder des Pflegefachmanns sowie für den Fall der Einführung eines Europäischen Berufsausweises für den Beruf der Gesundheits- und Kinderkrankenpflegerin oder des Gesundheits- und Kinderkrankenpflegers und für den Beruf der Altenpflegerin oder des Altenpflegers.

(7) Die Absätze 1 bis 6 gelten entsprechend für Drittstaatsdiplome, für deren Anerkennung sich nach dem Recht der Europäischen Union eine Gleichstellung ergibt.

Anlage
(zu § 41 Absatz 1 Satz 1)

Land	Ausbildungsnachweis	Ausstellende Stelle	Berufsbezeichnung	Stichtag
België/ Belgique/ Belgien	– Diploma gegradueerde verpleger/verpleegster/ Diplôme d'infirmier(ère) gradué(e)/Diplom eines (einer) graduierten Kranken- pflegers (-pflegerin) – Diploma in de ziekenhuis- verpleegkunde/ Brevet d'infirmier(ère) hospitalier(ère)/Brevet eines (einer) Kranken- pflegers (-pflegerin) – Brevet van verpleeg- assistent(e)/Brevet d'hospitalier(ère)/ Brevet einer Pflege- assistentin	– De erkende opleidings- instituten/Les établissements d'enseignement reconnus/Die aner- kannten Ausbildungs- anstalten – De bevoegde Examencommissie van de Vlaamse Gemeenschap/Le Jury compétent d'enseigne- ment de la Com- munauté française/ Die zuständigen Prüfungsausschüsse der Deutschsprachi- gen Gemeinschaft	– Hospitalier (ère)/Verpleegassistent(e) – Infirmier(ère) hospitalier(ère)/Ziekenhuisverp leger (-verpleegster)	29. Juni 1979
България	Диплома за висше образование на образователно-квалификационна степен „Бакалавър' с професионална квалификация „Медицинска сестра'	Университет	Медицинска сестра	1. Januar 2007
Česká republika	– 1. Diplom o ukončení studia ve studijním programu ošetřovatelství ve studijním oboru všeobecná sestra (bakalář, Bc.),zusammen mit folgender Bescheini- gung: Vysvědčení o státní závěrečné zkoušce – 2. Diplom o ukončení studia ve studijním oboru diplomovaná všeobecná sestra (diplomovaný specialista, DiS.),zusam- men mit folgender Beschei- nigung: Vysvědčení o absolutoriu	1. Vysoká škola zřízená nebo uznaná státem 2. Vyšší odborná škola zřízená nebo uznaná státem	1. Všeobecná sestra 2. Všeobecný ošetřovatel	1. Mai 2004
Danmark	Eksamensbevis efter gennemført sygeplejerskeuddannelse	Sygeplejeskole godkendt af Undervisningsministeriet	Sygeplejerske	29. Juni 1979
Eesti	Diplom õe erialal	1. Tallinna Meditsiinikool 2. Tartu Meditsiinikool 3. Kohtla-Järve Meditsiinikool	õde	1. Mai 2004

Land	Ausbildungsnachweis	Ausstellende Stelle	Berufsbezeichnung	Stichtag
Ελλάς	1. Πτυχίο Νοσηλευτικής Παν/μίου Αθηνών 2. Πτυχίο Νοσηλευτικής Τεχνολογικών Εκπαιδευτικών Ιδρυμάτων (Τ.Ε.Ι) 3. Πτυχίο Αξιωματικών Νοσηλευτικής 4. Πτυχίο Αδελφών Νοσοκόμων πρώην Ανωτέρων Σχολών Υπουργείου Υγείας και Πρόνοιας 5. Πτυχίο Αδελφών Νοσοκόμων και Επισκεπτριών πρώην Ανωτέρων Σχολών Υπουργείου Υγείας και Πρόνοιας 6. Πτυχίο Τμήματος Νοσηλευτικής	1. Πανεπιστήμιο Αθηνών 2. Τεχνολογικά Εκπαιδευτικά Ιδρύματα Υπουργείο Εθνικής Παιδείας και Θρησκευμάτων 3. Υπουργείο Εθνικής Άμυνας 4. Υπουργείο Υγείας και Πρόνοιας 5. Υπουργείο Υγείας και Πρόνοιας 6. ΚΑΤΕΕ Υπουργείου Εθνικής Παιδείας και Θρησκευμάτων	Δίπλωματούχος ή πτυχίούχος νοσοκόμος, νοσηλευτής ή νοσηλευτρια	1. Januar 1981
España	Título de Diplomado universitario en Enfermería	– Ministerio de Educación y Cultura – El rector de una universidad	Enfermero/a diplomado/a	1. Januar 1986
France	– Diplôme d'Etat d'infirmier(ère) – Diplôme d'Etat d'infirmier(ère) délivré en vertu du décret no 99-1147 du 29 décembre 1999	Le ministère de la santé	Infirmier(ère)	29. Juni 1979
Hrvatska	1. Svjedodžba „medicinska sestra opće njege/medicinski tehničar opće njege" 2. Svjedodžba „prvostupnik (baccalaureus) sestrinstva/ prvostupnica (baccalaurea) sestrinstva"	1. Srednje strukovne škole koje izvode program za stjecanje kvalifikacije „medicinska sestra opće njege/medicinski tehničar opće njege" 2. Medicinski fakulteti sveučilišta u Republici Hrvatskoj Sveučilišta u Republici Hrvatskoj Veleučilišta u Republici Hrvatskoj	1. medicinska sestra opće njege/ medıcınskı tehničar opće njege 2. prvostupnik (baccalaureus) sestrinstva/prvostupnica (baccalaurea) sestrinstva	1. Juli 2013
Ireland	Certificate of Registered General Nurse	An Bord Altranais (The Nursing Board)	Registered General Nurse	29. Juni 1979

Land	Ausbildungsnachweis	Ausstellende Stelle	Berufsbezeichnung	Stichtag
Italia	Diploma di infermiere professionale	Scuole riconosciute dallo Stato	Infermiere professionale	29. Juni 1979
Κύπρος	Δίπωμα Γενικής Νοσηλευτικής	Νοσηλευτική Σχολή	Εγγεγραμμένος Νοσηλευτικής	1. Mai 2004
Latvija	1. Diploms par māsas kvalifikācijas iegūšanu 2. Māsas diploms	1. Māsu skolas 2. Universitātes tipa augstskola pamatojoties uz Valsts eksāmenu komisijas lēmumu	Māsa	1. Mai 2004
Lietuva	1. Aukštojo mokslo diplomas, nurodantis suteiktą bendrosios praktikos slaugytojo profesinę kvalifikaciją 2. Aukštojo mokslo diplomas (neuniversitetinės studijos), nurodantis suteiktą bendrosios praktikos slaugytojo profesine kvalifikaciją	1. Universitetas 2. Kolegija	Bendrosios praktikos slaugytojas	1. Mai 2004
Luxembourg	– Diplôme d'Etat infirmier – Diplôme d'Etat infirmier hospitalier gradué	Ministère de l'éducation nationale, de la formation professionnelle et des sports	Infirmier	29. Juni 1979
Magyarország	1. Ápoló bizonyítvány 2. Diplomás ápoló oklevél 3. Egyetemi okleveles ápoló oklevél	1. Iskola 2. Egyetem/főiskola 3. Egyetem	Ápoló	1. Mai 2004
Malta	Lawrja jew diploma fl-istudji tal-infermerija	Universita' ta' Malta	Infermier Registrat tal-Ewwel Livell	1. Mai 2004
Nederland	1. Diploma's verpleger A, verpleegster A, verpleegkundige A 2. Diploma verpleegkundige MBOV (Middelbare Beroepsopleiding Verpleegkundige) 3. Diploma verpleegkundige HBOV (Hogere Beroepsopleiding Verpleegkundige) 4. Diploma beroepsonderwijs verpleegkundige –	1. Door een van overheidswege benoemde examencommissie 2. Door een van overheidswege benoemde examencommissie 3. Door een van overheidswege benoemde examencommissie 4. Door een van	Verpleegkundige	29. Juni 1979

247

Land	Ausbildungsnachweis	Ausstellende Stelle	Berufsbezeichnung	Stichtag
	Kwalificatieniveau 4	overheidswege aangewezen opleidingsinstelling		
	5. Diploma hogere beroepsopleiding verpleegkundige – Kwalificatieniveau 5	5. Door een van overheidswege aangewezen opleidingsinstelling		
Österreich	1. Diplom als „Diplomierte Gesundheits- und Kranken- schwester, Diplomierter Gesundheits- und Krankenpfleger" 2. Diplom als „Diplomierte Krankenschwester, Diplomierter Krankenpfleger"	1. Schule für allgemeine Gesundheits- und Krankenpflege 2. Allgemeine Krankenpflegeschule	– Diplomierte Krankenschwester – Diplomierter Kranken- pfleger	1. Januar 1994
Polska	Dyplom ukończenia studiów wyższych na kierunku pielęgniarstwo z tytułem „magister pielęgniarstwa"	Instytucja prowadząca kształcenie na poziomie wyższym uznana przez właściwe władze (von den zuständigen Behörden anerkannte höhere Bildungseinrichtung)	Pielegniarka	1. Mai 2004
Portugal	1. Diploma do curso do enfermagem geral 2. Diploma/carta de curso de bacharelato em enfermagem 3. Carta de curso de licenciatura em enfermagem	1. Escolas de Enfermagem 2. Escolas Superiores de Enfermagem 3. Escolas Superiores de Enfermagem; Escolas Superiores de Saúde	Enfermeiro	1. Januar 1986
România	1. Diplomă de absolvire de asistent medical generalist cu studii superioare de scurtă durată 2. Diplomă de licență de asistent medical generalist cu studii superioare de lungă durată	1. Universități 1. Universități	asistent medical generalist	1. Januar 2007
Slovenija	Diploma, s katero se podeljuje strokovni naslov „diplomirana medicinska sestra/diplomirani zdravstvenik"	1. Univerza 2. Visoka strokovna šola	Diplomirana medicinska sestra/ Diplomirani zdravstvenik	1. Mai 2004
Slovensko	1. Vysokoškolský diplom o udelení akademického titulu „magister z ošetrovateľstva" („Mgr.")	1. Vysoká škola	Sestra	1. Mai 2004

Land	Ausbildungsnachweis	Ausstellende Stelle	Berufsbezeichnung	Stichtag
	2. Vysokoškolský diplom o udelení akademického titulu „bakalár z ošetro- vatel'stva" („Bc.") 3. Absolventský diplom v študijnom odbore diplo- movaná všeobecná sestra	2. Vysoká škola 3. Stredná zdravotnícka škola		
Suomi/ Finland	1. Sairaanhoitajan tutkinto/ Sjukskötarexamen 2. Sosiaali- ja terveysalan ammattikorkeakoulu- tutkinto, sairaanhoitaja (AMK)/Yrkeshögskole- examen inom hälsovård och det sociala området, sjukskötare (YH)	1. Terveydenhuolto- oppilaitokset/ Hälsovårdsläro- anstalter 2. Ammattikorkeakoulut/Yrkeshög skolor	Sairaanhoitaja/ Sjukskötare	1. Januar 1994
Sverige	Sjuksköterskeexamen	Universitet eller högskola	Sjuksköterska	1. Januar 1994
United Kingdom	Statement of Registration as a Registered General Nurse in part 1 or part 12 of the register kept by the United Kingdom Central Council for Nursing, Midwifery and Health Visiting	Various	– State Regis- tered Nurse – Registered General Nurse	29. Juni 1979

I. Zur Entstehungsgeschichte. Änderungen wurden gegenüber dem ursprünglichen Gesetzesentwurf der Bundesregierung in Abs. 1 Satz 1 und der weiteren Absätze vorgenommen, zum Teil nur zur Anpassung.

II. Aus den Gesetzesmaterialien.

1. Aus der Begründung zum Gesetzesentwurf der Bundesregierung von 2016 (BT-Drucksache 18/7823 (S. 90)). Zu Abs. 1. Abs. 1 enthält die Regelungen zur Anerkennung von Ausbildungsnachweisen in der allgemeinen Pflege aus anderen Mitgliedstaaten der Europäischen Union im System der automatischen Anerkennung der Richtlinie 2005/36/ EG. Er entspricht im Wortlaut weitgehend dem Krankenpflegegesetz von 2004. Der neue generalistische Pflegeberuf mit der Berufsbezeichnung *„Pflegefachfrau"* und *„Pflegefachmann"* entspricht den Mindestanforderungen des Artikel 31 in Verbindung mit dem Anhang 5.2.1 der Richtlinie 2005/35/EG und unterfällt damit dem System der automatischen Anerkennung der Richtlinie. Die in Artikel 31 der Richtlinie 2005/36/EG verwendete Bezeichnung der *„Krankenschwester oder des Krankenpflegers, die für die allgemeine Pflege verantwortlich sind"*, ist mit Blick auf die europaweit generalistisch ausgerichteten Pflegeausbildungen weit zu verstehen. Sie umfasst auch den neuen generalistischen Beruf nach dem Pflegeberufsgesetz, der nicht mehr zwischen Altenpflege, Kranken- oder Kinderkrankenpflege unterscheidet. Um Missverständnisse mit Blick auf die bisherige Rechtslage zu vermeiden, bestimmen die Vorschriften nach diesem Gesetz den neuen Pflegeberuf als Referenzberuf und verwendet die Bezeichnung Krankenschwester oder Krankenpfleger, die für die allgemeine Pflege verantwortlich sind, nicht.

Zu Abs. 2. Abs. 2 regelt die Anerkennung von Ausbildungsnachweisen aus der Europäischen Union in der allgemeinen Pflege, die nicht der automatischen Anerkennung unterfallen. In der Regel betrifft dies Diplome, die nicht den Anforderungen an die sogenannten erworbenen Rechte (*vgl. dazu § 42*) entsprechen. Unter Abs. 2 fallen aber auch die Ausbildungsnachweise von Personen, die ihre Ausbildung in einem Drittstaat abgeleistet haben und bereits in einem anderen Mitgliedstaat der Europäischen Union anerkannt worden sind.

Die Anerkennung richtet sich in diesem Fall nach dem sogenannten allgemeinen System der Richtlinie. Sie folgt weitgehend der Systematik der Anerkennung von Drittstaatsdiplomen, das heißt, es wird auch hier ein Ausbildungsvergleich durchgeführt, bei dem wesentliche Unterschiede zu Ausgleichsmaßnahmen führen. Diese bestehen nach Wahl der antragstellenden Person aus einem Anpassungslehrgang oder einer Eignungsprüfung.

Zu Abs. 3. Abs. 3 erstreckt die Regelungen zur Anerkennung von EU-Diplomen nach dem allgemeinen Anerkennungssystem auch auf sogenannte spezialisierte Ausbildungen in der Pflege, die nach den Vorgaben des jeweiligen Herkunftsmitgliedstaates nicht die allgemeine Pflege umfassen.

Zu Abs. 4. In Abs. 4 werden die Vorgaben des durch die Richtlinie 2013/55/EU neu angefügten Artikels 14 Abs. 3 Unter Abs. 4 Buchstabe a der Richtlinie 2005/36/EG umgesetzt.

Zu Abs. 5. Für den Fall der Einführung eines Europäischen Berufsausweises für den Beruf der Pflegefachfrau oder des Pflegefachmanns sieht Abs. 5 vor, dass dessen Ausstellung nach Maßgabe der für die Erlaubnis zum Führen der Berufsbezeichnung geltenden Vorgaben erfolgt.

Zu Abs. 6. Abs. 6 erstreckt die Regelungen der Absätze 1 bis 5 auch auf Ausbildungen aus der Schweiz.

2. Aus der Beschlussempfehlung und dem Bericht des Ausschusses für Gesundheit des Deutschen Bundestages (BT-Drucksache 18/12847 (S. 113)) vom 21. Juni 2017. Zu Abs. 1 Satz 1. Bei der Änderung handelt es sich um eine Folgeänderung, die sich aus der Aufnahme zweier weiterer Berufsbezeichnungen ergibt.

Zu Abs. 2. Die in dem Gesetzentwurf neu aufgenommenen Berufsabschlüsse der Gesundheits- und Kinderkrankenpflege sowie der Altenpflege unterliegen nicht der automatischen Anerkennung. Durch die Regelungen werden die Voraussetzungen geschaffen, dass auch bei diesen Ausbildungen eine Anerkennung möglich ist. Die Anerkennung richtet sich in diesem Fall nach dem sogenannten allgemeinen System der Richtlinie 2005/36/EG des Europäischen Parlaments und des Rates vom 07. September 2005 über die Anerkennung von Berufsqualifikationen (*ABl. L 255 vom 30. September 2005, S. 22*), die zuletzt durch den Delegierten Beschluss (EU) 2016/790 (*ABl. L 134 vom 24. Mai 2016, S. 135*) geändert worden ist. Das bedeutet, es wird ein Ausbildungsvergleich durchgeführt, bei dem wesentliche Unterschiede zu Ausgleichsmaßnahmen führen. Diese bestehen nach Wahl der antragstellenden Person aus einem Anpassungslehrgang oder einer Eignungsprüfung.

Zu Abs. 3. Die Änderung beruht auf der Aufnahme zweier weiterer Pflegeberufe in das Pflegeberufegesetz, sodass die Regelung auf den der automatischen Anerkennung unterliegenden Beruf der Pflegefachfrau bzw. des Pflegefachmanns beschränkt werden muss. Im Übrigen handelt es sich um eine Folgeänderung aufgrund der Einfügung eines neuen Absatzes 2.

Zu Abs. 4. Bei der Regelung handelt es sich zum einen um eine Folgeänderung zur Einfügung eines neuen Absatzes 2 in § 1 und zum anderen um eine Folgeänderung im Zusammenhang mit der Ermöglichung der Anerkennung der neu aufgenommenen Pflegeberufsabschlüsse. Im Übrigen handelt es sich um eine Folgeänderung aufgrund der Einfügung eines neuen Absatzes 2.

Zu den Absätzen 5 und 7. Es handelt sich um Folgeänderungen aufgrund der Einfügung eines neuen Absatzes 2.

Zu Abs. 6. Für den Fall der Einführung eines Europäischen Berufsausweises für den Beruf der Gesundheits- und Kinderkrankenpflege bzw. der Altenpflege sieht die Ergänzung vor, dass dessen Ausstellung nach Maßgabe der für die Erlaubnisse zum Führen der entsprechenden Berufsbezeichnungen geltenden Vorgaben erfolgt. Im Übrigen handelt es sich um eine Folgeänderung aufgrund der Einfügung eines neuen Absatzes 2.

III. Erläuterungen. Mit dieser Regelung werden Inhalt und Verfahren zur Anerkennung von im europäischen Ausland absolvierten Pflegeausbildungen bestimmt.

Grundsätzlich gilt nach ständiger Rechtsprechung des Bundesverwaltungsgerichts (BVerwG), dass die Gleichwertigkeit des Ausbildungsstandes nach objektiven Umständen zu bemessen ist. Es kommt dabei auf den Ausbildungsstand an, der sich bei antragstellenden Pflegekräften aus ihren absolvierten konkreten Ausbildungen ergibt (*vgl. Entscheidung des BVerwG vom 14. Juni 2001, Az.: 3 C 35.00 und vom 15. Oktober 2001, Az.: 3 B 134.00*).

In der Anlage zum PflBG ist aufgeführt, in welchen Ländern der Europäischen Gemeinschaft erworbene Abschlüsse, die Voraussetzungen von § 2 Nr. 1 als erfüllt gelten und welcher Ausbildungsnachweis dafür erforderlich ist. Die jeweilige Stichtagsregelung in § 41 Abs. 1 und/oder in der Anlage bedeutet, dass dieser Nachweis erst ab dem genannten Stichtag ausgestellt worden sein darf, um die Gleichwertigkeit ohne Weiteres zu belegen.

IV. Rechtsprechung. Die nachfolgende Entscheidung ist zum KrPflG ergangen. Sie enthält jedoch grundsätzliche Aussagen, die auch unter der Geltung der Bestimmungen in dieser Vorschrift zur Klärung beitragen können.

OVG Nordrhein-Westfalen, Beschluss vom 14. April 2010 (Az.: 13 E 1612/09) (vom Verfasser bearbeitet und gekürzt):

Die Klägerin kann sich nicht mit Erfolg auf die im Dezember 2009 von der Bundesregierung beschlossenen *„Eckpunkte zur Verbesserung der Feststellung und Anerkennung von im Ausland erworbenen Qualifikationen und Berufsabschlüssen"* berufen. Dabei handelt es sich lediglich um einen Kabinettsbeschluss, dem mangels Gesetzeskraft keine Verbindlichkeit nach außen hin zukommt.

Das Verwaltungsgericht hat unter Bezugnahme auf § 2 Abs. 3 des seit 2004 geltenden Krankenpflegegesetzes ausgeführt, dass eine Gleichwertigkeit des Ausbildungsstandes aufgrund der Krankenschwesterausbildung in Polen als Voraussetzung für die Erteilung der Erlaubnis nach § 1 Abs. 1, § 2 Abs. 1 KrPflG nicht angenommen werden kann und dass die Klägerin – wegen unzureichender Leistungen bei der praktischen Gleichwertigkeitsprüfung am 10./11. September 2007 – auch nicht den Nachweis eines gleichwertigen

Kenntnisstandes erbracht hat. Die Annahme der Gleichwertigkeit des Ausbildungsstandes scheitert, wie das Verwaltungsgericht und die Beklagte während des Verfahrens ausgeführt haben, daran, dass die Stundenzahl der Ausbildung in Polen nicht der Stundenzahl-Vorgabe für eine Ausbildung nach deutschem Recht entsprach und zwar insbesondere nicht hinsichtlich des Praxisteils der Ausbildung. Die Beklagte hat in Auswertung der von der Klägerin vorgelegten Ausbildungsunterlagen, bei der – was sachgerecht ist – fachlich nicht relevante Fächer (wie Sprachen, Geschichte, Sport usw.) außer Acht gelassen und nur auf den Krankenpflegeberuf bezogene Ausbildungsbereiche berücksichtigt

Die Einschätzung der fehlenden Gleichwertigkeit des Ausbildungsstandes der 1988 abgeschlossenen Krankenschwesterausbildung der Klägerin in Polen mit einer solchen nach deutschem Recht rechtfertigt sich auch unter Berücksichtigung von Stellungnahmen sachverständiger Gremien zur Bewertung von Ausbildungen im Ausland, die u. a. wegen der personellen Besetzung mit Fachleuten mit Erfahrungen auf diesem Gebiet als Bündelung und Zusammenfassung des in diesem Bereich vorhandenen Sachverstands gewertet werden können und denen der Senat daher mangels eigener Kenntnisse der Ausbildungsgegebenheiten in dem anderen Land einen hohen Aussagewert beimisst. Dem Senat liegen aus anderen Verfahren mit vergleichbaren Streitgegenständen Unterlagen, u. a. einer Arbeitsgruppe der Landesgesundheitsministerien, für die Beurteilung von Gleichwertigkeitsfragen bei nichtakademischen Gesundheitsberufen vor. Diese hat in einem Arbeitspapier im November 2002, dem sich das zuständige Landesministerium in Nordrhein-Westfalen angeschlossen hat, ausgeführt, dass eine unmittelbare Anerkennung einer Krankenschwesterausbildung in Polen, wie sie auch im Hinblick auf die Klägerin in Frage steht, nicht möglich ist und dass dies allenfalls, jeweils nach konkreter Prüfung, bei Ausbildungen mit einem Abschluss ab 1999 in Betracht kommt. Eine der Ausbildung der Klägerin vergleichbare oder gleiche Ausbildung ist auch nicht in eine von der Arbeitsgruppe erarbeitete sog. Positivliste aufgenommen worden, nach der die darin aufgeführten Ausbildungen im Ausland unmittelbar anerkannt werden konnten.

§ 2 Abs. 3 Satz 2 KrPflG in der derzeit geltenden Fassung bestimmt, dass bei außerhalb des Geltungsbereichs des Gesetzes erworbenen abgeschlossenen Ausbildungen in die Prüfung der Gleichwertigkeit des Ausbildungsstandes bei Antragstellern, die Staatsangehörige eines anderen Staates des Europäischen Wirtschaftsraums sind, die in anderen Staaten absolvierten Ausbildungsgänge oder die in anderen Staaten erworbene Berufserfahrung einzubeziehen sind. Diese Regelung ist im Wortlaut eindeutig und lässt die Berücksichtigung einer Berufstätigkeit in Deutschland nicht zu. Allerdings hat das Bundesverwaltungsgericht zu ähnlich gelagerten Bestimmungen der Bundesärzteordnung (§ 3 Abs. 2 Satz 2 BÄO) angenommen, dass auch und erst recht die in Deutschland erworbene weitere Berufsausbildung berücksichtigt werden muss (*vgl. BVerwG, Urt. v. 11. Dezember 2008 – 3 C 33.07, a. a. O.; sich dem anschließend: Verwaltungsgericht Dresden, Urt. v. 19. Februar 2009 – 5 K 315/05 – (rk.), juris*).

Bezüglich der derzeitigen Rechtslage ergänzt der Senat die Ausführungen des Verwaltungsgerichts dahin, dass ein Anspruch auf Erteilung der begehrten Erlaubnis europarechtlich auch nicht nach der Richtlinie 2005/36/EG des Europäischen Parlaments und des Rates vom 07. September 2005 über die Anerkennung von Berufsqualifikationen – RL 2005/36/EG – (*Amtsblatt der Europäischen Union Nr. L 255, S. 22*) besteht, durch die die vorher u. a. maßgebende Richtlinie 77/452/EWG aufgehoben wurde. Die Richtlinie 2005/36/EG enthält zwar in Art. 31 Vorschriften für die Ausbildung von Krankenschwestern und Krankenpflegern für allgemeine Pflege und in Art. 33 Abs. 2, 3 spezielle Bestimmungen für polnische Ausbildungsnachweise für Krankenschwestern und Krankenpfleger, die in § 25 Abs. 2, 3 KrPflG i. d. F. des (vom Verwaltungsgericht) bezeichneten Umsetzungsgesetzes vom 02. Dezember 2007 ihre Entsprechung finden. Eine Berechtigung nach diesen Bestimmungen setzt jedoch u. a. neben einer **bestimmten Qualifikation** eine **mehrjährige Ausübung des Berufs der Krankenschwester in Polen** voraus; ... Nichts anderes ergibt sich auch aus der... Stellungnahme der Europäischen Kommission zur *„Anerkennung der Diplome polnischer Krankenschwestern/Krankenpfleger und Hebammen"* vom 06. April 2005.

§ 42

Erlaubnis bei Vorlage von Nachweisen anderer EWR-Vertragsstaaten

(1) Antragstellenden Personen, die die Voraussetzungen nach § 2 Nr. 2 bis 4 erfüllen und eine Erlaubnis nach § 1 Abs. 1 aufgrund der Vorlage eines Ausbildungsnachweises beantragen,

1. der von der früheren Tschechoslowakei verliehen wurde und die Aufnahme des Berufs der Krankenschwester oder des Krankenpflegers, die für die allgemeine Pflege verantwortlich sind, gestattet oder aus dem hervorgeht, dass die Ausbildung zum Beruf der Krankenschwester oder des Krankenpflegers, die für die allgemeine Pflege verantwortlich sind, im Falle der Tschechischen Republik oder der Slowakei vor dem 1. Januar 1993 begonnen wurde, oder

2. der von der früheren Sowjetunion verliehen wurde und die Aufnahme des Berufs der Krankenschwester oder des Krankenpflegers, die für die allgemeine Pflege verantwortlich sind, gestattet oder aus dem hervorgeht, dass die Ausbildung zum Beruf der Krankenschwester oder des Krankenpflegers, die für die allgemeine Pflege verantwortlich sind, im Falle Estlands vor dem 20. August 1991, im Falle Lettlands vor dem 21. August 1991, im Falle Litauens vor dem 11. März 1990 begonnen wurde, oder

3. der vom früheren Jugoslawien verliehen wurde und die Aufnahme des Berufs der Krankenschwester oder des Krankenpflegers, die für die allgemeine Pflege verantwortlich sind, gestattet oder aus dem hervorgeht, dass die Ausbildung zum Beruf der Krankenschwester oder des Krankenpflegers, die für die allgemeine Pflege verantwortlich sind, im Falle Sloweniens vor dem 25. Juni 1991 begonnen wurde,

ist die Erlaubnis zu erteilen, wenn die zuständigen Behörden der jeweiligen Mitgliedstaaten bescheinigen, dass dieser Ausbildungsnachweis hinsichtlich der Aufnahme und Ausübung des Berufs der Krankenschwester oder des Krankenpflegers, die für die allgemeine Pflege verantwortlich sind, in ihrem Hoheitsgebiet die gleiche Gültigkeit hat wie der von ihnen verliehene Ausbildungsnachweis und eine von den gleichen Behörden ausgestellte Bescheinigung darüber vorgelegt wird, dass die betreffende Person in den fünf Jahren vor Ausstellung der Bescheinigung mindestens drei Jahre ununterbrochen tatsächlich und rechtmäßig die Tätigkeit der Krankenschwester oder des Krankenpflegers, die für die allgemeine Pflege verantwortlich sind, in ihrem Hoheitsgebiet ausgeübt hat. Die Tätigkeit muss die volle Verantwortung für die Planung, die Organisation und die Ausführung der Krankenpflege des Patienten umfasst haben.

(2) Antragstellende Personen, die die Voraussetzungen nach § 2 Nr. 2 bis 4 erfüllen und die eine Erlaubnis nach § 1 Abs. 1 aufgrund der Vorlage eines Ausbildungsnachweises beantragen, der in Polen für Krankenschwestern und Krankenpfleger verliehen worden ist, deren Ausbildung vor dem 1. Mai 2004 abgeschlossen wurde und den Mindestanforderungen an die Berufsausbildung gemäß Artikel 31 der Richtlinie 2005/36/EG nicht genügte, ist die Erlaubnis zu erteilen, wenn ihm ein Bakkalaureat-Diplom beigefügt ist, das auf der Grundlage eines Aufstiegsfortbildungsprogramms erworben wurde, das in einem der in Artikel 33 Abs. 3 Buchstabe b Doppelbuchstabe i oder Doppelbuchstabe ii der Richtlinie 2005/36/EG genannten Gesetze enthalten ist.

(3) Antragstellende Personen, die die Erlaubnis nach § 1 Abs. 1 aufgrund einer in Rumänien abgeleisteten Ausbildung im Beruf der Krankenschwester oder des Krankenpflegers, die für die allgemeine Pflege verantwortlich sind, beantragen, die den Mindestanforderungen an die Berufsausbildung des Artikels 31 der Richtlinie 2005/36/EG nicht genügt, erhalten die Erlaubnis, wenn sie über ein

1. ,Certificat de competente profesionale de asistent medical generalist' mit einer postsekundären Ausbildung an einer ,şcoală postliceală', dem eine Bescheinigung beigefügt ist, dass die Ausbildung vor dem 1. Januar 2007 begonnen wurde,

2. ,Diplomä des absolvire des asistent medical generalist' mit einer Hochschulausbildung von kurzer Dauer, dem eine Bescheinigung beigefügt ist, dass die Ausbildung vor dem 1. Oktober 2003 begonnen wurde, oder

3. ,Diplomyä de licenţă de asistent medical generalist' mit einer Hochschulausbildung von langer Dauer, dem eine Bescheinigung beigefügt ist, dass die Ausbildung vor dem 1. Oktober 2003 begonnen wurde,

verfügen, dem eine Bescheinigung beigefügt ist, aus der hervorgeht, dass die antragstellenden Personen während der letzten fünf Jahre vor Ausstellung der Bescheinigung mindestens drei Jahre lang den Beruf der Krankenschwester und des Krankenpflegers, die für die allgemeine Pflege verantwortlich sind, in Rumänien ununterbrochen tatsächlich und rechtmäßig ausgeübt haben und sie die Voraussetzungen nach § 2 Nr. 2 bis 4 erfüllen. Abs. 1 Satz 2 gilt entsprechend.

(4) Antragstellende Personen, die nicht unter die Absätze 1 bis 3 fallen, die Voraussetzungen nach § 2 Nr. 2 bis 4 erfüllen und eine Erlaubnis nach § 1 Abs. 1 aufgrund der Vorlage eines vor dem nach § 41 Abs. 1 in Verbindung mit der Anlage zu diesem Gesetz genannten Stichtag ausgestellten Ausbildungsnachweises eines der übrigen Mitgliedstaaten der Europäischen Union beantragen, ist die Erlaubnis zu erteilen, auch wenn dieser Ausbildungsnachweis nicht alle Anforderungen an die Ausbildung nach Artikel 31 der Richtlinie 2005/36/EG erfüllt, sofern dem Antrag eine Bescheinigung darüber beigefügt ist, dass der Inhaber während der letzten fünf Jahre vor Ausstellung der Bescheinigung mindestens drei Jahre lang ununterbrochen tatsächlich und rechtmäßig den Beruf der Pflegefachfrau oder des Pflegefachmanns ausgeübt hat. Abs. 1 Satz 2 gilt entsprechend.

(5) Bei antragstellenden Personen, für die einer der Absätze 1 bis 4 gilt und die die dort genannten Voraussetzungen mit Ausnahme der geforderten Dauer der Berufserfahrung erfüllen, wird das Anerkennungsverfahren nach § 41 Abs. 3 durchgeführt.

I. Zur Entstehungsgeschichte. Anpassungen wurden gegenüber dem ursprünglichen Gesetzesentwurf der Bundesregierung in Abs. 1 Satz 1, Abs. 2, Abs. 3 Satz 1, Abs. 4 Satz 1 und Abs. 5 vorgenommen.

II. Aus den Gesetzesmaterialien.

1. Aus der Begründung zum Gesetzesentwurf der Bundesregierung von 2016 (BT-Drucksache 18/7823 (S. 91)).

In § 42 wird Artikel 33 der Richtlinie 2005/36/EG umgesetzt, der die sogenannten erworbenen Rechte beinhaltet. Die Vorschrift entspricht weitgehend dem bisherigen § 25 des Krankenpflegegesetzes von 2004 unter Berücksichtigung der durch die Richtlinie 2013/55/EG erfolgten Änderungen.

2. Aus der Beschlussempfehlung und dem Bericht des Ausschusses für Gesundheit des Deutschen Bundestages (BT-Drucksache 18/12847 (S. 113)) vom 21. Juni 2017. Zu Abs. 1 Satz 1. Zu Abs. 2. Zu Abs. 3 Satz 1. Zu Abs. 4 Satz 1. Bei der Regelung handelt es sich um Folgeänderungen zur Einfügung eines neuen Absatzes 2 in § 1.

Zu Abs. 5. Es handelt sich um eine Folgeänderung aufgrund der Einfügung eines neuen Absatzes 2 in § 41.

§ 43

Feststellungsbescheid

Wird die Voraussetzung nach § 2 Nr. 1 auf eine Ausbildung gestützt, die außerhalb des Geltungsbereichs dieses Gesetzes abgeschlossen worden ist, soll die Gleichwertigkeit der Berufsqualifikation nach den Regelungen dieses Abschnitts vor den Voraussetzungen nach § 2 Nr. 2 bis 4 geprüft werden. Auf Antrag ist der antragstellenden Person ein gesonderter Bescheid über die Feststellung ihrer Berufsqualifikation zu erteilen.

I. Zur Entstehungsgeschichte. Diese Regelung wurde unverändert gegenüber dem ursprünglichen Gesetzesentwurf der Bundesregierung verabschiedet.

II. Aus den Gesetzesmaterialien. Aus der Begründung zum Gesetzesentwurf der Bundesregierung von 2016 (BT-Drucksache 18/7823 (S. 91)). In § 43 wird Artikel 53 Abs. 3 unter Abs. 2 der Richtlinie 2005/36/EG umgesetzt. Dieser sieht vor, dass die Gleichwertigkeit der Berufsqualifikation der antragstellenden Person zeitlich vor den übrigen Voraussetzungen des § 2 geprüft werden soll. Die antragstellende Person erhält das Recht, einen isolierten Feststellungsbescheid zu beantragen, der sich auf die Anerkennung der Gleichwertigkeit der Berufsqualifikation der antragstellenden Person mit einer Ausbildung nach dem Pflegeberufsgesetz und der dazugehörigen Ausbildungs- und Prüfungsverordnung für den Pflegeberuf beschränkt.

Abschnitt 2
Erbringen von Dienstleistungen

§ 44

Dienstleistungserbringende Personen

(1) Staatsangehörige eines Mitgliedstaates der Europäischen Union oder eines Vertragsstaates des Abkommens über den Europäischen Wirtschaftsraum, die zur Ausübung des Berufes der Pflegefachfrau oder des Pflegefachmanns in einem anderen Mitgliedstaat der Europäischen Union oder einem anderen Vertragsstaat des Europäischen Wirtschaftsraumes aufgrund einer nach deutschen Rechtsvorschriften abgeschlossenen Ausbildung oder aufgrund eines den Anforderungen des § 41 Abs. 1 entsprechenden Ausbildungsnachweises berechtigt sind und in einem dieser Mitgliedstaaten rechtmäßig niedergelassen sind, dürfen als dienstleistungserbringende Personen im Sinne des Artikels 57 des Vertrages über die Arbeitsweise der Europäischen Union (ABl. C 326 vom 26.10.2012, S. 47) vorübergehend und gelegentlich ihren Beruf im Geltungsbereich dieses Gesetzes ausüben. Sie führen die Berufsbezeichnung nach § 1 Abs. 1 ohne Erlaubnis und dürfen die Tätigkeiten nach § 4 Abs. 2 ausüben.

(2) Staatsangehörige eines Mitgliedstaates der Europäischen Union oder eines Vertragsstaates des Abkommens über den Europäischen Wirtschaftsraum, die zur Ausübung des Berufes der Gesundheits- und Kinderkrankenpflegerin oder des Gesundheits- und Kinderkrankenpflegers oder der Altenpflegerin oder des Altenpflegers in einem anderen Mitgliedstaat der Europäischen Union oder einem anderen Vertragsstaat des Europäischen Wirtschaftsraumes aufgrund einer nach deutschen Rechtsvorschriften abgeschlossenen Ausbildung oder aufgrund eines den Anforderungen des § 41 Abs. 2 entsprechenden Ausbildungsnachweises berechtigt sind und

   1. in einem Mitgliedstaat rechtmäßig niedergelassen sind oder,

   2. wenn der Beruf der Gesundheits- und Kinderkrankenpflegerin oder des Gesundheits- und Kinderkrankenpflegers oder der Altenpflegerin oder des Altenpflegers oder die Ausbildung zu diesem Beruf im Niederlassungsmitgliedstaat nicht reglementiert ist, diesen Beruf während der vorhergehenden zehn Jahre mindestens ein Jahr im Niederlassungsmitgliedstaat rechtmäßig ausgeübt haben,

   dürfen als dienstleistungserbringende Personen im Sinne des Artikels 57 des Vertrages über die Arbeitsweise der Europäischen Union vorübergehend und gelegentlich ihren Beruf im Geltungsbereich dieses Gesetzes ausüben. Sie führen die Berufsbezeichnung nach § 58 Abs. 1 oder Abs. 2 ohne Erlaubnis und dürfen die Tätigkeiten nach § 4 Abs. 2 ausüben.

(3) Der vorübergehende und gelegentliche Charakter der Dienstleistungserbringung wird im Einzelfall beurteilt. In die Beurteilung sind Dauer, Häufigkeit, regelmäßige Wiederkehr und Kontinuität der Dienstleistung einzubeziehen.

(4) Die Berechtigung nach Abs. 1 oder Abs. 2 besteht nicht, wenn die Voraussetzungen für eine Rücknahme oder einen Widerruf, die sich auf die Tatbestände nach § 2 Nr. 2 oder Nr. 3 beziehen, zwar vorliegen, die Rücknahme oder der Widerruf jedoch nicht vollzogen werden kann, da die betroffene Person keine deutsche Berufserlaubnis besitzt.

(5) Die Absätze 1 bis 4 sowie die §§ 45 bis 48 gelten entsprechend für Drittstaaten und Drittstaatsangehörige, soweit sich hinsichtlich der Anerkennung von Ausbildungsnachweisen nach dem Recht der Europäischen Union eine Gleichstellung ergibt.

I. Zur Entstehungsgeschichte. In Abs. 1 Satz 2 und den Absätzen 3 bis 5 wurden Anpassungen und in Abs. 2 wurde eine inhaltliche Zusatzregelung gegenüber dem ursprünglichen Gesetzesentwurf der Bundesregierung eingefügt.

II. Aus den Gesetzesmaterialien.

1. Aus der Begründung zum Gesetzesentwurf der Bundesregierung von 2016 (BT-Drucksache 18/7823 (S. 91)). Zu Abs. 1. § 44 betrifft die Möglichkeit der vorübergehenden und gelegentlichen Dienstleistungserbringung. Er entspricht bereits bisher geltendem Recht für die Berufe, die der automatischen Anerkennung unterliegen. Zur Dienstleistungserbringung berechtigt ist danach, wer über einen Ausbildungsnachweis in der allgemeinen Pflege verfügt.

Zu Abs. 2. Entsprechend der Vorgabe der Richtlinie in Artikel 5 Abs. 2 gelten die Regelungen nur bei vorübergehenden und gelegentlichen Tätigkeiten, wobei dies im Einzelfall zu beurteilen ist. Dabei müssen beide Voraussetzungen kumulativ vorliegen. Ist eine Dienstleistungserbringung nicht mehr vorübergehend und gelegentlich, so ist der dienstleistungserbringenden Person zuzumuten, die Erlaubnis zum Führen der Berufsbezeichnung zu beantragen.

Zu Abs. 3. Abs. 3 stellt klar, dass eine Berechtigung zur Dienstleistungserbringung nicht besteht, wenn die Voraussetzungen für einen Entzug der Berufserlaubnis vorliegen, dieser aber mangels deutscher Berufserlaubnis nicht vollzogen werden kann.

Zu Abs. 4. Abs. 4 erstreckt die Regelungen zur Dienstleistungserbringung auch auf Ausbildungen aus der Schweiz.

2. Aus der Beschlussempfehlung und dem Bericht des Ausschusses für Gesundheit des Deutschen Bundestages (BT-Drucksache 18/12847 (S. 114)) vom 21. Juni 2017.

Zu Abs. 1. Satz 2. Bei der Regelung handelt es sich um eine Folgeänderung zur Einfügung eines neuen Absatzes 2 in § 1.

Zu Abs. 2. Die Möglichkeit der vorübergehenden und gelegentlichen Dienstleistungserbringung nach der Richtlinie 2005/36/EG des Europäischen Parlaments und des Rates vom 07. September 2005 über die Anerkennung von Berufsqualifikationen (ABl. L 255 vom 30. September 2005, S. 22), die zuletzt durch den Delegierten Beschluss (EU) 2016/790 (ABl. L 134 vom 24. Mai 2016, S. 135) geändert worden ist, wird durch die Änderung auch Personen eingeräumt, die über einen Ausbildungsnachweis zur Gesundheits- und Kinderkrankenpflege bzw. zur Altenpflege verfügen.

Zu den Absätzen 3 bis 5. Es handelt sich um Folgeänderungen aufgrund der Einfügung eines neuen Absatzes 2.

§ 45

Rechte und Pflichten

Dienstleistungserbringende Personen haben beim Erbringen der Dienstleistung im Geltungsbereich dieses Gesetzes die gleichen Rechte und Pflichten wie Personen mit einer Erlaubnis nach § 1 Abs. 1 oder § 58 Abs. 1 oder Abs. 2.

I. Zur Entstehungsgeschichte. Der Text wurde aufgrund von Änderungen im Gesetz gegenüber dem ursprünglichen Gesetzesentwurf der Bundesregierung angepasst.

II. Aus den Gesetzesmaterialien.

1. Aus der Begründung zum Gesetzesentwurf der Bundesregierung von 2016 (BT-Drucksache 18/7823 (S. 91)). In § 45 werden die Rechte und Pflichten der dienstleistungserbringenden Person entsprechend der Vorgabe in Artikel 9 der Richtlinie geregelt, soweit sie für die Heilberufe relevant sind.

2. Aus der Beschlussempfehlung und dem Bericht des Ausschusses für Gesundheit des Deutschen Bundestages (BT-Drucksache 18/12847 (S. 114)) vom 21. Juni 2017. Es handelt sich um eine Folgeänderung, die daraus resultiert, dass Regelungen zu den Berufsabschlüssen der Gesundheits- und Kinderkrankenpflege sowie der Altenpflege in das Gesetz integriert werden. Im Übrigen handelt es sich um eine Folgeänderung zur Einfügung eines neuen Absatzes 2 in § 1.

§ 46

Meldung der dienstleistungserbringenden Person an die zuständige Behörde

(1) Wer beabsichtigt, im Sinne des § 44 Abs. 1 oder Abs. 2 Dienstleistungen zu erbringen, hat dies der zuständigen Behörde vorher schriftlich zu melden. Die Meldung ist einmal jährlich zu erneuern, wenn die dienstleistungserbringende Person beabsichtigt, während des betreffenden Jahres vorübergehend und gelegentlich Dienstleistungen im Geltungsbereich dieses Gesetzes zu erbringen. Wird die Meldung nach Satz 1 mittels eines Europäischen Berufsausweises vorgenommen, ist abweichend von Satz 2 die Meldung 18 Monate nach Ausstellung des Europäischen Berufsausweises zu erneuern.

(2) Bei der erstmaligen Meldung oder bei wesentlichen Änderungen hat die dienstleistungserbringende Person folgende Dokumente vorzulegen:

1. einen Staatsangehörigkeitsnachweis,
2. einen Berufsqualifikationsnachweis,
3. im Fall der Dienstleistungserbringung
    a) nach § 44 Abs. 1 eine Bescheinigung über die rechtmäßige Niederlassung im Beruf der Pflegefachfrau oder des Pflegefachmanns in einem anderen Mitgliedstaat, die sich darauf erstreckt, dass der dienstleistungserbringenden Person die Ausübung dieser Tätigkeit zum Zeitpunkt der Vorlage der Bescheinigung nicht, auch nicht vorübergehend, untersagt ist und keine Vorstrafen vorliegen, oder

b) nach § 44 Abs. 2 Satz 1 Nr. 1 eine Bescheinigung über die rechtmäßige Niederlassung im Beruf der Gesundheits- und Kinderkrankenpflegerin oder des Gesundheits- und Kinderkrankenpflegers oder der Altenpflegerin oder des Altenpflegers in einem anderen Mitgliedstaat, oder im Fall des § 44 Abs. 2 Satz 1 Nr. 2 einen Nachweis in beliebiger Form darüber, dass die dienstleistungserbringende Person den Beruf der Gesundheits- und Kinderkrankenpflegerin oder des Gesundheits- und Kinderkrankenpflegers oder der Altenpflegerin oder des Altenpflegers während der vorhergehenden zehn Jahre mindestens ein Jahr lang rechtmäßig ausgeübt hat; dabei darf der dienstleistungserbringenden Person die Ausübung dieser Tätigkeit zum Zeitpunkt der Vorlage der Bescheinigung nicht, auch nicht vorübergehend, untersagt sein, und es dürfen keine Vorstrafen vorliegen und

4. eine Erklärung der dienstleistungserbringenden Person, dass sie über die zur Erbringung der Dienstleistung erforderlichen Kenntnisse der deutschen Sprache verfügt.

Die für die Ausübung der Dienstleistung erforderlichen Kenntnisse der deutschen Sprache müssen vorhanden sein.

(3) Im Fall der erstmaligen Dienstleistungserbringung nach § 44 Abs. 2 prüft die zuständige Behörde den nach § 46 Abs. 2 Satz 1 Nr. 2 vorgelegten Berufsqualifikationsnachweis. § 41 Abs. 2 gilt entsprechend mit der Maßgabe, dass für wesentliche Unterschiede zwischen der beruflichen Qualifikation der dienstleistungserbringenden Person und der nach diesem Gesetz und der Ausbildungs- und Prüfungsverordnung für die Pflegeberufe geforderten Ausbildung zum Beruf des Gesundheits- und Kinderkrankenpflegers oder der Gesundheits- und Kinderkrankenpflegerin oder der Altenpflegerin oder des Altenpflegers Ausgleichsmaßnahmen nur gefordert werden dürfen, wenn die Unterschiede so groß sind, dass ohne den Nachweis der fehlenden Kenntnisse und Fähigkeiten die öffentliche Gesundheit gefährdet wäre. Soweit dies für die Beurteilung der Frage, ob wesentliche Unterschiede vorliegen, erforderlich ist, kann die zuständige Behörde bei der zuständigen Behörde des Niederlassungsmitgliedstaates Informationen über die Ausbildungsgänge der dienstleistungserbringenden Person anfordern. Der Ausgleich der fehlenden Kenntnisse und Fähigkeiten erfolgt durch eine Eignungsprüfung.

(4) Sofern eine vorherige Meldung wegen der Dringlichkeit des Tätigwerdens nicht möglich ist, hat die Meldung unverzüglich nach Erbringen der Dienstleistung zu erfolgen.

I. Zur Entstehungsgeschichte. Neben Anpassungen in dem Abs. 1 Satz 1 und Abs. 4 wurden inhaltliche Ergänzungen gegenüber dem ursprünglichen Gesetzesentwurf der Bundesregierung verabschiedet.

II. Aus den Gesetzesmaterialien.

1. Aus der Begründung zum Gesetzesentwurf der Bundesregierung von 2016 (BT-Drucksache 18/7823 (S. 91)). § 46 bestimmt, dass die dienstleistungserbringende Person der zuständigen Behörde ihre Tätigkeit zu melden und dies einmal jährlich zu wiederholen hat, wenn sie in dem jeweiligen Jahr Dienstleistungen erbringen will.

Bei der erstmaligen Meldung oder bei wesentlichen Änderungen sind die in Abs. 2 Nr. 1 bis 4 aufgeführten Dokumente vorzulegen. Nr. 4 setzt Artikel 7 Abs. 2 Buchstabe f der Richtlinie 2005/36/EG um. Abs. 2 Satz 2 setzt Artikel 53 Abs. 1 der Richtlinie 2005/36/EG um. Er regelt damit den Prüfmaßstab für die Sprachkenntnisse bei der beabsichtigten Dienstleistungserbringung.

Eine Überprüfung der Berufsqualifikation findet anders als bei den Berufen, die der Anerkennung im allgemeinen System unterfallen, nicht statt, weil der Beruf der Pflegefachfrau und des Pflegefachmanns der automatischen Anerkennung unterfällt.

Ist vor Aufnahme der Dienstleistung aus Dringlichkeitsgründen keine Meldung möglich, ist diese unverzüglich nachzuholen (Abs. 3).

2. Aus der Beschlussempfehlung und dem Bericht des Ausschusses für Gesundheit des Deutschen Bundestages (BT-Drucksache 18/12847 (S. 114 f.)) vom 21. Juni 2017. Zu Abs. 1 Satz 1. Es handelt sich um eine Folgeänderung aufgrund der Einfügung des Absatzes 2 in § 44.

Zu Abs. 1 Satz 3. Nach Einführung des Europäischen Berufsausweises für „Krankenschwestern und Krankenpfleger für allgemeine Pflege" im Sinne der Richtlinie 2005/36/EG des Europäischen Parlaments und des Rates vom 07. September 2005 über die Anerkennung von Berufsqualifikationen (*ABl. L 255 vom 30. September 2005, S. 22*), die zuletzt durch den Delegierten Beschluss (EU) 2016/790 (*ABl. L 134 vom 24. Mai 2016, S. 135*) geändert worden ist, durch die am 18. Januar 2016 in Kraft getretene Durchführungsverordnung (EU) 2015/983 der Kommission vom 24. Juni 2015 betreffend das Verfahren zur Ausstellung des Europäischen Berufsausweises und die Anwendung des Vorwarnmechanismus gemäß der Richtlinie 2005/36/EG des Europäischen Parlaments und des Rates (*ABl. L 159 vom 25. Juni 2015, S. 27*) ist die Frist für die erneute Meldung der Erbringung von Dienstleistungen durch Inhaber eines Europäischen Berufsausweises entsprechend Artikel 4c Abs. 1 Satz 4 der Richtlinie 2005/36/EG anzupassen. Danach darf der Aufnahmemitgliedstaat bei Ausstellung eines Europäischen Berufsausweises für die vorübergehende und gelegentliche Erbringung von Dienstleistungen während der folgenden achtzehn Monate keine weitere Meldung verlangen.

Die in Artikel 31 der Richtlinie 2005/36/EG verwendete Bezeichnung der *„Krankenschwester oder des Krankenpflegers, die für die allgemeine Pflege verantwortlich sind"*, ist mit Blick auf die europaweit generalistisch ausgerichteten Pflegeausbildungen weit zu verstehen. Sie umfasst auch den neuen generalistischen Beruf nach dem Pflegeberufsgesetz, der nicht mehr zwischen Altenpflege, Kranken- oder Kinderkrankenpflege unterscheidet.

Zu Abs. 2 Satz 1 Nr. 3. Die Änderung beinhaltet eine Ausweitung der Meldepflichten auf dienstleistungserbringende Personen im Bereich der Berufe Gesundheits- und Kinderkrankenpflege sowie der Altenpflege.

Zu Abs. 3. Die Änderung enthält Prüfungsvorgaben der zuständigen Behörde im Hinblick auf dienstleistungserbringende Personen im Bereich der Berufe Gesundheits- und Kinderkrankenpflege sowie der Altenpflege.

Zu Abs. 4. Es handelt sich um eine redaktionelle Folgeänderung.

§ 47

Bescheinigungen der zuständigen Behörden

Einer oder einem Staatsangehörigen eines Mitgliedstaates der Europäischen Union oder eines Vertragsstaates des Abkommens über den Europäischen Wirtschaftsraum, die oder der im Geltungsbereich dieses Gesetzes den Beruf der Pflegefachfrau oder des Pflegefachmanns, der Gesundheits- und Kinderkrankenpflegerin oder des Gesundheits- und Kinderkrankenpflegers oder der Altenpflegerin oder des Altenpflegers auf Grund einer Erlaubnis nach § 1 Abs. 1 oder § 58 Abs. 1 oder Abs. 2 ausübt, ist auf Antrag für Zwecke der Dienstleistungserbringung in einem anderen Mitgliedstaat der Europäischen Union oder einem anderen Vertragsstaat des Abkommens über den Europäischen Wirtschaftsraum eine Bescheinigung darüber auszustellen, dass sie oder er

1. als Pflegefachfrau oder Pflegefachmann, als Gesundheits- und Kinderkrankenpflegerin oder Gesundheits- und Kinderkrankenpfleger oder als Altenpflegerin oder Altenpfleger rechtmäßig niedergelassen ist und ihr oder ihm die Ausübung des Berufs nicht, auch nicht vorübergehend, untersagt ist,
2. über die zur Ausübung der jeweiligen Tätigkeit erforderliche berufliche Qualifikation verfügt.

Gleiches gilt für Drittstaaten und Drittstaatsangehörige, soweit sich hinsichtlich der Anerkennung von Ausbildungsnachweisen nach dem Recht der Europäischen Union eine Gleichstellung ergibt.

I. Zur Entstehungsgeschichte. Gegenüber dem ursprünglichen Gesetzesentwurf der Bundesregierung wurden inhaltliche und sprachliche Anpassungen vorgenommen.

II. Aus den Gesetzesmaterialien.

1. Aus der Begründung zum Gesetzesentwurf der Bundesregierung von 2016 (BT-Drucksache 18/7823 (S. 91)). In § 47 wird geregelt, dass Personen mit einer im Inland abgeschlossenen Ausbildung die Nachweise erhalten, die sie für die Dienstleistungserbringung in anderen Mitgliedstaaten benötigen.

2. Aus der Beschlussempfehlung und dem Bericht des Ausschusses für Gesundheit des Deutschen Bundestages (BT-Drucksache 18/12847 (S. 115)) vom 21. Juni 2017. Es handelt sich um Folgeänderungen, die daraus resultieren, dass Regelungen zu den Berufsabschlüssen der Gesundheits- und Kinderkrankenpflege sowie der Altenpflege in das Gesetz integriert werden. Im Übrigen handelt es sich um eine Folgeänderung zur Einfügung eines neuen Absatzes 2 in § 1.

§ 48

Verwaltungszusammenarbeit bei Dienstleistungserbringung

(1) Wird gegen die Pflichten nach § 45 verstoßen, so hat die zuständige Behörde unverzüglich die zuständige Behörde des Niederlassungsmitgliedstaates dieser dienstleistungserbringenden Person hierüber zu unterrichten.

(2) Im Falle von berechtigten Zweifeln sind die zuständigen Behörden berechtigt, für jede Dienstleistungserbringung von den zuständigen Behörden des Niederlassungsmitgliedstaates Informationen über die Rechtmäßigkeit der Niederlassung sowie darüber anzufordern, ob berufsbezogene disziplinarische oder strafrechtliche Sanktionen vorliegen.

(3) Auf Anforderung der zuständigen Behörden eines Mitgliedstaates der Europäischen Union oder eines Vertragsstaates des Abkommens über den Europäischen Wirtschaftsraum haben die zuständigen Behörden in Deutschland nach Artikel 56 der Richtlinie 2005/36/EG der anfordernden Behörde Folgendes zu übermitteln:

1. alle Informationen über die Rechtmäßigkeit der Niederlassung und die gute Führung der dienstleistungserbringenden Person sowie

2. Informationen darüber, dass keine berufsbezogenen disziplinarischen oder strafrechtlichen Sanktionen vorliegen.

I. Zur Entstehungsgeschichte. Die Regelung wurde unverändert gegenüber dem ursprünglichen Gesetzesentwurf der Bundesregierung verabschiedet.

II. Aus den Gesetzesmaterialien. Aus der Begründung zum Gesetzesentwurf der Bundesregierung von 2016 (BT-Drucksache 18/7823 (S. 92)). § 48 enthält die Vorschriften zur Verwaltungszusammenarbeit und gegenseitigen Unterrichtung zwischen den Behörden der Mitgliedstaaten.

Abschnitt 3
Aufgaben und Zuständigkeiten

§ 49

Zuständige Behörden

Die Länder bestimmen die zur Durchführung dieses Gesetzes zuständigen Behörden.

I. Zur Entstehungsgeschichte. Die Regelung wurde ohne Änderung des ursprünglichen Gesetzesentwurfs der Bundesregierung in Kraft gesetzt.

II. Aus den Gesetzesmaterialien. Aus der Begründung zum Gesetzesentwurf der Bundesregierung von 2016 (BT-Drucksache 18/7823 (S. 92)). Die Länder sind für den Vollzug des Pflegeberufsgesetzes zuständig. In § 49 wird daher deutlich gemacht, dass die Länder die für die konkrete Durchführung des Gesetzes zuständigen Behörden bestimmen.

III. Erläuterungen. In § 49 ist geregelt, dass die Länder durchaus verschiedene Behörden für die einzelnen Aufgaben nach diesem Gesetz bestimmen können. Dazu können auch die Pflegeberufekammern der Länder gehören.

Soweit bisher die Zuständigkeiten auf verschiedene Ressorts verteilt waren, wie z. B. in Berlin, wo die Zuständigkeit für den schulischen Teil der Altenpflegeausbildung bei der Senatsbildungsverwaltung und für die praktische Ausbildung ebenso wie die für die Gesundheits- und Krankenpflege bei der Senatsverwaltung Gesundheit und Pflege liegt, wird zukünftig wegen der generalistischen Ausbildung ggf. eine Neuregelung erforderlich.

§ 50

Unterrichtungspflichten

(1) Die zuständigen Behörden des Landes, in dem der Beruf der Pflegefachfrau oder des Pflegefachmanns ausgeübt wird oder zuletzt ausgeübt worden ist, unterrichten die zuständigen Behörden des Herkunftsmitgliedstaates über das Vorliegen strafrechtlicher Sanktionen, über die Rücknahme, den Widerruf und die Anordnung des Ruhens der Erlaubnis, über die Untersagung der Ausübung der Tätigkeit und über Tatsachen, die eine dieser Sanktionen oder Maßnahmen rechtfertigen würden; dabei sind die Vorschriften zum Schutz personenbezogener Daten einzuhalten.

(2) Erhalten die zuständigen Behörden der Länder Auskünfte von den zuständigen Behörden der Aufnahmemitgliedstaaten, die sich auf die Ausübung des Berufs der Pflegefachfrau oder des Pflegefachmanns auswirken könnten, so prüfen sie die Richtigkeit der Sachverhalte, befinden über Art und Umfang der durchzuführenden Prüfungen und unterrichten den Aufnahmemitgliedstaat über die Konsequenzen, die aus den übermittelten Auskünften zu ziehen sind.

(3) Das Bundesministerium für Familie, Senioren, Frauen und Jugend und das Bundesministerium für Gesundheit benennen nach Mitteilung der Länder gemeinsam die Behörden und Stellen, die für die Ausstellung oder Entgegennahme der in der Richtlinie 2005/36/EG genannten Ausbildungsnachweise und sonstigen Unterlagen oder Informationen zuständig sind, sowie die Behörden und Stellen, die die Anträge annehmen und Entscheidungen treffen können, die im Zusammenhang mit dieser Richtlinie stehen. Sie unterrichten die anderen Mitgliedstaaten und die Europäische Kommission unverzüglich über die Benennung.

(4) Die für die Entscheidungen nach diesem Gesetz zuständigen Behörden und Stellen übermitteln dem Bundesministerium für Familie, Senioren, Frauen und Jugend und dem Bundesministerium für Gesundheit statistische Aufstellungen über die getroffenen Entscheidungen, die die Europäische Kommission für den nach Artikel 60 Abs. 1 der Richtlinie 2005/36/EG erforderlichen Bericht benötigt, zur Weiterleitung an die Kommission.

I. Zur Entstehungsgeschichte. Es gab keine Veränderung der Regelung gegenüber dem ursprünglichen Gesetzesentwurf der Bundesregierung.

II. Aus den Gesetzesmaterialien. Aus der Begründung zum Gesetzesentwurf der Bundesregierung von 2016 (BT-Drucksache 18/7823 (S. 92)). § 50 dient der Umsetzung der Artikel 56 und 60 der Richtlinie 2005/36/EG.

Zu Abs. 1. Die Unterrichtung nach Abs. 1 Satz 1 erfolgt an den Herkunftsmitgliedstaat, das ist der Mitgliedstaat, in dem die entsprechende Berufsqualifikation erworben worden ist.

Zu Abs. 2. Soweit Informationen über Entscheidungen aus anderen Mitgliedstaaten an die zuständigen Stellen der Länder gehen, haben diese zu prüfen, welche Auswirkungen die Entscheidungen auf die Berufsausübung der betreffenden Person in Deutschland haben. Sie haben den zuständigen Stellen des Mitgliedstaates, der die Information übermittelt hat, das Ergebnis der Prüfung mitzuteilen sowie gegebenenfalls die Eintragung einer getroffenen Entscheidung im Bundeszentralregister zu veranlassen.

Zu Abs. 3. In Abs. 3 wird festgelegt, dass die Meldung der für Deutschland zuständigen Behörden und Stellen nach Mitteilung der Länder über das Bundesministerium für Familie, Senioren, Frauen und Jugend sowie das Bundesministerium für Gesundheit an die Kommission erfolgt.

Zu Abs. 4. Abs. 4 legt fest, dass die Meldung über die Wanderungsbewegungen von den Ländern über das Bundesministerium für Familie, Senioren, Frauen und Jugend sowie das Bundesministerium für Gesundheit an die Kommission weitergeleitet wird.

§ 51

Vorwarnmechanismus

(1) Die jeweils zuständige Stelle unterrichtet die zuständigen Behörden der anderen Mitgliedstaaten der Europäischen Union, der anderen Vertragsstaaten des Abkommens über den Europäischen Wirtschaftsraum und der Schweiz über

1. den Widerruf oder die Rücknahme der Erlaubnis nach § 1 Abs. 1 oder § 58 Abs. 1 oder Abs. 2, die sofort vollziehbar oder unanfechtbar sind,
2. den Verzicht auf die Erlaubnis,
3. das Verbot der Ausübung des Berufs der Pflegefachfrau oder des Pflegefachmanns, der Gesundheits- und Kinderkrankenpfleger in oder des Gesundheits- und Kinderkrankenpflegers oder der Altenpflegerin oder des Altenpflegers durch unanfechtbare gerichtliche Entscheidung oder
4. das vorläufige Berufsverbot durch gerichtliche Entscheidung.

(2) Die Mitteilung nach Abs. 1 (Warnmitteilung) enthält folgende Angaben:
1. die zur Identifizierung der betroffenen Person erforderlichen Angaben, insbesondere Name, Vorname, Geburtsdatum und Geburtsort,
2. Beruf der betroffenen Person,
3. Angaben über die Behörde oder das Gericht, die oder das die Entscheidung getroffen hat,
4. Umfang der Entscheidung oder des Verzichts und
5. Zeitraum, in dem die Entscheidung oder der Verzicht gilt.

Die Warnmitteilung erfolgt unverzüglich, spätestens jedoch drei Tage nach Eintritt der Unanfechtbarkeit einer Entscheidung nach Abs. 1 Nr. 1 oder Nr. 3, nach Bekanntgabe einer Entscheidung nach Abs. 1 Nr. 4 oder nach einem Verzicht nach Abs. 1 Nr. 2. Sie ist über das durch die Verordnung (EU) Nr. 1024/2012 des Europäischen Parlaments und des Rates vom 25. Oktober 2012 über die Verwaltungszusammenarbeit mit Hilfe des Binnenmarkt-Informationssystems und zur Aufhebung der Entscheidung 2008/49/EG der Kommission (ABl. L 316 vom 14.11.2012, S. 1) eingerichtete Binnenmarkt-Informationssystem (IMI) zu übermitteln. Zeitgleich mit der Warnmitteilung unterrichtet die Stelle, die die Warnmitteilung getätigt hat, die betroffene Person über die Warnmitteilung und deren Inhalt schriftlich unter Beifügung einer Rechtsbehelfsbelehrung. Wird ein Rechtsbehelf gegen die Warnmitteilung eingelegt, ergänzt die Stelle, die die Warnmitteilung getätigt hat, die Warnmitteilung um einen entsprechenden Hinweis.

(3) Im Fall der Aufhebung einer in Abs. 1 genannten Entscheidung oder eines Widerrufs des Verzichts unterrichtet jeweils die zuständige Stelle die zuständigen Behörden der anderen Mitgliedstaaten der Europäischen Union, der anderen Vertragsstaaten des Abkommens über den Europäischen Wirtschaftsraum und der Schweiz unverzüglich unter Angabe des Datums über die Aufhebung der Entscheidung oder den Widerruf des Verzichts. Die zuständige Stelle unterrichtet die zuständigen Behörden der anderen Mitgliedstaaten der Europäischen Union, der anderen Vertragsstaaten des Abkommens über den Europäischen Wirtschaftsraum und der Schweiz ebenfalls unverzüglich über jede Änderung des nach Abs. 2 Satz 1 Nr. 5 angegebenen Zeitraums. Die zuständige Stelle löscht Warnmitteilungen nach Abs. 1 im IMI unverzüglich, spätestens jedoch drei Tage nach Aufhebung der Entscheidung oder Widerruf des Verzichts.

(4) Wird gerichtlich festgestellt, dass eine Person, die die Erteilung der Erlaubnis oder die Feststellung der Gleichwertigkeit ihrer Berufsqualifikation nach diesem Gesetz beantragt hat, dabei gefälschte Berufsqualifikationsnachweise verwendet hat, unterrichtet die zuständige Stelle die zuständigen Behörden der ande-

ren Mitgliedstaaten der Europäischen Union, der anderen Vertragsstaaten des Abkommens über den Europäischen Wirtschaftsraum und der Schweiz über die Identität dieser Person, insbesondere über Name, Vorname, Geburtsdatum und Geburtsort, und den Umstand, dass diese Person gefälschte Berufsqualifikationsnachweise verwendet hat. Die Unterrichtung erfolgt unverzüglich, spätestens jedoch drei Tage nach Unanfechtbarkeit der Feststellung über das IMI. Abs. 2 Satz 4 und 5 gilt für die Unterrichtung nach Satz 1 entsprechend.

(5) Ergänzend zu den Absätzen 1 bis 4 ist die Durchführungsverordnung (EU) 2015/983 der Kommission vom 24. Juni 2015 betreffend das Verfahren zur Ausstellung des Europäischen Berufsausweises und die Anwendung des Vorwarnmechanismus gemäß der Richtlinie 2005/36/EG des Europäischen Parlaments und des Rates (ABl. L 159 vom 25.6.2015, S. 27) in der jeweils geltenden Fassung zu beachten.

I. Zur Entstehungsgeschichte. Die ursprünglichen Regelungen in Abs. 1 des Gesetzesentwurfs der Bundesregierung wurden angepasst.

II. Aus den Gesetzesmaterialien.

1. Aus der Begründung zum Gesetzesentwurf der Bundesregierung von 2016 (BT-Drucksache 18/7823 (S. 92)). Die Vorschrift dient der Umsetzung des Artikels 56a der Richtlinie 2005/36/EG.

Zuständige Stelle für die Veranlassung der Warnmitteilung ist die Stelle, die eine der in Abs. 1 genannten Entscheidungen (Widerruf, Rücknahme, Ruhen, Einschränkung der Ausübung des Berufs, Verbot der Ausübung des Berufs, vorläufiges Berufsverbot) originär getroffen hat, oder die Stelle, der gegenüber der Verzicht zu erklären ist. Zeitgleich mit der Warnmitteilung muss die zuständige Stelle, die die Warnmitteilung tätigt, die betroffene Person über die Warnmitteilung und deren Inhalt schriftlich unter Beifügung einer Rechtsbehelfsbelehrung unterrichten.

2. Aus der Beschlussempfehlung und dem Bericht des Ausschusses für Gesundheit des Deutschen Bundestages (BT-Drucksache 18/12847 (S. 115)) vom 21. Juni 2017. Zu Abs. 1. Es handelt sich um Folgeänderungen, die daraus resultieren, dass Regelungen zu den Berufsabschlüssen der Gesundheits- und Kinderkrankenpflege sowie der Altenpflege in das Gesetz integriert werden. Im Übrigen handelt es sich um eine Folgeänderung zur Einfügung eines neuen Absatzes 2 in § 1.

§ 52

Weitere Aufgaben der jeweils zuständigen Behörden

(1) Die Entscheidung, ob die Erlaubnis erteilt wird, die Berufsbezeichnung nach § 1 Abs. 1 oder § 58 Abs. 1 oder Abs. 2 zu führen, trifft die zuständige Behörde des Landes, in dem die antragstellende Person die Prüfung abgelegt hat.

(2) Die Entscheidungen über den Zugang zur Ausbildung nach § 11, die Anrechnung gleichwertiger Ausbildungen und die Anrechnung von Fehlzeiten trifft die zuständige Behörde des Landes, in dem die Ausbildung durchgeführt wird oder dem Antrag entsprechend durchgeführt werden soll.

(3) Die Meldung der dienstleistungserbringenden Person nach § 46 nimmt die zuständige Behörde des Landes entgegen, in dem die Dienstleistung erbracht werden soll oder erbracht worden ist. Sie fordert die Informationen nach § 46 Abs. 2 an.

(4) Die Informationen nach § 48 Abs. 3 werden durch die zuständige Behörde des Landes übermittelt, in dem der Beruf der Pflegefachfrau oder des Pflegefachmanns, der Gesundheits- und Kinderkrankenpflegerin oder des Gesundheits- und Kinderkrankenpflegers oder der Altenpflegerin oder des Altenpflegers ausgeübt wird oder zuletzt ausgeübt worden ist. Die Unterrichtung des Herkunftsmitgliedstaates gemäß § 48 Abs. 1 erfolgt durch die zuständige Behörde des Landes, in dem die Dienstleistung erbracht wird oder erbracht worden ist.

(5) Die Bescheinigungen nach § 46 Abs. 2 Satz 1 Nr. 3 stellt die zuständige Behörde des Landes aus, in dem die antragstellende Person den Beruf der Pflegefachfrau oder des Pflegefachmanns, der Gesundheits- und Kinderkrankenpflegerin oder des Gesundheits- und Kinderkrankenpflegers oder der Altenpflegerin oder des Altenpflegers ausübt.

I. Zur Entstehungsgeschichte. In den Absätzen 1 und 4 wurden gegenüber dem ursprünglichen Gesetzesentwurf der Bundesregierung Anpassungen vorgenommen.

II. Aus den Gesetzesmaterialien.

1. Aus der Begründung zum Gesetzesentwurf der Bundesregierung von 2016 (BT-Drucksache 18/7823 (S. 92)).

Die Vorschrift regelt die örtlichen Zuständigkeiten bei im Einzelnen aufgeführten, von den Ländern durchzuführenden Maßnahmen nach diesem Gesetz.

2. Aus der Beschlussempfehlung und dem Bericht des Ausschusses für Gesundheit des Deutschen Bundestages (BT-Drucksache 18/12847 (S. 115)) vom 21. Juni 2017. Zu den Absätzen 1 und 4. Es handelt sich um eine Folgeänderung zur Einfügung eines neuen Absatzes 2 in § 1 und zur Aufnahme zweier weiterer Pflegeberufsabschlüsse in das Pflegeberufegesetz.

Abschnitt 4
Fachkommission, Beratung, Aufbau
unterstützender Angebote und Forschung

§ 53

Fachkommission; Erarbeitung von Rahmenplänen

(1) Zur Erarbeitung eines Rahmenlehrplans und eines Rahmenausbildungsplans für die Pflegeausbildung nach Teil 2 sowie zur Wahrnehmung der weiteren ihr nach diesem Gesetz zugewiesenen Aufgaben wird eine Fachkommission eingerichtet.

(2) Die Rahmenpläne der Fachkommission haben empfehlende Wirkung und sollen kontinuierlich, mindestens alle fünf Jahre, durch die Fachkommission auf ihre Aktualität überprüft und gegebenenfalls angepasst werden. Sie sind dem Bundesministerium für Familie, Senioren, Frauen und Jugend und dem Bundesministerium für Gesundheit zur Prüfung der Vereinbarkeit mit diesem Gesetz vorzulegen, erstmals bis zum 1. Juli 2019.

(3) Die Fachkommission besteht aus pflegefachlich, pflegepädagogisch und pflegewissenschaftlich für die Aufgaben nach Abs. 1 ausgewiesenen Expertinnen und Experten. Sie wird vom Bundesministerium für Familie, Senioren, Frauen und Jugend und vom Bundesministerium für Gesundheit für die Dauer von jeweils fünf Jahren eingesetzt. Die Berufung der Mitglieder erfolgt durch das Bundesministerium für Familie, Senioren, Frauen und Jugend und das Bundesministerium für Gesundheit im Benehmen mit den Ländern.

(4) Die Fachkommission gibt sich eine Geschäftsordnung, die der Zustimmung des Bundesministeriums für Familie, Senioren, Frauen und Jugend und des Bundesministeriums für Gesundheit bedarf. Das Bundesministerium für Familie, Senioren, Frauen und Jugend und das Bundesministerium für Gesundheit, die oder der Bevollmächtigte der Bundesregierung für Pflege sowie jeweils eine Vertreterin oder ein Vertreter der Gesundheitsministerkonferenz, der Arbeits- und Sozialministerkonferenz und der Kultusministerkonferenz können an den Sitzungen der Fachkommission teilnehmen.

(5) Die Fachkommission wird bei der Erfüllung ihrer Aufgaben durch eine Geschäftsstelle, die beim Bundesinstitut für Berufsbildung angesiedelt ist, unterstützt. Die Fachaufsicht über die Geschäftsstelle üben das Bundesministerium für Familie, Senioren, Frauen und Jugend und das Bundesministerium für Gesundheit gemeinsam aus.

I. Zur Entstehungsgeschichte. In Abs. 2 Satz 2 wurde eine Anpassung vorgenommen. Abs. 4 Satz 2 wurde inhaltlich erweitert.

II. Aus den Gesetzesmaterialien.

1. Aus der Begründung zum Gesetzesentwurf der Bundesregierung von 2016 (BT-Drucksache 18/7823 (S. 92 f.)). Die Einrichtung einer Fachkommission unterstützt die qualitative und bundesweit einheitliche inhaltliche Ausgestaltung der beruflichen Pflegeausbildung. Die Fachkommission soll einen integrierten Bildungsplan, bestehend aus einem Rahmenlehrplan und einem Rahmenausbildungsplan, für die berufliche Ausbildung nach Teil 2 erarbeiten. Sie nimmt darüber hinaus weitere Aufgaben wahr, die ihr das Gesetz zuweist. Dies gilt für die Erarbeitung standardisierter Module im Rahmen des § 14.

Abs. 2 regelt die Rechtsnatur der von der Fachkommission zu entwickelnden Rahmenpläne. Diese entfalten als Orientierungshilfe zur Umsetzung der Ausbildung nach dem Pflegeberufsgesetz und der Ausbildungs- und Prüfungsverordnung empfehlende Wirkung und greifen somit nicht in die Durchführungszuständigkeit der Länder ein. In dieser Form sind die Rahmenpläne wichtige Grundlagen für eine inhaltlich möglichst bundeseinheitliche Umsetzung der neuen Pflegeausbildung. Die Fachkommission legt die entwickelten Rahmenpläne dem Bundesministerium für Familie, Senioren, Frauen und Jugend und dem Bundesministerium für Gesundheit zur Prüfung der Vereinbarkeit mit den Vorgaben des Pflegeberufsgesetzes vor. Sie wird die Rahmenpläne kontinuierlich, mindestens alle fünf Jahre, überprüfen und gegebenenfalls an aktuelle Entwicklungen anpassen. Um einen zügigen und einheitlichen Beginn der neuen Ausbildung zu ermöglichen, sind die ersten Rahmenpläne spätestens sechs Monate vor Beginn der neuen Ausbildung vorzulegen.

Die Fachkommission wird durch das Bundesministerium für Familie, Senioren, Frauen und Jugend und das Bundesministerium für Gesundheit gemeinsam für die Dauer von jeweils fünf Jahren eingesetzt. Beide Bundesministerien berufen die Mitglieder der Fachkommission gemeinsam. Die Länder werden in dieses Berufungsverfahren dadurch einbezogen, dass die Berufung der Mitglieder im Benehmen mit den Ländern zu erfolgen hat. Die Fachkommission soll sich aus Experten aus dem Pflegebereich, insbesondere aus Vertreterinnen und Vertretern der Pflegepädagogik, der Pflegewissenschaft, der Pflegeberufsverbände, der Krankenhäuser, der Pflegeeinrichtungen, der Länder und, soweit die Ausbildung nach Teil 3 betroffen ist, der Hochschulen zusammensetzen. Je nach zugewiesener Aufgabe werden sich die konkret berufenen Mitglieder unterscheiden können. Näheres zur Errichtung, Zusammensetzung und Konkretisierung der Aufgaben der Fachkommission regelt die Ausbildungs- und Prüfungsverordnung.

Das Bundesministerium für Familie, Senioren, Frauen und Jugend, das Bundesministerium für Gesundheit und der Bevollmächtigte der Bundesregierung für Pflege können zu den Sitzungen der Fachkommission Vertreterinnen und Vertreter entsenden.

Die Fachkommission gibt sich eine Geschäftsordnung, in der insbesondere auch die Verfahren zur Wahl von Vorsitz und vertretendem Vorsitz geregelt wird. Darüber hinaus können beispielsweise Regelungen zur Einberufung und Vorbereitung der Sitzungen, zur Protokollführung und zur Beschlussfassung getroffen werden. Die Geschäftsordnung bedarf der Zustimmung des Bundesministeriums für Familie, Senioren, Frauen und Jugend und des Bundesministeriums für Gesundheit.

Die Fachkommission wird von einer Geschäftsstelle unterstützt, die die Arbeitsfähigkeit sicherstellt und verwaltende Aufgaben übernimmt. Die Geschäftsstelle ist beim Bundesinstitut für Berufsbildung angesiedelt. Die Fachaufsicht über die Geschäftsstelle üben das Bundesministerium für Familie, Senioren, Frauen und Jugend und das Bundesministerium für Gesundheit gemeinsam aus.

2. Aus der Beschlussempfehlung und dem Bericht des Ausschusses für Gesundheit des Deutschen Bundestages (BT-Drucksache 18/12847 (S. 115)) vom 21. Juni 2017. Zu Abs. 2 Satz 2. Es handelt sich um eine Folgeänderung zur Verschiebung des Beginns der neuen Ausbildung.

Zu Abs. 4 Satz 2. Die Fachkommission soll die qualitative und bundesweit einheitliche inhaltliche Ausgestaltung der beruflichen Pflegeausbildung unterstützen. Sie soll unter anderem einen integrierten Bildungsplan, bestehend aus einem Rahmenlehrplan und einem Rahmenausbildungsplan, für die berufliche Ausbildung sowie standardisierte Module nach § 14 Abs. 4 des Pflegeberufegesetzes für die Ausbildung im Rahmen von Modellvorhaben nach § 63 Abs. 3c des Fünften Buches Sozialgesetzbuch erarbeiten.

Mit der Änderung soll der Zuständigkeit der Länder für die Umsetzung der Ausbildung nach dem Pflegeberufegesetz und der Ausbildungs- und Prüfungsverordnung, insbesondere der Erstellung der Lehr- und Ausbildungspläne auf Landesebene, Rechnung getragen werden. Durch die Teilnahme an den Sitzungen der Fachkommission sind die Länder über die vorbereitende und laufende Arbeit der Fachkommission informiert und können sich in die Diskussionen einbringen.

III. Erläuterungen. Nach dieser Vorschrift wird ein bundeseinheitlicher Rahmenlehrplan und -ausbildungsplan zu erarbeiten sein und dazu eine Fachkommission gebildet. Gemäß Abs. 3 erfolgt die Berufung der Mitglieder durch die zuständigen Bundesministerien im Benehmen mit den Ländern. Abs. 5 regelt, dass die Fachkommission durch eine Geschäftsstelle unterstützt wird, die beim Bundesinstitut für Berufsbildung angesiedelt ist.

Die Fachkommission soll den Rahmenplan und -ausbildungsplan allerdings nur für die berufliche Ausbildung nach Teil 2 des Gesetzes, nicht aber für die hochschulische Ausbildung erarbeiten (anders als die Beratung und Unterstützung durch das Bundesinstitut für Berufsbildung gem. § 54).

Die Fachkommission hat aus pflegefachlich, pflegepädagogisch und pflegewissenschaftlich ausgewiesenen Experten gebildet zu werden.

Bei der Berufung der Mitglieder der Fachkommission sind vom Gesetzgeber die Pflegekammern nicht berücksichtigt worden. Allerdings hat die Berufung im Benehmen mit den Ländern zu erfolgen, sodass die Länder in denen eine Pflegeberufekammer gebildet wurde, mit dieser jeweils sich abstimmen können, aber nicht abstimmen müssen. Allerdings sollte das der Regelfall sein, weil gerade die Berufsausübung und die dafür nötige Qualifikation zu den Kernaufgaben der Selbstverwaltung der Pflegeberufe durch die Pflegeberufekammer gehören.

Notwendig ist bei der Zusammensetzung der Fachkommission, dass die Expertise in der Gesundheits- und Krankenpflege, der Gesundheits- und Kinderkrankenpflege sowie der Altenpflege gegeben ist. Hierzu müssen nicht unbedingt Vertreter/innen der entsprechenden Berufsverbände berufen werden, im Hinblick auf die Akzeptanz der Ausbildungsinhalte sollten sie aber in die Berufung ebenfalls einbezogen werden.

§ 54

Beratung; Aufbau unterstützender Angebote und Forschung

Das Bundesinstitut für Berufsbildung übernimmt die Aufgabe der Beratung und Information zur Pflegeausbildung nach diesem Gesetz, die Aufgabe des Aufbaus unterstützender Angebote und Strukturen zur Organisation der Pflegeausbildung nach den Teilen 2 und 3 sowie zur Unterstützung der Arbeit der Fachkommission die Aufgabe der Forschung zur Pflegeausbildung nach diesem Gesetz und zum Pflegeberuf nach Weisung des Bundesministeriums für Familie, Senioren, Frauen und Jugend und des Bundesministeriums für Gesundheit.

I. Zur Entstehungsgeschichte. Die Bestimmung wurde unverändert gegenüber dem ursprünglichen Gesetzesentwurf der Bundesregierung verabschiedet.

II. Aus den Gesetzesmaterialien. Aus der Begründung zum Gesetzesentwurf der Bundesregierung von 2016 (BT-Drucksache 18/7823 (S. 93)). Das Bundesinstitut für Berufsbildung wird sowohl zur beruflichen als auch zur hochschulischen Pflegeausbildung beraten und informieren. Es wird unterstützende Angebote und Strukturen zur Organisation und Implementierung der beruflichen und hochschulischen Pflegeausbildung aufbauen. Dies beinhaltet sowohl die Unterstützung von Ausbildungsverbünden, Lernortkooperationen und weiteren Angeboten insbesondere zur Unterstützung ambulanter Einrichtungen als auch die Erarbeitung von Konzepten zur Implementierung der Pflegeausbildung sowie die Unterstützung von Absprachen zwischen den an der Ausbildung beteiligten Akteuren. Die unmittelbaren Beratungs-, Informations- und Unterstützungsangebote vor Ort werden für die neue Pflegeausbildung weiterhin durch das Bundesamt für Familie und zivilgesellschaftliche Aufgaben gewährleistet. Hierbei stützt sich das Bundesamt für Familie und zivilgesellschaftliche Aufgaben auf die vorhandenen regionalen Strukturen des bisherigen Beratungsteams Altenpflegeausbildung. Das Bundesinstitut für Berufsbildung und das Bundesamt für Familie und zivilgesellschaftliche Aufgaben stimmen die jeweiligen Angebote aufeinander ab.

Die Aufgabe der Forschung zur beruflichen und hochschulischen Pflegeausbildung und zum Pflegeberuf übernimmt das Bundesinstitut für Berufsbildung. Diese Aufgabe umfasst insbesondere die Beobachtung und Evaluation der Umsetzung der Pflegeausbildung einschließlich der Identifikation von möglichen inhaltlichen und strukturellen Nachsteuerungsbedarfen.

Näheres zu den Aufgaben des Bundesinstituts für Berufsbildung nach § 54 regelt die Ausbildungs- und Prüfungsverordnung.

III. Erläuterungen. § 54 regelt Beratung, Information und den Aufbau unterstützender Angebote und Forschung durch das Bundesinstitut für Berufsbildung. Der Aufbau unterstützender Angebote und Strukturen zur Organisation der Pflegeausbildung erstreckt sich auf Teil 2 und 3 des Gesetzes, also auf die berufliche Ausbildung und Hochschulausbildung und die Unterstützung der Arbeit der Fachkommission (die aber nur für die berufliche Ausbildung zuständig ist, *vgl.* § 53 Abs. 1). Die Unterstützung der Fachkommission bezieht sich auf die Aufgabe der Forschung zur Pflegeausbildung nach diesem Gesetz und zum Pflegeberuf nach Weisung der zuständigen Bundesministerien.

Eine entsprechende Regelung gab es vorher weder im Altenpflege- noch im Kranken-pflegegesetz.

Der Auftrag für das Bundesinstitut ist allgemein gehalten. Die Einzelheiten sind in einer Verordnung nach § 56 Abs. 1 Nr. 4 zu regeln.

Abschnitt 5
Statistik und Verordnungsermächtigung

§ 55

Statistik; Verordnungsermächtigung

(1) Das Bundesministerium für Familie, Senioren, Frauen und Jugend und das Bundesministerium für Gesundheit werden ermächtigt, für Zwecke dieses Gesetzes, gemeinsam durch Rechtsverordnung mit Zustimmung des Bundesrates jährliche Erhebungen über die bei der zuständigen Stelle nach § 26 Abs. 4 zur Erfüllung der Aufgaben nach Teil 2 Abschnitt 3, auch in Verbindung mit § 59 Abs. 1, vorliegenden Daten als Bundesstatistik anzuordnen. Die Statistik kann folgende Sachverhalte umfassen:
1. die Träger der praktischen Ausbildung, die weiteren an der Ausbildung beteiligten Einrichtungen sowie die Pflegeschulen,
2. die in der Ausbildung befindlichen Personen nach Geschlecht, Geburtsjahr, Beginn und Ende der Ausbildung, Grund der Beendigung der Ausbildung, Weiterbildung oder Umschulung,
3. die Ausbildungsvergütungen.
Auskunftspflichtig sind die zuständigen Stellen gegenüber den statistischen Ämtern der Länder.

(2) Die Befugnis der Länder, zusätzliche, von Abs. 1 nicht erfasste Erhebungen über Sachverhalte des Pflege- oder Gesundheitswesens als Landesstatistik anzuordnen, bleibt unberührt.

I. Zur Entstehungsgeschichte. Satz 1 in Abs. 1 wurde aufgrund von Änderungen des Gesetzes gegenüber dem ursprünglichen Gesetzesentwurf der Bundesregierung angepasst.

II. Aus den Gesetzesmaterialien.

1. Aus der Begründung zum Gesetzesentwurf der Bundesregierung von 2016 (BT-Drucksache 18/7823 (S. 94)). § 55 ermächtigt das Bundesministerium für Familie, Senioren, Frauen und Jugend und das Bundesministerium für Gesundheit gemeinsam, für Zwecke des Pflegeberufsgesetzes eine Statistik als Bundesstatistik durch Rechtsverordnung mit Zustimmung des Bundesrates anzuordnen.

Die Regelung dient dazu, dem Bund und den Ländern statistische Angaben über die Ausbildung nach dem Pflegeberufsgesetz zur Verfügung zu stellen. Diese Angaben werden benötigt, um über ausreichendes Datenmaterial über den Stand und die Entwicklung der Ausbildung nach dem Pflegeberufsgesetz zu verfügen.

Für die Statistik werden keine zusätzlichen Daten erhoben, sondern es werden ausschließlich Daten verwendet, die den zuständigen Stellen nach § 26 Abs. 4 zur Erfüllung ihrer Aufgaben im Rahmen des Finanzierungssystems nach Teil 2 Abschnitt 3 vorliegen.

Näheres zur Ausgestaltung der Statistik, einschließlich des weiteren Verfahrens zur Übermittlung der Daten, regelt die Rechtsverordnung.

2. Aus der Beschlussempfehlung und dem Bericht des Ausschusses für Gesundheit des Deutschen Bundestages (BT-Drucksache 18/12847 (S. 115)) vom 21. Juni 2017. Zu Abs. 1. Es handelt sich um eine Folgeänderung zur Einfügung eines neuen Teils 5.

III. Erläuterungen. § 55 beschreibt den statistischen Erhebungsbedarf und -umfang mit Daten u. a. zu den Ausbildungseinrichtungen, den Auszubildenden und zur Ausbildungsvergütung.

Mit der vorgegebenen jährlichen Datenerhebung und -auswertung wird die Möglichkeit geschaffen, Probleme und positive Entwicklungen bei der Umsetzung des Pflegeberufsgesetzes sichtbar zu machen.

Näheres soll durch eine Rechtsverordnung bestimmt werden.

§ 56

Ausbildungs- und Prüfungsverordnung, Finanzierung;

Verordnungsermächtigungen

(1) Das Bundesministerium für Familie, Senioren, Frauen und Jugend und das Bundesministerium für Gesundheit werden ermächtigt, gemeinsam durch Rechtsverordnung mit Zustimmung des Bundesrates in einer Ausbildungs- und Prüfungsverordnung

1. die Mindestanforderungen an die Ausbildung nach den Teilen 2, 3 und 5, einschließlich der Zwischenprüfung nach § 6 Abs. 5,

2. das Nähere über die staatliche Prüfung nach § 2 Nr. 1, auch in Verbindung mit § 58 Abs. 3, oder nach § 14 Abs. 6 in Verbindung mit § 2 Nr. 1 oder nach § 14 Abs. 7 in Verbindung mit § 2 Nr. 1, jeweils auch in Verbindung mit § 58 Abs. 3 und § 59 Abs. 1, einschließlich der Prüfung nach § 39, auch in Verbindung mit § 37 Abs. 5, die Urkunde für die Erlaubnis nach § 1 Abs. 1 oder § 58 Abs. 1 oder Abs. 2,

3. das Nähere über die Kooperationsvereinbarungen nach § 6 Abs. 4, auch in Verbindung mit § 59 Abs. 1,

4. das Nähere zur Errichtung, Zusammensetzung und Konkretisierung der Aufgaben der Fachkommission nach § 53, auch in Verbindung mit § 59 Abs. 1,

5. das Nähere zu den Aufgaben der Geschäftsstelle nach § 53, auch in Verbindung mit § 59 Abs. 1, und

6. das Nähere zu den Aufgaben des Bundesinstituts für Berufsbildung nach § 54, auch in Verbindung mit § 59 Abs. 1,

zu regeln. Die Rechtsverordnung ist dem Bundestag zur Beschlussfassung zuzuleiten. Die Zuleitung erfolgt vor der Zuleitung an den Bundesrat. Die Rechtsverordnung kann durch Beschluss des Bundestages geändert oder abgelehnt werden. Der Beschluss des Bundestages wird der Bundesregierung zugeleitet. Hinsichtlich Satz 1 Nr. 1 und 2 erfolgt der Erlass der Rechtsverordnung im Benehmen, hinsichtlich Satz 1 Nr. 5 und 6 im Einvernehmen mit dem Bundesministerium für Bildung und Forschung. Hinsichtlich Satz 1 Nr. 6 erfolgt der Erlass der Rechtsverordnung zudem im Benehmen mit dem Bundesministerium der Finanzen.

(2) In der Rechtsverordnung nach Abs. 1 ist für Inhaberinnen und Inhaber von Ausbildungsnachweisen, die eine Erlaubnis nach § 2 in Verbindung mit § 40 oder § 41 beantragen, Folgendes zu regeln:

1. das Verfahren bei der Prüfung der Voraussetzungen des § 2 Nr. 2 und 3, insbesondere die Vorlage der von der antragstellenden Person vorzulegenden Nachweise und die Ermittlung durch die zuständige Behörde entsprechend Artikel 50 Abs. 1 bis 3 in Verbindung mit Anhang VII der Richtlinie 2005/36/EG,

2. die Pflicht von Inhaberinnen und Inhabern von Ausbildungsnachweisen, nach Maßgabe des Artikels 52 Abs. 1 der Richtlinie 2005/36/EG die Berufsbezeichnung des Aufnahmemitgliedstaates zu führen und deren etwaige Abkürzung zu verwenden,

3. die Fristen für die Erteilung der Erlaubnis,

4. das Verfahren über die Voraussetzungen zur Dienstleistungserbringung gemäß den §§ 44 bis 48,

5. die Regelungen zur Durchführung und zum Inhalt der Anpassungsmaßnahmen nach § 40 Abs. 3 Satz 2 und § 41 Abs. 2 Satz 4 und Abs. 3 Satz 2,

6. das Verfahren bei der Ausstellung eines Europäischen Berufsausweises.

(3) Das Bundesministerium für Familie, Senioren, Frauen und Jugend und das Bundesministerium für Gesundheit werden ermächtigt, gemeinsam und im Benehmen mit dem Bundesministerium der Finanzen durch Rechtsverordnung mit Zustimmung des Bundesrates Vorschriften zu erlassen über die Finanzierung der beruflichen Ausbildung in der Pflege nach Teil 2 Abschnitt 3 und Teil 5; dies betrifft insbesondere

1. die nähere Bestimmung der Ausbildungskosten nach § 27,

2. das Verfahren der Ausbildungsbudgets einschließlich der Vereinbarung der Pauschalen und Individualbudgets nach den §§ 29 bis 31,

3. die Aufbringung des Finanzierungsbedarfs sowie der Zahlverfahren nach § 33 Abs. 2 bis 7,

4. die Erbringung und Weiterleitung der Ausgleichszuweisungen nach § 34 Abs. 1 bis 3, die Verrechnung nach § 34 Abs. 4, die Abrechnung, Zurückzahlung und nachträgliche Berücksichtigung nach § 34 Abs. 5 und 6,

5. die Rechnungslegung der zuständigen Stelle nach § 35 einschließlich der erforderlichen Vorgaben zum Erheben, Verarbeiten und Nutzen personenbezogener Daten und zum Datenschutz, soweit es für das Verfahren zur Finanzierung der beruflichen Ausbildung in der Pflege erforderlich ist.

(4) Der Spitzenverband Bund der Kranken- und Pflegekassen, der Verband der Privaten Krankenversicherung, die Vereinigungen der Träger der Pflegeeinrichtungen auf Bundesebene und die Deutsche Krankenhausgesellschaft vereinbaren spätestens bis drei Monate nach Verkündung dieses Gesetzes im Benehmen mit den Ländern Vorschläge für die Regelungsinhalte nach Abs. 3 Nr. 1 bis 5.

(5) Abweichungen durch Landesrecht von den Regelungen des Verwaltungsverfahrens in der auf Grundlage der Absätze 1 bis 3 erlassenen Rechtsverordnung sind ausgeschlossen.

I. Zur Entstehungsgeschichte. Neben Anpassungen in den Absätzen 1 bis 3 werden Abs. 1 mit den Sätzen 2 bis 5 eine Beteiligung des Bundestages bei Erlass der Ausbildungs- und Prüfungsverordnung geregelt.

II. Aus den Gesetzesmaterialien.

1. Aus der Begründung zum Gesetzesentwurf der Bundesregierung von 2016 (BT-Drucksache 18/7823 (S. 94 f.)). Abs. 1 enthält die Ermächtigung für das Bundesministerium für Familie, Senioren, Frauen und Jugend und das Bundesministerium für Gesundheit, gemeinsam eine Ausbildungs- und Prüfungsverordnung zu erlassen, die die Mindestanforderungen an die Ausbildung nach Teil 2 und 3, das Nähere über die staatliche Abschlussprüfung und die Urkunde für die Erlaubnis nach § 1, das Nähere über die Kooperationsvereinbarungen nach § 6 Abs. 4, das Nähere zur Errichtung, Zusammensetzung und Konkretisierung der Aufgaben der Fachkommission nach § 53 und das Nähere zu den Aufgaben des Bundesinstitutes für Berufsbildung nach § 54 regelt. Geregelt ist zudem, bei welchen konkreten Regelungen der Verordnung das Benehmen und das Einvernehmen der hiervon betroffenen Bundesministerien für Bildung und Forschung und der Finanzen herzustellen sind.

Abs. 2 trägt dem Erfordernis der Umsetzung der genannten Richtlinien und Abkommen Rechnung, indem die in Abs. 1 genannten Fachministerien ermächtigt werden, in der Rechtsverordnung das zum Vollzug der Anerkennung von Ausbildungsnachweisen aus Mitgliedstaaten der EU und Vertragsstaaten des Abkommens über den Europäischen Wirtschaftsraum notwendige Verwaltungsverfahren näher zu regeln. Darüber hinaus sind in der Ausbildungs- und Prüfungsverordnung Regelungen zur Durchführung und zum Inhalt der Anpassungsmaßnahmen nach Teil 4 Abschnitt 1 sowie zur Ausstellung eines europäischen Berufsausweises zu erlassen. Daneben sieht die Verordnungsermächtigung (Abs. 2 Nr. 5) vor, bundeseinheitliche Vorgaben zu Durchführung und Inhalt der in § 40 Abs. 3 Satz 2 vorgesehenen Kenntnisprüfung und des Anpassungslehrgangs mit anschließender Prüfung bezogen auf den Erfolg des Lehrgangs sowie der in § 41 Abs. 2 Satz 2 vorgesehenen Eignungsprüfung und des Anpassungslehrgangs in die Ausbildungs- und Prüfungsverordnung aufzunehmen. Sie ermöglicht dem Verordnungsgeber damit insbesondere Regelungen zu Umfang und Inhalten der Anpassungsmaßnahmen, die in angemessener Art und Weise sicherstellen sollen, dass die Antragsteller zur umfassenden Ausübung des Berufs in der Lage sind. So darf zum Beispiel im Falle der Kenntnisprüfung keine vollständige Abschlussprüfung entsprechend der staatlichen Prüfung gefordert werden.

Nr. 6 dient der Umsetzung der Artikel 4a bis 4e der Richtlinie 2005/36/EG zum Europäischen Berufsausweis, die erforderlichenfalls in der Ausbildungs- und Prüfungsverordnung für den Pflegeberuf erfolgen soll, sobald die Europäische Kommission den hierfür erforderlichen Durchführungsrechtsakt erlassen hat.

Abs. 3 regelt die Ermächtigung des Bundesministeriums für Familie, Senioren, Frauen und Jugend und des Bundesministeriums für Gesundheit, gemeinsam eine Rechtsverordnung über die nähere Ausgestaltung der Finanzierungsregelungen der beruflichen Pflegeausbildung nach Teil 2 Abschnitt 3 zu erlassen. Hierzu gehören die nähere Bestimmung der Ausbildungskosten, das Verfahren der Ausbildungsbudgets einschließlich der Vereinbarung der Pauschalen und Individualbudgets nach §§ 29 bis 31, die Aufbringung des Finanzierungsbedarfs sowie der Zahlverfahren nach § 33, die Modalitäten der Ausgleichzuweisungen nach § 34 sowie die Rechnungslegung der zuständigen Stelle nach § 35 einschließlich der erforderlichen Vorgaben zur Datenerhebung, Datennutzung, Datenverarbeitung und zum Datenschutz. Diese Rechtsverordnung ist aufgrund der davon erfassten Finanzierungsaspekte im Benehmen mit dem Bundesministerium der Finanzen zu erlassen.

Um gerade bei der näheren Ausgestaltung der Finanzierungsregelungen nach Abs. 3 auf die Expertise der maßgeblich am Finanzierungsverfahren Beteiligten zurückgreifen zu können, sieht Abs. 4 vor, dass die aufgezählten Stellen bis drei Monate nach Verkündung dieses Gesetzes Vorschläge für die Regelungsinhalte der Verordnung nach Abs. 3 vorlegen. Diese Vorschläge sind im Benehmen mit den Ländern zu entwickeln.

Durch die Regelung des Absatzes 5 werden gemäß Artikel 84 Abs. 1 Satz 5 Grundgesetz die auf der Grundlage von Abs. 1 bis 3 erlassenen Regelungen des Verwaltungsverfahrens in der Ausbildungs- und Prüfungsverordnung abweichungsfest ausgestaltet. Für die bundeseinheitliche Ausgestaltung der Verfahrensregelungen besteht ein besonderes Bedürfnis, das die Annahme eines Ausnahmefalles rechtfertigt, weil das hohe Schutzgut der Gesundheit der Bevölkerung zu gewährleisten ist. Pflegebedürftige Menschen müssen überall im Bundesgebiet die qualitativ gleichen Leistungen der Pflegefachkräfte erhalten können.

2. Aus der Beschlussempfehlung und dem Bericht des Ausschusses für Gesundheit des Deutschen Bundestages (BT-Drucksache 18/12847 (S. 115 f.)) vom 21. Juni 2017.
Zu Abs. 1 Satz 1 Nr. 1, 3, 4, 5 und 6. Es handelt sich um eine Folgeänderung zur Einfügung eines neuen Teils 5.

Zu Abs. 1 Satz 1 Nr. 2. Es handelt sich um Folgeänderungen zur Einfügung eines neuen Teils 5 und zur Einfügung eines neuen Absatzes 2 in § 1.

Zu Abs. 1 Sätze 2 bis 5. Mit der Änderung wird die Beteiligung des Deutschen Bundestages in dem in Abs. 1 geregelten Verfahren sichergestellt. Ein zügiger Abschluss des Verfahrens ist erforderlich, da die Länder anschließend ihre jeweiligen Gesetze und Verordnungen an die Vorgaben der Ausbildungs- und Prüfungsverordnung anpassen müssen. Damit die von der Fachkommission zu erstellenden Rahmenlehr- und Rahmenausbildungspläne für die Pflegeausbildung wirksam werden können, müssen sie den Ländern und den an der Ausbildung beteiligten Trägern der praktischen Ausbildung und Pflegeschulen so rechtzeitig vorliegen, dass diese sie bei der Erarbeitung von Lehrplänen, schulinternen Curricula und Ausbildungsplanen berücksichtigen können. In den Ausbildungseinrichtungen und -schulen müssen danach noch die notwendigen organisatorischen und technischen Vorbereitungen getroffen werden. Nur bei rechtzeitigem Abschluss all dieser weiteren Maßnahmen können die neuen Ausbildungen nach dem Pflegeberufegesetz zum vorgesehenen Zeitpunkt begonnen werden.

Zu Abs. 2 Nr. 5. Es handelt sich um Folgeänderungen aufgrund der Einfügung des Absatzes 2 in § 41.

Zu Abs. 3 erster Halbsatz. Es handelt sich um eine Folgeänderung zur Einführung eines neuen Teils 5.

Zu Abs. 3. Es handelt sich um eine redaktionelle Anpassung an die Begriffsbestimmung des Bundesdatenschutzgesetzes. Der Verordnungsgeber wird ermächtigt, Regelungen zur Erhebung, Nutzung und Verarbeitung personenbezogener Daten durch die zuständige Stelle zu treffen, soweit es für das Verfahren zur Finanzierung der beruflichen Ausbildung in der Pflege erforderlich ist. Inhaltliche Änderungen ergeben sich hierdurch nicht.

III. Erläuterungen. Die Vorschrift enthält Regelungen zur Ausbildungs- und Prüfungsverordnung, Verordnungsermächtigungen zum Erlass von weiteren Rechtsverordnungen und zur Finanzierung der beruflichen Ausbildung in der Pflege nach Teil 2 Abschnitt 3 und Teil 5 (einschließlich der erforderlichen Vorgaben zur Datenerhebung, Datennutzung, Datenverarbeitung und zum Datenschutz, soweit es für das Verfahren zur Finanzierung der beruflichen Ausbildung in der Pflege erforderlich ist), jeweils mit notwendiger Zustimmung des Bundesrates.

Außerdem sollen/sollten gem. Abs. 4 Spitzenverbände und Trägerinstitutionen spätestens bis drei Monate nach Verkündung des Gesetzes im Benehmen mit den Ländern Vorschläge für die Regelungsinhalte nach Abs. 3 Nr. 1 bis 5 vereinbaren, also zu den Ausbildungskosten (§ 27), das Verfahren der Ausbildungsbudgets (§§ 29-31), das Aufbringen der Finanzmittel (§§ 33 Abs. 2-7), Näheres zu den Ausgleichszuweisungen (*vgl. § 34 Abs. 1-3*) und Abrechnungs- und Zahlungsmodalitäten sowie zur Rechnungslegung/Abrechnung der verwalteten Finanzmittel (§ 35).

Die Liste der in § 56 zusammengefassten Regelungspunkte ist umfangreich. Wesentliche Bereiche der Umsetzung bleiben bis zum Erlass der Verordnungen offen, wie insbesondere die Einzelheiten zur Ausbildung und Prüfung sowie zu den Kooperationsvereinbarungen nach § 6 Abs. 4.

Ende 2017 wurden gem. Abs. 4 die Vorschläge zu den Ausbildungskosten nach § 27, dem Verfahren der Ausbildungsbudgets einschließlich der Vereinbarung der Pauschalen und Individualbudgets nach den §§ 29 bis 31, der Aufbringung des Finanzierungsbedarfs sowie den Zahlverfahren nach § 33 Abs. 2-7, der Erbringung und Weiterleitung der Ausgleichszuweisungen nach § 34 Abs. 1-3, der Verrechnung nach § 34 Abs. 4, der Abrechnung, Zurückzahlung und nachträglichen Berücksichtigung nach § 34 Abs. 5, 6 sowie der Rechnungslegung der zuständigen Stelle nach § 35 einschließlich der erforderlichen Vorgaben zur Datenerhebung, Datennutzung, Datenverarbeitung und zum Datenschutz, soweit es für das Verfahren zur Finanzierung der beruflichen Ausbildung in der Pflege erforderlich ist, unterbreitet. Mit den Ländern sind diese abgestimmt worden und unter Nr. V nebst Anlagen abgedruckt.

Zur noch zu erlassenden Rechtsverordnung über die Ausbildung und Prüfung gibt es zum Zeitpunkt des Manuskriptabschlusses nur Eckpunkte für eine Ausbildungs- und Prüfungsverordnung. Diese ist mit Materialien unter Nr. IV ebenfalls abgedruckt. An dem Entwurf der Verordnung wird derzeit in den beteiligten Ministerien gearbeitet und es ist geplant, den Entwurf eventuell noch im ersten Quartal 2018 zur Anhörung zu veröffentlichen. Das Bundesinstitut für Berufsbildung (vgl. § 54) wird voraussichtlich beauftragt werden, die für die Ausbildung vorzusehenden Curricula (Lehrpläne) zu entwerfen. Die besondere Bedeutung dieser Ausbildungs- und Prüfungsverordnung im neuen Berufrecht wird, neben ihrer erheblichen praktischen Auswirkungen, auch dadurch erkennbar, dass anders als üblich diese Rechtsverordnung dem Bundestag zur Beschlussfassung zuzuleiten ist (§ 56 Abs. 1 S. 2).

Abschnitt 6
Bußgeldvorschriften

§ 57

Bußgeldvorschriften

(1) Ordnungswidrig handelt, wer
   1. ohne Erlaubnis nach § 1 Abs. 1, § 58 Abs. 1 oder Abs. 2 eine dort genannte Berufsbezeichnung führt,
   2. entgegen § 4 Abs. 1, auch in Verbindung mit § 58 Abs. 3, als selbstständig erwerbstätige Person eine dort genannte Aufgabe durchführt,
   3. entgegen § 4 Abs. 3, auch in Verbindung mit § 58 Abs. 3, einer dort genannten Person eine dort genannte Aufgabe zur Durchführung gegenüber Dritten überträgt oder die Durchführung der Aufgabe durch diese Person gegenüber Dritten duldet.
(2) Die Ordnungswidrigkeit kann in den Fällen des Absatzes 1 Nr. 2 und 3 mit einer Geldbuße bis zu zehntausend Euro, in den übrigen Fällen mit einer Geldbuße bis zu dreitausend Euro geahndet werden.

I. Zur Entstehungsgeschichte. Die Vorschrift wurde gegenüber dem ursprünglichen Gesetzesentwurf der Bundesregierung den Neuregelungen angepasst.

II. Aus den Gesetzesmaterialien.

1. Aus der Begründung zum Gesetzesentwurf der Bundesregierung von 2016 (BT-Drucksache 18/7823 (S. 95)). Die Vorschrift regelt die Ordnungswidrigkeiten. Sie stellt das missbräuchliche Führen der Berufsbezeichnung nach § 1, ohne die dort genannten Voraussetzungen zu erfüllen, unter die Androhung einer Geldbuße bis zu dreitausend Euro. Einer gesonderten Bußgeldregelung für Fälle der Dienstleistungserbringung nach § 44 bedarf es nicht. Sind die Voraussetzungen des § 44 nicht erfüllt, bedürfen diese Pflegekräfte der Erlaubnis nach § 1, so dass über diesen Weg die Bußgeldvorschrift Anwendung findet.

Veranlasst oder duldet ein Arbeitgeber die Durchführung von Aufgaben, die aus Gründen des Gesundheitsschutzes der Pflegebedürftigen nach § 4 einer Pflegefachfrau oder einem Pflegefachmann vorbehalten sind, durch eine andere Person, wird eine Geldbuße in Höhe von bis zu zehntausend Euro angedroht. Die Regelung ist Ausdruck der Verantwortung des Arbeitgebers für die Beachtung der Regelungen zu den Vorbehaltsaufgaben. Dabei ist die Bußgeldvorschrift jedoch enger gefasst als die Verbotsnorm.

Nicht erfasst wird der Fall, dass die zu pflegende Person als Arbeitgeber selbst eine Pflegekraft anstellt, da es insoweit zwar zu einer Selbstgefährdung des Arbeitgebers, aber nicht zu einer Fremdgefährdung Dritter kommt. Zudem dürfte es sich dabei um Ausnahmefälle handeln, da der Bereich der Vorbehaltsaufgaben nach § 4 auf charakteristische Kernaufgaben der beruflichen Pflege im Bereich der systematischen Strukturierung und Gestaltung des Pflegeprozesses beschränkt ist, die in den betreffenden Fällen typischerweise gerade nicht durchgeführt werden.

Auch der Verstoß der ausführenden Person selbst gegen die Regelung des § 4 wird grundsätzlich nicht mit der Androhung eines Bußgelds belegt. Grund dafür ist, dass diese Person in der Regel nur im Rahmen einer betrieblich vorgegebenen Aufgabenverteilung tätig wird Als abhängig Beschäftigte hat sie auf die Ausgestaltung der betrieblichen Aufgabenverteilung nur geringen Einfluss und gerät damit in eine besondere Konfliktsituation. Wird die ausführende Person hingegen ausnahmsweise im Rahmen einer selbstständigen Erwerbstätigkeit und damit nicht als abhängig Beschäftigte tätig, dann ist auf sie auch die Bußgeldvorschrift anwendbar.

Der differenzierte Bußgeldrahmen nach Abs. 2 berücksichtigt die in den Fällen des Absatzes 1 Nr. 2 und 3 bestehenden höheren finanziellen Anreize zum Normverstoß. Nach den allgemeinen Regeln des Ordnungswidrigkeitenrechts wird ausschließlich vorsätzliches Handeln erfasst.

2. Aus der Beschlussempfehlung und dem Bericht des Ausschusses für Gesundheit des Deutschen Bundestages (BT-Drucksache 18/12847 (S. 116 f.)). vom 21. Juni 2017

Zu Abs. 1 Nr. 1. Es handelt sich um eine Folgeänderung zur Einfügung des neuen Absatzes 2 in § 1 und zur Einfügung eines neuen Teils 5.

Zu Abs. 1 Nr. 2 und 3. Es handelt sich um eine Folgeänderung zur Einfügung eines neuen Teils 5.

III. Erläuterungen. In § 57 wird bestimmt, dass die Führung der Berufsbezeichnung ohne Erlaubnis nach §§ 1 Abs. 1, 58 Abs. 1, 2 ordnungswidrig ist. Ebenso handelt ordnungswidrig, wer als selbstständig erwerbstätige Person oder als Arbeitgeber Aufgaben nach § 4 auch in Verbindung mit § 58 Abs. 3 (Kinderkranken- oder Altenpflege) gegenüber Dritten durchführt, einer Person ohne erforderliche Erlaubnis überträgt oder duldet.

Verstöße sind mit Geldbußen zu ahnden.

Teil 5

Besondere Vorschriften über die Berufsabschlüsse in der Gesundheits- und Kinderkrankenpflege sowie in der Altenpflege

I. Zur Entstehungsgeschichte. Teil 5 wurde gegenüber dem Gesetzesentwurf der Bundesregierung neu eingefügt. Dadurch vereinfacht sich die Bezifferung im Verhältnis zum ursprünglichen Gesetzesentwurf um fünf Ziffern nach hinten.

II. Aus den Gesetzesmaterialien. Nach § 57 wird ein neuer Teil 5 in das Pflegeberufegesetz eingefügt, der besondere Vorschriften über die Berufsabschlüsse in der Gesundheits- und Kinderkrankenpflege sowie in der Altenpflege enthält.

Mit dem Pflegeberufegesetz soll eine dreijährige Ausbildung in der Pflege eingeführt werden, die generalistisch ausgerichtet ist und zur Pflege von Menschen aller Altersstufen in allen Versorgungssettings befähigt. Dabei wird die Möglichkeit geschaffen, dass diejenigen, die den Vertiefungseinsatz im Bereich der pädiatrischen Versorgung oder im Bereich der allgemeinen Langzeitpflege in stationären Einrichtungen gewählt haben, sich entscheiden, anstelle des generalistischen Abschlusses den Abschluss als Gesundheits- und Kinderkrankenpflegerin oder Gesundheits- und Kinderkrankenpfleger oder als Altenpflegerin oder Altenpfleger anzustreben und zu erwerben; die Ausbildung verläuft im letzten Drittel entsprechend angepasst. Das Krankenpflegegesetz und das Altenpflegegesetz sollen zeitgleich mit dem Inkrafttreten des Pflegeberufegesetzes außer Kraft treten.

Alle Auszubildenden werden in den ersten beiden Ausbildungsdritteln gemeinsam generalistisch ausgebildet. Für das letzte Ausbildungsdrittel können die Auszubildenden mit einem Vertiefungseinsatz im Bereich der pädiatrischen Versorgung oder einem Vertiefungseinsatz im Bereich der allgemeinen Langzeitpflege in stationären Einrichtungen oder der allgemeinen ambulanten Akut- und Langzeitpflege mit der Ausrichtung auf den Bereich der ambulanten Langzeitpflege anstelle einer weiteren generalistischen Ausbildung auch Ausbildungsgänge wählen, die speziell auf die Versorgung von Kindern und Jugendlichen oder von alten Menschen ausgerichtet sind.

Für die Ausbildung mit den besonderen Abschlüssen gelten besondere Regelungen, die im neuen Teil 5 des Pflegeberufsgesetzes sowie in der auf Grundlage von § 56 Absätze 1 und 2 zu erlassenden Ausbildungs- und Prüfungsverordnung verankert werden.

§ 58

Führen der Berufsbezeichnungen in der Gesundheits- und Kinderkrankenpflege sowie in der Altenpflege

(1) Wer die Berufsbezeichnung „Gesundheits- und Kinderkrankenpflegerin" oder „Gesundheits- und Kinderkrankenpfleger" führen will, bedarf der Erlaubnis.

(2) Wer die Berufsbezeichnung „Altenpflegerin" oder „Altenpfleger" führen will, bedarf der Erlaubnis.

(3) Die §§ 2 bis 4 sind entsprechend anzuwenden.

I. Zur Entstehungsgeschichte. Es handelt sich um eine Neuregelung, die im ursprünglichen Gesetzesentwurf der Bundesregierung nicht vorhanden war.

II. Aus den Gesetzesmaterialien. Aus der Beschlussempfehlung und dem Bericht des Ausschusses für Gesundheit des Deutschen Bundestages (BT-Drucksache 18/12847 (S. 117 f.)) vom 21. Juni 2017. In dieser Vorschrift wird die Erlaubnis zum Führen der Berufsbezeichnungen *„Gesundheits- und Kinderkrankenpflegerin"* oder *„Gesundheits- und Kinderkrankenpfleger"* bzw. *„Altenpflegerin"* oder *„Altenpfleger"* geregelt. Die §§ 2, 3 und 4, die sich auf die Erlaubnis zum Führen der Berufsbezeichnung *„Pflegefachfrau"* bzw. *„Pflegefachmann"* beziehen, gelten für diese Abschlüsse ebenfalls.

§ 59

Gemeinsame Vorschriften; Wahlrecht der Auszubildenden

(1) Die Regelungen in Teil 2, § 52 Abs. 1 und 2 sowie Teil 4 Abschnitt 4 gelten entsprechend nach Maßgabe der Absätze 2 bis 5 sowie der §§ 60 und 61.

(2) Ist im Ausbildungsvertrag ein Vertiefungseinsatz im speziellen Bereich der pädiatrischen Versorgung vereinbart, kann sich die oder der Auszubildende für das letzte Ausbildungsdrittel entscheiden, statt die bisherige Ausbildung nach Teil 2 fortzusetzen, eine Ausbildung zur Gesundheits- und Kinderkrankenpflegerin oder zum Gesundheits- und Kinderkrankenpfleger nach Maßgabe des § 60 mit dem Ziel durchzuführen, eine Erlaubnis nach § 58 Abs. 1 zu erhalten.

(3) Ist im Ausbildungsvertrag ein Vertiefungseinsatz im Bereich der allgemeinen Langzeitpflege in stationären Einrichtungen oder der allgemeinen ambulanten Akut- und Langzeitpflege mit der Ausrichtung auf den Bereich der ambulanten Langzeitpflege vereinbart, kann sich die oder der Auszubildende für das letzte Ausbildungsdrittel entscheiden, statt die bisherige Ausbildung nach Teil 2 fortzusetzen, eine Ausbildung zur Altenpflegerin oder zum Altenpfleger nach Maßgabe des § 61 mit dem Ziel durchzuführen, eine Erlaubnis nach § 58 Abs. 2 zu erhalten.

(4) Der Träger der praktischen Ausbildung stellt sicher, dass die oder der Auszubildende vor Ausübung des Wahlrechts die in § 7 Abs. 3 benannten Einsätze jeweils mindestens zur Hälfte absolviert hat. Er stellt darüber hinaus nach Ausübung des Wahlrechts die Durchführung der jeweiligen gewählten Ausbildung nach § 60 oder § 61 selbst oder über Kooperationsverträge nach § 6 Abs. 4 mit anderen Einrichtungen und Pflegeschulen sicher.

(5) Das Wahlrecht nach Abs. 2 oder Abs. 3 soll vier Monate und kann frühestens sechs Monate vor Beginn des letzten Ausbildungsdrittels gegenüber dem Träger der praktischen Ausbildung ausgeübt werden. Besteht ein Wahlrecht, muss der Ausbildungsvertrag nach § 16 Angaben zum Wahlrecht und zum Zeitpunkt der Ausübung enthalten. Wird das Wahlrecht ausgeübt, ist der Ausbildungsvertrag nach § 16 entsprechend anzupassen.

I. Zur Entstehungsgeschichte. Es handelt sich um neue Regelungen, die im ursprünglichen Gesetzesentwurf der Bundesregierung nicht verhandelt wurden.

II. Aus den Gesetzesmaterialien. Aus der Beschlussempfehlung und dem Bericht des Ausschusses für Gesundheit des Deutschen Bundestages (BT-Drucksache 18/12847 (S. 117 f.)) vom 21. Juni 2017. Diese Vorschrift enthält Regelungen, die gemeinsam gelten für die Ausbildungen nach § 58 mit dem Ziel, einen gesonderten Berufsabschluss in der Gesundheits- und Kinderkrankenpflege oder Altenpflege zu erwerben, sowie Regelungen zum Wahlrecht der Auszubildenden.

In Abs. 1 wird durch einen Verweis geregelt, welche Vorschriften des Pflegeberufsgesetzes entsprechend auch für die Ausbildungen mit den gesonderten Berufsabschlüssen gelten, allerdings angepasst an die besonderen Bedingungen, die in den folgenden Absätzen sowie in den §§ 60 und 61 enthalten sind.

Abs. 2 bestimmt, welche Auszubildenden sich für einen Abschluss in der Gesundheits- und Kinderkrankenpflege entscheiden können. Anknüpfungspunkt ist der im Ausbildungsvertrag vereinbarte Vertiefungseinsatz. Wer mit einem Vertiefungseinsatz in den speziellen Bereichen der pädiatrischen Versorgung bereits einen Ausbildungsschwerpunkt in der Pflege von Kindern und Jugendlichen gesetzt hat, kann sich entscheiden, ob im letzten Ausbildungsdrittel die generalistische Ausbildung mit dem entsprechenden Schwerpunkt fortgesetzt oder eine Ausbildung zur Gesundheits- und Kinderkrankenpflegerin oder zum Gesundheits- und Kinderkrankenpfleger durchgeführt werden soll.

In Abs. 3 wird festgelegt, welche Auszubildenden sich für einen Abschluss in der Altenpflege entscheiden können. Anknüpfungspunkt ist der im Ausbildungsvertrag vereinbarte Vertiefungseinsatz. Wer mit einem Vertiefungseinsatz im Bereich der allgemeinen Langzeitpflege in stationären Einrichtungen oder im Bereich der allgemeinen ambulanten Akut- und Langzeitpflege mit der Ausrichtung auf den Bereich der ambulanten Langzeitpflege bereits einen Ausbildungsschwerpunkt in der Pflege von alten Menschen gesetzt hat, kann sich entscheiden, ob im letzten Ausbildungsdrittel die generalistische Ausbildung mit dem entsprechenden Schwerpunkt fortgesetzt oder eine Ausbildung zur Altenpflegerin oder zum Altenpfleger durchgeführt werden soll.

Durch Abs. 4 wird gewährleistet, dass die oder der Auszubildende vor Ausübung des Wahlrechts alle maßgeblichen Ausbildungsbereiche zumindest teilweise kennengelernt hat und auf dieser Grundlage eine informierte Entscheidung treffen kann. Der Träger der praktischen Ausbildung hat für jeden wahlberechtigten Auszubildenden sicherzustellen, dass die gewünschte weitere Ausbildung nach Ausübung des Wahlrechts durchgeführt werden kann. Kann er die weitere Durchführung der Ausbildung nicht selbst ermöglichen, muss er dies über Kooperationen mit anderen Einrichtungen und Schulen gewährleisten.

Abs. 5 enthält Vorgaben zum Wahlrecht. Es wird bestimmt, dass das Wahlrecht vier Monate vor Beginn des letzten Ausbildungsdrittels ausgeübt werden soll und frühestens sechs Monate vor Beginn des letzten Ausbildungsdrittels ausgeübt werden kann. Damit wird dem Träger der praktischen Ausbildung und den Pflegeschulen die Gelegenheit gegeben, rechtzeitig vor Beginn des dritten Ausbildungsdrittels die weitere Ausbildung zu planen.

Die Entscheidung kann frühestens sechs Monate vor Beginn des letzten Ausbildungsdrittels getroffen werden, da die Auszubildenden das Wahlrecht in Kenntnis der verschiedenen Ausbildungsbereiche ausüben sollen.

Sofern einer der in Abs. 2 oder Abs. 3 genannten Vertiefungseinsätze gewählt wird, muss der Ausbildungsvertrag auch einen Hinweis auf die spätere Wahlmöglichkeit sowie auf den Zeitpunkt der Ausübung enthalten. Vereinbarungen im Ausbildungsvertrag, die die Rechte der Auszubildenden einschränken, sind nichtig (S. § 24 Abs. 1). Sofern die Auszubildenden ihr Wahlrecht ausüben, ist der Ausbildungsvertrag dahingehend schriftlich zu ändern (S. § 16 Abs. 5), dass die Berufsbezeichnung im Sinne des § 16 Abs. 2 Nr. 1 anzupassen ist.

§ 60

Ausbildung zur Gesundheits- und Kinderkrankenpflegerin oder zum Gesundheits- und Kinderkrankenpfleger; Ausbildungsziel und Durchführung der Ausbildung

(1) Wählt die oder der Auszubildende nach § 59 Abs. 2, eine Ausbildung zur Gesundheits- und Kinderkrankenpflegerin oder zum Gesundheits- und Kinderkrankenpfleger durchzuführen, gilt § 5 für die weitere Ausbildung mit der Maßgabe, dass die Kompetenzvermittlung speziell zur Pflege von Kindern und Jugendlichen erfolgt.

(2) Die praktische Ausbildung des letzten Ausbildungsdrittels ist in Bereichen der Versorgung von Kindern und Jugendlichen durchzuführen. Der theoretische und praktische Unterricht des letzten Ausbildungsdrittels ist am Ausbildungsziel des Absatzes 1 auszurichten.

I. Zur Entstehungsgeschichte. Es handelt sich um Neuregelungen, die im ursprünglichen Gesetzesentwurf nicht vorhanden waren.

II. Aus den Gesetzesmaterialien. Aus der Beschlussempfehlung und dem Bericht des Ausschusses für Gesundheit des Deutschen Bundestages (BT-Drucksache 18/12847 (S. 118)) vom 21. Juni 2017. Wählen die Auszubildenden für das letzte Ausbildungsdrittel eine Ausbildung zur Gesundheits- und Kinderkrankenpflegerin oder zum Gesundheits- und Kinderkrankenpfleger, ist § 5 für die weitere Ausbildung insoweit anzupassen, als sich das Ausbildungsziel speziell an der Pflege von Kindern und Jugendlichen auszurichten hat. Dies ist insbesondere auch für die Gestaltung der staatlichen Abschlussprüfung zu beachten.

Wird statt eines generalistischen Abschlusses zur Pflegefachfrau oder zum Pflegefachmann mit einem entsprechenden Vertiefungseinsatz ein gesonderter Abschluss zur Gesundheits- und Kinderkrankenpflegerin oder zum Gesundheits- und Kinderkrankenpfleger gewählt, werden im letzten Drittel der Ausbildung speziell Kompetenzen für die Pflege von Kindern und Jugendlichen vermittelt. Die praktische Ausbildung wird entsprechend dem speziellen Ausbildungsziel des Absatzes 1 in Bereichen der Versorgung von Kindern und Jugendlichen durchgeführt. Der Unterricht orientiert sich ebenfalls am besonderen Ausbildungsziel.

Die Mindestanforderungen an die Ausbildung werden in der Ausbildungs- und Prüfungsverordnung festgelegt.

§ 61

Ausbildung zur Altenpflegerin oder zum Altenpfleger; Ausbildungsziel und Durchführung der Ausbildung

(1) Wählt die oder der Auszubildende nach § 59 Abs. 3, eine Ausbildung zur Altenpflegerin oder zum Altenpfleger durchzuführen, gilt § 5 für die weitere Ausbildung mit der Maßgabe, dass die Kompetenzvermittlung speziell zur Pflege alter Menschen erfolgt.

(2) Die praktische Ausbildung des letzten Ausbildungsdrittels ist in Bereichen der Versorgung von alten Menschen durchzuführen. Der theoretische und praktische Unterricht des letzten Ausbildungsdrittels ist am Ausbildungsziel des Absatzes 1 auszurichten.

I. Zur Entstehungsgeschichte. Es handelt sich um Neuregelungen, die im ursprünglichen Gesetzesentwurf nicht vorhanden waren.

II. Aus den Gesetzesmaterialien. Aus der Beschlussempfehlung und dem Bericht des Ausschusses für Gesundheit des Deutschen Bundestages (BT-Drucksache 18/12847 (S. 118)) vom 21. Juni 2017. Wählen die Auszubildenden für das letzte Ausbildungsdrittel eine Ausbildung zur Altenpflegerin oder zum Altenpfleger, ist § 5 für die weitere Ausbildung insoweit anzupassen, als sich das Ausbildungsziel speziell an der Pflege von alten Menschen auszurichten hat. Dies ist insbesondere auch für die Gestaltung der staatlichen Abschlussprüfung zu beachten.

Wird statt eines generalistischen Abschlusses zur Pflegefachfrau oder zum Pflegefachmann mit einem entsprechenden Vertiefungseinsatz ein gesonderter Abschluss zur Altenpflegerin oder zum Altenpfleger gewählt, werden im letzten Drittel der Ausbildung speziell Kompetenzen für die Pflege von alten Menschen vermittelt.

Die praktische Ausbildung wird entsprechend dem speziellen Ausbildungsziel des Absatzes 1 in Bereichen der Versorgung von alten Menschen durchgeführt. Der Unterricht orientiert sich ebenfalls am besonderen Ausbildungsziel.

Die Mindestanforderungen an die Ausbildung werden in der Ausbildungs- und Prüfungsverordnung festgelegt.

§ 62

Überprüfung der Vorschriften über die Berufsabschlüsse in der Gesundheits- und Kinderkrankenpflege sowie in der Altenpflege

(1) Das Bundesministerium für Familie, Senioren, Frauen und Jugend und das Bundesministerium für Gesundheit ermitteln bis zum 31. Dezember 2025, welcher Anteil der Auszubildenden das Wahlrecht nach § 59 Abs. 2 einerseits und nach § 59 Abs. 3 andererseits ausgeübt hat. Das Bundesministerium für Familie, Senioren, Frauen und Jugend und das Bundesministerium für Gesundheit berichten dem Deutschen Bundestag bis zum 31. Dezember 2025, welcher Anteil der Auszubildenden das Wahlrecht nach § 59 Abs. 2 einerseits und nach § 59 Abs. 3 andererseits ausgeübt hat. Der Bericht soll für den Fall, dass der jeweilige Anteil geringer als 50 Prozent ist, Vorschläge zur Anpassung des Gesetzes enthalten.

(2) Die zuständigen Stellen nach § 26 Abs. 4 erheben für jedes Ausbildungsjahr zum Zweck der Evaluierung nach Abs. 1 die folgenden Angaben und übermitteln sie an das Bundesministerium für Familie, Senioren, Frauen und Jugend und das Bundesministerium für Gesundheit:

1. die Zahl der in der Ausbildung befindlichen Personen, getrennt nach Wahl des Vertiefungseinsatzes,
2. die Zahl der Personen nach § 59 Abs. 2, die das Wahlrecht ausüben,
3. die Zahl der Personen nach § 59 Abs. 3, die das Wahlrecht ausüben.

I. Zur Entstehungsgeschichte. Es handelt sich um Neuregelungen, die im ursprünglichen Gesetzesentwurf nicht vorhanden waren.

II. Aus den Gesetzesmaterialien. Aus der Beschlussempfehlung und dem Bericht des Ausschusses für Gesundheit des Deutschen Bundestages (BT-Drucksache 18/12847 (S. 118 f.)) vom 21. Juni 2017.

Zu Abs. 1. Das Bundesministerium für Familie, Senioren, Frauen und Jugend und das Bundesministerium für Gesundheit ermitteln bis zum 31. Dezember 2025, welcher Anteil der Auszubildenden jeweils das Wahlrecht nach § 59 Abs. 2 oder nach § 59 Abs. 3 ausgeübt hat. Die Evaluation und die Bestimmung der Abschlussraten erfolgen für die jeweiligen Berufsabschlüsse getrennt voneinander. Der Deutsche Bundestag entscheidet auf dieser Grundlage, ob die jeweiligen Regelungen zu den speziellen Berufsabschlüssen der Gesundheits- und Kinderkrankenpflege einerseits und der Altenpflege andererseits aufgehoben oder beibehalten werden. Wählen weniger als die Hälfte der jeweiligen Auszubildenden den entsprechenden gesonderten Abschluss, ist es gerechtfertigt, die besonderen Regelungen dieses Teils zu dem entsprechenden Abschluss wieder aufzuheben.

Zu Abs. 2. Um die Überprüfung nach Abs. 1 durchführen zu können, sind weitere Datenerhebungen erforderlich. Bereits zu Beginn der Ausbildung und für jedes Ausbildungsjahr müssen die Zahlen der Auszubildenden in den einzelnen Vertiefungsbereichen erfasst werden. Außerdem muss erhoben werden, welche Auszubildenden mit dem Vertiefungseinsatz im Bereich der pädiatrischen Versorgung einerseits und im Bereich der allgemeinen Langzeitpflege in stationären Einrichtungen andererseits ihr Wahlrecht ausüben, um die jeweiligen Anteile ermitteln zu können. Die von den Ländern bestimmten zuständigen Stellen nach § 26 Abs. 4 erheben im Rahmen der Finanzierungsvorschriften bereits umfassende Daten zu den Ausbildungszahlen und -kosten (S. § 30 Abs. 4, § 31 Abs. 4), sodass es sachgerecht ist, die für die Evaluierung erforderlichen Daten ebenfalls dort zu erheben.

Teil 6
Anwendungs- und Übergangsvorschriften

I. Zur Entstehungsgeschichte. Die ursprünglich in §§ 58 bis 63 geregelten Regelungen haben sich nach hinten verschoben.

II. Aus den Gesetzesmaterialien. Es handelt sich um Folgeänderungen zur Einfügung eines neuen Teils 5.

§ 63

Nichtanwendung des Berufsbildungsgesetzes

Für die Ausbildung nach diesem Gesetz findet das Berufsbildungsgesetz, soweit nicht die Aufgaben des Bundesinstituts für Berufsbildung nach § 53 Abs. 5 Satz 1 und § 54 in Verbindung mit § 90 Abs. 3a des Berufsbildungsgesetzes betroffen sind, keine Anwendung.

I. Zur Entstehungsgeschichte. Die ursprüngliche Regelung in § 58 wurde angepasst.

II. Aus den Gesetzesmaterialien.

1. Aus der Begründung zum Gesetzesentwurf der Bundesregierung von 2016 (BT-Drucksache 18/7823 (S. 95)). Die Vorschrift stellt klar, dass das Berufsbildungsgesetz mit Ausnahme des § 90 Abs. 3a keine Anwendung findet.

2. Aus der Beschlussempfehlung und dem Bericht des Ausschusses für Gesundheit des Deutschen Bundestages (BT-Drucksache 18/12847 (S. 119)) vom 21. Juni 2017. Es handelt sich um eine Folgeänderung zur Einfügung eines neuen Teils 5.

III. Erläuterungen. Durch § 63 wird die Nichtanwendung des Berufsbildungsgesetzes bestimmt.

Damit bleibt ebenso wie schon vorher beim Kranken- und Altenpflegegesetz nun auch die Ausbildung zur Pflegefachfrau, zum Pflegefachmann, zur Gesundheits- und Kinderkrankenpflege und zur Altenpflege weiterhin außerhalb des Regelsystems der (dualen) beruflichen Ausbildung.

§ 64

Fortgeltung der Berufsbezeichnung

Eine Erlaubnis zum Führen der Berufsbezeichnung nach dem Krankenpflegegesetz in der am 31. Dezember 2019 geltenden Fassung oder nach dem Altenpflegegesetz in der am 31. Dezember 2019 geltenden Fassung bleibt durch dieses Gesetz unberührt. Sie gilt zugleich als Erlaubnis nach § 1 Abs. 1 Satz 1. Die die Erlaubnis nach § 1 Abs. 1 Satz 1 betreffenden Vorschriften sind entsprechend anzuwenden.

I. Zur Entstehungsgeschichte. Die Regelung findet sich im ursprünglichen Gesetzesentwurf der Bundesregierung in § 59 und es wurde neben Anpassungen in Abs. 1 die vorgesehenen Regelungen in Abs. 2 gestrichen.

II. Aus den Gesetzesmaterialien.

1. Aus der Begründung zum Gesetzesentwurf der Bundesregierung von 2016 (BT-Drucksache 18/7823 (S. 95 f.)). Diese Vorschrift regelt die Fortgeltung der bisherigen Berufsbezeichnungen nach dem Altenpflegegesetz und dem Krankenpflegegesetz. Die Bezugnahme auf das Altenpflege- und das Krankenpflegegesetz umfasst auch die dort geregelten Übergangs- und Anwendungsvorschriften. Durch Satz 2 wird zudem klargestellt, dass auch die für eine Aufhebung der Erlaubnis geltenden Vorschriften des § 3 auf die bisherigen Berufsbezeichnungen anzuwenden sind. Zudem reicht die Erlaubnis zum Führen der bisherigen Berufsbezeichnung, um die in § 4 Abs. 2 genannten Tätigkeiten ausüben zu können.

Darüber hinaus erhalten die Personen nach Abs. 2, die über eine Erlaubnis zum Führen der Berufsbezeichnung nach dem Altenpflegegesetz oder dem Krankenpflegegesetz verfügen, einen Anspruch auf Erteilung einer Erlaubnis zum Führen der Berufsbezeichnung Pflegefachfrau oder Pflegefachmann nach § 1. Zur Umschreibung bedarf es einer Antragsstellung.

Abs. 2 Satz 2 stellt mit Blick auf mögliche Anerkennungsverfahren sicher, dass für die Behörden in den Mitgliedstaaten der Europäischen Union oder den Vertragsstaaten des Abkommens über den Europäischen Wirtschaftsraum erkennbar bleibt, in welchem Beruf die Personen ausgebildet wurden, die ihre Berufsqualifikation vor Inkrafttreten dieses Gesetzes erworben haben.

2. Aus der Beschlussempfehlung und dem Bericht des Ausschusses für Gesundheit des Deutschen Bundestages (BT-Drucksache 18/12847 (S. 119)) vom 21. Juni 2017. Zur Überschrift und Absatznummerierung.

Es handelt sich um eine Folgeänderung zur Aufhebung von Abs. 2.

Zu Abs. 1 Satz 1. Es handelt sich um eine Folgeänderung zur Verschiebung des Beginns der neuen Ausbildung.

Zu Abs. 1 Satz 2 und 3. Es handelt sich um eine Folgeänderung zur Einfügung eines neuen Absatzes 2 in § 1.

Zu Abs. 2. Da es neben dem generalistischen Abschluss Pflegefachfrau oder Pflegefachmann weiterhin die speziellen Abschlüsse in der Gesundheits- und Kinderkrankenpflege und in der Altenpflege geben wird, entfällt der Anspruch auf Umschreibung der bisherigen Berufsbezeichnungen. Die Vorschriften, die die Erlaubnis zum Führen der Berufsbezeichnung betreffen, sind nach § 64 Sätze 2 und 3 jedoch unverändert auch auf die bisherigen Berufsabschlüsse nach dem Krankenpflegegesetz und Altenpflegegesetz anzuwenden. So dürfen beispielsweise die in § 4 Abs. 2 genannten Tätigkeiten von allen Personen ausgeübt werden, die einen Abschluss nach dem Pflegeberufegesetz erwerben oder nach dem aufzuhebenden Krankenpflege- oder Altenpflegegesetz erworben haben.

III. Erläuterungen. Der Gesetzgeber stellt mit dieser Regelung klar, dass die bisherigen Berufsbezeichnungen fortgelten und zugleich zum Führen der Berufsbezeichnung nach § 1 (auf Antrag gem. § 2) dieses Gesetzes berechtigen. Auch können die Vorbehaltsaufgaben/-tätigkeiten gem. § 4 ausgeübt werden.

§ 65

Weitergeltung staatlicher Anerkennungen von Schulen; Bestandsschutz

(1) Schulen, die am 31. Dezember 2019 nach den Vorschriften des Krankenpflegegesetzes in der am 31. Dezember 2019 geltenden Fassung staatlich anerkannt sind, gelten weiterhin als staatlich anerkannt nach § 6 Abs. 2, wenn die Anerkennung nicht nach Maßgabe des Absatzes 3 widerrufen wird.

(2) Altenpflegeschulen, die am 31. Dezember 2019 nach den Vorschriften des Altenpflegegesetzes in der am 31. Dezember 2019 geltenden Fassung staatlich anerkannt sind, gelten weiterhin als staatlich anerkannt nach § 6 Abs.2, wenn die Anerkennung nicht nach Maßgabe des Absatzes 3 widerrufen wird.

(3) Staatliche Anerkennungen von Schulen nach Abs. 1 oder von Altenpflegeschulen nach Abs. 2 sind zu widerrufen, falls das Vorliegen der Voraussetzungen nach § 9 Abs. 1 und 2 nicht bis zum 31. Dezember 2029 nachgewiesen wird. Am 31. Dezember 2019 bestehende staatliche Schulen nach den Vorschriften des Krankenpflegegesetzes in der am 31. Dezember 2019 geltenden Fassung oder nach den Vorschriften des Altenpflegegesetzes in der am 31. Dezember 2019 geltenden Fassung setzen die Voraussetzungen nach § 9 Abs. 1 und 2 bis zum 31. Dezember 2029 um. § 9 Abs. 3 bleibt unberührt.

(4) Die Voraussetzungen des § 9 Abs. 1 Nr. 1 und 2 gelten als erfüllt, wenn als Schulleitung oder Lehrkräfte Personen eingesetzt werden, die am 31. Dezember 2019

1. eine staatliche oder staatlich anerkannte (Kinder-)Krankenpflegeschule oder eine staatliche oder staatlich anerkannte Altenpflegeschule rechtmäßig leiten,

2. als Lehrkräfte an einer staatlichen oder staatlich anerkannten (Kinder-)Krankenpflegeschule oder an einer staatlichen oder staatlich anerkannten Altenpflegeschule rechtmäßig unterrichten,

3. über die Qualifikation zur Leitung oder zur Tätigkeit als Lehrkraft an einer staatlichen oder staatlich anerkannten (Kinder-)Krankenpflegeschule oder an einer staatlichen oder staatlich anerkannten Altenpflegeschule verfügen oder

4. an einer Weiterbildung zur Leitung einer staatlichen oder staatlich anerkannten Altenpflegeschule oder zur Lehrkraft teilnehmen und diese bis zum 31. Dezember 2020 erfolgreich abschließen.

I. Zur Entstehungsgeschichte. Die Vorschrift wurde aus § 60 des ursprünglichen Gesetzesentwurfs der Bundesregierung übernommen und geändert.

II. Aus den Gesetzesmaterialien.

1. Aus der Begründung zum Gesetzesentwurf der Bundesregierung von 2016 (BT-Drucksache 18/7823 (S. 96)). Diese Vorschrift regelt die Weitergeltung der staatlichen Anerkennung von Schulen nach dem Krankenpflegegesetz sowie von Altenpflegeschulen nach dem Altenpflegegesetz. Die Vorschrift dient der Sicherung der Ausbildungskapazitäten sowie der Besitzstandswahrung und soll einen zeitlich gestreckten Übergang zu den Mindestanforderungen an Pflegeschulen nach § 9 schaffen.

Die staatlichen Anerkennungen der genannten Schulen gelten fort, soweit sie nicht nach Abs. 3 widerrufen werden. Die Überprüfung der Voraussetzungen für die staatliche Anerkennung sowie gegebenenfalls deren Widerruf erfolgt durch die zuständige Landesbehörde. Übergangsfristen ermöglichen den Schulen, den neuen Anforderungen gerecht zu werden.

Der Nachweis der Voraussetzungen nach § 9 Abs. 1 Nr. 1 und 2 muss seitens staatlich anerkannter Schulen nach dem Krankenpflegegesetz oder staatlich anerkannter Altenpflegeschulen nach dem Altenpflegegesetz innerhalb von zehn Jahren nach Inkrafttreten von § 9 erbracht werden. Staatliche Schulen nach dem Krankenpflegegesetz oder nach dem Altenpflegegesetz müssen die Mindestanforderungen nach § 9 Abs. 1 Nr. 1 und 2 innerhalb derselben zehnjährigen Frist umsetzen. Die Frist begründet sich damit, dass gegenüber der bisherigen Rechtslage die Qualifikationsanforderungen angehoben wurden und den Schulen ein problemloser Übergang ermöglicht werden soll. Hierzu trägt auch die Bestandsschutzregelung des Absatzes 4 bei.

2. Aus der Beschlussempfehlung und dem Bericht des Ausschusses für Gesundheit des Deutschen Bundestages (BT-Drucksache 18/12847 (S. 119 f.)). vom 21. Juni 2017. Zu den Absätzen 1 bis 4. Es handelt sich um eine Folgeänderungen zur Verschiebung des Beginns der neuen Ausbildung und des Außerkrafttretenszeitpunkts des Krankenpflegegesetzes und des Altenpflegegesetzes.

Zu Abs. 4 Nr. 1, 2 und 3. Der Bestandsschutz muss auch auf die Schulleitung und die Lehrkräfte von staatlichen oder staatlich anerkannten Kinderkrankenpflegeschulen Anwendung finden.

Nr. 4. Nach § 4 Abs. 3 Satz 1 Nr. 1 und 2 des Krankenpflegegesetzes (KrPflG) müssen Schulleitung und Lehrkräfte über eine abgeschlossene Hochschulausbildung verfügen.

Im Rahmen des Bestandsschutzes nach § 24 Abs. 2 Nr. 3 KrPflG gelten die Voraussetzungen nach § 4 Abs. 3 Satz 1 Nr. 1 und 2 KrPflG als erfüllt, wenn als Schulleitung oder Lehrkräfte Personen eingesetzt werden, die bei Inkrafttreten des Krankenpflegegesetzes (01. Januar 2004) an einer für die genannten Tätigkeiten nach dem Krankenpflegegesetz vom 04. Juni 1985 erforderlichen Weiterbildung bereits teilnehmen und diese erfolgreich abschließen.

Eine Weiterbildung zur Leitung einer Schule oder zur Lehrkraft, die nach dem 31. Dezember 2003 beginnen würde, kann daher nicht berücksichtigt werden.

III. Erläuterungen. In § 65 wird die Weitergeltung staatlicher Anerkennungen von Schulen geregelt und in Abs. 3 die Übergangsfrist für einen Bestandsschutz von zehn Jahren für Schulen bestimmt.

Die staatliche Anerkennung ist zu widerrufen, falls das Vorliegen der Voraussetzungen nicht bis zum 31. Dezember 2029 nachgewiesen wird Die Voraussetzungen gelten als erfüllt, wenn als Schulleitungen oder Lehrkräfte Personen eingesetzt werden, die am 31. Dezember 2019 eine staatliche oder staatlich anerkannte (Kinder-)Krankenpflegeschule oder Altenpflegeschule leiten, dort als Lehrkräfte regelmäßig unterrichten, über die Qualifikation zur Leitung oder zur Tätigkeit als Lehrkraft verfügen oder an einer entsprechenden Weiterbildung teilnehmen und diese bis zum 31. Dezember 2020 abschließen.

§ 66

Übergangsvorschriften für begonnene Ausbildungen nach dem Krankenpflegegesetz oder dem Altenpflegegesetz

(1) Eine Ausbildung
   1. zur Gesundheits- und Krankenpflegerin oder zum Gesundheits- und Krankenpfleger oder
   2. zur Gesundheits- und Kinderkrankenpflegerin oder zum Gesundheits- und Kinderkrankenpfleger,

die vor Ablauf des 31. Dezember 2019 begonnen wurde, kann bis zum 31. Dezember 2024 auf der Grundlage der Vorschriften des Krankenpflegegesetzes in der am 31. Dezember 2019 geltenden Fassung abgeschlossen werden. Nach Abschluss der Ausbildung erhält die antragstellende Person, wenn die Voraussetzungen des § 2 Nr. 2 bis 4 vorliegen, die Erlaubnis, die Berufsbezeichnung „Gesundheits- und Krankenpflegerin" oder „Gesundheits- und Krankenpfleger" oder die Bezeichnung „Gesundheits- und Kinderkrankenpflegerin" oder „Gesundheits- und Kinderkrankenpfleger" zu führen. Die Möglichkeit der Überleitung einer vor Außerkrafttreten des Krankenpflegegesetzes nach den Vorschriften des Krankenpflegegesetzes begonnenen Ausbildung in die neue Pflegeausbildung nach Teil 2 bleibt hiervon unberührt; das Nähere regeln die Länder.

(2) Eine Ausbildung zur Altenpflegerin oder zum Altenpfleger, die vor Ablauf des 31. Dezember 2019 begonnen wurde, kann bis zum 31. Dezember 2024 auf der Grundlage der Vorschriften des Altenpflegegesetzes, einschließlich der darin enthaltenen Kostenregelungen, in der am 31. Dezember 2019 geltenden Fassung abgeschlossen werden. Nach Abschluss der Ausbildung erhält die antragstellende Person, wenn die Voraussetzungen des § 2 Nr. 2 bis 4 vorliegen, die Erlaubnis, die Berufsbezeichnung „Altenpflegerin" oder „Altenpfleger" zu führen. Die Möglichkeit der Überleitung einer vor Außerkrafttreten des Altenpflegegesetzes nach den Vorschriften des Altenpflegegesetzes begonnenen Ausbildung in die neue Pflegeausbildung nach Teil 2 bleibt hiervon unberührt; das Nähere regeln die Länder.

(3) Für die Finanzierung der Ausbildung nach Abs. 1 Satz 1 gilt § 17a des Krankenhausfinanzierungsgesetzes in der am 31. Dezember 2018 geltenden Fassung.

I. Zur Entstehungsgeschichte. Die Bestimmung, die ursprünglich in § 61 des Gesetzesentwurfs der Bundesregierung vorgesehen war, wurde inhaltlich die neuen Regelungen angepasst.

II. Aus den Gesetzesmaterialien.

1. Aus der Begründung zum Gesetzesentwurf der Bundesregierung von 2016 (BT-Drucksache 18/7823 (S. 96)). Personen, die eine Ausbildung nach dem Altenpflegegesetz oder dem Krankenpflegegesetz vor Außerkrafttreten dieser Gesetze begonnen haben, schließen diese nach den jeweiligen Vorschriften ab. Dabei richtet sich nicht nur die Ausbildung selbst, sondern auch die Finanzierung nach den bislang geltenden Vorschriften des Krankenhausfinanzierungsgesetzes oder des Altenpflegegesetzes.

Personen, die die Ausbildung nach den bisherigen Vorschriften abschließen, erhalten nach Abschluss ihrer Ausbildung die bisherige Berufsbezeichnung. Auch für sie gelten die entsprechenden weiteren Übergangsvorschriften. So besteht zum Beispiel nach § 59 besteht ein Anspruch auf Umschreibung.

2. Aus der Beschlussempfehlung und dem Bericht des Ausschusses für Gesundheit des Deutschen Bundestages (BT-Drucksache 18/12847 (S. 120)) vom 21. Juni 2017. Zu den Absätzen 1, 2 und 3. Es handelt sich um Folgeänderungen zur Verschiebung des Beginns der neuen Ausbildung und des Außerkrafttretenszeitpunkts des Krankenpflegegesetzes und des Altenpflegegesetzes.

III. Erläuterungen. § 66 regelt die Übergangsvorschriften für begonnene Ausbildungen nach dem Krankenpflegegesetz oder dem Altenpflegegesetz, einschließlich der (weiterlaufenden) Finanzierung bis zum 31. Dezember 2024.

Die Übergangsvorschriften für begonnene Ausbildungen nach dem Kranken- sowie dem Altenpflegesetz stellen sicher, dass keine Regelungslücke entsteht.

§ 67

Kooperation von Hochschulen und Pflegeschulen

(1) Bestehende Kooperationen von Hochschulen mit Schulen auf der Grundlage von § 4 Abs. 6 des Krankenpflegegesetzes oder mit Altenpflegeschulen auf der Grundlage von § 4 Abs. 6 des Altenpflegegesetzes können auf Antrag zur Durchführung der hochschulischen Pflegeausbildung nach Teil 3 bis zum 31. Dezember 2031 fortgeführt werden. Kooperiert die Hochschule bei den Lehrveranstaltungen mit einer Schule nach Satz 1, stellt sie sicher, dass die Ausbildungsziele erreicht werden. Eine Kooperation kann nur erfolgen, wenn der Anteil der Lehrveranstaltungen an der Hochschule deutlich überwiegt. Die Schule nach Satz 1 kann die Praxisbegleitung anteilig übernehmen.

(2) Neue Kooperationen von Hochschulen und Pflegeschulen können auf Antrag unter Beachtung der weiteren Maßgaben des Absatzes 1 zugelassen werden, soweit dies zur Förderung der hochschulischen Pflegeausbildung nach Teil 3 erforderlich ist.

I. Zur Entstehungsgeschichte. Abgesehen von einer zeitlichen Anpassung, wurde die ursprünglich in § 62 vorgesehene Regelung übernommen.

II. Aus den Gesetzesmaterialien.

1. Aus der Begründung zum Gesetzesentwurf der Bundesregierung von 2016 (BT-Drucksache 18/7823 (S. 96)). Die Regelung ist erforderlich, damit die bestehenden ausbildungsintegrierenden Modellstudiengänge nach dem Altenpflegegesetz oder dem Krankenpflegegesetz auf Grundlage der Vorschriften dieses Gesetzes fortgeführt werden können. Die hochschulische Pflegeausbildung nach Teil 3 sieht als Regel eine primärqualifizierende Ausbildung an Hochschulen vor. Ausbildungsintegrierende Studiengänge, die Kooperationen zwischen Hochschulen und Pflegeschulen beinhalten, können nach dieser Vorschrift jedoch auf Antrag befristet weitergeführt werden. Die Vorschrift gewährleistet damit, dass bestehende Angebote und funktionierende Kooperationen nicht abgebrochen werden müssen. Die Hochschule muss allerdings sicherstellen, dass die Ausbildungsziele nach § 37 erreicht werden und die Kooperation mit einer Pflegeschule ist nur zulässig, wenn der Anteil der Lehrveranstaltungen an der Hochschule deutlich überwiegt.

Auf Antrag kann die jeweils zuständige Landesbehörde ebenfalls neue Kooperationen zwischen Hochschulen und Pflegeschulen nach den Maßgaben des Abs. 1 befristet zulassen, soweit dies zur Förderung der hochschulischen Pflegeausbildung förderlich ist. Damit wird gerade in der Anlaufphase der hochschulischen Pflegeausbildung außerhalb des Modellcharakters sichergestellt, dass ausreichend neue Studienangebote entstehen können. Die Hochschule kann übergangsweise durch Zusammenarbeit mit der Pflegeschule deren Sachverstand und ggf. Strukturen im Rahmen ausbildungsintegrierender Studiengänge nutzen, um zwischenzeitlich die Strukturen für primärqualifizierende Studiengänge aufzubauen.

2. Aus der Beschlussempfehlung und dem Bericht des Ausschusses für Gesundheit des Deutschen Bundestages (BT-Drucksache 18/12847 (S. 120)) vom 21. Juni 2017. Zu Abs. 1 Satz 1. Es handelt sich um eine Folgeänderung zur Verschiebung des Beginns der neuen Ausbildung.

III. Erläuterungen. § 67 erlaubt, dass bestehende Kooperationen von Hochschulen und Pflegeschulen auf Antrag bis zum 31. Dezember 2031 fortgeführt und neue zugelassen werden können.

Durch diese Regelung können erfolgreiche ausbildungsintegrierte Modellstudien fortgeführt werden.

Studiengänge (auch duale) bei denen Lehrveranstaltungen in Kooperation mit Pflegeschulen dort durchgeführt werden, können jedoch nicht mehr fortgeführt werden, wenn die Lehrveranstaltungen an der Pflegeschule im gleichen Umfang wie an der Hochschule stattfinden oder diese sogar überwiegen. Deren Anteil an der Hochschule muss im Gegenteil *„deutlich"* höher sein.

§ 68

Evaluierung

(1) Das Bundesministerium für Familie, Senioren, Frauen und Jugend und das Bundesministerium für Gesundheit evaluieren bis zum 31. Dezember 2024 die Wirkung des § 11 Abs. 1 Nr. 3 auf wissenschaftlicher Grundlage.

(2) Das Bundesministerium für Familie, Senioren, Frauen und Jugend und das Bundesministerium für Gesundheit evaluieren bis zum 31. Dezember 2029 die Wirkung der §§ 53 und 54 auf wissenschaftlicher Grundlage.

(3) Das Bundesministerium für Familie, Senioren, Frauen und Jugend und das Bundesministerium für Gesundheit überprüfen bis zum 31. Dezember 2029 die Wirkung des § 67 auf wissenschaftlicher Grundlage im Rahmen einer umfassenden Evaluierung der hochschulischen Ausbildung.

(4) Das Bundesministerium für Familie, Senioren, Frauen und Jugend und das Bundesministerium für Gesundheit evaluieren bis zum 31. Dezember 2025 die Wirkungen des Teils 2 Abschnitt 3 auf wissenschaftlicher Grundlage.

I. Zur Entstehungsgeschichte. Die Regelung (ursprünglich in § 63) wurde die Neuregelung angepasst und um den Abs. 4 erweitert.

II. Aus den Gesetzesmaterialien.

1. Aus der Begründung zum Gesetzesentwurf der Bundesregierung von 2016 (BT-Drucksache 18/7823 (S. 96 f.)). Der Zugang zur beruflichen Pflegeausbildung über eine abgeschlossene sonstige zehnjährige allgemeine Schulbildung nach § 11 Abs. 1 Nr. 3, die Wirkung der §§ 53 und 54 sowie die Kooperationen von Hochschulen mit Pflegeschulen im Rahmen ausbildungsintegrierender Studiengänge nach § 62 werden entsprechend der Vorgaben dieser Vorschrift auf wissenschaftlicher Grundlage evaluiert.

2. Aus der Beschlussempfehlung und dem Bericht des Ausschusses für Gesundheit des Deutschen Bundestages (BT-Drucksache 18/12847 (S. 120)) vom 21. Juni 2017. Zu den Absätzen 1 und 2. Es handelt sich um Folgeänderungen zur Verschiebung des Beginns der neuen Ausbildung.

Zu Abs. 3. Es handelt sich um eine Folgeänderung zur Verschiebung des Beginns der neuen Ausbildung und zur Einfügung eines neuen Teils 5.

Zu Abs. 4. Mit dem Pflegeberufegesetz wird die Finanzierung der beruflichen Ausbildung auf eine völlig neue Grundlage gestellt. Sechs Jahre nach Beginn der neuen Ausbildungen liegen hinreichende Erfahrungen vor, um die praktische Bewährung und die Auswirkungen der neuen Regelungen zu überprüfen.

III. Erläuterungen. Die Zugangsvoraussetzungen zur Pflegeausbildung, aufgrund einer *„sonstigen"* zehnjährigen allgemeinen Schulbildung, die Errichtung der Fachkommission zur Erarbeitung von Rahmenplänen, die Unterstützung durch das Bundesinstitut für Berufsbildung, Kooperationen zwischen Hochschulen und Pflegeschulen sowie die Finanzierung der beruflichen Pflegeausbildung werden von den zuständigen Ministerien zeitversetzt bis Ende 2029 nach Inkrafttreten des Pflegeberufegesetzes auf wissenschaftlicher Grundlage evaluiert.

Anhand der Ergebnisse der Evaluation sollte eine fundierte Entscheidung über notwendige Änderungen und/oder Anpassungen zu treffen sein. Zudem dürften sich die notwendigen Erkenntnisse über die Effizienz der neuen Fachkommission sowie die Aufgaben des Bundesinstituts für Berufsbildung zum Aufbau unterstützender Angebote und Strukturen zur Organisation der Pflegeausbildung daraus ergeben.

III. Artikel 1a ff.
des Pflegeberufereformgesetzes
mit Materialien und zum Teil mit Erläuterungen

© Springer Fachmedien Wiesbaden GmbH, ein Teil von Springer Nature 2018
T. Weiß et al., *Pflegeberufereformgesetz (PflBRefG)*, Edition
Springer Pflege, https://doi.org/10.1007/978-3-658-20945-2_4

Artikel 1a

Änderung des Krankenpflegegesetzes

In § 26 des Krankenpflegegesetzes vom 16. Juli 2003 (BGBl. I S. 1442), das zuletzt durch Artikel 1f des Gesetzes vom 4. April 2017 (BGBl. I S. 778) geändert worden ist, wird die Angabe „31. Dezember 2017" durch die Angabe „31. Dezember 2019" ersetzt.

Artikel 1b

Änderung des Altenpflegegesetzes

In § 32 des Altenpflegegesetzes in der Fassung der Bekanntmachung vom 25. August 2003 (BGBl. I S. 1690), das zuletzt durch Artikel 34 des Gesetzes vom 18. April 2016 (BGBl. I S. 886) geändert worden ist, wird die Angabe „31. Dezember 2017" durch die Angabe „31. Dezember 2019" ersetzt.

I. Zur Entstehungsgeschichte. Diese beiden Vorschriften wurden durch Beschlüsse des Gesundheitsausschusses des Deutschen Bundestages eingefügt.

II. Aus den Gesetzesmaterialien. Aus der Beschlussempfehlung und dem Bericht des Ausschusses für Gesundheit des Deutschen Bundestages (BT-Drucksache 18/12847 (S. 120)) vom 21. Juni 2017. Das Außerkrafttreten der Regelung in § 5 Nr. 2a, die den Zugang zur Ausbildung für die Berufe in der Krankenpflege auch nach dem erfolgreichen Abschluss einer sonstigen zehnjährigen allgemeinen Schulbildung befristet bis zum 31. Dezember 2017 ermöglicht, wird aufgrund des späteren Beginns der Ausbildung nach dem Pflegeberufegesetz um zwei Jahre verschoben.

Das Außerkrafttreten der Regelung in § 6 Nr. 3, die den Zugang zur Ausbildung in der Altenpflege auch nach dem erfolgreichen Abschluss einer anderen abgeschlossenen zehnjährigen allgemeinen Schulbildung befristet bis zum 31. Dezember 2017 ermöglicht, wird aufgrund des späteren Beginns der Ausbildung nach dem Pflegeberufegesetz um zwei Jahre verschoben.

Artikel 2

Änderung des Dritten Buches Sozialgesetzbuch

Das Dritte Buch Sozialgesetzbuch – Arbeitsförderung – (Artikel 1 des Gesetzes vom 24. März 1997, BGBl. I S. 594, 595), das zuletzt durch Artikel 2 des Gesetzes vom 17. Juli 2017 (BGBl. I S. 2575) geändert worden ist, wird wie folgt geändert:
1. § 54a wird wie folgt geändert:
    a) In Abs. 2 Nr. 2 wird nach dem Wort „Seearbeitsgesetzes" ein Komma und werden die Wörter „nach Teil 2 des Pflegeberufegesetzes" eingefügt.
    b) In Abs. 3 Satz 1 werden nach den Wörtern „auf einen" die Wörter „nach Teil 2 des Pflegeberufegesetzes oder" eingefügt.
2. In § 57 Abs. 1 werden nach den Wörtern „oder nach" die Wörter „Teil 2 des Pflegeberufegesetzes oder" eingefügt.
3. In § 131b Satz 1 wird die Angabe „31. Dezember 2017" durch die Angabe „31. Dezember 2019" ersetzt.

4. Dem § 180 Abs. 4 wird folgender Satz angefügt:

„Abweichend von Satz 1 ist die Dauer einer Vollzeitmaßnahme der beruflichen Weiterbildung auch dann angemessen, wenn sie nach dem Pflegeberufegesetz nicht um mindestens ein Drittel verkürzt werden kann; insoweit ist Satz 2 nicht anzuwenden."

I. Zur Entstehungsgeschichte. Auch im Gesetzesentwurf der Bundesregierung gab es Anpassungsregelungen zu §§ 54, 57 SGB XI. Diese wurden den Änderungen im verabschiedeten Gesetz entsprechend aktualisiert. Außerdem wurden die Bestimmungen unter Nr. 3 und 4 zusätzlich aufgenommen.

Damit wurde Wünschen des Bundesrates Recht getragen. Dagegen wurde die vorgeschlagene Änderung zu § 176 SGB III abgelehnt.

II. Aus den Gesetzesmaterialien.

1. Aus der Begründung zum Gesetzesentwurf der Bundesregierung von 2016 (BT-Drucksache 18/7823 (S. 97)).

a)

Zu Nr. 1. Eine Einstiegsqualifizierung ist auch zu fördern, wenn sie auf eine berufliche Ausbildung in der Pflege nach Teil 2 des Pflegeberufsgesetzes vorbereitet. Nicht gefördert werden Einstiegsqualifizierungen zur Vorbereitung auf die hochschulische Pflegeausbildung nach Teil 3 des Pflegeberufsgesetzes. Die berufliche Ausbildung in der Pflege nach Teil 2 des Pflegeberufsgesetzes wird damit in Bezug auf die Förderung der betrieblichen Ausbildung nach dem Altenpflegegesetz gleichgestellt.

Zu Nr. 2. Zur mit Berufsausbildungsbeihilfe förderungsfähigen Berufsausbildung gehört auch die berufliche Ausbildung in der Pflege nach Teil 2 des Pflegeberufsgesetzes. Keine förderungsfähige Berufsausbildung stellt dagegen die hochschulische Pflegeausbildung nach Teil 3 des Pflegeberufsgesetzes dar. Damit wird die berufliche Ausbildung in der Pflege nach Teil 2 des Pflegeberufsgesetzes der betrieblichen Ausbildung nach dem Altenpflegegesetz gleichgestellt. Die bisherigen Ausbildungen in der Gesundheits- und Krankenpflege und der Gesundheits- und Kinderkrankenpflege wurden mit dem Bundesausbildungsförderungsgesetz gefördert.

Auszubildenden einer beruflichen Ausbildung nach dem Pflegeberufsgesetz stehen damit grundsätzlich auch ausbildungsbegleitende Hilfen nach § 75 Drittes Buch Sozialgesetzbuch und die Assistierte Ausbildung nach § 130 Drittes Buch Sozialgesetzbuch offen.

Die Begrenzung der Förderung auf betrieblich durchgeführte Ausbildungen nach Teil 2 des Pflegeberufsgesetzes ist rein deklaratorischer Art, da die Ausbildungen nach Teil 2 des Pflegeberufsgesetzes ausschließlich betrieblich durchgeführt werden.

b) Stellungnahme des Bundesrates (BT-Drucksache 18/7823 (S. 126 Rz. 65)). Dem Artikel 2 sind folgende Nummern 3 und 4 anzufügen:

3. § 131b Satz 1 wird wie folgt gefasst:

„Abweichend von § 180 Abs. 4 Satz 1 ist die Dauer einer Vollzeitmaßnahme der beruflichen Weiterbildung nach Teil 2 des Pflegeberufsgesetzes auch dann angemessen, wenn sie nach dem Pflegeberufsgesetz nicht um mindestens ein Drittel verkürzt werden kann."

4. § 176 wird wie folgt geändert:

a) In Abs. 1 Satz 2 werden nach dem Wort *„durchführen,"* die Wörter *„sowie Schulen oder Jobcenter unter Aufsicht des Bundes oder der Länder"* eingefügt.

b) Dem Abs. 2 wird folgender Satz angefügt:

„Maßnahmen, die von Schulen oder Jobcentern unter Aufsicht des Bundes oder der Länder durchgeführt werden, bedürfen keiner Zulassung.".

Begründung:

Zu 3:

Der Rückgang der Absolventen aus allgemeinbildenden Schulen und der bestehende demografisch bedingte Erweiterungsbedarf bei den Pflegefachkräften im Versorgungssektor SGB XI machen es zwingend notwendig, über ein attraktives Instrument der beruflichen Fort- und Weiterbildung weitere Interessenten für den Pflegeberuf zu gewinnen (zum Beispiel mit Realschulabschluss ohne Berufsausbildung).

Zu 4:

§ 176 SGB III soll die Qualität von Trägern und Maßnahmen sicherstellen, die im Auftrag der Bundesagentur für Arbeit durchgeführt werden. Sofern solche Träger und Maßnahmen jedoch bereits unter der Aufsicht der Länder oder des Bundes stehen, wird durch diese Regelung eine Situation doppelter Standards der Qualitätssicherung geschaffen.

So müssen zum Beispiel auch Schulen, die bereits nach anderen Gesetzen beziehungsweise durch andere Aufsichtsbehörden bezüglich ihrer Qualität klare Vorgaben haben beziehungsweise überprüft werden, als Träger noch einmal nach der Akkreditierungs- und Zulassungsverordnung Arbeitsförderung (AZAV) zertifiziert werden, wenn sie zum Beispiel auch Umschülerinnen und Umschüler ausbilden, desgleichen ihre *„Maßnahmen"*. Auch Pflegeschulen, die angesichts des Fachkräftemangels im Pflegebereich ihre Kapazitäten ausbauen müssten, wozu unerlässlich auch die Qualifizierung von Quereinsteigerinnen und Quereinsteigern im Rahmen einer „Förderung der beruflichen Weiterbildung" nach den §§ 81 ff. SGB III im Auftrag der Bundesagentur für Arbeit gehört, müssten sich noch einmal gesondert zertifizieren lassen, obwohl ihre Qualität durch das Pflegeberufsgesetz bereits gesichert wäre. Dies verursacht bei diesen Schulen und Maßnahmeträgern zusätzliche Kosten und zusätzlichen Arbeitsaufwand, ohne dass hierdurch die Qualität verbessert würde. Angesichts der Bemühungen von Bund und Ländern um Entbürokratisierung ist dieser doppelte Aufwand durch doppelte Standards nicht sinnvoll.

Bisher ungenutzte Kapazitäten für die Umschulung in Pflegeberufe sind vor allem bei staatlichen Schulen anzutreffen, da diese ohne die Zertifizierung nach der AZAV keine Bildungsgutscheine für Weiterbildungsmaßnahmen der Bundesagentur für Arbeit einlösen können. Somit bleiben vorhandene (in der Regel schulgebührenfreie) Plätze für die Altenpflegeausbildung ungenutzt (S. 126 f.).

c) Gegenäußerung der Bundesregierung (BT-Drucksache 18/7823 (S. 137)). Die Bundesregierung wird den Vorschlag zu § 131b Satz 1 SGB III prüfen. Innerhalb der Bundesregierung besteht Einvernehmen, entsprechend dem Koalitionsvertrag eine verbindliche und langfristige Regelung zur vollständigen Finanzierung der Ausbildungskosten bei Umschulungsmaßnahmen unter Einbeziehung des dritten Ausbildungsjahres zu treffen. Zu berücksichtigen sind dabei sowohl die finanziellen Auswirkungen auf die jeweiligen

Sozialversicherungssysteme, den Bund und den Ausbildungsfonds als auch rechtssystematische Grundsätze. Die Entscheidung über die konkrete Ausgestaltung der Neuregelungen soll dem parlamentarischen Verfahren vorbehalten bleiben.

Die Bundesregierung lehnt den Vorschlag zu § 176 SGB III ab. Auf das Zulassungsverfahren bei Schulen und Jobcentern und deren Maßnahmen kann nicht mit Verweis auf die staatliche Schulaufsicht bzw. sonstige Aufsicht der Länder verzichtet werden. Denn es dient dazu, die Qualität arbeitsmarktlicher Dienstleistungen zu verbessern, und gilt für alle Träger, die Maßnahmen der aktiven Arbeitsförderung anbieten wollen. Die originären Aufgaben von Schulen sind andere, als Leistungen der aktiven Arbeitsmarktpolitik zu erbringen. Die Regelungen zur Zulassung sehen ergänzende arbeitsmarkt- und kostenbezogene Kriterien vor, die von der Schulaufsicht nicht abgedeckt sind. Zudem wären eine Ausnahme und die damit verbundene Besserstellung gegenüber anderen Trägern unter Wettbewerbsgesichtspunkten nicht gerechtfertigt. Das Zulassungserfordernis war bislang auch kein Hindernis für Umschulungen im Pflegebereich, so sind allein seit dem Start der *„Ausbildungs- und Qualifizierungsoffensive Altenpflege"* über 20.000 Personen in eine Altenpflegeumschulung eingetreten.

2. Aus der Beschlussempfehlung und dem Bericht des Ausschusses für Gesundheit des Deutschen Bundestages (BT-Drucksache 18/12847 (S. 121 f.)) vom 21. Juni 2017.

Zu Nr. 1.

Zu den Buchstaben a und b. Es handelt sich um eine Folgeänderung zur geänderten Gesetzesbezeichnung.

Zu Nr. 3. Es handelt sich um eine Folgeänderung, da der Beginn der neuen Ausbildung auf den 01. Januar 2020 verschoben wird.

Die mit dem vom Deutschen Bundestag beschlossenen Gesetz zur Stärkung der beruflichen Aus- und Weiterbildung in der Altenpflege vom 13. März 2013 (BGBl. I S. 446) eingeführte und zunächst bis zum 31. März 2016 befristete Sonderregelung des § 131b Satz 1 des Dritten Buches Sozialgesetzbuch (SGB III) wurde durch Artikel 3 des Gesetzes zum Schutz von Kindern und Jugendlichen vor den Gefahren des Konsums von elektronischen Zigaretten und elektronischen Shishas vom 03. März 2016 (BGBl. I S. 369) bis zum 31. Dezember 2017 verlängert. Dem lag die Annahme zugrunde, dass damit bis zum voraussichtlichen Start der geplanten neuen Pflegeausbildung weiterhin Eintritte in Altenpflegeumschulungen auf hohem Förderniveau gewährleistet sind und ein wichtiger Beitrag zur Fachkräftesicherung in der Altenpflege geleistet werden kann.

Durch die Verschiebung des Starts der neuen Pflegeausbildung schließt dieser nicht mehr an die verlängerte Sonderregelung an. Aufgrund des fortbestehenden Fachkräftemangels in der Altenpflege ist es jedoch weiterhin erforderlich, verstärkt lebens- und berufserfahrene Menschen für eine Altenpflegeumschulung zu gewinnen. Deshalb sollen über die derzeitige Befristung bis 31. Dezember 2017 hinaus bis zum 31. Dezember 2019 Eintritte in Altenpflegeumschulungen ermöglicht werden, die unverkürzt dreijährig von der Bundesagentur für Arbeit gefördert werden können. Die dazu erforderliche Verlängerung der Sonderregelung des § 131b Satz 1 SGB III gilt auch für die Förderung durch die Jobcenter im Bereich der Grundsicherung für Arbeitsuchende (Zweites Buch Sozialgesetzbuch – SGB II), ohne dass es einer gesonderten Regelung bedarf (§ 16 Abs. 1 Satz 2 Nr. 4 SGB II).

Zu Nr. 4. Mit der Regelung wird eine Förderung von nicht verkürzbaren Weiterbildungen mit den Abschlüssen Pflegefachfrau oder Pflegefachmann, Gesundheits- und Kinderkrankenpflegerin oder Gesundheits- und Kinderkrankenpfleger sowie Altenpflegerin oder Altenpfleger nach dem Pflegeberufegesetz durch die Agenturen für Arbeit und die Jobcenter ermöglicht und damit ein Beitrag zur Fachkräftesicherung in der Pflege und zur Verbesserung der Fördermöglichkeiten für Weiterbildungsinteressierte mit diesem Berufsziel geleistet. Es wird damit entsprechend dem Koalitionsvertrag eine verbindliche und langfristige Regelung zur vollständigen Finanzierung der Ausbildungskosten bei Umschulungsmaßnahmen in den neuen Pflegeberufen getroffen.

Abweichend vom geltenden Recht (§ 180 Abs. 4 des Dritten Buches Sozialgesetzbuch) sollen die Agenturen für Arbeit und über den Verweis in § 16 Abs. 1 Satz 2 Nr. 4 des Zweiten Buches Sozialgesetzbuch auch die Jobcenter bei unverkürzten Umschulungen in die neuen Pflegeberufe nicht nur Förderleistungen zur beruflichen Weiterbildung während zwei Dritteln der Maßnahme, sondern während des gesamten Umschulungszeitraumes erbringen können. Hierzu gehören sowohl die Förderung durch Arbeitslosengeld bei beruflicher Weiterbildung oder Arbeitslosengeld II als auch die Förderung durch Übernahme von anfallenden Weiterbildungskosten.

Die Beschäftigungs- und Arbeitsmarktsituation in der Altenpflege ist von Fachkräftemangel und demografiebedingt weiter wachsendem Fachkräftebedarf geprägt. Auf eine arbeitslos gemeldete Altenpflegefachkraft entfallen rechnerisch drei gemeldete offene Stellen. Der Deutsche Bundestag hat fraktionsübergreifend Bundesregierung und Bundesagentur für Arbeit in ihren Anstrengungen unterstützt, verstärkt Pflegekräfte für eine Aus- oder Weiterbildung zu gewinnen (s. auch Beschlüsse des Deutschen Bundestages zum Gesetz zur Stärkung der beruflichen Aus- und Weiterbildung in der Altenpflege vom März 2013 (Drucksache 17/12179) und zum Gesetz zum Schutz von Kindern und Jugendlichen vor den Gefahren des Konsums von elektronischen Zigaretten und elektronischen Shishas mit der befristeten Verlängerung der Sonderregelung § 131b des Dritten Buches Sozialgesetzbuch zu Altenpflegeumschulungen vom Januar 2016 (Drucksache 18/7394)). Die Erfahrungen mit den bisherigen Regelungen zu Altenpflegeumschulungen haben gezeigt, dass verlässliche und attraktive gesetzliche Rahmenbedingungen erforderlich sind, um ausreichend geeignete arbeitslose Teilnehmerinnen und Teilnehmer für eine Pflegeumschulung zu gewinnen. Es soll daher anders als in den bisherigen Sonderregelungen zur Förderung von Altenpflegeumschulungen zwar eine dreijährige Förderung ermöglicht werden, gleichzeitig wird jedoch auch für Umschülerinnen und Umschüler eine Ausbildungsvergütung gezahlt (*vgl.* § 19 Abs. 1 des Pflegeberufegesetzes). Diese wird nur zum Teil auf das Arbeitslosengeld bei beruflicher Weiterbildung oder das Arbeitslosengeld II angerechnet. Damit entstehen für Ausbildungsinteressierte in der Pflege zusätzliche Anreize, eine Umschulung in die neuen Pflegeberufe aufzunehmen. Die insgesamt verbesserten Förderbedingungen sind erforderlich, um verstärkt lebens- und berufserfahrene Erwachsene für eine Umschulung in die neuen Pflegeberufe zu gewinnen.

Die Fraktionen der CDU/CSU und der SPD gehen davon aus, dass mit der Regelung weiterhin Eintritte in Pflegeumschulungen auf hohem Förderniveau gewährleistet sind und ein wichtiger Beitrag zur Fachkräftesicherung in der Altenpflege und zur Eingliederung arbeitsloser Arbeitnehmerinnen und Arbeitnehmer geleistet werden kann. Damit ist gleichzeitig die Erwartung verbunden, dass die Notwendigkeit einer dreijährigen, unverkürzten Förderung in jedem Einzelfall eingehend geprüft und Möglichkeiten einer auf zwei Jahre verkürzten Umschulung nach dem Pflegeberufegesetz (*vgl. § 12 des Pflegeberufegesetzes*) Rechnung getragen wird.

Artikel 3

Änderung des Fünften Buches Sozialgesetzbuch

§ 63 des Fünften Buches Sozialgesetzbuch – Gesetzliche Krankenversicherung – (Artikel 1 des Gesetzes vom 20. Dezember 1988, BGBl. I S. 2477, 2482), das zuletzt durch Artikel 30 des Gesetzes vom 27. Juni 2017 (BGBl. I S. 1966) geändert worden ist, wird wie folgt geändert:

1. In Abs. 3b Satz 1 werden im Satzteil vor der Aufzählung nach den Wörtern „dass Angehörige der" die Wörter „im Pflegeberufegesetz," eingefügt.

2. Abs. 3c wird wie folgt gefasst:

   „(3c) Modellvorhaben nach Abs. 1 können eine Übertragung der ärztlichen Tätigkeiten, bei denen es sich um selbstständige Ausübung von Heilkunde handelt und für die die Angehörigen des im Pflegeberufegesetz geregelten Berufs auf Grundlage einer Ausbildung nach § 14 des Pflegeberufegesetzes qualifiziert sind, auf diese vorsehen. Die Krankenkassen und ihre Verbände sollen entsprechende Vorhaben spätestens bis zum Ablauf des 31. Dezember 2020 vereinbaren oder durchführen. Der Gemeinsame Bundesausschuss legt in Richtlinien fest, bei welchen Tätigkeiten eine Übertragung von Heilkunde auf die Angehörigen des in Satz 1 genannten Berufs im Rahmen von Modellvorhaben erfolgen kann. Vor der Entscheidung des Gemeinsamen Bundesausschusses ist der Bundesärztekammer sowie den maßgeblichen Verbänden der Pflegeberufe Gelegenheit zur Stellungnahme zu geben. Die Stellungnahmen sind in die Entscheidungen einzubeziehen. Durch den Gemeinsamen Bundesausschuss nach den Sätzen 2 bis 4 festgelegte Richtlinien gelten für die Angehörigen des in Satz 1 geregelten Berufs fort."

I. Zur Entstehungsgeschichte. Durch die Veränderungen in der Bezeichnung des Gesetzes und die zeitliche Verlegung des Ausbildungsbeginnes nach den neuen Vorgaben, wurde die ursprüngliche Regelung angepasst.

II. Aus den Gesetzesmaterialien.

1. Aus der Begründung zum Gesetzesentwurf der Bundesregierung von 2016 (BT-Drucksache 18/7823 (S. 97)). Die Anpassungen in § 63 Abs. 3b sind im Hinblick auf die im Pflegeberufsgesetz neu geregelte Pflegeausbildung erforderlich.

Die aktuelle Fassung des § 63 Abs. 3c ist an das neue Pflegeberufsgesetz und die damit neu eingeführte Pflegeausbildung anzupassen, insbesondere sind die bisherigen Bezüge zu Vorschriften des Krankenpflege- und des Altenpflegegesetzes zu aktualisieren. Durch den letzten Satz wird deutlich gemacht, dass bereits vom Gemeinsamen Bundesausschuss festgelegte Richtlinien, die sich noch auf die Absolventen der bisherigen Krankenpflege- und Altenpflegeausbildungen beziehen, auch für die Absolventen der neuen Pflegeausbildung fortgelten. Da seit Einführung dieser Regelung im Jahr 2008 keine Modelle gestartet sind, werden die Krankenkassen und ihre Verbände nunmehr verpflichtet, entsprechende Vorhaben bis zum 31. Dezember 2018 und damit ein Jahr nach Inkrafttreten des Pflegeberufs-gesetzes umzusetzen. Eine Überschreitung der Frist ist nur bei Vorliegen außergewöhnli-cher Umstände zulässig.

2. Aus der Beschlussempfehlung und dem Bericht des Ausschusses für Gesundheit des Deutschen Bundestages (BT-Drucksache 18/12847 (S. 122)) vom 21. Juni 2017.

Zu Nr. 1. Es handelt sich um eine Folgeänderung zur geänderten Gesetzesbezeich-nung.

Zu Nr. 2. Es handelt sich um eine Folgeänderung zur geänderten Gesetzesbezeich-nung sowie um eine Folgeänderung zur Verschiebung des Beginns der neuen Ausbildung.

Artikel 4

Änderung des Elften Buches Sozialgesetzbuch

Das Elfte Buch Sozialgesetzbuch – Soziale Pflegeversicherung – (Artikel 1 des Gesetzes vom 26. Mai 1994, BGBl. I S. 1014, 1015), das zuletzt durch Artikel 8 des Gesetzes vom 30. Juni 2017 (BGBl. I S. 2143) geändert worden ist, wird wie folgt geändert:

1. § 71 Abs. 3 Satz 1 wird wie folgt gefasst:
    „Für die Anerkennung als verantwortliche Pflegefachkraft im Sinne der Absätze 1 und 2 ist neben dem Abschluss einer Ausbildung als
    1. Pflegefachfrau oder Pflegefachmann,
    2. Gesundheits- und Krankenpflegerin oder Gesundheits- und Krankenpfleger,
    3. Gesundheits- und Kinderkrankenpflegerin oder Gesundheits- und Kinder-krankenpfleger oder
    4. Altenpflegerin oder Altenpfleger eine praktische Berufserfahrung in dem erlernten Ausbildungsberuf von zwei Jahren innerhalb der letzten acht Jahre erforderlich."
2. § 82a wird wie folgt geändert:
    a) In Abs. 1 werden die Wörter „nach Bundesrecht in der Altenpflege oder" und die Wörter „, sowie die nach § 17 Abs. 1a des Altenpflegegesetzes zu erstattenden Weiterbildungskosten" gestrichen.
    b) In Abs. 2 Satz 1 werden die Wörter „nach Bundesrecht zur Ausbildung in der Altenpflege oder" gestrichen.
    c) In Abs. 3 Nr. 2 wird vor dem Punkt am Ende ein Semikolon und werden die Wörter „bei der Prüfung der Angemessenheit des Angebots an Aus-bildungsplätzen ist zu berücksichtigen, dass eine abgeschlossene lan-desrechtlich geregelte Assistenz- oder Helferausbildung in der Pflege nach § 11 Abs. 1 Nr. 2 Buchstabe b des Pflegeberufegesetzes den Zugang zur Ausbildung nach dem Pflegeberufegesetz ermöglicht und nach § 12 Abs. 2 des Pflegeberufegesetzes auch zu einer Anrechnung und Verkür-zung der Ausbildung führen kann" eingefügt.

I. Zur Entstehungsgeschichte. Der ursprüngliche Gesetzesentwurf der Bundesre-gierung wurde um die Regelung unter Nr. 2c ergänzt.

Hierzu hatte der Bundesrat sich geäußert und eine Ergänzung gefordert, die die Bun-desregierung geprüft hat.

II. Aus den Gesetzesmaterialien.

1. Aus der Begründung zum Gesetzesentwurf der Bundesregierung von 2016 (BT-Drucksache 18/7823 (S. 97)).

a)

Zu Nr. 1. Die Anpassungen sind im Hinblick auf die im Pflegeberufsgesetz neu geregelte Pflegeausbildung erforderlich.

Zu Nr. 2. Mit dem neuen Pflegeberufsgesetz wird die Finanzierung der Ausbildungsvergütung bundesweit einheitlich über Umlageverfahren geregelt. Die bisherige Differenzierung im § 82a unter Berücksichtigung der jeweiligen landes-rechtlichen Ausgestaltung wird insoweit gegenstandslos. Die mit dem Umlageverfahren verbundenen Aufwendungen der Pflegeeinrichtungen bleiben als Bestandteile der Pflegevergütung nach den §§ 84 und 89 unverändert berücksichtigungsfähig und können für die allgemeinen Pflegeleistungen weiterhin eingerechnet werden. Die entsprechende Klarstellung hierzu ist im neuen § 28 Abs. 2 des Pflegeberufsgesetzes aufgenommen worden. § 82a bleibt im Übrigen hinsichtlich der die Ausbildung im Bereich der Altenpflegehilfe betreffenden Vorschriften unverändert.

b) Stellungnahme des Bundesrates (BT-Drucksache 18/7823 (S. 127 Rz. 66)). In Artikel 4 ist der Nr. 2 folgender Buchstabe c anzufügen:

Abs. 3 Nr. 2 wird folgender Satz angefügt:

„Hierbei ist zu berücksichtigen, dass eine abgeschlossene landesrechtlich geregelte Pflegehelfer- oder Pflegeassistenzausbildung den Zugang zur Ausbildung nach dem Pflegeberufsgesetz ermöglicht und auch zu einer Anrechnung und Verkürzung der Ausbildung führen kann."

Begründung:

Die Angemessenheit des Angebots an Ausbildungsplätzen für Pflegehelfer kann nicht nur ausschließlich an der Nachfrage speziell nach ausgebildeten Pflegehelfern gemessen werden. Für viele ist die Helferausbildung der Einstieg in die Fachkraftausbildung. In Baden-Württemberg schließen 50 Prozent bis 75 Prozent eines Jahrgangs die Fachkraftausbildung an, viele verkürzen um ein Jahr. Eine Umlage der Praxiskosten auch für die Altenpflegehilfe würde die Ausbildungsbereitschaft der Einrichtungen steigern (S. 127).

c) Gegenäußerung der Bundesregierung (BT-Drucksache 18/7823 (S. 137)). Die Bundesregierung wird den Vorschlag prüfen.

2. Aus der Beschlussempfehlung und dem Bericht des Ausschusses für Gesundheit des Deutschen Bundestages (BT-Drucksache 18/12847 (S. 122)) vom 21. Juni 2017.

Zu Nr. 2.

Zu Buchstabe c. Die Angemessenheit des Angebots an Ausbildungsplätzen für Pflegehelfer kann nicht nur ausschließlich an der Nachfrage speziell nach ausgebildeten Pflegehelfern gemessen werden. Für viele ist die Helferausbildung der Einstieg in die Fachkraftausbildung. In Baden-Württemberg schließen 50 Prozent bis 75 Prozent eines Jahrgangs die Fachkraftausbildung an, viele verkürzen um ein Jahr. Eine Umlage der Praxiskosten auch für die Altenpflegehilfe würde die Ausbildungsbereitschaft der Einrichtungen steigern.

Artikel 5

Änderung der Approbationsordnung für Ärzte

In § 6 Abs. 2 Nr. 5 der Approbationsordnung für Ärzte vom 27. Juni 2002 (BGBl. I S. 2405), die zuletzt durch Artikel 5 des Gesetzes vom 18. April 2016 (BGBl. I S. 886) geändert worden ist, wird nach dem Wort „Altenpflege" ein Komma und werden die Wörter „als Pflegefachfrau oder Pflegefachmann" eingefügt.

I. Zur Entstehungsgeschichte. Die Vorschrift wurde unverändert aus dem Gesetzesentwurf der Bundesregierung übernommen.

II. Aus den Gesetzesmaterialien.

Aus der Begründung zum Gesetzesentwurf der Bundesregierung von 2016 (BT-Drucksache 18/7823 (S. 97)). Die Ergänzung ist im Hinblick auf die im Pflegeberufsgesetz neu geregelte Pflegeausbildung erforderlich.

Artikel 6

Änderung des Krankenhausfinanzierungsgesetzes

Das Krankenhausfinanzierungsgesetz in der Fassung der Bekanntmachung vom 10. April 1991 (BGBl. I S. 886), das zuletzt durch Artikel 1 des Gesetzes vom 19. Dezember 2016 (BGBl. I S. 2986) geändert worden ist, wird wie folgt geändert:

1. In § 2 Nr. 1a Buchstabe e werden die Wörter „Gesundheits- und Krankenpflegerin, Gesundheits- und Krankenpfleger" durch die Wörter „Pflegefachfrau, Pflegefachmann" ersetzt.
2. § 17a wird wie folgt geändert:
   a) Abs. 1 wird wie folgt geändert:
      aa) In Satz 1 wird das Komma und werden die Wörter „insbesondere die Mehrkosten der Praxisanleitung infolge des Krankenpflegegesetzes vom 16. Juli 2003," gestrichen.
      bb) In Satz 2 werden die Wörter „den Sätzen 3 und 4" durch die Angabe „Satz 3" ersetzt.
      cc) Die Sätze 3 und 4 werden durch folgenden Satz ersetzt:
         „Bei der Ermittlung der Mehrkosten der Ausbildungsvergütung sind Personen, die in der Krankenpflegehilfe ausgebildet werden, im Verhältnis 6 zu 1 auf die Stelle einer voll ausgebildeten Person nach Teil 2 des Pflegeberufegesetzes anzurechnen."
   b) In Abs. 2 Satz 1 Nr. 1 wird das Komma und werden die Wörter „die zusätzlichen Kosten auf Grund der Umsetzung des Gesetzes über die Berufe in der Krankenpflege und zur Änderung anderer Gesetze" gestrichen.
   c) In Abs. 3 Satz 4 werden die Wörter „einschließlich der zusätzlichen Kosten auf Grund der Umsetzung des Gesetzes über die Berufe in der Krankenpflege und zur Änderung anderer Gesetze" gestrichen.
   d) Abs. 4 wird aufgehoben.

e) In Abs. 4a wird das Komma und werden die Wörter „für die Höhe der nach Abs. 4 durchzuführenden Ausgliederung des Ausbildungsbudgets aus dem Krankenhausbudget" gestrichen.

f) In Abs. 8 Satz 1 werden die Wörter „den Absätzen 3 und 4" durch die Angabe „Abs. 3" ersetzt.

g) Abs. 9 wird wie folgt geändert:
aa) In Satz 1 wird die Angabe „oder 4" gestrichen.
bb) Satz 4 wird aufgehoben.

I. Zur Entstehungsgeschichte. Neben sog. Folgeänderungen aufgrund der veränderten Bezeichnung des Gesetzes wurde die Regelung in Nr. 2a cc) auch inhaltlich gegenüber dem ursprünglichen Gesetzesentwurf geändert.

II. Aus den Gesetzesmaterialien.

1. Aus der Begründung zum Gesetzesentwurf der Bundesregierung von 2016 (BT-Drucksache 18/7823 (S. 98)).

Zu Nr. 1.

Zu Buchstabe a und b. Es handelt sich um redaktionelle Folgeänderungen zum Pflegeberufsgesetz.

Zu Nr. 2.

Zu Buchstabe a. Es handelt sich um gesetzliche Folgeänderungen zum Pflegeberufsgesetz. Die in § 17a definierten Ausbildungskosten werden durch Zuschläge zu den pauschalierten Entgelten, aus denen die Betriebskosten der Krankenhäuser gedeckt werden, finanziert. Dies galt bislang auch für die Ausbildungskosten für Gesundheits- und (Kinder-) Krankenpflegerinnen und -pfleger. Die Vorschriften zur Finanzierung von Ausbildungskosten finden sich nunmehr für den neuen Beruf der Pflegefachfrau und des Pflegefachmanns in Teil 2 Abschnitt 3 des Pflegeberufsgesetzes wieder, so dass die Regelungen im KHG zu streichen sind. Eine Finanzierung über Zuschläge zu den pauschalierten Entgelten scheidet entsprechend der Regelung des neuen Satzes 4 ausdrücklich aus.

Zu Buchstabe b und c. Es handelt sich um redaktionelle Folgeänderungen zu den Regelungen zur Finanzierung von Ausbildungskosten für den Beruf der Pflegefachfrau und des Pflegefachmanns im Pflegeberufsgesetz. Der Auftrag an die Vertragsparteien, die zusätzlichen Kosten auf Grund der Umsetzung des Krankenpflegegesetzes bei Rahmenvereinbarungen bzw. den Ausbildungsbudgets zu berücksichtigen, wird deshalb gestrichen.

Zu Buchstabe d. Der bisherige Abs. 4, der Regelungen zur Ermittlung des Ausbildungsbudgets für das Jahr 2005 enthält, wird wegen Zeitablaufs im Wege der Rechtsbereinigung gestrichen.

Zu Buchstabe e und f. Es handelt sich um redaktionelle Folgeänderungen zur Streichung des bisherigen Absatzes 4.

Zu Buchstabe g. Es handelt sich um eine redaktionelle Änderung zur Streichung des bisherigen Absatzes 4. Zudem wird Satz 4 im Wege der Rechtsbereinigung gestrichen. Die Regelung ist wegen Zeitablaufs nicht mehr relevant.

2. Aus der Beschlussempfehlung und dem Bericht des Ausschusses für Gesundheit des Deutschen Bundestages (BT-Drucksache 18/12847 (S. 122)) vom 21. Juni 2017.

Zu den Nummern 1 und 2. Es handelt sich um eine Folgeänderung zur geänderten Gesetzesbezeichnung.

Zu Nr. 2. Satz 3 entspricht dem Gesetzentwurf.

Hingegen entfällt der bislang vorgesehene Satz 4. Mit diesem Satz sollte klargestellt werden, dass eine Finanzierung der Ausbildung für den Beruf der Pflegefachfrau und des Pflegefachmannes nach dem Pflegeberufegesetz erfolgt. Dieses Regelungsziel ist jedoch bereits durch § 17a Abs. 1 Satz 1 gewährleistet, indem dort vorgesehen ist, dass die Kosten für Ausbildungen nur nach dem Krankenhausfinanzierungsgesetz zu finanzieren sind, soweit sie nicht nach anderen Vorschriften aufzubringen sind. Bei den im Pflegeberufegesetz geregelten Ausbildungen ist Grundlage für die Finanzierung das Pflegeberufegesetz und die aufgrund der im Pflegeberufegesetz enthaltenen Ermächtigung erlassenen Verordnungen.

Artikel 6a

Änderung des Krankenhausentgeltgesetzes

In § 7 Abs. 1 Satz 1 Nr. 4 des Krankenhausentgeltgesetzes vom 23. April 2002 (BGBl. I S. 1412, 1422), das zuletzt durch Artikel 4 des Gesetzes vom 19. Dezember 2016 (BGBl. I S. 2986) geändert worden ist, werden nach dem Wort „Gesetz" die Wörter „sowie nach § 33 Abs. 3 Satz 1 des Pflegeberufegesetzes" eingefügt.

Artikel 6b

Änderung der Bundespflegesatzverordnung

In § 7 Satz 1 Nr. 3 der Bundespflegesatzverordnung vom 26. September 1994 (BGBl. I S. 2750), die zuletzt durch Artikel 2 des Gesetzes vom 19. Dezember 2016 (BGBl. I S. 2986) geändert worden ist, werden nach den Wörtern „§ 17a Abs. 6 des Krankenhausfinanzierungsgesetzes" die Wörter „sowie § 33 Abs. 3 Satz 1 des Pflegeberufegesetzes" eingefügt.

I. Zur Entstehungsgeschichte. Diese beiden Vorschriften gab es im ursprünglichen Gesetzesentwurf der Bundesregierung nicht und wurde durch den Gesundheitsausschuss des Bundestages eingefügt. Vorher hatte der Bundesrat diese gefordert und die Bundesregierung einer Prüfung zugesagt.

II. Aus den Gesetzesmaterialien.

1. Aus der Begründung zum Gesetzesentwurf der Bundesregierung von 2016 (BT-Drucksache 18/7823 (S. 128)).

a) Stellungnahme des Bundesrates (BT-Drucksache 18/7823 (S. 128 Rz. 67)). Nach Artikel 6 sind folgende Artikel 6a und 6b einzufügen:

Artikel 6a – Änderung des Krankenhausentgeltgesetzes

In § 7 Abs. 1 Nr. 4 des Gesetzes über die Entgelte für voll- und teilstationäre Krankenhausleistungen vom 23. April 2002 (BGBl. I S. 1412, 1422), das durch Artikel 4 des Gesetzes vom 10. Dezember 2015 (BGBl. I S. 2229) geändert worden ist, werden im ersten Klammerzusatz nach dem Wort *„Krankenhausfinanzierungsgesetzes"* die Wörter *„sowie § 33 Abs. 3 Satz 1 des Pflegeberufsgesetzes"* eingefügt.

Artikel 6b – Änderung der Bundespflegesatzverordnung

In § 7 Abs. 1 Nr. 3 der Verordnung zur Regelung der Krankenhauspflegesätze vom 26. September 1994 (BGBl. I S. 2750), die durch Artikel 5 des Gesetzes vom 10. Dezember 2015 (BGBl. I S. 2229) geändert worden ist, werden im ersten Klammerzusatz nach dem Wort *„Krankenhausfinanzierungsgesetzes"* die Wörter *„sowie § 33 Abs. 3 Satz 1 des Pflegeberufsgesetzes"* eingefügt.

<u>Begründung:</u>

Nach § 33 Abs. 3 Satz 1 zweite Alternative PflBG kann der von den Trägern der Einrichtungen nach § 7 Abs. 1 Nr. 1 PflBG (Krankenhäuser) zu zahlende Anteil auch als eigenständiger Ausbildungszuschlag je voll- und teilstationärem Fall aufgebracht werden. Diese Möglichkeit besteht neben der ersten Alternative, wonach der Anteil als Teilbetrag des Ausbildungszuschlags nach § 17a Abs. 5 Satz 1 Nr. 2 Krankenhausfinanzierungsgesetz aufgebracht werden kann. Die Regelung in § 33 Abs. 3 Satz 1 PflBG spiegelt den in § 28 Abs. 2 erster Halbsatz PflBG formulierten Grundsatz wider, wonach die an den Umlageverfahren teilnehmenden Krankenhäuser die auf sie entfallenden Umlagebeträge zusätzlich zu den Entgelten oder Vergütungen für ihre Leistungen als Ausbildungszuschläge erheben können. Im Gesetzentwurf ist eine eindeutige Regelung des Krankenhausentgeltrechtes hinsichtlich des eigenständigen Ausbildungszuschlages jedoch noch nicht vorgesehen.

Mit der Änderung des Krankenhausentgeltgesetzes sowie der Änderung der Bundespflegesatzverordnung wird eindeutig geregelt, dass nicht nur die Ausbildungszuschläge nach § 17a Abs. 6 Krankenhausfinanzierungsgesetz (gegebenenfalls einschließlich eines Teilbetrages im Sinne von § 33 Abs. 3 Satz 1 erste Alternative PflBG), sondern auch die eigenständigen Ausbildungszuschläge nach § 33 Abs. 3 Satz 1 zweite Alternative PflBG als Entgelte für allgemeine Krankenhausleistungen gegenüber den Patientinnen und Patienten oder ihren Kostenträgern abgerechnet werden können.

b) Gegenäußerung der Bundesregierung (BT-Drucksache 18/7823 (S. 137)). Die Bundesregierung wird den Vorschlag prüfen.

2. Aus der Beschlussempfehlung und dem Bericht des Ausschusses für Gesundheit des Deutschen Bundestages (BT-Drucksache 18/12847 (S. 123)) vom 21. Juni 2017. Mit der Änderung des Krankenhausentgeltgesetzes sowie der Änderung der Bundespflegesatzverordnung wird klarstellend geregelt, dass nicht nur die Ausbildungszuschläge nach § 17a Abs. 6 des Krankenhausfinanzierungsgesetzes (gegebenenfalls einschließlich eines Teilbetrages im Sinne von § 33 Abs. 3 Satz 1 erste Alternative des Pflegeberufegesetzes – PflBG), sondern auch die eigenständigen Ausbildungszuschläge nach § 33 Abs. 3 Satz 1 zweite Alternative PflBG als Entgelte für allgemeine Krankenhausleistungen gegenüber den Patientinnen und Patienten oder ihren Kostenträgern abgerechnet werden können.

Artikel 7

Änderung des Bundespersonalvertretungsgesetzes

In § 9 Abs. 1 des Bundespersonalvertretungsgesetzes vom 15. März 1974 (BGBl. I S. 693), das zuletzt durch Artikel 10 Abs. 2 des Gesetzes vom 19. Oktober 2016 (BGBl. I S. 2362) geändert worden ist, wird nach dem Wort „Krankenpflegegesetz" ein Komma und werden die Wörter „dem Pflegeberufegesetz" eingefügt.

I. Zur Entstehungsgeschichte. Hier wurde gegenüber dem ursprünglichen Gesetzesentwurf der Bundesregierung eine sprachliche Anpassung vorgenommen.

II. Aus den Gesetzesmaterialien.

1. Aus der Begründung zum Gesetzesentwurf der Bundesregierung von 2016 (BT-Drucksache 18/7823 (S. 98)). Die Ergänzung ist im Hinblick auf die im Pflegeberufsgesetz neu geregelte Pflegeausbildung erforderlich.

2. Aus der Beschlussempfehlung und dem Bericht des Ausschusses für Gesundheit des Deutschen Bundestages (BT-Drucksache 18/12847 (S. 123)) vom 21. Juni 2017. Es handelt sich um eine Folgeänderung zur geänderten Gesetzesbezeichnung.

Artikel 8

Änderung des Strafvollzugsgesetzes

In § 158 Abs. 2 Satz 1 des Strafvollzugsgesetzes vom 16. März 1976 (BGBl. I S. 581, 2088; 1977 I S. 436), das zuletzt durch Artikel 6 des Gesetzes vom 5. Juli 2017 (BGBl. I S. 2208) geändert worden ist, werden nach dem Wort „Krankenpflegegesetz" die Wörter „oder dem Pflegeberufegesetz" eingefügt.

I. Zur Entstehungsgeschichte. Hier wurde gegenüber dem ursprünglichen Gesetzesentwurf der Bundesregierung eine sprachliche Anpassung vorgenommen.

II. Aus den Gesetzesmaterialien.

1. Aus der Begründung zum Gesetzesentwurf der Bundesregierung von 2016 (BT-Drucksache 18/7823 (S. 98)). Die Ergänzung ist im Hinblick auf die im Pflegeberufsgesetz neu geregelte Pflegeausbildung erforderlich.

2. Aus der Beschlussempfehlung und dem Bericht des Ausschusses für Gesundheit des Deutschen Bundestages (BT-Drucksache 18/12847 (S. 128)) vom 21. Juni 2017. Es handelt sich um eine Folgeänderung zur geänderten Gesetzesbezeichnung.

Artikel 9

Änderung der Verordnung über die Ausbildungsförderung

für soziale Pflegeberufe

In § 1 Abs. 1 Nr. 1 der Verordnung über die Ausbildungsförderung für soziale Pflegeberufe vom 30. August 1974 (BGBl. I S. 2157), die durch Artikel 1 der Verordnung vom 7. Juni 1995 (BGBl. I S. 794) geändert worden ist, werden nach dem Komma am Ende die Wörter „Pflegefachfrauen und Pflegefachmänner," eingefügt.

I. Zur Entstehungsgeschichte. Die Regelung wurde unverändert aus dem Gesetzesentwurf der Bundesregierung übernommen.

II. Aus den Gesetzesmaterialien. Aus der Begründung zum Gesetzesentwurf der Bundesregierung von 2016 (BT-Drucksache 18/7823 (S. 98)). Die Anpassungen sind im Hinblick auf die im Pflegeberufsgesetz neu geregelte Pflegeausbildung erforderlich.

Artikel 10

Änderung der Bundespolizei-Laufbahnverordnung

In der Anlage 2 (zu § 12) zur Bundespolizei-Laufbahnverordnung vom 2. Dezember 2011 (BGBl. I S. 2408), die zuletzt durch Artikel 1 der Verordnung vom 15. Oktober 2014 (BGBl. I S. 1626) geändert worden ist, wird in der Spalte „Bildungsvoraussetzungen" in der ersten Zeile nach dem Wort „-pfleger" ein Komma und werden die Wörter „als Pflegefachfrau oder Pflegefachmann" eingefügt.

I. Zur Entstehungsgeschichte. Die Regelung wurde unverändert aus dem Gesetzesentwurf der Bundesregierung übernommen.

II. Aus den Gesetzesmaterialien. Aus der Begründung zum Gesetzesentwurf der Bundesregierung von 2016 (BT-Drucksache 18/7823 (S. 98)). Die Ergänzung ist im Hinblick auf die im Pflegeberufsgesetz neu geregelte Pflegeausbildung erforderlich.

Artikel 11

Änderung der Soldatenlaufbahnverordnung

In § 17 Abs. 2 Satz 1 Nr. 2 der Soldatenlaufbahnverordnung in der Fassung der Bekanntmachung vom 19. August 2011 (BGBl. I S. 1813), die zuletzt durch Artikel 6 des Gesetzes vom 13. Mai 2015 (BGBl. I S. 706) geändert worden ist, werden nach den Wörtern „oder Gesundheits- und Krankenpfleger," die Wörter „Gesundheits- und Kinderkrankenpflegerin oder Gesundheits- und Kinderkrankenpfleger, Pflegefachfrau oder Pflegefachmann," eingefügt.

I. Zur Entstehungsgeschichte. Die Regelung wurde unverändert aus dem Gesetzesentwurf der Bundesregierung übernommen.

II. Aus den Gesetzesmaterialien. Aus der Begründung zum Gesetzesentwurf der Bundesregierung von 2016 (BT-Drucksache 18/7823 (S. 98)). Die Ergänzung ist im Hinblick auf die im Krankenpflegegesetz und im Pflegeberufsgesetz geregelten Pflegeausbildungen erforderlich.

Artikel 12

Änderung der Schiffsbesetzungsverordnung

§ 6 Abs. 3 der Schiffsbesetzungsverordnung vom 18. Juli 2013 (BGBl. I S. 2575), die zuletzt durch Artikel 1 der Verordnung vom 9. Juni 2016 (BGBl. I S. 1350) geändert worden ist, wird wie folgt geändert:

1. In Satz 1 werden nach den Wörtern „Gesundheits- und Krankenpfleger" die Wörter „oder ein Pflegefachmann oder eine Pflegefachfrau" eingefügt.
2. In Satz 2 werden nach den Wörtern „Gesundheits- und Krankenpfleger" die Wörter „oder Pflegefachmänner oder Pflegefachfrauen" eingefügt.

I. Zur Entstehungsgeschichte. Die Regelung wurde unverändert aus dem Gesetzesentwurf der Bundesregierung übernommen.

II. Aus den Gesetzesmaterialien. Aus der Begründung zum Gesetzesentwurf der Bundesregierung von 2016 (BT-Drucksache 18/7823 (S. 98)). Die Ergänzung ist im Hinblick auf die im Pflegeberufsgesetz geregelte Pflegeausbildung erforderlich.

Artikel 13

Änderung der Maritime-Medizin-Verordnung

Die Maritime-Medizin-Verordnung vom 14. August 2014 (BGBl. I S. 1383) wird wie folgt geändert:
1. In § 16 Abs. 2 werden nach den Wörtern „Gesundheits- und Krankenpfleger" die Wörter „oder als Pflegefachfrauen und Pflegefachmänner" eingefügt.
2. In § 18 Abs. 1 Satz 2 werden nach den Wörtern „Gesundheits- und Krankenpflegern," die Wörter „von Pflegefachfrauen und Pflegefachmännern," eingefügt.

I. Zur Entstehungsgeschichte. Die Regelung wurde unverändert aus dem Gesetzesentwurf der Bundesregierung übernommen.

II. Aus den Gesetzesmaterialien. Aus der Begründung zum Gesetzesentwurf der Bundesregierung von 2016 (BT-Drucksache 18/7823 (S. 98)). Die Ergänzung ist im Hinblick auf die im Pflegeberufsgesetz geregelte Pflegeausbildung erforderlich.

Artikel 14

Änderung des Berufsbildungsgesetzes

Nach § 90 Abs. 3 des Berufsbildungsgesetzes vom 23. März 2005 (BGBl. I S. 931), das zuletzt durch Artikel 14 des Gesetzes vom 29. März 2017 (BGBl. I S. 626) geändert worden ist, wird folgender Abs. 3a eingefügt:
„(3a) Das Bundesinstitut für Berufsbildung nimmt die Aufgaben nach § 53 Abs. 5 Satz 1 und § 54 des Pflegeberufegesetzes wahr."

I. Zur Entstehungsgeschichte. Hier wurde gegenüber dem ursprünglichen Gesetzesentwurf der Bundesregierung eine sprachliche Anpassung vorgenommen.

II. Aus den Gesetzesmaterialien.

1. Aus der Begründung zum Gesetzesentwurf der Bundesregierung von 2016 (BT-Drucksache 18/7823 (S. 99)). Mit dem neuen § 90 Abs. 3a werden dem Bundesinstitut für Berufsbildung die in Artikel 1 §§ 53 und 54 geregelten Aufgaben zur Wahrnehmung übertragen.

2. Aus der Beschlussempfehlung und dem Bericht des Ausschusses für Gesundheit des Deutschen Bundestages (BT-Drucksache 18/12847 (S. 123)) vom 21. Juni 2017. Es handelt sich um eine Folgeänderung zur geänderten Gesetzesbezeichnung.

Artikel 15

Inkrafttreten, Außerkrafttreten

(1) In Artikel 1 treten die §§ 53 bis 56 am Tag nach der Verkündung in Kraft, gleichzeitig treten die Artikel 1a, 1b und 2 Nr. 3 in Kraft.

(2) In Artikel 1 treten die §§ 26 bis 36 und 66 am 1. Januar 2019 in Kraft, gleichzeitig tritt Artikel 6 in Kraft.

(3) Artikel 4 Nr. 2 tritt am 1. Januar 2025 in Kraft.

(4) Im Übrigen tritt dieses Gesetz am 1. Januar 2020 in Kraft.

(5) Das Krankenpflegegesetz vom 16. Juli 2003 (BGBl. I S. 1442), das zuletzt durch Artikel 1a dieses Gesetzes geändert worden ist, und das Altenpflegegesetz in der Fassung der Bekanntmachung vom 25. August 2003 (BGBl. I S. 1690), das zuletzt durch Artikel 1b dieses Gesetzes geändert worden ist, treten am 31. Dezember 2019 außer Kraft.

I. Zur Entstehungsgeschichte. Gegenüber dem ursprünglichen Gesetzesentwurf der Bundesregierung wurden neben redaktionellen Änderungen das Inkrafttreten der neu eingefügten Bestimmung Art. 1a, 1b und 2 Nr. 3 sowie die zeitliche Verschiebung von Regelungen des Pflegeberufegesetzes festgelegt.

II. Aus den Gesetzesmaterialien.

1. Aus der Begründung zum Gesetzesentwurf der Bundesregierung von 2016 (BT-Drucksache 18/7823 (S. 99)).

Die Regelung bestimmt das Inkrafttreten des Pflegeberufsgesetzes sowie das Außerkrafttreten des Krankenpflegegesetzes und des Altenpflegegesetzes.

Um allen an der künftigen Pflegeausbildung beteiligten Stellen genügend Zeit zur Vorbereitung auf die neue Ausbildung einzuräumen, ist das Inkrafttreten grundsätzlich und der Beginn der neuen Ausbildung auf den 01. Januar 2018 festgelegt. Zudem müssen zu Beginn der neuen Ausbildung die in § 56 vorgesehenen Rechtsverordnungen in Kraft treten. Damit diese Verordnungen bis zum Inkrafttreten des Pflegeberufsgesetzes entwickelt, abgestimmt und in Kraft gesetzt werden können, tritt § 56 bereits am Tag nach der Verkündung in Kraft.

Für die neue Pflegeausbildung ist es von großer Bedeutung, dass die nach § 53 einzurichtende Fachkommission bereits deutlich vor Inkrafttreten des Gesetzes ihre Arbeit aufnehmen und Rahmenpläne erarbeiten kann. Um eine zügige Einrichtung der Fachkommission zu ermöglichen, tritt § 53 am Tag nach der Verkündung in Kraft.

Um die in § 54 vorgesehene Beratung und Unterstützung frühzeitig anbieten zu können, soll auch diese Vorschrift bereits am Tag nach der Verkündung in Kraft treten.

Letztlich soll es auch ermöglicht werden, die in § 55 vorgesehene Rechtsverordnung zur Statistik vor Inkrafttreten des Gesetzes zu erlassen. Auch § 55 tritt daher am Tag nach der Verkündung in Kraft.

Um die Finanzierung der neuen Pflegeausbildung, aber auch die Finanzierung der (fortgeführten) Ausbildungen nach bisherigem Recht zum Zeitpunkt des Inkrafttretens sicher zu stellen, treten die Finanzierungsregelungen der §§ 26 bis 36, § 61 sowie Artikel 6 bereits am 01. Januar 2017 in Kraft. Die notwendigen Schritte zur Finanzierung des ersten Ausbildungsjahres nach dem neuen Pflegeberufsgesetz können damit rechtzeitig eingeleitet werden. Artikel 4 Nr. 2 tritt am 1. Januar 2023 in Kraft.

Abs. 5 sieht vor, das Krankenpflegegesetz und das Altenpflegegesetz zeitgleich mit dem Inkrafttreten des Pflegeberufsgesetzes außer Kraft zu setzen. Die bisher im Krankenpflege- und im Altenpflegegesetz geregelten Ausbildungen werden durch die neue Pflegeausbildung abgelöst, die rechtlichen Grundlagen für die bisherigen Ausbildungen werden mit dem Inkrafttreten des neuen Pflegeberufsgesetzes nicht mehr benötigt.

2. Aus der Beschlussempfehlung und dem Bericht des Ausschusses für Gesundheit des Deutschen Bundestages (BT-Drucksache 18/12847 (S. 123)) vom 21. Juni 2017.

Zu Abs. 1. Mit der Ergänzung in Abs. 1 werden die Änderungen des § 26 Krankenpflegegesetz (Artikel 1a), § 32 Altenpflegegesetz (Artikel 1b) und § 131b Satz 1 SGB III (Artikel 2 Nr. 3, s. zu Nr. 4) ebenfalls am Tag nach der Verkündung des Gesetzes in Kraft gesetzt.

§ 54 des Pflegeberufegesetzes besteht nur aus einem Absatz.

Zu Abs. 2 bis 5. Mit der Änderung in Buchstabe d wird der Zeitpunkt des Inkrafttretens wesentlicher Teile des Pflegeberufsgesetzes und damit des Beginns der neuen Pflegeberufsausbildungen auf den 1. Januar 2020 verschoben. Bei den Änderungen in den Buchstaben b, c und e handelt es sich um Folgeänderungen. Bei der weiteren Änderung in Buchstabe b handelt es sich um eine Folgeänderung zur Einfügung eines neuen Teils 5, aufgrund der § 61 zu § 66 wird.

IV. Eckpunkte für eine Ausbildungs- und Prüfungsverordnung mit Materialien

© Springer Fachmedien Wiesbaden GmbH, ein Teil von Springer Nature 2018
T. Weiß et al., *Pflegeberufereformgesetz (PflBRefG)*, Edition
Springer Pflege, https://doi.org/10.1007/978-3-658-20945-2_5

Eckpunkte für eine Ausbildungs- und Prüfungsverordnung zum Entwurf des Pflegeberufsgesetzes

Am 13. Januar 2016 hat das Bundeskabinett den Entwurf eines Gesetzes zur Reform der Pflegeberufe beschlossen. Das Krankenpflegegesetz (KrPflG) und das Altenpflegegesetz (AltPflG) werden abgelöst und die Ausbildung in den Pflegeberufen durch ein neues Pflegeberufsgesetz (PflBG) neu strukturiert.

Bislang haben sich die eigenständigen Ausbildungen und damit die für die berufliche Pflege zu vermittelnden pflegerischen Kompetenzen am Alter (Alten- und Kinderkrankenpflege) der Patientinnen und Patienten oder dem Versorgungskontext (Krankenpflege) ausgerichtet. Gegenwärtig erfolgt die Altenpflegeausbildung in vollem Umfang eigenständig; Kranken- und Kinderkrankenpflegeausbildung sehen gemeinsame Ausbildungsinhalte und -stunden (von 4.600 Ausbildungsstunden erfolgen maximal 3.400 Stunden gemeinsam und mindestens 1.200 Stunden getrennt) vor.

Der demografische Wandel und veränderte Versorgungsbedarfe und -strukturen führen jedoch zu neuen Anforderungen. Während im Krankenhaus zunehmend ältere oftmals mehrfach und/oder dementiell erkrankter Menschen gepflegt werden müssen, steigt – nicht zuletzt aufgrund verkürzter Liegezeiten in Krankenhäusern – in stationären Pflegeeinrichtungen und bei ambulanten Pflegediensten der Bedarf an behandlungspflegerischem Kompetenzen. Auch die spezifischen Anforderungen an die Pflege (chronisch) kranker Kinder und Jugendlicher sowie von Personen mit psychischen Erkrankungen setzen spezifische berufliche Handlungskompetenzen von Pflegefachkräften voraus.

Diesen Wandel will das neue Pflegeberufsgesetz (PflBG-E) auch in der Ausbildung der beruflich Pflegenden nachvollziehen. Dabei werden die wesentlichen Kompetenzen und Fähigkeiten der drei Berufe auch in der neuen Ausbildung vermittelt. Modelle einer generalistischen Ausbildung in der Alten- und Krankenpflege haben gezeigt, dass sich die Inhalte der beiden Ausbildungen in vielen Bereichen bis hin zu 90 Prozent überschneiden. Deshalb wird auch die generalistische Ausbildung die charakteristischen Inhalte der bisherigen Ausbildungen enthalten. Spezifische Inhalte können im Rahmen der Vertiefungseinsätze vermittelt werden.

In der Kinderkrankenpflege ist die Ausbildung bereits heute weitgehend gemeinsam mit der Krankenpflege organisiert, die speziellen Kenntnisse in der Kinderkrankenpflege werden dabei in einem Umfang von 1.200 Std. vermittelt. Wie beispielhaft in Anlage 4 aufgezeigt, wird auch zukünftig die pädiatrische Versorgung umfassender Bestandteil der praktischen Ausbildung sein.

Durch die Zusammenführung der bisherigen im AltPflG und im KrPflG nach Altersgruppen getrennt geregelten Pflegeausbildungen zu einer gemeinsamen, generalistischen Pflegeausbildung wird ein neues, einheitliches Berufsbild „Pflege" geschaffen, das sich mit einem eigenen beruflichen Selbstverständnis neben den anderen Gesundheitsfachberufen behauptet und die berufsständische Identifikation stärkt. Durch die Modernisierung der Ausbildung werden deren Qualität und damit im Ergebnis die Qualität der pflegerischen Versorgung verbessert.

Die wesentlichen, grundlegenden Rahmenvorgaben zur Umsetzung dieses Zieles enthält das Pflegeberufsgesetz. Zur Ausfüllung des Rahmens bedarf es – wie bei allen bundesgesetzlich geregelten Gesundheitsfachberufen üblich – weiterer Einzelheiten zu der Ausbildungsstruktur, den Ausbildungsinhalten, der Prüfung und weiteren, für die Durchführung der Ausbildung relevanten Punkten in einer Ausbildungs- und Prüfungsverordnung (vgl. § 56 Absatz 1 und 2 PflBG-E).

Hierfür werden nachfolgend Eckpunkte vorgelegt.[1]

Eckpunkte:

I. Gesamtüberblick zu den Regelungsbereichen der Verordnung

1. Regelungen zur beruflichen Pflegeausbildung

- Dauer und Struktur der Ausbildung; Inhalte der Ausbildung; Ausbildungsverhältnis; Stundenverteilung zwischen Unterricht und praktischer Ausbildung; Anforderungen an Träger der praktischen Ausbildung, Pflegeschule und weitere an der Ausbildung beteiligten Einrichtungen; Kooperationsvereinbarungen.
- Unterricht: Lehrplan; theoretischer und praktischer Unterricht; Praxisbegleitung.
- Praktische Ausbildung: Umfang und Verteilung der Praxiseinsätze; Ausbildungsplan; Verhältnis zum Lehrplan; Praxisanleitung; Ausbildungsnachweis.
- Staatliche Prüfung: Prüfungsausschuss; Zulassung zur Prüfung; Prüfungsbestandteile; Niederschrift; Benotung und Vornoten; Bestehen; Prüfungszeugnis; Wiederholungs- und Rücktrittsregelungen.

2. Regelungen zur hochschulischen Pflegeausbildung

- Erweiterte Ausbildungsinhalte (vgl. § 37 PflBG-E).
- Durchführung des Studiums.
- Studienabschluss und staatliche Prüfung.

3. Sonstige Vorschriften

- Anpassungsmaßnahmen bei Ausbildungen außerhalb des Geltungsbereichs des
- Gesetzes (EU-Mitgliedstaaten, EWR-Vertragsstaaten oder Drittstaaten).
- Erlaubniserteilung (Erlaubnisurkunde).
- Fachkommission (Errichtung, Zusammensetzung, Aufgaben, Geschäftsstelle).
- Aufgaben des Bundesinstituts für Berufsbildung (BIBB)
- Übergangs- und Schlussvorschriften.

4. Anlagen zu den Ausbildungsinhalten und der Verteilung der Praxiseinsätze; **Muster** z.B. für Teilnahmebescheinigungen, Prüfungszeugnis, Bescheinigung über die staatliche Eignungsprüfung, Urkunde über die Erlaubniserteilung.

---

1 Für die in § 56 Absatz 3 PflBG-E vorgesehene Rechtsverordnung zur Finanzierung der beruflichen Ausbildung ist eine gesonderte Rechtsverordnung zu erlassen. Nach § 56 Absatz 4 PflBG-E haben die Kostenträger und Leistungserbringer im Benehmen mit den Ländern dafür spätestens drei Monate nach Verkündung des Gesetzes Vorschläge zu vereinbaren. Diesem kann nicht durch die vorzeitige Vorlage von Eckpunkten vorgegriffen werden.

Zentrale Regelungsbereiche der beruflichen Pflegeausbildung

1. Dauer und Struktur der Ausbildung

▪ Die dreijährige (bzw. in Teilzeit höchstens fünfjährige) Ausbildung umfasst mindestens 4.600 Stunden, davon 2.100 Stunden als theoretischer und praktischer Unterricht durch die Pflegeschule und 2.500 Stunden praktische Ausbildung.

▪ Der überwiegende Teil der praktischen Ausbildung soll beim Träger der praktischen Ausbildung erfolgen. Bei diesem muss der flexible Orientierungseinsatz (vgl. II.3.) und mindestens ein Pflichteinsatz durchgeführt werden. Darüber hinaus soll dort der Vertiefungseinsatz geleistet werden.

▪ Die Ausbildung muss den Vorgaben der EU-Richtlinie 2005/36/EG über die Anerkennung von Berufsqualifikationen genügen, damit die neue Ausbildung als allgemeine Pflegeausbildung im Sinne dieser Richtlinie automatisch anerkannt wird.

▪ Eine mit Pflegeexpertinnen und -experten zu besetzende Fachkommission erarbeitet Rahmenlehrplan und Rahmenausbildungsplan für die gesamte Ausbildung mit empfehlender Wirkung.

2. Ausbildungsinhalte

Mit dem Pflegeberufsgesetz wird ein neuer Beruf geschaffen. Den Auszubildenden werden Kompetenzen vermittelt, die über die Kompetenzen der bisherigen getrennten Ausbildungen hinausgehen und den Aufbau einer umfassenden Handlungskompetenz verfolgen. Dies gelingt nicht durch eine Addition bisheriger Ausbildungsinhalte, sondern nur durch eine Neukonzeption. Dabei müssen die Auszubildenden so ausgebildet werden, dass sie den wesentlichen Anforderungen des bisherigen Berufsfeldes der Altenpflege, der Kranken- und der Kinderkrankenpflege genügen. Gleichzeitig müssen sie die notwendigen Kompetenzen für einen im Sinne lebenslangen Lernens erforderlichen Entwicklungsprozess erwerben.

▪ Ausgehend von den vom Gesetzgeber als wesentlich angesehenen Kompetenzen (§ 5 PflBG-E) werden die Ausbildungsziele der neuen Ausbildung im theoretischen und praktischen Unterricht (siehe Anlage 1 „Kompetenzen der beruflichen Pflegeausbildung/Übersicht Themenbereiche") sowie in der praktischen Ausbildung (siehe Anlage 2 „Allgemeine Übersicht zur Stundenverteilung im Rahmen der praktischen Ausbildung") vermittelt.

▪ Die im jeweiligen Themenbereich beschriebenen Handlungskompetenzen verdeutlichen das Wissen und Können, das zur Pflege von Menschen in unterschiedlichen Lebensphasen und Versorgungsstrukturen erforderlich ist. Die Pflegeausbildung erfolgt generalistisch, d.h. auch die für spezielle Versorgungssituationen erforderlichen Kompetenzen, die bislang den verschiedenen Ausbildungen zugewiesen wurden, werden in die einzelnen Themenbereiche integriert und adäquat abgebildet. Dies entspricht den Erfahrungen der Curricula der Modellausbildungen in der Pflege[2].

---

2   vgl. Klaes, Weidner u.a.: Pflegeausbildung in Bewegung – ein Modellvorhaben zur Weiterentwicklung der Pflegeberufe – Schlussbericht der wissenschaftlichen Begleitung (2010); Görres u.a.; Qualitätskriterien für Best Practice in der Pflegeausbildung – Synopse evaluierter Modellprojekte – abschließender Projektbericht (2008 – 2009).

■ Die Themenbereiche sind für den theoretischen und praktischen Unterricht mit Stunden hinterlegt. Die Themenbereiche werden – über die Darstellung in Anlage 1 hinaus – in der Ausbildungs- und Prüfungsverordnung weiter konkretisiert.

■ Den Pflegeschulen steht ein bestimmtes Stundenkontingent zur freien Verfügung. Dieses kann auch zur Vertiefung von Unterrichtsinhalten in den Themenbereichen genutzt werden.

■ Die Themenbereiche bilden die Grundlage für die weitere Ausfüllung durch den Rahmenlehrplan und Rahmenausbildungsplan der Fachkommission bzw. der Länder sowie die Lehrpläne der Schulen und Ausbildungspläne der Träger der praktischen Ausbildung. Pflegeschule und Träger der praktischen Ausbildung haben die Verzahnung von Theorie und Praxis zu gewährleisten.

3. Praktische Ausbildung

■ Die praktische Ausbildung umfasst mindestens 2.500 Stunden. Der überwiegende Teil (1.300 Stunden, siehe <u>Anlage 3</u>) soll beim Träger der praktischen Ausbildung abgeleistet werden.

■ Während der praktischen Ausbildung sind die Kenntnisse und Fertigkeiten zu vermitteln, die zur Erreichung des Ausbildungszieles nach § 5 PflBG-E erforderlich sind. Die Inhalte des theoretischen und praktischen Unterrichts fließen dabei in die praktische Ausbildung ein und dienen als Grundlage dazu, die für die Berufsausübung notwendigen Handlungskompetenzen zu entwickeln.

■ Die praktische Ausbildung unterteilt sich in folgende Einsätze:
 – Die praktische Ausbildung beginnt beim Träger der praktischen Ausbildung mit einem flexibel aufteilbaren Orientierungseinsatz.
 – In den drei allgemeinen Versorgungsbereichen der Pflege (stationäre Akutpflege, stationäre Langzeitpflege, ambulante Akut- und Langzeitpflege) sind Pflichteinsätze in identischem Stundenumfang vorgesehen.
 – Hinzu kommen Pflichteinsätze in den speziellen Versorgungsbereichen der Pflege[3] (pädiatrische Versorgung, psychiatrische Versorgung).
 – Außerdem wird ein Vertiefungseinsatz durchgeführt, der beim Träger der praktischen Ausbildung in einem Bereich, in dem bereits ein Pflichteinsatz erfolgt ist, stattfinden soll. In diesem Vertiefungseinsatz, der im Abschlusszeugnis ausgewiesen wird, werden weitergehende Praxiserfahrung in dem gewählten Bereich und der Ausbildungseinrichtung vermittelt.
 – Daneben gibt es einen weiteren Einsatz, der z.B. in Pflegeberatung, Palliation oder Rehabilitation erfolgt.
 – Zusätzlich kann ein geringes Stundenkontingent frei verteilt werden. Für die praktische Ausbildung ergibt sich daraus die aus <u>Anlage 2</u> ersichtliche Verteilung der Ausbildungsstunden.

■ Dabei ist die praktische Ausbildung so zu gestalten, dass die Auszubildenden entsprechend den in Anlage 1 aufgeführten Themenbereichen praktische Aufgabenstellungen bearbeiten können.

---

3 Der Stundenumfang der Pflichteinsätze in den speziellen Versorgungsbereichen der Pflege berücksichtigt die zur Verfügung stehenden Ausbildungskapazitäten insbesondere in der Kinder- und Säuglingspflege.

▣ Eine Vertiefung in der praktischen Ausbildung erfolgt in der Regel durch die Wahl des Trägers der praktischen Ausbildung, d. h. mögliche Schwerpunkte sind die allgemeine Akutpflege in stationären Einrichtungen, die allgemeine Langzeitpflege in stationären Einrichtungen, die allgemeine ambulante Akut- und Langzeitpflege, die Psychiatrie sowie die Pädiatrie (beispielhaft zur pädiatrischen Versorgung siehe Anlage 4).

4. Praxisanleitung und Praxisbegleitung in der beruflichen Pflegeausbildung

▣ Die Praxisanleitung hat geplant und strukturiert auf der Grundlage eines Ausbildungsplanes zu erfolgen. Die Pflichteinsätze in Einrichtungen nach § 7 Absatz 1 PflBG-E, die Orientierungsphase und der Vertiefungseinsatz müssen durch Praxisanleiterinnen und Praxisanleiter begleitet werden, die über eine Erlaubnis nach § 1 Satz 1 PflBG-E, eine mindestens zweijährige einschlägige Berufserfahrung in dem jeweiligen Einsatzbereich und eine berufspädagogische Fortbildung oder Weiterbildung im Umfang von mindestens 300 Stunden verfügen. Diese Praxisanleiterinnen und Praxisanleiter müssen sich darüber hinaus kontinuierlich mindestens 24 Stunden jährlich berufspädagogisch fort- oder weiterbilden. Während der weiteren Praxiseinsätze soll die Begleitung durch entsprechend qualifizierte Praxisanleiterinnen und Praxisanleiter sichergestellt werden.

▣ Personen, die am 31. Dezember 2017 über die Qualifikation zur Praxisanleitung nach dem AltPflG oder KrPflG verfügen, müssen zur Übernahme der Praxisanleitung im Rahmen der neuen Pflegeausbildung nur die berufspädagogische Fort- oder Weiterbildungspflicht von jährlich 24 Stunden erfüllen.

▣ Die Pflegeschulen müssen eine Praxisbegleitung in angemessenem Umfang in den Einrichtungen gewährleisten. Die Praxisbegleitung wird durch Lehrkräfte der Pflegeschulen wahrgenommen. Eine regelmäßige persönliche Anwesenheit in den Einrichtungen ist zu gewährleisten. Dies bedeutet in der Regel mindestens ein Besuch je Pflichteinsatz sowie im Vertiefungseinsatz.

5. Bestimmungen der staatlichen Prüfung bei der beruflichen Pflegeausbildung

▣ Bei jeder Pflegeschule wird ein Prüfungsausschuss gebildet.

▣ Die staatliche Prüfung gliedert sich jeweils in einen schriftlichen, einen mündlichen und einen praktischen Teil.

▣ Der schriftliche Prüfungsteil erfolgt als übergreifende, generalistisch auf alle Altersgruppen bezogene Fallbearbeitung und ist auf die Themenbereiche (vgl. oben 2. und Anlage 1) mit den jeweils aufgeführten und zu vermittelnden Kompetenzen ausgerichtet. Die Prüflinge zeigen, dass sie über Fachkompetenzen verfügen und in der Lage sind, individuelle Situationen mit Hilfe ihres Wissens analytisch zu erschließen, das Wissen fachgerecht einsetzen und situationsbezogen kritisch, reflexiv, fachlich und ethisch begründet urteilen können.

▣ Der praktische Prüfungsteil ist in der Regel in dem Versorgungsbereich abzulegen, in dem die oder der Auszubildende den Vertiefungseinsatz absolviert hat. Es muss sichergestellt sein, dass alle Prüfungsinhalte ordnungsgemäß abgebildet und geprüft werden können. Die Prüfung umfasst die Übernahme aller anfallenden Aufgaben einer prozessorientierten und spiegelt die späteren, maßgeblichen beruflichen Tätigkeiten des Pflegeberufs wider.

- Auch im mündlichen Teil der Prüfung hat der Prüfling anwendungsbereite berufliche Kompetenzen nachzuweisen. In der Prüfung werden Themenbereiche der Anlage 1 sowie ein Versorgungsbereich, der nicht von der praktischen Prüfung erfasst wurde, einbezogen.

Zentrale Regelungsbereiche für die hochschulische Ausbildung

- Die näheren Anforderungen für die hochschulische Pflegeausbildung werden in einem eigenen Abschnitt der Ausbildungs- und Prüfungsverordnung geregelt.
- Die Ausbildungsziele der hochschulischen Pflegeausbildung werden konkretisiert. Dies erfolgt zum einen unter Bezugnahme auf die Themenbereiche der beruflichen Pflegeausbildung sowie durch nähere Darstellung der erweiterten Ausbildungsziele.
- Die Stundenverteilung der Praxiseinsätze wird im Wesentlichen der Aufteilung der beruflichen Pflegeausbildung entsprechen, wobei die Hochschule den Umfang der Praxiszeiten auf bis zu 2.300 Stunden reduzieren und die Dauer der einzelnen Praxiseinsätze an diese Stundenzahl anpassen kann.
- Sollen Praxiseinsätze in Einrichtungen zu einem geringfügigen Anteil durch praktische Lerneinheiten an der Hochschule ersetzt werden, muss das Konzept der Hochschule zur Vorlage bei der zuständigen Landesbehörde darlegen, dass das Ziel der (klinisch-)praktischen Ausbildung – insbesondere als Mitglied eines Pflegeteams und in unmittelbarem Kontakt mit Pflegebedürftigen zu lernen – hierdurch nicht gefährdet ist.
- Die Hochschule hat durch Kooperationsverträge mit den Einrichtungen der Praxiseinsätze sicherzustellen, dass die Einrichtungen in angemessenem Umfang eine Praxisanleitung durchführen. Sie soll gemessen an der Dauer des jeweiligen Praxiseinsatzes angemessen sein. Die Praxisanleitung soll durch Pflegepersonal erfolgen, das zur Vermittlung auch des erweiterten Ausbildungsziels der hochschulischen Pflegeausbildung befähigt ist (i. d. R. Nachweis durch hochschulische Qualifikation).
- Für den staatlichen Teil der hochschulischen Prüfung werden die Bereiche festgelegt, aus denen die Hochschule mit Zustimmung der zuständigen Landesbehörde nach § 39 Absatz 3 PflBG-E die Module bestimmen muss, die den staatlichen Teil der hochschulischen Prüfung bilden.
- Die Überprüfung der Kompetenzen nach § 39 Absatz 2 PflBG-E in staatlicher Verantwortung wird einen schriftlichen, einen mündlichen und einen praktischen Teil umfassen.
- Die hochschulische Pflegeausbildung muss in ihrer Gesamtheit – d. h. staatliche und rein hochschulische Prüfungsteile – bestanden sein. Der staatliche Prüfungsteil ist nur bestanden, wenn ein einheitliches Votum des gemeinsamen Vorsitzes von Hochschule und Landesbehörde herbeigeführt werden kann.

BMG/BMFSFJ Anlage 1

Kompetenzen der beruflichen Pflegeausbildung
Übersicht Themenbereiche[4]
mit Stundenverteilung für den theoretischen und praktischen Unterricht (insg. 2.100 Std)

Themenbereich I	900 bis 1.000 Std. gesamt
Die Pflege von Menschen aller Altersgruppen verantwortlich planen, organisieren, gestalten und evaluieren	
Kompetenzen:	

Pflegeprozesse und Pflegediagnostik in akuten und dauerhaften Pflegesituationen verantwortlich planen, organisieren, gestalten, steuern und evaluieren.

Pflegeprozesse und Pflegediagnostik einschließlich Gesundheitsförderung und Prävention bei Menschen aller Altersgruppen mit gesundheitlichen Problemlagen verantwortlich planen, organisieren, gestalten, steuern und evaluieren.

Pflegeprozesse und Pflegediagnostik von Menschen in hoch belasteten und kritischen Lebenssituationen verantwortlich planen, organisieren, gestalten, steuern und evaluieren.

In lebensbedrohlichen sowie in Krisen- oder Katastrophensituationen zielgerichtet handeln.

Menschen bei der Lebensgestaltung unterstützen, begleiten und beraten.

Entwicklung und Autonomie in der Lebensspanne fördern.

Themenbereich II	250 bis 300 Std. gesamt
Kommunikation und Beratung personen- und situationsorientiert gestalten	
Kompetenzen:	

Kommunikation und Interaktion mit Menschen aller Altersgruppen und ihren Bezugspersonen personen- und situationsbezogen gestalten und eine angemessene Information sicherstellen.

Beratung, Anleitung und Schulung bei Menschen aller Altersgruppen verantwortlich planen, organisieren, gestalten, steuern und evaluieren.

Ethisch reflektiert handeln.

---

4 Die Themen- und Kompetenzbereiche sowie die Stunden werden in der Ausbildungs- und Prüfungsverordnung weiter konkretisiert.

Themenbereich III	250 bis 300 Std. gesamt
Intra- und Interprofessionelles Handeln in unterschiedlichen systemischen Kontexten verantwortlich gestalten und mitgestalten	
Kompetenzen:	
Verantwortung in der Organisation des qualifikationsheterogenen Pflegeteams übernehmen.	
Ärztliche Anordnungen im Pflegekontext und in Notfallsituationen eigenständig durchführen.	
In interdisziplinären Teams an der Versorgung und Behandlung von Menschen aller Altersgruppen mitwirken und Kontinuität an Schnittstellen sichern.	
Themenbereich IV	150 bis 200 Std. gesamt
Das eigene Handeln auf der Grundlage von Gesetzen, Verordnungen und ethischen Leitlinien reflektieren und begründen	
Kompetenzen:	
Die Qualität der pflegerischen Leistungen sicherstellen und dabei ökologische und ökonomische Prinzipien beachten.	
Versorgungskontexte und Systemzusammenhänge im Pflegehandeln berücksichtigen.	
Themenbereich V	150 bis 200 Std. gesamt
Das eigene Handeln auf der Grundlage von wissenschaftlichen Erkenntnissen und berufsethischen Werthaltungen und Einstellungen reflektieren und begründen	
Kompetenzen:	
Pflegehandeln an aktuellen wissenschaftlichen Erkenntnissen, insbesondere an pflegewissenschaftlichen Forschungsergebnissen, Theorien und Modellen ausrichten.	
Verantwortung für die Entwicklung (lebenslanges Lernen) der eigenen Persönlichkeit sowie für das berufliche Selbstverständnis übernehmen.	
Themenbereiche I bis V gesamt	**1.900 Std.**
zur freien Verteilung auf I bis V	200 Std.
gesamt	2.100 Std.

BMG/BMFSFJ   Anlage 2

Allgemeine Übersicht zur Stundenverteilung im Rahmen der praktischen Ausbildung

Die praktische Ausbildung ist so zu gestalten, dass die Auszubildenden entsprechend den Themen- und Kompetenzbereichen (vgl. Anlage 1) praktische Aufgabenstellungen bearbeiten können, die zu einer umfassenden Handlungskompetenz führen.

I. Pflichteinsätze in den drei allgemeinen Versorgungsbereichen der Pflege	
Stationäre Akutpflege	400 Std.
Stationäre Langzeitpflege	400 Std.
Ambulante Akut-/Langzeitpflege	400 Std.
II. Pflichteinsätze in speziellen Versorgungsbereichen der Pflege	
Pädiatrische Versorgung1	120 Std.
Psychiatrische Versorgung (allgemein-, geronto-, kinder- oder jugendpsychiatrisch)	120 Std.
III. Vertiefungseinsatz	
Im Bereich eines Pflichteinsatzes nach I oder II (Regelfall: beim Träger der praktischen Ausbildung)	500 Std.
IV. Weitere Einsätze / Stunden zur freien Verteilung	
Orientierungseinsatz (flexibel) beim Träger der praktischen Ausbildung	400 Std.
Weiterer Einsatz (z.B. Pflegeberatung, Rehabilitation, Palliation)	80 Std.
Zur freien Verteilung auf die Einsätze nach I bis IV	80 Std.
Gesamtsumme	**2.500 Std.**

BMG/BMFSFJ

Anlage 3

Berechnung der Mindest-Stundenzahl beim Träger der praktischen Ausbildung

Für Vertiefung stationäre Akutpflege, stationäre Langzeitpflege und ambulante Akut-/ Langzeitpflege
(Regeleinsatzzeit; weitere Einsätze z. B. im Rahmen der Pflichteinsätze nach II möglich)

Träger der praktischen Ausbildung	Orientierungseinsatz (flexibel)	Pflichteinsatz I	Vertiefungseinsatz	Regelzeit beim Träger der praktischen Ausbildung insgesamt
Krankenhaus	400 Std.	400 Std.	500 Std.	1.300 Std.
Stationäre Pflegeeinrichtung	400 Std.	400 Std.	500 Std.	1.300 Std.
Ambulante Pflegeeinrichtung	400 Std.	400 Std.	500 Std.	1.300 Std.

BMG/BMFSFJ   Anlage 4

Beispiel: Pädiatrische Versorgung

- Das Pflegeberufsgesetz ermöglicht eine Vertiefung auch im Bereich der Pädiatrischen Versorgung (PV). Diese erfolgt durch die Wahl des Trägers der praktischen Ausbildung und die Wahl des Vertiefungseinsatzes.
- Träger der praktischen Ausbildung kann in diesem Fall ein Kinderkrankenhaus oder ein Krankenhaus mit pädiatrischer Abteilung sein. Die Wahl des Vertiefungseinsatzes wird durch den Ausbildungsvertrag festgeschrieben.
- Soweit es den theoretischen und praktischen Unterricht betrifft, sind die für spezielle Versorgungssituationen wie die PV erforderlichen Kompetenzen in die einzelnen Themenbereiche integriert. Darüber hinaus können die Pflegeschulen auch zur freien Verfügung stehendes Zeitkontingent des Unterrichtes (siehe Anlage 2) für spezielle Inhalte, z. B. in der Pädiatrie, nutzen.Für die praktische Ausbildung ist im Hinblick auf die PV folgende Stundenverteilung denkbar:

	gesamt	davon in PV möglich
I. Pflichteinsätze in den drei allgemeinen Versorgungsbereichen der Pflege		
Stationäre Akutpflege	400 Std.	bis zu 300 Std.
Stationäre Langzeitpflege	400 Std.	
Ambulante Akut-/Langzeitpflege	400 Std.	
II. Pflichteinsätze in speziellen Versorgungsbereichen der Pflege		
Pädiatrische Versorgung	120 Std.	120 Std.
Psychiatrische Versorgung (allgemein-, geronto-, kinder- oder jugendpsychiatrisch)	120 Std.	
III. Vertiefungseinsatz		
Im Bereich eines Pflichteinsatzes nach II	500 Std.	500 Std.
IV. Weitere Einsätze / Stunden zur freien Verteilung		
Orientierungseinsatz(flexibel) Einführungsphase beim Träger der praktischen Ausbildung	400 Std.	bis zu 400 Std.
Weiterer Einsatz (z.B. Pflegeberatung, Rehabilitation, Palliation)	80 Std.	
Zur freien Verteilung auf die Einsätze nach I bis IV	80 Std.	80 Std.
Gesamtsumme	2.500 Std.	bis zu 1.400 Std.

I. Zur Entstehungsgeschichte.

Mit Schreiben vom 01. März 2016 wurden die Eckpunkte durch ein gemeinsames Schreiben der Staatssekretärin Stoppe für das Bundesministerium für Gesundheit und Dr. Kleindick für das Bundesministerium für Familie, Frauen und Jugend an die Fachministerien der Länder vorgelegt.

Die Eckpunkte beziehen sich auf den damals vorliegenden Regierungsentwurf des Gesetzes, nicht aber auf die geänderte Fassung, die im Laufe des Gesetzgebungsverfahrens dann schließlich verabschiedet wurde.

II. Aus den Materialien.

(Hinweis: Nachfolgend wird eine zusammenfassende Veröffentlichung, die sich auf die Erläuterungen in den o. g. Schreiben der Staatssekretärin bezieht, mangels derzeit vorliegender amtlicher Begründung aufgeführt.)

Der schon bekannte **Rahmen der geplanten generalistischen Ausbildung** wird von den beiden Staatssekretärinnen noch einmal expliziert: der Zugang zu dieser Ausbildung über einen mindestens zehnjährigen Hauptschulabschluss oder andernfalls über die Anrechnung eines Pflege-Helferberufs wie auch die Möglichkeit der neuen hochschulischen Ausbildung. Die *„Ausbildungsbereitschaft"* werde durch die Fondsfinanzierung gestärkt, heißt es in dem Schreiben. Die Auszubildenden lernten die praktische Arbeit in Krankenhäusern, Langzeitpflegeeinrichtungen und in der ambulanten Pflegepraxis kennen. Besondere Kompetenzen würden durch die Wahl der auszubildenden Einrichtung und des Vertiefungsbereichs *„angemessen Berücksichtigung finden"*. Für die Pflegeschulen bestünde die Möglichkeit, bestimmte Teile des Unterrichts für *„spezifische Themenbereiche"* zu nutzen.

Auf **Basis der vorliegenden Eckpunkte** werde als **nächster Schritt der Entwurf der Ausbildungs- und Prüfungsordnung erarbeitet**. Das Parlament werde über den *„fortschreitenden Erarbeitungsstand der Verordnung"* informiert, um diesen *„im Dialog weiterzuentwickeln"*.

Die **Einleitung zu den Eckpunkten für die Ausbildungs- und Prüfungsverordnung** gibt im Wesentlichen den geschilderten Gedankengang der beiden Staatssekretärinnen aus ihrem genannten Schreiben wieder. Die Regelung auf der die Verordnung fußen soll, findet sich in **§ 56 Abs. 1 und 2 des Entwurfs für ein Pflegeberufereformgesetz** (Bundesrats-Drucksache 20/16).

Nachfolgend wesentliche Aspekte der Eckpunkte:

In Punkt **I.** wird eine Skizze für einen **„Gesamtüberblick zu den Regelungsbereichen der Verordnung"** gegeben.

Dazu zählen *„1. Regelungen zur beruflichen Pflegeausbildung"* wie Dauer und Struktur sowie Inhalte der Ausbildung, Stundenverteilung, Anforderungen an die Träger der Ausbildung; Regelungen zum Unterricht wie Lehrplan, Theorie und Praxis, Praxisbegleitung sowie Regelungen zur Staatlichen Prüfung. *„2. Regelungen zur hochschulischen Pflegeausbildung"*; 3. *„Sonstige Vorschriften"* wie die Anpassung an EU-Vorschriften, aber unter anderem auch Regelungen für eine neue *„Fachkommission"* und zu den Aufgaben des Bundesinstituts für Berufsbildung.

In Punkt **II.** werden *„Zentrale Regelungsbereiche der beruflichen Pflegeausbildung"* entfaltet. So soll unter dem Punkt **1.** die *„Dauer und Struktur der Ausbildung"* erfasst werden. Eine **dreijährige Ausbildung** (fünfjährig in Teilzeit) ist vorgesehen, die **mindestens 4.600**

Stunden umfassen soll, 2.100 Stunden Pflegeschule und 2.500 praktische Ausbildung. Der überwiegende Teil der praktischen Ausbildung soll beim Träger der praktischen Ausbildung erfolgen. Hier muss der „flexible Orientierungseinsatz", „mindestens ein Pflichteinsatz" und der „Vertiefungseinsatz" geleistet werden. Die Ausbildung soll von vorne herein zur Anerkennung den Vorgaben der EU-Richtlinie 2005/36/EG über die Anerkennung von Berufsqualifikationen genügen. Die mit Pflegeexperten zu besetzende **Fachkommission** erarbeitet mit empfehlender Wirkung den **Rahmenlehrplan und den Rahmenausbildungsplan**.

Der Punkt „*2. Ausbildungsinhalte*" nimmt viel Raum ein. Zunächst wird betont die neue generalistische Ausbildung bestehe **nicht** aus einer „*Addition bisheriger Ausbildungsinhalte*", sondern dies gelinge nur „*durch eine Neukonzeption*". Die **Auszubildenden** müssen durch ihre Ausbildung **den wesentlichen Anforderungen aller drei bisherigen Berufsfelder** genügen. Gleichzeitige sollen die „*Kompetenzen für einen im Sinne lebenslangen Lernens erforderlichen Entwicklungsprozesses*" erworben werden.

- Die **Ausbildungsziele** werden im theoretischen und praktischen Unterricht sowie in der praktischen Ausbildung vermittelt. Näheres dazu wird in entsprechenden Anlagen zu den Eckpunkten umrissen.
- Die für **spezielle Versorgungssituationen erforderlichen Kompetenzen**, die bislang den verschiedenen Ausbildungen zugewiesen wurden, werden in die einzelnen Themenbereiche integriert und adäquat abgebildet, entsprechend den Erfahrungen in den Modellausbildungen in der Pflege.
- Die mit **Stundenzahlen hinterlegten Themenbereiche** werden in der Ausbildung- und Prüfungsverordnung weiter konkretisiert.
- Den **Pflegeschulen steht ein bestimmtes Stundenkontingent zur freien Verfügung**, beispielsweise zur Vertiefung von Unterrichtsinhalten.
- Die **Themenbereiche bilden die Grundlage für die weitere Ausfüllung durch den Rahmenlehrplan und Rahmenausbildungsplan** der Fachkommission bzw. der Länder sowie die Lehrpläne der Schulen und Ausbildungspläne der Träger der praktischen Ausbildung. Pflegeschule und Träger haben die Verzahnung von Theorie und Praxis zu gewährleisten.

Ebenfalls viel Raum nimmt **der Punkt „*3. Praktische Ausbildung*"** ein.

- Die praktische Ausbildung umfasst **mindestens 2.500 Stunden**, wobei der überwiegende Teil mit **1.300 Stunden beim Träger der praktischen Ausbildung** abgeleistet werden soll.
- Während der praktischen Ausbildung sind die zur Erreichung des Ausbildungsziels erforderlichen Kenntnisse und Fertigkeiten zu erwerben.
- Die **praktische Ausbildung unterteilt sich in folgende Einsätze**: Beginn mit einem flexibel aufteilbaren Orientierungseinsatz, identische Stundenaufteilung in den drei allgemeinen Versorgungsbereichen der Stationären Akutpflege, Stationären Langzeitpflege und Ambulanten Akut- und Langzeitpflege. Pflichteinsätze in den speziellen Versorgungsbereichen der pädiatrischen und psychiatrischen Versorgung. Ein Vertiefungseinsatz in dem weitergehende Praxiserfahrung in dem gewählten Bereich und der Ausbildungseinrichtung vermittelt werden soll. Ein weiterer Einsatz in beispielsweise der Pflegeberatung, Palliation oder Rehabilitation. Freie Verteilung eines weiteren, aber geringen Stundenkontingents.

- Die **praktische Ausbildung richtet in Inhalten und Stunden** nach den genannten **Vorgaben der Themenbereiche**.
- Die **Vertiefung in der praktischen Ausbildung** erfolgt in der Regel durch die Wahl des Trägers der praktischen Ausbildung, beispielsweise die allgemeine Langzeitpflege in stationären Einrichtungen, etc.

Zu Punkt „*4. Praxisanleitung und Praxisbegleitung in der beruflichen Pflegeausbildung*": Die Praxisanleitung hat durch **Praxisanleiter** zu erfolgen, die **bestimmte Voraussetzungen erfüllen** müssen wie eine mindesten zweijährige einschlägige Berufserfahrung, eine berufspädagogische Fortbildung, eine Weiterbildung im Umfang von mindestens 300 Stunden. Die Praxisanleiter müssen sich mindestens 24 Stunden jährlich fortbilden. Dann folgen Übergangsvorschriften für Praxisanleiter zum 31. Dezember 2017. Die **Pflegeschulen** müssen eine **Praxisbegleitung durch die Lehrkräfte** sicherstellen, mindestens also einen Besuch je Pflichteinsatz sowie im Vertiefungseinsatz.

In Punkt **5.** gibt es „*Bestimmungen der staatlichen Prüfung bei der beruflichen Pflegeausbildung*" wie die Verpflichtung der Pflegeschulen, einen Prüfungsausschuss zu bilden, Gliederung und Aufbau des schriftlichen, mündlichen und praktischen Teils der Prüfung. Zwar soll der praktische Prüfungsteil in dem Versorgungsbereich, in dem der Auszubildende den Vertiefungseinsatz absolviert hat, erfolgen, doch wird der generalistische Ansatz der Ausbildung beispielsweise dadurch deutlich, dass im mündlichen Teil der Prüfung ein Versorgungsbereich, der nicht von der praktischen Prüfung erfasst wurde, einbezogen wird.

In „*III. Zentrale Regelungsbereiche für die hochschulische Ausbildung*" wird verdeutlicht, dass der **hochschulischen Pflegeausbildung ein eigener Abschnitt gewidmet werden soll**. Auf die Themenbereiche der beruflichen Pflegeausbildung soll zwar Bezug genommen werden, aber es soll (noch sehr unkonkret) eine „*nähere Darstellung der erweiterten Ausbildungsziele*" erfolgen. Die Praxiseinsätze sollen in ihrer Verteilung zwar der Stundenaufteilung der Pflegeausbildung entsprechen, aber **auf bis zu 2.300 Stunden reduziert** werden. Das Konzept der Hochschule muss darlegen, dass das Ziel der (klinisch-) praktischen Ausbildung hierdurch nicht gefährdet wird. Kooperationsverträge der Hochschule mit den Einrichtungen der Praxiseinsätze sollen die Praxisanleitung der Hochschul-Pflegeausbildung gewährleisten. Die **Praxisanleiter** sollen zur Vermittlung des erweiterten Ausbildungsziels der hochschulischen Pflegeausbildung befähigt sein, also in der Regel eine **hochschulische Qualifikation** besitzen. Es folgen weitere Prüfungsvorgaben für den staatlichen Teil der hochschulischen Prüfung sowie die Überprüfung der Kompetenzen in einem schriftlichen, mündlichen und praktischen Teil der Prüfung.

Zu den Eckpunkten gibt es Anlagen:

Anlage 1 ist betitelt mit „*Kompetenzen der beruflichen Pflegeausbildung – Übersicht Themenbereiche – mit Stundenverteilung für den theoretischen und praktischen Unterricht (insgesamt 2.100 Stunden)*".

Themenbereich I „*Die Pflege von Menschen aller Altersgruppen verantwortlich planen, organisieren, gestalten und evaluieren*" von ein **Stundenumfang von 900 bis 1.000 Stunden** zugebilligt. Dort werden „*Kompetenzen*" die Pflegeprozesse und Pflegediagnostik betreffen, aufgeführt, die erworben werden sollen. In **Themenbereich II** will man die Kompetenzen mit einem Stundenbudget von insgesamt **250 bis 300 Stunden** für die „*Kommunikation und Beratung personen- und situationsorientiert gestalten*" vermitteln, dazu gibt es wieder einige erläuternde Unterpunkte. **Themenbereich III** – *„Intra- und Interprofessionelles Handeln in unterschiedlichen systemischen Kontexten verantwortlich gestalten und mitgestalten"* soll die entsprechenden Kompetenzen in 250 bis 300 Stunden ausbilden. Hier geht es um Mitwirkung in Teams, ärztliche Anordnungen, Notfallsituationen, Schnittstellen. Mit **Themenbereich IV** sollen die Auszubildenden Kompetenzen erwerben für *„Das eigene Handeln auf der Grundlage von Gesetzen, Verordnungen und ethischen Leitlinien reflektieren und begründen"*. **Themenbereich V** soll Kompetenzen aufbauen für *„Das eigene Handeln auf der Grundlage von wissenschaftlichen Erkenntnissen und berufsethischen Werthaltungen und Einstellungen reflektieren und begründen"*. Die festgelegte **Gesamtsumme der Themenbereiche I bis V beträgt 1.900 Stunden**, zur **freien Verteilung** auf die Themenbereiche stehen **200 Stunden** zur Verfügung, sodass man damit auf die erwähnte **Gesamtsumme von 2.100 Stunden** kommt.

Anlage 2 zu den Eckpunkten gibt eine *„Allgemeine Übersicht zur Stundenverteilung im Rahmen der praktischen Ausbildung"*. Die Themen- und Kompetenzbereiche der Anlage I sollen in der praktischen Ausbildung bearbeitet werden können. Das soll zu einer *„umfassenden Handlungskompetenz"* führen.

Die **Stundenverteilung ist in vier Einsätze aufgeteilt** mit einer **Gesamtsumme von 2.500 Stunden**. In *„I. Pflichteinsätze in den drei allgemeinen Versorgungsbereichen der Pflege"* soll der Auszubildende jeweils 400 Stunden in der Stationären Akutpflege, der Stationären Langzeitpflege und der Ambulanten Akut-/Langzeitpflege absolvieren, also **insgesamt 1.200 Stunden**. Punkt *„II. Pflichteinsätze in speziellen Versorgungsbereichen der Pflege"*, zum einen in der Pädiatrischen Versorgung (120 Stunden) sowie der Psychiatrischen Versorgung aller Bereiche (120 Stunden), sieht **also insgesamt 240 Stunden** vor. Der *„Vertiefungseinsatz"*, der **III.** Punkt, ist im Bereich eines Pflichteinsatzes aus den **Pflichteinsätzen der Punkte I. oder II.**, im Regelfall beim Träger der praktischen Ausbildung, zu absolvieren. 500 Stunden sind hierfür vorgesehen. Unter **IV.** *„Weitere Einsätze / Stunden zur freien Verfügung"* ist der **flexible Orientierungseinsatz beim Träger der praktischen Ausbildung mit 400 Stunden** vorgesehen, der *„Weitere Einsatz"*, beispielsweise in der Pflegeberatung, Rehabilitation oder Palliation, darf **80 Stunden umfassen**, zur **freien Verteilung auf die Einsätze der genannten Punkte I bis IV stehen ebenfalls 80 Stunden** zur Verfügung. Alles zusammen ergibt das genannte **Stundenbudget von 2.500 Stunden**.

Anlage 3 zu den Eckpunkten gibt die *„Berechnung der Mindest-Stundenzahl beim Träger der praktischen Ausbildung für Vertiefung stationäre Akutpflege, stationäre Langzeitpflege und ambulante Akut-/Langzeitpflege"*. Es wird angemerkt, dass es sich um eine Regeleinsatzzeit handelt, weitere Einsätze sind z.B. im Rahmen der Pflichteinsätze nach II möglich. Die in der **Anlage 3 aufgeführte Tabelle** zeigt, dass alle **drei Träger der praktischen Ausbildung**, also Krankenhaus, Stationäre Pflegeeinrichtung und Ambulante Pflegeeinrichtung jeweils einen flexiblen Orientierungseinsatz von 400 Stunden, einen Pflichteinsatz I von 400 Stunden sowie einen Vertiefungseinsatz von 500 Stunden, also insgesamt mindestens jeweils 1300 Stunden vorsehen müssen.

Anlage 4 zu den Eckpunkten gibt ein *„Beispiel: Pädiatrische Versorgung"*. Dieses *„Beispiel"* dürfte mit Bedacht gewählt worden sein, weil die **Kritiker der generalistischen Pflegeausbildung** insbesondere hier die **Befürchtung hegen, dass sich die Qualität der Kinderkrankenpflege durch die Generalistik erheblich verschlechtern** könnte. Einleitend wird in Anlage 4 noch einmal ausführlich dargelegt, dass ein Vertiefungseinsatz im Bereich der Pädiatrischen Versorgung in der generalistischen Pflegeausbildung möglich ist, dass der Träger der praktischen Ausbildung ein Kinderkrankenhaus oder ein Krankenhaus mit pädiatrischer Abteilung sein kann, dass die für die Pädiatrische Versorgung erforderlichen Kompetenzen in die einzelnen Themenbereiche integriert sind und die frei zur Verfügung stehenden Zeitkontingente auch für spezielle Inhalte, z.B. der Pädiatrie, genutzt werden könnten. Für die **praktische Ausbildung sei im Hinblick auf die Pädiatrische Versorgung folgende Stundenverteilung denkbar:**

„I. Pflichteinsätze in den drei allgemeinen Versorgungsbereichen der Pflege" (Stationäre Akutpflege – 400 Std., Stationäre Langzeitpflege – 400 Std., ambulante Akut-/Langzeitpflege – 400 Std.) mit 1200 Stunden, wovon insgesamt **bis zu 300 Stunden in der Pädiatrischen Versorgung möglich** seien. Unter *„II. Pflichteinsätzen in speziellen Versorgungsbereichen"* sind sowieso 120 Stunden für die Pädiatrische Versorgung sowie **120 Stunden für die Psychiatrische Versorgung** in allen Bereichen vorgesehen. Der *„III. Vertiefungseinsatz"* erfolgt in diesem Beispiel logischerweise in der **Pädiatrischen Versorgung** mit **500 Stunden**. Die *„IV. Weitere Einsätze/Stunden zu freien Verteilung"* erlauben, den **flexiblen Orientierungseinsatz in der Einführungsphase beim Träger der praktischen Ausbildung mit 400 Stunden in der Pädiatrischen Versorgung** zu absolvieren, sowie das **freie Stundenkontingent von 80 Stunden** ebenfalls für die **Pädiatrische Versorgung** einzusetzen. Der „Weitere Einsatz" mit 80 Stunden darf hier nicht in der Pädiatrischen Versorgung absolviert werden, sondern steht, wie schon dargelegt beispielsweise der Pflegeberatung, Palliation oder Rehabilitation zur Verfügung. Nach dem angeführten Beispiel für die Pädiatrische Versorgung in dieser Anlage 4 werden **insgesamt 1.400 Stunden im Bereich der Pädiatrischen Versorgung absolviert** von insgesamt 2.500 Stunden praktischer Ausbildung im generalistischen Pflegeberuf (gid, Gesundheitspolitischer Informationsdienst, Nr. 8/9, Berlin, 03. März 2016, S. 2 ff.).

III. Erläuterungen.

Das Eckpunktepapier beruht auf dem seinerzeitigen Gesetzesentwurf der Bundesregierung. Durch die Änderungen, die der Gesetzesentwurf in den parlamentarischen Beratungen erfahren hat, müssen auch in der Ausbildungs- und Prüfungsverordnung entsprechende Anpassungen vorgenommen werden.

Gleichwohl sind die Eckpunkte die gute Basis für die Entwicklung der Ausbildungs- und Prüfungsverordnungen. Sie greifen die entscheidenden Aspekte der im Jahr 2012 von der Bund Länder-Arbeitsgruppe Weiterentwicklung der Pflegeberufe veröffentlichten Eckpunkte zur Vorbereitung des Entwurfs eines neuen Pflegeberufegesetzes auf.

Finanzierungsfragen werden in der Ausbildungs- und Prüfungsverordnung wohl nicht beantwortet werden, da diese in einer gesonderten Rechtsverordnung geregelt werden. Auch diese <u>Finanzierungsverordnung</u> muss noch erarbeitet werden.

Schon jetzt ist zu erkennen, dass es wohl nicht gelingen wird, alle Pflegekräfte in dem Bereich Kinderkrankenpflege umfassend auszubilden. Diejenigen Auszubildenden, die den Vertiefungsschwerpunkt „Pädiatrie" wählen, sollen bis zu 1.400 Stunden (Minimum 1.020 Stunden) im entsprechenden Praxisfeld ausgebildet werden. Daher kann davon ausgegangen werden, dass das Einsatzfeld Pädiatrie ausreichend berücksichtigt werden wird.

Für die hochschulische Ausbildung gibt es nur wenige Vorgaben. Sie soll in einem eigenen Abschnitt geregelt werden.

Es wird jetzt darauf ankommen, dass möglichst zeitnah ein Entwurf der Ausbildungs- und Prüfungsverordnung erstellt wird, damit ausreichend Zeit ist, diesen mit den ausbildenden Institutionen zu diskutieren. Nur so kann sichergestellt werden, dass die Regelungen der Ausbildungs- und Prüfungsverordnung an der Praxis nicht vorbeigehen und umsetzbar sind. Außerdem muss bei der Zeitplanung unbedingt berücksichtigt werden, dass die Länder, die Schulen sowie die Hochschulen ausreichend Zeit für die Umstellung auf die neue Ausbildung bekommen.

Hierzu sind die entsprechenden Verbände bzw. beteiligten Parteien angeschrieben worden und es gibt eine Arbeitsgruppe. Konkrete Vorschläge sollen bis Ende des Jahres 2017 erarbeitet werden. Hierfür gibt es im Übrigen auch die gesetzliche Frist, die Ende Oktober abgelaufen ist.

IV. Weitere Materialien.

Bislang entfallen sowohl bei der Altenpflegeausbildung als auch bei der Krankenpflege- und Kinderkrankenpflegeausbildung mindestens 2.100 Stunden auf theoretischen und praktischen Unterricht an den entsprechenden Pflegeschulen. Die Kinderkrankenpflege hat dabei, je nach regionaler Ausgestaltung der schulischen Ausbildung, eine mehr oder weniger große Überschneidung mit der Krankenpflege zu verzeichnen (Differenzierung im dritten Ausbildungsjahr).

Der Umfang der praktischen Ausbildung beträgt bislang für alle drei Pflegeausbildungen mindestens 2.500 Stunden, wobei diese im Normalfall nahezu komplett beim jeweiligen Ausbildungträger geleistet werden. Im Bereich der Altenpflege existieren Ausbildungsmodelle mit externen Praktika, diese sind allerdings meist nicht verpflichtend und mit einer geringen Stundenzahl veranschlagt.

Bei der (Kinder-)Krankenpflege gibt es bislang regelhaft einen sogenannten *„Allgemeinen Bereich"* im Umfang von 1.300 Stunden – eine Art Grundausbildung – in dem Gesundheits- und Krankenpflegeschüler gemeinsam mit Gesundheits- und Kinderkrankenpflegerschülern praktisch angewiesen werden. 800 Stunden entfallen dabei auf die stationäre Versorgung in den Fächern Innere Medizin, Geriatrie, Neurologie, Chirurgie, Gynäkologie, Pädiatrie, Wochen- und Neugeborenenpflege. Für die ambulante Versorgung sind 500 Stunden vorgesehen. Im sogenannten *„Differenzierungsbereich"* (drittes Ausbildungsjahr) sind bislang für angehende Gesundheits- und Krankenpfleger nochmals 700 Stunden in den Fachgebieten Innere Medizin, Chirurgie und Psychiatrie abzuleisten. Für die Kinderkrankenpflege wird schwerpunktmäßig nochmal auf die Pädiatrie und Wochen- und Neugeborenenpflege eingegangen. Zur freien Verteilung auf die beiden Bereiche stehen 500 Stunden zur Verfügung. Insgesamt ergeben sich also 2.500 Stunden. Gesetzliche Grundlage für die (Kinder-)Krankenpflegeausbildung in der aktuellen Form stellt das Gesetz über die Berufe in der Krankenpflege (Krankenpflegegesetz – KrPflG) in der am 01. Januar 2004 in Kraft getretenen Fassung dar.

Nach den Eckpunkten für die Ausbildungs- und Prüfungsverordnung zur Pflegeberufereform würden von insgesamt 2.500 Stunden praktischer Ausbildung mindestens 1.300 Stunden beim Ausbildungsträger abgeleistet werden. Diese würden sich aus einem sogenannten Orientierungseinsatz (400 Stunden), einem Pflichteinsatz (400 Stunden) und einem Vertiefungseinsatz (500 Stunden) zusammensetzen – letzterer *„in der Regel"* beim Träger der Ausbildung. Diese Stundenanzahl kann sich durch vom Auszubildenden zu wählenden *„Wahlpflicht"*-Stunden noch erhöhen. 2.500 Stunden können allerdings, bedingt durch den generalistischen Ansatz (man durchläuft alle Pflegeausrichtungen), beim Ausbildungsträger nicht erreicht werden. Die schulische Ausbildung soll wie bereits jetzt einen Gesamtumfang von 2100 Stunden umfassen (gid, Gesundheitspolitischer Informationsdienst, Nr. 8/9, Berlin 03. März 2016, S. 36 ff.).

V. Gemeinsame Vorschläge nach § 56 Abs. 4 PflBG für die Regelungsinhalte nach § 56 Abs. 3 Nr. 1 bis 5 PflBG

© Springer Fachmedien Wiesbaden GmbH, ein Teil von Springer Nature 2018
T. Weiß et al., *Pflegeberufereformgesetz (PflBRefG)*, Edition
Springer Pflege, https://doi.org/10.1007/978-3-658-20945-2_6

Gemeinsame Vorschläge nach § 56 Absatz 4
Pflegeberufegesetz (PflBG)

der Deutschen Krankenhausgesellschaft,

des Spitzenverbandes Bund der Krankenkassen und
Pflegekassen,

des Verbands der Privaten Krankenversicherung und
der Vereinigungen der Pflegeverbände
auf der Bundesebene

für die Regelungsinhalte nach § 56 Absatz 3 Nr. 1 bis 5
Pflegeberufegesetz (PflBG)

Stand vom 20.11.2017

Gemeinsame Vorschläge der DKG, des GKV-Spitzenverbandes, des PKV-Verbandes, der Vereinigungen der Pflegeverbände auf der Bundesebene für die Regelungsinhalte nach § 56 Absatz 3 PflBG

Inhaltsverzeichnis

Gemeinsame Vorschläge der DKG, des GKV-Spitzenverbandes, des PKV-Verbandes, der Vereinigungen der Pflegeverbände auf der Bundesebene für die Regelungsinhalte nach § 56 Absatz 3 PflBG

Gesetzlicher Auftrag und Vorbemerkungen

Mit dem Pflegeberufegesetz (PflBG) wird die Ausbildung für die Pflegeberufe nach Krankenpflegegesetz und Altenpflegegesetz zusammengeführt. Die bisherigen gesetzlichen Regelungen zur Pflegeberufeausbildung werden am 01.01.2020 vollständig abgelöst. Durch ein stufenweises Inkrafttreten ist sichergestellt, dass die Vorschriften zur Finanzierung der beruflichen Ausbildung der Pflege rechtzeitig durch die Rechtsverordnung gemäß § 56 Absatz 3 PflBG vorgegeben werden. Entsprechend § 56 Absatz 4 PflBG sind zwischen dem Spitzenverband Bund der Kranken- und Pflegekassen, dem Verband der Privaten Krankenversicherung, den Vereinigungen der Träger der Pflegeeinrichtungen auf Bundesebene und der Deutschen Krankenhausgesellschaft bis drei Monate nach Verkündung des Gesetzes im Benehmen mit den Ländern (nachfolgend unter dem Begriff „Beteiligte gemäß § 56 Absatz 4 PflBG" gefasst) Vorschläge für die Regelungsinhalte

1. zur näheren Bestimmung der Ausbildungskosten nach § 27 PflBG,
2. zum Verfahren der Ausbildungsbudgets einschließlich der Vereinbarung der Pauschalen und Individualbudgets nach den §§ 29 bis 31 PflBG,
3. zur Aufbringung des Finanzierungsbedarfs sowie der Zahlverfahren nach § 33 Absätze 2 bis 7 PflBG,
4. zur Erbringung und Weiterleitung der Ausgleichszuweisungen nach § 34 Absätze 1 bis 3 PflBG, zur Verrechnung nach § 34 Absatz 4 PflBG, Abrechnung, Zurückzahlung und nachträglicher Berücksichtigung nach § 34 Absätze 5 und 6 PflBG,
5. zur Rechnungslegung der zuständigen Stelle nach § 35 PflBG,

einschließlich der erforderlichen Vorgaben zur Datenerhebung, Verarbeitung und Nutzung von Daten und zum Datenschutz, soweit es für das Verfahren zur Finanzierung der beruflichen Ausbildung in der Pflege erforderlich ist, zu vereinbaren.

Vorbemerkungen

Die Beteiligten gemäß § 56 Absatz 4 PflBG sehen über § 56 Absatz 3 Nr. 1 bis 5 PflBG hinaus das Erfordernis, flankierende Regelungen zu treffen, die den Aufbau und die Funktionalität der Ausgleichsfonds gewährleisten. Dies betrifft:

1. Anschubfinanzierung des Ausgleichsfonds:

§ 32 Absatz 2 PflBG regelt für die zuständige Stelle die Finanzierung der Verwaltungs- und Vollstreckungskosten durch eine Verwaltungskostenpauschale in Höhe von 0,6 % des Gesamtvolumens aller Ausbildungsbudgets. Das Gesamtvolumen wird über die Erhebung von Umlagebeträgen und Zahlungen aufgebracht. Allerdings sind die Besonderheiten der Aufbauphase der zuständigen Stellen im Gesetz nicht berücksichtigt. Der Aufbau der zuständigen Stellen muss rechtzeitig vor dem Jahr 2020 beginnen. Da die Ausbildungsbudgets im Jahr 2019 für das Jahr 2020 prospektiv vereinbart bzw. festgesetzt werden müssen und zu diesem Zeitpunkt noch keine Umlagebeträge erhoben werden, ist eine Finanzierung der Aufbauphase über den jeweiligen Ausbildungsfonds nicht möglich. Es wird das Erfordernis gesehen, einen entsprechenden Finanzierungstatbestand für die Anschubfinanzierung verbindlich zu regeln. Die Kosten dieser Anschubfinanzierung sollten durch Bund und Länder getragen werden.

Gemeinsame Vorschläge der DKG, des GKV-Spitzenverbandes, des PKV-Verbandes, der Vereinigungen der Pflegeverbände auf der Bundesebene für die Regelungsinhalte nach § 56 Absatz 3 PflBG

2. Umsatzbesteuerung des Ausgleichsfonds:

Der Gesetzgeber sollte eine generelle Umsatzsteuerfreiheit der Verwaltungs- und Vollstreckungs-kosten der zuständigen Stellen nach § 32 Absatz 2 PflBG (auch für Beliehene, die keine Körper-schaft des öffentlichen Rechts sind) sowie des Fondsvermögens (insbesondere im Zusammen-hang mit der Verrechnung zwischen kooperierenden Einrichtungen) rechtsverbindlich verankern, um die Kostenträger des Gesundheitswesens nicht zu belasten und potentiellen steuerrechtlichen Auseinandersetzungen vorzubeugen. Ebenso sollten Kapitalerträge, welche aus der Anlage des Fondsvermögens resultieren, von der Kapitalertragssteuer befreit werden.

3. Sicherstellung der Finanzierung der Ausbildungskosten im Insolvenzfall:

Im Zusammenhang mit dem Ausgleichsfonds und den in Rechnung zu stellenden und an den Fonds abzuführenden Ausbildungszuschlägen drohen nach derzeitigem Recht im Insolvenzfall eines Leistungserbringers nach § 7 Absatz 1 Nummern 1 bis 3 PflBG die von den Kostenträgern bezahlten (zweckgebundenen) Ausbildungszuschläge in der Insolvenzmasse aufzugehen.

Hier ist der Gesetzgeber gefordert, die Finanzierung der Ausbildungskosten auch im Insolvenzfall eines einzahlenden Leistungserbringers sicherzustellen.

4. Investitionskosten der Schulen

Nicht zu den Ausbildungskosten gehören nach § 27 Absatz 1 Satz 3 PflBG die Investitionskosten. Deren einheitliche Finanzierung ist auf Grundlage gesetzlicher Regelungen sicherzustellen.

5. Datenbasis für die Plausibilisierung

Für die Verhandlungen der Pauschalen zu den Ausbildungskosten ist eine Plausibilisierung kalku-lierter Kosten basierend auf Ist-Kosten-Daten nach § 21 Abs. 2 Nr. 1c Krankenhausentgeltgesetz (KHEntgG) vorzusehen. Hierfür ist eine gesetzliche Regelung zu schaffen, die eine Verwendung der (zweckgebundenen) Daten nach § 21 Absatz 2 Nummer 1c KHEntgG für die Verhandlungen nach PflBG ermöglicht.

Position DKG und Vereinigungen der Träger der Pflegeeinrichtungen auf Bundesebene:

6. Notwendige Anschubfinanzierung der Schulkosten

Für befristete Aufwendungen der Pflegeschulen im Rahmen der Umstellung auf die Ausbildung zum neuen Pflegeberuf erfolgt eine Anschubfinanzierung. Berücksichtigungsfähig sind Kosten für die Entwicklung der schulinternen Curricula und die damit einhergehenden methodischen und didaktischen Anforderungen, für den Aufbau der erforderlichen Kooperationsbeziehungen ent-sprechend der Gesamtverantwortung nach § 10 PflBG sowie für die Personal- und Organisati-onsentwicklung, insbesondere für die erforderliche Qualifizierung der Lehrkräfte im Hinblick auf neue pädagogische Aufgaben sowie die Managementkompetenzen von Schulleitungen zur Erfül-lung der Mindestanforderungen nach § 9 PflBG.

Gemeinsame Vorschläge der DKG, des GKV-Spitzenverbandes, des PKV-Verbandes, der Vereinigungen der Pflegeverbände auf der Bundesebene für die Regelungsinhalte nach § 56 Absatz 3 PflBG

A. Ausbildungskosten nach § 27 Pflegeberufegesetz

1. Zu finanzieren sind die dem Ausbildungsbetrieb/der Pflegeschule im Rahmen einer Pflegeberufsausbildung entstehenden Kosten. Dies sind

   - die Betriebskosten der Pflegeschulen nach § 6 Absatz 2 PflBG einschließlich der Kosten der Praxisbegleitung und
   - die Kosten der praktischen Ausbildung einschließlich der Kosten der Praxisanleitung (inkl. der Kosten von Kooperationspartnern, vgl. § 8 Absatz 3 bzw. § 34 Absatz 2 PflBG) und
   - die Mehrkosten der Ausbildungsvergütungen entsprechend den Anrechnungsverhältnissen gemäß § 27 Absatz 2 PflBG.

2. Grundsätzlich gilt, dass das Ausbildungsbudget die Kosten der Ausbildung bei wirtschaftlicher Betriebsgröße und wirtschaftlicher Betriebsführung decken soll. Soweit Ausbildungskosten nach anderen Vorschriften aufgebracht werden, sind diese Kosten zur Vermeidung von Doppelfinanzierungen nicht berücksichtigungsfähig.

3. Werden in einer Pflegeschule oder bei einem Träger der praktischen Ausbildung andere Ausbildungsberufe unterrichtet, die nicht unter das PflBG fallen (z. B. § 2 Satz 1 Nr. 1a bis d sowie g bis l KHG, Altenpflegehelfer gem. Landesrecht, weitere Gesundheitsberufe), sind die damit verbundenen Kosten für die Finanzierung nach dem PflBG nicht zu berücksichtigen und müssen sachgerecht abgegrenzt werden.

4. Die Ausbildungskosten sind die Betriebskosten der Pflegeschule einschließlich der Praxisbegleitung und die Kosten der praktischen Ausbildung einschließlich der Praxisanleitung sowie die Mehrkosten der Ausbildungsvergütungen unter Berücksichtigung der Kapitel A Nummern 1 bis 3 unter Einbeziehung der Kosten von Kooperationspartnern zur Weiterleitung nach § 34 Absatz 2 Pflegeberufegesetz.

Kosten der Pflegeberufsausbildung sind:

Kostenarten (zu finanzierende Tatbestände)	Kostenartengruppen für Kalkulationsschema
a) Kosten der Pflegeschule	Kosten der Pflegeschule

• Theoretischer und praktischer Unterricht einschließlich der Praxisbegleitung
  – hauptberufliches Lehrpersonal, insbesondere Schulleitung[1] und hauptamtliche Lehrkräfte[1] sowie
  – nebenberufliches Lehrpersonal.
	Theoretischer und praktischer Unterricht

• Sachaufwand der Pflegeschule
  – Lehr- und Arbeitsmaterialien,
  – Lernmittel für Auszubildende und Lehrpersonal,
  – Reisekosten und Gebühren für Studienfahrten, Seminare, Arbeitstagungen, Fort- und Weiterbildungsmaßnahmen,
  – Büro- und Schulbedarf,
	Sachaufwand

---

[1] Kosten nach Kontengruppen 60 bis 64 der KHBV bzw. PBV

Gemeinsame Vorschläge der DKG, des GKV-Spitzenverbandes, des PKV-Verbandes, der Vereinigungen der Pflegeverbände auf der Bundesebene für die Regelungsinhalte nach § 56 Absatz 3 PflBG

– Porto- und Kommunikationskosten, – Rundfunk- und Fernsehgebühren, – Anwendungssoftware, – Honorare und Reisekosten für Prüfungen und Klausuren, – Raum- und Geschäftsausstattung (Gebrauchsgüter und Verbrauchsgüter inklusive Anlagegüter mit Anschaffungs- oder Herstellungskosten mit der Höchstgrenze gemäß § 6 Absatz 2 Einkommensteuergesetz), – Kosten der Qualitätssicherung, Evaluation, Zertifizierung, – Personalbeschaffungskosten, – Beratungskosten, Abschlusskosten, Prüfungskosten, – sonstige Sachkosten der Pflegeschule.	
• Gemeinkosten der Pflegeschule (ggf. anteilig) – sonstige direkt gebuchte Personalkosten, z. B. Sekretariat, – Kosten, der allgemeinen Verwaltung, z. B. Personalabteilung und Wirtschaftsabteilung etc., – sonstige zentrale Dienste, z. B. Technischer Dienst, Werkstätten, Hausmeister und Reinigungsdienst etc., – Betriebskosten der Gebäude(-teile) und Räume die von der Ausbildungsstätte entweder für den theoretischen Unterricht oder für die praktische Ausbildung genutzt werden. Hierzu zählen z. B. Unterrichtsräume, Demonstrationsräume, Gruppenarbeitsräume, Büros, Laboratorien, Medienräume, Besprechungsräume, Bibliotheken, Sanitärräume und Archive. Zu diesen Betriebskosten gehören z. B. Wasser, Abwasser, Energie, Brennstoffe, Wirtschaftsbedarf, Steuern, Abgaben, Versicherungen, Instandhaltung, Unterhalt von Außenanlagen, Gebrauchsgüter, Mietnebenkosten für Ausbildungsräume. – Sonstige Kosten der theoretischen Ausbildung und des theoretischen und praktischen Unterrichts.	Gemeinkosten
b) Kosten der praktischen Ausbildung	**Kosten der praktischen Ausbildung**
• Praktische Ausbildung – Kosten der Praxisanleitung, insbesondere praktische Anleitung durch Praxisanleiterinnen und Praxisanleiter einschließlich evtl. Reisekosten, – Kosten der Organisation nach § 8 Absätze 1 und 3 Pflegeberufegesetz einschließlich Reisekosten, – Arbeitsausfallkosten für die Teilnahme an Weiterbildungs- und Qualifizierungsmaßnahmen zur Praxisanleiterin oder zum Praxisanleiter, – Kosten der Auszubildenden während der Praxiseinsätze inkl. Reisekosten der Azubis, ohne die Ausbildungsvergütung, – Kosten der Qualifizierung von Praxisanleiterinnen und Praxisanleitern.	Praxisanleitung und Qualifikationsmaßnahmen
• Sachaufwand – Lehr- und Arbeitsmaterialien,	Sachaufwand

Gemeinsame Vorschläge der DKG, des GKV-Spitzenverbandes, des PKV-Verbandes, der Vereinigungen der Pflegeverbände auf der Bundesebene für die Regelungsinhalte nach § 56 Absatz 3 PflBG

- Lernmittel für Auszubildende und Lehrpersonal, - Reisekosten und Gebühren für Studienfahrten, Seminare, Arbeitstagungen, Fort- und Weiterbildungsmaßnahmen, - Büro- und Schulbedarf, - Porto- und Kommunikationskosten, - Rundfunk- und Fernsehgebühren, - Anwendungssoftware, - Honorare und Reisekosten für Prüfungen und Klausuren, - Raum- und Geschäftsausstattung (Gebrauchsgüter und Verbrauchsgüter inklusive Anlagegüter mit Anschaffungs- oder Herstellungskosten mit der Höchstgrenze gemäß § 6 Absatz 2 Einkommensteuergesetz), - Kosten der Qualitätssicherung, Evaluation, Zertifizierung, - Personalbeschaffungskosten, - Beratungskosten, Abschlusskosten, Prüfungskosten, - sonstige Sachkosten.	
• Gemeinkosten (ggf. anteilig) - sonstige direkt gebuchte Personalkosten, z. B. Sekretariat - Kosten der allgemeinen Verwaltung, z. B. Personalabteilung und Wirtschaftsabteilung - sonstige zentralen Dienste, z. B. Technischer Dienst, Werkstätten, Hausmeister und Reinigungsdienst - Betriebskosten der Gebäudeteile bei Ausbildungseinrichtungen der praktischen Ausbildung, die von der Ausbildungsstätte für die praktische Ausbildung genutzt werden. Hierzu zählen z. B. Unterrichtsräume, Demonstrationsräume, Gruppenarbeitsräume, Büros, Laboratorien, Medienräume, Besprechungsräume, Bibliotheken, Sanitärräume und Archive. Zu diesen Betriebskosten gehören z. B. Wasser, Abwasser, Energie, Brennstoffe, Wirtschaftsbedarf, Steuern, Abgaben, Versicherungen, Instandhaltung, Unterhalt von Außenanlagen, Gebrauchsgüter, Mietnebenkosten für Ausbildungsräume. - Sonstige Kosten der praktischen Ausbildung.	Gemeinkosten
c) **Mehrkosten der Ausbildungsvergütungen** sind die Kosten, die sich ergeben aus der Summe der Ausbildungsvergütungen aller Auszubildenden nach dem Pflegeberufegesetz im Jahr (Arbeitgeberaufwand) abzüglich der durchschnittlichen Kosten einer voll ausgebildeten Pflegefachkraft multipliziert mit dem Verhältnis der Anzahl der Schüler in Vollkräften zum Anrechnungsverhältnis. Bei der Ermittlung der Personalkosten des examinierten Personals in den entsprechenden Berufen sind die Kosten nach den Kontengruppen 60 bis 64 KHBV/ PBV, bereinigt um die Kosten für Auszubildende und andere "Hilfskräfte" zu Grunde zu legen. Auch sind Personen, die in Leitungspositionen oder -funktionen arbeiten, nicht in die Berechnung einzubeziehen. Zudem dürfen die ermittelten Personalkosten	

Gemeinsame Vorschläge der DKG, des GKV-Spitzenverbandes, des PKV-Verbandes, der Vereinigungen der Pflegeverbände auf der Bundesebene für die Regelungsinhalte nach § 56 Absatz 3 PflBG

B. Verfahren der Ausbildungsbudgets einschließlich der Vereinbarung der Pauschalen und Individualbudgets nach den §§ 29 bis 31 – PflBG

1. Die Ausbildungsbudgets sind entweder als Pauschalbudgets nach § 30 PflBG oder als Individualbudgets nach § 31 PflBG zu vereinbaren. Die Mehrkosten der Ausbildungsvergütungen werden nicht pauschaliert. Es sind die Grundsätze nach § 29 PflBG zu berücksichtigen.

2. Pauschalbudgets nach § 30 Pflegeberufegesetz oder Individualbudgets nach § 31 Pflegeberufegesetz werden mittels der in den Anlagen 2 und 3 dieser Hinweise enthaltenen Schemata dargestellt (gegenüber der zuständigen Stelle). Welche der in den Schemata aufgeführten Angaben dabei im Rahmen der Mitteilungspflicht nach § 30 Abs. 4 oder § 31 Abs. 4 Pflegeberufegesetz im Einzelnen zu machen sind, richtet sich nach der Erforderlichkeit im Rahmen der Mitteilung und wird zwischen den Vereinbarungspartnern nach § 30 Abs. 1 Pflegeberufegesetz auf Landesebene festgelegt.

3. Pauschalen zu den Ausbildungskosten (Schulpauschalen und Pauschalen für die praktische Ausbildung) sind nach den Maßgaben des Kapitels A. zu kalkulieren. Zur Kalkulation der Pauschalen werden die nach §§ 26 und 27 Pflegeberufegesetz prospektiven Kosten unter Einbezug der Ausbildungs- und Prüfungsverordnung angesetzt. Zur Plausibilisierung dieser kalkulierten Kosten können Ist-Kosten-Daten insbesondere nach § 21 Absatz 2 Nummer 1c Krankenhausentgeltgesetz herangezogen werden.

4. Für die Vereinbarung der Pauschalen ab dem Vereinbarungsjahr 2024 sollen ergänzend zu den Daten nach § 21 Absatz 2 Nummer 1c Krankenhausentgeltgesetz die erhobenen Daten nach Anlage 2 dieser Hinweise ebenfalls zur Plausibilisierung herangezogen werden.

5. Bei der Anwendung von Pauschalbudgets nach § 30 PflBG haben die Träger der praktischen Ausbildung und die Pflegeschulen die Anlagen 1, 2 und 4 dieser Hinweise bis zum 01.03. des Vorjahres des jeweiligen Finanzierungszeitraums bei der annehmenden und auswertenden Stelle vorzulegen, erstmals zum 01.03.2023.

Position GKV-Spitzenverband:

6. Die Richtigkeit der Ist-Kosten ist durch ein Testat des Wirtschaftsprüfers zu belegen. Den Testaten sind als Anlage die dem Wirtschaftsprüfer vorgelegten Ist-Kosten und Einnahmen der Ausbildungsstätte beizufügen.

7. Die Bezahlung tariflich vereinbarter und tariffähiger Vergütungen sowie entsprechender Vergütungen nach kirchlichen Arbeitsrechtsregelungen des Lehrpersonals, der Praxisanleiter und der Auszubildenden ist durch die Vorlage von Stellenplänen und Lohnjournalen nachzuweisen.

8. Die Träger der praktischen Ausbildung und die Pflegeschulen sind verpflichtet, die vereinbarte personelle Ausstattung jederzeit sicherzustellen. Auf Verlangen einer Vertragspartei hat der Träger der praktischen Ausbildung und die Pflegeschule in einem Personalabgleich nachzuweisen, dass die vereinbarte Personalausstattung tatsächlich bereitgestellt und bestimmungsgemäß eingesetzt wird. Die Träger der praktischen Ausbildung und die Pflegeschulen sind verpflichtet, die der Vereinbarung zugrunde gelegte Bezahlung von Gehältern in Höhe tarifvertraglich vereinbarter Vergütungen sowie entsprechender Vergütungen nach kirchlichen Arbeitsrechtsregelungen, gegenüber den Beschäftigten jederzeit einzuhalten. Auf Verlangen ei-

Gemeinsame Vorschläge der DKG, des GKV-Spitzenverbandes, des PKV-Verbandes, der Vereinigungen der Pflegeverbände
auf der Bundesebene für die Regelungsinhalte nach § 56 Absatz 3 PflBG

ner Vertragspartei hat der Träger der praktischen Ausbildung und die Pflegeschule dieses nachzuweisen. Personenbezogene Daten sind zu anonymisieren.

9. Die Bezahlung von Gehältern bis zur Höhe tarifvertraglich vereinbarter Vergütungen und entsprechender Vergütungen nach kirchlichen Arbeitsrechtsregelungen ist als wirtschaftlich anzuerkennen. Für die Berücksichtigung der Vergütungen sind Nachweise bzw. die Tarifverträge und die Ausbildungsverträge vorzulegen. Dies gilt auch für die Ausübung der in § 30 Absatz 4 PflBG sowie § 31 Absatz 4 PflBG geregelten Möglichkeit der zuständigen Stelle, unangemessene Ausbildungsvergütungen zurückzuweisen.

Hilfsweise Position GKV-Spitzenverbände:

10. Die annehmende und auswertende Stelle für die Daten gemäß den Anlagen 1 - 4 dieser Hinweise wird vom Land festgelegt. Es wird empfohlen, die zuständige Stelle damit zu beauftragen. Die annehmende und auswertende Stelle ist berechtigt zur Plausibilisierung ergänzende Daten einzufordern (z. B. Nachweis der tatsächlichen Aufwendungen durch ein Testat des Wirtschaftsprüfers, Stellenpläne, Lohnjournale).

Position DKG und Vereinigungen der Träger der Pflegeeinrichtungen auf Bundesebene:

10. Die annehmende und auswertende Stelle für die Daten gemäß den Anlagen 1 - 4 dieser Hinweise wird vom Land festgelegt. Es wird empfohlen, die zuständige Stelle damit zu beauftragen. Die annehmende und auswertende Stelle ist berechtigt zur Plausibilisierung ergänzende Daten einzufordern (z. B. Nachweis der tatsächlichen Aufwendungen durch ein Testat des Wirtschaftsprüfers).

11. Die Schulpauschalen sind prospektiv so zu kalkulieren, dass die Kosten einer Pflegeschule, die die Vorgaben des § 9 Absatz 1, 2 und Absatz 3 Satz 1 Pflegeberufegesetz vollständig umsetzt, gedeckt sind. Zur Berücksichtigung der unterschiedlichen strukturellen Gegebenheiten im Übergangszeitraum gemäß § 9 Absatz 3 Satz 2 und § 65 Absatz 3 Satz 2 können die Schulpauschalen nach Umsetzungsgrad skaliert werden. Durch die in § 59 Absatz 2 und 3 PflBG festgelegte Wahlmöglichkeit der Schüler für das 3. Ausbildungsjahr können auch höhere Kosten entstehen (Räume, Lehrer etc.), da durch die Aufteilung eines Jahrgangs in Auszubildende mit generalistischem Schwerpunkt sowie mit Alten- oder Kinderkrankenpflegeschwerpunkt die Anzahl der Klassen steigt und gleichzeitig die Anzahl der Schüler je Klasse sinkt.

12. Der Umsetzungsgrad wird zum 31. Juli jeden Jahres bis einschließlich 2028 an die zuständige Stelle gemeldet. Ab dem Jahr 2029 muss eine vollständige Umsetzung erfolgen, die Kontrolle obliegt der zuständigen Aufsichtsbehörde.

13. Bei Pauschalbudgets legen die Träger der praktischen Ausbildung und die Träger der Pflegeschulen zur Erfüllung der Datenmeldepflicht an die zuständige Stelle die Daten in elektronischer Form (z. B. Portallösung) vor. Die nähere Begründung nach § 30 Absatz 4 Pflegeberufegesetz zu den Ausbildungszahlen wird ebenfalls elektronisch vorgelegt. Zusätzlich haben die Träger der praktischen Ausbildung der zuständigen Stelle die Ausbildungsvergütungen (Arbeitgeberaufwand) pro Auszubildender oder Auszubildendem und Jahr und die zugehörige Berechnung als Vollkraft anonymisiert sowie die nach Kapitel A Buchstabe c ermittelten durchschnittlichen Kosten einer voll ausgebildeten Pflegefachkraft in elektronischer Form zu übermitteln. Zusätzlich ist für jeden Auszubildenden der Ausbildungsplan ohne personenbe-

zogene Daten vorzulegen. Diese Daten dienen der Plausibilisierung und Prüfung gemäß § 30 Absatz 4 Pflegeberufegesetz. Weiterhin haben die Träger der Pflegeschulen der zuständigen Stelle eine Aufstellung der Träger der praktischen Ausbildung vorzulegen, aus der die Anzahl der Auszubildenden gegliedert nach dem Ausbildungsjahr pro Träger der praktischen Ausbildung hervorgeht. Die Träger der praktischen Ausbildung geben zusätzlich die Daten nach § 62 Absatz 2 Pflegeberufegesetz in der dort definierten Gliederung anonymisiert in elektronischer Form an.

14. Für die Vereinbarung von Individualbudgets stehen die Anlagen 1, 3 und 4 dieser Hinweise zur Verfügung. Bei Individualbudgets legen die Träger der praktischen Ausbildung und die Träger der Pflegeschulen zur Erfüllung der Datenmeldepflicht an die zuständige Stelle die Vereinbarungsdaten in elektronischer Form (z. B. Portallösung) vor. Zusätzlich ist der unterschriebene Vereinbarungstext in elektronischer Form vorzulegen. Weiterhin haben die Träger der Pflegeschulen der zuständigen Stelle eine Aufstellung der Träger der praktischen Ausbildung vorzulegen, aus der die Anzahl der Auszubildenden gegliedert nach dem Ausbildungsjahr pro Träger der praktischen Ausbildung hervorgeht. Die Träger der praktischen Ausbildung geben zusätzlich die Daten nach § 62 Absatz 2 Pflegeberufegesetz in der dort definierten Gliederung anonymisiert in elektronischer Form an.

15. Für die elektronische Annahme von Daten bei Pauschalbudgets nach § 30 Pflegeberufegesetz und bei Individualbudgets nach § 31 Pflegeberufegesetz sowie zu den Daten nach § 62 Absatz 2 Pflegeberufegesetz richtet die zuständige Stelle im Land ein geeignetes Übermittlungsverfahren ein.

Gemeinsame Vorschläge der DKG, des GKV-Spitzenverbandes, des PKV-Verbandes, der Vereinigungen der Pflegeverbände auf der Bundesebene für die Regelungsinhalte nach § 56 Absatz 3 PflBG

C. Aufbringung des Finanzierungsbedarfs sowie der Zahlverfahren nach § 33 Absätze 2 bis 7 Pflegeberufegesetz

> **Position DKG und Vereinigungen der Träger der Pflegeeinrichtungen auf Bundesebene:**
>
> Der Aufbau der zuständigen Stelle müsste 2018 beginnen, um ab 2019 bereits reguläre Aufgaben wahrnehmen zu können. Da es in den Jahren 2018 und 2019 noch keinen Ausbildungsfonds gibt und auch noch keine Umlagebeträge erhoben werden, ist keine Finanzierung über den Fonds möglich.
>
> Zu lösen ist auch das Problem, dass die Kosten der fondsverwaltenden Stelle bereits im Jahr 2020 fast vollumfänglich anfallen werden, das Finanzierungsvolumen des Fonds aber ab dem Jahr 2020 nur schrittweise mit den neuen Ausbildungsjahrgängen aufwächst, bis im Jahr 2023 das vollständige Volumen erreicht wird. Es muss geprüft werden, ob die erforderlichen Regelungen im Wege der vorliegenden Verordnung möglich sind oder der Gesetzgeber selbst ggf. eine Ergänzung des Pflegeberufegesetzes beschließen muss.
>
> **Regelungsinhalte:**
>
> 1. Die fondsverwaltende Stelle legt dem Land vor der Bestimmung als zuständige Stelle einen Haushaltsplan für die Jahre 2018 und 2019 vor. Die Zahlung durch das Land hat für das Jahr 2018 bis zum 01.07.2018 und für das Jahr 2019 spätestens bis zum 01.12.2019 zu erfolgen. Abweichend von der gesetzlichen Regelung beträgt die Verwaltungskostenpauschale in den Jahren 2020-2022 folgenden Prozentsatz der Summe der Ausbildungsbudgets des Landes:
>
> 2020: 5,40 %
> 2021: 1,33 %
> 2022: 0,77 %
>
> 2. Mit der Verwaltungskostenpauschale werden auch die Anlaufkosten zur Errichtung der fondsführenden Stelle finanziert. Die Anlaufkosten umfassen insbesondere Personalkosten, Kosten für die Personalgewinnung und Kosten für die Sachmittelausstattung einschließlich EDV sowie Mieten und Mietnebenkosten.

3. Die gesetzliche Regelung lässt für die Finanzierung über Ausbildungszuschläge zwei Möglichkeiten zu:
   - als Teilbetrag des Ausbildungszuschlages nach § 17a Absatz 5 Satz 1 Nr. 2 KHG oder
   - als eigenständiger Ausbildungszuschlag

   Die Ermittlung der Ausbildungskosten ist nach § 33 Abs. 3 PflBG und § 17a Abs. 5 KHG separat vorzunehmen. Bei der Abrechnung der Krankenhäuser gegenüber den Krankenkassen werden separate Ausbildungszuschläge mit unterschiedlichen Entgeltschlüsseln für die Ausbildung nach Pflegeberufegesetz und die weiteren Ausbildungsberufe nach § 17a KHG empfohlen.

4. Die Festsetzung des zu entrichtenden Umlagebetrags erfolgt durch die zuständige Stelle (§ 33 Absatz 4 Satz 2 PflBG) gegenüber den Einrichtungen und sollte mit einem zeitlichen Vorlauf erfolgen, der den betroffenen Einrichtungen eine Information der Bewohner unter Wahrung der nach dem Gesetz zur Regelung von Verträgen über Wohnraum mit Pflege- oder Be-

treuungsleistungen (WBVG) im Zusammenhang mit Entgelterhöhungen vorgesehenen Frist ermöglicht.

5. Sofern bei Individualbudgets Ausbildungsbudgets für den Finanzierungszeitraum nicht vorliegen, so ist die zuständige Stelle berechtigt diese Ausbildungsbudgets zu schätzen. Für die Schätzung haben die Träger der praktischen Ausbildung und die Träger der Pflegeschulen der zuständigen Stelle die Daten nach dem Kapitel B Nummer 14 vorzulegen. Dabei ist insbesondere das Schema in der Anlage 3 dieser Hinweise in elektronischer Form vorzulegen, mit der Maßgabe, dass die Forderungsspalte gefüllt ist.

6. Die Aufteilung der Höhe des Finanzierungsbedarfs auf die Sektoren erfolgt nach den Maßgaben von § 33 Absatz 1 Pflegeberufegesetz.

7. Für die Aufbringung des Finanzierungsbedarfs sind landesweite sektorale Ausbildungszuschläge zu ermitteln. Die Ausbildungszuschläge werden nach den Maßgaben des Nummern 9 bis 11 ermittelt und festgesetzt. Die Erhebung der Ausbildungszuschläge erfolgt gemäß § 28 Abs. 2 PflBG. Die landesweiten Ausbildungszuschläge sind umsatzsteuerbefreit.

8. Für Leistungserbringer nach § 7 Absatz 1 Nummer 1 Pflegeberufegesetz teilt die zuständige Stelle den Vertragsparteien nach § 18 Absatz 1 Satz 2 Krankenhausfinanzierungsgesetz den auf diesen Bereich entfallenden Anteil des Finanzierungsbedarfs mit. Die Vertragsparteien nach § 18 Absatz 1 Satz 2 Krankenhausfinanzierungsgesetz vereinbaren einen landesweiten Ausbildungszuschlag oder einen Teilbetrag innerhalb des landesweiten Ausbildungszuschlags nach § 17a Krankenhausfinanzierungsgesetz je vollstationärem und teilstationärem Fall. Zusätzlich legen die Vertragsparteien nach § 18 Absatz 1 Satz 2 Krankenhausfinanzierungsgesetz für jeden Leistungserbringer nach § 7 Absatz 1 Nummer 1 Pflegeberufegesetz eine Fallzahl für den Finanzierungszeitraum fest. Den landesweiten Zuschlag oder Teilbetrag sowie die für die einzelnen Leistungserbringer nach § 7 Absatz 1 Nummer 1 Pflegeberufegesetz festgesetzten Fallzahlen teilen die Vertragsparteien nach § 18 Absatz 1 Satz 2 Krankenhausfinanzierungsgesetz gemeinschaftlich der zuständigen Stelle mit. Die Vertragsparteien nach § 18 Absatz 1 Satz 2 Krankenhausfinanzierungsgesetz können den Ausgleichsfonds nach § 17a Krankenhausfinanzierungsgesetz mit der Meldung an die zuständige Stelle beauftragen.

Gemeinsame Vorschläge der DKG, des GKV-Spitzenverbandes, des PKV-Verbandes, der Vereinigungen der Pflegeverbände auf der Bundesebene für die Regelungsinhalte nach § 56 Absatz 3 PflBG

11. Die Leistungserbringer nach § 7 Absatz 1 Nummern 1 bis 3 Pflegeberufegesetz führen die Beträge jeweils bis zum zehnten eines Kalendermonats (Zahlungseingang) in zwölf monatlich gleichen Beträgen an die zuständige Stelle ab. Ist der Abführungstag ein Samstag, Sonntag oder Feiertag, so ist die Abführung am vorherigen Bankarbeitstag zu leisten. Für die Abführungen der Einzahlungsbeträge können die Leistungserbringer der zuständigen Stelle SEPA-Firmenlastschrift-mandate oder SEPA-Basislastschriftmandate erteilen oder die Einzahlungen per Überweisung tätigen. Die Einreichung von Schecks oder Bargeld ist ausgeschlossen.

12. Die Direkteinzahlungen nach § 33 Absatz 5 Pflegeberufegesetz erfolgen zum 1. November des Jahres vor dem Finanzierungszeitraum. Nummer 11 Satz 2 gilt entsprechend.

13. Werden Einzahlungen durch Leistungserbringer verspätet geleistet, werden Verzugszinsen in Höhe von 8 vom Hundert über dem Basiszinssatz nach § 247 Absatz 1 Bürgerliches Gesetzbuch erhoben.

14. Die abgeführten Mittel sind so anzulegen, dass sie für die Finanzierung der Ausbildungskosten nach Kapitel A und der Verwaltungskostenpauschale sowie zur Bildung der Liquiditätssicherung zur Verfügung stehen.

15. Kapitalerträge aus Verzugszinsen und Finanzanlagen werden im nächstmöglichen Finanzierungszeitraum bei der Ermittlung des Finanzierungsbedarfs berücksichtigt. Diese Kapitalerträge sind kapitalertragssteuerfrei.

16. Nach Ablauf des Finanzierungszeitraums haben die Leistungserbringer nach § 7 Absatz 1 Nummern 1 bis 3 Pflegeberufegesetz eine Bestätigung des Jahresabschlussprüfers über die tatsächlichen Einnahmen aus dem für jeden Teilsektor gültigen landesweiten Ausbildungszuschlägen und die zugehörigen Leistungszahlen zu erstellen und der zuständigen Stelle elektronisch vorzulegen. Die Differenz zwischen den für den Finanzierungszeitraum geleisteten Abführungen und den tatsächlichen Einnahmen aus dem landesweiten teilsektoralen Ausbildungszuschlag wird mit den Leistungserbringern vollständig über die zuständige Stelle ausgeglichen. Außerdem wird der sektorale Betrag im nächstmöglichen Finanzierungszeitraum von der zuständigen Stelle dem neuen sektoralen Betrag hinzugerechnet und damit ausgeglichen.

17. Sofern über das Vermögen eines Leistungserbringers nach den § 7 Absatz 1 Nummern 1 bis 3 Pflegeberufegesetz ein Insolvenzverfahren eröffnet wird, sind die eingenommenen landesweiten Ausbildungszuschläge nicht Bestandteil des Vermögens dieses Leistungserbringers und somit nicht der Insolvenzmasse nach § 35 Insolvenzordnung zuzurechnen. Sie sind fremde Mittel, die an die zuständige Stelle vollständig abgeführt werden (Leistungserbringer als Inkassostelle).

18. Sofern Leistungserbringer nach § 7 Absatz 1 Nummer 1 Pflegeberufegesetz eröffnet oder geschlossen werden (Aufnahme in den Krankenhausplan eines Landes oder Streichung aus dem Krankenhausplan eines Landes und Abschluss oder Kündigung von Versorgungsverträgen nach § 108 Fünftes Buch Sozialgesetzbuch) oder sich sonstige relevante Änderungen (insbesondere Fusionen) ergeben, so teilt das Land dies der zuständigen Stelle mit.

Gemeinsame Vorschläge der DKG, des GKV-Spitzenverbandes, des PKV-Verbandes, der Vereinigungen der Pflegeverbände auf der Bundesebene für die Regelungsinhalte nach § 56 Absatz 3 PflBG

Position GKV-Spitzenverband

19. Sofern Leistungserbringer nach § 7 Absatz 1 Nummern 2 und 3 Pflegeberufegesetz einen Versorgungsvertrag nach §§ 71 Absatz 1 oder 2 in Verbindung mit § 72 Absatz 1 Elftes Buch Sozialgesetzbuch oder nach § 37 Fünftes Buch Sozialgesetzbuch erhalten oder beenden oder sich sonstige relevante Änderungen, insbesondere Fusionen, ergeben, so teilen dies die Landesverbände nach § 52 Absatz 1 Elftes Buch Sozialgesetzbuch der zuständigen Stelle mit. Gleichzeitig informiert das Land die fondsführende Stelle über die Genehmigung oder Beendigung eines Versorgungsvertrages.

Position Vereinigungen der Träger der Pflegeeinrichtungen auf Bundesebene und DKG

19. Sofern Leistungserbringer nach § 7 Absatz 1 Nummern 2 und 3 Pflegeberufegesetz einen Versorgungsvertrag nach §§ 71 Absatz 1 oder 2 in Verbindung mit § 72 Absatz 1 Elftes Buch Sozialgesetzbuch oder nach § 37 Fünftes Buch Sozialgesetzbuch erhalten oder beenden oder sich sonstige relevante Änderungen insbesondere Fusionen ergeben, so teilen dies die Landesverbände nach § 52 Absatz 1 Elftes Buch Sozialgesetzbuch der zuständigen Stelle mit. Für den Bereich der häuslichen Krankenpflege nach § 37 Fünftes Buch Sozialgesetzbuch treten an die Stelle der Landesverbände der Pflegekassen die Landesverbände der Krankenkassen. Gleichzeitig informiert das Land die fondsführende Stelle über die Genehmigung oder Beendigung eines Versorgungsvertrages.

20. Die Aufgaben der zuständigen Stelle, die gemäß § 32 Absatz 2 PflBG als Verwaltungskostenpauschale für Verwaltungs- und Vollstreckungskosten ausgewiesen wird, sind generell umsatzsteuerbefreit.

Gemeinsame Vorschläge der DKG, des GKV-Spitzenverbandes, des PKV-Verbandes, der Vereinigungen der Pflegeverbände
auf der Bundesebene für die Regelungsinhalte nach § 56 Absatz 3 PflBG

D. Erbringung und Weiterleitung der Ausgleichszuweisungen nach § 34 Absätze 1 bis 3 Pflegeberufegesetz, die Verrechnung nach § 34 Absatz 4 Pflegeberufegesetz, die Abrechnung, Zurückzahlung und nachträgliche Berücksichtigung nach § 34 Absätze 5 und 6 Pflegeberufegesetz

1. Der Auszahlungsbetrag für den Finanzierungszeitraum ist für jeden Träger der praktischen Ausbildung und jeden Träger (bzw. Trägergemeinschaft) einer Pflegeschule auf Basis der Meldungen nach § 30 Absatz 4 Pflegeberufegesetz oder der vereinbarten Ausbildungsbudgets nach § 31 Absatz 4 Pflegeberufegesetz für den Finanzierungszeitraum festzusetzen. Hat ein Träger der praktischen Ausbildung oder Träger (bzw. Trägergemeinschaft) einer Pflegeschule für den Finanzierungszeitraum noch kein Ausbildungsbudget vereinbart, so erfolgt eine Festsetzung nach Kapitel C Nummer 6. Ausbildungsförderungen nach § 29 Absatz 4 Pflegeberufegesetz sind bei der Festsetzung mindernd zu berücksichtigen, soweit diese nicht im Ausbildungsbudget berücksichtigt worden sind. Die Bundesagentur für Arbeit meldet Ausbildungsförderungen in der Pflege nach dem Dritten Buch Sozialgesetzbuch unter Angabe eines Aktenzeichens, den Ausbildungsträger, den Förderbetrag sowie den geförderten Sachverhalt (Schulkosten, Kosten der praktischen Ausbildung, Kosten der Ausbildungsvergütung) in elektronischer Form. Soweit Ausbildungskosten von weiteren Dritten gefördert werden, haben diese die gleichen Pflichten wie die Bundesagentur für Arbeit. Die Jahresauszahlungsbeträge werden auf zwölf gleiche auf ganze Euro lautende Auszahlungsbeträge aufgeteilt. Eine sich ergebende Differenz zum vereinbarten Ausbildungsbudget wird mit der Abrechnung nach § 34 Absatz 5 Pflegeberufegesetz vollständig ausgeglichen. Nach erfolgter unterjähriger Meldung des Träger der praktischen Ausbildung oder des Trägers (bzw. Trägergemeinschaft) einer Pflegeschule, ist bei wesentlichen Veränderungen der Ausbildungszahlen gegenüber den der Zuweisung zu Grunde gelegten Kapazitäten die Zuweisung anzupassen. Eine wesentliche Veränderung liegt vor, wenn in einer Pflegeschule ein neuer Ausbildungsgang eingerichtet wird oder wegfällt oder sich bei einem Träger der praktischen Ausbildung die Anzahl der Auszubildenden im Verhältnis zur Anzahl der Beschäftigten in Vollkräften um mehr als 7 Prozent verändert. Die entstandenen Ausgabeabweichungen sind im nächstmöglichen Finanzierungszeitraum als Ausgleich zu berücksichtigen (vgl. Kapitel E).

2. Die zuständige Stelle zahlt monatlich spätestens bis zum Monatsende den anteiligen Finanzierungsbetrag an die Träger der praktischen Ausbildung und an die Träger der Pflegeschulen aus. Eine Auszahlung erfolgt nur soweit der Leistungserbringer nach § 7 Absatz 1 Nummern 1 bis 3 Pflegeberufegesetz seiner Abführungsverpflichtung nachgekommen ist.

3. Nach Ablauf des Finanzierungszeitraums übermitteln die Träger der praktischen Ausbildung und die Träger der Pflegeschulen bis zum 31. Juli des auf den Finanzierungszeitraum folgenden Jahres der zuständigen Stelle eine Bestätigung des Jahresabschlussprüfers für den Finanzierungszeitraum gemäß § 34 Absatz 5 Pflegeberufegesetz insbesondere mit den folgenden Angaben:

    a) Einnahmen aus den Ausgleichszahlungen der zuständigen Stelle
    b) im Ausbildungsbudget vereinbarte Ausbildungskosten
    c) tatsächliche Anzahl an betriebenen Ausbildungsplätzen bei Trägern von Pflegeschulen und Anzahl der Klassen
    d) im Ausbildungsbudget vereinbarte betriebene Ausbildungsplätze bei Trägern von Pflegeschulen
    e) tatsächliche Anzahl an Auszubildenden und Vollzeitäquivalenten (Vollkräfte)

Gemeinsame Vorschläge der DKG, des GKV-Spitzenverbandes, des PKV-Verbandes, der Vereinigungen der Pflegeverbände auf der Bundesebene für die Regelungsinhalte nach § 56 Absatz 3 PflBG

10. Hierdurch wird der vereinbarte Kostenwert des Ausbildungsträgers pro betriebenen Ausbildungsplatz (Träger der Schule) bzw. je Auszubildende oder je Auszubildendem (Träger der praktischen Ausbildung) ermittelt.

   Der sich ergebende Wert wird mit den tatsächlich betriebenen Ausbildungsplätzen bei Trägern von Pflegeschulen und mit der tatsächlichen Anzahl an Auszubildenden in Vollkräften bei Trägern der praktischen Ausbildung multipliziert und der Festsetzung der zuständigen Stelle gegenübergestellt.

11. Minderungen bei der Anzahl der tatsächlichen Ausbildungsplätze beim Träger der praktischen Ausbildung sind vollständig zurückzuzahlen.

   - Pauschal- und Individualbudgets

12. Für den Ausgleich der Mehrkosten der Ausbildungsvergütung ist entsprechend vorzugehen. Hierfür wird aus dem Schema der Anlage 2 bzw. 3 die Nummer 3 verwendet; als Divisor wird aus dem Schema der Anlage 2 bzw. 3 die Nummer 7.2 verwendet.

13. Die Höhe der tatsächlichen Ausbildungsförderung nach § 29 Absatz 4 Pflegeberufegesetz wird der bei der Festsetzung der zuständigen Stelle berücksichtigten Förderung gegenübergestellt.

14. Die sich ergebenden Teilbeträge werden kumuliert und sich ergebende Differenzen aus den tatsächlich zustehenden Ausbildungskosten gegenüber den durch die zuständige Stelle festgesetzten Ausbildungskosten werden vollständig ausgeglichen. Die Differenz aufgrund der Rundung auf Ganze Euro nach Nummer 1 ist hierin beinhaltet.

15. Der Ausgleich erfolgt bei Rückzahlungen der Ausbildungsträger zwingend und bei Nachzahlungen an die Ausbildungsträger grundsätzlich gemäß § 34 Absatz 1 Pflegeberufegesetz direkt mit der zuständigen Stelle. Nachzahlungen an die Ausbildungsträger werden geleistet, soweit es die Liquiditätssicherung zulässt. Sofern eine Verschiebung der Nachzahlungen an die Ausbildungsträger erfolgt, teilt dies die zuständige Stelle dem Ausbildungsträger mit. Er hat diese Mitteilung im Falle von Individualbudgets nach § 31 Pflegeberufegesetz den anderen Vertragsparteien vorzulegen. Die Nachzahlungen an den Ausbildungsträger werden dann bei der nächstmöglichen Festlegung oder Vereinbarung des Ausbildungsbudgets nach §§ 30 und 31 Pflegeberufegesetz berücksichtigt.

16. Die Ausgleichszuweisungen bei Trägern der praktischen Ausbildung enthalten auch Ausbildungskosten von Kooperationspartnern. Auf Basis eines Kooperationsvertrages zwischen dem Träger der praktischen Ausbildung und der kooperierenden Einrichtungen werden Beträge für die Ausbildung in der Pflege umsatzsteuerbefreit weitergereicht.

17. Gemäß § 34 Absatz 4 Pflegeberufegesetz haben nur Einrichtungen einen Anspruch auf Ausgleichszuweisungen nach § 34 Pflegeberufegesetz, wenn ein rechtskräftiger Umlagebescheid gemäß §§ 33 Absatz 3 Satz 3 oder 33 Absatz 4 Satz 2 Pflegeberufegesetz besteht. Für Träger der Pflegeschulen gilt § 34 Absatz 4 Pflegeberufegesetz als erfüllt, soweit für die Träger der praktischen Ausbildung, die an der Schule die Ausbildung durchführen lassen, ein rechtskräftiger Umlagebescheid nach § 34 Absatz 4 Pflegeberufegesetz besteht.

Gemeinsame Vorschläge der DKG, des GKV-Spitzenverbandes, des PKV-Verbandes, der Vereinigungen der Pflegeverbände auf der Bundesebene für die Regelungsinhalte nach § 56 Absatz 3 PflBG

E. Rechnungslegung der zuständigen Stelle nach § 35 PflBG

1. Für die Rechnungslegung der zuständigen Stelle ist der Finanzierungszeitraum vollständig einrichtungsbezogen für einzahlende Leistungserbringer und Ausbildungsträger aufzubereiten. Die endgültigen Finanzierungsbeträge insbesondere mit den Ausgleichen nach § 34 Absätze 5 und 6 Pflegeberufegesetz unter Berücksichtigung von § 34 Absatz 1 Pflegeberufegesetz sind festzustellen. Die ursprüngliche Liquiditätssicherung und die ursprüngliche Verwaltungskostenpauschale werden unverändert übernommen und die erzielten Kapitalerträge im Finanzierungszeitraum werden hinzugerechnet. Das Ergebnis wird auf die einzelnen Sektoren gemäß § 33 Absatz 1 Pflegeberufegesetz aufgegliedert. Der ermittelte sektorale Betrag aus dem Ausgleich nach Kapitel C Nummer 16 wird je Sektor hinzugerechnet und das Ergebnis dem ursprünglichen sektoralen Betrag gegenübergestellt. Im Bereich der Direkteinzahlungen werden die neu ermittelten Anteile den ursprünglichen Einzahlungen gegenübergestellt. Die Differenz ist auszugleichen.

2. Die sektoralen Ausgleiche werden im nächstmöglichen Finanzierungszeitraum nach Festsetzung der Höhe für den Finanzierungsbedarf und Aufgliederung in die Sektoren dem jeweiligen Sektor zugerechnet und ausgeglichen. Die Hinzurechnung erhöht oder vermindert die landesweiten teilsektoralen Finanzierungsbeträge sowie die Direkteinzahlungen der Länder und der Pflegeversicherung.

3. Ein Jahresabschluss ist nach den Grundsätzen ordnungsgemäßer Buchführung durchzuführen und durch einen Jahresabschlussprüfer, einen Rechnungshof oder ein Rechnungsprüfungsamt zu prüfen und die Ordnungsmäßigkeit zu bestätigen.

Anlage 1: Mehrkosten Ausbildungsvergütung nach § 27 Abs. 1 PflBG

	Ist-Kosten[1] [abgelaufenes Jahr] Betrag in Euro	Vereinbarung [lfd. Jahr] (nachrichtlich)[2] Betrag in Euro	Vereinbarungszeitraum [Jahr] (erstmalig 2020)	
			Forderung (Kosten) Betrag in Euro	Vereinbarung Betrag in Euro

Berechnungsgrundlagen | **Berechnungsformel zur Ermittlung der Mehrkosten**

Ausbildungsvergütungen[*]
Kosten einer examinierten Vollkraft (Krankenpflege-/ Kinderkrankenpflege/Pflegefachkraft) im Krankenhaus[**]
Anzahl der Auszubildenden in Vollkräften

$$\frac{\text{Ausbildungsvergütungen}}{\text{/. Ø Kosten exam. VK}} \times (\text{Anzahl Azubi} \cdot \text{Anrechnungsverhältnis 9,5})$$

| 0 | | 0 | 0 |

Berechnungsgrundlagen | **Berechnungsformel zur Ermittlung der Mehrkosten**

Ausbildungsvergütungen[*]
Kosten einer examinierten Vollkraft (Pflegefachkraft) in der stationären Pflegeeinrichtung[**]
Anzahl der Auszubildenden in Vollkräften

$$\frac{\text{Ausbildungsvergütungen}}{\text{/. Ø Kosten exam. VK}} \times (\text{Anzahl Azubi} \cdot \text{Anrechnungsverhältnis 9,5})$$

| 0 | | 0 | 0 |

Berechnungsgrundlagen | **Berechnungsformel zur Ermittlung der Mehrkosten**

Ausbildungsvergütungen[*]
Kosten einer examinierten Vollkraft (Pflegefachkraft) in der ambulanten Pflegeeinrichtung[**]
Anzahl der Auszubildenden in Vollkräften

$$\frac{\text{Ausbildungsvergütungen}}{\text{/. Ø Kosten exam VK}} \times (\text{Anzahl Azubi} \cdot \text{Anrechnungsverhältnis 14})$$

Mehrkosten der Ausbildungsvergütung im Vereinbarungszeitraum | 0 | | 0 | 0 |

[1] erstmalig im Jahr 2022;
Bis zur erstmaligen Verfügbarkeit der Ist-Kosten nach PflBG können zur Plausibilisierung der kalkulierten Kosten die zur Verfügung stehenden Ist-Kosten-Daten herangezogen werden.

[2] erstmalig im Jahr 2021;
Bis zur erstmaligen Verfügbarkeit der Vereinbarungsdaten nach PflBG können zur Plausibilisierung der kalkulierten Kosten die zur Verfügung stehenden Vereinbarungsdaten herangezogen werden.

[*] Kosten nach Kontengruppen 60 bis 64 der KHBV bzw. PBV, abzüglich Ausbildungskosten mit Finanzierung nach anderen Vorschriften gem. § 29 Abs. 4 PflBG

[**] durchschnittliche Personalkosten (Arbeitgeberaufwand) einer examinierten Vollkraft (Pflegefachkraft)

Anmerkung: Gemäß § 30 Abs. 4 PflBG teilt der Träger der praktischen Ausbildung der zuständigen Stelle die voraussichtliche Zahl der voraussichtlichen Mehrkosten der Ausbildungsvergütung mit. Dabei ist auch die Höhe der voraussichtlich für jeden Auszubildenden anfallenden anteiligen Ausbildungsvergütung mitzuteilen. Die angenommenen Ausbildungs- oder Schülerzahlen werden näher begründet.

Anmerkung: Gemäß § 31 Abs. 2 PflBG hat der Träger der praktischen Ausbildung vor Beginn der Verhandlungen den Beteiligten rechtzeitig Nachweise und Begründungen insbesondere über Anzahl der voraussichtlich belegten Ausbildungsplätze und die Ausbildungskosten vorzulegen sowie im Rahmen der Verhandlungen zusätzliche Auskünfte zu erteilen, soweit diese erforderlich sind und nicht außer Verhältnis stehen.

Anlage 2: Schema zur Verwendung bei Pauschalbudgets nach § 30 PflBG

Lfd. Nr.		Ist-Kosten des Jahres (Vereinbarungsjahr ./. 3) — Betrag in Euro	Skalierung*	Bedarf des Vereinbarungsjahres (Erstmalig in 2024) — Betrag in Euro	Skalierung*
1	**Pflegeschule**				
1.01	Theoretischer und praktischer Unterricht	0	0	0	0
1.02	Sachaufwand	0	0	0	0
1.03	Gemeinkosten der Pflegeschule	0	0	0	0
1.04	sofern vereinbart: Strukturverträge nach § 29 Abs. 3 S. 3 PflBG	0		0	
1.05	Kosten der Pflegeschule gesamt	0		0	
2	**Praktische Ausbildung**				
2.01	Kosten der Praxisanleitung und Qualifikationsmaßnahmen	0		0	
2.02	Sachaufwand	0		0	
2.03	Gemeinkosten	0		0	
2.04	Kosten der praktischen Ausbildung gesamt	0		0	
3	Mehrkosten der Ausbildungsvergütung (vgl. Anlage 1)	0		0	
4	Kapazitätsabweichungen zwischen der Vereinbarung und den tatsächlich besetzten Ausbildungsplätzen und Auszubildenden für das abgelaufene Jahr (Nachzahlung an den Ausbildungsträger in €) gemäß § 34 Abs. 6 S. 1 PflBG **	0		0	
5	Abzüglich Ausbildungskosten mit Finanzierung nach anderen Vorschriften gem. § 29 Abs. 4 PflBG***	0		0	
6	Ausbildungsbudget gesamt nach PflBG	0		0	
7.1	Betriebene Ausbildungsplätze des Trägers der Schule****	0		0	
7.2	Auszubildende in Vollkräften beim Träger der praktischen Ausbildung	0		0	

* unter Verwendung der Anlage 4 Mindestanforderungen an Pflegeschulen

** Vgl. Kapitel D Nummern 5 - 7 der Hinweise; Rückzahlungen wegen geringerer Kapazitäten sind unverzüglich an den Ausgleichsfonds zu leisten (§ 34 Abs. 6 S. 2 PflBG).

*** Landesförderung nach den länderspezifischen Förderungsgesetzen der bisherigen Krankenpflege-/ Kinderkrankenpflege- bzw. Altenpflegeausbildungen sind hier nicht in Abzug zu bringen, da diese Förderung durch die Länder entsprechend dem Anteil nach § 33 Absatz 1 PflBG direkt in den Fonds nach Pflegeberufegesetz eingezahlt werden. Eine mögliche Abzugsposition ist hier die Förderung nach dem Dritten Kapitel des SGB III.

**** Betriebene Ausbildungsplätze des Trägers der Schule sind die zu Beginn der Ausbildung tatsächlich betriebenen Ausbildungsplätze, die der Träger der Schule für den Unterricht in einem Schuljahr zur Verfügung stellt. Die Anzahl der tatsächlich betriebenen Ausbildungsplätze darf nicht aufgrund von Fluktuation gegenüber den zum Beginn der Ausbildung tatsächlich betriebenen Ausbildungsplätzen abgesenkt werden, soweit ein Ausbildungsgang nicht wegfällt (vgl. Kapitel D Nummer 1 und 5 der Hinweise). Hierbei ist nicht auf die genehmigte Maximalkapazität des Trägers der Schule für diese Schule abzustellen.

Gemäß § 30 Abs. 4 PflBG teilen der Träger der praktischen Ausbildung und die Pflegeschule der zuständigen Stelle die voraussichtliche Zahl der Ausbildungsverhältnisse bzw. die voraussichtlichen Schülerzahlen sowie die voraussichtlichen Mehrkosten der Ausbildungsvergütung und das sich daraus ergebende Gesamtbudget mit. Die angenommenen Ausbildungs- oder Schülerzahlen werden näher begründet. Ergänzende Formulierung Pflegevorbarace: Die maximal zulässigen Ausbildungskapazitäten gemäß einer staatlichen Anerkennung gelten immer als begründet.

Anmerkung: Investitionskosten gehören nicht zu den "Ausbildungskosten (§ 27 Abs. 1 Sätze 3 und 4 PflBG)

Anlage 3: Schema zur Verhandlung bei Individualbudgets nach § 31 PflBG

Lfd. Nr.		Ist-Kosten[1] [abg. Jahr] Betrag in Euro	Vereinbarung[2] [lfd. Jahr] (nachrichtlich) Betrag in Euro	Vereinbarungszeitraum [Jahr] [erstmalig 2020] Forderung (Kosten) Betrag in Euro	Vereinbarung Betrag in Euro
1	**Pflegeschule**				
1.01	Theoretischer und praktischer Unterricht			0	0
1.02	Sachaufwand			0	0
1.03	Gemeinkosten der Pflegeschule			0	0
1.04	sofern vereinbart: Strukturverträge nach § 29 Abs. 3 S. 3 PflBG			0	0
1.05	**Kosten der Pflegeschule gesamt**	0	0	0	0
2	**Praktische Ausbildung**				
2.01	Kosten der Praxisanleitung und Qualifikationsmaßnahmen			0	0
2.02	Sachaufwand			0	0
2.03	Gemeinkosten			0	0
2.04	**Kosten der praktischen Ausbildung gesamt**	0	0	0	0
3	**Mehrkosten der Ausbildungsvergütung (vgl. Anlage 1)**	0	0	0	0
4	Kapazitätsabweichungen zwischen der Vereinbarung und den tatsächlich besetzten Ausbildungsplätzen und Auszubildenden für das abgelaufene Jahr (Nachzahlung an den Ausbildungsträger in €) gemäß § 34 Abs. 6 S. 1 PflBG*	0	0	0	0
5	Abzüglich Ausbildungskosten mit Finanzierung nach anderen Vorschriften gem. § 29 Abs. 4 PflBG**	0	0	0	0
6	**Ausbildungsbudget gesamt nach PflBG**	0	0	0	0
7.1	Betriebene Ausbildungsplätze des Trägers der Schule***	0	0	0	0
7.2	Auszubildende in Vollkräften beim Träger der praktischen Ausbildung	0	0	0	0

[1] erstmalig im Jahr 2022;
Bis zur erstmaligen Verfügbarkeit der Ist-Kosten nach PflBG können zur Plausibilisierung der kalkulierten Kosten die zur Verfügung stehenden Ist-Kosten-Daten herangezogen werden.

[2] erstmalig im Jahr 2021;
Bis zur erstmaligen Verfügbarkeit der Vereinbarungsdaten nach PflBG können zur Plausibilisierung der kalkulierten Kosten die zur Verfügung stehenden Vereinbarungsdaten herangezogen werden.

* Vgl. Kapitel D Nummern 8 - 11 der Hinweise; Rückzahlungen wegen geringerer Kapazitäten sind unverzüglich an den Ausgleichsfonds zu leisten (§ 34 Abs. 6 S. 2 PflBG).

** Landesförderung nach den länderspezifischen Förderungsgesetzen der bisherigen Krankenpflege-/ Kinderkrankenpflege- bzw. Altenpflegeausbildungen sind hier nicht in Abzug zu bringen, da diese Förderung durch die Länder entsprechend dem Anteil nach § 33 Absatz 1 PflBG direkt in den Fonds nach Pflegeberufegesetz eingezahlt werden. Eine mögliche Abzugsposition ist hier die Förderung nach dem Dritten Kapitel des SGB III.

*** Betriebene Ausbildungsplätze des Trägers der Schule sind die zu Beginn der Ausbildung tatsächlich betriebenen Ausbildungsplätze, die der Träger der Schule für den Unterricht in einem Schuljahr zur Verfügung stellt. Die Anzahl der tatsächlich betriebenen Ausbildungsplätze darf nicht aufgrund von Fluktuationen gegenüber zu Beginn der Ausbildung tatsächlich betriebenen Plätzen abgesenkt werden, soweit ein Ausbildungsgang nicht wegfällt (Kapitel D Nummer 1 und 8 der Hinweise). Hierbei ist nicht auf die genehmigte Maximalkapazität des Trägers der Schule für diese Schule abzustellen.

Anmerkung: Gemäß § 31 Abs. 2 Sätze 2 und 3 PflBG haben die Pflegeschulen und der Träger der praktischen Ausbildung den Beteiligten rechtzeitig Nachweise und Begründungen insbesondere über die Anzahl der voraussichtlich belegten Ausbildungsplätze und die Ausbildungskosten vorzulegen sowie im Rahmen der Verhandlungen zusätzliche Auskünfte zu erteilen, soweit diese erforderlich sind.

Anmerkung: Investitionskosten gehören nicht zu den Ausbildungskosten (§ 27 Abs. 1 Sätze 3 und 4 PflBG)

Anlage 4 Mindestanforderungen an Pflegeschulen nach §§ 9 i.V.m. 65 Abs. 4 PflBG

Zur Verwendung bei Pauschal- und Individualbudgets

Die Pflegeschule erfüllt folgende Mindestanforderungen:

	Mindestanforderung	Ja/ Nein
1.	Hauptberufliche Leitung der Schule durch eine pädagogisch qualifizierte Person mit einer abgeschlossenen Hochschulausbildung auf Master- oder vergleichbarem Niveau,	
2.	Im Verhältnis zur Zahl der Ausbildungsplätze angemessenen Zahl fachlich und pädagogisch qualifizierter Lehrkräfte mit entsprechender, insbesondere pflegepädagogischer, abgeschlossener Hochschulausbildung auf Master- oder vergleichbarem Niveau für die Durchführung des theoretischen Unterrichts sowie mit entsprechender, insbesondere pflegepädagogischer, abgeschlossener Hochschulausbildung für die Durchführung des praktischen Unterrichts,	
3.	Werden die Weitergeltungs- und Anerkennungsregelungen für Schulleitung und Lehrkräfte des § 65 Abs. 4 angewendet?	
4.	Vorhandensein der für die Ausbildung erforderlichen Räume und Einrichtungen sowie ausreichender Lehr- und Lernmittel, die den Auszubildenden kostenlos zur Verfügung zu stellen sind.	
5.	für die hauptberuflichen Lehrkräfte mindestens eine Vollzeitstelle auf 20 Ausbildungsplätze	
6.	Gibt es spezielle landesrechtliche Regelungen, die das Nähere zu den Mindestanforderungen bestimmen?	

Teil C – Anlagen

Dritte Verordnung über zwingende Arbeitsbedingungen für die Pflegebranche (Dritte Pflegearbeitsbedingungsverordnung)

© Springer Fachmedien Wiesbaden GmbH, ein Teil von Springer Nature 2018
T. Weiß et al., *Pflegeberufereformgesetz (PflBRefG)*, Edition
Springer Pflege, https://doi.org/10.1007/978-3-658-20945-2_7

Bundesanzeiger

Herausgegeben vom
Bundesministerium der Justiz
und für Verbraucherschutz
www.bundesanzeiger.de

Verkündung

Veröffentlicht am Freitag, 11. August 2017
BAnz AT 11.08.2017 V1
Seite 1 von 3

Bundesministerium
für Arbeit und Soziales

Dritte Verordnung
über zwingende Arbeitsbedingungen für die Pflegebranche
(Dritte Pflegearbeitsbedingungenverordnung – 3. PflegeArbbV)

Vom 1. August 2017

Auf Grund des § 11 Absatz 1 und 2 in Verbindung mit Absatz 3 des Arbeitnehmer-Entsendegesetzes vom 20. April 2009 (BGBl. I S. 799) verordnet das Bundesministerium für Arbeit und Soziales, nachdem es den in den Geltungsbereich dieser Rechtsverordnung fallenden Arbeitgebern und Arbeitnehmerinnen und Arbeitnehmern sowie den Parteien von Tarifverträgen, die zumindest teilweise in den fachlichen Geltungsbereich dieser Rechtsverordnung fallen, und paritätisch besetzten Kommissionen, die auf der Grundlage kirchlichen Rechts Arbeitsbedingungen für den Bereich kirchlicher Arbeitgeber in der Pflegebranche festlegen, Gelegenheit zur schriftlichen Stellungnahme gegeben hat:

§ 1
Geltungsbereich

(1) Diese Verordnung gilt für Pflegebetriebe. Dies sind Betriebe und selbstständige Betriebsabteilungen, die überwiegend ambulante, teilstationäre oder stationäre Pflegeleistungen oder ambulante Krankenpflegeleistungen für Pflegebedürftige erbringen. Keine Pflegebetriebe im Sinne des Satzes 1 sind Einrichtungen, in denen die Leistungen zur medizinischen Vorsorge, zur medizinischen Rehabilitation, zur Teilhabe am Arbeitsleben oder am Leben in der Gemeinschaft, die schulische Ausbildung oder die Erziehung kranker oder behinderter Menschen im Vordergrund des Zweckes der Einrichtung stehen, sowie Krankenhäuser.

(2) Diese Verordnung gilt für alle Arbeitnehmerinnen und Arbeitnehmer. Sie gilt nicht für:

1. Auszubildende nach dem Berufsbildungsgesetz sowie

2. Pflegeschülerinnen und Pflegeschüler.

(3) Diese Verordnung gilt nicht für Arbeitnehmerinnen und Arbeitnehmer der Pflegebetriebe in folgenden Bereichen:

1. in der Verwaltung,

2. in der Haustechnik,

3. in der Küche,

4. in der hauswirtschaftlichen Versorgung,

5. in der Gebäudereinigung,

6. im Empfangs- und Sicherheitsdienst,

7. in der Garten- und Geländepflege,

8. in der Wäscherei sowie

9. in der Logistik.

(4) Abweichend von Absatz 3 gilt diese Verordnung für Arbeitnehmerinnen und Arbeitnehmer im Sinne des Absatzes 3, soweit sie im Rahmen der von ihnen auszuübenden Tätigkeiten in einem Umfang von mindestens 25 Prozent ihrer vereinbarten Arbeitszeit gemeinsam mit Bezieherinnen und Beziehern von Pflegeleistungen tagesstrukturierend, aktivierend, betreuend oder pflegend tätig werden, insbesondere als:

1. Alltagsbegleiterinnen und -begleiter,

2. Betreuungskräfte,

3. Assistenzkräfte oder

4. Präsenzkräfte.

(5) Diese Verordnung findet für eine berufliche Orientierungsphase, die als Arbeitsverhältnis ausgestaltet ist, für die Dauer von bis zu sechs Wochen keine Anwendung.

Bundesanzeiger

Herausgegeben vom
Bundesministerium der Justiz
und für Verbraucherschutz
www.bundesanzeiger.de

Verkündung

Veröffentlicht am Freitag, 11. August 2017
BAnz AT 11.08.2017 V1
Seite 2 von 3

§ 2

Mindestentgelt

(1) Das Mindestentgelt beträgt im Gebiet der Länder Baden-Württemberg, Bayern, Berlin, Bremen, Hamburg, Hessen, Niedersachsen, Nordrhein-Westfalen, Rheinland-Pfalz, Saarland und Schleswig-Holstein

- ab dem 1. November 2017: 10,20 Euro je Stunde,

- ab dem 1. Januar 2018: 10,55 Euro je Stunde,

- ab dem 1. Januar 2019: 11,05 Euro je Stunde,

- ab dem 1. Januar 2020: 11,35 Euro je Stunde.

Das Mindestentgelt beträgt im Gebiet der Länder Brandenburg, Mecklenburg-Vorpommern, Sachsen, Sachsen-Anhalt und Thüringen

- ab dem 1. November 2017: 9,50 Euro je Stunde,

- ab dem 1. Januar 2018: 10,05 Euro je Stunde,

- ab dem 1. Januar 2019: 10,55 Euro je Stunde,

- ab dem 1. Januar 2020: 10,85 Euro je Stunde.

(2) Das nach Absatz 1 maßgebliche Mindestentgelt ist auch für Wegezeiten zwischen mehreren aufzusuchenden Patientinnen oder Patienten sowie gegebenenfalls zwischen diesen und den Geschäftsräumen des Pflegebetriebs zu zahlen.

(3) Das nach Absatz 1 maßgebliche Mindestentgelt ist für Zeiten des Bereitschaftsdienstes gemäß den nachstehenden Grundsätzen zu zahlen. Bereitschaftsdienste im Sinne dieser Verordnung leisten Arbeitnehmerinnen und Arbeitnehmer, die sich auf Anordnung des Arbeitgebers außerhalb ihrer regelmäßigen Arbeitszeit an einer vom Arbeitgeber bestimmten Stelle aufhalten, um im Bedarfsfall die Arbeit aufzunehmen, wenn zu erwarten ist, dass zwar Arbeit anfällt, erfahrungsgemäß aber die Zeit ohne Arbeitsleistung mindestens 75 Prozent beträgt. Bereitschaftsdienste sind im Dienstplan zu hinterlegen.

(4) Zum Zwecke der Entgeltberechnung kann die Zeit des Bereitschaftsdienstes einschließlich der geleisteten Arbeit auf der Grundlage einer kollektivrechtlichen oder einer schriftlichen einzelvertraglichen Regelung zu mindestens 40 Prozent als Arbeitszeit bewertet werden. Zeiten des Bereitschaftsdienstes, die über 64 Stunden im Kalendermonat hinausgehen, sind mit dem Mindestentgelt nach Absatz 1 zu vergüten. Das Gleiche gilt, wenn die Arbeitsleistung innerhalb eines Bereitschaftsdienstes mehr als 25 Prozent umfasst.

(5) Die monatlich ausgezahlte Bruttovergütung geteilt durch die geleisteten Arbeitsstunden einschließlich der Bereitschaftsstunden muss stets mindestens die jeweilige Höhe des gesetzlichen Mindestlohns nach dem Mindestlohngesetz erreichen.

(6) Von dieser Verordnung nicht erfasst werden Zeiten der Rufbereitschaft. Rufbereitschaft im Sinne dieser Verordnung leisten Arbeitnehmerinnen und Arbeitnehmer, die sich auf Anordnung des Arbeitgebers außerhalb der regelmäßigen Arbeitszeit an einer dem Arbeitgeber anzuzeigenden Stelle aufhalten, um auf Abruf die Arbeit aufzunehmen. Das Vorliegen von Rufbereitschaft in diesem Sinne ist nicht dadurch ausgeschlossen, dass die Arbeitnehmerin oder der Arbeitnehmer vom Arbeitgeber mit einem Mobiltelefon oder einem vergleichbaren technischen Hilfsmittel ausgestattet ist. Im Falle einer Arbeitsaufnahme ist die geleistete Arbeitszeit einschließlich der hierfür erforderlichen Wegezeiten mindestens in Höhe des nach Absatz 1 maßgeblichen Mindestentgelts zu vergüten.

(7) Die Vorschriften des Arbeitszeitgesetzes bleiben unberührt.

§ 3

Fälligkeit

(1) Das in § 2 festgelegte Mindestentgelt wird für die vertraglich vereinbarte Arbeitszeit spätestens zum 15. des Monats fällig, der auf den Monat folgt, für den das Mindestentgelt zu zahlen ist. Über die vertraglich vereinbarte Stundenzahl hinausgehende Arbeitsstunden können auf der Grundlage schriftlicher einzelvertraglicher oder kollektivrechtlicher Vereinbarungen bis zu einer Gesamthöhe von 225 Arbeitsstunden in ein Arbeitszeitkonto eingestellt werden. Der Ausgleich dieser Arbeitsstunden kann durch Auszahlung des auf die über die vertraglich vereinbarte Arbeitszeit hinausgehenden Arbeitsstunden entfallenden Entgeltes oder durch bezahlte Freizeit erfolgen. Im Fall einer Überschreitung der in Satz 2 genannten Obergrenze gilt für die Fälligkeit des Anspruchs auf Vergütung dieser Arbeitsstunden die Regelung nach Satz 1.

(2) Die Obergrenze von 225 Arbeitsstunden nach Absatz 1 Satz 2 gilt nicht, wenn der Ausgleich der über die vertraglich vereinbarte Arbeitszeit hinausgehenden Arbeitsstunden zum Ende eines Ausgleichszeitraums mit einer Länge von höchstens 16 Monaten in der Arbeitszeitkontenvereinbarung vereinbart ist. Der Anspruch auf Vergütung von Arbeitsstunden, die in ein Arbeitszeitkonto eingestellt wurden und nicht innerhalb des Ausgleichszeitraums nach Satz 1 ausgeglichen wurden, wird mit Ablauf des für diese Arbeitsstunden geltenden Ausgleichszeitraums fällig. Die Obergrenze von 225 Stunden gilt des Weiteren nicht für Wertguthaben auf der Grundlage des Altersteilzeitgesetzes, der §§ 7b und 7e des Vierten Buches Sozialgesetzbuch oder einer im Hinblick auf den Schutz der Arbeitnehmerinnen und Arbeitnehmer vergleichbaren ausländischen Regelung.

Bundesanzeiger

Herausgegeben vom
Bundesministerium der Justiz
und für Verbraucherschutz
www.bundesanzeiger.de

Verkündung

Veröffentlicht am Freitag, 11. August 2017
BAnz AT 11.08.2017 V1
Seite 3 von 3

(3) Im Falle der Beendigung des Arbeitsverhältnisses hat der Arbeitgeber nicht ausgeglichene Arbeitsstunden spätestens in dem auf die Beendigung des Arbeitsverhältnisses folgenden Kalendermonat auszugleichen.

(4) Die Vorschriften des Arbeitszeitgesetzes bleiben unberührt.

§ 4
Ausschlussfrist

Die Ansprüche auf das Mindestentgelt verfallen, wenn sie nicht innerhalb von zwölf Monaten nach ihrer Fälligkeit schriftlich geltend gemacht werden.

§ 5
Inkrafttreten, Außerkrafttreten

Diese Verordnung tritt am 1. November 2017 in Kraft und am 30. April 2020 außer Kraft.

Berlin, den 1. August 2017

Die Bundesministerin
für Arbeit und Soziales

Andrea Nahles

Quellenverzeichnis

Bundesländer-Koordinierungsstelle für den Deutschen Qualifikationsrahmen für lebenslanges Lernen (Hrsgb.), Handbuch zum Deutschen Qualifikationsrahmen, 2013, http://www.kmk.org/fileadmin/Dateien/pdf/PresseUndAktuelles/2013/131202_DQR-Handbuch__M3_.pdf

Deutscher Bildungsrat für Pflegeberufe, Stellungnahme zum Zugang zur beruflichen Pflegeausbildung, http://bildungsrat-pflege.de/wp-content/uploads/2015/10/2016-06.30.-DBR_Position-zum-Zugang-zur-beruflichen-Pflegeausbildung_final.pdf

gid, Gesundheitspolitischer Informationsdienst, Nr. 8/9, Berlin, 03. März 2016

Kopp/Ramsauer, Kommentar zum Verwaltungsverfahrensgesetz zitiert nach 11. Auflage München 2010

Kultusministerkonferenz (KMK), Anrechnung von außerhalb des Hochschulwesens erworbenen Kenntnissen und Fähigkeiten auf ein Hochschulstudium (I), 2002, http://www.kmk.org/fileadmin/Dateien/veroeffentlichungen_beschluesse/2002/2002_06_28-Anrechnung-Faehigkeiten-Studium-1.pdf

Kultusministerkonferenz (KMK), Anrechnung von außerhalb des Hochschulwesens erworbenen Kenntnissen und Fähigkeiten auf ein Hochschulstudium (II), 2008, http://www.akkreditierungsrat.de/fileadmin/Seiteninhalte/KMK/Vorgaben/KMK_Anrechnung_ausserhochschulisch_II.pdf

Niedersächsische Krankenhausgesellschaft, Hinweise 2017 zur Finanzierung der Ausbildungskosten nach § 47a KHG, NKG-Mitteilung 66/2017, S. 11 f.

Prognos/Wissenschaftliches Institut der Ärzte Deutschlands e. V. (WIAD), Forschungsgutachten zur Finanzierung eines neuen Pflegeberufegesetzes, https://www.bmfsfj.de/blob/77282/e8f2172ed5d0147ad8fdc3bbd2828af8/2015-forschungsgutachten-finanzierung-pflegeberufegesetz-wiad-prognos-data.pdf

Schilder, Hendrik/Grüner, Johannes, Zur Verfassungsmäßigkeit des Pflegeberufegesetzes, 2016, https://www.mhkbg.nrw/mediapool/pdf/pflege/Rechtsgutachten-Pflegeberufe.pdf

Die Zitate aus Drucksachen des Bundestages, des Ausschusses für Gesundheit des Bundestages, des Bundesrates sowie der Europäischen Union sind jeweils im Text nachgewiesen. Gleiches gilt für sonstige Materialien aus dem Gesetzgebungsverfahren sowie die aufgenommene Rechtsprechung.

© Springer Fachmedien Wiesbaden GmbH, ein Teil von Springer Nature 2018
T. Weiß et al., *Pflegeberufereformgesetz (PflBRefG)*, Edition
Springer Pflege, https://doi.org/10.1007/978-3-658-20945-2

Stichwortverzeichnis

Hinweis: Wichtige Fundstellen sind hervorgehoben.

A

Abgrenzung 75, **79**, 80, 81
Abschluss 77, 80, 93, 100, 102, 103, 113, 124, 139, 149, 150, 151, **158**, 159, 160, 161, 167, 172, 206, 230, 232, 233, 234, 235, 238, 243, 252, 277, **281**, 283, 284, 285, 286, 289, 292, 293, 299, 305
Altenpfleger/in 76
Anerkennung 78, 81, 92, 94, 103, 104, 120, 140, 163, 164, 169, 170, 236, **237**, 238, 239, 240, 241, 242, 244, 249, 250, 251, 252, 255, 257, 260, 261, 276, 290, 291, **305**, 321, 331
Anforderungen 81, 82, 85, 86, 87, **88**, 89, 92, 93, 95, 118, 120, 121, 126, 143, 146, 150, **153**, 154, 155, 156, 157, 158, 159, 161, 169, 196, 226, 231, 241, 250, 254, 256, 291, 319, 320, 321, 324, 330, 331
Anrechnung 139, **162**, 163, 164, 165, 173, 178, 196, 197, 199, **200**, 231, 232, 239, 266, 305, 306, 330
Ausbildung 76, 77, 78, 79, 80, 81, 85, 87, 88, 89, 90, 91, 92, 93, 94, 95, 96, 97, 100, 101, 103, 104, 105, 106, 107, 108, 109, 112, 113, 117, 118, 119, 120, 121, 122, 124, 134, 135, 136, 137, **138**, 139, 140, 141, 142, **143**, 144, 145, 146, 147, 148, 149, 150, 151, 152, 153, 154, 155, 156, 157, 158, 159, 160, 161, 162, 163, 164, 165, 166, 167, 168, 169, 170, 171, 172, 173, 174, 175, 176, 177, 178, 179, 180, 181, 182, 183, 184, 185, 186, 187, 188, 189, 190, 191, 193, 194, 195, 196, 197, 198, 199, 200, 201, 202, 203, 204, 205, 206, 207, 208, 209, 210, 211, 213, 216, 217, 218, 219, 220, 221, 222, 226, 227, 228, 229, 231, 232, 233, 234, 236, 237, 238, 239, 240, 241, 242, 243, 244, 250, 252, 253, 254, 255, 256, 259, 261, 266, 269, 270, 271, 273, 274, 275, 276, 277, 278, 281, 282, 283, 284, 285, 286, 288, 289, 291, 292, 293, 294, 295, 299, 300, 302, 304, 305, 306, 309, 314, 319, 320, 321, 322, 323, 324, 327, 328, **329**, **330**, **331**, 332, 333, 334, 335
Ausbildungsbudget 106, 107, 157, 187, **202**, 203, 204, 205, 206, 207, 208, 209, 210, 211, 217, 218, 221, 233
Ausbildungsfonds 101, 104, 108, 111, **187**, 190, 191, 195, 196, 197, 210, 212, 216, 219, 222
Ausbildungskosten 87, 95, 96, 99, 101, 104, 105, 106, 107, 108, 109, 110, 185, 187, 188, 189, 190, 191, **195**, 197, 198, 199, 200, 201, 202, 203, 204, 205, 206, 207, 209, 212, 215, 217, 218, 219, 221, 223, 224, 225, 233, 301, 307, 308, 309
Ausbildungs- und Prüfungsverordnung 82, 96, 101, 103, 104, 112, 135, 136, 138, 139, 140, 141, 143, 144, 146, 147, 148, 164, 166, 169, 171, 189, 231, 233, 234, 236, 239, 240, 241, 242, 243, 255, 259, 269, 270, 271, **274**, 276, 277, 278, 281, 285, 317, 319, 320, **322**, 324, 325, 330, 334, 335
Ausbildungsvergütung 100, 105, 141, **177**, **178**, 179, 180, 184, 201
Ausbildungsvertrag 149, 150, 151, 157, 173
Ausbildungsziel 87, 90, 94, 95, 100, 130, 135, 137, 148, 153, 155, 161, 165, 187, 189, 190, 194, **226**, 282, 283, 324, 332
Ausgleichszuweisung 197, 213, **217**, 218, 219
Ausübung 82, 85, 88, 108, 117, 118, 119, 120, 121, 122, 123, 124, 125, 126, 127, 128, 130, 141, 143, 146, 160, 162, 166,

© Springer Fachmedien Wiesbaden GmbH, ein Teil von Springer Nature 2018
T. Weiß et al., *Pflegeberufereformgesetz (PflBRefG)*, Edition
Springer Pflege, https://doi.org/10.1007/978-3-658-20945-2

Ihr Bonus als Käufer dieses Buches

Als Käufer dieses Buches können Sie kostenlos das eBook zum Buch nutzen.
Sie können es dauerhaft in Ihrem persönlichen, digitalen Bücherregal
auf **springer.com** speichern oder auf Ihren PC/Tablet/eReader downloaden.

Gehen Sie bitte wie folgt vor:

1. Gehen Sie zu **springer.com/shop** und suchen Sie das vorliegende Buch
   (am schnellsten über die Eingabe der eISBN).
2. Legen Sie es in den Warenkorb und klicken Sie dann auf:
   zum Einkaufswagen / zur Kasse.
3. Geben Sie den untenstehenden Coupon ein. In der Bestellübersicht wird
   damit das eBook mit 0 Euro ausgewiesen, ist also kostenlos für Sie.
4. Gehen Sie weiter **zur Kasse** und schließen den Vorgang ab.
5. Sie können das eBook nun downloaden und auf einem Gerät Ihrer Wahl lesen.
   Das eBook bleibt dauerhaft in Ihrem digitalen Bücherregal gespeichert.

EBOOK INSIDE

eISBN	978-3-658-20945-2
Ihr persönlicher Coupon	k8SHeND3jzXnzd3

Sollte der Coupon fehlen oder nicht funktionieren, senden Sie uns bitte
eine E-Mail mit dem Betreff: **eBook inside** an **customerservice@springer.com**.